复旦科技考古文库

王 荣 ◎ 著

中国早期玉器科技考古与保护研究

本书获得国家自然科学基金重点项目（U1432243）、教育部人文社会科学研究一般项目（18YJCH174）、上海市哲学社会科学规划一般项目（2016BLS004）经费资助

复旦大学出版社

作者简介

王荣，男，安徽芜湖人，中国科学技术大学博士，2007年始任教于复旦大学文物与博物馆学系。具备文物考古、文物保护和理学的多重学科背景，从事科技考古与文物保护的教学工作，长期致力于硅酸盐和漆器文物的科技考古与保护研究，主持承担国家自然科学基金、教育部人文社会科学研究项目、上海市哲学社会科学规划项目等多个纵向课题，取得了一系列原创性成果，迄今已在 Antiquity、Studies in Conservation、Archaeological and Anthropological Sciences、Archaeometry，以及《文物保护与考古科学》《考古与文物》《江汉考古》《东南文化》等国内外权威和重要刊物上发表第一作者或通讯作者论文30余篇。

封面玉器信息

龙形玉玦，透闪石质，出土于河南安阳殷墟妇好墓，
外径54.9、内径9.5、玦口宽2.6、厚4.7—6.6mm

序

  王荣老师本科毕业于安徽大学物理系，作为硕博连读生，跟随冯敏老师和我，以薛家岗、凌家滩和良渚出土玉器为主要研究对象，认真探讨了玉器的受沁机理，取得了一系列有意义的成果。2015年，王荣老师应邀参加了我主持的国家自然科学基金委员会－中国科学院大科学装置联合重点基金，与中国社会科学院考古研究所王巍所长和该所殷墟工作站站长唐际根教授合作，旨在全面揭示殷墟出土玉器的制作工艺、矿料来源和受沁机制。这一次，他系统分析了中原地区典型遗址出土玉器的埋葬环境和受沁特征，深入探讨了它们的受沁机理，与此同时，还为他多年来关注的古玉火燎祭祀找到了重要的新证据。如今，凡拟了解古代玉器的受沁情况，直接上网，相关信息便扑面而来，而王荣老师的工作已经超过"半壁江山"。十分明晰这一现状的王荣老师，深感将以上两部分内容合二为一，适当增添必要内容，出一本专著，业已迫在眉睫，于是，在完成教学、科研任务、妥善处理日常事物的前提下，他硬是挤出时间，以惊人的毅力，居然增添了大幅内容，完成了这本专著的初稿。

  11月中旬，我早期的博士生朱君孝、王荣老师先后传来将出版专著的喜讯，并不约而同地希望我为他们的专著作序。尽管我深知作序不易，仍毫不犹豫，欣然应允。要知道，评论、宣传弟子的学术成果，乃是为师者最美的享受。

  不难发现，王荣老师的专著十分重视宝玉石的定义，专著第一章，他便一针见血地指出，宝玉石的定义与历史背景相关，即不同的历史阶段，其定义也有所不同。基于这一前提，王荣老师综合考虑地质学界与文博学界关于宝玉石狭义与广义定义的异同，紧密结合第二章和第三章梳理的考古发掘资料，较为全面地给出了适合于当前阶段的不同层次的宝玉石定义。如此详尽而规范的定义，对于初学者而言，无疑是不可多得的入门指南，即便对于资深专家，也具有简明专用词典的功能。

  专著最有特色的当属第四章，该章的内容虽相对单一，但研究方法却最为全面，其涉及文献调研（包括古文献调研和前人工作的评论）、测试分析，特别是模拟实验，从多个角度论证，殷墟妇好墓火烧玉器的目的确为祭祀。同时，结合不同时期其他遗址的火烧玉器证据，表明玉器火烧确为古代社会的一种使用方式。

  第六章是这本专著最重要的内容，即精华部分。该章借助模拟实验和测试分析，详细论述了玉器受沁的种类和机理，并评述了以往对玉器受沁机理的不同观点。其中，关于玉器白化机理的讨论，既阐明了我国南方玉器白化主要缘自结构疏松，而非钙化，又论证了我国北方不少玉器白化确系钙化作祟。其研究思路清晰，分析严谨，令人由衷叹服。

专著的第五章和第七章皆十分精彩。第五章对玉器制作工艺作了简要介绍之后,系统介绍了古时和现代修复玉器的方法、理念和制度,根据古代损伤玉器断茬、磕损、残缺的实际情况和修复目的,将古时玉器的修复方式归纳、总结为基础性、连缀、补配和改制修复四种。完全可以这样说,这是一项具有开创性质的工作。第七章则对古代玉器的保护理念和具体措施作了颇为详细的介绍,同样具有不可低估的参考价值。

长期以来,我国文物保护界的个别前辈,总以为文物保护是一门技术,没有必要开展机理探索。然而不难认识到,王荣老师的这本专著,其主要内容与其说是科技考古,不如说是文物保护,且主要是文物保护的机理探究。由此可见,这一专著不仅是一本重要的科技考古参考书,更是一本重要的文物保护参考书。我似乎已经看到相关专业研究生和本科生阅读该书的喜悦之情。

王昌燧

2019 年 12 月 5 日于北京

目 录

- 001 **第一章 玉和玉器**
- 001 第一节 宝石和玉石
- 003 第二节 古代狭义范畴的"玉"
- 007 第三节 古代广义范畴的"玉"

- 022 **第二章 中国早期玉材利用研究——硅酸盐篇**
- 022 第一节 硅酸盐玉材
- 027 第二节 岛状硅酸盐玉材
- 043 第三节 环状硅酸盐玉材
- 047 第四节 链状硅酸盐玉材
- 070 第五节 层状硅酸盐玉材
- 129 第六节 架状硅酸盐玉材

- 143 **第三章 中国早期玉材利用研究——非硅酸盐篇**
- 143 第一节 碳酸盐玉材
- 162 第二节 磷酸盐玉材
- 190 第三节 硫酸盐玉材
- 202 第四节 氧化物玉材
- 233 第五节 氟化物玉材
- 241 第六节 有机质玉材——煤精
- 250 第七节 有机质玉材——琥珀

- 258 **第四章 中国早期玉器使用研究——火燎祭祀篇**
- 258 第一节 燎玉的早期文献记载
- 260 第二节 考古出土的疑似火烧玉器

266	第三节	火烧模拟实验综述
286	第四节	露天火烧模拟实验
294	第五节	出土玉器火烧实证研究
319	第六节	小结

321	**第五章**	**中国早期玉器再利用研究——古代修复篇**
321	第一节	玉器生产与修复
328	第二节	玉器古代修复技术分类
351	第三节	相关问题探讨
361	第四节	小结

424	**第六章**	**中国早期玉器埋藏研究——风化机制篇**
424	第一节	相关概念
431	第二节	变白（白化）
494	第三节	变黑（黑化）
503	第四节	变红（褐）[红（褐）化]
507	第五节	变黄（黄化）或变褐（褐化）
515	第六节	变（蓝）绿[（蓝）绿化]
519	第七节	小结

523	**第七章**	**中国早期玉器重生研究——科学保护篇**
523	第一节	玉器修复
529	第二节	玉器预防性保护
542	第三节	小结

544	**后记**

第一章

玉 和 玉 器

玉器作为中国传统文化的重要标志之一,是具有中国特色的文物种类。然而,对于什么是玉,不同学界(如地质学、文博学)有不同定义,原因在于不同学科的研究对象和研究目的是不同的。甚至同一学界的不同研究者对玉的定义也有各自不同的理解,原因在于"定义"适合非历史性的事物,而历史性的事物是变化的,不容易给出定义。虽然东汉许慎的《说文解字》对"玉"的释义被普遍使用,但是辞典本身也是历史的产物,总是先有人们使用概念,才会有人把这些概念的使用方式收集编纂到辞典中。每一个概念在实际使用中往往是多义的,而且会随着历史进程不断变化。此外,研究者对玉的认识大多带有个人的主观视角,找不到某种超越一切视角的绝对标准来衡量玉。

目前,地质学界和文博学界对"玉"的定义均包括广义和狭义两种范畴,本章将对两个学界两种范畴的玉的定义进行必要解析。

第一节 宝石和玉石

宝玉石,也称珠宝玉石,或简称宝石。传统观念上的宝玉石是指自然界产出的,具有美观性、稀少性、耐久性和工艺价值,可加工成饰品的物质;现代意义上的宝玉石不仅包括天然珠宝玉石,还包括人工珠宝玉石。中国古代宝玉石研究一般仅涉及天然珠宝玉石,包括天然宝石、天然玉石和天然有机宝石,三者的定义、名称及透明度汇总如表1-1所示。

表1-1 天然宝石、天然玉石和有机宝石的定义和名称[①]

	宝石	玉石	有机宝石
定义	矿物单晶体,包括双晶	矿物集合体,少数为非晶质体	自然界生物生成,部分或全部由有机物质组成
名称	(1)钻石;(2)刚玉(红宝石、蓝宝石);(3)金绿宝石(猫眼、变石、变石猫眼);(4)绿柱石(祖母绿、海蓝宝石);(5)碧玺;(6)尖晶石;(7)锆石;(8)托帕石;(9)橄榄石;(10)石榴石(镁铝榴石、铁铝榴石、锰铝榴	(1)翡翠;(2)软玉(和田玉、白玉、青白玉、青玉、碧玉、墨玉、糖玉、黄玉);(3)欧珀(白欧珀、黑欧珀、火欧珀);(4)石英质玉[石英岩玉、玉髓(玛瑙/碧石)、硅化玉(木变石/硅化木/硅化珊瑚)];(5)蛇纹石	(1)天然珍珠(天然海水珍珠、天然淡水珍珠);(2)养殖珍珠(养殖海水珍珠、养殖淡水珍珠);(3)珊瑚;(4)琥珀(蜜蜡、血珀、金珀、绿珀、蓝

---

① 参照《珠宝玉石·名称》国家标准——(GB/T16552—2017)。

续表

	宝石	玉石	有机宝石
名称	石、钙铝榴石、钙铁榴石、翠榴石、黑榴石、钙铬榴石；（11）水晶（紫晶、黄晶、烟晶、绿水晶、芙蓉石、发晶）；（12）长石（月光石、天河石、日光石、钠长石）；（13）方柱石；（14）柱晶石；（15）黝帘石（坦桑石）；（16）绿帘石；（17）堇青石；（18）榍石；（19）磷灰石；（20）辉石（透辉石、顽火辉石、普通辉石、锂辉石）；（21）红柱石（空晶石）；（22）夕线石；（23）蓝晶石；（24）鱼眼石；（25）天蓝石；（26）符山石；（27）硼铝镁石；（28）塔菲石；（29）蓝锥矿；（30）重晶石；（31）天青石；（32）方解石（冰洲石）；（33）斧石；（34）锡石；（35）磷铝锂石；（36）透视石；（37）蓝柱石；（38）磷铝钠石；（39）赛黄晶；（40）硅铍石；（41）蓝方石；（42）闪锌矿。 共 42 种	岫玉）；（6）独山玉；（7）查罗玉；（8）钠长石玉；（9）蔷薇辉石；（10）阳起石；（11）绿松石；（12）青金石；（13）孔雀石；（14）硅孔雀石；（15）葡萄石；（16）大理石（汉白玉、蓝田玉）；（17）菱锌矿；（18）菱锰矿；（19）白云石；（20）萤石；（21）水钙铝榴石；（22）滑石；（23）硅硼钙石；（24）羟硅硼钙石；（25）方钠石；（26）赤铁矿；（27）天然玻璃（黑曜岩、玻璃陨石）；（28）鸡血石；（29）黏土矿物质玉（寿山石/青田石/巴林石/昌化石）；（30）水镁石；（31）苏纪石；（32）异极矿；（33）云母质玉（白云母、锂云母）；（34）针钠钙石；（35）绿泥石。 共 35 种	珀、虫珀、植物珀）；（5）煤精；（6）象牙；（7）龟甲（玳瑁）；（8）贝壳（砗磲）。 共 8 种
透明度	透明至半透明	半透明至近乎不透明，顶级的玉石（如翡翠）可以近乎透明	除优质琥珀外，多为半透明或不透明

注：（1）相比于2010年国家标准，天然宝石类多了"蓝方石"和"闪锌矿"，该类总数由40种增加至42种。（2）天然玉石类的"软玉"多了"黄玉"亚种，"玉髓[玛瑙、蓝玉髓、绿玉髓（澳玉）、黄玉髓（黄龙玉）]"、"木变石（虎睛石、鹰眼石）"和"石英岩（东陵石）"合并为"石英质玉"，"寿山石（田黄）"和"青田石"合并为"黏土矿物质玉"，该类总数由38种减少为35种。（3）天然有机宝石类的"硅化木"合并至天然玉石类的"石英质玉"，该类总数由9种减少为8种。（4）中华人民共和国教育部官网在2009年指出"黏"应是形容词，读 nián；"粘"应是动词，读 zhān，因此应使用"黏土"①。本表使用"黏土矿物"。

从表1-1可见，建立在结晶学及矿物学基础上的"玉石"和"宝石"界限明显。主要差异可归纳为以下几点：

一是光学性质差异。宝石是由显晶质（即晶体是肉眼可见的）单晶体构成的，其表面可以非常光滑，使得光线镜面反射的程度高，同时光线可以进入宝石内部经反射和折射后再到达人的眼睛，所以宝石的透明度和光泽度均高，通常呈现闪闪发亮的特征；玉石是由无数个细小晶体组成（隐晶质，即晶体结构需要借助电子显微镜才能看清），晶体之间存在的空隙导致玉石表面的光滑程度不如宝石，光线容易在玉石表面形成漫反射，同时光线很少能深入玉石内部，使得玉石的透明度和光泽度通常不及宝石。

二是加工工艺差异。宝石由单晶体构成，脆性大，常采用琢磨方式；玉石是单矿物或多矿物集合体，韧性大，常采用琢磨和雕刻方式，即玉石能采用的工艺手段比宝石丰富。

三是造型特征差异。由于宝石和玉石的结构差异，单晶体宝石的生长限制使得其尺寸一般较小，很难制作大的器物，造型多为凸面（弧形）型、刻面型（宝石特有）、珠型和异型；单

---

① 载于 http://www.moe.gov.cn/jyb_hygq/hygq_zczx/moe_1346/moe_1364/tnull_27706.html，最后浏览日期：2019年12月4日。

矿物或多矿物集合体玉石的尺寸可以很大,容易制作成各种形状和尺寸的器物,造型除了凸面(弧形)型、珠型和异型外,还包括雕琢(阴雕、圆雕、浮雕、镂空雕、随意雕等)的各种立体造型(人物、动物、花木、山水、仿古等)[①]。

上述"玉石"属于广义范畴的地质学定义,并非狭义范畴的"玉"概念——透闪石-阳起石质玉和翡翠。这一广义概念虽与古代或社会学范畴的"玉"或"玉石"概念(social jade)接近,但仍有差别。原因在于:

首先,古代地质学知识是从目测、手掂、鼻闻、耳听、舌尝的不断体验中积累经验获得的,尚无法深入晶体结构层面,因此宝石、玉石和有机宝石的划分在古代世界往往是含混不清的,不能简单地用表 1-1 现代矿物学介入的"玉"概念来研究中国古代玉器。

其次,与西方将玉石归属于宝石的分类方法不同,中国古代将很多宝石归属于玉石,如金刚石为异玉,水晶为水玉,托帕石为黄玉,红宝石为赤玉、火玉等,表明古代世界的宝石和玉石分类是以文化属性或文化传统为基础的,并非依据单一的自然属性。

以上分析表明,中国的玉或玉石具有自然和文化的双重属性,因此有必要借助考古出土材料对中国古代狭义和广义范畴的"玉"概念进行解析。

第二节　古代狭义范畴的"玉"

一、"玉"和"Jade"

"玉"字在中国各类史籍中出现的时间很早,商代甲骨文和金文已有关于玉及用玉制度的记载[②]。一般认为,史前至夏商周三代时期"美石为玉"的概念是广义的;春秋战国时期玉逐渐被"德"化,专指和田玉的"玉,石之美者,兼五德"的狭义概念出现,与广义概念并存,一直延续至今[③]。实际上,玉有"五德""七德""九德"和"十一德"等多种说法,"五德说"之所以盛行,显然是受到五行思想的影响。类似的案例还有"五谷""六谷"和"九谷"等说法,但"五谷说"最为流行。

英文中的"jade"一词与"玉"对应,最初指的是中美洲先民制作的面具、坠饰、环、耳饰、项圈和圆盘等器物,它们被认为与来自东方中国的"jade"是同一种物质。随着 18、19 世纪上半叶化学元素陆续被发现和证实,一些化学家热衷于分析古代艺术品的化学成分,如金属器、陶器、石器和骨器等[④]。19 世纪 60 年代,法国化学家和矿物学家达穆尔(Augustin Alexis Damour,1808—1902)采用当时流行的湿化学(通过溶解、沉淀、称重来确定元素和分子的比率)、显微镜观察、密度和摩氏硬度测量等方法检测了 1860 年从圆明园掠夺至欧洲的玉器,发现圆明园藏玉——"jade"实际包含两种不同的矿物:一种是角闪石族矿物组成的玉,即 Nephrite[1789 年由"德国地质学之父"维尔纳(Abraham Gottlob Werner,1749—1817)命名[⑤]];一种是辉石族矿物组成的玉,即 Jadeite(由达穆尔本人命名)。一个名词指代

---

① 吕林素、何雪梅、李宏博等:《实用宝石加工技法》,化学工业出版社 2007 年版,第 8—9 页。
② 杨州:《甲骨金文中所见"玉"资料的初步研究》,首都师范大学博士学位论文,2007 年。
③ 栾秉璈:《古玉鉴别》(上),文物出版社 2008 年版,第 14—21 页。
④ Pollard, A. M., Heron, C., *Archaeological Chemistry*, Cambridge: The Royal Society of Chemistry, 2008, pp. 1-6.
⑤ Desautels, P. E., *The Jade Kingdom*, New York: Van Nostrand Reinhold Company, 1986, p. 3.

两种矿物的情况在地质学界并非孤例,如刚玉包括红宝石和蓝宝石(可以呈红色以外的任意颜色),绿柱石包括祖母绿和海蓝宝石(不能呈现绿色)等,往往都是因约定俗成的使用习惯而形成。

西方近代科学传入中国的方式之一是对西方经典文献的翻译活动,可以分为两个阶段。明末清初是第一个阶段,中国知识分子和西方传教士合作将西方知识引入中国,这种合作的方式主要是传教士口述、中国学者记录,因此翻译效率不高。清末民初是第二个阶段,日本明治维新之后掀起了向西方学习的浪潮,大量西方近代科学被翻译成日语。由于中国和日本语系的某种相似性,日语翻译成汉语的难度较低,因此大大提升了西学传入中国的速度。在这样的背景下,地质矿物学中的Nephrite和Jadeite首先被日本学者分别翻译成"软玉"和"硬玉",之后引入中国被沿用,使得以往专指和田玉的狭义"玉"概念发生变化,增加了"翡翠"这种在清代中期之后深受王室和民间喜爱的玉材。自20世纪90年代以来,"软玉"和"硬玉"的称呼引起了热烈讨论:一方面是台湾大学地质系谭立平教授等认为某些软玉的硬度高于硬玉,软玉之称不妥[1];另一方面是软玉的字面信息很容易造成误导,即软玉的硬度很低,因此建议使用"透闪石-阳起石(质)玉"指代"Nephrite"[2],"翡翠"指代"Jadeite"。本书在其后标注古代玉材时也倾向于使用"矿物名称+(质)玉"进行学术上的命名。

二、透闪石-阳起石质玉(Nephrite)

透闪石-阳起石质玉(Nephrite)不是一种矿物学名称,而是指透闪石-阳起石系列的一个特殊种类,即具有无规则取向的透闪石-阳起石晶体交织而成的结构,这是透闪石或阳起石矿物能够成为玉的必要条件。正是这种交织显微结构使得透闪石-阳起石质玉成为最坚韧的矿物之一,如**表1-2**所示。就中国而言,新疆、青海、甘肃、西藏、四川、陕西、山西、内蒙古、北京、山东、辽宁、吉林、黑龙江、河南、湖南、安徽、江苏、江西、福建、云南、贵州、广西和台湾等23个省市自治区均发现了一定规模的透闪石矿床,但是能达到玉级别的矿床主要分布在新疆、青海、辽宁、四川、江苏、台湾、福建、河南以及贵州等省区[3]。

从世界范围来看,透闪石-阳起石玉矿床分布在东西走向的北带(北纬30—60°)和南带(南纬15—45°),北带包括加拿大、美国、德国、瑞士、意大利、法国、芬兰、波兰、俄罗斯、乌兹别克斯坦、巴基斯坦、印度、缅甸、中国、韩国和日本等,主要集中在北美、西欧和东亚;南带包括巴西、马拉维、莫桑比克、澳大利亚、新西兰、巴布亚新几内亚和新喀里多尼亚等,主要集中在中南美、东南非和大洋洲[4]。

---

[1] 谭立平、黄怡祯、徐济安等:《闪玉(角闪石、软玉)》,载于钱宪和、谭立平主编:《中国古玉鉴——制作方法及矿物鉴定》,地球出版社1998年版,第33—39页。
[2] 施光海、张小冲、徐琳等:《"软玉"一词由来、争议及去"软"建议》,《地学前缘》2019年第3期。
[3] 凌潇潇、吴瑞华、王时麒:《中国透闪石及透闪石玉的资源及分布》,https://www.docin.com/p-118432627.html,最后浏览日期:2019年12月13日;杨林、林金辉、王雷等:《贵州罗甸玉岩石化学特征及成因意义》,《矿物岩石》2012年第2期;王时麒:《中国软玉矿床的空间分布及成因类型和开发历史》,载于《玉石学国际学术研讨会论文集》编委会主编:《玉石学国际学术研讨会论文集》,地质出版社2011年版,第68—74页。
[4] 唐延龄、陈葆章、蒋壬华:《中国和阗玉》,新疆人民出版社1994年版,第132—148页。

表 1-2　一些宝玉石的韧性值

名称	韧性值(以黑金刚石为10作参照)①	名称	韧性值(以透闪石-阳起石质玉为1 000作参照)②
黑金刚石	10		
透闪石-阳起石质玉	9	透闪石-阳起石质玉	1 000
翡翠、刚玉	8	翡翠	500
钻石	7.5	刚玉	3
水晶、海蓝宝石	7—7.5	蛇纹石	250
橄榄石	6	石英岩	10—20
祖母绿	5.5	石英	5
黄玉、月光石	5	云母	2
玛瑙、磷灰石	3.5		
锂辉石、猫眼石	3		
褐帘石、绿帘石	2.5		
萤石	2		

注：两个参照系中，刚玉的差别很大，具体原因不详。

透闪石-阳起石质玉的化学式为 $Ca_2(Mg,Fe^{2+})_5Si_8O_{22}(OH)_2$，Fe 可以类质同象替代 Mg，根据替代量可以进行该种矿物的分类。当 $Mg/(Mg+Fe^{2+}) \geqslant 0.90$ 时，称为透闪石。当 $0.50 \leqslant Mg/(Mg+Fe^{2+}) < 0.90$ 时，称为阳起石。当 $Mg/(Mg+Fe^{2+}) < 0.50$ 时，称为铁阳起石③。当 $Mg/(Mg+Fe^{2+})$ 在 0.90 附近时，需要辅以 XRD 才能准确定出透闪石-阳起石质玉的组成矿物名称④。一般认为：白色、青白色和青色的透闪石-阳起石质玉在组成上偏向透闪石，即颜色越白，透闪石的比例越高；Fe 替代 Mg 引起的绿色、黄色、褐色和黑色等色调（Hue）透闪石-阳起石质玉在组成上偏向阳起石。不过，黑色透闪石-阳起石质玉的铁含量可以低至 0.56%，其呈色系含有片状、雾状和团块状的石墨物质所致⑤，这可以使用拉曼光谱进行鉴别。

透闪石-阳起石质玉的地质成因主要有两种。第一种是蛇纹石化的超基性岩型透闪石-阳起石玉矿。一般经过两个阶段，首先是主要成分为镁铁橄榄石的超基性岩与中—低温热液进行交代形成蛇纹石，然后与围岩（大理石或白云石）接触交代蚀变生成透闪石-阳起石质玉。其化学反应式表述如下：

$$5(Mg,Fe)_2SiO_4(镁铁橄榄石) + 4Ca^{2+} + 11SiO_2 + 2H_2O$$
$$\Rightarrow 2Ca_2(Mg,Fe)_5(Si_8O_{22})(OH)_2(透闪石-阳起石)$$

---

① 宋焕斌：《宝石学导论》，云南教育出版社 1997 年版，第 28 页；[日]近山晶：《宝石手册》，王曼君等译，地质出版社 1992 年版，第 9 页。
② 唐延龄、陈葆章、蒋壬华：《中国和阗玉》，新疆人民出版社 1994 年版，第 110 页。
③ 同上书，第 77 页。
④ 王立本、刘亚玲：《和田玉、玛纳斯碧玉和岫岩老玉（透闪石）的 X 射线粉晶衍射特征》，《岩石矿物学杂志》2002 年增刊。
⑤ 杨晓丹、施光海、刘琰：《新疆和田黑色透闪石质软玉振动光谱特征及颜色成因》，《光谱学与光谱分析》2012 年第 3 期。

第二种是白云石被含 Si 热液交代变质形成的碳酸盐型透闪石-阳起石玉矿,其化学反应式可表述为:

$$5CaMg(CO_3)_2(白云石) + 8SiO_2 + H_2O$$
$$\Rightarrow Ca_2Mg_5(Si_8O_{22})(OH)_2(透闪石) + 3CaCO_3 + 7CO_2$$

两种类型透闪石-阳起石质玉的差别在于:主量元素方面,超基性岩型的 Fe 含量明显高于碳酸盐型;微量元素方面,超基性岩型的 Cr、Ni 和 Co 含量均高于碳酸盐型,且铬铁矿($FeCr_2O_3$)包体的存在常作为超基性岩型的标志[①]。元素成分含量的差异造成两类玉石的外观特征有明显差别,如超基性岩型玉石的颜色以深色为主(深绿色、墨绿色等),碳酸盐型玉石的颜色以浅色为主(白色、青白色、青色、黄色和浅绿色等)。一般认为,中国境内的透闪石-阳起石玉矿床主要以碳酸盐型为主,仅新疆天山玛纳斯和阿尔金山玉矿、青海祁连山玉矿和芒崖玉矿、四川石棉玉矿、西藏日喀则玉矿、江西弋阳玉矿和台湾花莲玉矿等为超基性岩型。而世界各国总体上以超基性岩型透闪石-阳起石玉矿为主,仅俄罗斯和澳大利亚存在碳酸盐型透闪石-阳起石玉矿[②]。

值得注意的是,目前中国最早的透闪石-阳起石玉器出土于黑龙江饶河小南山遗址,其年代距今 9200—8600 年,相对于内蒙古赤峰敖汉旗兴隆洼玉器而言,其时代提前了约 1 000 年,分布地域也从辽河流域北移至乌苏里江流域,目前东北地区已发现辽宁岫岩、吉林磐石、黑龙江铁力等透闪石玉矿。不过,贝加尔湖的玛尔塔-布列契遗址(Mal'ta-Buret')出土了多件透闪石-阳起石质珠、坠、璧形饰等装饰品,其年代距今 2 万年左右,结合西伯利亚地区石器工业发达,以及贝加尔湖周边蕴藏着丰富的透闪石-阳起石矿的情况,中国东北地区早期玉器和贝加尔湖玉器之间的关系尚未明晰,仍需加大研究力度。

三、硬玉(Jadeite)

硬玉(Jadeite),是一种具有辉石类晶体结构特征的钠铝硅酸盐矿物,纯净硬玉的化学式为 $NaAl(SiO_3)_2$,其中 Na_2O 为 15.4%,Al_2O_3 为 25.2%,SiO_2 为 59.4%。达穆尔认为翡翠是以硬玉为主要矿物组成的,这一认识产生了宝玉石界长期以来的翡翠通用定义,即翡翠是以硬玉为主要矿物成分的多晶质集合体。不过,20 世纪 90 年代后的翡翠学研究显示翡翠和硬玉是有差别的。天然产出的硬玉常含有 Ca、Mg、Fe 和 Cr 等杂质元素,其中 Ca、Mg 和 Fe 可看作绿辉石或透辉石的化学成分,Cr 可看作钠铬辉石的化学成分。硬玉、绿辉石(或透辉石)和钠铬辉石可形成连续的固溶体,如**图 1-1** 所示[③]。2009 年 6 月 1 日发布,2010 年 3 月 1 日实行的《翡翠分级》国家标准(GB/T 23885—2009)指出,翡翠是指主要由硬玉或由硬玉及其他钠质、钠钙质辉石(钠铬辉石、绿辉石)组成的,具工艺价值的矿物集合体,可含少量角闪石、长石、铬铁矿等矿物,摩氏硬度 6.5—7.0,密度 3.25—3.40 g/cm^3,点测折射率 1.65—1.67。

---

① 张朱武:《不同产地软玉玉石的主成分、微量元素、矿相结构和产地特征研究》,中国科学院上海光学精密机械研究所博士学位论文,2011 年。

② 王时麒:《中国软玉矿床的空间分布及成因类型和开发历史》,载于《玉石学国际学术研讨会论文集》编委会:《玉石学国际学术研讨会论文集》,地质出版社 2011 年版,第 68—74 页。

③ 袁心强:《应用翡翠宝石学》,中国地质大学出版社 2009 年版,第 55 页。

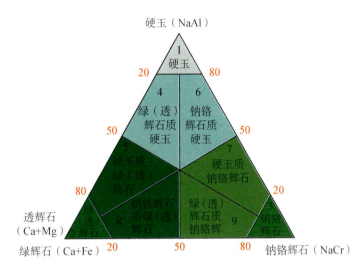

图 1-1 硬玉化学成分三元图解（改编自袁心强，2009）

翡翠在变质岩中产生，需要低温和高压的生成条件，所以出产地不多，仅缅甸、危地马拉、日本、俄罗斯和哈萨克斯坦等国出产。除缅甸外，其余产地的开发利用很早，如欧洲早至公元前 6000 年，日本早至绳纹时代早期（公元前 5000 年），危地马拉早至前古典时期的奥尔梅克文明（公元前 1200 年）。虽然中国周边有缅甸和日本这两个重要的翡翠产地，但多数学者认为，中国翡翠来自缅甸地区，缅甸翡翠的开采不晚于明代[1]。近期，中国社会科学院考古研究所和山东大学等单位通过拉曼光谱仪和红外光谱分析仪对 80 多件（套）出土玉器进行了物相检测，发现山东济南化纤路元代墓出土的玉卧马材质为翡翠。该结果如得到确认，可将中国翡翠的使用历史提前至元代[2]。不过，翡翠在中国的大规模使用晚至清代晚期，皇室喜爱的引领作用，导致上行下效，使得翡翠逐渐在贵族和民间流行开来。因此，在探讨中国古代玉器尤其是早期玉器时，可以忽略对翡翠器的关注。

第三节 古代广义范畴的"玉"

一、世界范围内古代"玉"

就世界范围而言，玉器艺术的发展与相关的历史时期、环境及民族密不可分。目前的国际考古发掘资料显示，整个古代世界只在环太平洋周围地区产生和发展了三个以爱玉、尊玉为文化特征的玉器中心，如**图 1-2** 所示。第一个是以"中国玉器"为中心的、太平洋西岸的东亚和南亚地区，第二个是以"印第安玉器"为中心的、太平洋东岸的中美洲地区，第三个是以"毛利人玉器"为中心的、太平洋南岸的大洋洲地区。印第安玉器的出现时间较早，以钠长岩玉为主要特征（而非以往认为的硬玉，见**表 1-3**），大致出现于公元前 1200 年的奥尔梅克

---

[1] 丘志力、吴沫、谷娴子等：《从传世及出土翡翠玉器看我国清代翡翠玉料的使用》，《宝石和宝石学杂志》2008 年第 4 期。
[2] 刘丽丽、郭俊峰：《科学管理出土文物，活化利用考古成果——济南市考古研究所文物管理利用综述》，《中国文物报》2017 年 9 月 22 日。

文化时期,延续了约 2 700 年,至玛雅文化和阿兹特克文化的末期(约公元 1500 年)逐渐衰亡。印第安玉器与中国玉器在礼仪功能、丧葬功能和装饰功能上有一定的相似性①;毛利人玉器的出现时间较晚,以(深)绿色的透闪石-阳起石质玉为主要特征,大致出现于毛利人祖先殖民新西兰后不久,即毛利人史前史的早期(公元 13 世纪左右),一直延续至今,目前作为旅游纪念品出售。早期毛利人主要用玉制作工具和武器,后多用来制作装饰品,玉礼器的数量少,显示出玉器在古代毛利人的政治和宗教生活中并不占重要地位②;中国玉器则长盛不衰,绵延万年,始终作为国家或者氏族的重器,贯穿了整个新石器时代至封建社会。无论在用玉历史,还是在玉器材质、雕琢工艺、功能、造型与纹饰等方面,中国的古玉都是其他地区的古玉所不能及的,因此,玉文化常被视为中西方文明最古老的分水岭③,是中国独有的文化艺术奇葩。

上述三个玉文化中心的主要玉材包括透闪石-阳起石和钠长岩,属于广义范畴的"玉"。邓聪曾从功能角度认为玉器是象征性器物,包括佩饰、宗教礼仪上的用具等,因此以美石制成的象征性物质都可以纳入"玉"的范围。邓聪指出欧亚大陆北部在距今 4 万—1 万年间的旧石器时代晚期使用骨角和矿物制成的佩饰,其中矿物质佩饰包括石灰岩、片岩、蛇纹岩、滑石/皂石、方解石、煤岩、褐煤和赤铁矿等材质。又进一步指出旧石器时代晚期早段(距今 4 万—3 万年)加工成玉器的矿物,多为带有光泽的硬度较低的石材,器型以珠和坠为主;旧石

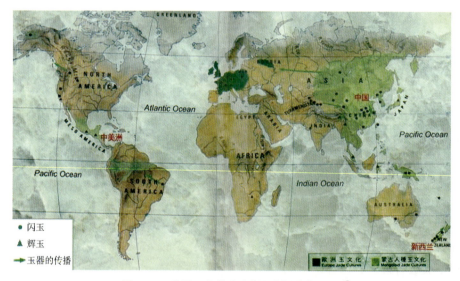

图 1-2　世界玉文化分布图(引自邓聪,1998④)

---

① 徐琳:《中国古代治玉工艺概述——兼论与中美洲古代玉文化及治玉工艺的初步比较》,载于故宫博物院:《山川菁英——中国与墨西哥古代玉石文明》,紫禁城出版社 2012 年版,第 324—338 页。
② 焦天龙:《新西兰考古学与毛利人的古玉文化》,载于杨伯达:《中国玉文化玉学论丛》(四编),紫禁城出版社 2007 年版,第 1138—1148 页;焦天龙:《环太平洋地区的古代玉器文化比较研究——以玛雅和新西兰地区为例》,载于杨晶、蒋卫东:《玉魂国魄——中国古代玉器与传统文化学术讨论会文集》(四),浙江古籍出版社 2010 年版,第 373—380 页。
③ 杨伯达:《古玉史论》,紫禁城出版社 2004 年版,第 16 页。
④ 邓聪:《东亚玉器》,香港中文大学中国考古艺术研究中心 1998 年版。

表 1-3 印第安玉器和毛利玉器所使用的玉材

印第安玉器[①]					毛利玉器（Pounamu）	
主要玉材（占91.8%）		次要玉材（占8.2%）				
1	钠长岩（79.2%）——包括透辉石质钠长岩（79.1%）和阳起石质钠长岩（0.1%）	7	阳起石	16	葡萄石	1	透闪石-阳起石质玉
		8	闪岩	17	辉岩	2	鲍温石（叶蛇纹石）
		9	绿柱石	18	异剥钙榴岩		
		10	绿泥石	19	滑石		
2	硬玉（7.2%）	11	榴辉石	20	石灰华		
3	蛇纹岩（4.3%）	12	铬云母	21	绿松石		
4	石英质碧玉（0.7%）	13	蓝闪石	22	符山石		
5	天河石（0.3%）	14	角闪石	23	黝帘石		
6	玄武岩（0.1%）	15	白云母				

器时代晚期晚段（距今2万年左右）玉器种类明显增加，如环、璧形饰、管珠和女神像等，材质也有所增加，一些硬度较高的矿物被使用，如透闪石-阳起石矿物[②]。值得注意的是，在中、蒙、俄交界的阿尔泰地区丹尼索瓦洞穴出土了一件绿泥石质手镯，其年代距今约4万年，不仅表明镯类器型在旧石器时代晚期早段已出现，而且显示已灭绝的丹尼索瓦人（而非智人）制作了手镯，这促使人们重新认识早期人类制作技术的复杂程度。

二、中国古代"玉"的鉴别

本章第二节中已经指出，中国古代广义范畴的"玉"是指"石之美者"，即认为玉是石中较好的品种。表1-3显示的与中国玉文化特征相似的印第安玉器材质种类也属于文化学或社会学范畴，并非狭义范畴。此外，中国出土的属于表1-1的古代宝石器数量在汉代丝绸之路正式开通之前不多，汉之后数量逐渐增加，多被认为是通过佛教传播、朝贡、贸易等方式获得的[③]，其原因可能是中国宝石的产地数量少、品质差，因此我们在探讨古代广义范畴的玉材种类时，可以对出土的汉代之前玉器材质进行统计。许多学者和部门开展了科学检测工作，获得了大量有效信息，现将一些工作列举如下。

（一）地质部门的介入

最早对出土玉器进行材质研究的是考古学家李济先生，他在1945年利用简单的地矿知

---

① Garza-Valds, L. A., "Mesoamerican Jade—Surface Changes Caused by Natural Weathering", in Lange, F. W., eds., *Precolumbian Jade—New Geological and Cultural Interpretations*, Salt Lake City: University of Utah Press, 1993, pp. 104-124; Garza-Valds, L. A., "Technology and Weathering of Mesoamerican Jades as Guides to Authenticity", *Materials Issues in Art and Archaeology*, 1991, 185(2), pp. 321-357.
② 邓聪：《玉器起源的一点认识》，载于杨伯达：《中国玉文化玉学论丛》，紫禁城出版社2002年版，第195-216页。
③ 林梅村：《珠宝艺术与中外文化交流》，《考古与文物》2014年第1期。

识,对河南安阳殷墟出土的61件玉器和山东日照两城镇出土的1件龙山文化玉斧作了颜色、比重及硬度的观察和测量,确定这些玉器绝大多数是透闪石-阳起石质玉[①]。然而,大量的玉质研究工作是从20世纪70年代后期开始的,许多学者尤其是地质学者,最早以玉质鉴别为切入点介入古玉研究。例如,1977—1986年,南京矿产地质研究所郑建高级工程师先后对59件良渚文化玉器[②]和127件北阴阳营文化玉器[③]进行了测试分析(其中52件经过仪器检测),除个别残片作切片观察外,主要用高硬度钻石笔在完整玉器的残破处刮取微量粉末,用油浸法在显微镜下观察鉴定,同时结合采用X射线衍射、差热分析、电子探针分析、红外光谱、矿物岩相分析等手段。1981—1982年,中国地质科学院地质研究所张培善研究员对河北满城汉墓出土的4件玉石器[④]以及河南安阳殷墟妇好墓出土的15件玉石器残片[⑤]进行了岩矿鉴定,包括光性及其他物性鉴定、化学分析和X射线粉晶分析。

1983年,中国地质科学院地质研究所闻广研究员开始进行中国古玉的考古地质学研究。闻广首先以新疆一系列不同产地、不同质量的现代透闪石-阳起石玉标本为对象,通过扫描电镜的系统观察,分析出透闪石-阳起石玉的一系列矿物特征,如:(1)透闪石-阳起石玉是具有交织纤维显微结构的透闪石-阳起石系列的矿物集合体,因此,欲确定古玉是否为透闪石-阳起石玉,除矿物成分外,还要鉴定其显微结构。(2)除颜色外,透闪石-阳起石玉的质量主要取决于显微结构,即矿物晶体纤维束的粗细及其所含杂质矿物的数量,这又与矿物的堆积密度、半透明度、光泽和韧性密切相关。一般说来,矿物的堆积密度关系着玉器的受沁程度,韧性关系着玉器加工的难易程度,杂质矿物的数量往往正比于纤维的粗细度[⑥]。(3)透闪石-阳起石玉的颜色随铁含量的增加而加深,所含铁元素主要是二价铁,当三价铁所占比率相对较高时,透闪石-阳起石玉的颜色偏黄[⑦]。至20世纪90年代,闻广在透闪石-阳起石玉的矿物特征研究基础上,提出了中国古玉器科技研究的方法论——以红外吸收光谱(IR)鉴定古玉器的矿物组成,确定透闪石-阳起石质玉器为低铁的透闪石玉或高铁的阳起石玉,然后以扫描电子显微镜(SEM)研究其显微结构[⑧]。上述方法尽管由于时代局限性需要微采

---

① 李济:《研究中国古玉问题的新资料》,载于中央研究院历史语言研究所:《六同别录》(中),中央研究院历史语言研究所1945年版,第1—3页。
② 郑建:《江苏吴县新石器时代遗址出土的古玉研究》,载于《考古》编辑部:《考古学集刊第三辑》,中国社会科学出版社1983年版,第218—224页;郑建:《吴县张陵山东山遗址出土玉器鉴定报告》,《文物》1986年第10期;郑建:《寺墩遗址出土良渚文化玉器鉴定报告》,载于徐湖平:《东方文明之光——良渚文化发现60周年纪念文集》,海南国际新闻出版中心1996年版,第432—441页;汪遵国:《良渚文化玉器综论》,载于邓聪:《东亚玉器》(上),香港中文大学中国考古艺术研究中心1998年版,第251—264页。
③ 罗宗真:《南京北阴阳营新石器时代遗址出土玉器的初步研究》,载于邓聪:《东亚玉器》(上),香港中文大学中国考古艺术研究中心1998年版,第233—240页。
④ 张培善:《河北满城汉墓玉衣等的矿物研究》,《考古》1981年第1期。
⑤ 张培善:《安阳殷墟妇好墓中玉器宝石的鉴定》,《考古》1982年第2期。
⑥ 闻广:《中国古玉的考古地质学研究——玉,中国古代文化的标志》,载地质矿产部书刊编辑室:《国际交流地质学术论文集——为二十七届国际地质大会撰写》(6),地质出版社1985年版,第265—267页。
⑦ 闻广:《中国古玉的考古地质学再研究》,载于杜石然:《第三届国际中国科学史讨论会论文集》,科学出版社1990年版,第99页;闻广:《中国古玉的研究》,载于《科技考古论丛》编辑组:《科技考古论丛——全国第二届科技考古学术讨论会》,中国科学技术大学出版社1991年版,第39—44页。
⑧ 闻广:《中国古玉地质考古学研究的续进展》,《故宫学术季刊》1993年第1期。

样,但应用于诸多遗址出土古玉器的研究后①,获得了颇为有益的认识。闻广将玉材种类、数量与新石器时代晚期埋葬制度联系起来,如:(1)根据透闪石-阳起石质玉的比重,将东北地区的建平牛河梁墓葬分为三个等级:一为全用透闪石-阳起石玉;二为透闪石-阳起石玉中夹个别非透闪石-阳起石玉;三为全用非透闪石-阳起石玉。(2)认为华东地区从马家浜文化至良渚文化,透闪石-阳起石玉的比重逐步增大,说明良渚先民已具有极高的鉴别玉料能力;非透闪石-阳起石玉的使用,应该是有意识的,或许是为了反映等级的差异。良渚文化时期,瑶山和反山高等级墓葬出土的透闪石-阳起石质玉器质量最好、数量最多、比例最大。(3)中原地区龙山文化陶寺类型遗址出土的透闪石-阳起石质玉器比例不高,而大理石质玉最多,蛇纹石质玉次之,后两项合计占非透闪石-阳起石数量的近四分之三②,说明陶寺龙山文化遗址的大部分墓葬未用玉,少数用玉者均杂有非透闪石-阳起石玉③。除上述史前玉器的系统研究外,闻广还分析研究了历史时期(西汉以前)的195件出土古玉器,包括内蒙古敖汉大甸子、河南安阳殷墟、山西曲沃曲村、陕西沣西张家坡、北京房山琉璃河、江苏吴县严山、广东广州南越王西汉墓、江苏高邮神居山汉墓等遗址或墓葬,其中闪石玉144件,占74%④。两座汉墓的玉衣均杂有非透闪石-阳起石玉,可能系汉代诸侯王为了遵循古制以避"用全"。综上可见,除了新石器时代晚期的中原地区,透闪石-阳起石质玉的比重与用玉制度、墓葬等级等因素密切相关。

20世纪90年代,由于大学和文物考古研究所两股研究力量的介入,地质单位学者的相关研究工作逐渐减少,如1997年,江西省地矿局陈聚兴采用偏光显微镜、油浸法、显微化学分析以及XRD相结合的方法,对江西新干商代大墓出土的玉器进行了岩矿分析。鉴定结果显示,新干出土754件(颗)玉器中绿松石玉的比例最大,磷铝石、磷铝锂石类玉的比例约为28%,透闪石-阳起石玉的数量有60余件,水晶类玉有2件,叶蜡石类玉只有1件⑤。2002

---

① 闻广:《苏南新石器时代玉器的考古地质学研究》,《文物》1986年第10期;闻广:《中国古玉地质考古学研究——西汉南越王墓玉器》,《考古》1991年第1期;闻广、荆志淳:《福泉山与崧泽玉器地质考古学研究——中国古玉地质考古学研究之二》,《考古》1993年第7期;闻广:《沣西周玉器地质考古学研究——中国古玉地质考古学研究之三》,《考古学报》1993年第2期;闻广:《高邮神居山二号汉墓玉器地质考古学研究——中国古玉地质考古学研究之四》,《文物》1994年第5期;闻广:《草鞋山玉器地质考古学研究——中国古玉地质考古学研究之五》,载于杨建芳师生古玉研究会、杨建芳师生古玉研究会:《玉文化论丛》(2),文物出版社、众志美术出版社2009年版,第110—125页;闻广:《遂昌好川玉器地质考古学研究——中国古玉地质考古学研究之六》,载于浙江省文物考古研究所、遂昌县文物管理委员会:《好川墓地》,文物出版社2001年版,第335—341页;闻广:《大地湾玉器地质考古学研究——中国古玉地质考古学研究之七》,载于杨建芳师生古玉研究会:《玉文化论丛》(3),文物出版社、众志美术出版社2009年版,第140—149页;闻广、荆志淳:《陶寺玉器地质考古学研究——中国古玉地质考古学研究之八》,载于中国社会科学院考古研究所、山西省临汾市文物局:《襄汾陶寺——1978—1985年考古发掘报告》(第3册),文物出版社2015年版,第1243—1254页;闻广:《南河浜玉器地质考古学研究——中国古玉地质考古学研究之九》,载于浙江省文物考古研究所:《南河浜——崧泽文化遗址发掘报告》,文物出版社2005年版,第407—415页;闻广:《曲贡史前玉器地质考古学研究》,载于中国社会科学院考古研究所、西藏自治区文物局:《拉萨曲贡》,中国大百科全书出版社1999年版,第247—250页。

② 高炜:《陶寺文化玉器及相关问题》,载于邓聪:《东亚玉器》(上),香港中文大学中国考古艺术研究中心1998年版,第192—200页。

③ 闻广:《中国古玉地质考古学研究》,载于徐湖平:《东方文明之光——良渚文化发现60周年纪念文集》,海南国际新闻出版中心1996年版,第427—431页。

④ 闻广:《中国古玉地质考古学研究的续进展》,《故宫学术季刊》1993年第1期。

⑤ 陈聚兴:《新干商代大墓玉器鉴定》,载于江西省文物考古研究所、江西省博物馆、新干县博物馆:《新干商代大墓》,文物出版社1997年版,第301—307页;彭适凡:《新干古玉》,(台北)典藏艺术家庭股份有限公司2003年版,第152—167页。

年,福建省区域地质调查队陈泽霖、梁诗经和苏福景对漳州虎林山玉石器进行了研究,绝大多数样品采用高倍放大镜进行鉴定,5件残片样品进行磨片和偏光显微镜观察,再对薄片进行岩性和化学成分分析,发现钏和玦的玉料是叶蜡石①。

(二) 高校的介入

高校学科种类齐备,参与古代玉器材质研究的学者包括地质学、物理学、材料学、化学等多个学科背景。1989年,安徽省文物考古研究所和中国科学技术大学开放研究实验室合作对史前重要的凌家滩文化玉器进行测试研究,首次采用X射线衍射分析(XRD)对4件完整玉器进行无损测试,并将透射电镜应用于古玉研究②。这是继文物部门与地质部门联合研究古玉之后,文物部门与高等院校合作研究古玉的开始。此后,中国科学技术大学科技史与科技考古系王昌燧教授领导的团队持续进行古代玉器的研究工作,如1999年徐安武对河南独山玉进行了指纹元素研究③,2002年程军对良渚玉器进行了材质和产地探索④,2002年冯敏测试了5件凌家滩古玉残件⑤。2003年,为配合安徽省文物考古研究所《潜山薛家岗》考古发掘报告的出版,王昌燧教授、冯敏老师及研究生王荣、高飞承担了薛家岗玉器的无损分析工作,采用X射线衍射、红外光谱、拉曼光谱等方法,前后分三批测试了安徽省考古所和安徽省博物馆所藏的127件玉器,结果显示绝大多数为透闪石-阳起石质玉器,占比达88.1%⑥。之后,王荣、冯敏、王昌燧等又对13件河南平顶山应国墓地(西周)的出土玉器进行了测试分析⑦。随着2005年王昌燧教授调往中国科学院研究生院(现为中国科学院大学),2007年王荣进入复旦大学任教,2008年冯敏老师调入中国科学技术大学地球科学与空间科学学院,中国科学技术大学在古代玉器方面的研究工作暂时停止。

1999—2001年,复旦大学承焕生、朱海信等将质子激发X射线荧光技术(PIXE)应用于出土古玉器化学成分和含量的无损分析,因样品无需制样和前处理,直接置于大气环境,不受大小和形状的制约,使得获取大量完整珍贵玉器文物的成分数据成为可能⑧。2007年7月王荣博士毕业进入复旦大学文物与博物馆学系任教之后,继续开展出土玉器的科技研究工作,研究对象涉及安徽孙家城和黄家堰、山东沂水纪王崮、河南安阳殷墟、辽宁大连小珠山、新疆曲曼、浙江余杭良渚、黑龙江饶河小南山、黑龙江抚远亮子油库、湖北荆门龙王山、广东广州增城墨依山、四川广汉三星堆、陕西凤翔血池、河南偃师商城、河南南阳桐柏月河、山东滕州大韩等新石器时代至汉代遗址或墓地的出土玉器,以及内蒙古巴林右旗博物馆、上海博物馆、江苏常州博物馆、江苏南京博物院、浙江良渚博物院、浙江杭州博物馆等馆藏的部分

---

① 福建博物院、漳州市文管办、漳州市博物馆:《虎林山遗址——福建漳州商周遗址发掘报告之一》,海潮摄影艺术出版社2003年版,第122—127页。
② 安徽省文物考古研究所、中国科学技术大学开放研究实验室:《凌家滩墓葬玉器测试研究》,《文物》1989年第4期。
③ 徐安武、杨小勇、孙在泾等:《河南南阳独山玉的PIXE研究》,《核技术》1999年第9期。
④ 程军、杨学明、杨晓勇等:《良渚文化玉器的稀土元素特征及其考古学意义》,《稀土》2000年第4期。
⑤ 冯敏:《凌家滩遗址出土部分古玉的材质分析》,载于张敬国:《凌家滩文化研究》,文物出版社2006年版,第252—255页。
⑥ 冯敏:《薛家岗玉器简述》,载于安徽省文物考古研究所:《潜山薛家岗》,文物出版社2004年版,第603—606页;高飞、冯敏、王荣等:《薛家岗遗址出土古玉器的材质特征》,《岩矿测试》2006年第3期;王荣、冯敏、吴卫红等:《拉曼光谱在薛家岗古玉分析测试中的应用》,《光谱学与光谱分析》2005年第9期。
⑦ 王荣、冯敏、陈启贤:《河南平顶山应国玉器的分析测试研究》,《中原文物》2008年第6期。
⑧ 朱海信、承焕生、杨福家:《福泉山良渚文化玉器的PIXE分析》,《核技术》2001年第2期。

出土玉器。

1999年,北京大学地质系王时麒等对湖北天门石家河肖家屋脊出土的5件石家河晚期玉碎片进行了岩矿鉴定,除以薄片样品在显微镜下作矿物成分鉴定外,又制成粉末,运用X射线衍射、红外光谱和电子探针等方法进行鉴定[1]。此后,王时麒团队长期致力于透闪石和蛇纹石玉矿的矿物岩石学特征及成矿模式研究[2]。2004—2007年,北京大学考古文博学院员雪梅、赵朝洪等对山西芮城清凉寺出土的247件玉器进行了矿物学研究,研究方法包括切片显微观察、比重测试、红外光谱、X射线粉晶衍射、微量元素、稳定同位素、K-Ar法测年、Ar-Ar法测年等[3]。2007年,员雪梅、赵朝洪等对山西侯马东周祭祀遗址出土的4件玉器残片进行了矿物学测试及产源分析,方法包括比重测试、红外光谱、X射线衍射分析、显微结构观察以及稳定同位素等手段[4]。2015—2016年,北京大学考古文博学院秦岭、崔剑锋等利用X射线荧光光谱法对浙江多个崧泽文化至良渚文化遗址的出土玉器进行了化学成分分析,并在此基础上进行了材质鉴别和早期社会形态研究[5]。2017年,崔剑锋对云南陆良薛官堡墓地(战国晚期至东汉初年)出土的18件玉器进行了X射线荧光光谱分析,结果显示玛瑙和绿松石是该地先民日常装饰品的主要制作原料[6]。

2002年开始,中国地质大学珠宝学院朱勤文团队运用宝石学和岩石学知识,以肉眼观察鉴定为主,辅以部分样品的宝石学参数测试和物理谱学测试,对安徽含山凌家滩遗址[7]、江西靖安李洲坳东周墓[8]、湖北随州曾侯乙墓[9]、湖北随州叶家山西周曾国墓[10]出土的玉器以及湖北省博物馆所藏战国玉石器[11]进行了科技鉴别和分析。

2002年,成都理工大学杨永富等采用油浸法对四川成都金沙遗址出土的600多件玉石器进行了鉴定,并抽取了50多件样品进行了扫描电镜和能谱元素分析[12]。2008年,成都理

---

[1] 王时麒、赵朝洪、张绪球等:《肖家屋脊遗址出土石家河文化玉器鉴定报告》,载于湖北省荆州博物馆、湖北省文物考古研究所、北京大学考古学系:《肖家屋脊:天门石家河考古发掘报告之一》,文物出版社1999年版,第430—434页。
[2] 王时麒、赵朝洪、于洸等:《中国岫岩玉》,科学出版社2007年版。
[3] 山西省考古研究所、运城市文物工作站、芮城县旅游文物局:《清凉寺史前墓地》(中),文物出版社2016年版,第555—602页。
[4] 员雪梅、赵朝洪、王金平等:《侯马东周祭祀遗址出土玉器材质的矿物学测试及产源分析》,《中原文物》2007年第1期。
[5] 秦岭、崔剑锋、杨颖亮:《小兜里遗址出土器的初步科学分析》,载于浙江省文物考古研究所、海宁市博物馆:《小兜里》(上),文物出版社2015年版,第412—426页;秦岭、崔剑锋:《浙北崧泽—良渚文化遗址出土玉器的初步科学分析》,载于浙江省文物考古研究所:《崧泽文化学术研讨会论文集(2014)》,文物出版社2016年版,第411页。
[6] 崔剑锋:《陆良薛官堡墓地出土玉石饰品材质分析》,载于中国社会科学院考古研究所、云南省文物考古研究所、曲靖市文物管理所、陆良县文物管理所:《陆良薛官堡墓地》,文物出版社2017年版,第259—261页。
[7] 朱勤文、吴沫、张敬国:《安徽凌家滩出土部分古玉器玉质成分研究报告》,载于安徽省文物考古研究所:《凌家滩——田野考古发掘报告之一》,文物出版社2006年版,第293—298页;蔡文静、张敬国、朱勤文等:《凌家滩出土部分古玉器玉质成分特征》,《东南文化》2002年第11期;朱勤文、张敬国:《安徽凌家滩出土古玉器软玉的化学成分特征》,《宝石和宝石学杂志》2002年第2期。
[8] 曹妙聪、朱勤文:《靖安古玉器的环境扫描电子显微镜表征》,《宝石和宝石学杂志》2009年第1期;朱勤文、曹妙聪、樊昌生等:《江西靖安东周墓出土玉器的玉质特征研究》,《宝石和宝石学杂志》2011年第2期;曹妙聪、朱勤文:《李洲坳东周墓出土玉器的红外光谱和X射线粉晶衍射特征》,《长春工程学院学报(自然科学版)》2012年第3期。
[9] 朱勤文、杨若晨、韩壮丽等:《曾侯乙墓出土古玉器碎片质成分研究》,《江汉考古》2009年第1期;朱勤文、蔡路武、韩壮丽等:《曾侯乙墓出土古玉器玉质特征》,《江汉考古》2011年第3期。
[10] 闵梦羽、黄凤春、罗泽敏等:《湖北随州叶家山西周曾国墓地出土玉器的玉质研究》,《宝石和宝石学杂志》2017年第1期。
[11] 朱勤文、鲍怡、陈春等:《湖北省博物馆藏出土战国玉(石)器材质研究》,《江汉考古》2016年第5期。
[12] 杨永富、李奎、常嗣和:《金沙村遗址玉、石器材料鉴定及初步研究》,载于成都市文物考古研究所、北京大学考古文博学院:《金沙淘珍——成都市金沙村遗址出土文物》,文物出版社2002年版,第193—200页。

工大学沉积地质研究所向芳、王成善、杨永富等公布了2 000余件金沙玉器中551件的材质分析结果,包括透闪石444件(80.58%)、斜长石65件(11.80%)、绿松石13件(2.36%)、砂岩5件(0.73%)、多矿物集合体4件(0.73%)、大理岩、石英岩、闪长岩各3件(各占0.54%)、透辉石2件(0.36%)、板岩、千枚岩、玛瑙、直闪石、角闪石、叶蜡石、滑石、蛇纹石、赤铁矿各1件(各占0.18%)[1]。

2005年,中山大学地球科学系丘志力团队采用折射率、静水密度法和放大观察等常规矿物学方法以及红外光谱、扫描电镜、拉曼光谱等测试仪器对岭南地区重要的横岭山商周墓地出土的95件玉器进行了分析研究,结果表明,石英质和水晶质玉器的数量最多,达75件[2],这区别于中国同时期其他区域遗址的玉材以透闪石-阳起石质为主的特点。此后,该团队又对江苏徐州狮子山楚王陵玉器进行了拉曼光谱分析,发现石墨包裹体的存在或可对玉料的产地来源进行限定[3]。近些年来,丘志力团队广泛与考古文博单位合作,致力于中国早期透闪石-阳起石玉矿的来源和传播工作[4]。

2007年,加拿大英属哥伦比亚大学人类学系荆志淳对河南安阳殷墟花园庄东地M54出土玉器进行了细致的地质考古学研究。该研究注重玉料物性和器物类型的相互关系及其反映的社会关系和文化内涵[5]。2018年,荆志淳对山东临朐西朱封遗址出土玉器进行了近红外光谱的材质分析[6]。

2010年之后,浙江大学地球科学系董传万在对良渚遗址出土石器进行鉴定的同时,也对良渚玉器进行了材质鉴定[7],如对卞家山玉器采用了肉眼鉴定,对文家山玉器采用了傅里叶变换红外光谱和X射线粉晶衍射分析。

2015年,中国科学院大学王昌燧教授联合中国社会科学院考古研究所、复旦大学获得国家自然科学基金重点项目立项资助,对殷墟玉器的材质、工艺、产地和受沁机制进行了较为系统的研究,获得了颇为丰富的认识。该研究首次探明殷墟玉器的材质包括透闪石-阳起石、大理岩/方解石/白云石、绿松石、绿泥石、蛇纹石、玛瑙/玉髓、迪开石、云母、天河石、磷铝石、磷灰石、孔雀石、钙铝榴石、叶蜡石等,其中透闪石-阳起石的比例最高,大理岩/方解石/白云石次之。

2018年,西北大学文化遗产学院先怡衡对大连于家砣头西周初期墓地出土的15件玉石

---

[1] 向芳、王成善、杨永富等:《金沙遗址玉器的材质来源探讨》,《江汉考古》2008年第3期。
[2] 吴沫、邱志力:《广东博罗横岭山先秦墓地出土玉器探析》,《东南文化》2005年第3期;吴沫:《广东商周墓地出土玉器的地质考古学研究》,中山大学硕士学位论文,2004年。
[3] 谷娴子、丘志力、李银德等:《西汉狮子山楚王陵出土玉器中的石墨包裹体》,《中山大学学报(自然科学版)》2007年第6期。
[4] 张钰岩、丘志力、杨江南等:《甘肃马衔山软玉成矿及玉料产地来源地质地球化学特征分析》,《中山大学学报(自然科学版)》2018年第2期;丘志力、杨炯、吴沫:《岭南先秦出土玉器与南岭香花岭新发现透闪石质玉料的观察比较》,载于成都金沙遗址博物馆、成都文物考古研究院、中国社会科学院考古研究所:《夏商时期玉文化国际学术研讨会论文集》,科学出版社2018年版,第336—343页;甘肃省文物考古研究所、中山大学地球科学与工程学院:《甘肃敦煌旱峡玉矿遗址考古调查报告》,《考古与文物》2019年第4期。
[5] 荆志淳、徐广德、何毓灵等:《M54出土玉器的地质考古学研究》,载于中国社会科学院考古研究所:《安阳殷墟花园庄东地商代墓葬》,科学出版社2007年版,第345—387页。
[6] 荆志淳:《西朱封遗址出土土、石器矿物组成的近红外光谱测试》,载于中国社会科学院考古所、山东省文物考古研究院、山东临朐山旺古生物化石博物馆:《临朐西朱封——山东龙山文化墓葬的发掘与研究》,文物出版社2018年版,第417—420页。
[7] 董传万:《良渚"南瓜黄"古玉器的玉料鉴定与玉石类型》,载于浙江省文物考古研究所:《文家山》,文物出版社2011年版,第147—152页;董传万:《卞家山出土玉器鉴定》,载于浙江省文物考古研究所:《卞家山》(上),文物出版社2014年版,第454—455页。

器进行无损分析,检测出 5 种材质,包括天河石 5 件、绿松石 4 件、玛瑙 2 件、滑石 1 件、蛇纹石 1 件、未知 2 件①。

(三) 考古所自身介入

随着文物考古研究所人员的多学科化以及实验室的设置,一些文物研究所的研究人员开展了出土玉器研究工作,不过目前公布的成果不多。

1996 年,四川省文物考古研究所苏永江从四川广汉三星堆出土玉器中,选出 10 件具有代表性的残片,通过显微光学观察和硬度、密度测试,指出其中 7 件为闪石玉,并发现影响三星堆古玉玉质的主要原因不是矿物成分,而是稍粗纤维、变斑结构和不同程度的定向构造,后者的影响则更为关键②。

2002 年之后,安徽省文物考古研究所张敬国和徐靖分别采用 X 射线衍射仪和 X 射线能谱仪再次分析了 19 件凌家滩古玉③。

2013 年和 2016 年,成都市文物考古研究所杨颖东等对新都区新繁镇同盟村遗址 M7 出土玉石器④和成都金沙遗址"阳光地带二期"出土的部分玉器⑤进行了 X 射线衍射和 X 射线荧光光谱分析。

2015 年之后,中国社会科学院考古研究所杜金鹏团队对多个遗址的出土玉器进行了多学科的综合研究,其中包括拉曼光谱和红外光谱的材质研究⑥,研究成果颇为丰富。

2018 年,郑州文物考古研究院信应君等对新郑唐户遗址(距今 9600—7800 年)出土的一件穿孔玉器进行了材质、工艺和使用方式的分析,结果显示其为方解石,采用单面钻和扩孔工艺,使用方式为装柄和悬挂的装饰品⑦。

(四) 科学院的介入

2007 年至今,中国科学院上海光学精密机械研究所干福熹领导的课题组采用质子激发 X 射线荧光技术、拉曼光谱、X 射线衍射等多种测试方法陆续对多个遗址出土的千余件古代玉器进行了测试分析,取得了丰富的研究成果⑧。其研究特点包括:研究方法是无损性分

---

① 先怡衡、李欣桐:《于家砣头墓地出土宝玉石器检测报告》《于家砣头墓地出土宝玉石器分析》,载于大连市文物考古研究所:《于家砣头墓地》,科学出版社 2018 年版,第 140—164 页。
② 苏永江:《广汉三星堆出土玉器考古地质学研究》,载于四川省文物考古研究所:《四川考古论集》,文物出版社 1996 年版,第 79—90 页。
③ 张敬国:《凌家滩聚落与玉器文明》,载于张敬国:《凌家滩文化研究》,文物出版社 2006 年版,129—132 页;徐靖、袁传勋、张敬国:《凌家滩玉器成分分析及相关性研究》,载于安徽省文物考古研究所:《凌家滩——田野考古发掘报告之一》,文物出版社 2006 年版,第 332—336 页。
④ 杨颖东、陈云洪:《成都市新都区新繁镇同盟村遗址 M7 出土玉石器分析研究》,载于四川大学博物馆、四川大学考古学系、成都文物考古研究所:《南方民族考古》(第九辑),科学出版社 2013 年版,第 251—261 页。
⑤ 杨颖东、周志清:《成都市金沙遗址"阳光地带二期"地点墓葬出土玉石器分析》,载于成都文物考古研究所:《成都考古研究》(三),科学出版社 2017 年版,第 468—487 页。
⑥ 杜金鹏、张友来:《临朐西朱封龙山文化玉器研究》,科学出版社 2015 年版;杜金鹏、唐际根、王青等:《玉华流映:殷墟妇好墓出土玉器》,中国书店 2017 年版;杜金鹏、袁广阔、刘新等:《桐柏月河春秋墓出土玉器研究》,科学出版社 2018 年版;杜金鹏、唐际根、张友来等:《殷墟妇好墓出土玉器研究》,科学出版社 2018 年版。
⑦ 信应君、崔天兴、胡亚毅:《新郑唐户遗址出土穿孔玉器的科学分析》,载于成都金沙遗址博物馆、成都文物考古研究院、中国社会科学院考古研究所:《夏商时期玉文化国际学术研讨会论文集》,科学出版社 2018 年版,第 344—348 页。
⑧ 干福熹等:《中国古代玉石和玉器的科学研究》,上海科学技术出版社 2017 年版。

析,研究对象是完整的玉器文物,研究思路是尽可能对一个遗址的所有出土玉器进行测试分析,以便使获得的材质信息能够反映整个墓葬或遗址的真实面貌。近些年,该所李青会领导的团队,包括董俊卿、刘松及研究生等,对河南、浙江和江苏等地区出土器物进行了系统研究,从中探析中国早期海上丝绸之路的贸易往来[①]。

(五) 其他单位的介入

2002年,安徽省宝玉石检测站孙先如等也对凌家滩玉器作了矿物成分、结构等方面的研究工作,表明透闪石-阳起石质玉器材质主要是低铁的透闪石,其显微结构主要为定向性纤维变晶结构,其次为柱状变晶结构及弱定向或无定向纤维隐晶质结构,后一结构的玉石更为致密、坚硬、温润[②]。

2007年,杭州历史博物馆洪丽娅采用红外光谱和能量色散X射线荧光光谱对浙江杭州半山石塘出土的112件玉石器进行了材质分析,结果显示:除48件透闪石-阳起石、35件昌化石器、12件玛瑙器、6件滑石器、3件绿泥石器、1件水晶器外,另有6件玻璃仿玉器和1件砺石[③]。

2009年,中国文化遗产研究院张治国等挑选甘肃崇信于家湾周墓的6件出土玉器进行科学分析,研究仪器包括扫描电镜、能量色散X射线荧光光谱、X射线衍射、傅里叶变换红外光谱,结果显示:除4件透闪石、1件大理岩外,另有1件钙铝榴石,这是高硬度玉器的首次考古发现[④]。

2010年,上海博物馆谷娴子对徐州狮子山楚王陵出土玉衣和玉棺的玉料组成进行科学分析,并在此基础上与现有透闪石-阳起石矿产进行了主量和微量元素比较,认为狮子山玉料的特征与新疆玉非常相似[⑤]。

2013年,湖北省博物馆文物保护中心李玲对湖北江陵九店战国中晚期遗址出土的7件玉器进行了材质研究,分析方法包括X射线衍射分析、拉曼光谱和质子激发X射线荧光光谱分析[⑥]。

综上可见,以往的玉质研究有许多单位的研究人员介入其中,相对而言,地质部门和高校研究人员最多,研究对象多为西汉及其之前的出土古玉。其中,新石器时代的玉材种类繁复、用途多样,因而大量玉质研究工作更集中于这一时期。根据前述工作的研究结果,学术界已形成了一些共识,如透闪石-阳起石质玉是中国新石器时代最主要的玉材,其次是蛇纹石、石英、绿松石、大理岩等玉材。结合各历史时期的研究结果表明,透闪石-阳起石质玉一

---

① Dong, J. Q., Han, Y. N., Ye, L. W., et al., "In Situ Identification of Gemstone Beads Excavated from Tombs of the Han Dynasties in Hepu county, Guangxi Province, China Using a Portable Raman Spectrometer", *Journal of Raman Spectroscopy*, 2014, 45(7), pp. 596-602;王亚伟、董俊卿、李青会:《广西合浦九只岭汉墓出土石榴子石珠饰的科学分析》,《光谱学与光谱分析》2018年第1期;李青会、左骏、刘琦等:《文化交流视野下的汉代合浦港》,广西科学技术出版社2019年版。
② 孙先如、张敬国、汪焕荣等:《安徽含山县凌家滩遗址新石器时代闪石类玉器研究》,《岩石矿物学杂志》2002年增刊。
③ 洪丽娅:《杭州半山战国墓出土玉石器材质研究》,《东方博物》2007年第3期。
④ 张治国、马清林:《甘肃崇信于家湾周墓出土器物研究》,《考古与文物》2009年第2期。
⑤ 谷娴子、李银德、丘志力等:《徐州狮子山楚王陵出土金缕玉衣和镶玉漆棺的玉料组分特征及产地来源研究》,《文物保护与考古科学》2010年第4期。
⑥ 李玲、谭畅、赵虹霞:《江陵九店遗址出土的玻璃、玉器分析研究》,载于中国文物保护技术协会:《中国文物保护技术协会第七次学术年会论文集》,科学出版社2013年版,第404—418页。

直是中国古代玉器最主要种类。早期玉质研究工作采用的技术方法多为常规性岩矿观察测试法、X射线粉晶衍射、红外光谱、扫描电镜等有损方法,由于玉器文物的异常珍贵性和不可再生性,仪器测试的取样要求与文化遗产的保护原则构成矛盾,使得大量精美的完整玉器无法得到科学检测,因而相关的科学测试数据极少,客观上影响了建立在材质基础上的古玉器整体研究水平。2000年之后,无损分析手段如拉曼光谱、大样品空间的X射线衍射、质子激发X射线荧光、能量色散X射线荧光等技术的应用,使得越来越多的出土玉器被科学分析,研究人员能更客观地探讨玉器反映的古代社会面貌。

三、中国古代"玉"的种类

中国出土玉器的材质鉴别表见表1-4:

表1-4 中国出土玉器的材质鉴别表(新石器时代至汉代)

序号	矿物	成分	比重	摩氏相对硬度	刻划硬度(以刚玉为1 000)	维氏绝对硬度(kg/mm^2)	罗氏相对研磨硬度(以石英为100)	最早出土实例
1	Talc 滑石	$Mg_3Si_4O_{10}(OH)_2$	2.20—2.80	1—3	2.3	2 或 2.4	0.03	黑龙江饶河小南山出土6件滑石珠(9200—8600BP)
2	Pyrophyllite 叶蜡石	$Al_2Si_4O_{10}(OH)_2$	2.65—2.90	1—2 或 1.5				浙江余姚河姆渡出土2件叶蜡石璜、1件叶蜡石玦和1件叶蜡石珠——河姆渡文化第一期(7000—6500BP)
	Gypsum 石膏	$CaSO_4 \cdot 2H_2O$	2.30—2.37	2	9.5	35 或 36	1.04	
3	Hawksbill 玳瑁	C	1.26—1.35	2—3				湖南长沙马王堆1号墓出土3件玳瑁璧(西汉早期)
4	Chlorite 绿泥石	$(Mg,Fe^{2+})_{3-X}Al_X(OH)_6]^{X+}[(Mg,Fe^{2+})_3(Si_{4-X}Al_X)O_{10}](OH)_2]^{X-}$	2.68—3.40	2.0—2.5 或 3.0				黑龙江饶河小南山出土5件绿泥石珠和1件绿泥石系璧残片(9200—8600BP)
5	Kaolinite 高岭石	$Al_4Si_4O_{10}(OH)_8$	2.60—2.63	2.0—2.5 或 3.5 *				浙江桐乡罗家角出土1件高岭石穿孔斧[T111(3):12]——马家浜文化(7000BP)
6	Dickite 迪开石	$Al_4Si_4O_{10}(OH)_8$	2.60—2.63	2.0—2.5				浙江余姚田螺山出土4件迪开石玦——河姆渡文化早期(7000BP)
7-1	Lizardite 利蛇纹石	$Mg_6(Si_4O_{10})(OH)_8$	2.44—2.80	2.5—6.0				辽宁建平牛河梁出土凤首(JN2Z1 M17:2)——红山文化晚期(5500—5000BP)

续表

序号	矿物	成分	比重	摩氏相对硬度	刻划硬度(以刚玉为1 000)	维氏绝对硬度(kg/mm^2)	罗氏相对研磨硬度(以石英为100)	最早出土实例
7-2	Chrysotile 纤蛇纹石	$Mg_6(Si_4O_{10})(OH)_8$	2.44—2.80	2.5—6.0				江苏南京北阴阳营出土纤蛇纹石玦、璜、环、坠、管等——北阴阳营文化早期(6000—5700BP)
7-3	Antigorite 叶蛇纹石	$(Mg,Fe^{2+})_6(Si_4O_{10})(OH)_8$	2.44—2.80	纯3—3.5		31.47—143.60		黑龙江饶河小南山出土蛇纹石珠和坠饰,共17件(9200—8600BP)
8	Muscovite/Sericite 白云母/绢云母	$KAl_2(AlSi_3O_{10})(OH,F)_2$	2.76—3.10	2—3,垂直(001)为4*				黑龙江饶河小南山出土1件绢云母璧(9200—8600BP)
9	Jet 煤精	C	1.30—1.34	2—4				辽宁沈阳新乐出土约398块煤精制品和煤精块——新乐文化(7300—6800BP)
10	**Calcite** 方解石	$CaCO_3$	2.65—2.75	3	22.5	172或109	3.75	河南新郑唐户遗址出土方解石穿孔器——(9600—7800BP)
11	Dolomite 白云石	$(Ca,Mg)CO_3$	2.86—3.20	3—4				江苏张家港东山村遗址出土1件白云石管(5700—5500BP),白云石使用很早,但仍需更多的科学证据
12	Anhydrite 硬石膏	$CaSO_4$	2.8—3.0	3.0—3.5				河南淅川下王岗出土1件硬石膏为主的玉璧(H263:5)(1680—1610BC)
13	Celestite 天青石	$(Sr,Ba)SO_4$	3.87—4.30	3.0—3.5				湖北荆门左冢楚墓出土多种器型天青石器(战国中期)
14	Alunite 明矾石	$KAl_3(SO_4)_2(OH)_6$	2.60—2.80	3.5—4.0				安徽含山凌家滩出土2件明矾石钺(87M8:33、98M18:1)(5600—5300BP)
15	Malachite 孔雀石	$Cu_2CO_3(OH)_2$	3.25—4.10	3.5—4.0				辽宁大连大潘家村出土孔雀石坠饰——小珠山文化第四五期(5000—4000BP)
16	**Fluorite** 萤石	CaF_2	3.00—3.25	4	25.5	248或189	4.17	河南舞阳贾湖出土21件萤石质圆形穿孔饰(9000—7500BP)
17	**Apatite** 磷灰石	$Ca_5(PO_4)_3(F,Cl,OH)$	3.13—3.23	5	35.5	610或536	5.42	河南安阳殷墟安阳钢铁厂玉器(2004 AGGD M47:2)(1290—1046BC)

续表

序号	矿物	成分	比重	摩氏相对硬度	刻划硬度(以刚玉为1 000)	维氏绝对硬度(kg/mm^2)	罗氏相对研磨硬度(以石英为100)	最早出土实例
18-1	Variscite 磷铝石	$AlPO_4 \cdot 2H_2O$	2.53—2.58	5				河南鹤壁刘庄出土6件磷铝石管珠——二里头文化二期偏早阶段至四期偏早阶段（1680—1550BC）
18-2	Crandallite 纤磷钙铝石	$CaAl_3(PO_4)_2(OH)_5 \cdot H_2O$	2.78—2.93	5				河南鹤壁刘庄出土3件纤磷钙铝石玉珠（M208：2—4，M208：2—9，M208：2—11）——二里头文化二期偏早阶段至四期偏早阶段（1680—1550BC）
18-3	Amblygonite 磷铝锂石	$(Li,Na)Al(PO_4)(OH,F)$	2.98—3.24	5—6				江西新干大洋洲商墓出土磷铝锂石琮、镯、环各一件，串珠、项链几十颗——商代后期早段或殷墟二、三期（1250—1090BC）
19	Turquoise 绿松石	$CuAl_6(PO_4)_4(OH)_8 \cdot 5H_2O$	2.40—2.90	5—6				河南舞阳贾湖出土大量件珠饰、坠饰以及棒形饰等（9000—7500BP）
20	Opal 蛋白石	$SiO_2 \cdot nH_2O$	1.25—2.23	5—6				河南安阳殷墟出土1件蛋白石珠（1290—1046BC）
21	Enstatite 顽火辉石	$Mg_2Si_2O_6$	3.23—3.40	5—6				辽宁建平牛河梁遗址出土1件顽火辉石仿贝（JN2Z1CJ：1）——红山文化晚期（5500—5000BP）
22	Diopside 透辉石	$CaMgSi_2O_6$	3.22—3.40	5.5—6.5				江苏常州武进寺墩出土璧和琮——良渚文化晚期（4500—4300BP）
23-1	**Orthoclase 正长石**	$KAlSi_3O_8$	2.55—2.63	6	108	930 或 759	31.0	浙江海宁九虎庙出土1件正长石管（M4：14）——良渚文化中晚期
23-2	Amazonite 微斜长石/天河石	$KAlSi_3O_8$	2.55—2.63	6.0—6.5				辽宁建平牛河梁出土1件天河石小坠珠（JN2Z4M3：2）——红山文化晚期（5500—5000BP）
24-1	Albite 钠长石	$NaAlSi_3O_8$	2.60—2.63	6.0—6.5				甘肃秦安大地湾出土钠长石凿——大地湾第四期（5500—4900BP）

续表

序号	矿物	成分	比重	摩氏相对硬度	刻划硬度(以刚玉为1 000)	维氏绝对硬度(kg/mm²)	罗氏相对研磨硬度(以石英为100)	最早出土实例
24-2	Anorthite 钙长石	$CaAl_2Si_2O_8$	2.74—2.76	6.0—6.5				河南邓州八里岗出土独山玉斧、凿——时代早至仰韶文化初期(7000BP)
25	Zoisite 黝帘石	$Ca_2Al_3(SiO_4)_3(OH)$	3.10—3.45	6—7				河南邓州八里岗出土独山玉斧、凿等——时代早至仰韶文化初期(7000BP)
26-1	Tremolite 透闪石	$Ca_2(Mg,Fe^{2+})_5Si_8O_{22}(OH)_2$	2.90—3.10	6.0—6.5				黑龙江饶河小南山出土39件透闪石玉器(9200—8600BP)
26-2	Actinolite 阳起石	$Ca_2(Mg,Fe^{2+})_5Si_8O_{22}(OH)_2$	2.95—3.10	5—6				尚无最早的证据
	Jadeite 翡翠	$NaAlSi_2O_6$	3.25—3.40	6.5—7.0				山东济南化纤路元代墓出土的翡翠卧马(科学数据尚未发表)
27	Sillimanite 硅线石	$Al(AlSiO_5)$	3.14—3.27	6.0—7.5				甘肃秦安大地湾第三期出土1件硅线石锛(5900—5500BP);第四期出土1件硅线石料(5500—4900BP)
28	Agate 玛瑙/Chalcedony 玉髓	SiO_2	2.55—2.71	6.5—7.0				黑龙江饶河小南山出土1件玉髓系璧(9200—8600BP)
29	**Quartz** 石英	SiO_2	2.64—2.71	7	300	1 120	100	浙江余姚河姆渡出土石英珠、玦、璜和管(7000—5300BP)
30	Crystal 水晶	SiO_2	2.64—2.69	7				① 直接利用天然水晶——河北易县北福地出土3件六棱锥柱水晶晶体(8000—7000BP);② 加工天然水晶——安徽含山凌家滩遗址出土1件水晶耳珰(87M15:34)(5600—5300BP)
31-1	Grossularite 钙铝榴石	$Ca_3Al_2(SiO_4)_3$	3.57—3.73	7.0—7.5		1 194、1 524—1 586		河南安阳殷墟后冈遗址出土1件钙铝榴石兔(75AGG M621:5)(1290—1046BC)

续表

序号	矿物	成分	比重	摩氏相对硬度	刻划硬度（以刚玉为1 000）	维氏绝对硬度（kg/mm²）	罗氏相对研磨硬度（以石英为100）	最早出土实例
31-2	Almandine 铁铝榴石	$Fe_3Al_2(SiO_4)_3$	3.93—4.30	7—8				广西合浦西汉晚期墓出土数十件铁铝榴石珠、狮、摩羯
32	Beryl 绿柱石	$Be_2Al_2Si_6O_{18}$	2.67—2.90	7.5—8.0				四川广汉三星堆仁胜村墓地出土1件绿柱石泡形器（1680—1560BC）（尚缺科学数据佐证）
	Topaz 黄玉	$Al_2SiO_4(F,OH)_2$	3.53 (±0.04)	8	450	1 250 或 1 427	146	
33	Corundum 刚玉	Al_2O_3	3.95—4.10	9	1 000	2 100 或 2 060	833	浙江余杭瑶山刚玉混合物钺（M14:199）（良渚文化中期偏早约5000—4800BP）
	Diamond 金刚石	C	3.47—3.56	10		10 000 或 10 060	117 000	

注：(1) 加粗体是摩氏硬度的十级标准参考矿物，第六列的刻划硬度是由测硬计测得的。(2) 闻广、荆志淳分析了上海青浦福泉山遗址出土的编号为M40:86的玉钺，结果显示其材质为滑石＋菱镁矿[1]，表明菱镁矿是主要矿物滑石的伴生矿物。目前，尚未有以菱镁矿（$MgCO_3$）为主要矿物的出土玉器的鉴定数据。(3) 闻广、荆志淳分析了陕西长安张家坡墓地出土的玉片（M163:56-3），结果显示其材质为透闪石＋葡萄石[2]，表明葡萄石是主要矿物透闪石的伴生矿物。因此，目前尚未有以葡萄石[$Ca_2Al_2Si_3O_{10}(OH)_2$]为主要矿物的出土玉器的鉴定数据。(4) 翡翠仅列出，不进行统计。黑龙江饶河小南山遗址仅统计2015—2017年出土玉器的分析结果。有机制玉材仅列出煤精和琥珀。(5) 未列出笔者近期发现的赤铁矿装饰品。

由表1-4可见，中国古代曾使用的玉料至少有33种，分为两大类：无机质材料（31种）和有机质材料（本书仅列2种），无机质材料又可分为硅酸盐类（16种）、碳酸盐类（3种）、磷酸盐类（3种）、硫酸盐类（3种）、氧化物（5种）以及氟化物类（1种）等六类，分属含氧盐大类、氧化物大类和卤化物大类。

地壳中元素丰度由大至小，前十五位依次为O、Si、Al、Fe、Ca、Na、K、Mg、Ti、H、P、C、Mn、S、Ba。O和Si构成的硅酸盐和氧化物分别占地壳总重量的80%和12.6%，是地壳比重最大的两类矿物；含氧盐中的碳酸盐、磷酸盐以及硫酸盐在剩余矿物中也占有一定比例，尤其是碳酸盐的比重可以接近2.4%[3]。由此可见，除氧化物和氟化物外，表1-4的玉材均属于含氧盐矿物——各种金属阳离子与各种含氧酸根络阴离子结合而成的盐类化合物，络阴离子内中心阳离子主要以共价键与O^{2-}相联，然后主要借助O^{2-}与外部金属阳离子以离子键结合。

本书将上述玉材分为两类：硅酸盐类和非硅酸盐类。笔者分别在第二章和第三章简述两类玉材的基本信息、科技分析参考值以及进行考古出土早期物举例，进而了解玉材的基本特性以及在早期中国的利用情况，从而为考古和保护研究奠定材质基础。

---

[1] 闻广、荆志淳：《福泉山与崧泽玉器地质考古学研究——中国古玉地质考古学研究之二》，《考古》1993年第7期。
[2] 闻广：《沣西西周玉器地质考古学研究——中国古玉地质考古学研究之三》，《考古学报》1993年第2期。
[3] Stanley, S. M., *Earth System History* (3rd Edition), New York: W. H. Freeman, 2009.

第二章

中国早期玉材利用研究

——硅酸盐篇

第一章根据现有的科技分析结果,总结了新石器时代至汉代出土玉器的主要材料种类,其中无机质材料主要包括六类矿物,即硅酸盐、碳酸盐、磷酸盐、硫酸盐、氧化物和氯化物,分属于三大类矿物——氧化物、含氧盐和卤化物。一般来说,矿物的本质是成分和结构的统一,其决定了矿物间的共性和差异性。本章将分述硅酸盐质玉材的基本性质、科技鉴别参考值以及早期考古出土品列举等信息,下一章将分述非硅酸盐质玉材的相关信息。为了便于阅读,笔者将相关内容汇总成表格形式。

第一节 硅酸盐玉材

一、硅氧四面体

硅酸盐是以硅氧四面体为结构单元通过某种空间架构方式构成的矿物,如图 2-1 所示。Si^{4+} 位于四面体中心,O^{2-} 位于四面体角顶[图 2-1(a)],Si—O 平均键长为 0.162 nm,O—O 平均键长为 0.264 nm,O—Si—O 的键角理论值为 109.5°[1]。每个氧是 -2 价,故最多被两个[SiO_4]共有[图 2-1(b)]。[SiO_4]可以相互孤立地存在,也可以通过共角顶方式连接,但不能以共棱或共面方式相连,其原因是[SiO_4]体积小且 Si^{4+} 电价高,会引起 Si—Si 的强烈排斥而造成结构的不稳定。在硅酸盐晶体中,每个硅氧四面体中的氧可区分为桥氧("bo"= bridging oxyge,即非活性氧、惰性氧)和非桥氧("nbo"= nonbridging oxygen,即活性氧、自由氧或端氧),如图 2-1 中两个[SiO_4]四面体共用的氧离子(绿色标记)是桥氧,而只与一个[SiO_4]四面体中 Si^{4+} 配位的氧离子(红色标记)是非桥氧。

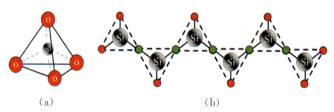

图 2-1 [SiO_4]四面体的结构单元和共角顶连接

---

[1] 田键:《硅酸盐晶体化学》,武汉大学出版社 2010 年版,第 100 页。

二、硅酸盐结构

除了硅和氧以外,硅酸盐组成中含有其他阳离子,其种类多达 50 余种,主要包括惰性气体型离子和部分过渡型离子,铜型离子非常少且需在某些特殊情况下才能形成硅酸盐①(如图 2-2 红框所示),因此硅酸盐种类颇多。此外,配位数相同或相近的阳离子之间存在着广

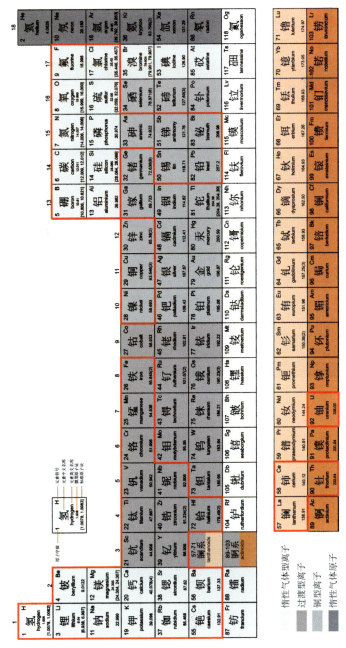

图 2-2 形成硅酸盐矿物的主要阳离子和阴离子(红框标示)

---

① 赵珊茸:《结晶学及矿物学》,高等教育出版社 2017 年版,第 317 页。

泛的类质同象替代现象,使得硅酸盐矿物的晶体化学成分及结构变得异常复杂。

不同的硅酸盐结构如图 2-3 所示,它们在组成上可以用 O/Si 比值来表征。当 O/Si=4 时,$[SiO_4]$ 完全孤立存在,通过其他离子配位多面体连接形成硅酸盐晶体;随着 O/Si 比值下降,部分 $[SiO_4]$ 之间直接连接,亦即它们的连接程度增加,硅酸盐处于岛状至架状之间的某种结构形式,如环状、链状、层状等;当 $[SiO_4]$ 之间完全相互连接形成架状结构时,O/Si=2。因此,O/Si 比值决定了硅酸盐晶体中 $[SiO_4]$ 之间的连接程度与结构类型。据此,我们将表 1-4 的硅酸盐玉材归类为表 2-1[①]。

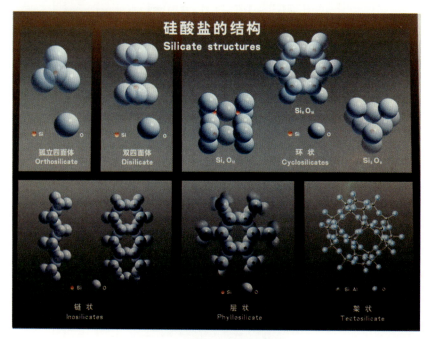

图 2-3 硅酸盐结构的示意图
(2018 年摄于中国地质博物馆)

表 2-1 硅酸盐晶体结构类型与 Si/O 的关系

结构类型	$[SiO_4]^{4-}$ 共用 O^{2-} 数	形状	络阴离子	Si/O	出土玉器材质实例
岛状	0	四面体	$[SiO_4]^{4-}$	1∶4	钙铝榴石 $Ca_3Al_2[SiO_4]_3$ 铁铝榴石 $Fe_3Al_2[SiO_4]_3$
	1	双四面体	$[Si_2O_7]^{6-}$	2∶7	黝帘石 $Ca_2Al_3(SiO_4)(Si_2O_7)O(OH)$
环状	2	三节环	$[Si_3O_9]^{6-}$	1∶3	尚缺出土实物
		四节环	$[Si_4O_{12}]^{8-}$		尚缺出土实物
		六节环	$[Si_6O_{18}]^{12-}$		绿柱石 $Be_3Al_2[Si_6O_{18}]$
		多节环	$[Si_nO_{3n}]^{2n-}$		尚缺出土实物

---

① 田键:《硅酸盐晶体化学》,武汉大学出版社 2010 年版,第 102—117 页。

续表

结构类型	$[SiO_4]^{4-}$ 共用 O^{2-} 数	形状	络阴离子	Si/O	出土玉器材质实例
链状	2	单链	$[Si_2O_6]^{4-}$	1:3	硬玉 $NaAl[Si_2O_6]$ 透辉石 $CaMg[Si_2O_6]$ 顽火辉石 $Mg_2[Si_2O_6]$
			$[Si_3O_9]^{6-}$		尚缺出土实物
			$[Si_4O_{12}]^{8-}$		尚缺出土实物
			$[Si_5O_{15}]^{10-}$		尚缺出土实物
			$[Si_6O_{18}]^{12-}$		尚缺出土实物
			$[Si_7O_{21}]^{14-}$		尚缺出土实物
			$[Si_9O_{27}]^{18-}$		尚缺出土实物
			$[Si_{12}O_{36}]^{24-}$		尚缺出土实物
	2,3	双链	$[Si_4O_{11}]^{6-}$	1:2.75	透闪石-阳起石 $Ca_2(Mg,Fe^{2+})_5[Si_4O_{11}]_2(OH)_2$
			$[AlSiO_5]^{3-}$	n(Al+Si)/nSi=1:2.5	硅线石(夕线石)$Al[AlSiO_5]$
层状	3	平面层	$[Si_4O_{10}]^{4-}$	1:2.5	高岭石 $Al_4[Si_4O_{10}](OH)_8$(1:1型二八面体) 迪(地)开石 $Al_4[Si_4O_{10}](OH)_8$(1:1型二八面体) 蛇纹石 $Mg_6[Si_4O_{10}](OH)_8$(1:1型三八面体) 叶蜡石 $Al_2[Si_4O_{10}](OH)_2$(2:1型二八面体) 滑石 $Mg_3[Si_4O_{10}](OH)_2$(2:1型三八面体) 白云母/绢云母 $KAl_2[(Si_3Al)O_{10}](OH,F)_2$(2:1型二八面体) 钠云母 $NaAl_2[(Si_3Al)O_{10}](OH,F)_2$(2:1型二八面体) 绿泥石 $[(Mg,Fe^{2+})_{3-x}Al_x(OH)_6]^{x+}[(Mg,Fe^{2+})_3(Si_{4-x}Al_x)O_{10}(OH)_2]^{x-}$(2:1:1型)
层状—架状	3	平面层和骨架	$[Si_4O_{10}]^{4-}$	1:2.5	葡萄石 $Ca_2Al[(Si_3Al)O_{10}](OH)_2$[1],属于"架状层"硅氧骨干,即由3层硅氧四面体组成,中间一层硅氧四面体与4个硅氧四面体相连,因此这种层状骨干带有架状骨干的特点,可视为层状与架状之间的过渡形式[2]

---

[1] 闻广:《沣西西周玉器地质考古学研究——中国古玉地质考古学研究之三》,《考古学报》1993年第2期。闻广分析了陕西长安张家坡墓地出土的玉片(M163:56-3),结果显示其材质为透闪石+葡萄石,表明葡萄石作为主要矿物透闪石的伴生矿物而存在。因此,目前尚未有以葡萄石为主要矿物的出土玉器。
[2] 赵珊茸:《结晶学及矿物学》,高等教育出版社2017年版,第320页。

续表

结构类型	$[SiO_4]^{4-}$ 共用 O^{2-} 数	形状	络阴离子	Si/O	出土玉器材质实例
架状	4	骨架	$[(Si_{4-x}Al_x)O_8]^{x-}$	$n(Al+Si)/nSi=1:2$	钾长石/正长石 $K[(Si_3Al)O_8]$ 微斜长石/天河石 $K[(Si_3Al)O_8]$ 钠长石 $Na[(Si_3Al)O_8]$ 钙长石 $Ca[(Si_2Al_2)O_8]$
			$[SiO_2]^0$		石英 SiO_2

注：(1) 双四面体也是孤立存在的，常归属于岛状硅酸盐。(2) 层状硅酸盐分为四种类型，由上而下依次为高岭石型、叶蜡石型、云母型、绿泥石型。(3) 蛇纹石包括叶蛇纹石、利蛇纹石、纤蛇纹石。(4) 层状的二维结构到架状的三维结构之间存在一些过渡类型，本表中也列出。(5) 石英的结构属于架状，但它更多地被视为氧化物，本书将石英置于第三章氧化物部分介绍。

表2-1显示，中国古代硅酸盐玉材主要有5种晶体结构，其中层状硅酸盐最多，达到8种；链状、架状和岛状硅酸盐次之；环状硅酸盐最少。

表2-1还显示Al具有双重性，可以两种形式存在：一种以4次配位$[AlO_4]$四面体形式存在，构成铝硅酸盐；另一种以6次配位Al离子形式存在，位于硅氧四面体之外，构成铝的硅酸盐。一般而言，Al以6次配位阳离子形式存在是比较容易的，故表2-1中5种晶体结构类型的硅酸盐玉材均可含有Al；Al以4次配位取代Si的形式并非存在于所有硅酸盐结构中，其由易至难的顺序为架状（必须存在，且Al和Si的比例最高可达1∶1）—层状—双链—单链—环状—岛状（难以存在）。

值得注意的是，Al的两种配位形式可以共存于同一结构中，形成铝的铝硅酸盐，如表2-1中的硅线石和云母；葡萄石也属于此类，但目前没有以葡萄石为主要矿物的出土物，仅在表2-1中列出。

三、硅酸盐性质

硅酸盐矿物的形态取决于硅氧骨干的形式和阳离子配位多面体的连接方式，特别是$[AlO_6]$八面体的连结方式。岛状硅酸盐在形态上常呈三向等长粒状，如石榴石等，也可因骨干外$[AlO_6]$八面体的共棱连接形成链型而表现为柱状，如红柱石等；环状硅酸盐常呈柱状习性，属六方晶系或三方晶系，柱的延长方向垂直于环状硅氧骨干的平面，如绿柱石等；链状硅酸盐常呈柱状或针状晶体，晶体延长的方向平行于链状硅氧骨干的延长方向，如透辉石、顽火辉石、透闪石-阳起石、硅线石（夕线石）等；层状硅酸盐常呈板状、片状甚至鳞片状，延展方向平行于层状硅氧骨干的延长方向，如蛇纹石、云母等；架状硅酸盐的形态取决于架内化学键的分布，可形成柱状、板状等晶形，如长石等。

硅酸盐矿物的光学性质（颜色、光泽度、透明度）和相对密度主要与晶体结构的紧密程度以及金属阳离子的性质相关。首先，硅酸盐矿物结构的紧密度与硅氧骨干的形式相关，一般认为单四面体岛状结构的硅酸盐晶体最紧密；具环状、链状、层状、架状结构的硅酸盐晶体空隙度依次加大，结构紧密度依次降低，因而相对密度有减小趋势；同种结构的硅酸盐中，含水者相对密度较小。其次，随着Si∶O比值由1∶4递增至1∶2，Si—O的作用递增，而O^{2-}

与金属阳离子 M 的作用递减,致使 Si 的离子化趋势逐渐增强。具体说来,架状硅酸盐的阳离子主要是大半径低电价阳离子,如 K^+、Na^+、Ca^{2+}、Ba^{2+} 等,故呈无色或浅色,相对密度较小;岛状、环状、链状以及层状硅酸盐的阳离子主要是小半径高电价阳离子,如 Zr^{4+}、Ti^{4+}、Fe^{2+}、Mg^{2+}、Cr^{3+} 等,故呈彩色或深色,相对密度较大。尽管硅酸盐矿物的颜色深浅有别,但条痕色均呈白色或灰白色,极少例外。最后,硅酸盐矿物为玻璃或金刚光泽,不出现半金属和金属光泽,且所有硅酸盐矿物几乎都是透明的[①]。

硅酸盐矿物的硬度主要与晶体结构的紧密程度、阳离子电荷高低、离子半径以及配位数等因素相关,大致依岛(环)状—单链状—双链状—架状—层状的顺序降低(即摩氏硬度由 8 减至 1)。同一类型矿物中的阳离子电荷增高、半径减小会使硬度增加,同一种阳离子的配位数愈大则硬度愈大,如配位数为 6 的铝的硅酸盐硬度高于配位数为 4 的铝硅酸盐硬度,如岛状硅酸盐不易形成铝硅酸盐,只能形成铝的硅酸盐,故硬度较高。此外,晶体构造中水的存在会使硬度降低,如最不易接纳水的岛状和单链状硅酸盐硬度较高,容易接纳水的双链状、层状和架状硅酸盐硬度会降低。值得注意的是,硅酸盐矿物的硬度一般比较高,仅次于无水氧化物,但层状结构硅酸盐矿物因层间的联结力较弱(半径极大的低价阳离子形成的离子键、氢键或分子键),故硬度可以低至 1,如滑石。

硅酸盐矿物结构中发生类质同象的难易程度与硅氧骨干的形式有关,岛状骨干最易发生(阳离子代替范围也大,阳离子半径的最大差值可达 0.076 nm),环状、链状、层状次之,架状骨干最不容易(如钠钙长石的 Na^+ 和 Ca^{2+} 半径差值仅 0.004 nm),表明在不破坏原有晶体结构的前提下,岛状硅氧骨干与阳离子配位多面体之间的调整是最容易实现的[②]。

硅酸盐矿物的抗风化能力可以参考岩浆岩生成的"鲍文反应"序列,即橄榄石最先生成,然后依次是辉石、角闪石、黑云母、正长石、白云母,石英最晚生成。越早生成的矿物离地表距离越远,它们生成时的温度和压力均很高,当它们处于地表环境时,原有平衡将被打破,需要适应新的环境条件,建立新的平衡。由此可见,矿物所处环境与原有生成条件相差越大,建立新平衡体系的难度越大,故而抗地表风化能力越弱。从这个角度来看,岩浆岩成因硅酸盐矿物的抗风化能力顺序大致为:岛状<单链<双链<部分层状<架状<部分层状<氧化物。值得注意的是,不同成因硅酸盐矿物的抗风化能力大小需要具体问题具体分析。

第二节　岛状硅酸盐玉材

一、钙铝榴石(Grossular,$Ca_3Al_2[SiO_4]_3$)/铁铝榴石(Almandine,$Fe_3Al_2[SiO_4]_3$)

(一)基本性质

钙铝榴石和铁铝榴石的基本性质可归纳为**表 2-2**:

---

① 李胜荣、许虹、申俊峰等:《结晶学与矿物学》,地质出版社 2008 年版,第 208 页。
② 赵珊茸:《结晶学及矿物学》,高等教育出版社 2017 年版,第 324 页。

表 2-2 钙铝榴石和铁铝榴石基本性质①

品种	晶系	结晶习性	颜色	光泽	透明度	摩氏硬度	密度(g/cm^3)	荧光	特殊光学效应	其他
钙铝榴石	等轴晶系	菱形十二面体、四角三八面体、六八面体以及三者的聚形	主要有绿色、黄绿色、黄色、褐红色及乳白色	玻璃光泽至亚金刚光泽	半透明至透明,一些集合体呈半透明至不透明状	7—8	3.57—3.73	荧光惰性	偶有星光效应、变色效应及猫眼效应	产于接触变质的矽卡岩中
铁铝榴石			主要为橙红至红色、紫红至红紫			7—8	3.93—4.30			产于区域变质的片岩中

常见的石榴石化学通式为 $A_3B_2[SiO_4]_3$,可根据 A 和 B 配位阳离子的种类分为两个系列:一是铝质系列,即离子半径较小的 Fe^{2+}(0.076 nm)、Mg^{2+}(0.065 nm)、Mn^{2+}(0.080 nm)等二价阳离子占据 A 位,三价阳离子 Al^{3+}(0.050 nm)占据 B 位,包括镁铝榴石(Pyrope,$Mg_3Al_2[SiO_4]_3$)、铁铝榴石(Almandine,$Fe_3Al_2[SiO_4]_3$)、锰铝榴石(Spessartite,$Mn_3Al_2[SiO_4]_3$);二是钙质系列,即离子半径较大的二价阳离子 Ca^{2+}(0.099 nm)占据 A 位,Al^{3+}(0.050 nm)、Fe^{3+}(0.064 nm)、Cr^{3+}(0.069 nm)、V^{3+}(0.074 nm)等三价阳离子和 Zr^{4+}(0.080 nm)等四价阳离子占据 B 位,包括钙铝榴石(Grossular,$Ca_3Al_2[SiO_4]_3$)、钙铁榴石(Andradite,$Ca_3Fe_2[SiO_4]_3$)、钙铬榴石(Uvarovite,$Ca_3Cr_2[SiO_4]_3$)、钙钒榴石(Goldmanite,$Ca_3V_2[SiO_4]_3$)及钙锆榴石(Kimzeyite,$Ca_3Zr_2[SiO_4]_3$)。

铁铝榴石和钙铝榴石共同的结构特点是:$[AlO_6]$八面体和$[SiO_4]$四面体共角顶连接,Ca^{2+} 或 Fe^{2+} 位于空隙中作八次配位形成畸变立方体,每个 O 与 1 个 Al 和 1 个 Si 相连,并与 2 个稍远的 Ca 或 Fe 相连,如图 2-4 所示。一般而言,类质同象替代进入晶格的阳离子原子量越大,密度值相对越高,故铁铝榴石的密度(3.93—4.30)高于钙铝榴石(3.57—3.73)。

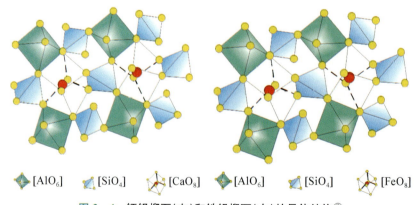

图 2-4 钙铝榴石(左)和铁铝榴石(右)的晶体结构②

---

① 张蓓莉:《系统宝石学》,地质出版社 2006 年版,第 270—280 页。
② 马鸿文:《工业矿物与岩石》,地质出版社 2002 年版,第 119 页。

(二) 科技鉴别

钙铝榴石和铁铝榴石的科技分析参考值可参见**表 2 - 3**：

表 2 - 3　钙铝榴石和铁铝榴石科技分析参考值

分析方法		数据信息			
XRD[①]	钙铝榴石 （PDF：39—0368）	2.650 0 ($I/I_0=100$)	2.962 0 ($I/I_0=35$)	1.583 4 ($I/I_0=30$)	2.418 0 & 1.922 0 & 1.643 2 ($I/I_0=18$)
	铁铝榴石 （PDF：85—2499）	2.581 8 ($I/I_0=100$)	2.886 5 ($I/I_0=32.5$)	1.542 9 ($I/I_0=31.1$)	1.601 1 ($I/I_0=25.4$)
拉曼分析参考值	钙铝榴石 （自测＋[②]）	(1) 178—190(m)、236—239、272—280 cm^{-1}——[SiO_4]和二价离子 M—O 的平移振动 (2) 316—323、328—333 cm^{-1}——[SiO_4]的平移振动 (3) 364—374(s)、408—422 cm^{-1}——[SiO_4]的旋转振动 (4) 474—492 cm^{-1}——[SiO_4]的面内弯曲振动 (5) 526—540(m)cm^{-1}——[SiO_4]的面外弯曲振动 (6) 871—884(vs)cm^{-1}——[SiO_4]的对称伸缩振动 (7) 815—827(w—s)、941—945、1 001—1 007(m)cm^{-1}——[SiO_4]的不对称伸缩振动			
	铁铝榴石 （自测＋[③]）	(1) 161—164(m)、206—209 cm^{-1}——[SiO_4]和二价离子的平移振动 (2) 338—344(s)、363—368 cm^{-1}——[SiO_4]的旋转振动 (3) 494—497 cm^{-1}——[SiO_4]的面内弯曲振动 (4) 550—553(m)、626—630 cm^{-1}——[SiO_4]的面外弯曲振动 (5) 912—915(vs)cm^{-1}——[SiO_4]的对称伸缩振动 (6) 859—863(m)、1 034—1 044(m)cm^{-1}——[SiO_4]的不对称伸缩振动			
化学成分参考值	钙铝榴石 （R040065，R040066，R050081，R050036，R050312，R060278，R060382，R060442，R060443，R060444，R060446，R060452，R060453，R060499，R070551，R141207[④]）	$SiO_2 = 36.61\% — 39.93\%$，平均值 $= 38.77\%$ $CaO = 34.42\% — 37.24\%$，平均值 $= 35.99\%$ $Al_2O_3 = 11.18\% — 22.84\%$，平均值 $= 19.11\%$ $Fe_2O_3 = 0 — 15.59\%$，平均值 $= 3.58\%$ $FeO = 0 — 4.70\%$，平均值 $= 1.34\%$ $TiO_2 = 0 — 1.93\%$，平均值 $= 0.48\%$ $MnO = 0 — 0.72\%$，平均值 $= 0.33\%$ $MgO = 0 — 0.95\%$，平均值 $= 0.30\%$ $Cr_2O_3 = 0 — 0.08\%$，平均值 $= 0.01\%$ $ZnO = 0 — 0.03\%$，平均值 $= 0.002\%$ $Na_2O = 0 — 0.01\%$，平均值 $= 0.001\%$ $P_2O_5 = 0 — 0.02\%$，平均值 $= 0.001\%$。			

[①] 于吉顺、雷新荣、张锦化等：《矿物 X 射线粉晶鉴定手册(图谱)》，华中科技大学出版社 2011 年版。第二章和第三章的 XRD 数据如无特殊标注，均来自该手册，但因不少 PDF 卡片已经被新卡片取代，本书改用最新 PDF 卡片号。

[②] Makreski, P., Runcevski, T., Jovanovski, G., "Minerals from Macedonia. XXVI. Characterization and Spectra-structure Correlations for Grossular and Uvarovite. Raman Study Supported by IR Spectroscopy", *Journal of Raman Spectroscopy*, 2011, 42(1), pp. 72-77.

[③] 王亚伟、董俊卿、李青会：《广西合浦九只岭汉墓出土石榴子石珠饰的科学分析》，《光谱学与光谱分析》2018 年第 1 期。

[④] RRUFF ID 均引自数据库 http://rruff.info/，以下同。

续表

分析方法	数据信息
铁铝榴石（R040076，R040079，R040168，R050029，R060099，R060450，R070129）	$SiO_2 = 35.49\% — 40.19\%$，平均值 $= 37.94\%$ $FeO = 21.41\% — 34.35\%$，平均值 $= 26.73\%$ $Al_2O_3 = 20.09\% — 22.81\%$，平均值 $= 21.72\%$ $MgO = 0 — 11.35\%$，平均值 $= 6.55\%$ $MnO = 0 — 20.61\%$，平均值 $= 4.53\%$ $CaO = 0.49\% — 4.66\%$，平均值 $= 2.27\%$ $TiO_2 = 0 — 0.06\%$，平均值 $= 0.02\%$ $Cr_2O_3 = 0 — 0.02\%$，平均值 $= 0.004\%$ $Na_2O = 0 — 0.03\%$，平均值 $= 0.004\%$

表 2-3 及本书的拉曼分析参考值需注意以下三点：(1) vs = very strong, s = strong, m = media, w = weak，指的是拉曼峰位的强度。(2) 本书仅标注强峰和中等峰位，一般不标注弱峰(weak peak)，但测试时因样品取向不同，一些峰位的强度会发生变化。(3) 学术界在一些拉曼峰位指派上存在分歧，考虑到金属阳离子均是与硅氧骨干的非桥氧连接的，故本书首选大类原则进行峰位指派，具体说来：小于 400 cm^{-1} 的拉曼峰位，主要是晶格振动、金属 M—O 振动、硅氧四面体[SiO_4]旋转或平移振动等引起的；400—800 cm^{-1} 的拉曼峰位，主要是硅氧四面体[SiO_4]的弯曲振动引起的；800—1 200 cm^{-1} 的拉曼峰位，主要是硅氧四面体[SiO_4]的伸缩振动引起的。由于硅氧四面体[SiO_4]的伸缩振动和弯曲振动均包含桥氧和非桥氧两种方式，还包括对称和不对称两种形式，因此，本书一般情况下不区分桥氧和非桥氧，有时也不区分对称与不对称。

（三）考古出土品

考古出土钙铝榴石和铁铝榴石质玉器举例参见表 2-4：

表 2-4 考古出土钙铝榴石和铁铝榴石质玉器举例

序号	出土地点	名称	数量	时代	出土时间	形状规格	资料来源
1	河南安阳殷墟	兔	1	商代晚期	1975 年	75 AGG M621:5，长 2.3、宽 1.8、厚 0.45 cm	①
2	甘肃崇信于家湾	蚕	1	西周早期	1984 年	84CYM23:3，圆雕，呈乳黄带绿色斑纹。蚕身呈长棒形，头大尾小，腹下平齐，身上雕出 5 节状，圆目凸出，大张嘴，下唇有一圆形穿孔。长 3.4、蚕身中间宽 0.9、头高 1.1 cm	②

---

① Wang, R., Cai, L., Bao, T. T., et al., "Study on the Grossular Rabbit with High Hardness Excavated from Yin Ruins, Anyang, China", *Archaeological and Anthropological Sciences*, 2019, 11(4), pp. 1577-1588.
② 张治国、马清林：《甘肃崇信于家湾周墓出土玉器研究》，《考古与文物》2009 年第 2 期；甘肃省文物考古研究所：《崇信于家湾周墓》，文物出版社 2009 年版，第 102 页。

续表

序号	出土地点	名称	数量	时代	出土时间	形状规格	资料来源
3	广东广州番禺汉墓	珠	23	西汉晚期至东汉晚期	1953—1960年	(1) 西汉晚期(202—111BC)——13颗出土于M3003,呈紫红色、圆球形,直径0.7 cm (2) 东汉早期(25—75AD)——7颗出土于M4013,呈紫红色、圆形 (3) 东汉晚期(75—220AD)——3颗。其中1颗出土于M5010,红色、圆形;2颗出土于M5054,紫红色、扁圆而不规整 注:以上均属于石榴石,但未附鉴定报告	①
4	广西合浦汉墓	珠、狮形佩、摩羯佩	137	西汉晚期至东汉晚期	1979—2011年	(1) 珠(135件)—— ① 1988年,红岭头M3出土了1颗,深红色、圆形,西汉晚期(32BC—25AD)或新莽时期(8—23AD) ② 1990年,黄泥岗M1出土小圆珠2颗,紫色,直径0.4—0.7 cm,新莽(8—23AD)。不过,熊昭明认为系东汉早期(25—75AD)[②] ③ 1979年,合浦机械厂M1出土了4颗,红褐色、圆形,直径0.50—0.85 cm,东汉早期(25—75AD) ④ 1977年,合浦氮肥厂M1出土串珠20颗,系领状,紫红色,直径0.6—1.0 cm,可能属于东汉早期(25—75AD) ⑤ 2001年,九只岭M5出土珠8颗,紫红色,东汉早期(25—75AD) ⑥ 2001年,九只岭M6a出土珠3颗,红褐色,东汉晚期(75—220AD) ⑦ 2011年,合浦第二炮仗厂M14a出土串珠29颗,圆形,直径0.4—0.5 cm,东汉晚期(75—220AD) ⑧ 1986年,凤门岭M10出土串珠40颗,圆形,直径0.6—1 cm,东汉晚期(75—220AD) ⑨ 1993年,合浦第二麻纺厂M4出土串珠5颗,其中圆形3颗,系领状1颗,双锥形1颗,东汉 ⑩ 1995年,合浦第二麻纺厂M23出土串珠22颗,圆形,直径0.4—0.6 cm,可能属于东汉晚期(75—220AD) ⑪ 1995年,合浦第二麻纺厂M30左室出土串珠1颗,红褐色,圆饼形,横穿孔,直径0.9、中厚0.5 cm,汉代 (2) 狮形佩(1件)——1992年,凸鬼岭齿轮厂M6出土,紫色,长1.1、高0.9 cm,可能属于西汉晚期(32BC—25AD) (3) 摩羯佩(1件)——1986年,凤门岭M10出土,深褐色,纵穿孔,长1.1 cm,属于东汉晚期(75—220AD) 注:以上均属于铁铝榴石	③④

---

① 广州市文物管理委员会、广州市博物馆:《广州汉墓》,文物出版社1981年版,第291、352、452—453页。
② 熊昭明、李青会:《广西出土汉代玻璃器的考古学与科技研究》,文物出版社2011年版,第47—48页。
③ 同上书,第166—168页,图版十七-1、2、4;Dong, J. Q., Han, Y. N., Ye, L. W., et al., "In Situ Identification of Gemstone Beads Excavated from Tombs of the Han Dynasties in Hepu County, Guangxi Province, China Using a Portable Raman Spectrometer", *Journal of Raman Spectroscopy*, 2014, 45(7), pp. 596–602.
④ 熊昭明:《汉代合浦港考古与海上丝绸之路》,文物出版社2015年版,第63—68页;王亚伟、董俊卿、李青会:《广西合浦九只岭汉墓出土石榴子石珠饰的科学分析》,《光谱学与光谱分析》2018年第1期;熊昭明:《汉代合浦港的考古学研究》,文物出版社2018年版,第91—93、169页。

续表

序号	出土地点	名称	数量	时代	出土时间	形状规格	资料来源
5	湖南长沙丝茅冲	珠	1	东汉	1955年	AM144,红色,直径0.7 cm,略呈椭圆球形,有穿孔,光素无纹	①
6	湖北钟祥梁庄王墓	镶嵌饰	2	明代	2001年	其中1件编号为后：113-4,属于铁铝榴石	②
7	江苏无锡顾林墓	镶嵌饰	1	万历(1596AD)	1976年	镶金玉嵌宝石蝴蝶饰片,在碟背镶嵌红色石榴石一颗。注：未附鉴定报告	③
8	北京西郊董四墓村	装饰品、纽扣	不详	崇祯(1631AD)	1951年	凤冠上的装饰品,纽扣等镶嵌红色石榴石。注：未附鉴定报告	④

由表 2-4 可见,经科学检测确认的先秦时期石榴石质玉器仅 2 件,且均为钙铝榴石,出土地点分别位于中原和西北地区。两汉时期,石榴石质玉器常发现于两广地区,颜色多为各种红色,器型主要是珠,偶见动物形,如狮、摩羯等。明代墓葬中也有一些被鉴定或肉眼识别为石榴石,其颜色多为红色,常被用作镶嵌饰。已有检测结果显示两汉及之后所用的材质是铁铝榴石,而非钙铝榴石。熊昭明和李青会从器型和材质角度推测广西合浦出土的铁铝榴石质玉器应是从印度和斯里兰卡传入的⑤。不过,自 20 世纪 50 年代以来,中国陆续在 27 个省区发现了石榴石矿源,如在新疆、青海、西藏、四川、广西、福建、河北、辽宁等地发现了宝玉石级钙铝榴石或其矿床,在新疆、西藏、四川、广东、广西、湖北、河南、江苏、河北、山西、吉林等地发现了宝石级铁铝榴石或其矿床⑥,因此中国境内出土的石榴石质玉器产地来源问题需要谨慎对待。

(四) 最早的钙铝榴石玉兔研究⑦

1. 样品信息

图 2-5 所示的玉兔编号为 75AGG M621：5,1975 年出土于河南安阳殷墟后冈遗址。玉兔长 2.3 cm、宽 1.8 cm、厚 0.45 cm,其色度值如表 2-5 所示。由于长期的地下埋藏过程,该件玉兔的大部分区域已经白化,因而表面的相对光泽度不高,仅 4—6 Gs(光泽度单位)。

---

① 喻燕姣：《湖南出土珠饰研究》,湖南人民出版社 2018 年版,第 213、468 页。
② 杨明星、狄敬如、周颖等：《梁庄王墓部分出土文物光谱检测结论》,载于湖北省文物考古研究所、钟祥市博物馆：《梁庄王墓》(上),文物出版社 2007 年版,第 317—321 页；杨明星、狄敬如、周颖等：《湖北钟祥明代梁庄王墓出土宝石的主要特征》,《宝石和宝石学杂志》2004 年第 3 期。
③ 蔡卫东、陈建强：《明万历顾林墓出土玉器述评》,载于杨伯达：《出土玉器鉴定与研究》,紫禁城出版社 2001 年版,第 36 页。
④ 考古研究所通讯组：《北京西郊董四墓村明墓发掘记》,《文物参考资料》1952 年第 2 期。
⑤ 熊昭明、李青会：《广西出土汉代玻璃器的考古学与科技研究》,文物出版社 2011 年版,第 166—168 页。
⑥ 李劲松、赵松龄：《宝玉石大典》(下),北京出版社 2001 年版,第 1274 页。
⑦ Wang, R., Cai, L., Bao, T. T., et al., "Study on the Grossular Rabbit with High Hardness Excavated from Yin Ruins, Anyang, China", *Archaeological and Anthropological Sciences*, 2019, 11(4), pp. 1577-1588.

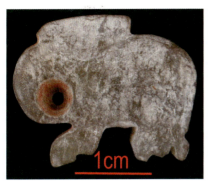

图 2-5　玉兔的正反面图

表 2-5　不同色域的色度及光泽度参考数值

颜色	L*	a*	b*	G
绿色	45.39	−1.36	9.84	6
白色	71.03	0.52	8.06	4

2. 材质分析

(1) 拉曼光谱分析

如图 2-6 所示,玉兔的拉曼位移有 190、238、272、317、328、367、409、474、540、817、871、941 和 1 001 cm^{-1},这与钙铝榴石($Ca_3Al_2[SiO_4]_3$)的特征峰位是相近的。922 cm^{-1} 弱峰显示符山石矿物〔Idocrase or Vesuvianite, $Ca_{10}(Mg,Fe)_2Al_4[Si_2O_7]_2[SiO_4]_5(OH,F)_4$〕的存在[①]。

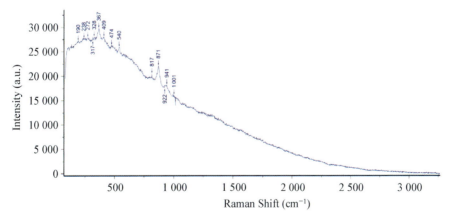

图 2-6　75AGG M621∶5 玉兔的拉曼图谱

(2) 红外光谱分析

玉兔的红外反射图谱(图 2-7)有 955、911、833、612、540、478、432 cm^{-1} 等峰位,其

---

① 范建良、刘学良、郭守国:《黄色钙铝榴石多晶质集合体的拉曼无损检测》,《激光与红外》2008 年第 1 期。

中 955、911 和 833 cm^{-1} 与 Si—O 的不对称伸缩振动相关，612、540 cm^{-1} 与 Si—O 的面内弯曲振动相关，478 cm^{-1} 与三价阳离子的振动相关（Fe、Ti 或 Cr 等），432 cm^{-1} 与 Si—O 的面外弯曲振动相关[1]。因 3 500—3 600 cm^{-1} 无峰位，故该样品不含羟基，排除属于水钙铝榴石（$Ca_3Al_2[SiO_4]_{3-x}(OH)_{4x}$）的可能性，表明该玉兔的材质是钙铝榴石。不过，1 026 cm^{-1} 峰位显示钙铝榴石含有少量符山石矿物，这与拉曼分析结果是一致的。

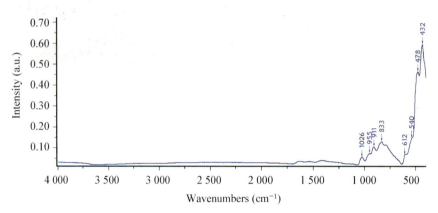

图 2-7　75AGG M621：5 玉兔的红外反射图谱

（3）X 射线荧光光谱分析

图 2-8 的 EDXRF 分析显示，75AGG M621：5 玉兔含有 Ca、Si、Al、Fe、Ni、Mn 等元素，与钙铝榴石（$Ca_3Al_2[SiO_4]_3$）的元素成分相似，再次验证拉曼光谱和红外光谱的分析结果。需要说明的是，元素强度与含量不呈正比关系，如钙铝榴石的轻元素（Al 和 Si）的理论含量分别超过 20% 和 40%，但因易被空气吸收导致图谱强度降低。图 2-8 还显示该件样品含有少量 Ti 和 Cr 元素。

3. 材质和产地讨论

（1）材质讨论

钙铝榴石［Glossularite，$Ca_3Al_2(SiO_4)_3$］，常含二价铁和三价铁，晶体多呈菱形十二面体，黄褐或黄绿色，是接触交代作用的产物。在石榴石矿物中，以翠绿色的翠榴石和艳绿色的钙铝榴石的价值最高，优质者可与祖母绿价格相当[2]。钙铝榴石又存在两个变种，绿色的沙弗莱石（Tsavorite）和橙色的肉桂石（Hessonite）。一般认为，沙弗莱石的绿色与 Cr 或 V 有关，而肉桂石的橙色与 Fe 和 Mn 相关，不过由表 2-6 可见 R070551 的绿色与 Fe 相关，R060453 的绿色与 Cr 相关，这表明钙铝榴石的绿色也可由 Cr 或 Fe 致色。

---

[1] Makreski, P., Runcevski, T., Jovanovski, G., "Minerals from Macedonia. XXVI. Characterization and Spectra-structure Correlations for Grossular and Uvarovite. Raman Study Supported by IR Spectroscopy", *Journal of Raman Spectroscopy*, 2011, 42(1), pp. 72-77.

[2] 董振信：《宝玉石鉴定指南》，地震出版社 1995 年版，第 303 页。

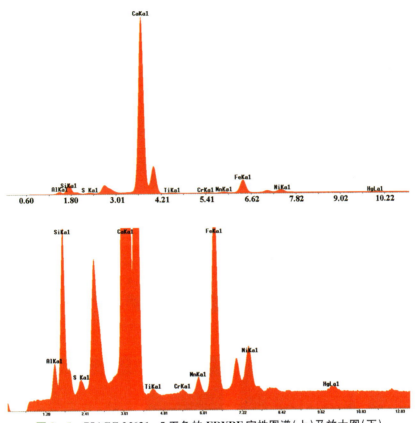

图 2-8　75AGG M621:5 玉兔的 EDXRF 定性图谱(上)及放大图(下)

表 2-6　绿色钙铝榴石的化学参考值

RRUFF ID	SiO_2	CaO	Al_2O_3	Fe_2O_3	MgO	MnO	TiO_2	Na_2O	Cr_2O_3	Total
R070551	38.72	35.54	17.68	6.15	0.47	0.12	0.07	0.01	0.01	98.72
R060453	39.93	36.38	22.23	0.05	0.51	0.67	0.42	0.00	0.08	100.29

殷墟玉兔整体呈绿色,含 Fe、Cr 元素,不含 V 元素,其 EDXRF 定性结果(图 2-8)与冯晓燕的研究结果相近[1],可推知殷墟玉兔的绿色可能系 Fe 和 Cr 共同致色。

(2) 产地讨论

殷墟出土了不少玉兔,列举如图 2-9。除引用外,其他均为笔者研究或拍摄于殷墟博物苑博物馆展厅。殷墟时期的兔造型非常丰富,包含静态和动态两类。除本节研究对象和 85 ALZ M176:5 绿泥石玉兔之外,其余玉兔的材质经仪器检测和肉眼鉴定均属透闪石-阳起石质玉。结合钙铝榴石在中国的矿产颇多,可以推断这件钙铝榴石玉兔非外来品。

---

[1] 冯晓燕、沈美东、张勇等:《软玉中的一种绿色斑点——钙铝榴石》,《岩矿测试》2013 年第 4 期。

妇好墓 M5：412

妇好墓 M5：471

妇好墓 M5：1026

93 体育 M397：1

郭家庄 M50：27

92 新安庄 M65：8

94 大司空

大司空村 M157①

92 王裕口 M7：1②

99 刘家庄 M1046：66③

侯家庄西北岗 M1550④

94 大司空东地 M7：14

未知编号，摄于安阳殷墟博物苑

85 ALZ M176：5

左为本节研究对象，右无编号⑤

图 2-9　河南安阳殷墟出土玉兔举例

4. 工艺分析与讨论

（1）模拟实验分析

玉器加工的关键技术在于解玉砂的选择。石英砂或以石英为主的砂是一种天然易得的解玉砂材料，其在古代中国的使用很早并延续至今。考古界发掘出土了一些石英为主的疑似解玉砂实物。例如，1978 年江苏常州武进寺墩遗址良渚文化中晚期墓葬出土的一件玉璧（M1：1）上铺有一层砂粒，主要为花岗岩风化壳粗砂粒，主要成分为长石、石英和云母，其中石英含量在 30%—40%⑥，不少人认为其特征与解玉砂接近，但发掘报告认为这些砂粒棱角分明，没有使用痕迹，尚不能作为直接证据。1996 年，浙江嘉兴南河浜遗址的崧泽文化晚期（5300BP）祭台 G2 出土了一个完整的夹砂陶缸，缸内盛满粒度均匀的细砂（粒度为 0.1—

---

① 王蔚波：《兔形玉雕的历史流变》（上），《艺术市场》2011 年第 8 期。
② 古方：《中国出土玉器全集》（河南卷），科学出版社 2005 年版，第 55 页。
③ 同上书，第 57 页。
④ 王蔚波：《兔形玉雕的历史流变》（上），《艺术市场》2011 年第 8 期。
⑤ 中国社会科学院考古研究所安阳工作队：《1969—1977 年殷墟西区墓葬发掘报告》，《考古学报》1979 年第 1 期。
⑥ 南京博物院：《江苏武进寺墩遗址的试掘》，《考古》1981 年第 3 期。

0.3 mm),呈次圆、次棱角状,主要成分为石英、长石的岩石碎屑。从砂粒的形状来看,发掘者认为很可能是解玉砂,并进而推测祭台除了作为祭祀场所之外,还可能是从事一些重要工作的场所[①]。

常用的石英砂材料能否被用于加工钙铝榴石?一般而言,解玉砂可以呈固定态(如砂岩)和游离态两种形式,如第五章**表5-1**所示,解玉砂可以有效提高加工效率,固定态砂岩片的切割效率小于游离态解玉砂,因此本节重点选择效率低的砂岩对钙铝榴石的打磨工序进行考察,通过测试打磨面的光泽度值来判断加工效果。本实验使用的钙铝榴石样品的摩氏硬度为7.4(经维氏硬度值换算),打磨磨料为三种粒径的砂岩——粗砂岩的粒径1.0—0.5 mm,中粒砂岩的粒径0.50—0.25 mm,细砂岩的粒径0.25—0.05 mm。砂岩的颗粒主要为石英,次为长石,平均摩氏硬度小于7。

实验按照打磨磨料由粗到细的顺序,先使用粗砂岩对钙铝榴石样本进行手动打磨,打磨速度为实验者能持续的最高速度,约为360—390个来回/分钟。每次持续打磨时间为2分钟,然后用水清洗打磨过程中产生的碎屑。打磨5次即累计时间10分钟后对样品的摩擦表面进行光泽度测试。当粗砂岩打磨的钙铝榴石表面光泽度不再上升时,换用中粒砂岩继续打磨。当表面光泽度再次停止上升时,换用细砂岩重复此过程,最终使摩擦表面的光泽度达到上限值。使用不同粒度的石英砂岩打磨10分钟后,打磨区域的光泽度值如**表2-7**所示。将光泽度最高值和最低值去除后的平均值做成折线图,如**图2-10**所示。

表2-7 打磨区域的光泽度值

编号	累计研磨时间(分)	磨料种类	10次光泽度测试数值										光泽度平均值
1	0		1.0	0.8	0.9	0.8	0.9	0.9	1.0	1.0	0.9	1.0	0.9
2	10	粗砂岩	2.3	2.2	2.7	1.7	3.7	1.8	2.5	2.2	2.6	2.3	2.3
3	20	粗砂岩	4.4	4.4	4.7	2.0	4.2	4.4	3.8	4.5	4.3	3.9	4.2
4	30	粗砂岩	4.4	4.6	3.3	3.5	3.6	3.9	4.3	3.7	4.7	4.4	4.1
5	40	粗砂岩	3.1	3.5	3.7	3.6	3.6	5.7	4.4	5.1	3.3	3.5	3.8
6	50	中粒砂岩	14.2	12.0	8.9	9.7	9.2	9.6	9.1	14.3	7.3	12.6	10.7
7	60	中粒砂岩	7.1	9.9	8.3	8.4	7.3	8.9	9.1	8.1	7.7	8.5	8.3
8	70	中粒砂岩	12.7	8.6	9.9	9.0	7.5	10.8	10.2	7.3	10.4	9.6	9.5
9	80	中粒砂岩	7.5	10.1	7.7	8.0	7.5	7.1	7.0	7.1	8.2	8.6	7.7
10	90	细砂岩	7.8	7.4	8.9	6.8	8.1	8.2	8.4	7.6	8.8	7.7	8.0
11	100	细砂岩	12.0	16.9	14.4	14.1	12.9	12.5	14.8	10.4	11.7	14.0	13.3
12	110	细砂岩	14.0	34.6	13.4	14.9	33.6	32.0	20.8	19.3	27.2	28.2	23.8
13	120	细砂岩	23.6	22.2	36.1	20.0	25.9	23.0	20.6	18.4	20.9	22.8	22.4
14	130	细砂岩	25.9	18.4	19.9	23.3	21.2	18.2	22.0	19.4	17.4	16.1	20.0

[①] 浙江省文物考古研究所:《南河浜——崧泽文化遗址发掘报告》,文物出版社2005年版,第18—19、83、406页。83页陶缸的编号为G2:1,而406页标为G2:2。

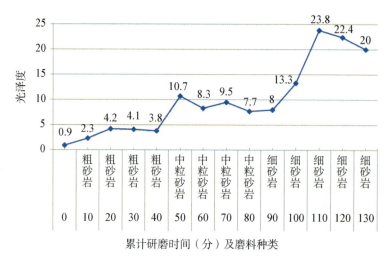

图 2-10 石榴石样品光泽度变化折线图

从表 2-7 和图 2-10 可知,使用砂岩对钙铝榴石样本进行打磨时,打磨区域的光泽度变化明显,且有光泽区域的表面积增大。使用不同粒度的磨料进行磨制时,样品光泽度均随着研磨时间增加,但增加到一定程度后反而有所下降。例如,粗砂岩从 4.2 减少至 3.8,中砂岩从 10.7 减少至 7.7,细砂岩从 23.8 减少至 20.0,表明不同粒度磨料的研磨能力是有限的,光泽度均处于一定范围之内。此外,不同粒度磨料打磨出的光泽度差异明显,且三组磨料将样品光泽度打磨至最高值的时间均不超过 30 分钟,这说明在手工状态下石英砂岩完全有能力且高效磨制稍高硬度的钙铝榴石。推测古人若使用游离态的石英砂进行玉器加工时,因石英含量增高、平均硬度更高,使用效率会相应提高,故容易被用于玉器加工的各个工序,如切割、钻孔、雕刻、磨抛等,从而将玉料加工成各种造型的玉器。

(2) 殷商及之前出土的高硬度玉器

殷商及之前,各地大量使用的玉料一般硬度小于 7,因而多数观点认为石英砂在琢玉过程中充当了解玉砂的角色。不过,一些遗址中出土了一些硬度等于或大于 7 的玉器,如表 2-31 和表 3-30 所示,经过科技分析的硬度大于 7 的玉器不多,主要为钺和锛等器物,其材质为刚玉、钙铝榴石和硅线石。硅线石($Al_2[SiO_4]O$)属于双链状硅酸盐,硬度可达 7.5,与钙铝榴石相似,因此石英质的解玉砂完全能够胜任加工工作;刚玉(Al_2O_3)属于铝氧化物,硬度虽达到 9,但出土刚玉器均不纯净,如表 3-30 的 1—3 号良渚样品的刚玉材质常含有硬水铝石和白云母等矿物,降低了整体硬度,使得该类材料的加工比纯净刚玉材料容易些。

(3) 商晚期工艺变革探讨

刚玉器和石榴石玉器的发现将中国先民对这两类材料的认识分别提前至良渚以及殷商时期。刚玉和石榴石材料在后世与石英材料一起构成了古代中国的三类解玉砂材料,并沿用至近现代,如 1891 年清代李澄渊在《玉作图》"捣砂、研浆图"中总结了解玉砂包含黑砂(刚玉)、红砂(石榴石)以及黄砂(石英)三类。1921 年章鸿钊在《石雅》中指出解玉砂包括红沙(石榴石)、紫沙(刚玉)和白沙(水晶)[①]。1939 年英国伦敦大学韩思复(Sidney Howard

---

① 章鸿钊:《石雅》,百花文艺出版社 2010 年版,第 108、110 页。

Hansford)调查了北京玉器厂,总结了黄砂(石英砂)、红砂(铁铝榴石砂)、黑砂(刚玉砂)、广砂(碳化硅砂)、金刚石砂、宝药砂(用于抛光,精细碳化硅)六种解玉砂[1]。

从石英、石榴石、刚玉、碳化硅到金刚石,硬度由 7 增加到 10,它们随着人类利用技术的提高而逐渐进入古人的使用范畴。在早期玉器工艺研究中,石榴石和刚玉是何时作为解玉砂被使用的?文献无法提供准确的信息,出土品也无法提供直接实证,只能依据一些间接证据加以推测。例如,叶晓红等通过对妇好墓玉器进行工艺痕迹的硅胶翻模和细致观察研究,发现商代晚期可能存在着工艺变革,这种变革可能体现在两个层面:一为工具的变革,即青铜或陨铁金属材料可能被用于制作成线锯;二为解玉砂的变革,以往所使用的石英砂或以石英为主的砂可能被更高硬度的砂取代[2]。从物质基础上讲,青铜材料和陨铁材料在商代晚期均已被使用,而石榴石质玉器的发现显示商人对石榴石有了一定的认识和利用,这表明金属材料和石榴石材料都具备了被使用的物质基础,因此工具和技术既存在先后变革的可能性,也存在同时变革的可能性,这有待于将来更多的考古实证工作。

5. 小结

通过采用拉曼光谱、红外光谱以及 X 射线荧光光谱等便携式仪器确认殷墟出土的一件钙铝榴石质玉兔,可以获得如下认识:①此件钙铝榴石因含 Fe 和 Cr 而呈现绿色,且由于岛状硅酸盐结构的不稳定性而发生了白化现象。②由于钙铝榴石及石榴石矿源在中国分布广泛,加之兔的造型普遍,因此该件玉兔非外来品。③此件玉兔的发现将石榴石(钙铝榴石)的使用由西周早期提前至商代晚期,虽硬度较高,但模拟实验揭示石英质解玉砂完全可以加工这类高硬度器物。④至少在商代晚期,先民对石榴石材料已有所认识,并逐步使用在多个方面,对中国玉器工艺产生了深远影响。目前,一些重要问题仍需更多考古实证,如石榴石何时成为解玉砂材料。

二、黝帘石[Zoisite,$Ca_2Al_3(Si_2O_7)(SiO_4)O(OH)$]

(一) 基本性质

黝帘石的基本性质可归纳为表 2-8:

表 2-8 黝帘石基本性质[3]

品种	晶系	结晶习性	颜色	光泽	透明度	摩氏硬度	密度 (g/cm^3)	荧光	特殊光学效应	其他
黝帘石	斜方晶系	柱状或板柱状	常见带褐色调的绿蓝色、还有灰、褐、黄、绿、浅粉色等	玻璃光泽	透明	6—7	3.10—3.45	荧光惰性	可有猫眼效应	区域变质和热液蚀变作用产物

黝帘石[$Ca_2Al_2[Si_2O_7][SiO_4]O(OH)$]属于绿帘石族,是由[$AlO_6$]八面体彼此共棱连

---

[1] Hansford, S. H., *Chinese Jade Carving*, London and Bradford: Lund Humphries & Co. Ltd., 1950, pp. 67-68.
[2] 叶晓红、唐际根、徐飞:《殷墟晚商玉器切割技术试析》,《南方文物》2016 年第 4 期。
[3] 张蓓莉:《系统宝石学》,地质出版社 2006 年版,第 342—343 页。

接成平行于 b 轴延伸的链,链间以单[SiO_4]四面体和双[Si_2O_7]四面体连接成平行于(100)面的链层,链层之间的较大空隙由半径较大阳离子 Ca^{2+} 以七次配位形式充填,因此黝帘石属于混合型的岛状硅酸盐矿物。

除黝帘石[Ca_2Al_3[Si_2O_7][SiO_4]O(OH)]外,绿帘石族还包括斜黝帘石[Clinozoisite—Ca_2AlAl_2[Si_2O_7][SiO_4]O(OH)]、绿帘石[Epidote—$Ca_2Fe^{3+}Al_2$[Si_2O_7][SiO_4]O(OH)]、红帘石[Piemontite—Ca_2(Fe,Mn)Al_2[Si_2O_7][SiO_4]O(OH)]和褐帘石[Allanite-(Ce)—(Ce,Ca,Y)$_2$(Fe^{3+},Fe^{2+})(Al,Fe^{3+})$_2$[Si_2O_7][SiO_4]O(OH)],其主要差别在于金属阳离子位置存在着类质同象替代现象,造成晶体结构的细微差异。

[AlO_6]八面体链有两种形式,均平行于 b 轴延伸,一种简单的 Al_2 八面体彼此共两棱连接成链,形成斜方晶系,如图 2-11(a)所示,黝帘石属于此种形式。另一种 Al_1 八面体(与 6 个 O 配位)和 Al_3 八面体(与 5 个 O 和 1 个 OH 配位)共棱连接成一复合折形链,形成单斜晶系,如图 2-11(b)所示,绿帘石、斜黝帘石、红帘石、褐帘石均属于此类。

黝帘石和斜黝帘石为同质二象矿物,前者类质同象替代能力不及后者[①]。斜黝帘石的 Al_3 位置可被 Fe^{3+} 替代形成绿帘石,构成一个完全类质同象系列。绿帘石的 Fe 可部分被 Mn 替代形成红帘石。褐帘石结构最为复杂,不仅在 Fe 和 Al 位置存在替代,而且在大空隙位置也存在替代。

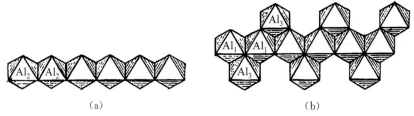

(a)   (b)

图 2-11 绿帘石族 Al-O 八面体的两种构成方式[②]

(二) 科技鉴别

黝帘石科技分析参考值可参见表 2-9:

表 2-9 黝帘石科技分析参考值

分析方法	数据信息				
XRD	黝帘石 (PDF:13-0562)	2.693 0 ($I/I_0=100$)	2.874 0 ($I/I_0=65$)	4.030 0 ($I/I_0=50$)	8.090 0 ($I/I_0=40$)
拉曼分析参考值	黝帘石(自测,见斜长石亚族科技鉴别)	(1) 119—121、147—150、189—192、257—260、281—284、311—313(m)、336—345(m)、395—397 cm^{-1}——[SiO_4]的旋转振动和平移振动、M—O 的平移振动和晶格振动 (2) 417—420、434—437、454—457、491—494(s-vs)cm^{-1}——[SiO_4]的面内弯曲振动 (3) 527—530、572—575(m-vs)、594—597、621—624、674—680(m)cm^{-1}——[SiO_4]的面外弯曲振动				

---

① 陈武、季寿元:《矿物学导论》,地质出版社 1985 年版,第 200—201 页。
② 陈敬中、张汉凯:《硅酸盐矿物中准周期非周期结构初步研究》,中国地质大学出版社 1997 年版,第 115—116 页。

续表

分析方法	数据信息
	(4) 870—873(m—s)、887—890、926—929(vs)、981—985(m)cm^{-1}——[SiO$_4$]的对称伸缩振动 (5) 1 070—1 073(m—s)、1 091—1 095(m—vs)cm^{-1}——[SiO$_4$]的不对称伸缩振动 (6) 3 149—3 152 cm^{-1}——羟基OH的伸缩振动 注：vs = very strong, s = strong, m = media, w = weak
化学成分参考值	黝帘石 RRUFF无成分数据，故采用理论数据： SiO$_2$=39.5%；Al$_2$O$_3$=33.9%；CaO=24.6%；H$_2$O=2.0%

（三）考古出土品

考古出土的早期黝帘石质玉器举例参见**表2-10**：

表2-10 考古出土早期黝帘石质玉器（包括独山玉）举例

序号	出土地点	名称	数量	时代	出土时间	形状规格	资料来源
1	河南邓州八里岗	斧、凿、锛、锄、刀等	数十件	仰韶文化早期至龙山文化晚期偏晚（5000—2000BC）	1992、1994、1998、2000年	参见《南阳古玉撷英》第20页的表二，但76件标本尚缺乏准确的科学检测报告，如73号妇好墓玉戈经本书作者分析并非南阳玉，而是方解石质，参见图2-12	①
2	河南新野凤凰山	铲	2	仰韶文化中期（3800—3600BC）	1976年	(1) 长18、宽11.3、厚0.7 cm (2) 长17.5、宽13.3、厚1.0 cm 均为黑花独山玉	②
3	河南南阳黄山	铲、凿、璜	5	仰韶文化晚期（3600—2900BC）	1959年	铲2件，凿2件，璜1件	③
4	河南新郑郑国祭祀遗址	柱、边角料	3	战国晚期前段	1992—1998年	(1) 柱（1件）——T655H2053：43，青灰色，不透明，圆柱体，有八棱。一端有一棱缺失，器表经抛光。长2、直径0.70 cm。 (2) 边角料（2件）—— ① T638H1885：19，青灰色，月牙状，一边规整，经加工磨光。另一边不规整。长10.50、宽1.60、厚0.60—1.00 cm ② M135：1，黑中泛绿。四方板状坯料，其中的正面及2个侧面切磨抛光，而背面和另两个侧面还呈原石状态	④

---

① 南阳市文物考古研究所：《南阳古玉撷英》，文物出版社2005年版，第20—21页。
② 江富建、赵树林：《独山玉文化概论》，中国地质大学出版社2008年版，第28页。
③ 江富建：《南阳黄山新石器时代玉器的玉质研究》，《中国宝玉石》2007年第5期；南阳师范学院独山玉文化中心：《南阳黄山遗址独山玉制品调查简报》，《中原文物》2008年第5期。
④ 河南省文物考古研究所：《新郑郑国祭祀遗址》（上），大象出版社2006年版，第535页；常宗广：《郑国祭祀遗址出土的玉石器鉴定报告》，载于河南省文物考古研究所：《新郑郑国祭祀遗址》（下），大象出版社2006年版，第1156—1161页。

表 2-10 显示目前中国没有出土的黝帘石质玉器,仅出土了含有黝帘石的独山玉。现有研究表明独山玉是中国古代玉材中为数极少的多矿物种类,是中国特有的玉材种类。独山玉按照主要矿物可以分为斜长石玉、黝帘石玉和角闪石玉,其中斜长石玉品种最多,黝帘石玉品种次之,角闪石玉最少(仅黑独玉一种)①。黝帘石矿物超过 50% 的独山玉包括干白玉、绿白玉、红独玉、黄独玉等品种②。

表 2-10 显示,经过认定的出土独山玉并不多,主要以礼器和工具类为主,不少属于采集品,出土地点多位于河南地区。表 2-10 还表明独山玉最早从仰韶文化初期(7000BP)开始被使用,以河南南阳独山为中心逐渐向四周辐射;至三代时期,独山玉已步出狭小的区域,在广袤的中原大地驻足,工具类相对减少,礼器类的品种相对增多;春秋战国之后,独山玉的数量急剧减少,学者们认为这是因为独山玉颜色斑驳,不符合当时的玉德观,从而不被当作玉材使用。直到元代和清代,可能由于统治阶层用玉观的变化,独山玉重新得到利用,如被用于制作成著名的"渎山大玉海"等③。

值得注意的是,2018 年开始的河南南阳黄山遗址第二次发掘揭示了仰韶文化时期的大型聚落遗存和屈家岭文化时期的墓葬群。大型聚落遗存中有颇为完备的玉作坊遗址,制玉材料包括独山玉、大理岩和石英等④。黄山遗址的发展序列较完整,既有黄河流域的裴李岗文化、仰韶文化、河南龙山文化内涵,又有江汉流域的屈家岭文化因素,甚至还有石家河文化因素。因此,黄山遗址的延续时间很长,独山玉的利用是否可以早至裴李岗时期,有待考古发掘成果的公布。

此外,一些玉器曾被认为是独山玉材质,现经研究发现是由其他材质构成的,如殷墟妇好墓 M5:14 玉戈(图 2-12 左图),含有绿色和白色两种颜色,易被认定为独山玉材质⑤,但经拉曼光谱检测发现其白色和绿色区域的特征峰位均为 154、281、711、1 085 cm^{-1}(图 2-12 右图),表明两种颜色的材质相同,均为方解石。鉴于此,独山玉器研究首先需要科学鉴定的有力支撑,才能深入探讨其源流和分布问题。

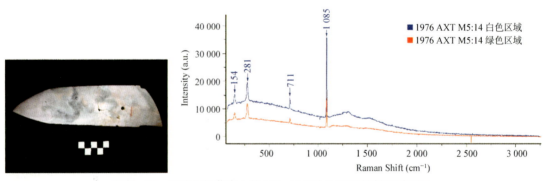

图 2-12　殷墟妇好墓出土的 M5:14 玉戈(左)及拉曼图谱(右)

---

① 肖启云、蔡克勤、江富建:《河南南阳独山玉矿物碎裂成玉过程研究》,《地球学报》2009 年第 5 期。
② 肖启云、蔡克勤、江富建:《各色独山玉的矿物组合研究》,《岩石矿物学杂志》2011 年增刊。
③ 南阳市文物考古研究所:《南阳古玉撷英》,文物出版社 2005 年版,第 27—30 页。
④ 河南日报:《河南南阳:黄山遗址"千年一遇"》,http://hn.chinaso.com/ny/detail/20190719/1000200033030181563495548612886316_1,最后浏览日期:2019 年 9 月 4 日。
⑤ 中国社会科学院考古研究所:《殷墟妇好墓》,文物出版社 1980 年版,第 114 页;夏鼐(著)、王世民、李秀贞(编):《敦煌考古漫记》,百花文艺出版社 2002 年版,第 221—222 页。

第三节　环状硅酸盐玉材

岛状硅酸盐的硅氧四面体以孤立状或两两连接的方式存在,而三个及以上的硅氧四面体连接可以构成环状,如三环$[Si_3O_9]$、四环$[Si_4O_{12}]$、六环$[Si_6O_{18}]$等。此外,环还可以重叠起来形成双环,如六方双环$[Si_{12}O_{30}]$等。绿柱石属于环状硅酸盐材料,在中国早期社会已有应用,本节将对此进行叙述。

一、绿柱石$[Beryl, Be_2Al_2(Si_2O_6)_3]$

(一) 基本性质

绿柱石的基本性质可归纳为**表 2 - 11**:

表 2 - 11　绿柱石基本性质[1]

品种	晶系	结晶习性	颜色	光泽	透明度	摩氏硬度	密度 (g/cm^3)	荧光	特殊光学效应	其他
绿柱石	六方晶系	柱状或板柱状	无色、绿色、黄色、浅橙色、粉色、红色、蓝色、棕色、黑色	玻璃光泽	多为透明,少量为半透明至不透明	7.5—8.0	2.67—2.90	紫外荧光弱	可有猫眼效应、星光效应(稀少)	伟晶岩型、超基性岩中云英岩型以及产在沉积岩中的方解石-钠长石脉型等

绿柱石$[Beryl, Be_2Al_2(Si_2O_6)_3]$的晶体结构中(**图 2 - 13**),六个$[SiO_4]$四面体组成六节环垂直于c轴平行排列,六节环之间由Al以六次配位(即$[AlO_6]$八面体)、Be以四次配位(即$[BeO_4]$四面体)形式连接,六节环的中心形成平行于c轴的孔道,可容纳一些大半径离子如K^+、Na^+、Rb^+、Cs^+及H_2O。水分子的二次轴与c轴垂直称为Ⅰ型水,水分子的二次

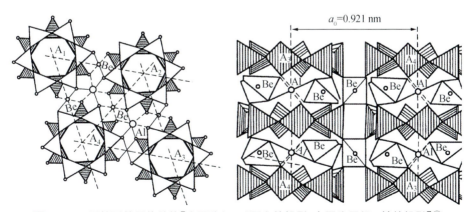

图 2 - 13　绿柱石的晶体结构[左图为(001)面上的投影,右图为平行c轴的投影][2]

---

[1] 张蓓莉:《系统宝石学》,地质出版社2006年版,第287—292页。
[2] 南京大学地质系岩矿教研室:《结晶学与矿物学》,地质出版社1978年版,第432页。

轴与 c 轴平行称为Ⅱ型水。一般来说，低碱绿柱石以Ⅰ型水为主，高碱绿柱石以Ⅱ型水为主，中碱绿柱石同时有Ⅰ型水和Ⅱ型水[①]。

一些阳离子 Fe^{2+}、Fe^{3+}、Cr^{3+}、Mn^{2+}、Mn^{3+}、Cs^+ 等可取代 Al^{3+} 和 Be^{2+} 使绿柱石呈现不同颜色，因此常按颜色及致色成因不同将绿柱石分为若干品种（**表 2 - 12**），主要包括透绿柱石、祖母绿、海蓝宝石、绿色绿柱石、金绿柱石、黄色绿柱石、粉色绿柱石、红色绿柱石、Maxiexe 型绿柱石（钴蓝色，并非过渡金属离子致色，而是色心致色）、铯绿柱石等。

表 2 - 12　绿柱石主要品种[②]

名称	颜色	致色成因	名称	颜色	致色成因
透绿柱石（Goshenite）	纯净、无色透明		祖母绿（Emerald）	深绿色	Cr
粉色绿柱石（Morganite）	粉色	Mn	绿色绿柱石（Green Beryl）	绿色	Fe
红色绿柱石（Bixbite）	红色	Mn 致色，约粉色绿柱石的 20 倍	金绿柱石（Helidor）	金黄色	Fe^{3+}
铯绿柱石（Pezzottaite）	粉红色	Cs	黄色绿柱石（Yellow Beryl）	黄色	Fe^{3+}
Maxiexe 型绿柱石	钴蓝色	非过渡金属离子致色，而是色心致色	海蓝宝石（Aquamarine）	天蓝色	Fe^{2+}

（二）科技鉴别

绿柱石的科技分析参考值可参见**表 2 - 13**：

表 2 - 13　绿柱石科技分析参考值

分析方法	数据信息				
XRD	绿柱石（PDF: 09 - 0430）	2.867 0（I/I_0=100）	3.254 0（I/I_0=95）	7.980 0（I/I_0=90）	4.600 0（I/I_0=50）
拉曼分析参考值	绿柱石[③]	(1) 316—323(w—m)、392—402(w—s)cm^{-1}——$[SiO_4]$对称环的弯曲变形和伸缩振动。潘峰认为 392—402 cm^{-1} 是 Al^{VI}—O 的弯曲振动引起的 (2) 520—530 cm^{-1}——Al^{VI}—O 的弯曲振动 (3) 680—684(vs)cm^{-1}——Be—O 的弯曲振动。潘峰认为此峰为$[SiO_4]$中桥氧的面外弯曲振动引起的 (4) 1 003—1 013(w—m)cm^{-1}——$[SiO_4]$的弯曲振动				

[①] 谢先德：《中国宝玉石矿物物理学》，广东科技出版社 1999 年版，第 72—73 页。
[②] 余晓艳：《有色宝石学教程》，地质出版社 2009 年版，第 156—157 页。
[③] 干福熹：《中国古代玉石和玉器的科学研究》，上海科学技术出版社 2017 年版，第 131—133 页；潘峰：《铝硅酸盐矿物、玻璃和熔体结构的 Raman 光谱研究》，中国地质大学博士学位论文，2006 年。

续表

分析方法	数据信息
	(5) 1 064—1 070(w—s)cm^{-1}——[SiO$_4$]的伸缩振动 　　潘峰认为1 003—1 013和1 064—1 070 cm^{-1}是由[SiO$_4$]中非桥氧的对称伸缩振动引起的 (6) 1 232—1 241 cm^{-1}——[SiO$_4$]和CO$_2$的费米双峰振动 (7) 3 591—3 595 cm^{-1}——Ⅱ型水的振动 (8) 3 601—3 603(s—vs)cm^{-1}——Ⅰ型水的振动 注：vs = very strong，s = strong，m = media，w = weak
化学成分 参考值	绿柱石（R040002，R050065，R050120，R050121，R050305，R050347，R050368，R060942，R060943，R060944）	SiO$_2$ = 60.42%—65.80%，平均值 = 64.17% Al$_2$O$_3$ = 14.00%—18.27%，平均值 = 17.00% BeO = 14.32%—19.84%，平均值 = 16.16% Na$_2$O = 0.06%—2.27%，平均值 = 1.12% MgO = 0—2.68%，平均值 = 0.69% FeO = 0—1.40%，平均值 = 0.28% Fe$_2$O$_3$ = 0—0.86%，平均值 = 0.19% Cr$_2$O$_3$ = 0—0.55%，平均值 = 0.11% V$_2$O$_3$ = 0—0.86%，平均值 = 0.09% Sc$_2$O$_3$ = 0—0.32%，平均值 = 0.04% K$_2$O = 0—0.16%，平均值 = 0.04% CaO = 0—0.23%，平均值 = 0.03%

（三）考古出土品

考古出土的早期绿柱石质玉器举例参见表2-14：

表2-14 考古出土早期绿柱石质玉器举例

序号	出土地点	名称	数量	时代	出土时间	形状规格	资料来源
1	四川广汉三星堆遗址仁胜村	泡形器	1	三星堆一期后段至二期前段（相当于二里头二期至四期，约1680—1560BC）	1997—1998年	97GSDg M7:1，黄绿色，透明，直径4.8，厚1.5 cm。在平的一面中部有一直径1.3 cm的管钻痕迹	①
2	辽宁本溪上堡石棺墓	管	3	战国末或稍晚	1995年	M1:7—9，长1.8—2.9，宽0.6—0.8，孔径0.25—0.40 cm	②
3	吉林通榆兴隆山鲜卑墓	珠	不详	西汉中晚期	1979年	该墓出土珠饰275件，质料包括绿玉（刚玉、绿柱石、绿松石，共147件）、白石（透闪石-阳起石质玉次生蚀变物、珍珠云母类，共80件）、玛瑙（43件）、琉璃质(3件)、蚌类(2件)	③

---

① 四川省文物考古研究所三星堆遗址工作站：《四川广汉市三星堆遗址仁胜村土坑墓》，《考古》2004年第10期。明确标明为绿柱石。
② 魏海波、梁志龙：《辽宁本溪县上堡青铜短剑墓》，《文物》1998年第6期。
③ 吉林省文物工作队：《通榆县兴隆山鲜卑墓清理简报》，《黑龙江文物丛刊》1982年第3期。

续表

序号	出土地点	名称	数量	时代	出土时间	形状规格	资料来源
4	广西合浦汉墓	珠	74	西汉晚期至东汉晚期	1978—1993 年	(1) 1978年廉州镇北插江盐堆1号墓出土一件混合串饰,共17颗,其中水晶3颗(淡绿色圆扇形1+白色圆形1+黄色柱形1),绿柱石14颗(绿宝石4+透绿宝石8+海蓝宝石2,多为不规则形,长0.4—1.8,宽0.70—1.35 cm),西汉晚期 (2) 1990年黄泥岗1号墓出土一件混合串饰,共30颗,其中水晶13颗(紫色4+白色9,六棱柱为主,另有2颗扁圆形+2颗滴水形),绿柱石17颗(海蓝宝石8+透绿柱石6+绿宝石2+金绿宝石1,多为不规则形,长0.7—2.8,宽0.4—1.6 cm),东汉早期 (3) 1986年凤门岭M10出土一串绿柱石,共24颗,其中海蓝宝石3颗,透绿柱石21颗,方柱体或不规则形,透明度较高,长0.6—2.2 cm,东汉晚期 (4) 1978年县机械厂M1出土一件混合串饰,共9颗,其中水晶7颗(紫色3+白色3+黄色1,紫色为圆形或扁壶形,其他均为不规则形),绿柱石2颗(不规则形,浅蓝色,透明度高,判断系绿柱石) (5) 1988年红岭头M3出土一件混合串饰,共10颗,其中水晶3颗(黄色2+紫色1),绿柱石7颗(透绿柱石,多为不规则形,长1.1—1.9 cm),汉代 (6) 1988年母猪岭M1出土一件混合串饰,共5颗,其中水晶4颗(紫色2+白色2,有圆形、扁圆形、榄形及多面柱体),绿柱石1颗(浅青色,近扁圆形,判断为绿柱石),汉代 (7) 1992年凸鬼岭汽车齿轮厂M17出土一件混合串饰,共13颗,其中水晶8颗(紫色5+白色3,有圆形、扁圆形、扁壶形、榄形等),绿柱石5颗(海蓝宝石2+透绿柱石3,多为不规则形),汉代 (8) 1993年第二麻纺厂M4出土一件混合串饰,共10颗,其中水晶6颗(白水晶4+紫水晶2,有榄形、系领形、柱形、圆扁形及滴水形),绿柱石4颗(无色透明,不规则形,判断为透绿柱石),汉代	①②
5	湖南长沙杨家山	珠	3	汉代	1978 年	M297,长3.5 cm,淡蓝色,不规则。形状,近似椭圆球形,略透明,表面有坑洞,打磨不够细腻,有穿孔	③
6	湖南长沙五一路工学园	珠	不详	东汉	1959 年	M9,水晶和海蓝宝石组成的混合项链,共34颗,海蓝宝石的数目不详。文中仅列出1件编号为9891数据	④

---

① Dong, J. Q., Han, Y. N., Ye, L. W., et al., "In Situ Identification of Gemstone Beads Excavated from Tombs of the Han Dynasties in Hepu County, Guangxi Province, China Using a Portable Raman Spectrometer", *Journal of Raman Spectroscopy*, 2014, 45(7), pp. 596−602. 文中标明35件,据董俊卿重新确认为36件。
② 熊昭明:《汉代合浦港的考古学研究》,文物出版社2018年版,第102—104、178—183页。102页黄泥岗M1的混合串珠为23颗,但179页表述为30颗。
③ 喻燕姣:《湖南出土珠饰研究》,湖南人民出版社2018年版,第224、314、316页。314页的样品编号为10223。
④ 同上书,第158、314、316页。314页的样品编号为9891。

表2-14显示经过确认的出土绿柱石质玉器不多，四川三星堆遗址仁胜村土坑墓出土了最早的绿柱石泡形器，是否经过科学检测，尚不得知。不过考虑到绿柱石名称的专业性，该件玉器应经过专业人员的分析。汉代墓葬出土绿柱石质玉器较多，主要集中在辽宁、吉林、广西和湖南等省份，如广西合浦汉墓出土绿柱石珠的数量达74件，原先多被认定为"多色水晶"，董俊卿等通过拉曼光谱和能量色散X射线荧光光谱分析发现它们为绿柱石和水晶的混合串饰，并根据表2-12的致色成因将所分析的36件绿柱石珠区分为海蓝宝石（Aquamarine，16件）、透绿柱石（Goshenite，12件）、金绿柱石（Heliodor，8件）三个品种；熊昭明将74件绿柱石珠区分出透绿柱石（49颗）、海蓝宝石（15颗）、绿宝石（可能为绿色绿柱石6颗）、金绿宝石（1颗）四个品种，另有3颗绿柱石未作区分。两位学者的统计总数虽有差异，但海蓝宝石和透绿柱石的比例最高。大多数学者认为合浦绿柱石是"海上丝绸之路"的交流产品，其来源地应在南亚。湖南长沙地区出土了4件以上的海蓝宝石珠，是项饰的一部分，是否也来源于南亚，有待进一步研究。值得注意的是，辽宁和吉林地区均发现了绿柱石管和珠饰，其时代在战国末至西汉中晚期，早于广西合浦绿柱石质玉器。与仁胜村相似，这些器物的材质应该经过了专业人士鉴定，中国已在20个以上的省区发现了绿柱石矿床、矿点及矿化现象，新疆资源最丰富，其次是云南和内蒙古。就品种而言，以海蓝宝石为主，其次是绿色绿柱石、透绿柱石[1]。故绿柱石的来源非常值得深入探讨。

第四节 链状硅酸盐玉材

络阴离子[SiO_4]四面体共角顶连接形成沿一维方向无限延伸的链状硅氧骨干。链间借助Mg、Fe、Ca、Al等金属离子联结。

与岛状结构硅酸盐不同的是：硅氧骨干中的Si易被少量Al所替代，替代量一般小于1/3，最多可达1/2（如硅线石）。链状硅酸盐常为平行链状骨干的柱状、板状、针状晶形，发育平行链延伸方向的解理，呈玻璃光泽，含Ca、Mg的颜色浅，含Fe、Mn的颜色深。链状硅氧骨干的种类及形式相当复杂、种类多样，多为岩浆岩和变质岩的主要造岩矿物。

一、单链状结构

辉石[Si_2O_6]单链间有两种孔隙，小者M_1位于四面体角顶相对的位置，大者M_2位于四面体底面相对的位置，如图2-14所示。一般而言，离子半径较小的Mg^{2+}、Fe^{2+}、Fe^{3+}、Al^{3+}、Ti^{3+}占据M_1位置，形成6次配位。M_2的情况相对复杂些，可大致分为两类：一是当离子半径较大的Na^+和Ca^{2+}占据M_2位置时，常形成8次配位，会使晶体对称程度降为单斜晶系[2]，从而构成单斜辉石亚族，包括钙辉石[如透辉石$CaMgSi_2O_6$、钙铁辉石$CaFeSi_2O_6$、普通辉石$Ca(Mg,Fe^{2+},Fe^{3+},Ti,Al)Si_2O_6$]、钠辉石（如硬玉$NaAlSi_2O_6$、霓石$NaFe^{3+}Si_2O_6$）等；二是当离子半径较小的$Mg^{2+}$和$Fe^{2+}$占据$M_2$位置时，构成斜方辉石亚族，即镁铁辉石，包括顽火辉石$Mg_2Si_2O_6$、铁辉石$Fe_2Si_2O_6$、斜方辉石$(Mg,Fe^{2+})_2Si_2O_6$等。

---

[1] 李劲松、赵松龄：《宝玉石大典》（下），北京出版社2001年版，第1341—1351页。
[2] 赵珊茸：《结晶学及矿物学》，高等教育出版社2017年版，第344—353页。

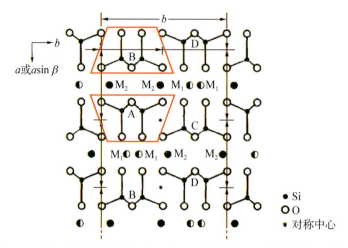

图 2-14 辉石晶体结构(红框为平行于 c 轴的硅氧四面体单链投影)[1]

(一) 翡翠(Jadeite，$NaAlSi_2O_6$)

1. 基本性质

翡翠的基本性质可归纳为**表 2-15**：

表 2-15 翡翠基本性质[2]

品种	晶系	结晶习性	颜色	光泽	透明度	摩氏硬度	密度 (g/cm³)	荧光	特殊光学效应	其他
翡翠	单斜晶系	柱状、纤维状或粒状集合体	白色，无色，各种不同色调的绿色、红色、黄色、紫色、黑色、灰色等几种	玻璃光泽至油脂光泽	半透明至不透明	6.5—7.0	3.25—3.40	绝大多数无荧光，个别有弱绿色、白色或黄色荧光	未见	区域变质、岩浆和交代成因

翡翠是由硅氧四面体[SiO_4]通过桥氧连接形成沿一维空间无限伸展的单链，链以[Si_2O_6]$^{2-}$为不断重复的单元，链间由 Na^+、Al^{3+} 等金属阳离子联结，其中半径较大的 Na^+ 占据 M_2，半径较小的 Al^{3+} 占据 M_1，形成钠辉石的单斜晶系。纯净的翡翠呈无色，当过渡金属元素 Cr^{3+}、Fe^{3+}、Fe^{2+} 等类质同象替代 Al^{3+} 时，翡翠会呈现不同的颜色。

2. 科技鉴别

翡翠的科技分析参考值可参见**表 2-16**：

---

[1] 陈征、范建良、杜广鹏：《绿辉石玉的光谱学特征》，《激光与光电子学进展》2010 年第 10 期。
[2] 张蓓莉：《系统宝石学》，地质出版社 2006 年版，第 346—365 页。

表 2-16 翡翠科技分析参考值

分析方法	数据信息				
XRD	翡翠 (PDF：22-1338)	2.8310 ($I/I_0=100$)	2.9220 ($I/I_0=75$)	4.2900 ($I/I_0=45$)	3.1000&2.0690 ($I/I_0=30$)
拉曼分析参考值	翡翠(自测①)	(1) 142—146、202—205(m-s)、222—225、256—258、292—294、310—313、329—331(m)、373—378(s)cm^{-1}——M—O振动和晶格振动 (2) 433—436、524—526(m)、574—578 cm^{-1}——[SiO$_4$]的面内弯曲振动 (3) 698—703(vs)cm^{-1}——[SiO$_4$]的面外弯曲振动 (4) 778—782、885—889 cm^{-1}——[SiO$_4$]的不对称伸缩振动 (5) 990—992(m)、1040—1045(m-s)、1080—1083 cm^{-1}——[SiO$_4$]的对称伸缩振动 注：vs = very strong, s = strong, m = media				
化学成分参考值	翡翠 (R070117)	SiO_2 = 56.75%—59.09%，平均值 = 57.60% Al_2O_3 = 20.19%—24.46%，平均值 = 21.68% Na_2O = 13.98%—14.82%，平均值 = 14.61% Cr_2O_3 = 1.94%—5.44%，平均值 = 3.50% Fe_2O_3 = 0.99%—2.88%，平均值 = 2.00% MgO = 0.03%—0.35%，平均值 = 0.09% CaO = 0.01%—0.35%，平均值 = 0.05% TiO_2 = 0—0.04%，平均值 = 0.02%				

3. 考古出土品

考古出土的疑似"翡翠"器举例参见**表 2-17**：

表 2-17 考古出土疑似"翡翠"器举例

序号	出土地点	名称	数量	时代	出土时间	形状规格	资料来源
1	湖南澧县八十垱	饰件	1	彭头山文化 (7000—5600BC)	1993年	翡翠石饰件(M1：4)，肉红色，一侧有凹槽，应为系绳之用。长1.1、宽1、厚约1 cm	②
2	甘肃秦安大地湾	坠	2	大地湾文化二期和四期	1978—1984年	(1) 大地湾二期(4500—3900BC)——F2：18，扁平体梯形坠，长30、宽21、厚4 mm，重2.8 g (2) 大地湾四期(3500—2900BC)——T811②：55，扁平体梯形坠，长20、宽15、厚5、孔径1.5 mm，重4.5 g	③
3	山东泰安大汶口	锛、坠	2	北辛文化晚期至大汶口文化早期(4200—3700BC)	1974、1978年	(1) 锛(1件)——T416⑤B：6，北辛文化晚期(4200BC) (2) 坠(1件)——T217④C：13，大汶口文化早期(4100—3700BC)	④

---

① 范建良、郭守国、刘学良等：《天然与处理翡翠的光谱学研究》，《激光与红外》2007年第8期。
② 湖南省文物考古研究所：《彭头山与八十垱》(上)，科学出版社2006年版，第491页。
③ 甘肃省文物考古研究所：《秦安大地湾——新石器时代遗址发掘报告》，文物出版社2006年版，第226—227、619—620页。
④ 山东省文物考古研究所：《大汶口续集——大汶口遗址第二、三次发掘报告》，科学出版社1997年版，第236页。

续表

序号	出土地点	名称	数量	时代	出土时间	形状规格	资料来源
4	西藏昌都卡若	珠	1	卡若文化（3000—2000BC）	1985年	1件硬玉珠 T34：1，扁圆形，孔系单面穿成。直径1.1，高0.8 cm。另出土硬玉斧2件，锛10件，凿9件，刀2件	①
5	内蒙古伊克昭盟朱开沟	珠	2	商代	1977、1980、1983、1984年	(1) M2012：4，圆形扁圆体，中心有一对钻孔，直径1，厚0.6 cm (2) M4020：4，略呈圆柱体状，两端圆弧，一端略粗，有一磨制缺口，另一端略细、有一钻孔。长3.6、直径1.4 cm	②
6	山西曲沃天马-曲村	管珠	6	西周中期	1980—1989年	(1) 2颗，其中1件为 M6214：35·21，绿间白色，长1.1，直径0.60—0.95 cm (2) M6214：35·19，墨绿色，长1—1.08，直径0.7—0.8 cm (3) M6214：35·20，长1.35，直径0.62—0.70 cm，又被标为玉髓材质 (4) M6135：2·1，管，长2，直径0.81—0.92 cm。 (5) M6135：2·10，管珠，长1.03，直径0.7 cm，又被标为蛇纹石材质	③
7	河南淅川下寺M1	珠	5	春秋晚期前段（570—521BC）	1978年	淡绿色，扁圆形。标本 M1：117 之一，较大，直径0.7，厚0.45 cm。标本 M1：117 之二，较小，直径0.6，厚0.4 cm	④
8	四川炉霍卡莎湖石棺墓	饰品	不详	春秋至战国中期	1984年	有长方形、条方形、扁圆形、圆饼形、不规则形多种。 (1) M229：1，平面呈长方形，剖面略似椭圆形，孔由两端对穿而成，长1.6，宽0.8—1，最厚处0.8，最大孔径0.3 cm (2) M115：3，平面似梯形，剖面椭圆形，长1.6，宽0.50—0.95，直径0.4—0.9，最大孔径0.2 cm (3) M138：12，平面似正方形，剖面为不规则椭圆形，孔由两端对穿而成，长1.1，宽0.8—1.0，最厚处0.5，最大孔径0.15 cm (4) M192：2 不规则形，孔由两端对穿而成。长1.55，宽0.4—0.9，最厚处0.6，最大孔径0.25 cm	⑤
9	吉林德新金谷大墓	坠	3	战国至西汉	1977—1979年	均残。其中两件残断处又复磨平。大的一件 M12：33，原似长圆形，在完好的一端穿有一孔，残长约1.8，宽1.5，厚0.5 cm	⑥

① 西藏自治区文物管理委员会、四川大学历史系：《昌都卡若》，文物出版社1985年版，第103—110、146页。
② 内蒙古自治区文物考古研究所、鄂尔多斯博物馆：《朱开沟——青铜时代早期遗址发掘报告》，文物出版社2000年版，第273页。
③ 北京大学考古系商周组、山西省考古研究所：《天马-曲村 1980—1989》（第二册），科学出版社2000年版，第426、700页。
④ 河南省文物研究所、河南省丹江库区考古发掘队、淅川县博物馆：《淅川下寺春秋楚墓》，文物出版社1991年版，第98、102、345页。
⑤ 四川省文物考古研究所、甘孜藏族自治州文化局：《四川炉霍卡莎湖石棺墓》，《考古学报》1991年第2期。
⑥ 延边朝鲜族自治州博物馆：《延吉德新金谷大墓葬清理简报》，载于东北考古与历史编辑委员会：《东北考古与历史（丛刊）》（第1辑），文物出版社1982年版，第191—199页。

续表

序号	出土地点	名称	数量	时代	出土时间	形状规格	资料来源
10	吉林省吉林市长蛇山	饰品	1	战国时期	1962年	出于62F1,直径1.4、孔径0.2、厚0.3 cm,圆形扁平,中一小孔,磨制极精,似"翡翠"	①
11	吉林永吉星星哨水库	坠	3	战国秦汉之际	1975—1976年	AM11出土2件,形似扁球,一端有两面对钻的孔。采集1件,与AM11出土件形制相同,孔部已残	②
12	吉林江北土城子	坠	1	秦汉之际至魏晋	1954年	出土于石棺M22	③
13	安徽合肥汉墓	饰品	不详	汉代	1956—1957年	翡翠装饰品	④
14	陕西西安东郊隋舍利墓	印章	1	公元589年	1986年	64号,印面略呈长方形,上有钮,钮上横穿一孔,印面阴刻一"南"字,高1.3 cm	⑤
15	山东济南元代墓	卧马	1	元代	2017年	不详	⑥

　　除了表2-17的出土器物标记为翡翠材质外,一些发掘简报⑦也有"翠玉"的记录,表述甚为混乱,既可指翡翠,如吉林永吉星星哨水库石棺墓出土的翡翠坠也称为翠坠;也可指翠绿色的透闪石-阳起石质玉;还可指绿松石⑧,具体所指尚无法考证。另有一些发掘简报有"硬玉"的表述⑨,可指较硬的玉器,也可指翡翠。

　　上述翡翠材质的认定存在认知错误的情况,如甘肃秦安大地湾出土的一件T811②:55扁平体梯形坠,原认为是翡翠,叶舒宪研究员目验推测为天河石或绿松石⑩。大地湾二期的F2:18扁平体梯形坠经邓淑苹研究员目验,认为既非翡翠也非绿松石,推测可能为钠长石⑪;陕西

---

① 吉林省文物工作队:《吉林长蛇山遗址的发掘》,《考古》1980年第2期。
② 吉林市文物管理委员会、永吉县星星哨水库管理处:《永吉星星哨水库石棺墓及遗址调查》,《考古》1978年第3期。
③ 吉林省博物馆:《吉林江北土城子古文化遗址及石棺墓》,《考古学报》1957年第1期。
④ 马人权:《安徽合肥汉墓清理》,《考古》1959年第3期。
⑤ 郑洪春:《西安东郊隋舍利墓清理简报》,《考古与文物》1988年第1期。
⑥ 刘丽丽、郭俊峰:《科学管理出土文物 活化利用考古成果——济南市考古研究所文物管理利用综述》,《中国文物报》2017年9月22日。
⑦ 黄汉超:《广西藤县出土一批汉代文物》,《文物》1981年第3期;吉林省博物馆、吉林大学考古专业:《吉林市骚达沟山顶大棺整理报告》,《考古》1985年第10期;许志国、庄艳杰、魏春光:《法库石砬子遗址及石棺墓调查》,《辽海文物学刊》1993年第1期。
⑧ 方辉:《海岱地区青铜时代考古》,山东大学出版社2007年版,第69页。
⑨ 河南省信阳地区文管会、河南省罗山县文化馆:《罗山天湖商周墓地》,《考古学报》1986年第2期。
⑩ 张正翠:《大地湾遗址出土玉器的初步研究》,《百色学院学报》2018年第1期。图13所示。
⑪ 邓淑苹:《史前华西系玉器与中国玉礼制》,载于陈星灿、唐士乾:《2016中国·广河齐家文化与华夏文明国际论坛论文集》,甘肃文化出版社2017年版,第131—157页。该文132—133页标注此件器物。

宝鸡地区出土的一件西周早期翡翠,经地质学者修正为天河石[①];山西天马-曲村西周墓出土的两件翡翠,管珠又被分别标为玉髓或蛇纹石,应为记录过程中的笔误;河北满城汉墓出土的一件镶翡翠铜饰,经玉器学者肉眼修正为透闪石-阳起石质玉[②]。由于缺乏科学数据的佐证,这些早期"翡翠"器均未获得学界的认可[③]。中国周边虽有缅甸和日本两个重要的翡翠产地,但多数学者仍认为,中国翡翠应来自缅甸地区,缅甸翡翠的开采不晚于明代[④]。2017年中国社会科学院考古研究所、山东大学等单位发现济南化纤路元代墓出土的玉卧马材质是翡翠,并据此认为可将翡翠的使用历史提前至元代,但目前尚无正式定论。

(二) 透辉石(Diopside, $CaMgSi_2O_6$)

1. 基本性质

透辉石的基本性质可归纳为**表 2-18**:

表 2-18 透辉石基本性质[⑤]

品种	晶系	结晶习性	颜色	光泽	透明度	摩氏硬度	密度 (g/cm³)	荧光	特殊光学效应	其他
透辉石	单斜晶系	柱状晶形	常见蓝绿色至黄绿色、褐色、黑色、紫色、无色至白色	玻璃光泽	半透明至透明	5.5—6.5	3.22—3.40	一般紫外光下呈荧光惰性,但绿色透辉石在长波紫外线下呈绿色,而短波下无荧光	常见星光效应(四射星光)、猫眼效应	区域变质、岩浆和交代成因

透辉石是由硅氧四面体[SiO_4]通过桥氧连接形成沿一维空间无限伸展的单链,链以[Si_2O_6]$^{2-}$为不断重复的单元,链间由Ca^{2+}(8次配位)、Mg^{2+}(6次配位)等金属阳离子连结,即Ca^{2+}占据**图 2-14**的M_2位置,与8个活性氧连接;Mg^{2+}占据M_1位置,与6个活性氧连接。透辉石与翡翠结构相似,同属单斜晶系。透辉石同样会因含有过渡金属元素而呈现不同颜色,如含 Cr 透辉石呈鲜艳绿色,Fe 含量增加,则颜色加深。

2. 科技鉴别

透辉石的科技分析参考值可参见**表 2-19**:

表 2-19 透辉石科技分析参考值

分析方法	数据信息				
XRD	透辉石 (PDF: 41-1370)	2.9850 ($I/I_0=100$)	2.9430 ($I/I_0=55$)	3.2200 ($I/I_0=50$)	2.8910 & 2.5120 ($I/I_0=30$)

---

① 亦木:《三千年前天河石》,《地球》1985 年第 1 期。
② 常素霞:《满城汉墓出土的镶翡翠铜饰应为镶玉饰》,《文物春秋》1990 年版第 1 期。
③ 黄建秋:《史前玉器起源研究的几个问题》,载于邓聪等:《东南考古研究》(第 4 辑),厦门大学出版社 2010 年版,第 24 页。
④ 丘志力、吴沫、谷娴子:《从传世及出土翡翠玉器看我国清代翡翠玉料的使用》,《宝石和宝石学杂志》2008 年第 4 期。
⑤ 张蓓莉:《系统宝石学》,地质出版社 2006 年版,第 337—339 页。

续表

分析方法	数据信息	
拉曼分析参考值	透辉石（自测+①）	(1) 126—131(m)、140—141(w—s)、188—190(m)、195—199(m)、228—234(m—s)、254—261(m)、323—328(s)、353—358(w—m)、360—365(m)、387—393(s)cm^{-1}——M—O 振动及晶格振动 (2) 507—511(m)、557—560(w—m) cm^{-1}——[SiO$_4$]的面内弯曲振动 (3) 664—670(vs)cm^{-1}——[SiO$_4$]的面外弯曲振动 (4) 852—856(m)cm^{-1}——[SiO$_4$]的不对称伸缩振动 (5) 1 008—1 012(vs)cm^{-1}——[SiO$_4$]的对称伸缩振动 (6) 1 017(m)cm^{-1}——[SiO$_4$]的不对称伸缩振动 注: vs = very strong, s = strong, m = media, w = weak
化学成分参考值	透辉石（R040009，R050496，R050666，R060061，R060085，R060171，R060276，R060861，R070123）	SiO$_2$ = 48.26%—55.24%，平均值 = 52.71% CaO = 18.10%—26.17%，平均值 = 23.65% MgO = 11.03%—18.22%，平均值 = 15.05% FeO = 0.16%—10.22%，平均值 = 4.31% Al$_2$O$_3$ = 0—8.63%，平均值 = 1.83% MnO = 0.03%—9.89%，平均值 = 1.38% Na$_2$O = 0—0.74%，平均值 = 0.31% TiO$_2$ = 0—1.10%，平均值 = 0.23% Cr$_2$O$_3$ = 0—0.63%，平均值 = 0.12%

3. 考古出土品

考古出土的早期透辉石质玉器举例参见表 2‑20：

表 2‑20　考古出土早期透辉石质玉器举例

序号	出土地点	名称	数量	时代	出土时间	形状规格	资料来源
1	安徽含山凌家滩	锛	3	凌家滩文化（3600—3300BC）	1987 年	共分析了 243 件玉石器，3 件属于透辉石材质，其中 1 件出土于 87M15，2 件出土于 87M17	②
2	江苏武进寺墩	璧、琮等	数十	良渚文化晚期（2500—2300BC）	1978—1983 年	均为次生透辉石	自测
3	上海青浦福泉山	锥形器	2	良渚文化晚期（2300—2200BC）	1982—1984、1986—1988 年	2 件锥形器的编号均为 M101∶95	③

---

① Prencipe, M., Mantovani, L., Tribaudino, M., et al., "The Raman Spectrum of Diopside: A Comparison between ab Initio Calculated and Experimentally Measured Frequencies", *European Journal of Mineralogy*, 2012,24(3), pp.457‑464.
② 余飞:《凌家滩墓葬出土玉器的考古学与多方法无损科技检测综合研究》,第二届古代玉青年学术论坛报告,2018 年 9 月。
③ 上海市文物管理委员会:《福泉山——新石器时代遗址发掘报告》,文物出版社 2000 年版,第 215 页。该遗址出土崧泽时期玉器 10 件,材质包括 3 件玉髓/玛瑙和 7 件透闪石‑阳起石；该遗址出土 613 件(粒)良渚时期玉器,不过黄宣佩研究员在《良渚文化玉器变白之研究》一文公布的数字为 788 件(粒),材质包括 673 件透闪石‑阳起石、67 件绿松石、37 件叶蛇纹石、5 件滑石、4 件玉髓/玛瑙、2 件辉石。

续表

序号	出土地点	名称	数量	时代	出土时间	形状规格	资料来源
4	上海青浦福泉山高台北部吴家场M207	钺	1	良渚文化晚期（2300—2200BC），与福泉山M9相当或略晚①	2010—2011年	高13.1，宽7.9 cm，青白相间，受沁严重，近梯形，刃部略弧。钺身中上部有对钻而成的两孔，特殊之处在于，下孔正反放置了两枚与孔形状相同的圆形玉片，正好将孔口严丝合缝地填堵上。圆形玉片经过细致打磨，玉料、色泽与玉钺相同	②
5	四川广汉三星堆	不详	不详	夏商时期（1700—1150BC）	1986年	不详	自测
6	四川成都金沙	不详	2	商代晚期至春秋早期	2001—2004年	占551件分析样品的0.36%	③
7	河南安阳殷墟	戈	1	商代晚期	1963—2006年	黑河路M764:2.1	④
8	陕西宝鸡雍城血池	璋	10余件	秦汉	2016年	均呈白色，有的伴有裂纹	自测

透辉石的来源包括两种：(1)天然原生，以主要矿物或次要矿物形式存在；(2)人为次生，由透闪石-阳起石高温转变而来。江苏武进寺墩、四川广汉三星堆、陕西宝鸡雍城血池等遗址出土的透辉石玉器已被确认与第二种人为火烧行为相关。安徽含山凌家滩遗址出土的透辉石质石锛应为使用工具，上海福泉山和四川金沙遗址出土的透辉石玉器是否与人类行为相关，还需进一步研究。有关玉器火烧内容详见第四章探讨。

(三) 顽火辉石 [Enstatite, $(Mg, Fe)_2Si_2O_6$]

1. 基本性质

顽火辉石的基本性质可归纳为**表2-21**：

---

① 国家文物局：《中国考古60年(1949—2009)》，文物出版社2009年版，第215页。
② 上海市文化广播影视管理局、上海市文物局：《上海出土文物精品选》，上海古籍出版社2015年版，第43页。
③ 成都文物考古研究所：《金沙——再现辉煌的古蜀王都》，四川人民出版社2005年版，第16页；王芳：《金沙遗址出土玉器的初步研究和认识》，载于张忠培、徐光冀主编：《玉魂国魄——中国古代玉器与传统文化学术讨论会文集》(三)，北京燕山出版社2008年版，第33—43页；向芳、王成善、杨永富等：《金沙遗址玉器的材质来源探讨》，《江汉考古》2008年第3期。
④ 丁思聪：《殷墟墓葬的用玉制度——以安阳黑河路墓葬出土玉器为例》，中国社会科学院硕士学位论文，2013年。

表 2-21 顽火辉石基本性质[1]

品种	晶系	结晶习性	颜色	光泽	透明度	摩氏硬度	密度（g/cm³）	荧光	特殊光学效应	其他
顽火辉石	斜方晶系	柱状晶形	暗红褐色到褐绿或黄绿色，偶见灰或无色品种	玻璃光泽	半透明至不透明	5—6	3.23—3.40	紫外下荧光惰性	猫眼效应	区域变质、岩浆和交代成因

顽火辉石〔$(Mg,Fe)_2[Si_2O_6]$〕、翡翠（$NaAl[Si_2O_6]$）、透辉石（$CaMg[Si_2O_6]$）同属于辉石族，该族按不同半径阳离子占据 M_2 位置可分为单斜辉石和斜方辉石两个亚族，其中大多数辉石族矿物属于单斜辉石，包括翡翠和透辉石，系 Na^+、Ca^{2+} 等大半径阳离子占据 M_2；少数属于斜方辉石，如顽火辉石，系 Mg^{2+}、Fe^{2+} 等小半径阳离子占据 M_2。

Mg^{2+}、Fe^{2+} 可以互相替换，组成完全类质同象系列，顽火辉石和透辉石属于此种情形。不过，Fe^{2+} 取代 Mg^{2+} 后，Fe 质量分数低于 5% 时称为顽火辉石，Fe 质量分数处于 5%—13% 之间时称为古铜辉石，Fe 质量分数高于 13% 时称为紫苏辉石。

2. 科技鉴别

顽火辉石的科技分析参考值可参见**表 2-22**：

表 2-22 顽火辉石科技分析参考值

分析方法	数据信息				
XRD	顽火辉石（PDF：22-0714）	3.180 0 ($I/I_0=100$)	2.878 0 ($I/I_0=55$)	2.540 0 & 1.480 0 ($I/I_0=25$)	2.497 0 & 2.477 0 & 1.473 0 ($I/I_0=18$)
拉曼分析参考值	顽火辉石[2]	(1) 132—134 (m—s)、194—196、237—238 (m)、342—343 (s)、400—404 cm⁻¹——M—O 振动及晶格振动。注意：垂直于 c 轴方向常出现 132—134 cm⁻¹ 拉曼峰位，平行于 c 轴方向常出现 194—196 cm⁻¹ 拉曼峰位[3] (2) 442—444、523—526、576—577 cm⁻¹——$[SiO_4]$ 的面内弯曲振动 (3) 659—664(m—s)、681—685(vs) cm⁻¹——$[SiO_4]$ 的面外弯曲振动 (4) 852—860 cm⁻¹——$[SiO_4]$ 的不对称伸缩振动 (5) 927—938，1 006—1 012(vs)，1 026—1 031(m) cm⁻¹——$[SiO_4]$ 的对称伸缩振动 注：vs = very strong, s = strong, m = media				
化学成分参考值	顽火辉石（R050644，R060630，R060744，R070097，R070418，R070550）	$SiO_2 = 55.84\%—58.79\%$，平均值 $= 57.34\%$ $MgO = 31.87\%—36.43\%$，平均值 $= 33.86\%$ $FeO = 4.41\%—10.01\%$，平均值 $= 6.88\%$ $Al_2O_3 = 0.18\%—6.45\%$，平均值 $= 1.34\%$ $MnO = 0.08\%—0.32\%$，平均值 $= 0.19\%$ $CaO = 0.05\%—0.27\%$，平均值 $= 0.17\%$ $TiO_2 = 0—0.04\%$，平均值 $= 0.02\%$ $Na_2O = 0—0.05\%$，平均值 $= 0.02\%$ $Cr_2O_3 = 0—0.07\%$，平均值 $= 0.02\%$ $NiO = 0—0.08\%$，平均值 $= 0.01\%$ $K_2O = 0—0.01\%$，平均值 $= 0.001\%$				

---

[1] 张蓓莉：《系统宝石学》，地质出版社 2006 年版，第 339—340 页。
[2] 王蓉、张保民：《辉石的拉曼光谱》，《光谱学与光谱分析》2010 年第 2 期。
[3] 彭子诚、尹作为：《顽火辉石的定向光谱学测试》，《宝石和宝石学杂志》2016 年第 5 期。

3. 考古出土品

考古出土的早期顽火辉石质玉器举例参见**表 2-23**：

表 2-23 考古出土早期顽火辉石质玉器举例

序号	出土地点	名称	数量	时代	出土时间	形状规格	资料来源
1	辽宁建平牛河梁	仿贝	1	红山文化晚期（3500—3000BC）	1983 年	编号为 JN2Z1CJ：1，白色	①
2	河南平顶山应国 M231	珠	30	西周早期	1993 年	(1) M231：22c，由 23 件白色顽火辉石/滑石珠（长 0.3—0.4、直径 0.33 cm）和 315 件黑色滑石珠（长 0.2—0.3、直径 0.25—0.3 cm）组成项饰 (2) M231：11，由 404 件环形薄片蚌珠、7 件白色顽火辉石/滑石珠（长 0.15—0.3、直径 0.25 cm）、75 件黑色滑石珠（长 0.35—0.4、直径 0.25—0.3 cm）组成串饰	②
3	内蒙古林西井沟子	珠	不详	春秋晚期至战国早期	2002—2003 年	原定名为"料珠"，共 158 件，其中白色或灰白色 136 件、黑色 18 件、灰色 2 件、M33：16 的 2 件颜色未描述 (1) M3：7(28 件)，包括玛瑙珠 22 件和料珠 28 件，料珠皆圆柱状，黑色 18 件、白色 10 件，直径 0.3—0.45 cm (2) M31：18(7 件)，灰白色，规格非常一致，直径 0.45、厚 0.2 cm (3) M33：31(8 件)，料珠 8 件，皆灰白色，直径 0.3—0.55、厚 0.1—0.25 cm (4) M33：25(4 件)，包括骨环 1 件、绿松石珠 2 件、玛瑙珠 2 件和料珠 4 件，料珠灰白色，直径 0.3—0.4、厚 0.15—0.25 cm (5) M33：16(2 件)，一件直径 0.3、厚 0.3 cm，另一件直径 0.35、厚 0.15 cm (6) M34：25(107 件)，包括绿松石珠 10 件、玛瑙珠 2 件、料珠 107 件。料珠中灰白色 105 件、灰色 2 件，直径 0.3—0.4、厚 0.1—0.3 cm (7) M49(2 件)，编号不详，白色，长分别为 0.35、0.4 cm	③
4	黑龙江齐齐哈尔平洋砖厂	饰品	62	战国早期	1984 年	呈白色，微透明，磨制做成，通体光滑，中穿直孔。出自 11 座墓中，M107 一座墓多至 19 件，分两型：A 型 11 件，扁平圆珠子，体细小，中有孔，直径 0.5—0.6、厚 0.2—0.3 cm；B 型 51 件，圆管形，长短不等，两端平齐，长 0.4—2.1、直径 0.35—0.65、孔径 0.2—0.4 cm	④

① 闻广：《中国古玉地质考古学研究的续进展》，《故宫学术季刊》1993 年第 1 期。
② 河南省文物考古研究所、平顶山市文物管理局：《平顶山应国墓地》(1)，大象出版社 2012 年版，第 94、112、125—127、840—847、938—939 页。该报告中的白辉石珠是指白色顽火辉石珠(30 颗)，应由黑滑石加热而成，本书表述为"顽火辉石/滑石"；黑辉石珠是指黑色滑石珠(1931 颗)。
③ 付琳、董俊卿、李青会等：《林西井沟子西区墓葬出土滑石珠的科技分析及相关问题》，《边疆考古研究》2015 年第 2 期；王立新、塔拉、朱永刚：《林西井沟子——晚期青铜时代墓地的发掘与综合研究》，科学出版社 2010 年版，第 21、46、142、155、159、210 页。
④ 黑龙江省文物考古研究所：《黑龙江泰来县平洋砖厂墓地发掘简报》，《考古》1989 年第 12 期；黑龙江省文物考古研究所等：《平洋墓葬》，文物出版社 1990 年版，第 111、164—166 页。

续表

序号	出土地点	名称	数量	时代	出土时间	形状规格	资料来源
5	黑龙江齐齐哈尔战斗村	管	4	战国晚期	1985年	细管形，两头磨平，内有孔，呈白色。M207：5 圆管状，两端平齐，长 1.05（发掘报告标为 1.2）、直径 0.5 cm。	①

陈正国等的模拟实验认为黑滑石生成顽火辉石的温度在 800—1 200℃[②]，其反应式为：$2Mg_3[Si_4O_{10}](OH)_2$（滑石）$\Rightarrow 3Mg_2Si_2O_6$（顽火辉石）$+ 2SiO_2 + 2H_2O$。在模拟实验的基础上，董俊卿等认为河南平顶山应国墓地的白色顽火辉石珠是由黑色滑石珠加热而成的。付琳、董俊卿等发现内蒙古林西井沟子墓地出土白色和灰色珠的主要物相是顽火辉石，其中部分白色珠中存在着少量滑石，他们据此认为这批顽火辉石珠是由黑色滑石珠加热而成的。很显然，这两个墓地火烧滑石器均呈珠型，直径多小于 0.5 cm，属于小型珠，火烧目的是为了增白，即获取所需的颜色。不过，西周早期的平顶山应国墓地使用的白色珠数量（30 件）远小于黑色珠数量（1 931 件），而春秋晚期至战国早期的林西井沟子墓地使用的白色珠数量（136 件）大于黑色珠数量（20 件，含 2 件灰色珠），除了表明两个墓地的装饰风格不同，前者以黑色为主体、白色用来点缀，后者黑白搭配、形式多样，还可能表明至春秋战国时期滑石热处理技术的进步，导致更多白色珠被制作。值得注意的是，滑石的热处理改色工艺可能早在古印度河流域的梅赫尔格尔（Mehrgarh）一期后段（6500—5800BC）已被发明，至梅赫尔格尔三期（4500—4000BC）已大量应用，因此中国出土的由滑石质玉器热处理形成顽火辉石质玉器的来源问题需要置于更大区域的文化和贸易交流层面来考察。

闻广研究员认为辽宁建平牛河梁白色仿贝（JN2Z1CJ：1）材质——顽火辉石并非原生矿物，而是由原生矿物蛇纹石加热形成的，这可能是最早的蛇纹石热处理证据，其目的可能也是获取所需颜色。闻广进一步指出古玉中所见的透辉石和顽火辉石，均非古玉的原生矿物[③]。值得注意的是，蛇纹石在不同温度下的反应产物是不同的，即 $T < 800℃$，$Mg_6Si_4O_{10}(OH)_8$（蛇纹石）$\Rightarrow 3Mg_2SiO_4$（镁橄榄石）$+ SiO_2 + 4H_2O$；$T \geqslant 800℃$，$Mg_6Si_4O_{10}(OH)_8$（蛇纹石）$\Rightarrow 2Mg_2SiO_4$（镁橄榄石）$+ 2MgSiO_3$（顽火辉石）$+ 4H_2O$[④]。

不过，黑龙江齐齐哈尔平洋墓葬出土的 66 件白色顽火辉石质玉器，尚无迹象表明也非原生矿物。因此，今后对于顽火辉石玉器的研究应首先区分是否为原生矿物，也即需要重视是否有人类行为方式的影响。若顽火辉石为次生矿物，需要进一步区分原生矿物属于哪种层状硅酸盐矿物——滑石或蛇纹石。

---

① 黑龙江省文物考古研究所：《黑龙江泰来县战斗墓地发掘简报》，《考古》1989 年第 12 期；黑龙江省文物考古研究所：《平洋墓葬》，文物出版社 1990 年版，第 153、164—166 页。
② 陈正国、邱素梅、祝强：《广丰黑滑石的增白试验及致黑机理探讨》，《非金属矿》1993 年第 6 期。
③ 闻广：《古玉地质考古学研究方法续》，载于中国社会科学院考古研究所：《张家坡西周玉器》，文物出版社 2007 年版，第 147 页。
④ Dlugogorske, B. Z., Balucan, R. D., "Dehydroxylation of Serpentine Minerals: Implications for Mineral Carbonation", *Renewable and Sustainable Energy Reviews*, 2014, 31, pp. 353 - 367.

二、双链状结构

(一) 透闪石/阳起石〔Tremolite/Actinolite，$Ca_2(Mg,Fe)_5[Si_4O_{11}]_2(OH)_2$〕

1. 基本性质

透闪石-阳起石的基本性质可归纳为表 2 - 24：

表 2 - 24 透闪石-阳起石基本性质[①]

品种	晶系	结晶习性	颜色	光泽	透明度	摩氏硬度	密度 (g/cm^3)	荧光	特殊光学效应	其他
透闪石/阳起石	单斜晶系	长柱状、纤维状、叶片状集合体	白色、青色、灰色、浅至深绿色、黄色至褐色、黑色等	油脂光泽、蜡状光泽或玻璃光泽	半透明至不透明	6.0—6.5	2.90—3.10	紫外荧光惰性	未见	区域变质、接触交代成因

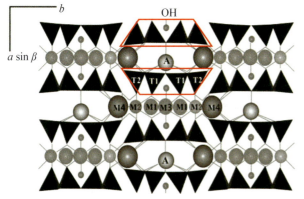

图 2 - 15 透闪石-阳起石晶体结构(红框为平行于 c 轴的硅氧四面体双链投影)[②]

透闪石-阳起石属于角闪石族，该族是由$[SiO_4]$以共用角顶的方式形成平行于 c 轴的双链，可以看作两个辉石单链连接而成，每 4 个硅氧四面体为一个重复单位，记为$[Si_4O_{11}]^{6-}$。双链间存在 5 种大小不同的空隙，分别命名为 M_1、M_2、M_3、M_4 和 A，如图 2 - 15 所示。M_1 和 M_2 位于四面体角顶相对的位置上，M_2 空隙最小，M_1 次之；M_3 位于相对的角顶之间，空隙略大；M_4 位于四面体底面相对的位置上，空隙比前几种大；A 位于相邻两个 M_4 之间，即相背的$[Si_4O_{11}]^{6-}$双链间与 c 轴平行的连续宽大的空间内，此空隙最大，可以被 Na^+、K^+、H_3O^+ 等大半径低电价阳离子充填，用以平衡电价(如平衡 Al^{3+} 取代硅氧四面体内 Si^{4+} 后形成的负价)，也可以全部空着[③]。

M_1、M_2、M_3 位置上的阳离子常作六次配位，不同的是：M_2 常连接 6O，一般由离子半径较小的三价、四价阳离子充填(Fe^{3+}、Al^{3+}、Ti^{4+}、Mn^{4+} 等)。M_1 和 M_3 常连接 4O+2OH，一般由二价阳离子充填(Fe^{2+}、Mg^{2+} 等)。上述阳离子彼此共棱连接形成八面体链，

[①] 张蓓莉：《系统宝石学》，地质出版社 2006 年版，第 365—374 页。国家标准 GB/T 16553—2010《珠宝玉石鉴定》认为阳起石的摩氏硬度为 5—6，密度为 2.95—3.10 g/cm^3。
[②] 张永旺，刘琰，刘涛涛等：《新疆和田透闪石软玉的振动光谱》，《光谱学与光谱分析》2012 年第 2 期。
[③] 潘兆橹，万朴：《应用矿物学》，武汉工业大学出版社 1993 年版，第 192—194 页。

与[SiO_4]四面体双链相互平行。M_4 空隙更大,可呈六次配位和八次配位,因此该位置上的阳离子种类会对角闪石结构产生显著影响,当 Mg^{2+}、Fe^{2+} 等小半径阳离子占据 M_4 时,作六次配位,形成斜方晶系的角闪石亚族;当 Ca^{2+}、Na^+ 等大半径阳离子占据 M_4 时,作八次配位,形成单斜晶系的角闪石亚族[①]。与辉石族相似,大多数角闪石矿物属于单斜角闪石,如镁铁闪石、透闪石-阳起石、普通角闪石和蓝闪石等;少数属于斜方角闪石,如直闪石等。

对于透闪石-阳起石而言,Ca^{2+} 常占据 M_4 位置形成单斜晶系,Mg^{2+} 和 Fe^{2+} 常占据 M_1、M_2 和 M_3 位置(两种阳离子存在类质同象替代关系),A 位置空着。

2. 科技鉴别

透闪石-阳起石的科技分析参考值可参见**表 2‑25**:

表 2‑25　透闪石-阳起石科技分析参考值

分析方法	数据信息				
XRD	透闪石 (PDF:44‑1402)	8.377 3 ($I/I_0=100$)	2.700 0 ($I/I_0=71$)	3.118 9 ($I/I_0=69$)	8.997 7 ($I/I_0=56$)
	阳起石 (PDF:41‑1366)	3.117 0 ($I/I_0=100$)	8.420 0 ($I/I_0=75$)	2.709 0 ($I/I_0=55$)	3.276 0 ($I/I_0=45$)
拉曼分析参考值	透闪石-阳起石(自测+②③)	(1) 117—123(m)、138—141、157—162(m)、174—179(s)、191—193(w—m)、221—226(s)、247—251(m)、330—332(m)、342—347(s)、353—358(w—m)、367—371(m—s)、391—396(m—s)、412—421(m)cm^{-1}——M—O 振动和晶格振动 (2) 435—438(m)、526—530(m)cm^{-1}——[SiO_4]的弯曲振动 (3) 673—675(vs)cm^{-1}——[SiO_4]的对称伸缩振动 (4) 926—931(m—s)、1 026—1 030(m—s)、1 057—1 061(m—s)cm^{-1}——[SiO_4]的不对称伸缩振动 注:vs = very strong,s = strong,m = media,w = weak;透闪石与阳起石的区别在于羟基振动引起的 3 600—3 700 cm^{-1} 峰位存在差异,详见本节分析				
化学成分参考值	透闪石(R050210,R050498,R060311,R070422)	$SiO_2 = 52.34\%—58.91\%$,平均值 = 56.04% $MgO = 21.81\%—25.10\%$,平均值 = 23.58% $CaO = 12.86\%—13.36\%$,平均值 = 13.13% $Al_2O_3 = 0.18\%—6.70\%$,平均值 = 2.62% $Na_2O = 0.04\%—1.35\%$,平均值 = 0.58% $FeO = 0.05\%—1.31\%$,平均值 = 0.43% $K_2O = 0.01\%—0.67\%$,平均值 = 0.28% $F = 0—0.61\%$,平均值 = 0.27% $MnO = 0.01\%—0.23\%$,平均值 = 0.09% $TiO_2 = 0—0.02\%$,平均值 = 0.01%				

---

① 王萍、李国昌:《结晶学教程》,国防工业出版社 2006 年版,第 170—172 页。
② Wang, R., Zhang, W. S., "Application of Raman Spectroscopy in the Nondestructive Analyses of Ancient Chinese Jades", *Journal of Raman Spectroscopy*, 2011, 42(6), pp. 1324‑1329.
③ 邹天人、郭立鹤、李维华等:《和田玉、玛纳斯碧玉和岫岩老玉的拉曼光谱研究》,《岩石矿物学杂志》2002 年增刊。

续表

分析方法	数据信息
阳起石（R060045，R060041）	$SiO_2 = 53.52\%—55.45\%$，平均值 $= 54.49\%$ $MgO = 14.98\%—20.05\%$，平均值 $= 17.51\%$ $CaO = 12.41\%—13.15\%$，平均值 $= 12.78\%$ $FeO = 5.76\%—13.54\%$，平均值 $= 9.65\%$ $Al_2O_3 = 1.13\%—1.77\%$，平均值 $= 1.45\%$ $MnO = 0.15\%—0.52\%$，平均值 $= 0.34\%$ $Na_2O = 0.15\%—0.21\%$，平均值 $= 0.18\%$ $K_2O = 0.02\%—0.05\%$，平均值 $= 0.04\%$ $TiO_2 = 0—0.08\%$，平均值 $= 0.04\%$

对于透闪石-阳起石质矿物而言，地质学界常根据 $Mg/(Mg+TFe)$ 的比值来加以区分，如 $Mg/(Mg+TFe) \geqslant 0.90$ 为透闪石，$0.50 \leqslant Mg/(Mg+TFe) < 0.90$ 为阳起石。如图 2-16 所示的两件透闪石-阳起石质玉料，其 PIXE 成分如表 2-26 所示。

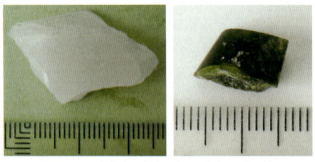

图 2-16　白色和深绿色透闪石-阳起石质玉料

表 2-26　透闪石-阳起石质玉料的 PIXE 无损分析结果

	Na_2O	MgO	Al_2O_3	SiO_2	P_2O_5	K_2O	CaO	TiO_2	Cr_2O_3	MnO	FeO	CoO	NiO	ZnO	SUM
白色	0.48	24.02	1.36	60.51	0.29	0.21	12.80	0.00	0.05	0.02	0.23	0.00	0.02	0.00	99.99
深绿色	0.49	20.89	1.25	57.22	0.32	0.38	12.50	0.03	0.18	0.17	6.16	0.05	0.23	0.04	99.91

以 23 个氧为基础计算阳离子数，白色透闪石-阳起石质玉料：$Mg/(Mg+TFe) = 4.745/(4.745+0.025) = 0.995$，属于透闪石质矿物；深绿色透闪石-阳起石质玉料：$Mg/(Mg+TFe) = 4.126/(4.126+0.676) = 0.859$，属于阳起石质矿物。两件玉料的拉曼光谱（激发光波长为 514 nm）分析如图 2-17 所示。白色透闪石质玉在 3 600—3 700 cm^{-1} 范围仅有 3 675 cm^{-1} 一个拉曼位移，深绿色阳起石质玉则有 3 675、3 662、3 645 cm^{-1} 三个拉曼位移。

拉曼光谱中，3 600—3 700 cm^{-1} 范围反映氢氧键的伸缩振动模式，与氢氧键相连的 Fe、Mg 离子排列在 M_1、M_2、M_3 三个位置上，依序以 A(Mg、Mg、Mg)、B(Mg、Mg、Fe)、C(Mg、Fe、Fe)、D(Fe、Fe、Fe) 四种来表示。一般说来，铁含量极少时，只出现单一振动模式，

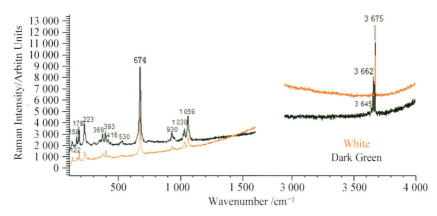

图 2-17　白色透闪石质玉料和深绿色阳起石质玉料的拉曼图谱

随着铁含量的增加将发生分裂现象,由单一振动模转变为二个、三个甚至四个振动模。

黄恩萍分析了 7 件透闪石-阳起石质玉,当 $Mg/(Mg+TFe)=1.0$ 时呈现单一振动模($3\,675\,cm^{-1}$ 附近);$Mg/(Mg+TFe)$ 的比例在 0.938—0.958 时,出现二个振动模($3\,675$、$3\,661\,cm^{-1}$ 附近);$Mg/(Mg+TFe)$ 的比例在 0.899—0.917 时,为三个振动模($3\,675$、$3\,661$ 和 $3\,626\,cm^{-1}$ 附近)[1]。

陈东和等分析了六件玉器样品,经过笔者的阳离子比值换算,一件白色玉虎的 $Mg/(Mg+TFe)=4.92/(4.92+0.08)=0.984$,在 $3\,600$—$3\,700\,cm^{-1}$ 波数段出现一个振动模($3\,675\,cm^{-1}$);一件黄绿色玉璧的 $Mg/(Mg+TFe)=4.91/(4.91+0.09)=0.982$,出现一个振动模($3\,675\,cm^{-1}$);一件深绿色龙形玉佩的 $Mg/(Mg+TFe)=4.76/(4.76+0.23)=0.954$,出现二个振动模($3\,675$ 和 $3\,661\,cm^{-1}$,但 $3\,661\,cm^{-1}$ 微弱);一件深绿色玉权杖的 $Mg/(Mg+TFe)=4.70/(4.70+0.37)=0.927$,出现二个振动模($3\,675$ 和 $3\,661\,cm^{-1}$);一件深绿色玉钺的 $Mg/(Mg+TFe)=4.37/(4.37+0.66)=0.868$,出现三个振动模($3\,675$、$3\,661$ 和 $3\,645\,cm^{-1}$);一件黑色玉戈,其 $Mg/(Mg+TFe)=3.62/(3.62+1.38)=0.724$,出现四个振动模($3\,675$、$3\,661$、$3\,645$、$3\,626\,cm^{-1}$)[2]。

王时麒等测试的一件黑色岫岩透闪石-阳起石质玉($TFe_XO_Y=6.75\%$),其 $Mg/(Mg+TFe)=0.849$,出现三个振动模[3]。

卢保奇等测试的四件透闪石-阳起石质玉,经过笔者的阳离子换算分别为:ST-56 褐黄色透闪石-阳起石质玉($TFe_XO_Y=5.60\%$)的 $Mg/(Mg+TFe)=4.522/(4.522+0.647)=0.875$,出现三个振动模;ST-93 褐绿色透闪石-阳起石质玉($TFe_XO_Y=5.05\%$)的 $Mg/(Mg+TFe)=4.512/(4.512+0.586)=0.885$,出现三个振动模;ST-44 暗黄色透闪石-阳起石质玉($TFe_XO_Y=4.68\%$)的 $Mg/(Mg+TFe)=4.674/(4.674+0.538)=0.897$,出现二个振动模;ST-41 黄色透闪石-阳起石质玉($TFe_XO_Y=4.48\%$)的 $Mg/(Mg+TFe)=$

---

[1] 黄恩萍:《角闪石类矿物之拉曼光谱研究》,台湾成功大学硕士学位论文,2003 年。
[2] Chen, T. H., Calligaro, T., Pages-Camagna, S., et al., "Investigation of Chinese Archaic Jade by PIXE and μRaman Spectrometry", *Applied Physics A.*, 2004,79(2), pp.177-180.
[3] 王时麒、段体玉、郑姿姿:《岫岩软玉(透闪石质玉)的矿物岩石学特征及成矿模式》,《岩石矿物学杂志》2002 年增刊。

4.778/(4.778＋0.517)＝0.902，出现两个振动模[1]。

史淼等测试了两件碧玉，经笔者的阳离子换算分别为：BY-01绿色碧玉（$TFe_XO_Y=3.09\%$）的$Mg/(Mg+TFe)=4.622/(4.622+0.355)=0.929$，出现二个振动模；BY-02暗绿色碧玉（$TFe_XO_Y=3.58\%$）的$Mg/(Mg+TFe)=4.455/(4.455+0.413)=0.915$，出现三个振动模[2]。

张辉测试了8件透闪石-阳起石质玉样品，白玉、青白玉出现了二个振动模，而碧玉出现了三个振动模[3]；冯晓燕等测试了新疆和田、新疆玛纳斯、青海格尔木和台湾花莲的多件透闪石-阳起石质玉，指出拉曼光谱的3 732 cm^{-1}与A位置的K$^+$、Na$^+$及其数量有关[4]；陈呈等分析了河北唐河透闪石质玉[5]；刘溶等分析了辽宁析木玉[6]；李晶对多个产地的透闪石-阳起石质玉进行了分析[7]；黄怡祯分析了28件透闪石-阳起石质玉样品，其$Mg/(Mg+TFe)=0.790—0.998$[8]；彭帆等等测试了广西大化墨玉[9]。

汇总几位作者的工作，如表2-27所示：

表2-27 透闪石-阳起石质玉的镁铁比与拉曼光谱3 600—3 700 cm^{-1}振动模的汇总表

研究者	$TFe_XO_Y(\%)$（括号内为归一化含量）	镁铁比	振动模数量	研究者	$TFe_XO_Y(\%)$（括号内为归一化含量）	镁铁比	振动模数量
黄恩萍	0	1	1	黄怡祯	4.18(4.34)	0.906	3
冯晓燕等	0	1	1	黄怡祯	4.15(4.27)	0.903	3
黄怡祯	0.10(0.10)	0.998	1	卢保奇等	4.48(4.61)	0.902	2
李晶	0.177(0.186)	0.996	2	冯晓燕等		0.902	3
王荣	0.23(0.23)	0.995	1	冯晓燕等		0.901	3
黄怡祯	0.24(0.25)	0.995	1	黄恩萍	4.20(4.37)	0.900	3
刘溶等	0.37(0.38)	0.991	1	黄恩萍	4.29(4.39)	0.900	3
陈呈等	0.390(0.403)	0.990	2(3 661 cm^{-1}很微弱)	黄怡祯	4.40(4.51)	0.900	3
冯晓燕等		0.990	2	冯晓燕等	4.53(4.64)	0.898	3

---

[1] 卢保奇、亓利剑、夏义本：《软玉猫眼的Raman光谱及其与猫眼颜色的关系》，《硅酸盐学报》2007年第11期；卢保奇、亓利剑、夏义本：《四川软玉猫眼的谱学综合鉴定》，《上海地质》2008年第3期。
[2] 史淼、郭颖：《碧玉的矿物学特征及其扫描电镜的研究》，《矿床地质》2010年增刊。
[3] 张辉：《拉曼光谱分析在软玉白度评价中的应用》，《中国宝石》2007年第4期。
[4] 冯晓燕、陆太进、张辉：《拉曼光谱分析在软玉颜色评价中的应用》，《矿物岩石》2015年第1期；冯晓燕、沈美东、陆太进等：《蓝色软玉的物质组成及光谱特征》，载于《珠宝与科技——中国珠宝首饰学术交流会论文集》，地质出版社2013年版，第149—152页。
[5] 陈呈、於晓晋、王时麒：《河北唐河透闪石质玉的宝石学特征及矿床成因》，《宝石和宝石学杂志》2014年第3期。
[6] 刘溶、范桂珍、王时麒：《辽宁析木玉的宝玉石学特征研究》，《岩石矿物学杂志》2016年增刊。
[7] 李晶：《中国典型产地软玉的宝石矿物学特征及对良渚古玉器产地的指示》，中国地质大学博士学位论文，2016年。
[8] 黄怡祯：《闪玉之拉曼光谱之研究》，《台湾博物馆学刊》2016年第1期。
[9] 彭帆、赵庆华、裴磊等：《广西大化墨玉的矿物学及谱学特征研究》，《光谱学与光谱分析》2017年第7期。

续表

研究者	TFe$_X$O$_Y$(%)（括号内为归一化含量）	镁铁比	振动模数量	研究者	TFe$_X$O$_Y$(%)（括号内为归一化含量）	镁铁比	振动模数量
黄怡祯	0.54(0.55)	0.987	1	卢保奇等	4.68(4.78)	0.897	2
李晶	0.601(0.629)	0.987	2(原文标了1个，但3 661 cm^{-1}很微弱)	冯晓燕等	3.88(4.03)	0.894	3
陈东和		0.984	2(3 661 cm^{-1}很微弱)	张辉		0.893	3
冯晓燕等		0.983	2	黄怡祯	4.80(4.91)	0.893	3
陈东和等		0.982	2(3 661 cm^{-1}很微弱)	黄怡祯	4.81(5.00)	0.891	3
冯晓燕等		0.981	2	卢保奇等	5.05(5.19)	0.885	3
冯晓燕等		0.978	2	黄怡祯	4.95(5.07)	0.882	3
黄怡祯	0.93—0.97(0.95—1.01)	0.978	1	黄怡祯	5.29(5.47)	0.881	3
张辉		0.978	2	冯晓燕等		0.881	3
刘溶等	0.91(0.94)	0.978	2	黄怡祯	5.11(5.21)	0.880	3
张辉		0.974	2	黄怡祯	5.07(5.19)	0.879	3
刘溶等	1.36(1.44)	0.973	2	卢保奇等	5.60(5.72)	0.875	3
黄恩萍&黄怡祯	1.83(1.88)	0.958	2	冯晓燕等	4.90(5.06)	0.872	3
刘溶等	2.30(2.40)	0.956	2	陈东和等		0.868	3
陈东和等		0.954	2(3 661 cm^{-1}微弱)	冯晓燕等		0.867	3
黄怡祯	2.10(2.16)	0.950	2	黄怡祯	5.58(5.70)	0.865	3
黄恩萍	2.11(2.27)	0.950	2	王荣	6.16(6.17)	0.859	3
刘溶等	2.46(2.55)	0.945	2	黄怡祯	6.05(6.25)	0.855	3
黄恩萍&黄怡祯	2.75(2.81)	0.938	2	王时麒等	6.75(6.84)	0.849	3
史淼等	3.09(3.18)	0.929	2	黄怡祯	6.39(6.53)	0.847	3
陈东和等		0.927	2	黄怡祯	6.94(7.09)	0.843	3
黄怡祯	3.41(3.58)	0.924	2	黄怡祯	6.73(6.87)	0.834	3
李晶	3.297(3.461)	0.920	3	黄怡祯	7.29(7.45)	0.825	3
黄恩萍	3.39—3.43(3.59—3.60)	0.917	3	黄怡祯	8.20(8.51)	0.790	3
史淼等	3.58(3.69)	0.915	3	陈东和等		0.724	4
冯晓燕等		0.908	3	彭帆等	21.9—22.0	0.504	4

表 2-27 显示：透闪石不含铁时，拉曼分析仅出现 3 674 cm^{-1} 振动模。透闪石含铁时，应会由一个振动模分裂为二个、三个以及四个振动模，具体说来，当 Fe 含量极少或 Mg/(Mg+TFe)≥0.991 时，一般仅出现 3 674 cm^{-1} 一个振动模，需注意李晶分析的一个样品含铁量极少(Mg/(Mg+TFe) = 0.996)，但出现 3 674 和 3 661 cm^{-1} 两个振动模，需验证成分结果；当 0.920＜Mg/(Mg+TFe)≤0.990 时，一般出现 3 674 和 3 661 cm^{-1} 两个振动模，且随着 Fe 含量增加，3 661 cm^{-1} 峰位的强度逐渐增加；当 0.790≤Mg/(Mg+TFe)≤0.920 时，一般出现三个振动模；当(Mg+TFe)≤0.724 时，一般出现四个振动模。

综上所述，可以根据拉曼光谱 3 600—3 700 cm^{-1} 范围的振动峰位置和数量判断透闪石-阳起石玉器属于低铁透闪石抑或高铁阳起石，即：出现一个或二个振动模时，属于透闪石材质；出现四个振动模时，属于铁含量较高的阳起石材质；出现三个振动模时，既可能是阳起石，也可能是含铁量高的透闪石。因此，需要慎重对待。值得注意的是，由于荧光背景以及样品取向的影响，一些羟基峰位(如 3 661、3 644 和 3 626 cm^{-1})会被掩盖或未能激发，导致黄怡祯的两个样品[Mg/(Mg+TFe) = 0.987, 0.978]仅出现一个振动模，而卢保奇的两件样品[Mg/(Mg+TFe) = 0.902, 0.897]仅出现两个振动模，因此采用拉曼光谱进行透闪石-阳起石的种类判别时，应尽可能地多取点分析，以克服荧光和取向的干扰。

3. 考古出土品

考古出土的早期透闪石-阳起石质玉器举例参见**表 2-28**：

表 2-28 考古出土早期透闪石-阳起石质玉器举例

序号	出土地点	名称	数量	时代	出土时间	形状规格	资料来源
1	吉林白城双塔	环	1	8000—7000BC①	2007 年	T405②：6，灰绿色，中心有双面对钻圆孔，磨光，直径 2、厚 0.7、孔径 0.5 cm	②
2	黑龙江饶河小南山	管、珠、斧、匕形饰等	39	7200—6600BC	2015—2017 年	共出土 74 件玉器，其中透闪石 39 件、蛇纹石 17 件、斜绿泥石 6 件、滑石 6 件、绢云母 1 件、玉髓 1 件、云母+橄榄石 4 件	自测
3	江苏泗洪顺山集	管	1	6500—6300BC	2010 年	H3：2，黑白斑泛淡绿色。一侧残，双面管钻，器表打磨光滑。直径 2.9—3.1、钻孔径 2—2.2、高 5.6—5.8 cm	③

---

① 丁风雅：《中国北方地区公元前 5000 年以前新石器文化的时空框架与谱系格局研究》，吉林大学博士学位论文，2017 年。
② 吉林大学边疆考古研究中心、吉林省文物考古研究所：《吉林白城双塔遗址新石器时代遗存》《考古学报》2013 年第 4 期。
③ 南京博物院、泗洪县博物馆：《顺山集——泗洪县新石器时代遗址考古发掘报告》，科学出版社 2016 年版，第 74、295 页。林留根研究员告知该玉管材质为透闪石-阳起石。

续表

序号	出土地点	名称	数量	时代	出土时间	形状规格	资料来源
4	内蒙古敖汉旗兴隆洼	玦、匕形器、弯条形器、管、斧、锛、凿等	不详	6200—5400BC	1983—1993年	多为透闪石-阳起石质玉器,色泽多呈淡绿、黄绿、深绿、乳白或浅白色,器体扁小	①
5	河北易县北福地	玦、匕形器、饰件	4	6000—5000BC	2003—2004年	(1) 玦(1件)——J:24,灰白色,外直径4.6,内直径2.2,厚0.5 cm (2) 匕形器(1件)——J:87,灰白色,长9.6,宽2,厚0.25,孔径0.6 cm (3) 饰件(2件) ① J:59,绿色,近三角形,长4.9,高3.5,厚0.4,孔径0.15 cm ② J:60,绿色,近椭圆形,长2.6,宽1.6,厚0.15,孔径0.2 cm	②
6	山东潍坊前埠下	凿、锛	2	后李文化晚期(5700—5300BC)	1997年	(1) 凿(1件)——H259:14,灰黑色,宽2,残长4.3 cm,属于第一期 (2) 锛(1件)——H44:2,原表述为"淡蓝色石英",经山东大学王强采用拉曼光谱确认其材质为透闪石-阳起石	③
7	甘肃秦安大地湾	锛、凿、刮削器、料	19	大地湾文化二期至四期(4500—2900BC)	1978—1984年	大地湾二期(4500—3900BC)(7件) (1) 锛(4件)——QDF12:4(残),QDF238:2(残),QDH225:11,QDT109④:102	④⑤

---

① 杨虎、刘国祥:《兴隆洼文化玉器初论》,载于中国社会科学院考古研究所,香港中文大学中国考古艺术研究中心:《玉器起源探索——兴隆洼文化玉器研究及图录》,香港中文大学2007年版,第200—213页。
② 河北省文物研究所:《北福地——易水流域史前遗址》,文物出版社2007年版,第84、155—156、343页,彩版一四。北福地遗址共出土21件玉石器,其中祭祀场(6000—5000BC)共出土12件玉石器,包括玦3件(透闪石1件和蛇纹石2件)、匕形器1件(透闪石)、饰件2件(蛇纹透闪石)、片饰3件及钉饰1件(绿松石)、六棱锥柱状体2件(水晶)。第一期(6000—5000BC)其余地点(第84页标注)出土3件玉石器,包括六棱状水晶1件F2:49,绿松石片1件T205④:1,玉玦1件T7③:11。第二期(5000—4700BC)出土6件玉石器,包括残石璧2件T4②:8和T203:11,残石环2件T28②:2和T12②:50,玉泡T221③:10,石芯T18②:1。
③ 山东省文物考古研究所、寒亭区文物管理所:《山东潍坊前埠下遗址发掘报告》,载于山东省文物考古研究所:《山东省高速公路考古报告集(1997)》,科学出版社2000年版,第10页。
④ 甘肃省文物考古研究所:《秦安大地湾——新石器时代遗址发掘报告》,文物出版社2006年版,第199、355—357、594—595、604页。第一期(7800—7300BP)出土1件陶坠装饰品和8件石器。第二期(6500—5900BP)出土119件装陶质饰品(113陶环和6件陶角)和823件石器,石器中大多数石刀选用细砂岩,碾磨石选用花岗岩,部分锛凿类选用玉料(具体说来,完整锛27件,残锛8件,其中2件透闪石-阳起石锛、1件蛇纹石锛、1件蛇纹石残锛;凿共11件,其中6件透闪石-阳起石凿;1件蛇纹石料、1件蛇纹石斧、2件蛇纹石残铲;石器内含7件石坠[3件大理岩、1件翡翠(可能为天河石或绿松石)和1件绿松石]和1件石环(大理岩)。第三期(5900—5500BP)出土514件陶质装饰品(466件陶环和48件陶角)和355件石器,石器中透闪石-阳起石、花岗岩和大理岩增多,如4件透闪石-阳起石锛、2件透闪石-阳起石凿。第四期(5500—4900BP)出土724件石器,其中装饰品141件,包括环(51件,多为大理岩器)、笄(85件,丁字形14件、条形18件、残笄53件,多为黑绿色蛇纹石)、坠(5件,1件石英、1件翡翠、2件蛇纹石、1件大理岩)。此外,透闪石-阳起石质石器包括3件锛、1件玉料、1件凿、1件刮削器、1件QDO:224阳起石+钠长石璧,另有1件蛇纹石铲、1件大理岩铲。第五期(4900—4800BP)没有相关器物出土。
⑤ 闻广:《大地湾玉器地质考古学研究——中国古玉地质考古学研究之七》,载于杨建芳师生古玉研究会:《玉文化论丛》(3),文物出版社、众志美术出版社2009版,第140—149页。

续表

序号	出土地点	名称	数量	时代	出土时间	形状规格	资料来源
						(2) 凿(3件)——QDY203：3，QDT388④：16，QDT109③：16 大地湾三期(3900—3500BC)(7件) (1) 凿(2件)——QDTH228：6，QDTT325③：35 (2) 锛(5件)——QDF330：3，QDF330：26，QDT2③：1(阳起石)，QDF324：1，QDH351：3(阳起石) 大地湾四期(3500—2900BC)(5件) (1) 锛(3件)——QDH863：5，QDH229：6(阳起石)，QDT208①：8 (2) 料(1件)——QDT316②：24 (3) 刮削器(1件)——QDH202：6	
8	陕西汉中龙岗寺	斧、铲等	3—25	仰韶文化早期半坡类型晚段(4200—4000BC)	1983—1984年	出土26件玉器，包括斧(4件)、铲(5件)、锛(13件)、刀(2件)、镞(2件)。其中4件玉器经过检测，3件铲为透闪石质，1件刀为蛇纹石质	①
9	江苏张家港东山村	璜、玦、锛	6	马家浜文化晚期(4300—4000BC)	2008—2010年	(1) 锛(1件)——M97：1，乳白色，长4.8、上宽2.1、下宽3.4、上厚0.6、下厚0.7 cm (2) 璜(3件) ① M97：2，乳白色，折角形，残长4.5、厚约0.3、孔径0.22—0.33 cm ② M101：10，灰白色，半环形，外径11.2、内径8.5、孔径0.4、厚0.3 cm ③ M101：11，青白色，外径15.5、内径13.0、中间厚0.5、边缘厚0.22、孔径0.3—0.4 cm (3) 玦(2件) ① M97：3，乳白色，外径最长3.3、内径0.9—1.3、厚0.67、玦口宽0.22 cm ② M101：14，青色，含滑石，外径5.0、内径2.4、玦口宽0.33—0.50、厚0.6—0.7 cm	②
10	湖南湘潭堆子岭	璜	1	大溪文化中期(3900BC)	1993年	T1④：2璜，浅黄色透闪石质玉，已残，末端对钻一小孔。残长3、宽1.3、厚0.5 cm	③

---

① 魏京武：《龙岗寺遗址出土的仰韶文化玉质生产工具》，载于杨伯达：《出土玉器鉴定与研究——中国出土玉器鉴定与研究学术研讨会论文集》，紫禁城出版社2001年版，第416—425页。
② 南京博物院、张家港市文管办、张家港博物馆：《东山村——新石器时代遗址发掘报告》(上)，文物出版社2016年版，第67、76页。该遗址出土玉器147件，其中马家浜时期玉器32件，崧泽文化时期玉器115件。其中65件玉器经过近红外光谱分析，材质包括27件透闪石-阳起石质(马家浜6件+崧泽21件)、7件蛇纹石(马家浜2件+崧泽5件)、30件石英(马家浜14件+崧泽16件)、1件白云石(崧泽1件)。
③ 湖南省文物考古研究所：《湖南湘潭县堆子岭新石器时代遗址》，《考古》2000年第1期。大溪文化分为三期，早期4600或4500—4000BC，中期4000—3600BC，晚期3600—3300BC。

续表

序号	出土地点	名称	数量	时代	出土时间	形状规格	资料来源
11	湖南洪江高庙上层	钺	1	大溪文化中期（3800BC）	2004—2005年	M27：2，钺长20、宽18 cm，近顶端孔径2.6 cm，钺顶呈两侧凹束的冠状，两侧近顶端各做两个凸起的扉牙	①
12	四川茂县营盘山	斧、锛、璧、环镯、凿、刀、料	约23	3300—2800BC	2000年	2件玉斧，1件玉锛，4件玉璧，13件环镯，1件玉凿，1件双孔玉刀，1件玉料，多为透闪石质玉（没有附鉴定报告）	②
13	广东曲江石峡	琮、璧、龙首环、环形琮、钺等	不详	石峡文化第二期（2800—2300BC）	1973—1978年	包括琮、璧、龙首环、环形琮、钺；环、玦、锥形器、璜、坠、管、珠、圆片等器型。无法统计确切数量	③

表2-28显示，不同区域透闪石-阳起石质玉器的制作和使用时间是有差异的，具体说来，黑龙江流域的吉林白城双塔遗址和黑龙江饶河小南山遗址出土了目前最早的透闪石质玉器，其年代距今10000—9000年，前者仅出土1件玉环，后者出土数量达39件，除1件斧外，多为装饰类器物；辽河流域的内蒙古敖汉旗兴隆洼遗址出土了不少透闪石质装饰类和工具类器物，其年代距今8200—7400年；海河流域的河北易县北福地遗址出土了1件透闪石质玦和2件透闪石质坠饰，其年代距今8000—7000年；黄河下游山东潍坊前埠下遗址出土了透闪石质凿和锛各1件，其年代距今7700—7300年；黄河上游的甘肃秦安大地湾二期遗址出土了19件透闪石质锛和凿，其年代距今6500—5900年；汉水上游的陕西汉中龙岗寺遗址出土了一些透闪石质玉器，其年代距今6200—6000年，多为工具类器物；淮河下游的江苏泗洪顺山集遗址出土了1件透闪石玉管，其年代距今8500—8300年；长江下游的江苏张家港东山村遗址出土了6件透闪石质玉器，其年代距今6300—6000年，除1件锛外，都为装饰类器物；长江中游的湖南湘潭堆子岭和洪江高庙上层遗址分别出土了1件透闪石质璜和1件透闪石质钺，其年代距今5900—5800年；长江上游的四川茂县营盘山遗址出土了约23件透闪石质玉器，其年代距今5300—4800年；珠江流域的广东曲江石峡文化出土了不少透闪石质玉器，其年代距今4800—4300年，均为装饰类和礼器类器物。由此可见，甘肃、陕西以及海岱地区出土的早期透闪石质玉器均以工具类为主，其余地区则以装饰品为主或兼有装饰和工具两类器物，年代较晚的广东地区还有礼器类器物。

由上可见，从兴隆洼文化至白城一期文化和小南山文化，中国透闪石-阳起石质玉器的源头在北方地区，且存在越往北年代越早的趋势，这点在玉器起源研究中尤其值得关注。黄河流域和长江流域的最早透闪石-阳起石玉器比北方地区晚了约2000—3000年，珠江流域则更晚，这进一步显示了透闪石-阳起石玉器使用的南传迹象。值得注意的是，比兴隆洼玉

---

① 贺刚：《湘西史前遗存与中国古史传说》，岳麓书社2013年版，第476—477页。由于缺乏图和文字说明，笔者推测为内外径方向的单孔连缀修复。
② 成都市文物考古研究所、阿坝藏族羌族自治州文管所、茂县博物馆：《四川茂县营盘山遗址试掘报告》，载于成都市文物考古研究所：《成都考古发现（2000）》，科学出版社2002年版，第1—77页。
③ 广东省文物考古研究所、广东省博物馆、广东省韶关市曲江区博物馆：《石峡遗址——1973—1978年考古发掘报告》，文物出版社2014年版，第269—294页。

器略早或几乎同时的淮河下游江苏泗洪顺山集遗址出土了1件玉管,可能表明透闪石-阳起石玉器使用的南传速度是非常快的。此外,有限的考古材料显示,黄河流域和长江流域的下游地区出土透闪石-阳起石玉器均早于中游和上游地区,表明透闪石-阳起石玉器使用的西传趋势。总的来说,透闪石-阳起石玉器的使用与社会需求、审美观、文化习俗、制玉水平、玉矿资源等众多因素相关,其缘起和流传的更多细节内容需要依靠早期玉器的实物材料和材质科学鉴别信息而加以澄清。有关2300BC之前中国早期透闪石-阳起石玉文化的互动情况,可参见邓淑苹研究员的文章①。

(二) 硅线石/夕线石/矽线石〔Sillimanite, Al[AlSiO$_5$]〕

1. 基本性质

硅线石的基本性质可归纳为**表2-29**:

表2-29 硅线石基本性质②

品种	晶系	结晶习性	颜色	光泽	透明度	摩氏硬度	密度 (g/cm³)	荧光	特殊光学效应	其他
硅线石	斜方晶系	柱状、放射状或纤维状	白色至灰色、褐色、绿色、偶见紫蓝色至灰蓝色	玻璃光泽,有的具丝绢光泽	半透明至透明	6.0—7.5	3.14—3.27,半透明宝石可以低至3.20	蓝色硅线石可有弱红色荧光	猫眼效应	变质矿物,高温或碱性条件下易形成硅线石。性质非常稳定

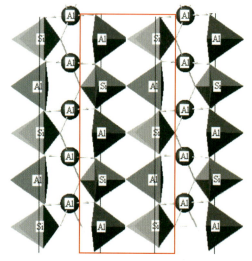

图2-18 硅线石晶体结构(红框为硅氧四面体和铝氧四面体双链结构单元)

硅线石(Al^{VI}[Al^{IV}SiO$_5$])、蓝晶石(Al^{VI}Al^{VI}[SiO$_4$]O)、红柱石(Al^{VI}Al^{V}[SiO$_4$]O)同属Al$_2$SiO$_5$同质三象变体,Al上标的罗马数字表示配位数。三种矿物结构的共同点是:Si均与O结合形成硅氧四面体,均有1/2的Al与O结合形成铝氧六次配位的四方双锥八面体,位于硅氧骨干外。不同点是:另1/2的Al配位情况完全不同,如1/2的Al在蓝晶石中仍为六次配位,形成平行于c轴的铝氧六次配位八面体链,位于硅氧骨干外;1/2的Al在红柱石中为五次配位,形成特殊的三方双锥六面体,也位于硅氧骨干外;1/2的Al在硅线石中为四次配位,系Al按照1:1取代硅氧四面体中的Si形成铝氧四面体,与硅氧四面体相间连接成双链(**图2-18**)。上述结构差异导致硅线石属于双链状硅酸盐,蓝晶石和红柱石属于岛状硅酸盐。不过,有些学者根据硅线石硅氧四面体之间

---

① 邓淑苹:《玉帛文化"形成之路的省思》,《南方文物》2018年第1期。
② 张蓓莉:《系统宝石学》,地质出版社2006年版,第344—345页。

彼此不连接,孤立存在,仍将其归属于岛状硅酸盐。本书认为硅线石中 Al 取代了硅氧四面体中 1/2 的 Si,这是硅酸盐结构中两者类质同象替代的最大比例,铝氧四面体和硅氧四面体的性质和作用很相近,因此硅线石仍属于一种特殊的双链状结构。

2. 科技鉴别

硅线石的科技分析参考值可参见**表 2 - 30**:

表 2 - 30　硅线石科技分析参考值

分析方法	图谱信息			
XRD (PDF:38 - 0471)	3.415 0 ($I/I_0=100$)	3.366 0 ($I/I_0=35$)	2.204 0&1.279 2 ($I/I_0=30$)	2.542 0&2.421 0 ($I/I_0=20$)
拉曼分析 参考值 (RRUFF ID: R050601+①)	(1) 141—144(m)、210—213、232—237(vs)cm^{-1}——[AlO_6]的弯曲振动和晶格振动 (2) 310—313(w—s)cm^{-1}——除[AlO_6]外的晶格振动 (3) 408—410、454—458(m)、482—485 cm^{-1}——[AlO_6]的振动 (4) 593—595(m)cm^{-1}——Si—O—Al^{IV}的面外弯曲振动 (5) 706—710(m—s)cm^{-1}——[AlO_4]的对称伸缩振动 (6) 869—873(vs)、904—907(m—s)cm^{-1}——[SiO_4]的对称伸缩振动 (7) 959—963(w—s)cm^{-1}——Si—O—Al^{VI}伸缩振动 (8) 1 127—1 129 cm^{-1}——O_{Al}的伸缩振动 注:vs = very strong, s = strong, m = media, w = weak			
化学成分参考值 (R050601,R060080, R060787)	Al_2O_3 = 62.61%—64.06%,平均值 = 63.26% SiO_2 = 36.40%—37.14%,平均值 = 36.76% Fe_2O_3 = 0.14%—0.30%,平均值 = 0.23% Cr_2O_3 = 0—0.09%,平均值 = 0.03% MnO = 0—0.02%,平均值 = 0.01% MgO = 0—0.02%,平均值 = 0.01% TiO_2 = 0—0.014%,平均值 = 0.01% CaO = 0—0.003%,平均值 = 0.001%			

3. 考古出土品

考古出土的早期硅线石质玉器举例参见**表 2 - 31**:

表 2 - 31　考古出土早期硅线石质玉器举例

序号	出土地点	名称	数量	时代	出土时间	形状规格	资料来源
1	甘肃秦安大地湾	锛、玉料	2	大地湾二和四期 (4500—2900BC)	1978—1984 年	(1) 锛(1 件)——QDT609②:3,长 6.8、宽 3.0、厚 0.85 cm,属于二期(4500—3900BC)	②

---

① 潘峰等:《铝硅酸盐矿物的 Raman 振动特征解析》,《硅酸盐学报》2007 年第 8 期;魏广超、尤静宁、马楠等:《链状硅酸盐矿物的拉曼光谱研究》,《光散射学报》2017 年第 1 期。

② 闻广:《大地湾玉器地质考古学研究——中国古玉地质考古学研究之七》,载于杨建芳师生古玉研究会:《玉文化论丛》(3),文物出版社、众志美术出版社 2009 版,第 140—149 页;闻广:《大地湾遗址玉器鉴定报告》,载于甘肃省文物考古研究所:《秦安大地湾——新石器时代遗址发掘报告》,文物出版社 2006 年版,第 938 页;甘肃省文物考古研究所:《秦安大地湾——新石器时代遗址发掘报告》,文物出版社 2006 年版,第 199、595 页。后者中 QDT609②:3 锛为石英岩,QDT316②:24 料标为软玉,与闻广的鉴定结果不同,本书从闻广研究员的鉴定报告结果。

续表

序号	出土地点	名称	数量	时代	出土时间	形状规格	资料来源
						（2）玉料（1件）——QDT316②：24，长23.7，宽7.8—11.0，厚4.8 cm，属于四期（3500—2900BC）	
2	安徽含山凌家滩	钺	1	凌家滩文化（3600—3300BC）	1998年	98M25：21，银灰色泛紫灰色斑纹。表面琢磨光滑润亮。平面呈长方形。顶部略弧。上部饰两面管钻孔，孔径2.5 cm。双面弧刃。长13.7，宽8.9，厚1.3 cm	①

表2-31显示，硅线石虽然在新石器时代的北方和南方都有被使用的考古实例，但经过科技鉴定的出土玉器却极少，如黄河上游甘肃秦安大地湾遗址出土的偏深绿色硅线石②，长江下游安徽含山凌家滩遗址使用的偏银灰色硅线石。虽然硅线石材料分布于中国众多省份，如黑龙江鸡西、林口和双鸭山，辽宁青原红透山，内蒙古土贵乌拉，河北灵寿、平山，河南镇平、内乡、西峡、叶县，陕西丹凤，甘肃玉门，新疆阿勒泰、申它什，福建莆田、泉州，安徽回龙山，广东郁南、罗定、陆丰③等，但是硅线石被用于制作成玉器的报道很少，被用于制作成石器的报道也不多，如湖北随州佘家老湾后石家河遗址使用黑色硅线石制作了1件镰④。这可能有两个原因：一是与硅线石硬度较高（可达7.5）有关，即早期中国使用石英质解玉砂加工硅线石的低效率可能限制了该类材料的广泛应用；二是与大量出土玉器未经过科学鉴别有关，使得相关报道很少。

第五节 层状硅酸盐玉材

一、层状硅酸盐简介

层状硅酸盐晶体结构的一般特征是：硅氧四面体分布在一个平面内，彼此以3个角顶相连，从而形成二维空间延展的网层，称为四面体片，以字母T（Tetrahedron sheet的首字母）表示。T层中，每一个四面体剩余的一个活性氧（或端氧）均指向同一方向，从而形成一个按六方网格排列的活性氧平面，羟基（OH—）位于六方网格中心，与活性氧处于同一平面上，如图2-19(a)所示。六方网格的活性氧平面上，每个活性氧均有一个单位的负电荷未得到中和，因此必须与四面体片外的其他阳离子相接。阳离子的半径大小必须能适应六方网格的大小，才能使构成的晶格稳定。一般来说，Mg^{2+}（0.065 nm）、Fe^{2+}（0.076 nm）、Al^{3+}（0.050 nm）、Li^+（0.060 nm）、Fe^{3+}（0.064 nm）等阳离子的半径符合要求，它们作六次配

---

① Zhao, H. X., Li, Q. H., Liu, S., "Investigation of Some Chinese Jade Artifacts (5000BC to 771BC) by Confocal Laser Micro-Raman Spectroscopy and Other Techniques", *Journal of Raman Spectroscopy*, 2016, 47(5), pp. 545-552；安徽省文物考古研究所：《凌家滩——田野发掘报告之一》，文物出版社2006年版，第237页，彩版192。
② 张正翠：《大地湾遗址出土玉器的初步研究》，《百色学院学报》2018年第1期（图23所示）。
③ 林彬荫、胡龙：《耐火材料原料》，冶金工业出版社2015年版，第171页。
④ 湖北省文物考古研究所、随州市博物馆：《随州佘家老湾新石器时代遗址2006年试掘简报》，《江汉考古》2015年第6期。

位,与氧形成配位八面体。镁(或铝、铁)氧八面体以共棱方式相连,也形成二维延展的网层,称为八面体片,以字母O(Octahedral sheet的首字母)表示,如图2-19(b)所示。

硅氧四面体组成的六方网格有6个单位的负电荷,可连接三个二价阳离子(如Mg^{2+}、Fe^{2+}等),形成三个八面体,称为三八面体型结构,此时八面体片是全部充满的,如图2-19(d)所示;当连接两个三价阳离子(如Al^{3+}、Fe^{3+}等),形成两个八面体,称为二八面体型结构,此时八面体片2/3的空间是填充的,如图2-19(e)所示。

四面体片T和八面体片O以1∶1形式构成的结构单元层,称为OT型;四面体片T和八面体片O以2∶1形式构成的结构单元层,称为TOT型,即上下两层四面体片以活性氧相对,并错开叠置以达到最紧密堆积,其间的空隙由八面体片充填,如图2-19(c)所示。

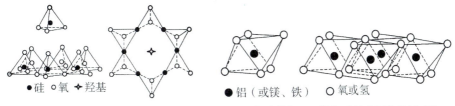

(a) 硅氧四面体组成的四面体片(T层)　　(b) 铝或镁氧八面体组成的八面体片(O层)

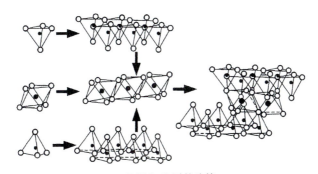

(c) T层和O层的连接

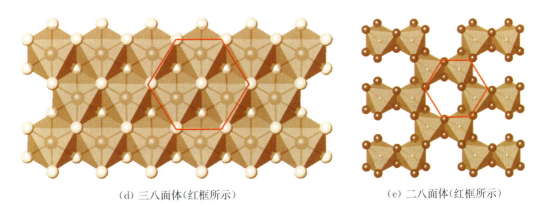

(d) 三八面体(红框所示)　　　　　　　(e) 二八面体(红框所示)

图2-19　层状硅酸盐的晶体结构示意图①

层状硅酸盐结构是结构单元层在垂直于网片方向周期性地重复叠堆起来的。每个结构

---

① 赵玉萍:《土壤化学》,北京农业大学出版社1991年版,第46—48页。

单元层之间存在着空隙,称为层间域,主要用来平衡结构单元层的电价。如果结构单元层内部电荷已平衡,则层间域内无需其他阳离子存在,也很少吸附水分子或有机分子,如高岭石、叶蜡石等矿物;如果结构单元层内部电荷未达到平衡,则层间域内有一定量的阳离子进行充填,如 Na^+ (0.095 nm)、K^+ (0.133 nm)、Ca^{2+} (0.099 nm)等,还可以吸附一定量的水分子或有机分子,如云母、蒙脱石等矿物。层间域的性质将极大影响矿物的物理性质(吸附性、膨胀性和阳离子交换等)及晶胞参数。

由此可见,层状硅酸盐结构在族和亚族的两级划分中,首先取决于结构单元层的差别,其次在于层间域的性质,最后在于八面体片的结构差异。根据结构单元层和层间域性质的差异,可分为 1∶1 型的高岭石族,2∶1 型的叶蜡石族、云母族、蒙脱石族以及绿泥石型。2∶1 型矿物的区别在于:叶蜡石族的层间域内无其他阳离子,结构单元层主要以分子键相连。云母族的层间域内存在 K^+ 等离子,结构单元层主要以离子键相连。蒙脱石族的层间域内存在 Na^+、Ca^{2+} 等离子和水分子,结构单元层主要以离子键和分子键相连。绿泥石族的层间域被水镁石($Mg—OH_6$)八面体片填充(可称为 O'层),结构单元层主要以氢键相连,故绿泥石族也被称为 2∶1∶1 型结构。以上分析汇总如图 2-20 所示①,从键能看,离子键比氢键、分子键大 1 个数量级,离子键中二价阳离子(Ca^{2+} 和 Mg^{2+})的强度大于一价阳离子(K^+、Na^+),氢键和分子键虽属同一数量级,但氢键强于分子键,因此,离子键能>氢键能>分子键能。

根据八面体片的结构差异,每个族可分为二八面体和三八面体两种亚族,如高岭石族可分为二八面体的高岭石亚族和三八面体的蛇纹石亚族,滑石族可分为二八面体的叶蜡石亚族和三八面体的滑石亚族,云母族可分为二八面体的白云母亚族和三八面体的黑云母亚族、锂云母亚族,蒙脱石族可分为二八面体的蒙脱石亚族和三八面体的蛭石亚族。绿泥石族较复杂,根据 O 层及层间域 O'层的八面体型可分为三八面体绿泥石(最常见)、二八面体绿泥石以及二八-三八面体绿泥石(即 O 层和 O'层的八面体结构不一致)。

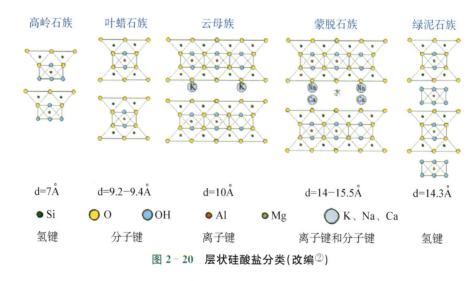

图 2-20　层状硅酸盐分类(改编②)

---

① 高翔:《黏土矿物学》,化学工业出版社 2017 年版。
② 南京大学地质系岩矿教研室:《结晶学与矿物学》,地质出版社 1978 年版,第 454 页。

二、1∶1型［高岭石、迪(地)开石和蛇纹石］

(一) 高岭石族〔$Al_4Si_4O_{10}(OH)_8$〕

1. 基本性质

高岭石族的基本性质可归纳为表 2-32：

表 2-32 高岭石族基本性质①

品种	晶系	结晶习性	颜色	光泽	透明度	摩氏硬度	密度 (g/cm³)	荧光	特殊光学效应	其他
高岭石 (Kaolinite)	三斜晶系	一般呈假六方片状晶体，结晶度差的呈椭圆形或不规则形；集合体通常呈致密或疏松块状集合体	纯者白色，因含杂质而呈深浅不同的黄、褐、红、绿、蓝等各种颜色	土状光泽或蜡状光泽	半透明至不透明，迪(地)开石有极少数透明	2.0—2.5	2.60—2.63	未见	未见	富含铝硅酸盐的火成岩和变质岩，干燥时具吸水性(粘舌)，湿态具可塑性，但不膨胀
迪(地)开石 (Dickite)	单斜晶系									
珍珠石 (Nacrite)	单斜晶系									
埃洛石 (Halloysite)	单斜/三斜晶系	多呈胶凝状块体，干燥后呈土状或尖棱状碎块	纯者白色，因含其他杂质呈浅红、浅黄、灰色至黑色			1.0—2.0	2.1—2.6			失水后不再重新吸水

高岭石的理想结构是 1∶1 型的无位移的平行重叠，但实际情况是沿 a 轴及 b 轴有一定的位移而重叠，从而产生多型现象，包括高岭石、迪(地)开石以及珍珠石。如表 2-32 所示，三种矿物的差别在于：①珍珠石在 a 轴方向有微小位移，迪(地)开石在 a 轴方向有一定移动，而高岭石在 a 轴和 b 轴两个方向均有移动，这导致高岭石属于三斜晶系，迪(地)开石和珍珠石均属于单斜晶系。②高岭石、迪(地)开石和珍珠石的层间距 c_0 不同，迪(地)开石层面距约为高岭石的 2 倍，所以迪(地)开石 1∶1 型单元层沿 c 轴方向的重复迭置周期为 2。同理，珍珠石层间距约为高岭石的 6 倍，故珍珠石的重复迭置周期为 6。上述三种矿物的共性在于：晶体结构的层间没有阳离子，OH 面与 O 直接通过氢键紧紧联结，故而膨胀性非常小，可以被用于制作成器物。

表 2-33 高岭石族矿物的晶胞参数②

矿物	a_0(Å)	b_0(Å)	c_0(Å)	α	β	γ	晶系
高岭石 (Kaolinite)	5.15	8.95	7.39	91°48′	104°30′	90°	三斜

---

① 潘兆橹：《结晶学及矿物学》(下)，地质出版社 1994 年版，第 179—180 页。
② 赵玉萍：《土壤化学》，北京农业大学出版社 1991 年版，第 52 页。

续表

矿物	a_0(Å)	b_0(Å)	c_0(Å)	α	β	γ	晶系
迪(地)开石 (Dickite)	5.15	8.95	14.42	90°	96°50′	90°	单斜
珍珠石 (Nacrite)	5.15	8.96	43.0	90°	91°43′	90°	单斜
埃洛石 (Halloysite)	5.14	8.90	20.7	无一定值	无一定值	90°	三斜或单斜

表2-33显示高岭石族可细分为高岭石类[高岭石、迪(地)开石和珍珠石]和多水高岭石类(7 Å埃洛石和10 Å埃洛石)[①],其区别在于后者的结构单元层之间含水分子。一般而言,埃洛石有两个变种:二水型埃洛石[$Al_4Si_4O_{10}(OH)_8·2H_2O$,可简称为变埃洛石]和四水型埃洛石[$Al_4Si_4O_{10}(OH)_8·4H_2O$,可简称为埃洛石],两者的晶层间距分别为7.4 Å和10.1 Å。四水型埃洛石(即埃洛石)的层间水在50—75℃时会失去,导致晶层间距开始收缩,可以收缩到7.4 Å,当温度达到300—400℃时,层间水完全丧失,此时与高岭石相同。这种层间水的失去过程是不可逆的。高岭石受热时会在420—660℃时脱去羟基,然后生成非晶态的偏高岭石,至1 000℃时生成γ-Al_2O_3,至1 100℃时偏高岭石和γ-Al_2O_3反应生成莫来石($3Al_2O_3·2SiO_2$)[②]。

2. 科技鉴别

高岭石族的科技分析参考值可参见**表2-34**:

表2-34 高岭石族科技分析参考值

分析方法	数据信息				
XRD	高岭石 (PDF: 14-0164)	7.170 0 ($I/I_0=100$)	1.489 0 ($I/I_0=90$)	3.579 0 ($I/I_0=80$)	1.620 0 ($I/I_0=70$)
	迪(地)开石 (PDF: 10-0430)	3.578 0 ($I/I_0=100$)	7.153 0&2.322 0 ($I/I_0=90$)	4.118 0&2.503 0 ($I/I_0=80$)	4.451 0&4.366 0 &3.790 0&2.558 0 &1.974 0&1.651 0 ($I/I_0=80$)
	珍珠石 (PDF: 16-0606)	7.178 0 ($I/I_0=100$)	4.361 0&3.588 0 ($I/I_0=80$)	4.130 0 ($I/I_0=70$)	2.432 0 ($I/I_0=60$)
	埃洛石—10 Å (PDF: 74-1022)	5.047 1 ($I/I_0=100$)	4.441 2 ($I/I_0=64.6$)	10.094 3 ($I/I_0=48.5$)	2.900 4 ($I/I_0=28.1$)
	埃洛石—7 Å (PDF: 29-1487)	4.420 0 ($I/I_0=100$)	7.300 0 ($I/I_0=65$)	3.620 0 ($I/I_0=60$)	1.483 0 ($I/I_0=30$)

---

① 戴长禄:《高岭土》,中国建筑工业出版社1983年版,第2页。
② 李光辉、姜涛:《层状铝硅酸盐矿物热活化原理与应用》,科学出版社2016年版,第15—30页。

续表

分析方法		数据信息
拉曼分析参考值[①][②]	高岭石	(1) 128—131(s)cm^{-1}——平面外的 Si_2O_5 振动 (2) 143—144(s)cm^{-1}——[AlO_6]的面内弯曲振动 (3) 195—204 cm^{-1}——[AlO_6]的对称伸缩振动 (4) 243—259(m)cm^{-1}——O—H—O 的不对称伸缩振动 (5) 267—271(s)cm^{-1}——O—H—O 的对称伸缩振动 (6) 336—340(vs)cm^{-1}——[SiO_4]的面内弯曲振动 (7) 432—433(m)、459—464(vs)、511—512 cm^{-1}——[SiO_4]的面外弯曲振动 (8) 639—648、748(s)cm^{-1}——Si—O—Al 的平移振动 (9) 790—795 cm^{-1}——Al—OH 平移振动 (10) 916—926 cm^{-1}——Al—OH 摇摆振动 (11) 3 618—3 622、3 682—3 686 cm^{-1}——羟基 OH 的伸缩振动 注：vs = very strong, s = strong, m = media
	迪(地)开石	(1) 123—124(s)cm^{-1}——平面外的 Si_2O_5 振动 (2) 143—144(s)cm^{-1}——[AlO_6]的面内弯曲振动 (3) 198—203 cm^{-1}——[AlO_6]的对称伸缩振动 (4) 240—255(m)cm^{-1}——O—H—O 的不对称伸缩振动 (5) 267—269(s)cm^{-1}——O—H—O 的对称伸缩振动 (6) 336—338(vs)、353—364、397—414 cm^{-1}——[SiO_4]的面内弯曲振动 (7) 433—435(m)、462—469(vs)、503—506 cm^{-1}——[SiO_4]的面外弯曲振动 (8) 644—646、709—744(s)cm^{-1}——Si—O—Al 的平移振动 (9) 795 cm^{-1}——Al—OH 平移振动 (10) 915—918 cm^{-1}——Al—OH 摇摆振动 (11) 1 004—1 012 cm^{-1}——Si—O 振动 (12) 3 621—3 625、3 641—3 645、3 652—3 656、3 700—3 708 cm^{-1}——羟基 OH 的振动
化学成分参考值	高岭石/迪(地)开石(R060298)/珍珠石	理论值：SiO_2 = 46.54%；Al_2O_3 = 39.50%；H_2O% = 13.96% 实测值：SiO_2 = 45.65%—46.31%，平均值 = 45.97% Al_2O_3 = 38.60%—39.44%，平均值 = 39.05% H_2O = 14.04%—15.75%，平均值 = 14.98% CaO = 0—0.05%，平均值 = 0.03% Fe_2O_3 = 0—0.07%，平均值 = 0.02% MgO = 0—0.03%，平均值 = 0.01% MnO = 0—0.06%，平均值 = 0.01%
	四水埃洛石—10 Å	理论值：SiO_2 = 40.85%；Al_2O_3 = 34.67%；H_2O% = 24.48%

表 2-34 显示，XRD 可以很好地区分高岭石类和多水高岭石类，但对于高岭石类的高岭石、迪(地)开石和珍珠石需要借助一些特征峰位进行区分，如在 2θ=19°—24°，迪(地)开石具有 3.95 Å 和 3.79 Å 特征衍射峰；在 2θ=29°—31°，珍珠石具有 3.06 Å 和 2.93 Å 特征衍射

[①] Johnston, C. T., Helsen, J., Schoonheydt, R. A., et al., "Single Crystal Raman Spectroscopic Study of Dickite", *American Mineralogist*, 1998, 83(1), pp. 75-84.

[②] Frost, R. L., Tran, T. H., Rintoul, L, et al., "Raman Microscopy of Dickite, Kaolinite and Their Intercalates", *The Analyst*, 1998, 123(4), pp. 611-616.

峰;在 $2\theta=35°—40°$,高岭石具有 6 个衍射峰,以两个"山"字型出现。迪开石只有 4 个衍射峰,形成两对双峰。珍珠石具有 8 个分裂极差的衍射峰[1]。

高岭石类的几种矿物在拉曼光谱指纹区基本相同,但高岭石和迪(地)开石在 3 500—3 800 cm^{-1} 仍有差异,如高岭石具有 3 620、3 650、3 670、3 690 cm^{-1} 左右的 4 个明显峰位,其中 3 620 和 3 690 cm^{-1} 的强度较大使得整体峰型呈"山"字形;迪(地)开石出现 3 624、3 642、3 708 cm^{-1} 左右的 3 个明显峰位,强度依次减弱使得整体峰型呈"阶梯状"形[2]。

3. 考古出土品

考古出土的早期高岭石质玉器举例参见**表 2 - 35**:

表 2 - 35　考古出土早期高岭石质玉器举例

序号	出土地点	名称	数量	时代	出土时间	形状规格	资料来源
1	浙江桐乡罗家角	穿孔斧	1	马家浜文化早期(5000—4700BC)	1979—1980 年	T111③:12	③
2	江苏溧阳神墩	璜	1	马家浜文化晚期(4500—3900BC)	2004—2006 年	M159:2,半环形,土黄色。属于第二段	④
3	山东广饶五村	指环、珠	2	大汶口文化中晚期(3500—2700BC)	1985—1986 年	(1) 指环(1件)——M29:1,灰白色,环体呈条状。外径 2.4、内径 1.3 cm (2) 珠(1件)——M30:3,白色,圆柱状,直径 1.3、厚 0.9、孔径 0.3 cm	⑤
4	湖南怀化高坎垅	璜、铲	几件	屈家岭文化(3300—2500BC)	1984 年	(1) 璜(1件)——M26:1,半圆形,截面扁平,外径 6.2、内径 3 cm。属于屈家岭文化中期 (2) 铲(几件)——文中没有描述	⑥
5	浙江海宁小兜里	锥形器	1	良渚文化中期(2800—2600BC)	2009 年	锥形器(09 HXM12:3),东侧土台北部的良渚小型墓,随葬品包含 5 件陶器和 3 件玉器。玉器包括 1 件叶蜡石管、1 件高岭石锥形坠饰、1 件燧孔珠	⑦
6	山东莒县大朱家村	环、璧	2	大汶口文化晚期(2800—2600BC)	1979 年	(1) 环——M26:13,断面椭圆形,钻一小孔。直径 7.8 cm (2) 璧——M15:20,洁白光润。直径 12.4、孔径 6.8 cm 注:均为高岭石泥岩	⑧

---

[1] 汤德平、郑丹威、郑宗坦等:《老挝石与寿山石的比较》,《宝石和宝石学杂志》2017 年第 5 期。
[2] 余西丹、邓雨晴、吕婧等:《红褐色高山石与都成坑石的颜色成因对比》,《宝石和宝石学杂志》2016 年第 2 期。
[3] 闻广:《中国古玉地质考古学研究的绩进展》,《故宫学术季刊》1993 年第 1 期。
[4] 南京博物院、常州博物馆、溧阳市文化广电体育局:《溧阳神墩》,文物出版社 2016 年版,第 361、492 页。
[5] 山东省文物考古研究所、广饶县博物馆:《广饶县五村遗址发掘报告》,载于张学海主编:《海岱考古》(第 1 辑),山东大学出版社 1989 年版,第 61—123 页。大汶口时期的 4 个墓葬各随葬 1 件器物,1 件为蛇纹石圭形坠、1 件高岭石指环、1 件高岭石串珠、1 件为燧石指环。居址出土了 3 件装饰品,包括 2 件残汉白玉环和 1 件白色指环。
[6] 湖南省文物考古研究所、怀化地区文物工作队:《怀化高坎垅新石器时代遗址》,《考古学报》1992 年第 3 期。
[7] 秦岭、崔剑锋:《浙北崧泽-良渚文化遗址出土玉器的初步科学分析》,载于浙江省文物考古研究所:《崧泽文化学术研讨会论文集(2014)》,文物出版社 2016 年版,第 411 页。
[8] 山东省文物考古研究所、莒县博物馆:《莒县大朱家村大汶口文化墓葬》,《考古学报》1991 年第 2 期。

续表

序号	出土地点	名称	数量	时代	出土时间	形状规格	资料来源
7	广东曲江石峡	管等	不详	石峡文化第二期（2800—2300BC）	1973—1978年	管 M57：26，长1.7—1.9，直径0.9—1.0 cm。根据杨式挺研究员的描述，该类玉器应有多件	①
8	山西芮城清凉寺	钺	1	清凉寺文化（2500—1700BC）	2003—2005年	T17①：1，深灰色，最长处13.7、最宽处8.3、厚0.5—1.7 cm	②
9	湖南澧县孙家岗	璧、璜、佩、笄、坠、纺轮、祖、管、片	26	后石家河文化（2150—1800BC）	1991年	(1) 璧(3件)——M9：3，M9：4，M14：7 (2) 璜(3件)——M14：1，M14：2，M33：3 (3) 佩(2件)——M14：3 龙形透雕佩，M14：4 凤形透雕佩 (4) 笄(7件)——M14：5，M14：8，M9：1，M9：2，M9：5，M33：采1，M33：采2 (5) 坠(6件)——M14：9一对，M14：11一对，M13：2一对 (6) 纺轮(1件)——M8：1 (7) 祖(1件)——M3：1 (8) 管(1件)——M14：6 (9) 小方片(1件)——M14：24 (10) 圭形片(1件)——M7：1	③
10	香港南丫岛大湾	环、臂饰、玦、牙璋、串饰等	26	商周时期	1990年	(1) 有领环(1件)——TG15 - M10 - Ⅳ 011，棕黄色，好径6.2、肉径8.6 cm (2) 筒形环(2件)—— ① TE14 - M3 - Ⅳ 004，边缘暗黄色，通体满布褐斑，器径6.74、高3.89、壁厚0.28 cm ② TF14 - M3 - Ⅳ 003，米黄色，器径5.2、高2.4、壁厚0.3 cm (3) 玦(4件) ① TF13 - M4 - Ⅳ 001，米黄色，外径5.5、内径2.3、厚0.2 cm ② TF13 - M4 - Ⅳ 012，外径1.47、内径0.08、厚0.27 cm ③ TG16 - M8 - Ⅳ 007，外径5.18、内径3.6、厚0.33 cm ④ TG16 - M8 - Ⅳ 008，外径5.38、内径3.1、厚0.38 cm (4) 牙璋(1件)——DW - M6 - 10，灰白色，通长21.8、刃宽4.6、体宽3、厚0.7 cm	④

---

① 广东省文物考古研究所、广东省博物馆、广东省韶关市曲江区博物馆：《石峡遗址——1973—1978年考古发掘报告》，文物出版社2014年版，第294页。
② 山西省考古研究所、运城市文物工作站、芮城县旅游文物局：《清凉寺史前墓地》，文物出版社2016年版，第61页。
③ 湖南省文物考古研究所、澧县文物管理处：《澧县孙家岗新石器时代墓群发掘简报》，《文物》2000年第12期。
④ 区家发、冯永驱、李果等：《香港南丫岛大湾遗址发掘简报》，载于香港中文大学中国考古艺术研究中心：《南中国及邻近地区古文化研究——庆祝郑德坤先生从事学术活动六十周年论文集》，香港中文大学出版社1994年版，第195—209页。

续表

序号	出土地点	名称	数量	时代	出土时间	形状规格	资料来源
						(5) 串饰(1组18件,与牙璋同出6号墓) ① 管(2件),米黄色。DW-M6-9长5.19,直径0.92 cm,DW-M6-8长4.8,直径0.92 cm ② 管珠(10件),长0.4—1.4,径0.5—2.1 cm ③ 璧形饰(4件),米黄色,均出土于6号墓 ④ 三角形饰(2件),均出土于6号墓	
11	河南陕县	墩形器	1	西汉中期至东汉晚期	1956—1958年	(3117:8)圆柱形,平底,上面有圆形浅凹槽,高15.8,内径14.7,底径15.7 cm	①

考古出土的早期迪(地)开石质玉器举例参见表 2-36:

表 2-36 考古出土早期迪(地)开石质玉器举例

序号	出土地点	名称	数量	时代	出土时间	形状规格	资料来源
1	浙江余姚田螺山	玦	4	河姆渡文化早期(5000—4500BC)	2004—2007年	(1) 2004年第一次发掘出土：T203③:2,浅绿色,残块,环形,横剖面呈近长方形,孔径大 (2) 2006—2007年第二次发掘出土：T104③:2,黑色,残半,环形,横剖面呈近长方形,孔径大 (3) T105⑥:52,黑色,完全,环形,横剖面呈近正方形,孔径大 (4) 2007年第三次发掘出土——T106③:65,黑色,残半,环形,横剖面呈近长方形,孔径大	②
2	江苏吴县草鞋山	玦	1	马家浜文化晚期早段(4400—4200BC)	1972—1973年	WCM68:1	③
3	江苏溧阳神墩	管、璜	9	马家浜文化晚期(4500—3900BC)	2004—2006年	(1) 管(6件)——M88:1—6,均为乳白色略带淡黄色调,圆柱形,粗细和长短不等。属于第三段 (2) 璜(3件)——属于第四段 ① M20:1,残2件,乳白色略带淡黄褐色调,弧折形 ② M20:3,乳白色,弧折形	④

---

① 中国社会科学院考古研究所：《陕县东周秦汉墓》,科学出版社1994年版,第194、196页。该墓出土玉石器共3 845件,包括透闪石-阳起石、石质(以大理岩、千枚岩、绢云母片岩、泥质粉砂岩为最多)、玛瑙、水晶、绿松石、孔雀石和煤精等材质。
② 董俊卿、孙国平、王宁远等：《浙江三个新石器时代遗址出土玉玦科技分析》,《光谱学与光谱分析》2017年第9期。
③ 闻广：《草鞋山玉器地质考古学研究——中国古玉地质考古学研究之五》,载于杨建芳师古玉研究会、杨建芳师古玉研究会：《玉文化论丛》(2),文物出版社、众志美术出版社2009年版,第110—125页。
④ 南京博物院、常州博物馆、溧阳市文化广电体育局：《溧阳神墩》,文物出版社2016年版,第361、492页。

续表

序号	出土地点	名称	数量	时代	出土时间	形状规格	资料来源
4	内蒙古巴林右旗敖包恩格日	料	1	红山文化（4500—3000BC）	1984年	02373玉料，浅灰色	自测
5	内蒙古巴林右旗巴彦汗苏木那日斯台	纺瓜、鸟形玦	2	红山文化中期（4000—3500BC）	1981年	(1) 纺瓜(1件)——00191c0018桂叶形，浅红色 (2) 鸟形玦(1件)——00198c0125，灰蓝色	自测
6	安徽含山凌家滩	钺、璜、璧环、未知器型	5	3600—3300BC	1987、1998年	共分析了243件玉石器，5件属于迪(地)开石材质，其中2件出土于87M17，2件出土于98M29，1件出土于98探方	①
7	河南安阳殷墟花园庄东地	钺	1	殷墟二期偏晚（1200BC）	2000年	M54：578	②
8	河南安阳殷墟其他遗址	管、戈	2	1290—1046BC	1986年	(1) 管(1件)——86ALN(刘家庄)M55：6，黄绿色 (2) 戈(1件)——92新安庄M29：4，红褐色	自测
9	浙江杭州半山石塘村	管、珠、环、剑饰等	不详	战国	1999年	昌化石的主要成分可以是迪(地)开石、叶蜡石和伊利石，文中没有交代35件昌化石器的主要矿物种类，仅列出133、137、139三件剑饰属于迪(地)开石质	③

表2-35和表2-36显示，高岭石和迪(地)开石在中国的使用不多，且数量较少。该类材料最早出现在中国长江下游的浙江河姆渡文化早期和马家浜文化早期，分别被制作成玦(4件迪开石)和穿孔斧(1件高岭石)。考虑到高岭石材质偏软，此时穿孔斧已非实用器。至马家浜文化晚期，江苏地区也出土了高岭石和迪(地)开石质玦、管、璜等装饰品，迪(地)开石质玉器的数量多于高岭石质玉器。此后，高岭石和迪(地)开石在长江下游地区仍有应用，如安徽的凌家滩文化时期、浙江的良渚文化时期和战国时期，主要被用作璜、璧环、锥形器、玦、环、饰、管和珠等装饰品，也被用作剑饰，还被用作钺礼器，其中杭州半山石塘战国墓出土了

---

① 余飞：《凌家滩墓葬出土玉器的考古学与多方法无损科技检测综合研究》，第二届古代玉器青年学术论坛报告，2018年9月。
② 荆志淳、徐广德、何毓灵等：《M54出土玉器的地质考古学研究》，载于中国社会科学院考古研究所：《安阳殷墟花园庄东地商代墓葬》，科学出版社2007年版，第345—387页。
③ 洪丽娅：《杭州半山战国墓出土玉器材质研究》，《东方博物》2007年第3期。该墓出土105件玉石器(包括48件透闪石-阳起石、35件昌化石、12玛瑙、6件滑石、3件绿泥石、1件水晶)，另有6件玻璃仿玉器和1件砺石。

较多迪(地)开石质玉器。长江中游地区迟至屈家岭文化时期才使用高岭石制作璜、佩、笄和坠等装饰品以及璧、铲等礼器，并一直延续至后石家河时期，如湖南澧县孙家岗遗址出土的26件玉器材质均为高岭石，成为该地区的用玉特色。

中国北方地区最早在辽河流域的内蒙古红山文化时期使用迪(地)开石制作纺瓜和玦，巴林右旗敖包恩格日还出土了迪(地)开石料。高岭石和迪(地)开石的产地颇多，浙江和内蒙古都是主要矿区，因此这类软性材料的开采和加工比较容易。值得注意的是，浙江和内蒙古地区出土的迪(地)开石质玉器数量均很少，表明玉材使用除了与周边矿源有关外，还与文化选择相关。文化选择常起决定作用，如巴林右旗红山文化中期遗址出土了2件迪(地)开石质玉器，邻近的辽宁牛河梁红山文化晚期遗址尚无使用迪(地)开石的报道，表明迪开石并非红山先民的用玉选择。

中国黄河流域使用高岭石和迪(地)开石的年代更晚。目前的证据显示，黄河下游地区在大汶口文化中晚期使用高岭石制作指环、串珠等装饰类器物以及璧类礼仪性器物，黄河中游地区在龙山时期(山西芮城清凉寺遗址)使用高岭石制作钺类礼器。商代晚期殷墟继续使用迪(地)开石制作管类装饰品以及钺、戈类礼器。其后，该类材料仍有零星应用，如河南陕县出土了西汉时期高岭石质墩形器。

珠江三角洲地区在石峡文化时期已使用高岭石材料，至商周时期应用较多，如香港南丫岛大湾遗址出土了26件高岭石质玉器，除了被用于制作成环、臂饰、玦和串饰等装饰品外，还被制作成牙璋等礼器。与中原殷墟地区颇为相似，高岭石和迪(地)开石玉材至晚在商代时期已扩大了应用范围。需要说明的是，原有文献认为广东石峡文化出土了高岭石质玉器[①]，但2014年出版的《石峡遗址——1973—1978年考古发掘报告》并没有高岭石玉器的表述。不过，杨式挺认为有些玉器(如M57∶26残件等)经过鉴定确为高岭石，表明存在高岭石材料制成的器物，同时杨式挺也说明由此推定了其他器物的材质，其结论是否准确有待科学数据检验[②]。

(二) 蛇纹石族 [Serpentine, $Mg_6[Si_4O_{10}](OH)_8$]

1. 基本性质

蛇纹石族的基本性质可归纳为**表2-37**：

表2-37 蛇纹石族基本性质[③]

品种	晶系	结晶习性	颜色	光泽	透明度	摩氏硬度	密度(g/cm³)	荧光	特殊光学效应	其他
利蛇纹石(Lizardite)	单斜晶系	板状结构	无色至淡黄色、黄绿色至绿色	蜡状光泽至玻璃光泽	半透明至不透明	2.5—6.0	2.44—2.80	长波紫外线下有微弱的绿色荧光	猫眼效应(极少)	区域或变质热液交代型、接触交代型、热液蚀变交代型
叶蛇纹石(Antigorite)		波状结构								
纤蛇纹石(Chrysotite)		管状结构								

---

① 广东省博物馆、曲江县文化局石峡发掘小组：《广东曲江石峡墓葬发掘简报》，《文物》1978年第7期。
② 杨式挺：《广东先秦考古》，广东人民出版社2015年版，第549—551页。
③ 张蓓莉：《系统宝石学》，地质出版社2006年，第386—389页。

蛇纹石[$Mg_6Si_4O_{10}(OH)_8$]系镁氧八面体层和硅氧四面体层按 1∶1 构成的层状硅酸盐矿物,层之间以氢键相连。Al 替代 Si、Fe^{3+} 和 Fe^{2+} 替代 Mg 造成蛇纹石结构发生变化形成多种结构变体,主要有三种:叶蛇纹石(八面体片和四面体片交替反向波状弯曲)、利蛇纹石(八面体片和四面体片的平行排列)和纤蛇纹石(四面体片在内、八面体片在外的结构单元层卷曲),其中利蛇纹石数量最多、纤蛇纹石最少,但叶蛇纹石的热稳定性高[①]。一般说来,利蛇纹石、叶蛇纹石及纤蛇纹石在物化性质上无明显差异,仅 Si 和 Mg 的含量稍有变化,如叶蛇纹石有相对高的 SiO_2 和相对低的 H_2O,利蛇纹石有相对高的 SiO_2 和相对低的 FeO,纤蛇纹石有相对高的 MgO 和 H_2O 且 Fe_2O_3/FeO 的比例较低。利蛇纹石和纤蛇纹石的化学式更接近蛇纹石的理论式[$Mg_6Si_4O_{10}(OH)_8$],叶蛇纹石则接近 $Mg_{48}Si_{34}O_{85}(OH)_{62}$[②],蛇纹石的三种结构变体常共生,因此常说的某种蛇纹石是指该结构变体占主体的蛇纹石。

如第四章分析,蛇纹石在 500℃ 以上时开始发生材质转变:先生成镁橄榄石(Mg_2SiO_4),随着温度的增加,依次生成非晶质顽火辉石和晶质顽火辉石[$(Mg,Fe)_2(Si_2O_6)$]。一般而言,蛇纹石具有比高岭石更大的热稳定性,但高岭石具有比蛇纹石更大的酸稳定性[③],因此高岭石的抗酸风化能力强于蛇纹石,这是众多遗址出土蛇纹石玉器风化程度普遍高于高岭石质玉器的重要原因。

2. 科技鉴别

蛇纹石族的科技分析参考值可参见表 2-38:

表 2-38 蛇纹石族科技分析参考值

分析方法		数据信息				
蛇纹石	利蛇纹石 (PDF: 50-1606)	7.3080 ($I/I_0=100$)	3.6530 ($I/I_0=76$)	2.4490 ($I/I_0=44$)	1.5350 ($I/I_0=20$)	
	叶蛇纹石 (PDF: 02-0095)	7.3000&3.6200 ($I/I_0=100$)	2.5200 ($I/I_0=90$)	1.5700 ($I/I_0=70$)	1.5400 ($I/I_0=60$)	
拉曼分析 参考值	蛇纹石(自测)	(1) 128—133(m)、228—231(vs)cm^{-1}——TO 旋转和平移振动、M—O 振动和晶格振动 (2) 375—385(vs)cm^{-1}——[SiO_4]的弯曲振动 (3) 680—693(vs)cm^{-1}——[SiO_4]的对称伸缩振动 (4) 1044—1088(m)cm^{-1}——[SiO_4]的不对称伸缩振动 (5) 3668—3671(m—s)cm^{-1}——Fe 取代 Mg 形成的 Fe—OH 伸缩振动 (6) 3699—3701(vs)cm^{-1}——Mg—OH 伸缩振动 注: vs = very strong, s = strong, m = media 叶蛇纹石具有 1044—1088 cm^{-1} 左右特征峰位,利蛇纹石和纤蛇纹石则没有该峰位				

[①] Deer, W. A., Howie, R. A., Zussman, J., *An Introduction to the Rock-Forming Minerals*, Harlow: Pearson Education Limited, 1992, pp. 344-352.
[②] Burzo, E., *Serpentines and Related Silicates: Phyllosilicates*, Berlin, Heidelberg: Springer-Verlag, 2009, 2715b.
[③] 赵杏媛、张有瑜:《粘土矿物与粘土矿物分析》,海洋出版社 1990 年版,第 112 页。

续表

分析方法	数据信息	
化学成分参考值	蛇纹石	理论值：$SiO_2 = 43.0\%$；$SiO_3 = 44.1\%$；$H_2O\% = 12.9\%$
	利蛇纹石（R060006）	$MgO = 38.99\%—39.84\%$，平均值 $= 39.62\%$ $SiO_2 = 36.90\%—39.39\%$，平均值 $= 38.27\%$ $H_2O = 14.08\%—20.84\%$，平均值 $= 17.93\%$ $FeO = 2.08\%—2.97\%$，平均值 $= 2.59\%$ $Al_2O_3 = 1.19\%—3.47\%$，平均值 $= 1.46\%$ $Cl = 0—0.16\%$，平均值 $= 0.09\%$ $Na_2O = 0—0.06\%$，平均值 $= 0.03\%$ $CaO = 0—0.03\%$，平均值 $= 0.01\%$
	叶蛇纹石（R070228）	$SiO_2 = 39.92\%—41.39\%$，平均值 $= 40.98\%$ $MgO = 39.15\%—40.42\%$，平均值 $= 40.16\%$ $H_2O = 15.73\%—19.16\%$，平均值 $= 16.91\%$ $FeO = 1.67\%—1.83\%$，平均值 $= 1.76\%$ $Al_2O_3 = 0.10\%—0.26\%$，平均值 $= 0.16\%$ $MnO = 0—0.07\%$，平均值 $= 0.03\%$ $F = 0—0.13\%$，平均值 $= 0.02\%$ $CaO = 0—0.05\%$，平均值 $= 0.02\%$ $Na_2O = 0—0.03\%$，平均值 $= 0.02\%$ $Cr_2O_3 = 0—0.04\%$，平均值 $= 0.01\%$ $K_2O = 0—0.02\%$，平均值 $= 0.01\%$ $TiO_2 = 0—0.02\%$，平均值 $= 0.01\%$ $Cl = 0—0.01\%$，平均值 $= 0.004\%$

需要说明的是，XRD 数据库没有纤蛇纹石的数据，不过有研究文章指出，纤蛇纹石 XRD 的三个最强 D 值是 7.27、3.65、1.53[①]。

3. 考古出土品

考古出土的早期蛇纹石质玉器举例参见**表 2‑39**：

表 2‑39 考古出土早期蛇纹石质玉器举例

序号	出土地点	名称	数量	时代	出土时间	形状规格	资料来源
1	黑龙江饶河小南山	珠、坠饰、系璧等	17	7200—6600BC	2015—2017年	共出土74件玉器，其中透闪石39件、蛇纹石17件、斜绿泥石6件、滑石6件、绢云母1件、玉髓1件、云母+橄榄石4件	自测
2	河北易县北福地	玦、匕形饰	3	6000—5000BC	2003—2004年	（1）玦（2件） ①J：7，淡绿色，外直径2.8，内直径1.1，厚0.4 cm ②J：8，淡绿色，外直径3.1，内直径1.3、厚0.4 cm。块身齐整断裂，裂缝两侧各有一穿孔，孔径0.2 cm （2）匕形器（1件）——J：87，灰白色，长9.6、宽2、厚0.25、孔径0.6 cm	[②]

---

① 杨艳霞、冯其明、刘琨等：《纤蛇纹石在盐酸浸出过程中结构变化的研究》，《中国矿业大学学报》2007年第4期。
② 河北省文物研究所：《北福地——易水流域史前遗址》，文物出版社2007年版，第84、155—156、343页，彩版一四。

续表

序号	出土地点	名称	数量	时代	出土时间	形状规格	资料来源
3	甘肃秦安大地湾	料、斧、锛、铲、笄、坠	<62	大地湾文化二期和四期（4500—2900BC）	1978—1984年	大地湾二期(4500—3900BC) (1) 料(1件)——QDH259：10 (2) 斧(1件)——QDH374：6 (3) 锛(2件)——QDT340④：44、QDH716：9(残) (4) 铲(残,2件)——QDT109③：1、QDTG3③：3 大地湾四期(3500—2900BC) (1) 笄(<53件)——共出土85件笄，其中完整12件，多为泥灰岩、橄榄岩等；残笄共53件，石料则多为蛇纹岩，是该期独有 (2) 坠(2件) ① T802③：6，扁圆体圆形坠，残长33，宽17，厚2，孔径2 mm ② T807③：8，圆鼓体坠，长10，宽6，厚5，孔径1.5 mm (3) 铲(1件)——QDT301②：4	①
4	河南淅川下王岗	耳坠、璜	2	仰韶文化第二期（4500BC） 河南龙山文化（2600—2000BC）	1971—1972年	(1) 仰韶二期——坠(1件)——M176：3，发掘报告标为M176：1，续表一标为蛇纹石，彩版五标为绿松石，淡绿色，长4.9，宽1.9，厚0.3 cm (2) 龙山时期——璜(1件)——T15③：37，呈扇面形，长10 cm	②
5	河南灵宝西坡	钺、环	12	仰韶文化中期庙底沟类型至晚期西王村类型的过渡阶段（3500—3000BC）	2000—2006年	(1) 钺(11件)——M6：1，M8：2，M9：2，M11：4，M11：5，M17：8，M17：10，M22：1，M31：19，M34：1，M34：7 (2) 环(1件)——M22：2	③

---

① 闻广：《大地湾玉器地质考古学研究——中国古玉地质考古学研究之七》，载于杨建芳师生古玉研究会：《玉文化论丛》(3)，文物出版社、众志美术出版社2009年版，第140—149页；闻广：《大地湾遗址玉器鉴定报告》，载于甘肃省文物考古研究所主编：《秦安大地湾——新石器时代遗址发掘报告》，文物出版社2006年版，第938页；甘肃省文物考古研究所：《秦安大地湾——新石器时代遗址发掘报告》，文物出版社2006年版，第199、598、619—620页。

② 董俊卿、干福熹、承焕生等：《河南境内出土早期玉器初步研究》，《华夏考古》2011年第3期；河南省文物考古研究所、长江流域规划办公室考古队河南分队：《淅川下王岗》，文物出版社1989年版，第161、263页。另后者131页仰韶二期石铲M688：2，长17.5，宽6，厚1 cm；137页仰韶二期石匕M243：2，背有一穿孔，长9.4，宽1.8，厚0.4 cm。

③ 中国社会科学院考古研究所、河南省文物考古研究所：《灵宝西坡墓地》，文物出版社2010年版，第32、36、41、45、47、65、74—75、103、106、112页。出土玉钺13件(蛇纹岩质11件、方解石质1件、蛇纹石化大理岩1件)、石钺3件(片麻岩2件、片岩1件)、玉环1件(蛇纹岩质)。

续表

序号	出土地点	名称	数量	时代	出土时间	形状规格	资料来源
6	江苏张家港东山村	带柄钺形玉饰、璜、镯、玦、钮形玉饰、凿	7	马家浜文化晚期至崧泽文化早期偏早阶段（4300—3800BC）	2008—2010年	(1) 马家浜文化(2件)(6300—6000BP) ① 带柄钺形玉饰(1件)——M97：5，乳白色，长2.9、宽1.2、最厚0.7 cm ② 璜(1件)——M101：9，乳白色，外径17.0、内径13.3、中间厚0.7、边缘厚0.2、孔径0.3—0.4 cm (2) 崧泽文化(5件)(6000—5800BP) ① 镯(1件)——M90：55，乳白色，外径7.3、内径5.7、孔径0.1—0.4、厚0.3—0.6 cm ② 玦(1件)——M90：49，乳白色，外径4.3、内径1.9、玦口宽0.15—0.30、厚0.7 cm ③ 钮形玉饰(2件)——M90：53，含铁绿泥石、铝含量较高的蛇纹石，灰白色，上径1.9、下径1.4、高0.9、孔径0.2—1.5 cm；M90：54，含铁绿泥石、铝含量较高的蛇纹石，灰白色，上径2.0、下径1.3、高0.9、孔径0.4—1.6 cm ④ 凿(1件)——M92：28，含黝帘石、铁绿泥石的蛇纹石，长10.7、上宽1.6、下宽1.8、厚1.7 cm	①
7	山东泰安大汶口	镯、坠	6	大汶口文化早期（4100—3700BC）	1974、1978年	(1) 坠饰(1件)——第一期(4100—4000BC)，H2024：2 (2) 镯(5件)——一至三期 ① M2018：13，直径8.1、内径5.6 cm，一期 ② M2004：1，外径8 cm，二期(4000—3800BC) ③ M1006：4，直径7.7、内径5.1 cm，三期(3800—3700BC) ④ M1013：12，三期 ⑤ M1013：13，直径9.2、内径5.5 cm，三期	②
8	山东广饶五村	坠	1	大汶口文化中晚期（3500—2700BC）	1985—1986年	圭形坠，M86：4，暗绿色，通体扁平滑润，尖部稍窄，横截面呈长方形，底部一穿孔，底断面没加工。体长6.8、宽1.5、厚0.8 cm	③
9	辽宁建平牛河梁	环、猪龙、棒锥形器、件等	7	红山文化晚期（3500—3000BC）	1981、1984年	(1) 环(1件)——N2Z1M1：1，白色，外缘直径12、内缘直径9、厚0.7 cm	

---

① 南京博物院、张家港市文管办、张家港博物馆：《东山村——新石器时代遗址发掘报告》，文物出版社2016年版，第67、76、216、220—221、243、630—632页。

② 山东省文物考古研究所：《大汶口续集——大汶口遗址第二、三次发掘报告》，科学出版社1997年版，第187、198、236、238页。

③ 山东省文物考古研究所、广饶县博物馆：《广饶县五村遗址发掘报告》，载于张学峰：《海岱考古》(第1辑)，山东大学出版社1989年版，第61—123页。

续表

序号	出土地点	名称	数量	时代	出土时间	形状规格	资料来源
						(2) 猪龙(1件)——N2Z1M4：3,白色,通高7.9、宽5.6、厚2.5 cm (3) 玉件(1件)——N2Z4L：22,白色,长13、厚0.9 cm (4) 棒锥形器(3件) ① N16-79M1：1,长15.5、粗端直径1.4 cm ② N16-79M1：2,长14.8、粗端直径1.5 cm ③ N16-79M1：3,长22.6、粗端直径2.1 cm	①
10	江苏南京北阴阳营	玦、饰件、璜、环、坠、泡、管等	39	崧泽文化早期(4000—3700BC)	1955—1958年	127件玉器经过分析,其中66件透闪石-阳起石,39件蛇纹石,17件玛瑙,2件石英。部分蛇纹石属于纤蛇纹石	②
11	浙江长兴江家山	坠	1	崧泽文化中晚期(3700—3300BC)	2005—2006年	M28：1,长3.6、高2.25、最厚0.38 cm	③
12	浙江嘉兴南河浜	钺	1	崧泽文化晚期二段(3300—3100BC)	1996年	M68：2,灰白色,隐见绿色,受沁严重,表面有剥蚀。高15.2、刃宽8.5、孔径1.3 cm,重110.96 g	④
13	安徽含山凌家滩	璜、斧、勺、玉石	6	凌家滩文化(3600—3300BC)	1987年	(1) 璜(1件) ① 87M15：41,孔径0.4、外径13.4、内径11.5、厚0.7 cm (2) 斧(2件) ① 87M4：31,长24、宽6.7、厚2.4 cm ② 87M4：41,长15.75、宽2.0—5.1、厚0.1—2.0 cm (3) 勺(1件) ① 87M4：26,长16.5、柄长10、勺池宽2.8 cm	⑤

---

① 辽宁省文物考古研究所：《牛河梁——红山文化遗址发掘报告(1983—2003年度)》,文物出版社2012年版,第78、82、208、414页。虽然该书正文标记的蛇纹石玉器并不多,但第476页认为：经过初步观察,具透闪石河磨玉料特征的约140件,占70%左右;具叶蛇纹石特征的约40件,约占20%左右。

② 罗宗真：《南京北阴阳营新石器时代遗址出土玉器的初步研究》,载于邓聪：《东亚玉器》(上),香港中文大学中国考古艺术研究中心1998年版,第233—240页。该墓出土玉器294件,包括100件璜、46件玦、17件环、86件管、37件坠、2件条形饰、1件珠和1件泡。其中127件玉器经过分析。

③ 浙江省文物考古研究所、长兴县博物馆：《长兴江家山遗址崧泽文化墓地发掘简报》,载于浙江省文物考古研究所：《浙北崧泽文化考古报告集(1996—2014)》,文物出版社2014年版,第72—102页。

④ 闻广：《南河浜玉器地质考古学研究——中国古玉地质考古学研究之九》,载于浙江省文物考古研究所：《南河浜——崧泽文化遗址发掘报告》,文物出版社2005年版,第407—415页;浙江省文物考古研究所：《南河浜——崧泽文化遗址发掘报告》,文物出版社2005年版,第303页。后者中指出,该遗址共出土玉器64件,其中透闪石质玉器54件,包括钺1件、璜10件、镯5件、玦1件、玉饰35件(梯形6件、舌形6件、三角形13件、圆片形2件、圆环形5件、半圆形2件、方环形1件)、半球形玉坠2件;玉髓器3件,包括坠2件、玦1件;叶蛇纹石1件;未知材质6件,根据报告描述,透闪石的可能性很大。

⑤ 安徽省文物考古研究所：《凌家滩——田野考古发掘报告之一》,文物出版社2006年版,第54、56、59、140页。

续表

序号	出土地点	名称	数量	时代	出土时间	形状规格	资料来源
						(4) 玉石(2件) ① 87M4：7，长 17.1、宽 5.8、厚 0.2—2.6 cm ② 87M4：9，高 9.4、宽 8.4、厚 2.2—5.0 cm	
14	安徽望江黄家堰	玦	1	薛家岗文化早期(3500—3300BC)	1997年	97WH M37：4	①
15	安徽潜山薛家岗	管、饰	3	薛家岗文化中期(3300—2800BC)	1979—1982年	(1) 管(2件) ① M103：2-1，长 1.4 cm ② M103：2-3 长 1.1 cm，均乳白色，圆柱形，两端对钻1孔 (2) 靴形玉饰(1件) T3④：14(新石器层下层)	②
16	浙江余杭反山	带钩、璧	2	良渚文化中期偏早阶段(3000—2800BC)	1986年	(1) 带钩(1件)——M14：158，可能是织物的带钩，高 3.7、长 7.78、宽 4.5 cm (2) 璧(1件)——M14：234，浅蓝色，朽烂成碎片状，单面钻，直径约 16，中间厚约 0.9、边缘厚 0.5、孔外径 4.5、孔内径 4.4 cm	③
17	浙江桐庐小青龙	锥形器、套管、管、珠、镯、璧	6	良渚文化早期晚段(2900BC)	2011—2012年	(1) 锥形器(1件)——M4：3 (2) 套管(1件)——M4：3 (3) 管(1件)——M6：3 (4) 珠(1件)——M15：1 (5) 镯(1件)——M15：3 (6) 大麦凸玉璧(1件)——0437	④
18	浙江海宁小兜里	锥形器、钺、燧孔珠、坠饰等	4	良渚文化中期(2800—2600BC)	2009年	(1) 燧孔珠(1件)——M6：22，深褐色，厚 0.41、外径 0.86 cm (2) 坠饰(1件)——M6：34，暗红色，长 2.59、直径 0.85 cm (3) 锥形器(1件)——M5：3，长 5.97、直径 0.72 cm (4) 钺(1件)——M5：23，风化为白色，孔内径 1.35、两面外径 1.8、高 12.3、上宽 3.7、刃宽 6.47、最厚 1.3 cm	⑤

---

① 王荣、朔知、承焕生：《安徽史前孙家城和黄家堰等遗址出土玉器的无损科技研究》，《复旦学报(自然科学版)》2011年第2期。
② 安徽省文物考古研究所：《潜山薛家岗》，文物出版社 2004 年版，第 231、530、597、598 页。
③ 浙江省文物考古研究所：《反山》(上)，文物出版社 2005 年版，第 110、116 页。闻广研究员测定。
④ 浙江省文物考古研究所、桐庐博物馆：《小青龙》，文物出版社 2017 年版，第 144—148 页。
⑤ 浙江省文物考古研究所、海宁市博物馆：《小兜里》(上)，文物出版社 2015 年版，第 60、70、99 页。第 60 页的 M5：3 表述为透闪石，415、421 页的 M5：3 表述为蛇纹石；99、100 页的 M6：22 和 M6：34 表述为叶蜡石，415、421 页的 M6：22 和 M6：34 表述为蛇纹石，本节均以后者。秦岭、崔剑锋、杨颖亮：《小兜里遗址出土玉器的初步科学分析》，载于浙江省文物考古研究所、海宁市博物馆：《小兜里》(上)，文物出版社 2015 年版，第 412—426 页。

续表

序号	出土地点	名称	数量	时代	出土时间	形状规格	资料来源
19	上海青浦福泉山	镶嵌小片、锥形器、镦、琮、珠、镯、管、钺、瑁、半圆形器、坠、鸟首、柱形器、其他	37	良渚文化中晚期(2800—2200BC)	1982—1984年	(1) 第三期(4件,4800—4600BP) ① 镯(2件) ② 管(2件)——M65：41圆柱形管,M9：26琮形管 (2) 第四期(19件,4500—4400BP) ① 钺(1件)——M74：37 ② 瑁、镦(4件) ③ 锥形器(5件)——M9：7 ④ 珠(3件) ⑤ 管(4件) ⑥ 半圆形器(1件) ⑦ 其他(1件) (3) 第五期(14件,4300—4200BP) ① 琮(3件)——M40：91,M67：4 ② 锥形器(1件)——M40：12 ③ 镯(1件) ④ 坠(1件) ⑤ 鸟首(1件)——M40：95 ⑥ 柱形器(1件) ⑦ 镶嵌小片(6件)——M40：97圆饼形玉片,M40：17椭圆长条形片,其余编号未知	①
20	浙江余杭文家山	珠、管、镯、梳背和锥形器	<69	良渚文化中晚期(2900—2400BC)	2000—2001年	蛇纹石-滑石系列,64枚珠、管类,1件镯,1件梳背和3件锥形器。未指明蛇纹石玉器的数量	②
21	江苏昆山赵陵山	镯、珠、锥形器、璧等	4	良渚文化中期至晚期偏早(2800—2600BC)	1991年	(1) 良渚文化中期 ① 锥形器(1件)——M48：1,鸡骨白色,长5.98,端部宽0.18,孔径0.22,体厚0.56 cm (2) 良渚文化中期晚段至晚期偏早 ① 镯(1件)——M18：31,浅灰绿色,复原外径6.4,内径5.2,镯体宽0.67,厚约0.84 cm ② 珠(1件)——M18：35,鸡骨白,少量呈牙黄色,两端径为0.76、0.75,孔径均为0.41,中宽0.81—1.03,长1.05 cm ③ 璧(1件)——M67：2,深灰绿色,内含较多的黑色杂质,直径11.4,孔径2.80—3.25,中厚0.9 cm	③

---

① 上海市文物管理委员会：《福泉山——新石器时代遗址发掘报告》,文物出版社2000年版,第78—79、81、85、88、92—95页；黄宣佩：《良渚文化玉器变白之研究》,载于上海博物馆：《上海博物馆集刊》(10),上海书画出版社2005年版,第357—364页。
② 浙江省文物考古研究所：《文家山》,文物出版社2011年版,第70—71页。70页标记的出土玉器数量为189件,透闪石-阳起石占54%(102件),蛇纹石-滑石占35%(66件),叶蜡石占10%(19件),其余为粉砂岩(2件)。不过,147页标记的玉器数量为207件,列出的蛇纹石-滑石玉器有69件。
③ 南京博物院：《赵陵山——1990—1995年度发掘报告》(上),文物出版社2012年版,第181、183、190、194、300—302页。该遗址共出土器260件,其中墓葬出土玉器245件,地层出土15件。M77出土123件,M18出土74件。36件玉器经过了测试分析,包括25件透闪石-阳起石,4件为蛇纹石玉,3件石英,2件白云母(M71：2不在检测目录中),1件绿松石(仅挑选M18：27-3用于测试),1件萤石。

续表

序号	出土地点	名称	数量	时代	出土时间	形状规格	资料来源
22	陕西神木新华	钺、铲、刀	12	2150—1900BC	1999年	(1) 铲(4件) ① 99K1：7 淡绿色玉铲 ② 99K1：10 墨绿色半透明玉铲 ③ 99K1：30 青灰色玉铲 ④ 99K1：34 灰绿色不透明玉铲，含少量绿泥石 (2) 刀(2件) ① 99K1：12 墨绿色半透明玉刀，含少量斜绿泥石 ② 99K1：18 灰绿色玉刀 (3) 钺(6件) ① 99K1：13 墨绿色不透明玉钺，含少量高岭石 ② 99K1：14 墨绿色半透明玉钺 ③ 99K1：15 灰绿色玉钺 ④ 99K1：17 米黄色黑色斑玉钺 ⑤ 99K1：19 灰绿色玉钺 ⑥ 99K1：24 黄绿色玉钺，含少量绿泥石	①
23	湖北武汉盘龙城	饰件	66	二里头文化三期至二里岗上层二期(1610—1300BC)	1974—1989年	(1) 王家嘴遗址(2件)——该遗址出土2件玉器，均为蛇纹石 (2) 李家嘴遗址(18件)——该遗址共出土26件玉器，包括18件蛇纹石和6件透闪石和2件绿松石 (3) 杨家湾遗址(13件)——该遗址共出土20件玉器，还包括5件透闪石和2件绿松石 (4) 杨家嘴遗址(7件)——该遗址共出土10件玉器，还包括2件透闪石和1件绿松石 (5) 楼子湾遗址(8件)——该遗址出土12件玉器，还包括3件透闪石和1件绿松石 (6) 盘龙城采集(18件)——该遗址采集27件玉器，还包括2件透闪石、5件绿松石、2件东陵石	②
24	台湾卑南	管	5	1500—500BC	1993—1994年	(1) 管(管形玉饰,1件)——PN83-199，长11.23、外径 0.94、内径 0.62 cm，重量11.1 g。叶美珍认为此件玉器的材质是台湾玉，即透闪石-阳起石质玉	③

---

① 陕西省考古研究所、榆林市文物保护研究所：《神木新华》，科学出版社 2005 年版，第 328—330、370—371 页。该遗址共出土 40 件玉器，采集 2 件玉器。附录三标记检测分析的玉器共 24 件，但附录三表一只有 23 件。值得注意的是：附表六中 25 件玉器标注材质，99K1：15 叶蛇纹石钺和 M26：2 绿松石坠饰不见于附录三表一。

② 湖北省文物考古研究所：《盘龙城——1963—1994 年考古发掘报告》(上)，文物出版社 2001 年版，第 513—516 页。共出土 100 件玉器，但附表四仅列 98 件；郑小萍：《盘龙城各遗址玉器鉴定报告》，载于湖北省文物考古研究所主编：《盘龙城——1963—1994 年考古发掘报告》(上)，文物出版社 2001 年版，第 624—628 页。共出土 100 件玉器，但附表四仅列 98 件，包括 19 件透闪石质玉器、66 件蛇纹石玉器（原文为 62 件）、11 件绿松石器和 2 件东陵石器。郑小萍进行了肉眼观察。

③ 叶美珍：《卑南遗址石板棺研究——以 1993—1994 年发掘资料为例》，台湾史前文化博物馆 2005 年版，第 174 页；饭塚义之、臧振华、李坤修：《卑南玉器之考古矿物学》，载于臧振华、叶美珍：《台湾史前文化博物馆馆藏卑南遗址玉器图录》，(台湾)史前文化博物馆 2005 年版，第 55—57 页；连照美：《台湾新石器时代卑南墓葬层位之分析研究》，台湾大学出版中心 2008 年版，第 93—101 页。

续表

序号	出土地点	名称	数量	时代	出土时间	形状规格	资料来源
						(2) 管(4件)——出土于 B2413 墓葬棺内,根据长度由大至小,编号分别 PN20701、PN20693、PN20705、PN20695	
25	河南安阳殷墟	柄形器、环、钺、璋、鱼形刻刀等16种	24	商晚期	1963—2006年	(1) 柄形器(3件) (2) 环(3件) (3) 钺(3件) (4) 璋(2件) (5) 鱼形刻刀(2件) (6) 戚(1件) (7) 戈(1件) (8) 蚕(1件) (9) 璧(1件) (10) 坠饰(1件) (11) 管(1件) (12) 璜(1件) (13) 山形器(1件) (14) 琮(1件) (15) 片形器(1件) (16) 斧形玉片(1件)	①
26	四川成都金沙	不详	3	商代晚期至春秋早期	2001—2004年	占551件分析样品的0.18%。	②
27	陕西宝鸡弢国墓地	兽面饰、贝、泡	3	西周中期	1974—1981年	(1) 兽面饰(1件)——BRM1乙:279,灰黄色,长12.4,宽13,厚2 cm (2) 贝(1件)——灰白色,一端有小圆穿孔 (3) 泡(1件)——BRM2:65,灰白色,直径2,孔径0.2,孔壁高1.2 cm	③
28	陕西西安沣西张家坡	长条形饰、管、片、镶嵌饰、鱼形棺饰等21种	185	西周时期	1983—1986年	蛇纹石185件(约占18.1%)次之,器型包括长条形饰、管、片、镶嵌饰、鱼形棺饰、柄形饰、戈、珠、面幕组玉、透雕龙纹饰、锛、璧、鸟、鸟形饰、鱼、鱼形饰、璜、蚕、方柱穿孔饰、琀、玦	④
29	河南南阳名门华府	柄形器	4	春秋晚期	2008年	编号为 M38:7, M38:8, M38:9, M38:30,中间均有穿孔	⑤

---

① Wang, R., Cai, L., Bao, T. T., et al., "Study on the Grossular Rabbit with High Hardness Eexcavated from Yin Ruins, Anyang, China", *Archaeological and Anthropological Sciences*, 2019, 11(4), pp. 1577-1588.
② 向芳、王成善、杨永富等:《金沙遗址玉器的材质来源探讨》,《江汉考古》2008年第3期。
③ 卢连成、胡智生:《宝鸡弢国墓地》,文物出版社1988年版,第336—337、380、382页,图版一七八:2,图版二〇八:2。
④ 闻广:《沣西西周玉器地质考古学研究——中国古玉地质考古学研究之三》,《考古学报》1993年第2期;中国社会科学院考古研究所:《张家坡西周玉器》,文物出版社2007年版,第9页。该墓出土玉石器1017件(组),其中软玉661件(约占65%),其次是蛇纹石185件(约占18.1%)、大理石95件(约占9.3%)、玉髓16件(约占1.6%)、石英11件(约占1.1%)、煤精5件(约占0.5%)、绿松石3件(约占0.3%)、碳酸盐1件(约占0.1%)、白云岩1件(约占0.1%)、滑石1件(约占0.1%),其他包括石灰岩16件(约占1.6%)、砂岩13件(约占1.3%)、生物灰岩4件(约占0.4%)、接触岩3件(约占0.3%)、千枚岩1件(约占0.1%)、页岩1件(约占0.1%)。
⑤ 董俊卿、干福熹、承焕生等:《河南境内出土早期玉器初步研究》,《华夏考古》2011年第3期。

续表

序号	出土地点	名称	数量	时代	出土时间	形状规格	资料来源
30	河南新郑西亚斯	加工条	1	东周	20世纪80年代末至2009年初	玉加工条（M14：5）——蛇纹石＋石英＋方解石	①
31	安徽蚌埠双墩一号墓（钟离国国君"柏"）	韘（扳指）	1	春秋时期	2006—2008年	M1：375，出自南椁室器物厢中，青玉质，有黑色斑，半透明，有绺裂，有灰白色沁。长5、宽4.3、高1.9 cm，外径3.2、圆内径2.3 cm	②③
32	黑龙江齐齐哈尔平洋砖厂	饰品	5	战国早期	1984年	暗绿色，近透明，中间穿孔。3件为长方形，2件为菱形。其中四件列举如下： (1) M173：2，长方形，平底，长2.2、宽2 cm (2) M107：267，近菱形，长1.8、宽0.9 cm (3) 采：103，菱形，单脊，长1.1、宽0.6 cm (4) M107：4，长方形，长2.4、宽2.1 cm	④⑤
33	湖北江陵九店	璧	1	战国中晚期	1991或1992年	江·九·砖 M871：1 浅黄色残璧	⑥

表2-39显示，纤蛇纹石、叶蛇纹石、利蛇纹石在中国史前时期已有应用。例如：黑龙江饶河小南山文化出土了最早的叶蛇纹石玉器（7200—6600BC）；江苏南京北阴阳营文化出土玉器中有127件进行了矿物学鉴定，其中39件玉器材质是蛇纹石矿物，且几乎都是纤蛇纹石，显示纤蛇纹石在距今6000—5700年时已被利用；辽宁建平牛河梁遗址出土的红山文化晚期（3500—3000BC）凤首是由利蛇纹石矿物构成的⑦，不过该件玉器在牛河梁发掘报告中被标记为"滑石"材质⑧。由于绝大多数蛇纹石玉器在分析鉴定时并没有区分具体结构形式，因此无法统计蛇纹石具体亚类在古代中国的使用比例，不过笔者经手分析的蛇纹石玉器几乎都为叶蛇纹石亚类。结合基本性质部分提及的利蛇纹石储量最大，叶蛇纹石次之，纤蛇纹石最少，上述考古材料表明先民很早发现叶蛇纹石材料更适合被制作成器物。当然，也有个别遗址

---

① 中国科学院上海光学精密机械研究所、河南省文物考古研究所：《新郑西亚斯东周墓地出土玉器检测报告》，载于河南省文物考古研究所：《新郑西亚斯东周墓地》，大象出版社2012年版，第203—221页。该墓地出土玉器247件（含水晶器34件、玛瑙器14件）。
② 董俊卿、李青会、顾冬红等：《蚌埠双墩一号墓和三号墓出土玉器及玻璃器研究》，《南方文物》2012年第2期。
③ 安徽省文物考古研究所、蚌埠市博物馆：《钟离君柏墓》（上），文物出版社2013年第168—169页。该墓出土玉器13件，其中12件出自主棺室，为墓主人随身佩戴的装饰品，11件为透闪石材质，1件珠为天河石材质；另有1件玉韘出自南椁室器物厢中，蛇纹石材质。
④ 黑龙江省文物考古研究所：《黑龙江泰来县平洋砖厂墓地发掘简报》，《考古》1989年第12期。
⑤ 黑龙江省文物考古研究所：《平洋墓葬》，文物出版社1990年版，第114页。
⑥ 李玲、谭畅、赵虹霞：《江陵九店遗址出土的玻璃、玉器分析研究》，载于中国文物保护技术协会：《中国文物保护技术协会第七次学术年会论文集》，科学出版社2013年版，第404—418页。分析玉器样品共7件，包括蛇纹石类（1件）、方解石类（1件）、透闪石类（1件）、滑石类（1件）、云母化长石类（2件）和硅酸镁铝类（1件）。
⑦ 闻广：《中国古玉地质考古学研究的续进展》，《故宫学术季刊》1993年第1期。
⑧ 辽宁省文物考古研究所：《牛河梁——红山文化遗址发掘报告（1983—2003年度）》，文物出版社2012年版，第94页。

以利蛇纹石质玉器为主,如四川成都金沙遗址"阳光地带二期"墓葬出土的蛇纹石玉器①。

表 2-39 显示,蛇纹石制作的器型涵盖玉器的各个种类,不同地区使用蛇纹石材料的时间是有差异的,如东北地区黑龙江饶河小南山遗址使用蛇纹石材料制玉最早,时代早至 9000 年前;华北地区河北易县北福地遗址次之,距今约 8000 年;西北地区甘肃秦安大地湾遗址和中原地区河南淅川下王岗遗址使用蛇纹石玉材的时代距今 6500 年;长江下游地区江苏张家港东山村遗址使用蛇纹石玉材的时代距今 6300 年;山东泰安大汶口遗址使用蛇纹石玉材的时代晚至 6100 年。结合表 2-28 可知,某些地区蛇纹石的早期利用是和透闪石同步的,如黑龙江饶河小南山、甘肃秦安大地湾、河北易县北福地以及江苏张家港东山村等遗址。此外,一些地区出土蛇纹石质玉器数量不超过 10 件,不少地区出土数量较多,例如,史前时期黑龙江饶河小南山(17 件)、甘肃秦安大地湾(<62 件)、江苏南京北阴阳营(39 件)、辽宁建平牛河梁(目测约 40 件)、河南灵宝西坡(12 件)、上海青浦福泉山(37 件)、浙江余杭文家山(<69 件)、陕西神木新华(12 件)等遗址的出土数量均超过 10 件,不少遗址达数十件;历史时期湖北武汉盘龙城(66 件)、河南安阳殷墟(24 件)、陕西西安张家坡(185 件)等遗址或墓地的出土数量达数十件,其中陕西沣西张家坡西周墓地出土蛇纹石玉器占比(18.1%)仅次于透闪石-阳起石质玉器(661 件,占比约 65%),湖北武汉盘龙城商墓出土蛇纹石玉器的占比最高(超过 66%),表明商代中期盘龙城地区的透闪石-阳起石质玉材是匮乏的,因此使用蛇纹石材料作为主要制玉材料。

综上可见,蛇纹石是中国古代玉器的重要种类,一些遗址的蛇纹石玉器占比最高,如河南灵宝西坡、陕西神木新华、湖北武汉盘龙城等遗址;一些遗址的蛇纹石玉器占比仅次于透闪石-阳起石质玉,如黑龙江饶河小南山、甘肃秦安大地湾、江苏南京北阴阳营、辽宁建平牛河梁、浙江余杭文家山、陕西沣西张家坡等遗址;一些遗址的蛇纹石玉器占比次于透闪石-阳起石玉器、绿松石器或石英器,如江苏张家港东山村、上海青浦福泉山等遗址。值得注意的是,一些遗址并未使用蛇纹石材料,尽管如此,蛇纹石材料的使用时间贯穿中国玉文化发展的整个过程,使用地域颇为广泛,不同地区的使用并非受到技术的影响(如蛇纹石硬度较低,制作加工是非常容易的),也非受到材料多寡的影响(如蛇纹石分布颇广,几乎每个省区都有发现,其主要产地汇总如表表 2-40 所示),而是受到古人对材料选择的影响。例如,与上海青浦福泉山遗址、浙江余杭文家山遗址不同的是,良渚文化中晚期不少遗址出土的蛇纹石玉器数量很少,表明即使在同一文化区,不同地域对蛇纹石材料的使用是有差异的。河南地区在商前期之前主要使用蛇纹石材料制作钺、镞之类的兵器类礼仪器,较少制作装饰器;此后,蛇纹石的应用有所扩大,如器型种类和数量显著增加,占比很高;这一情况至商代晚期有所变化,如安阳殷墟出土的蛇纹石器物种类虽然有所增加,但透闪石-阳起石玉料的大量应用,导致蛇纹石材料的应用反而大幅减少,这可从蛇纹石器物的占比很小(约占笔者已分析1 000 余件殷墟样品的 1.6%)得到印证;商代以后,蛇纹石器的数量和种类均很少,如南阳名门华府、新郑西亚斯等墓地,这表明即使在同一地域,不同时代对蛇纹石材料的使用也是有差异的。

---

① 杨颖东、周志清:《成都市金沙遗址"阳光地带二期"地点墓葬出土玉石器分析》,载于成都文物考古研究所:《成都考古研究》(三),科学出版社 2016 年版,第 468—487 页。杨颖东挑选了 20 件玉器,取取少量粉末进行 XRD 分析,结果显示:13 件利蛇纹石、2 件透闪石、2 件绿泥石、2 件纤蛇纹石和 1 件叶蛇纹石,表明该墓地出土蛇纹石质玉器包括三个亚种材质,但以利蛇纹石为主。

表 2-40　中国主要蛇纹石成因类型和产地[①]

类型序号	区域或变质热液交代型	接触交代型	热液蚀变交代型
1	辽宁岫岩—宽甸一带蛇纹石玉——"岫玉"矿	河南栾川陶湾蛇纹石玉——"伊源玉"	山东泰安蛇纹石玉——"泰安玉"矿
2	吉林集安蛇纹石玉——"安绿玉"矿	青海格尔木清水河南蛇纹石玉——"昆岫玉"矿	湖北红安银山寨蛇纹石玉矿
3	广东信宜蛇纹石玉——"信宜玉"矿	甘肃临洮马衔山玉矿	江西弋阳樟树墩蛇纹岩——"弋阳玉"矿
4		甘肃酒泉—金塔地区蛇纹石化大理岩矿	安徽宿松董家山蛇纹石玉矿
5		陕西汉中南部蛇纹石化大理岩矿	新疆民丰蛇纹石玉矿
6		陕西蓝田蛇纹石化大理岩——"蓝田玉"矿	新疆西准葛尔地区达尔布特蛇绿岩中蛇纹岩
7		山西交城蛇纹石化大理岩矿	青海祁连玉石沟蛇纹石玉——"祁连玉"矿
8		黑龙江铁力神树蛇纹石化大理岩矿	甘肃武山鸳鸯镇蛇纹石玉——"鸳鸯玉"矿
9		黑龙江漠河蛇纹石化大理岩矿	甘肃北山小泉西蛇纹岩
10		安徽岳西蛇纹石化大理岩——"菜花玉"矿	内蒙古额济纳旗蛇纹岩
11		安徽肥东蛇纹石化大理岩矿	内蒙古二连浩特—锡林浩特贺根山蛇纹岩(玉)矿
12		河北承德大庙村蛇纹石化大理岩矿	内蒙古鄂伦春自治旗吉峰林场蛇纹石岩

三、2∶1型(滑石、叶蜡石)

(一) 滑石[Talc, $Mg_3[Si_4O_{10}](OH)_2$]

1. 基本性质

滑石的基本性质可归纳为表 2-41：

表 2-41　滑石基本性质[②]

品种	晶系	结晶习性	颜色	光泽	透明度	摩氏硬度	密度 (g/cm³)	荧光	特殊光学效应	其他
滑石	常见单斜晶系	单晶常呈板状，集合体通常呈致密块状、片状或鳞片状	纯净者为白色或白微带浅黄、粉红、浅绿、浅褐等。一般呈浅灰白、黄、粉红、绿等。有的呈深至黑色	蜡状光泽至油脂光泽，玻璃光泽	半透明至不透明	1—3	2.2—2.8	长波紫外线下无荧光或具弱粉红荧光	未见	多见于火成岩和低级变质岩，也产于火成岩与白云石大理岩的接触带及区域变质岩中

[①] 于庆文、李树才等：《中国透闪石质玉和蛇纹石玉》，地质出版社 2017 年版，第Ⅷ—Ⅸ页。
[②] 张蓓莉：《系统宝石学》，地质出版社 2006 年版，第 496 页。

滑石是 2∶1 型结构的层状硅酸盐矿物,由于八面体空隙被三个 Mg^{2+} 全部充填(每个 Mg^{2+} 为 6 次配位,与 4 个 O^{2-} 和 2 个 OH^- 连接),因此滑石属于三八面体型结构,如图 2-21-(a)所示。同时,由于结构单元层的整体电荷是平衡的,故层间域不含其他阳离子、水分子及有机分子,导致滑石结构单元层之间依靠很弱的分子键(范德华力)结合,进而使得滑石硬度可以低至1,以及单元层之间容易滑动形成极完全的片状解理,从而具有滑腻感,故名"滑石"。相对而言,1∶1 型高岭石的结构单元层之间也容易形成片状解理,但单元层之间依靠强于分子键的氢键连接,因此高岭石的硬度略大于滑石,滑腻感也弱于滑石。

滑石加热至 800℃以上时,会脱去羟基变成顽火辉石[$(Mg,Fe)_2(Si_2O_6)$][1],这与蛇纹石颇为类似,不过滑石的耐热性能高于蛇纹石。此外,滑石粉体水溶液呈碱性(pH 值约为 9)[2],其化学惰性大,因此考古发掘中经常可见同一遗址中蛇纹石玉器白化疏松甚至严重白化酥粉,而滑石质玉器一般不风化的现象,表明滑石矿物的抗风化能力强于蛇纹石矿物。

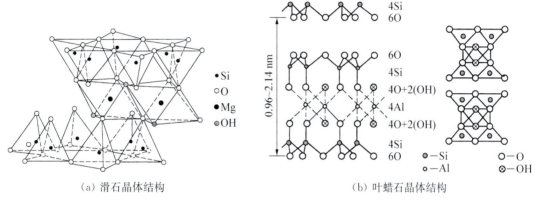

(a) 滑石晶体结构　　(b) 叶蜡石晶体结构

图 2-21　滑石和叶蜡石[3]的晶体结构

中国滑石矿分布广且相对集中,辽宁(49%)、江西(25%)、山东(13%)、广西(7%)、青海(储量大,还未得到规模开发)、湖南(2%)、陕西(1%)、吉林(1%)的储量达 98%以上,此外,河南、湖北、福建、新疆、河北、四川、甘肃等 7 个省区也有较少储量。滑石矿成因包括四种,形成的颜色会有差别。(1)白云岩和菱镁矿的区域变质型滑石矿,含矿率达 98%,因此颜色较白,辽宁海城、广西龙胜、山东海阳、陕西宁陕、镇安、河南栾川、方城、湖北襄樊、福建莆田、新疆库米什等滑石矿属于此类;(2)镁质碳酸盐的热液交代型滑石矿,含矿率达 70—96%,其颜色随蛇纹石、透闪石和绿泥石等矿物的含量而不同,甘肃金塔、重庆南桐、广西上林等滑石矿属于此类;(3)蛇纹岩超基性岩的热液蚀变型滑石矿,含矿率达 70—90%,颜色也较深,新疆库米什、青海茫崖等地产此类滑石;(4)沉积变质型滑石矿,因含碳质而呈黑色,江西广丰、玉山、上饶、广西上林、山东栖霞、湖南石门、重庆等地产此类滑石[4]。由上可见,一些省份,如新疆、重庆、山东、广西等地可产出多种类型的滑石矿,个别矿点,如新疆库米什既产白色滑石,也产深色滑石。

---

[1] 许芳芳、李金洪、王宇才:《江西广丰黑滑石煅烧增白及物相变化特征》,《非金属矿》2010 年第 6 期。
[2] 赵珊茸:《简明矿物学》,中国地质大学出版社 2015 年版,第 80 页。
[3] 林彬荫:《耐火材料原料》,冶金工业出版社 2015 年版,第 90 页。
[4] 陈从喜、贾岫庄:《我国滑石工业的现状与挑战》,《中国非金属矿工业导刊》2012 年第 5 期。

2. 科技鉴别

滑石的科技分析参考值可参见表 2-42：

表 2-42 滑石科技分析参考值

分析方法	数据信息				
XRD	滑石 (PDF：13-0558)	9.3400&3.1160 ($I/I_0=100$)	4.6660 ($I/I_0=90$)	2.4760 ($I/I_0=65$)	1.8700&1.5270 ($I/I_0=40$)
拉曼分析 参考值	滑石(自测+①)	(1) 108—110(m—s)、112—114(m—s)、118—120(m—s)、193—197(vs)、288—294(m—s)、360—366(s)cm^{-1}——TOT 旋转和平移振动、M—O 振动和晶格振动 (2) 432—436(m)、453—457(m)、469—473(m)cm^{-1}——[SiO$_4$]的弯曲振动 (3) 675—679(vs)cm^{-1}——[SiO$_4$]的对称伸缩振动 (4) 1016—1018(m)、1049—1052(m)cm^{-1}——[SiO$_4$]的不对称伸缩振动 (5) 3675—3678(m—s)cm^{-1}——羟基 OH 的伸缩振动 注：vs = very strong, s = strong, m = media, 109 cm^{-1}、113 cm^{-1}、119 cm^{-1}并非同时出现在所有样品中				
化学成分 参考值	滑石	理论值：$MgO=31.72\%$；$SiO_2=63.52\%$；$H_2O\%=4.76\%$				

3. 考古出土品

考古出土的早期滑石质玉器举例参见表 2-43：

表 2-43 考古出土早期滑石质玉器举例

序号	出土地点	名称	数量	时代	出土时间	形状规格	资料来源
1	黑龙江饶河小南山	珠	6	7200—6600BC	2015—2017年	共出土74件玉器,其中透闪石39件、蛇纹石17件、斜绿泥石6件、滑石6件(白色、棕色、褐色、黑色)、绢云母1件、玉髓1件、云母+橄榄石4件	自测
2	河南舞阳贾湖	璜形饰	1	7000—6200BC	1982、1987、2001年	璜形饰(1件)——出土了3件璜形饰,包括1件绢云母 H216:3,1件泥质灰岩 H19:4,1件滑石 H69:1(灰白色)	②
3	山东潍坊前埠下	环、珠	5	后李文化晚期(5700—5300BC)和大汶口文化中期(3500—3000BC)	1997年	(1) 环(3件)(第一期,后李文化晚期5700—5300BC) ① H259:6,青灰色,外径5.5、内径3.5 cm ② H258:11,黑色,残长6 cm ③ H4:1,青灰色,残长2.2 cm (2) 佩(1件)(第二期,大汶口文化中期3500—3000BC)——H152:2,灰色,长10.1、宽3.5 cm (3) 珠(1件,第二期,大汶口文化中期3500—3000BC)——M33:11 黑褐色	③

---

① Rosasco, G. J., Blaha, J. J., "Raman Microprobe Spectra and Vibrational Mode Assignments of Talc", *Applied Spectroscopy*, 1980, 34(2), pp. 140-144.
② 河南省文物考古研究所：《舞阳贾湖》,科学出版社1999年版,第396页。
③ 山东省文物考古研究所、寒亭区文物管理所：《山东潍坊前埠下遗址发掘报告》,载于山东省文物考古研究所：《山东省高速公路考古报告集(1997)》,科学出版社2000年版,第12、43、71页。

续表

序号	出土地点	名称	数量	时代	出土时间	形状规格	资料来源
4	辽宁东沟后洼	坠、环、玦、管、人像、动物形坠等	58	4000—3000BC	1983—1984年	(1) 下层(4000BC)(44件)——坠(5件),环(2件),玦(8件),月牙形饰(2件),管(3件),方形饰件(3件),人像(3件),猪(3件),虎头形坠饰(1件),鸟(至少3件),鹰形坠饰(1件),鱼形坠饰(3件),蝉形坠饰(1件),虫形饰(1件),多孔形器(1件),钵形器(1件),未知(3件),红棕色 (2) 上层(3000BC)(14件)——坠(5件),管(2件),珠(1件),红棕色	①
5	辽宁建平牛河梁	眼珠、"印章形"器、环、坠饰、动物形饰等	12	红山文化晚期(3500—3000BC)	1983—1998年	(1) 眼珠(1件)——N1J1B:1嵌滑石珠为眼睛,淡灰色,直径2.3 cm (2) 印章形玉器(1件)——N2Z4H1:15,黑色,高3.4,底边宽0.55—1.00,体宽0.5—1.1,厚0.35—0.45 cm (3) 环(1件)——N16T1007②A:1,黑色,直径6 cm (4) 环形单孔坠饰(1件)——N16F3:46,灰色,残长2.1 cm (5) 钺形单孔坠饰(1件)——N16H47:4,黑灰色,高2.8,刃宽1.4,厚0.5 cm (6) 勺形单孔坠饰(1件)——1N16T0708②A:1,灰色,高3.6,宽2.4,厚0.7 cm (7) 半璧形单孔坠饰(1件)——N16T1112②A:1,灰色,外径3.4,内径1.4,厚0.5 cm (8) 片状圆角长方形单孔坠饰(1件)——N16T1314②A:1,黑色,残长2.6,残宽1.9,厚0.2 cm (9) 四棱柱状管珠型单孔坠饰(1件)——N16T1408②A:2,黑色,高1.1,宽1 cm (10) 规则三棱锥状坠饰(1件)——N16H18:1,黑色,高1.8,孔径0.7 cm (11) 三孔坠饰(1件)——N16J2②:10,灰色,残长3.1,孔径平均0.65 cm (12) 动物形饰(1件)——N16T1107②B:7,黑色,残长2.8,宽1.5,厚1.1 cm	②
6	辽宁大连郭家村	环	不详	小珠山文化中层(3100—2700BC)	1973、1976—1977年	出土9件环,大部分为蛇纹石,次为滑石,通体磨光。引文中列举1件,编号ⅡT7③:18,横剖面长方形,残,宽1.1 cm	③

---

① 许玉林、傅仁义、王传普:《辽宁东沟县后洼遗址发掘概要》,《文物》1989年第12期。
② 辽宁省文物考古研究所:《牛河梁——红山文化遗址发掘报告(1983—2003年度)》,文物出版社2012年版,第19、142、457—459页。
③ 辽宁省博物馆、旅顺博物馆:《大连市郭家村新石器时代遗址》,《考古学报》1984年第3期。中国社会科学院考古研究所金英熙研究员将小珠山遗址划分为五期,一期7000—6500BP,二期6500—6000BP,三期早段6000—5500BP,三期晚段5500—5000BP,四期5000—4500BP,五期4500—4000BP。

续表

序号	出土地点	名称	数量	时代	出土时间	形状规格	资料来源
7	辽宁岫岩北沟西山	坠	1	2500BC	1987年	G2②:54,枣核形,上窄下宽。长2.4,宽0.8,厚0.4 cm	①
8	山东泰安大汶口	坠饰	1	大汶口文化早期(4100—3700BC)	1974、1978年	编号为T215④B:11。需要说明的是,该遗址大汶口文化时期探方出土2件滑石纺轮,墓葬出土7件滑石纺轮	②
9	安徽怀宁孙家城	坠饰、璜	2	孙家城文化(3800—3500BC)	2007年	(1)玉璜(1件)——07HST3⑪:10,孙家城文化第一期 (2)坠饰(1件)——07HST3④:4,孙家城文化第二期与薛家岗文化之间的过渡形态,暂列入孙家城文化第二期	③
10	安徽望江黄家堰	玦	3	薛家岗文化早期(3500—3300BC)	1997年	97WH M15:1—3,均为残段	
11	安徽含山凌家滩	耳珰	2	3600—3300BC	1987、1998年	共分析了243件玉石器,2件属于滑石材质,其中1件出土于87M9,1件出土于98探方	④
12	安徽潜山薛家岗	饰品	3	薛家岗文化(3500—2800BC)	1979—1982年	(1)M89:18——薛家岗文化早期(3500—3300BC),粉白色,残长3.3,残宽3 cm (2)T6②:24(新石器层中层)浅黄褐色 (3)T20④:43(新石器层中层)最长2.3,最厚0.6 cm	⑤
13	上海青浦崧泽	璜	1	崧泽文化晚期(3500—3300BC)	1974—1976年	编号 QSM47:2	⑥
14	浙江余杭瑶山	坠	1	良渚文化中期偏早	1987年	蛇纹石化滑石	
	浙江余杭汇观山	三叉形器	1	良渚文化中期	1991年	M4:6灰白色,下端圆弧,上端分三叉,素滑光亮。通高5.1,上宽6.8 cm	⑦
	浙江余杭反山	管	1	良渚文化晚期(2300—2200BP)	1986年	M21:13灰紫色管,均未抛光	

---

① 许玉林、杨永芳:《辽宁岫岩北沟西山遗址发掘简报》,《考古》1992年第5期。该遗址出土玉石器19件,包括绿松石坠9件、蛇纹石环3件、蛇纹石有孔饰件2件、蛇纹石坠饰1件、滑石坠饰1件、蛇纹石片2件、页岩片1件。
② 山东省文物考古研究所:《大汶口续集——大汶口遗址第二、三次发掘报告》,科学出版社1997年版,第236、238页。
③ 安徽省文物考古研究所、怀宁县文物管理所:《安徽怀宁孙家城新石器时代遗址发掘简报》,《文物》2014年第5期;王荣、朔知、承焕生:《安徽史前孙家城和黄家堰等遗址出土玉器的无损科技研究》,《复旦学报(自然科学版)》2011年第2期。
④ 余飞:《凌家滩墓葬出土玉器的考古学与多方法无损科技检测综合研究》,第二届古代玉器青年学术论坛报告,2018年9月。
⑤ 安徽省文物考古研究所:《潜山薛家岗》,文物出版社2004年版,第209、340、530、597—599页。
⑥ 闻广、荆志淳:《福泉山与崧泽玉器地质考古学研究——中国古玉地质考古学研究之二》,《考古》1993年第7期;上海市文物保管委员会:《崧泽——新石器时代遗址发掘报告》,文物出版社1987年版,第100页。
⑦ 干福熹、曹锦炎、承焕生等:《浙江余杭良渚遗址群出土玉器的无损分析研究》,《中国科学:技术科学》2011年第1期;干福熹等:《中国古代玉石和玉器的科学研究》,上海科学技术出版社2017年版,第173、175页。

续表

序号	出土地点	名称	数量	时代	出土时间	形状规格	资料来源
15	浙江海宁九虎庙	管	1	良渚文化中晚期	2008年	M4：4，棕褐色玉管	①
16	浙江余杭文家山	珠、管、镯、梳背等	不详	良渚文化中晚期（2900—2400BC）	2000—2001年	滑石-蛇纹石系列，共69件，包括64枚珠、管类，1件镯，1件梳背和3件锥形器 注：笔者根据描述认为滑石质玉器的数量较少	②
17	江苏江阴高城墩	珠	1	良渚文化中期偏晚至晚期偏早（2600—2400BC）	1999—2000年	M1：4，最大径1.7，孔径0.4，长2.8 cm	③
18	上海青浦福泉山	钺、琮	5	良渚文化晚期（2300—2200BC）	1982—1984年	(1) 钺(3件)——M40：86(滑石＋菱镁矿)，青灰色，长23.8 cm。其余两件编号未知 (2) 琮(2件)—— ① M40：110，位于头前，器高8.2，上射径6.2—6.5，下射径6.1—6.2 cm ② M40：26，位于左臂旁，器高8.1，上射径6.1—6.2，下射径5.1—5.9 cm 两件琮的大小和纹饰相同，相接恰好是一件六节长琮，应是琮锯断以后改制而成	④
19	浙江遂昌好川	饰片、钺、珠、玲	10	良渚文化晚期至夏晚期（2300—1700BC）	1997年	(1) 漆器饰片(1件)——M19：4漆器的12个玉饰品。185页认为均是叶蜡石，但闻广测定其中的1件为滑石 (2) 钺(1件)——M57：11，长11.7 cm。85页认为是透闪石-阳起石，但闻广认为可能是滑石＋透闪石 (3) 珠(3件) ① M12：28，浅灰色，长1.3、直径1.0 cm ② M52：2漆器一端发现5颗绿松石珠和2颗滑石珠 (4) 玲(1件)——M53：5，长1.2 cm (5) 漆器镶嵌片(4件)——M62：4漆器的12个玉饰片，其中4片祭坛状饰品是滑石，黄褐色，系同一坯料切割加工而成，长1.3、宽1.9 cm	⑤

① 浙江省文物考古研究所、海宁市博物馆：《海宁九虎庙遗址考古发掘简报》，载于浙江省文物考古研究所：《浙北崧泽文化考古报告集(1996—2014)》，文物出版社2014年版，第256—265页。
② 浙江省文物考古研究所：《文家山》，文物出版社2011年版，第70—71页。70页标记出土玉器总数为189件，147页标记的玉器总数为207件。
③ 顾冬红、干福熹、承焕生等：《江阴高城墩遗址出土良渚文化玉器的无损分析研究》，《文物保护与考古科学》2010年第4期。
④ 黄宣佩：《黄宣佩考古文集》，上海古籍出版社2014年版，第292页；上海市文物管理委员会：《福泉山——新石器时代遗址发掘报告》，文物出版社2000年版，第78—79页。
⑤ 闻广：《遂昌好川玉器地质考古学研究——中国古玉地质考古学研究之六》，载于浙江省文物考古研究所、遂昌县文物管理委员会：《好川墓地》，文物出版社2001年版，第335—341页；浙江省文物考古研究所、遂昌县文物管理委员会：《好川墓地》，文物出版社2001年版，第89、91、257、289页。

续表

序号	出土地点	名称	数量	时代	出土时间	形状规格	资料来源
20	山西襄汾陶寺	琮等	不详	2300—1900BC	1978—1983年	共出土玉器1 019件,其中滑石、白云母、绢云母、绿松石、石英闪长岩、黏土类矿物合计约116件	①
21	山东临朐西朱封	璧	2	2200BC	1987—2013年	(1) 采163,乳白色,外径8.9、内径3.7、厚0.6 cm (2) 采164,乳白色,外径8.8、内径4、厚0.62 cm	②
22	湖北荆州枣林岗	残片	极少	石家河文化晚期(2000—1800BC)	1990—1992年	仅见残片,沁蚀严重	③
23	甘肃临潭磨沟	珠	630余件	齐家文化末期(1500—1400BC)	2008年	(1) M164:B3(50余件),白色,直径约0.3、长0.2—0.3 cm (2) M164:B4(60余件),白色,直径约0.3、长0.2—0.3 cm (3) M206:A4(70余件),白色,直径约0.3—0.4、长0.2—0.7 cm (4) M206:D3,白色,直径0.3—0.4、长0.2—0.3 cm (5) M303:E5(450件),白色,直径0.3、长0.2—0.3 cm	④
24	台湾卑南	管	11	1500—500BC	1993—1994年	(1) 管(珠)——PN83-458,长2.53、宽0.53、厚0.52、内径0.34 cm,重量1.4 g。叶美珍认为是台湾玉,即透闪石-阳起石质玉 (2) 管(10件)——出土于B2413墓葬棺内,根据长度由大至小,编号分别PN20702、PN20692、PN20703、PN20700、PN20694、PN20691、PN20696、PN20704、PN20699、PN20697	⑤

---

① 闻广、荆志淳:《陶寺玉器地质考古学研究——中国古玉地质考古学研究之八》,载于中国社会科学院考古研究所、山西省临汾市文物局:《襄汾陶寺——1978—1985年考古发掘报告》(第三册),文物出版社2015年版,第1243—1254页;中国社会科学院考古研究所、山西省临汾市文物局:《襄汾陶寺——1978—1985年考古发掘报告》(第二册),文物出版社2015年版,第669页。
② 荆志淳:《西朱封遗址出土玉、石器矿物组成的近红外光谱测试》,载于中国社会科学院考古所、山东省文物考古研究院、山东临朐山旺古生物化石博物馆:《临朐西朱封——山东龙山文化墓葬的发掘与研究》,文物出版社2018年版,第417—420页。两件滑石璧的描述见该书273页。
③ 湖北省荆州博物馆:《枣林岗与堆金台——荆江大堤荆州马山段考古发掘报告》,科学出版社1999年版,第43页。
④ 甘肃省文物考古研究所、西北大学文化遗产与考古学研究中心:《甘肃临潭磨沟齐家文化墓地发掘简报》,《文物》2009年第10期。
⑤ 叶美珍:《卑南遗址石板棺研究——以1993—1994年发掘资料为例》,(台湾)史前文化博物馆2005年版,第179页;饭塚义之、臧振华、李坤修:《卑南玉之考古矿物学》,载于臧振华、叶美珍:《台湾史前文化博物馆藏卑南遗址玉器图录》,(台湾)史前文化博物馆2005年版,第55—57页;连照美:《台湾新石器时代卑南墓葬层位之分析研究》,台湾大学出版中心2008年版,第93—101页。

续表

序号	出土地点	名称	数量	时代	出土时间	形状规格	资料来源
25	河南安阳殷墟	环	1	商代晚期	1993	93供电线路M17∶24	自测
26	四川成都金沙	不详	1	商代晚期至春秋早期	2001—2004年	占551件分析样品的0.18%	①
27	辽宁大连于家砣头	珠	783	西周初期	1977年	(1) M2∶2,仅存3枚,管状,直径0.65—0.70,厚0.4—0.5 cm (2) M2∶3,存1枚,直径0.8,厚0.3 cm (3) M12∶4,存15枚,体细小,直径0.25,厚0.1—0.2 cm (4) M21∶4,存24枚,管状,直径0.25,厚0.1—0.2 cm (5) M31∶8,存1枚,管状,直径0.4,厚0.35 cm (6) M38∶8,存20枚,体纤小,直径0.3,厚0.1—0.3 cm (7) M39∶3,存67枚,大的直径0.30—0.45,厚0.20—0.25 cm,小的直径0.2,厚0.15 cm (8) M40∶4,存126枚,直径0.30—0.35,直径0.2—0.3 cm (9) M42∶6,存358枚,大的直径0.35—0.50,厚0.25—0.40 cm,小的直径0.2,厚0.25 cm (10) M43∶3,存99枚,直径0.2—0.4,厚0.1—0.4 cm (11) M44∶5,存24枚,直径0.3,厚0.10—0.25 cm (12) M45∶2,存45枚,最大直径0.25—0.35,厚0.15—0.25 cm 注:均标为黑色滑石	②
28	河南平顶山应国	珠	1931	西周早期	1993年	黑色珠大都是以9—15颗为一组,尤以14颗最为常见,表面光洁,呈细圆管形,管孔规整,质地细密,硬度较高,长度为0.2—0.4厘米,尤其以0.2—0.3 cm最多,直径大多为0.2 cm,少数为0.3 cm (1) M231∶22a,由26件绿松石珠、8件红玛瑙珠和769件黑色滑石珠组成项饰 (2) M231∶22b,由25件绿松石珠、1件红玛瑙珠、272件黑色滑石珠组成项饰 (3) M231∶22c,由23件白色滑石/顽火辉石珠和315件黑色滑石珠组成项饰	

① 向芳、王成善、杨永富等:《金沙遗址玉器的材质来源探讨》,《江汉考古》2008年第3期。
② 大连市文物考古研究所:《于家砣头墓地》,科学出版社2018年版,第7、20、28、39、46、48、50、54、56—57页。

续表

序号	出土地点	名称	数量	时代	出土时间	形状规格	资料来源
						(4) M231：22d，由 7 件蚕形玉佩、14 件贝形玉佩、6 件圆球形玉珠、321 件黑色滑石珠组成项饰 (5) M231：22e，由 11 件蚂蚱形方解石佩、5 件鼓腹形蓝色釉砂珠、179 件黑色滑石珠组成项饰 (6) M231：11，由 404 件环形薄片蚌珠、7 件白色滑石/顽火辉石珠、75 件黑色滑石珠组成串饰	①
29	河南新郑西亚斯	璧、玦、环、塞、饰、棒等	14	东周	20 世纪 80 年代末至 2009 年初	(1) 璧（4 件）——M14：1，M47：2，M47：12-1，M104：11 (2) 玦（2 件）——M241：1，M247：2 (3) 环（1 件）——M22：1 (4) 塞（1 件）——M237：2 (5) 饰（3 件）——M14：2，M47：21，M323：5-2 (6) 棒（1 件）——M323：6 (7) 片饰（1 件）——M173：11，滑石＋蛇纹石 (8) 玉饰（1 件）——M323：5-7，滑石＋斜绿泥石	②
30	河南新郑郑国祭祀遗址	圭、璧	3	春秋早期至战国晚期后段	1992—1998 年	(1) 圭（1 件）——T634⑤：1，乳白色，残高 5.9、宽 2.4、厚 0.5 cm (2) 璧（2 件） ① T569J384：5，灰白色，直径 4.6、孔径 1、厚 0.5 cm ② T604M784：3，棕黄色，孔径 1.2、直径 3.5、厚 0.3 cm	③
31	河南新郑天利	料	1	西周晚期至战国晚期	2012—2013 年	M281：5-3	④

---

① 河南省文物考古研究所、平顶山市文物管理局：《平顶山应国墓地》(1)，大象出版社 2012 年版，第 97、109、112、116、125、840—847 页。值得注意的是：该报告中的白辉石珠是指白色顽火辉石/滑石珠(30 颗)，黑辉石珠是指黑色滑石珠(1 931 颗)。

② 中国科学院上海光学精密机械研究所、河南省文物考古研究所：《新郑西亚斯东周墓地出土玉器检测报告》，载于河南省文物考古研究所：《新郑西亚斯东周墓地》，大象出版社 2012 年版，第 203—221 页。该墓地出土玉器 247 件(含水晶器 34 件、玛瑙器 14 件)。

③ 河南省文物考古研究所：《新郑郑国祭祀遗址》(上册)，大象出版社 2006 年版，第 400、533、870 页；常宗广：《郑国祭祀遗址出土的玉石器鉴定报告》，载于河南省文物考古研究所：《新郑郑国祭祀遗址》(下册)，大象出版社 2006 年版，第 1156—1161 页。

④ 董俊卿、刘松、李青会等：《河南新郑天利东周墓地出土器的科技分析研究》，载于河南省文物考古研究所：《新郑天利两周墓地》(上)，上海古籍出版社 2018 年版，第 487—505 页。该墓出土了 37 件玉器，包括透闪石 4 件、方解石 16 件、玉髓 15 件、滑石 1 件、磷灰石 1 件。

续表

序号	出土地点	名称	数量	时代	出土时间	形状规格	资料来源
32	河南新郑双楼	柱、佩、璧、片、饰、料	14	春秋中晚期至战汉之际	2012年	(1) 柱(1件)——M81：1 (2) 方形玉佩(6件)——M81：2-1、M81：2-2、M84：1-1、M84：1-2、M84：1-3、M84：1-4 (3) 璧(1件)——M85：1 (4) 料(3件)——M91：1-1、M91：1-2、M91：1-3 (5) 片(2件)——M171：7-1、M171：7-2 (6) 饰(1件)——M218：3，残	①
33	湖北襄阳余岗	珠、佩	163	战国早期前段	2004—2005年	(1) 珠(162件)——M102：8 (2) 佩(1件)——M102：16，方形，黄褐色，长4.5、宽3.9、厚0.55、孔径1 cm	②
34	山东淄博褚家墓地	环、佩、管、玦	129	战国早期	2016年	(1) 环(38件)——浅棕色 (2) 佩(5件)——浅棕色 (3) 管(85件)——浅棕色 (4) 玦(1件)——浅棕色	③
35	河北涿鹿故城	饰件	86	战国早期至中期之间	2016年	(1) 环形石饰(47件) (2) 兽形石饰(22件较完整，另有大量残片) (3) 长条形石饰(17件较完整，另有大量残片)	④
36	河南陕县	贝	1	战国中期	1956—1958年	一面刻一深槽，槽侧有平行短划；另一面中部作一小圆窝。窝底和槽相通，长2.2、宽1.6 cm	⑤
37	辽宁建昌东大杖子M40	佩、璜、璧、半球形等	170	战国中期	2000—2012年	(1) 方形佩(76件) (2) 圆形佩(73件) (3) 心形佩(4件) (4) 璜形器(10件) (5) 璧(1件) (6) 半球状器(1件) (7) 残件(5件)	⑥

---

① 董俊卿、王凯、赵虹霞等：《新郑双楼东周墓地出土玉器的无损分析研究》，载于河南省文物考古研究院：《新郑双楼东周墓地》，大象出版社2016年版，第572—585页。出土玉器88件(含5件玛瑙器)，分析了其中的69件，包括透闪石5件、方解石42件、石英6件、滑石14件、白云母2件。

② 襄阳市文物考古研究所：《余岗楚墓》(上)，科学出版社2011年版，第77—79、105—106页。不包括玉玲，该墓出土玉器241件(77页表述为229件，水晶珠应有15颗，非3颗)，器类包括璧、佩、璜、环、管、珠和圭等，材质包括滑石(163件)、煤精(27件)、水晶\玛瑙\石英(34件)、透闪石-阳起石(17件)。其中，所有璧(6件)和璜(4件)的材质为透闪石-阳起石矿物，7件玉环(共15件玉环)的材质是透闪石-阳起石矿物。78页和418页显示M112出土了14件环，其中8件玉环材质为透闪石-阳起石矿物、1件是水晶环、5件是玛瑙环。但是135—136页显示玛瑙环有6件，故而本书推测透闪石-阳起石质玉环的数量为7件；中国科学院上海光学精密机械研究所科技考古中心：《湖北省襄阳市余岗墓地送检玉器的无损分析检测报告》，载于襄阳市文物考古研究所：《余岗楚墓》(下)，文物出版社2011年版，第449—466页。

③ 山东省文物考古研究院、临淄区文物管理局：《山东淄博市临淄区褚家墓地两座战国墓葬的发掘》，《考古》2019年第9期。共156件玉石器，包括129件滑石质玉器、20件青石璜、4件玛瑙器(3件环和1件冲牙)、3件青石磬。

④ 吉林大学考古学院、涿鹿县文物局：《河北涿鹿故城遗址2号战国墓发掘简报》，《考古》2019年第10期。共出土89件玉石器，包括86件滑石质玉器、2件玛瑙环和1件石璏(材质不详)。

⑤ 中国社会科学院考古研究所：《陕县东周秦汉墓》，科学出版社1994年版，第103页。该墓出土玉器共3 845件，包括透闪石-阳起石质玉、石质(以大理岩、千枚岩、绢云母片岩、泥质粉砂岩为最多)、玛瑙、水晶、绿松石、孔雀石和煤精等。

⑥ 辽宁省文物考古研究所、吉林大学边疆考古研究中心、葫芦岛市博物馆、建昌县文物管理所：《辽宁建昌县东大杖子墓地M40的发掘》，《考古》2014年第12期。统计数据来源于辽宁大学王闯。

续表

序号	出土地点	名称	数量	时代	出土时间	形状规格	资料来源
38	湖北江陵九店	璧	1	战国中晚期	1992年	92江·九·砖M916:5,深褐色残璧	①
39	浙江杭州半山石塘村	环、饰等	6	战国	1990、1999年	(1) 环(1件)——1999D19T1T2M1,编号为石资68 (2) 绞丝纹(3件)——1999D24T1M1,博物馆编号115、119、125 (3) 勾云纹饰(2件)——1999D19T1T2M1,博物馆编号143、144	②
40	安徽巢湖放王岗	残片	1	西汉中期	1996年	FM1:20,盘	③
41	湖南沅陵窑头	璧、耳杯、壶、卮、钫、灯、鼎、盏、盘、盒等19种	123	西汉中、晚期和新莽	1990—1992、2002—2003年	璧(63件)、耳杯(10件)、壶(7件)、卮(5件)、钫(5件)、灯(5件)、鼎(4件)、盏(4件)、盘(5件)、盒(3件)、石黛板及研(3件)、熏(2件)、器盖(1件)、勺(1件)、匕(1件)、案(1件)、壶(1件)、灶(1件)、小型名器(1件)	④
42	北京房山长沟刘济墓	带铐和铊尾	24	唐代	2012年8—12月	滑石质玉器均来自带具;其他材质玉器共26件,包括绿松石型玉器17件、透闪石型玉器1件、磷灰石型玉器5件、云母1件、琥珀2件	⑤

  滑石的摩氏硬度为1,因此很容易被研磨成粉末状,作为陶器的掺合料被使用,如河南舞阳贾湖陶器中存在夹砂、云母片和滑石粉的陶器⑥;滑石也易被加工成器,其在距今9000年前的黑龙江小南山遗址⑦和河南舞阳贾湖遗址中已被应用制成珠和璜形饰等装饰品。此后,史前中原地区使用滑石质玉器的报道不多,数量也很少,而东北地区出土了一些滑石质玉器,如属于小珠山下层文化的辽宁东沟后洼下层类型(6000BP)出土了44件滑石质玉器(占比最高),其器物种类丰富,包括各种动物形坠饰、玦、管、环、人像、珠和多种几何形状饰件等;至后洼上层文化(5000BP),滑石质玉器的数量减少(14件),但占比依然最高。此时,相

---

① 李玲、谭畅、赵虹霞:《江陵九店遗址出土的玻璃、玉器分析研究》,载于中国文物保护技术协会主编:《中国文物保护技术协会第七次学术年会论文集》,科学出版社2013年版,第404—418页。该文分析了7件样品。
② 洪丽娅:《杭州半山战国墓出土玉器材质研究》,《东方博物》2007年第3期。
③ 毛振伟、左键、王世忠等:《巢湖市汉墓出土文物部分残片的X射线荧光光谱分析》,载于安徽省文物考古研究所、巢湖市文物管理所:《巢湖汉墓》,文物出版社2007年版,第172—175页。
④ 湖南省文物考古研究所:《沅陵窑头发掘报告——战国至汉代城址及墓葬》(下),文物出版社2015年版,第436—544页。
⑤ 杨菊、程利、刘乃涛:《北京房山长沟刘济墓出土玉器和玻璃器的无损科技分析》,《中国文物科学研究》2015年第3期。
⑥ 河南省文物考古研究院、中国科学技术大学科技史与科技考古系:《舞阳贾湖》(二),科学出版社2015年版,第478—479页。
⑦ 黑龙江省文物考古研究所、饶河县文物管理所:《黑龙江饶河县小南山遗址2015年Ⅲ区发掘简报》,《考古》2019年第8期。

距不远的建平牛河梁遗址出土了12件滑石质玉器,但占比不高,且器物种类以各种形状的单孔或多孔坠饰为主,显示红山文化和后洼上层文化在装饰品使用上存在差异。至公元前第三千纪,东北地区使用滑石质玉器的报道不多。

相比东北和中原地区而言,其他地区使用滑石的时间较晚,如黄河下游山东后李文化晚期(7700—7300BP)已使用滑石制作环;长江下游安徽怀宁孙家城文化时期(5800—5500BP)已使用滑石制作装饰品;长江下游安徽含山凌家滩遗址(5600—5300BP)和上海青浦崧泽晚期遗址(5500—5300BP)已使用滑石制作璜、耳珰等饰品,至新时器时代末期,浙江良渚文化晚期、山西陶寺文化和山东龙山文化使用滑石制作钺、琮、璧等礼仪器,扩展了滑石器的用途。值得关注的是,上述地区出土滑石质玉器的数量不多,有的仅有几件;有的超过10件,如辽宁建平牛河梁、浙江余杭文家山(滑石和蛇纹石共69件,根据器物描述,笔者认为它们以蛇纹石为主)、浙江海宁金石墩[①]、浙江遂昌好川等遗址。

至青铜时代早期,黄河上游地区出土了大量滑石珠饰,如甘肃临潭磨沟遗址(3500—3400BP)出土的滑石珠数量达到630余件,与绿松石一并作为人体装饰品。中原地区滑石玉器的使用也增多,被用于制作装饰类和礼仪类器物。周代以后,某些地区使用的滑石数量非常多,如辽宁大连于家砣头西周初年出土黑色滑石珠的数量达783颗,河南平顶山应国西周墓地出土的黑色滑石珠数量达1931颗,湖北襄阳余岗战国早期墓地出土滑石珠的数量达162件,山东淄博褚家战国早期墓地出土滑石质玉器的数量达129件,辽宁建昌东大杖子战国中期墓地出土滑石质玉器的数量达170件,湖南沅陵窑头西汉墓地出土滑石质玉器的数量达123件。其中,东大杖子滑石佩饰经过穿缀组合成组佩,辽宁大学王闯认为它们围绕在墓葬内外椁之间,其功能类似于一种幔帐饰物,而这种随葬幔帐饰物的习俗目前只见于战国时期燕文化的墓葬;沅陵窑头使用滑石制作的器物种类达19种之多,出现了仿铜礼器(鼎、钫、壶等)、模型明器(灶等)以及实用器(石黛板及研器等)。以上分析表明,西周时期滑石主要制作成珠饰,作为装饰品组件;东周时期滑石器的器型和功能增多,并成为当地葬俗的一部分。

值得注意的是,西周时期滑石珠饰大量出现,一些地区的滑石珠饰(直径小于0.5 cm的圆柱形微珠)经过了热处理过程——将黑色滑石珠热处理成白色珠。当热处理温度超过滑石的物相转变温度(800℃)时,物相分析检测出的材质为顽火辉石,此时需要研究人员对出土器物内外层的形态、材质和结构进行仔细研究,通过原生矿物判断出土器物是否经过了热处理。由于滑石热处理的改色工艺可能早在古印度河流域的梅赫尔格尔(Mehrgarh)一期后段(6500—5800BC)已被发明,至梅赫尔格尔三期(4300—4000BC)已被大量应用,因此中国出土热处理滑石质玉器的来源问题需要置于更大区域的文化和贸易交流层面来考察。

(二) 叶蜡石 [Pyrophyllite,$Al_2[Si_4O_{10}](OH)_2$]

1. 基本性质

叶蜡石的基本性质可归纳为**表 2 - 44**:

[①] 海宁市博物馆:《浙江海宁金石墩遗址发掘报告》,《东南文化》2003年第5期。该遗址的玉器标示出滑石和叶蜡石,但其他材质未标出,似乎仅经过肉眼鉴别,故**表 2 - 43** 未列入。该报告公布了一件M8:2紫褐色滑石管和一组M7:5串珠(2颗白珠、9颗翠绿色珠和27颗紫褐色滑石珠组成),表明滑石质玉器的数量较多。

表 2-44　叶蜡石基本性质①

品种	晶系	结晶习性	颜色	光泽	透明度	摩氏硬度	密度 (g/cm³)	荧光	特殊光学效应	其他
叶蜡石	常见单斜晶系	完好晶体少见,常呈叶片状、鳞片状或隐晶质致密块体,有时呈放射状叶片状集合体	质纯者白色,因伴生矿物的不同呈浅绿、浅黄或浅灰色等	玻璃光泽,致密块状体呈油脂光泽,解理面呈珍珠光泽	不透明至半透明	1.0—1.5 或 2.0	2.65—2.90	不明显	未见	热液型矿物

叶蜡石晶体结构存在三个晶系,即单斜晶系、三斜晶系及它们的混合型,其中单斜晶系最为常见。同为单斜晶系的叶蜡石与滑石在晶体结构(参见图 2-21-(b))上有异同之处。相同之处在于两者均为 2∶1 型结构,它们的两层硅氧四面体之间均由八面体层连接,并且 Mg 和 Al 的配位数都为 6,均与 4 个 O^{2-} 和 2 个 OH^- 连接。不同之处在于八面体的阳离子种类是不同的,叶蜡石是铝氧八面体,而滑石是镁氧八面体。由于 6 个硅氧四面体组成的六方网格有 6 个单位的负电荷,因此需要填充 3 个 Mg^{2+} 或 2 个 Al^{3+} 才能达到电荷平衡,此时镁氧八面体层是没有空隙的,而铝氧八面体层仍有 1/3 的位置是空着的,因此滑石属于三八面体型,叶蜡石属于二八面体型。

中国叶蜡石矿主要分布在福建、浙江两省,约占全国总数的 75%②。叶蜡石在加热至 580—880℃时会脱去羟基转变成脱水叶蜡石,至 1 100℃时脱水叶蜡石发生非晶化生成无定形 SiO_2,同时开始有少量莫来石($3Al_2O_3 \cdot 2SiO_2$)形成,1 200℃以上时无定形 SiO_2 逐渐转化为方石英,同时莫来石越来越多③。此外,叶蜡石粉体水溶液呈酸性(pH 值约为 6),与滑石一样具有化学惰性,因此出土叶蜡石质器物的风化程度较弱,保存完好。

2. 科技鉴别

叶蜡石的科技分析参考值可参见表 2-45:

表 2-45　叶蜡石科技分析参考值

分析方法		数据信息			
XRD	叶蜡石 (PDF: 46-1308)	3.062 0 ($I/I_0=100$)	9.167 0 ($I/I_0=82$)	4.590 0 ($I/I_0=52$)	3.341 0 ($I/I_0=19$)
拉曼分析参考值	叶蜡石(自测)	(1) 106—108(s)、130—132、172—174(m)、194—196(s)、215—217(m)、258—261(vs)、356—358 cm^{-1}——TOT 旋转和平移振动、M—O 振动和晶格振动 (2) 434—437、465—468 cm^{-1}——[SiO_4]的弯曲振动 (3) 574—577、705—708(s)、734—736 cm^{-1}——[SiO_4]的对称伸缩振动 (4) 812—814(m)、921—924、958—960、1 067—1 070 cm^{-1}——[SiO_4]的不对称伸缩振动 (5) 3 670—3 673(m—vs)cm^{-1}——羟基 OH 的伸缩振动 注: vs = very strong, s = strong, m = media			

---

① 赵珊茸:《结晶学及矿物学》,高等教育出版社 2017 年版,第 374—375 页。
② 郭海珠、余森:《实用耐火原料手册》,中国建材工业出版社 2000 年版,第 186 页。
③ 李光辉、姜涛:《层状铝硅酸盐矿物热活化原理与应用》,科学出版社 2016 年版,第 31—44 页。

续表

分析方法	数据信息	
化学成分参考值	叶蜡石	理论值：$Al_2O_3 = 28.30\%$；$SiO_2 = 66.70\%$；$H_2O\% = 5.00\%$

3. 考古出土品

考古出土的早期叶蜡石质玉器举例参见**表 2-46**：

表 2-46　考古出土早期叶蜡石质玉器举例

序号	出土地点	名称	数量	时代	出土时间	形状规格	资料来源
1	浙江余姚河姆渡	玦、璜、珠、管(料)	>17	河姆渡文化(5000—3300BC)	1973—1974和1977—1978年	(1) 第一期(4件)(7000—6500BP) ① T243(4A)：196 块 ② T212(4A)：243 璜 ③ T212(4A)：217 璜 ④ T243(4A)：270 珠，长 1.5、直径 1.3—1.5 cm (2) 第二期(6件)(6300—6000BP) ① T225(3A)：13 玦，直径 2.2、厚 0.4—1.0 cm ② T213(3B)：46 璜，长 3.8、厚 0.4 cm ③ T242(3B)：83 璜，长 2.5、厚 1.5 cm ④ T222(3B)：9 管，腰鼓形，长 2.2、径 1.4—1.7 cm ⑤ T243(3B)：142 管，长 1.7、直径 1.5 cm ⑥ T244(3B)：107 管，长 2.5、直径 1.8 cm (3) 第三期(6件)(6000—5600BP) ① T242(2B)：23 玦，直径 4 cm ② T226(2B)：3 璜，长 7.4、宽 2 cm ③ T225(2B)：8 管，长 2.3、径 0.9—2.0 cm ④ T234(3C)：44 珠，直径 3、厚 0.8 cm ⑤ T243(2B)：16 管料 ⑥ T233(2A)：12 管珠 (4) 第四期(不详)(5600—5300BP)	①
2	浙江余姚田螺山	玦、璜、管、珠、坠等	不详	田螺山二期(4500BC)	2004年	石英、萤石和叶蜡石制作	②
3	江苏金坛三星村	钺、管珠、珞、耳坠	25	马家浜文化晚期至崧泽文化早中期(4500—3500BC)	1993—1998年	其中 9 件为： (1) 串饰(1 套 4 件管珠)——M804：5，长 0.9—1.6、直径 1.2—1.5 cm (2) 钺(1 件)——M840：6，灰白色，长 12.2、宽 7.6—10.0、厚 1.4 cm	

---

① 浙江省文物考古研究所：《河姆渡——新石器时代遗址考古发掘报告》，文物出版社 2003 年版，第 80、84、255、262—265、315、319—321、350 页。
② 浙江省文物考古所、余姚市文物保护管理所、河姆渡遗址博物馆：《浙江余姚田螺山新石器时代遗址 2004 年发掘简报》，《文物》2007 年第 11 期。

续表

序号	出土地点	名称	数量	时代	出土时间	形状规格	资料来源
						(3) 琀（1 件）——M860A：3，灰绿色，高 2.7、厚 0.5 cm (4) 玦（1 件）——M913：8，白色，直径 1.1、厚 0.9 cm (5) 耳坠（2 件）——M625：9，灰绿色和白灰色，长 2.2—2.3、宽 1.3—1.4、厚 0.5—0.6 cm	①
4	浙江桐庐方家洲	玦、管	2	马家浜文化晚期至崧泽文化早中期（4000—3600BC）	2010 年	(1) 玦（1 件）——10TFTN1W2：2 (2) 管（1 件）——10TFTN2W1：16 均出土于地层	②
5	浙江安吉安乐	玦	1	马家浜文化晚期至崧泽文化晚期（4000—3300BC）	1996、2001、2013—2014 年	TN3N3 ④：16，外径 4.4、孔径 2、最厚 0.7 cm	③
6	浙江海盐仙坛庙	饰片、管、泡珠	3	崧泽文化晚期至良渚文化早期（3500—3000BC）	2002—2004 年	(1) 饰片（1 件）——仙坛庙中期早段 M34：12，黄色，长 3.15、厚 0.3、孔径 0.3 cm (2) 管（1 件）——仙坛庙中期晚段 M58：18，黄白色，长 2.2、直径 1.2、孔径 0.3 cm (3) 泡珠（1 件）——仙坛庙中期晚段 M79：2，黄绿色，底径 1.1、厚 0.4 cm	④
7	浙江桐乡普安桥	珠	2	崧泽文化晚期至良渚文化早期（3300—2900BC）	1998 年	隧孔珠(98TP M36：2、98TPM36：3)，土台第一阶段 F8 单元，随葬品 8 件，其中 4 件陶器、1 件有机质器、3 件玉器（2 件叶蜡石珠和 1 件透闪石坠饰）	

---

① 南京师范大学、金坛市博物馆：《金坛三星村——出土文物精华》，南京出版社 2004 年版，第 161 页。本书列举了 58 件，包括石英质器 30 件（玉髓/玛瑙 20 件、石英岩 8 件、东陵石 2 件）、大理岩器 16 件、叶蜡石器 5 件、蛇纹石器 5 件（璜 3 件、管珠 2 件）、火山岩管珠 2 件；江苏省三星村联合考古队：《江苏金坛三星村新石器时代遗址》，《文物》2004 年第 5 期。共出土 109 件玉器，包括钺 1 件、纺轮 1 件、琀 2 件、璜 13 件、玦 63 件、串饰 27（原报告为 25 件）、耳坠 2 件。材质包括石英 46 件（玉髓 23 件、玛瑙 4 件、石英岩 17 件、东陵石 2 件）、大理岩 33 件、叶蜡石 25 件、蛇纹石 5 件。没有列出《金坛三星村——出土文物精华》中的 2 件火山岩。
② 秦岭、崔剑锋：《浙北崧泽-良渚文化遗址出土玉器的初步科学分析》，载于浙江省文物考古研究所：《崧泽文化学术研讨会论文集》，文物出版社 2016 年版，第 413 页。
③ 浙江省文物考古研究所、良渚博物院：《崧泽之美——浙江崧泽文化考古特展》，浙江美术出版社 2014 年版，第 158 页。
④ 王宁远、顾晓峻：《崧泽早期玉器的几个特点——从仙坛庙出土玉器谈起》，载于浙江省文物考古研究所：《浙江省文物考古研究所学刊（第 6 辑）——第二届中国古代玉器与传统文化学术讨论会专辑》，杭州出版社 2004 年版，第 105—111 页。文中列举了崧泽文化早期的 15 件玉器，包括 2 件透闪石质玉钺、8 件玉髓玦、璜和管、5 件较低硬度的玦（M84：1）、璜（M83：9 和 M114：1）和管（M114：2-3）。M83：9 璜在《海盐仙坛庙遗址的早中期遗存》一文中标为"黄绿色玉髓"；浙江省文物考古研究所、良渚博物院：《崧泽之美——浙江崧泽文化考古特展》，浙江美术出版社 2014 年版，第 192 页；浙江省文物考古研究所、海盐县博物馆：《海盐仙坛庙遗址的早中期遗存》，载于浙江省文物考古研究所：《浙北崧泽文化考古报告集(1996—2014)》，文物出版社 2014 年版，第 160—186 页。崧泽文化早期多使用玉髓/玛瑙器，崧泽晚期至良渚文化早期多使用透闪石-阳起石。

续表

序号	出土地点	名称	数量	时代	出土时间	形状规格	资料来源
						(1) M36：2，隧孔珠，暗绿色，高 0.8、直径 0.9 cm (2) M36：3，隧孔珠，暗绿色，高 0.5、直径 1 cm	①
8	浙江海宁小兜里	坠饰、管、珠、锥形器	493	良渚文化早期至良渚文化中期（3300—2600BC）	2009—2010 年	良渚早期(221 件) (1) 坠饰(2 件) ① M14：21，绿色，局部有浅黄色斑，孔内径约 0.1、长 1.55、直径 0.60—0.84 cm ② M21：1，浅黄色，透光，孔内径约 0.1、长 1.45、直径 0.56—0.62 cm (2) 管(37 件) ① M8：23，浅黄色，透光，孔径 0.25—0.26、高约 0.48、外径 0.78—0.79 cm ② M8：24，浅黄色，透光，孔径 0.25、高约 0.37、外径 0.7 cm ③ M8：25，浅黄色，透光，孔径 0.22、高约 0.49、外径 0.7 cm ④ M8：26，浅黄色，透光，孔径 0.25、高约 0.45、外径 0.69 cm ⑤ M14：7，4 件，圆柱体，与 M14：21 组成串饰 ⑥ M14：26,27 件，圆柱体 ⑦ M14：27，深绿色夹杂褐斑，局部有灰黑色杂质，孔径 0.25—0.26、高 0.95、外径 0.68 cm ⑧ M21：5，浅黄色，透光，高 1.23、外径 0.74—0.82 cm (3) 珠(182 件) ① M3：2，青绿色，半球形，厚 0.47、外径 0.89—0.91 cm ② M3：18，浅黄色，半球形，厚 0.61、外径 0.95—0.97 cm ③ M8：12,179 件，其中 2 颗为隧孔珠，其余均为管珠。179 件叶蜡石珠与 16 件透闪石珠构成管珠串 ④ M21：13，浅黄色，透光，厚 0.53、外径 1.13—1.19 cm 良渚文化中期(272 件) (1) 管或珠(270 件) ① M5：41，隧孔珠，浅黄绿色，可能为叶蜡石，外径 0.82—0.85 cm ② M5：45,57 件，与 1 件萤石珠和 8 件透闪石珠组成管珠串	

---

① 秦岭、崔剑锋：《浙北崧泽-良渚文化遗址出土玉器的初步科学分析》，载于浙江省文物考古研究所：《崧泽文化学术研讨会论文集》，文物出版社 2016 年版，第 404 页；普安桥中日联合考古队：《桐乡普安桥遗址早期墓葬及崧泽风格玉器》，载于浙江省文物考古研究所：《浙北崧泽文化考古报告集(1996—2014)》，文物出版社 2014 年版，第 134—159 页。

续表

序号	出土地点	名称	数量	时代	出土时间	形状规格	资料来源
						③ M5：55，42件，与2件透闪石构成管珠串 ④ M6：21，104件，与2件透闪石管组成管串 ⑤ M6：22，隧孔珠，深褐色，厚0.41，外径0.86 cm ⑥ M6：35，黄褐色，局部有黑褐色杂质，孔内径约0.3，高2.51，外径1.1 cm ⑦ M12：4，53件，均为叶蜡石。除M12：4—28呈不规则三棱柱形，M12：4—29呈不规则椭圆形柱体外，其余51件为圆柱体 ⑧ M13：11，6件，2件长管和4件短管构成管串 ⑨ M13：13，5件，应属于M13：11成组管串的一部分 (2) 坠饰(1件) ① M6：34，暗红色，长2.59、直径0.85 cm (3) 锥形器(1件) ① M12：3，浅黄色，长3.47、直径0.65 cm ② M13：7，浅黄绿色，局部夹杂黄褐色斑，长8.17、直径0.66 cm	①
9	浙江余杭卞家山	管、珠、锥形饰	32	良渚文化早期后段至晚期前段（3000—2500BC）	1998—1999年	(1) 管(13件)——M1：6、M1：8、M2：8、M16：2、M39：2、M41：4、M46：5、M47：11、M56：3、M56：采、M58：1、M58：2、M66：2 (2) 珠(17件)——M1：5、M8：6、M8：7、M10：1(串珠，5颗)、M21：8、M21：9、M21：10(455页标为管，64页标为珠，本书从后者)、M21：12、M22：2、M22：3、M22：4、M24：2、M24：3、M24：4、M30：3、M30：4、M30：11 (3) 锥形饰(2件)——M26：5、M62：1	②

---

① 浙江省文物考古研究所、海宁市博物馆：《海宁小兜里遗址第一～三期发掘的崧泽文化遗存》，载于浙江省文物考古研究所：《浙北崧泽文化考古报告集(1996—2014)》，文物出版社2014年版，第187—241页；秦岭、崔剑锋：《浙北崧泽-良渚文化遗址出土玉器的初步科学分析》，载于浙江省文物考古研究所：《崧泽文化学术研讨会论文集》，文物出版社2016年版，第410—411页；浙江省文物考古研究所、海宁市博物馆：《小兜里》，文物出版社2015年版，第48、53、75—79、96、99、100、111—124、131、139、141、151、154、166—167页。

② 浙江省文物考古研究所：《卞家山》(上)，文物出版社2014年版，第35、36、38、47、49、56、64—66、68、71、76、77、88、89、94、98、109、112—113、116、454—455页。该遗址共出土玉器220件，肉眼鉴定结果为182件透闪石-阳起石(2件为阳起石)、32件叶蜡石、3件萤石、2件玉髓、1件粉砂岩(M46：2梳背)。其中，墓葬出土198件玉器(161件透闪石)，器型包括：璜(1件)、梳背(1件)、镯(2件)、锥形饰(55件)、坠(2件)、管(77件)、珠(54件)、隧孔珠(5件)、D形饰(1件)。地层及遗迹单位出土22件玉器(19件透闪石＋2件阳起石＋1件萤石)，器型包括管(2件)、弧形坠饰(1件)、戒指型端饰(1件)、锥形饰(18件)。引文455页认为叶蜡石的比例为15.38%，其数量为34件，但根据35—116页的器物记录，数量为32件。

续表

序号	出土地点	名称	数量	时代	出土时间	形状规格	资料来源
10	浙江文家山	管、珠、隧孔珠	约19件	良渚文化中晚期（2800—2400BC）	2000—2001年	棕色或浅绿色，约占189件出土玉器的10%	①
11	浙江桐乡新地里	珠、管、梳背、锥形器、镶嵌片、坠	336	良渚文化中晚期（2800—2300BC）	2001—2002年	（1）玉梳背（1件）——M6：1，湖绿色，有黄褐色斑块，通高2.2、最宽4.2、最厚0.35 cm （2）管（8件）—— ① M17：5，红褐色，圆柱形，直径1.25、高2.5 cm ② M35：17，串珠，由1颗圆柱形管和8颗圆台形珠组成串饰，红褐色，玉管直径1.45、高2.05 cm ③ M54：2，串饰，由3颗管和3颗珠组成串饰，红褐色。管直径0.8—1.5、高0.55—2.30 cm ④ M55：5，红褐色，直径1.4、高2.75 cm ⑤ M57：9，玉套管，红褐色，下端径0.5、上端径0.75、高1.05 cm ⑥ M82：2，青灰色，直径1.5、高3.5 cm （3）锥形器（1件）——M29：1，青绿色，长7.5 cm （4）珠（317）——M29：2，青绿色，直径2.2、高2.6 cm ① M32：12，玉串珠，由21颗叶蜡石珠组成串饰，红褐色，直径0.75—0.95、高0.35—0.55 cm ② M35：5，红褐色，直径0.65、高0.55 cm ③ M35：17，串珠，由8颗圆台形珠和1颗圆柱形管组成串饰，红褐色，玉珠直径0.7—0.9、高0.5—0.8 cm ④ M40：19，红褐色，形体较小，扁圆柱形，直径0.7、高0.5 cm ⑤ M49：5，3颗，均鼓腰，直径约0.8、高0.9—1.0 cm ⑥ M54：1，红褐色，扁圆柱形，直径0.75、高0.45 cm ⑦ M54：2，串饰，由3颗珠和3颗管组成串饰，红褐色，玉珠扁柱形。直径0.8—1.5、高0.55—2.30 cm ⑧ M54：9，红褐色，直径0.85、高0.7 cm ⑨ M54：12，串饰，由70颗小玉珠组成串饰。红褐色，直径0.7—0.9、高0.35—0.90 cm ⑩ M57：8，2颗，直径0.9、高1.00—1.15 cm ⑪ M61：1，2颗，直径0.80—0.85、高1.0—1.2 cm	

① 浙江省文物考古研究所：《文家山》，文物出版社2011年版，第70—71页。70页标记的出土玉器数量为189件，147页标记的玉器数量为207件。

续表

序号	出土地点	名称	数量	时代	出土时间	形状规格	资料来源
						⑫ M61：6，红褐色，腰鼓形，直径 0.8、高 1 cm	
						⑬ M61：7，红褐色，腰鼓形，直径 0.9、高 1.1 cm	
						⑭ M62：3，由 1 颗红褐色叶蜡石珠、1 颗黄白色透闪石和 1 颗淡湖绿色玉髓珠组成。直径 0.7—0.8、高 0.30—0.75 cm	
						⑮ M65：5，4 颗。直径 0.7—0.8、高 0.45—0.55 cm	
						⑯ M65：8，4 颗，红褐色。直径 0.75—1.10、高 0.45—1.85 cm	
						⑰ M65：9，红褐色，形体较短，圆柱形，直径 1.3、高 1.6 cm	
						⑱ M65：10，红褐色，直径 0.8、高 0.6 cm	
						⑲ M65：12，2 颗，红褐色，直径 0.65—0.75、高 0.50—0.65 cm	
						⑳ M65：17，串饰，由 28 颗叶蜡石珠组成串饰，红褐色，玉珠略有大小，均为圆柱形。直径 0.6—0.9、高 0.30—0.85 cm	
						㉑ M67：17，串饰，由 25 颗透闪石-阳起石珠和 46 颗叶蜡石珠组合而成。透闪石-阳起石珠形体略大，均鼓腰。叶蜡石珠除 2 颗鼓腰外，其余均为扁圆柱形。直径 0.5—1.0、高 0.3—1.3 cm	
						㉒ M72：3，红褐色，直径 0.75、高 0.55 cm	
						㉓ M72：4，红褐色，直径 0.7、高 0.6 cm	
						㉔ M72：7，4 颗，红褐色，直径 0.6—0.7、高 0.40—0.55 cm	
						㉕ M72：11，红褐色，小圆台形，直径 0.65、高 0.6 cm	
						㉖ M73：20，红褐色，圆柱形，直径 1.0—1.1、高 1.7 cm	
						㉗ M73：27，红褐色，圆柱形，直径 1.05、高 1.65 cm	
						㉘ M77：4，红褐色，圆柱形，直径 0.85、高 0.95 cm	
						㉙ M77：10，红褐色，圆柱形，直径 0.8、高 0.95 cm	
						㉚ M78：3，3 颗，红褐色，扁圆柱形，直径 0.7、高约 0.4 cm	
						㉛ M78：6，3 颗，红褐色，直径 0.70—0.75、高约 0.30—0.75 cm	
						㉜ M78：8，2 颗，红褐色，扁圆柱形，直径 0.7—0.8、高 0.55—0.65 cm	
						㉝ M78：9，红褐色，扁圆柱形，直径 0.65、高 0.7 cm	
						㉞ M78：11，红褐色，扁圆柱形，直径 0.65、高 0.25—0.50 cm	
						㉟ M78：13，直径 0.65—0.70、高 0.5—0.8 cm	

续表

序号	出土地点	名称	数量	时代	出土时间	形状规格	资料来源
						㊱ M78:19,红褐色,小圆柱形,直径 0.6,高约 0.8 cm	
						㊲ M81:1,2 颗,小圆柱形,直径 0.7,高 1.25 cm	
						㊳ M81:13,红褐色,小圆柱形,直径 0.7,高 1.05 cm	
						㊴ M81:14,4 颗,红褐色,略有大小,细长圆柱形。直径 0.60—0.75,高 1.00—1.65 cm	
						㊵ M82:1,串饰,由 10 颗叶蜡石珠组成串饰,九颗圆柱形,一颗半球形泡珠。泡珠直径 0.75,圆柱形直径 0.7,高 0.35—0.60 cm	
						㊶ M82:5,红褐色,扁圆柱体,直径 0.75,高 0.7 cm	
						㊷ M87:2,蜡黄色,形体偏小,圆柱形,直径 0.85,高 1 cm	
						㊸ M88:1,青绿色,小圆柱形,直径 0.75,高 1.15 cm	
						㊹ M90:3,串饰,由 26 颗蜡黄色叶蜡石珠和 1 颗红褐色透闪石珠组成串饰。叶蜡石珠个体很小,扁鼓形,直径 0.5,高 0.3—0.4 cm。透闪石-阳起石质玉珠个体略大,不规则圆台形,直径 0.5,高 0.3—0.4 cm	
						㊺ M91:2,串饰,由 11 颗叶蜡石组成串饰,红褐色或青绿色,圆柱形,直径 0.55—0.70,高 0.3—0.8 cm	
						㊻ M91:6,2 颗,红褐色,一大一小,圆柱形,直径 0.65—0.80,高 0.4—0.9 cm	
						㊼ M91:8,串饰,由 11 颗叶蜡石组成串饰,红褐色,圆柱形,直径 0.60—0.65,高 0.4—0.9 cm	
						㊽ M91:9,紫褐色,形体较小,扁圆柱形。直径 0.65,高 0.55 cm	
						㊾ M91:10,红褐色,形体较细长,圆柱形。直径 0.6,高 1.3 cm	
						㊿ M91:16,串饰,由 9 颗叶蜡石珠组成串饰,红褐色,扁圆柱形。直径 0.65—0.70,高 0.3—0.5 cm	
						㉛ M91:17,红褐色,形体较小,扁圆柱形。直径 0.65 cm	
						㉜ M91:18,串饰,由 9 颗红褐色叶蜡石珠和 1 颗蜡黄色叶蜡石坠组成串饰。玉珠圆柱形,玉坠类锥形器,形体较短,尾端磨薄后钻一个小孔珠直径 0.55—0.70,高 0.35—0.65 cm	
						(5) 镶嵌片(7 件)——M29:6,青绿色,共 3 片,体形扁薄,狭长椭圆形,正面略鼓凸,	

续表

序号	出土地点	名称	数量	时代	出土时间	形状规格	资料来源
						抛光精细，背面平坦，未经抛光。长0.8 cm。M64：4，4片，青绿色。扁薄圆形或椭圆形，正面略鼓凸，抛光精细，背面平坦，未经抛光。直径0.55—1.05 cm （6）坠（2件）——M82：3，红褐色，形体似小颗葡萄，截面近圆形，前端浑圆，尾端有小榫，榫上有横向对钻小穿孔。直径1.2、长1.64 cm M91：18，串饰，由1颗蜡黄色叶蜡石坠和9颗红褐色叶蜡石珠组成串饰。玉珠圆柱形、玉坠类锥形器，形体较短，尾端磨薄厚钻一小孔。坠长2.6、最大径0.6 cm	①
12	浙江海宁徐家庄	珠	不详	良渚文化中晚期（2800—2300BC）	2007年	M3：1，由36颗叶蜡石珠组成。玉色红褐和淡青。红褐色为圆柱形，淡青色为鼓形。直径0.65—0.85、孔径0.2—0.4、高0.25—0.70 cm	②
13	浙江遂昌好川	饰片	不详	良渚文化晚期至夏晚期（2300—1700BC）	1997年	7件饰石片漆器，出土于墓主人头部左上方，每件漆器的饰片6—24片不等，部分为青绿色叶蜡石	③
14	辽宁建平牛河梁	环	1	红山文化晚期（3500—3000BC）	1989年	N16H96：3，直径6.6 cm，淡黄色，具有自然文理，残存环体的1/4。横截面呈圆角三角形，内缘和两侧边形成的夹角不一致，在穿戴上具有方向性	④
15	山东潍坊前埠下	凿、璧、坠、璧形佩、璜、锥	9	大汶口文化中期（3500—3000BC）	1997年	（1）凿（1件）——H122：50，长3.6、宽1.8 cm （2）璧（2件） ① H128：9，黑色，已残 ② M3：24，黄褐色，外径7.3—8.0、内径2.5—2.6、肉部最厚0.8 cm （3）坠（3件） ① H122：7，灰白色，长径1.8、短径1.3 cm ② H156：22，黑色，长2.3、宽1 cm	

---

① 浙江省文物考古研究所、桐乡市文物管理委员会：《新地里》，文物出版社2006年版，第38、54、80、82、91、95、102、116、122—123、125—126、131—132、135、137、141、143—144、146、157、164、166、172、178、180、182、184、186—188、197、199、201、202、204—205页。该遗址玉器的主要材质为透闪石-阳起石，还有叶蜡石器336件、玉髓器25件、绿松石器19件、萤石器18件，均按个数计算。

② 浙江省文物考古研究所、海宁市文物保护管理所：《浙江海宁徐家庄遗址良渚文化墓葬发掘简报》，《东南文化》2013年第3期。

③ 闻广：《遂昌好川玉器地质考古学研究——中国古玉地质考古学研究之六》，载于浙江省文物考古研究所、遂昌县文物管理委员会：《好川墓地》，文物出版社2001年版，第335—341页；浙江省文物考古研究所、遂昌县文物管理委员会：《好川墓地》，文物出版社2001年版，第91页。

④ 辽宁省文物考古研究所：《牛河梁——红山文化遗址发掘报告(1983—2003年度)》（中），文物出版社2012年版，第457页。

续表

序号	出土地点	名称	数量	时代	出土时间	形状规格	资料来源
						③ M3：10，白色，长3.9、宽3.1 cm (4) 璧形佩（1件）——M33：14，青灰色，外径2.6—2.8、内径0.5、厚0.3 cm (5) 璜（1件）——M3：26，白色，肉宽1.1、厚0.2 cm (6) 锥（1件）——M18：6，白色，长1.9 cm	①
16	湖北武汉盘龙城	管	1	二里岗上层一期偏晚至上层二期（约1300BC）	2015年	小王家嘴遗址——M26：9，通体黄白色，无纹饰。较大一端外径2.3、内径0.9 cm，较小一端外径1.9、内径0.6 cm，通长6.1 cm	②
17	河南安阳殷墟妇好墓	管珠	1	殷墟二期（1250—1200BC）	1976年	编号为M5：1238	③
18	江西新干大洋洲	佩饰	1	商代后期早段或殷墟二、三期（1250—1090BC）	1989年	侧身羽人玉佩饰（XDM：628），棕褐色，蜡状光泽，不透明，无瑕疵。作侧身蹲坐状，两侧面对称。"臣"字目，粗眉，大耳，钩喙。头顶部着高冠，冠体鸟形，鸟尖喙，匍匐状，胸前突，尾敛并后卷成一圆角方孔，再以掏膛技法琢出三个相套的链环；双臂拳屈于胸前，膝弯曲上耸，脚底板与臀部平齐，脚板底有方形短榫，榫部有一横凹槽，并拢的小腿下部有一斜穿孔，以供插嵌或佩系。腰背至臀部阴刻出鳞片纹，两侧各琢有羽翼，腿部也琢出羽毛。套环和羽人是用一整块璞料圆雕而成。该件器物出土于人的头顶部位。通高11.5、身高8.7、背脊厚1.4、前胸厚0.8 cm	④
19	福建漳州虎林山	玦、钏	6	商代晚期（1200—1000BC）	2001年	(1) 玦（1件）——M5：9，浅绿色，半透明，外径6.3、内径3.2、最厚0.3 cm (2) 钏（5件）——均为黑色 ① M18：29，长10.1、弧长11.6、宽4.35、厚0.4—0.8 cm ② M18：31，长8.6、弧长10、宽4.35、厚0.45—0.90 cm ③ M18：32，长8.1、弧长9、宽4.6、厚0.3—0.7 cm	

---

① 山东省文物考古研究所、寒亭区文物管理所：《山东潍坊前埠下遗址发掘报告》，载于山东省文物考古研究所主编：《山东省高速公路考古报告集(1997)》，科学出版社2000年版，第42、45、70页。
② 武汉大学历史学院、湖北省文物考古研究所、盘龙城遗址博物院：《武汉市盘龙城遗址小王家嘴墓地发掘简报》，《江汉考古》2018年第5期。该遗址另出土1件M26：10饰片。
③ 中国社会科学院考古研究所、北京艺术博物馆、首都博物馆、河南博物院：《王后·母亲·女将——纪念殷墟妇好墓考古发掘四十周年（玉器篇）》，科学出版社2016年版，第246页。
④ 彭适凡：《中国南方青铜器研究》，上海辞书出版社2011年版，第71页；江西省文物考古研究所、江西省博物馆、新干县博物馆：《新干商代大墓》，文物出版社1997年版，第159页；陈聚兴：《新干商代大墓玉器鉴定》，载于江西省文物考古研究所、江西省博物馆、新干县博物馆：《新干商代大墓》，文物出版社1997年版，第301—307页。

续表

序号	出土地点	名称	数量	时代	出土时间	形状规格	资料来源
						④ M18：33，长 8.1、弧长 9.3、宽 4.4、厚 0.45—0.80 cm（①②③④可组成一套完整的钏） ⑤ T4137③：7，残长 10、弧残长 12.2、宽 2.4、厚 0.35—0.70 cm	①
20	四川成都金沙	不详	1	商代晚期至春秋早期	2001—2004 年	占 551 件分析样品的 0.18%	②
21	河南新郑西亚斯	柱	1	东周	1980 年代末至 2009 年初	柱——M241：5，白色，高 1.8、底最大径 1.35、顶最大径 0.95 cm	③
22	浙江东阳前山	樽等	不详	春秋末期	2003 年	M1：24，樽，口径 9.5、底径 11.5、通高 11.5 cm	④
23	湖北荆州熊家冢	璲、璧	5	战国早期后段至中期前段	2005—2007 年	(1) 璲（4 件）——M17：21、M4：46、M4：47、M4：44 (2) 璧（1 件）——M57：11	⑤
24	浙江杭州半山石塘	管、珠、环、剑饰等	不详	战国	1999 年	昌化石的主要成分可以是地开石、叶蜡石和伊利石，文中没有交代 35 件昌化石器的主要矿物种类，仅列出 140 剑饰属于叶蜡石质	⑥
25	内蒙古扎鲁特旗南宝力皋吐	管	2	二至三世纪	2007 年	(1) DM24：6，红褐色，圆管状，长 1.5、直径 0.6、孔径 0.2 cm (2) DM24：8，黄褐色，圆管状，长 1.4、直径 0.6、孔径 0.2 cm 注：它们与 1 件阳起石管、1 件阳起石圆片、1 件阳起石珠组成挂饰	⑦

表 2-46 显示，叶蜡石广泛应用于史前太湖流域的南部地区，并从河姆渡文化时期一直延续至战国时期，这极可能与浙江地区具有丰富的叶蜡石矿产相关。浙江地区叶蜡石制作

---

① 福建博物院、漳州市文管办、漳州市博物馆：《虎林山遗址——福建漳州商代遗址发掘报告之一》，海潮摄影艺术出版社 2003 年版，第 35—36、79、122—123 页、图版三—3。79 页的 92—93 页的 M20：5，M20：9，M20：11 和 13—14 页的 T4037③：3，T4037③：9，T2618②：22，T4137③：7，T2168③：32，3 件石钏残片，共 11 件石钏。由图版二九和图版三零可见，它们与表格中 5 件叶蜡石钏极为相似，预测均是由黑色叶蜡石制作的。
② 向芳、王成善、杨永富等：《金沙遗址玉器的材质来源探讨》，《江汉考古》2008 年第 3 期。
③ 中国科学院上海光学精密机械研究所、河南省文物考古研究所：《新郑西亚斯东周墓地出土玉器检测报告》，载于河南省文物考古研究所：《新郑西亚斯东周墓地》，大象出版社 2012 年版，第 203—221 页。该墓地出土玉器 247 件（含水晶器 34 件、玛瑙器 14 件）。
④ 浙江省文物考古研究所、东阳市博物馆：《浙江东阳前山越国贵族墓》，《文物》2008 年第 7 期。出土玉石器近 3 000 件（组），主要是绿松石［1 200 多件（组）］、透闪石-阳起石、玛瑙/水晶（488 件），此外有少量的萤石器（18 件）。
⑤ 张绪球：《荆州楚王陵园出土玉器精粹》，众志美术出版社 2015 年版，第 115—117 页。
⑥ 洪丽娅：《杭州半山战国墓出土玉石器材质研究》，《东方博物》2007 年第 3 期。
⑦ 内蒙古文物考古研究所、通辽民族博物馆：《内蒙古南宝力皋吐鲜卑墓地发掘简报》，《华夏考古》2010 年第 2 期。

的器物种类涵盖玦、璜、管、珠、锥形器等,其中管珠数量最为巨大,如小兜里的出土数量达493 颗、新地里的出土数量达到 336 颗。环太湖流域北部的江苏金坛三星村出土了 25 件叶蜡石质器,器型除了管珠、玦之外,还有钺、珆和耳坠。表 2-46 还显示叶蜡石在史前其他地区的应用不多,不排除与大量器物未经检测有关。黄河下游山东大汶口文化中期(5500—5000BP)潍坊前埠下遗址出土了 9 件叶蜡石质玉器,器型较丰富,包括凿、璧、坠、璧形佩、璜、锥等。年代相近的东北辽宁牛河梁遗址出土了 1 件叶蜡石质环,但出土滑石质玉器的数量达 12 件,表明叶蜡石的利用不仅与矿产量有关,还与先民的使用偏好有关系。

至历史时期,叶蜡石的使用地域有所扩大,但报道数量却很少,除了被用于制作成管、柱、玦和钏外,还被制作成精美器物,如江西新干大洋洲的侧身羽人玉佩饰以及浙江东阳前山的玉樽等。值得关注的是,福建地区作为中国叶蜡石储量最多的省份,在新石器时代已用叶蜡石磨制小型锛、镞等石器[①],至晚在商代晚期开始使用叶蜡石制作装饰品,如漳州虎林山遗址,不过使用量仍很少,这是否与大量器物未经过科学检测相关,尚无法确认。总的看来,叶蜡石材料在中国古代的应用不如滑石材料广泛。

四、2∶1型(云母类)

(一) 基本性质[②]

云母族的两个相同[$(Si,Al)O_4$]四面体网层之间夹一个八面体配位的阳离子层,因此属于 2∶1 型结构,如图 2-20 所示。云母族的化学式可用 $XY_{2-3}[Z_4O_{10}](OH,F)_2$ 通式表示,式中 X、Y、Z 为三组阳离子。X 为 12 配位,主要是 K^+,次为 Na^+,也可有少量的 Ca^{2+}、Ba^{2+}、Rb^+、Cs^+、H_3O^+ 等大半径离子,分布在云母结构单元层之间;Y 为 6 次配位,位于八面体中,主要是 Mg^{2+}、Al^{3+} 和 Fe^{2+},也可以为 Li^+ 以及少量的 V^{3+}、Cr^{3+}、Zn^{2+}、Mn^{2+}、Ti^{4+} 等离子;Z 为 4 次配位,位于四面体中,以 Si^{4+}、Al^{3+} 为主,一般 $N_{Si}:N_{Al}=3:1$,少数情况下有 Fe^{3+} 存在。[$(Si,Al)O_4$]四面体共三个角顶相连成六方网层,四面体的活性氧朝向一边,附加阴离子(OH,F)位于六方网层的中央,并与活性氧位于同一平面上,两层六方网层活性氧的指向相对。

云母族与 2∶1 型滑石-叶蜡石族的区别在于,硅氧四面体中 1/4 的 Si 被 Al 取代,导致结构单元层内电荷未平衡,所以需要 X 位的阳离子来中和。当 X 位被 K 占据,构成钾云母系列;当 X 位被 Na 占据,构成钠云母系列。

钾云母系列中,当 Y 位置被 2 个 Al^{3+} 或 Fe^{3+} 占据,为二八面体云母,如白云母亚族的白云母 $KAl_2[Si_3AlO_{10}](OH,F)_2$、海绿石 $(K,Na)(Al,Fe^{3+},Mg)_2[(Si,Al)_4O_{10}](OH,F)_2$;当 Y 位置为 3 个 Mg^{2+} 或 Fe^{2+} 占据,为三八面体云母,如黑云母亚族的金云母 $KMg_3[Si_3AlO_{10}](OH,F)_2$、黑云母 $K(Mg,Fe)_3[Si_3AlO_{10}](OH,F)_2$、羟铁云母 $KFe_3[Si_3AlO_{10}](OH,F)_2$;当 Y 为 3 个 Li^+、Al^{3+}、Fe^{3+} 占据,为三八面体云母,如锂云母亚族的锂云母 $KLi_{2-x}Al_{1+x}[Al_{2x}Si_{4-2x}O_{10}](OH,F)_2$、铁锂云母 $KLiFeAl[Si_3AlO_{10}](OH,F)_2$。

所有云母在形态上均呈假六方板状、片状,细者为鳞片状,大者面积可达几个平方米,也可呈柱状。硬度 2—4,相对密度 2.7—3.1,{001}面呈极完全解理,玻璃光泽、珍珠光泽,颜

[①] 福建省博物馆:《闽侯溪头遗址第二次发掘报告》,《考古学报》1984 年第 4 期。
[②] 赵珊茸:《结晶学及矿物学》,高等教育出版社 2017 年版,第 368—370 页。

色依成分各异。云母在地壳中分布很广泛,能在岩浆作用、沉积作用和变质作用条件下形成,约占地壳总质量的 3.8%。

(二) 白云母 [Muscovite, $KAl_2[Si_3AlO_{10}](OH,F)_2$]

1. 基本性质

白云母的基本性质可归纳为**表 2-47**:

表 2-47 白云母基本性质[①]

品种	晶系	结晶习性	颜色	光泽	透明度	摩氏硬度	密度 (g/cm³)	荧光	特殊光学效应	其他
白云母	单斜晶系	板状、片状,外形呈假六方形或菱形,有时单体呈锥形柱状。双晶常见	无色或浅黄、灰、绿、红、棕褐色	玻璃光泽、解理面呈珍珠光泽	半透明至透明	2—4	2.76—3.10	不明显	未见	三大岩均有分布

当白云母的 K 略少、H_2O 略多、晶体呈微细鳞片状时,将导致白云母的光学性质和其他性质发生显著变化,如呈丝绢光泽、双折射率高,这种在一定温度条件下形成的非水化或弱水化白云母变种被称为绢云母,常呈黄绿或灰白色,学术界常视"绢云母"和"细鳞片状白云母"为同义词。当 K 进一步减少、H_2O 进一步增多时,这种强水化的低双折射率的白云母变种则归属于水云母或水白云母,也称伊利石 [$KAl_2[Si_3AlO_{10}](OH,F)_2 \cdot nH_2O$],属于云母族向蒙脱石族过渡的一种矿物。总的看来,绢云母和伊利石是白云母水化引起 K^+ 流失的不同阶段的产物,其负电荷需通过 H_3O^+ 离子的取代加以补偿,同时 K^+ 的流失也导致结构层之间的联结力减弱、结晶程度变差,因此白云母的稳定性强于绢云母和伊利石。

2. 科技鉴别

白云母的科技分析参考值可参见**表 2-48**:

表 2-48 白云母科技分析参考值

分析方法	数据信息				
XRD	白云母 (PDF:06-0263)	3.320 0 ($I/I_0=100$)	9.950 0 ($I/I_0=95$)	2.566 0 ($I/I_0=55$)	1.993 0 ($I/I_0=45$)
拉曼分析参考值	白云母(自测+[②])	(1) 98—100(s)、194—197(m)、262—265(vs)、407—408(m) cm^{-1}——TOT 旋转和平移振动、M—O 振动和晶格振动 (2) 611—613 cm^{-1}——$[SiO_4]$ 的弯曲振动 (3) 698—702(vs)、753—755 cm^{-1}——$[SiO_4]$ 的不对称伸缩振动 (4) 902—914 cm^{-1}——$[SiO_4]$ 的对称伸缩振动 (5) 3 614—3 622(s—vs) cm^{-1}——羟基 OH 的伸缩振动 注:vs = very strong, s = strong, m = media			

[①] 高翔:《黏土矿物学》,化学工业出版社 2017 年版,第 26—27 页。
[②] Tlili, A., Smith, D. C., Beny, J. M., et al., "A Raman Microprobe Study of Natural Micas", *Mineralogical Magazine*, 1989, 53, pp. 165-179.

续表

分析方法	数据信息
化学成分参考值	白云母（R040104，R040108，R050080，R050188，R050198，R060182，R061120） $SiO_2 = 44.92\% — 50.01\%$，平均值 $= 47.45\%$ $Al_2O_3 = 26.31\% — 39.09\%$，平均值 $= 33.54\%$ $K_2O = 8.64\% — 10.88\%$，平均值 $= 9.86\%$ $H_2O = 2.69\% — 9.09\%$，平均值 $= 4.56\%$ $FeO = 0 — 6.32\%$，平均值 $= 2.59\%$ $MgO = 0.01\% — 3.60\%$，平均值 $= 1.02\%$ $Na_2O = 0.30\% — 0.65\%$，平均值 $= 0.54\%$ $TiO_2 = 0 — 0.53\%$，平均值 $= 0.23\%$ $Fe_2O_3 = 0 — 0.84\%$，平均值 $= 0.12\%$ $F = 0 — 0.39\%$，平均值 $= 0.08\%$ $MnO = 0 — 0.11\%$，平均值 $= 0.04\%$ $Cr_2O_3 = 0 — 0.14\%$，平均值 $= 0.02\%$ $CaO = 0 — 0.003\%$，平均值 $= 0.001\%$

3. 考古出土品

考古出土的早期云母质玉器举例参见表2-49：

表2-49 考古出土早期云母质玉器举例(含白云母、伊利石和其他云母器)

序号	出土地点	名称	数量	时代	出土时间	形状规格	资料来源
1	黑龙江饶河小南山	系璧、珠	5	7200—6600BC	2015—2017年	共出土74件玉器，其中透闪石39件、蛇纹石17件、斜绿泥石6件、滑石6件、玉髓1件、1件绢云母（系璧）和4件橄榄石化云母（3件珠和1件系璧）	自测
2	河南舞阳贾湖	璜形饰、环、柄形饰	4	贾湖文化一期和二期（7000—6200BC）	1982—1987年	(1) 璜形饰(1件)——出土了3件，1件绢云母 H216:3（一期二段），1件泥质灰岩 H19:4，1件滑石 H69:1 (2) 环(2件)——出土了3件，1件为黄褐粉砂岩 T23③:4，2件为绢云母 M411:14（二期四段）和 M119:6（二期六段） (3) 柄形饰(1件)——M330:2（二期五段）	①
3	浙江萧山跨湖桥	璜、料	3	跨湖桥文化（6200—5000BC）	1990—2002年	(1) 料(1件)——T0512Ⅳ:1，浅绿色，未完工，第一期(8200—7800BP) (2) 璜(2件)——均为深绿色，第三期(7200—7000BP) ① T302②:1，长6.2 cm ② T202②:6，长2.9 cm	②

---

① 河南省文物考古研究所:《舞阳贾湖》,科学出版社1999年版,第396—401、774—778页。
② Qu, J., Zhang, B. J., Wu, J., et al., "Nondestructive Testing of Two Jade Huangs Unearthed at the Kuahuqiao Neolithic Site", *Archaeological and Anthropological Sciences*, 2019, 11(4), pp. 1589-1597. 原文将两件璜的时代定为跨湖桥第一期,不过发掘报告《跨湖桥》第227—228页标为第三期,年代距今7200—7000年。

续表

序号	出土地点	名称	数量	时代	出土时间	形状规格	资料来源
4	浙江余姚田螺山	玦	2	河姆渡文化早期（5000—4500BC）	2004—2007年	(1) T406③：1 (2) T003⑥：11	①
5	江苏溧阳神墩	璜、管	5	马家浜文化晚期（4500—3900BC）	2004—2006年	(1) 璜（1件）——M188：2，半环形 (2) 管（3件）——M188：3—5，圆柱形，粗细和长短不等 (3) 管状坠（1件）——M220：2 注：均为伊利石，呈绿色调，属于溧阳神墩二段	②
6	江苏吴县草鞋山	钺	3	马家浜文化晚期至良渚文化早期（4500—2800BC）	1972—1973年	(1) 马家浜文化（2件） ① WCT703：1 ② WCT703：14 (2) 良渚文化（1件）——WCM198I：14	③
7	安徽怀宁孙家城	璜、锥形器	2	孙家城文化（3800—3500BC）	2007年	(1) 璜（1件）——07HST3⑪：8 (2) 锥形器（1件）——07HSTG1⑯：1	④
8	安徽望江黄家堰	璜、玦	2	薛家岗文化早期（3500—3300BC）	1997年	(1) 璜（1件）——97WH M32：1 绢云母 (2) 玦（1件）——97WH T2303：2 钠云母	
9	安徽潜山薛家岗	管、璜、纺轮	7	薛家岗文化中期（3300—2800BC）	1979—1982年	(1) 玉管（4件） ① M27：5 灰黄色，最长 2.1 cm ② M42：4 灰黄色，长 2.3 cm ③ M42：5 淡黄色，长 1.1 cm ④ 没有编号 (2) 璜（2件） ① M62：2 姜绿色，最长 7.6 cm ② T27④：22（新石器层中层），灰绿色，残长 6.8，高 2.6，厚 0.3 cm (3) 纺轮（1件） ① T24④：32（新石器层中层），浅褐色，最大直径 4.5，最厚 1.8 cm	⑤
10	江苏昆山赵陵山	管	3	崧泽文化晚期最晚阶段至良渚文化早期	1991年	管（3件） (1) M39：4，青黄色，两端径为 1.05、1 cm，孔径 0.95、0.51 cm，中宽 1.05—1.16，长 2.06 cm	

① 董俊卿、孙国平、王宁远等：《浙江三个新石器时代遗址出土玉玦科技分析》，《光谱学与光谱分析》2017 年第 9 期。
② 南京博物院、常州博物馆、溧阳市文化广电体育局：《溧阳神墩》，文物出版社 2016 年版，第 361、492 页。该墓共出土玉器 23 件，其中马家浜文化晚期 21 件 [6 件迪（地）开石管、3 件迪（地）开石璜、3 件伊利石管、1 件伊利石璜、1 件伊利石管状坠、2 件玉髓璜、1 件萤石管、1 件高岭石管、2 件石英玦、1 件石英璜]，夏商时期 1 件（玉髓璜），春秋时期 1 件（玉髓片）。
③ 闻广：《苏南新石器时代玉器的考古地质学研究》，《文物》1986 年第 10 期；闻广：《草鞋山玉器地质考古学研究——中国古玉地质考古学研究之五》，载于杨建芳师生古玉研究会：《玉文化论丛》(2)，文物出版社、众志美术出版社 2009 年版，第 110—125 页。
④ 王荣、朔知、承焕生：《安徽史前孙家城和黄家堰等遗址出土玉器的无损科技研究》，《复旦学报（自然科学版）》2011 年第 2 期。
⑤ 安徽省文物考古研究所：《潜山薛家岗》，文物出版社 2004 年版，第 101、117、171、338、340、530、588、591、597、599 页。

续表

序号	出土地点	名称	数量	时代	出土时间	形状规格	资料来源
				(3500—3300BC)		(2) M64：13,黄绿色,两端径为 0.99 和 1、孔径均为 0.44、长 3.1、中宽 1.1 cm (3) M71：2,灰绿色,直径 8.60—8.85、孔径 4.2—4.5、厚 0.70—0.95 cm	①
11	浙江余杭瑶山	管	1	良渚文化中期早段	1987 年	M8：26 青玉管,圆柱形,对钻圆孔,有褐色瑕斑	②
12	浙江余杭汇观山	琮	1	良渚文化中期晚段	1991 年	M4：2 浅绿色半透明琮,局部有茶褐色瑕斑,全器多处绺裂	③
13	上海松江广富林	琮	3	广富林文化 (2100—1900BC)	2012 年	H1569：1、H2769、T5023	自测
14	浙江遂昌好川	饰片	1	良渚文化晚期至夏晚期 (2300—1700BC)	1997 年	M62：12 漆器饰片,后出土编号在整理时调整为 M62：4	④
15	山西芮城清凉寺	环、钺、镯、动物头状饰、管状饰	12	清凉寺二期至三期 (2500—1700BC)	2003—2005 年	(1) 环(2 件,伊利石) ① M54：3,深绿色,联璜环,外径 10.0—10.5、中孔径 6.1—6.5、最厚处 0.3 cm(二期) ② M132：02,深绿色,微透明,最长处 3.5、环体宽 2.3 cm(三期) (2) 钺(3 件) ① M82：7,伊利石,单孔,器表绿色,长 21.6、宽 10.5—12.3、最厚处 0.5、孔径 1.1—1.4 cm(二期) ② M57：01,灰绿色,伊利石含高岭石,残长 5.2—6.3、残宽 3.0—3.7、近孔部厚约 0.8、背部厚约 0.3 cm(三期) ③ T210①：1,灰褐色,伊利石＋石英 (3) 动物头状饰(2 件)——伊利石,白色略暗,微泛浅黄色,应为缝缀的饰品(三期)	

---

① 南京博物院：《赵陵山——1990—1995 年发掘报告》(上),文物出版社 2012 年版,第 79、92、97—98、303 页。79 页 39；4 和 92 页 M64：13 均表述为叶蜡石,而 303 页的检测报告均表述为白云母,本书从后者。该遗址共出土玉器 260 件,其中墓葬出土玉器 245 件,地层出土 15 件。M77 出土 123 件,M18 出土 74 件。36 件玉器经过了测试分析,包括 25 件透闪石-阳起石、4 件为蛇纹石玉、3 件石英、2 件白云母(M71：2 不在检测目录中)、1 件绿松石(仅挑选 M18：27 - 3 用于测试)、1 件萤石。
② 干福熹、曹锦炎、承焕生等：《浙江余杭良渚遗址群出土玉器的无损分析研究》,《中国科学：技术科学》2011 年第 1 期；干福熹等：《中国古代玉石和玉器的科学研究》,上海科学技术出版社 2017 年版,第 175 页。
③ 同上书,第 175 页。
④ 闻广：《遂昌好川玉器地质考古学研究——中国古玉地质考古学研究之六》,载于浙江省文物考古研究所、遂昌县文物管理委员会：《好川墓地》,文物出版社 2001 年版,第 335—341 页；浙江省文物考古研究所、遂昌县文物管理委员会：《好川墓地》,文物出版社 2001 年版,第 100 页。

续表

序号	出土地点	名称	数量	时代	出土时间	形状规格	资料来源
						① M87：4，高约1.5、宽约1.3、厚约0.8 cm ② M87：5，高约1.5、宽约2、厚约0.6 cm （4）镯（1件）——M139：01，伊利石，灰白色，残，外径8、内径6.1、厚0.3、器高2.5 cm（三期） （5）管状饰（4件）——均为伊利石，三期 ① M149：1，深绿色，发青，上端外径2.2、中孔径0.8、下端外径2.6、中径1.4、器壁厚0.5—0.8、高3 cm ② M149：2，深绿色，发青，上端外径2.5、下端外径2.7、中径1.4、器壁厚0.6—0.8、高3 cm ③ M303：01，碧绿色，一端外径1.5、内径1、一端外径2.4、内径1.4、通高3.1 cm ④ M353：1，深绿色，半透明，一端外径1.7、内径1.3、一端外径1.5、内径0.9、通高2.9—3.0 cm	①
16	山西襄汾陶寺	琮、璧等	不详	2300—1900BC	1978—1983年	共出土玉器1 019件，其中滑石、白云母、绢云母、绿松石、石英闪长岩、黏土类矿物合计约116件	②
17	陕西神木新华	钺	1	2150—1900BC	1999年	K1：1、3、6碧绿色玉钺 钠云母（55％）+白云母（45％）	③
18	陕西商洛东龙山	璧	1	夏代早期	1997—2002年	璧（1件）——共出土91件夏代早期石璧，大理岩81件、绿片岩8件、云母片岩1件和板岩1件	④
19	湖北荆州枣林岗	坯、残片	3	石家河文化晚期（2000—1800BC）	1990—1992年	（1）柱状坯（1件）——JZWM3：11，淡黄色，高1.4、最大径0.8、最小径0.5 cm，似为管钻芯料 （2）梯形坯（1件）——JZWM4：2，深褐色，长3、宽2.4、厚0.9 cm （3）器残片（1件）——JZWM4：9，深褐色，为不规整长条形，残长1.9、宽1.2 cm	⑤

---

① 山西省考古研究所、运城市文物工作站、芮城县旅游文物局：《清凉寺史前墓地》，文物出版社2016年版，第115—116、140、233、242、251—253、264、302、319、561页。87页M4：9的矽卡岩在556页表述为伊利石+石英，其硬度大，本书不列入。

② 闻广、荆志淳：《陶寺玉器地质考古学研究——中国古玉地质考古学研究之八》，载于中国社会科学院考古研究所、山西省临汾市文物局：《襄汾陶寺——1978—1985年考古发掘报告》（第三册），文物出版社2015年版，第1243—1254页；中国社会科学院考古研究所、山西省临汾市文物局：《襄汾陶寺——1978—1985年考古发掘报告》（第二册），文物出版社2015年版，第669页。

③ 陕西省考古研究所、榆林市文物保护研究所：《神木新华》，科学出版社2005年版，第328、372页。

④ 陕西省考古研究院、商洛市博物馆：《商洛东龙山》，科学出版社2011年，第129页。分析了149件玉器材质，包括124件大理岩、2件透闪石-阳起石、13件绿片岩、1件云母片岩、1件板岩、2件细砂岩、6件未知材质。

⑤ 湖北省荆州博物馆：《枣林岗与堆金台——荆江大堤荆州马山段考古发掘报告》，科学出版社1999年版，第19、21页。

续表

序号	出土地点	名称	数量	时代	出土时间	形状规格	资料来源
20	陕西西安老牛坡	璧、鱼形饰	不详	相当于二里头文化一二期至殷墟四期	1986年	（1）相当于二里头文化一二期（1750—1610BC）（璧5件） ① M39：25，外径10，孔径4 cm ② M1：6，外径10，孔径5.5 cm ③ M1：7，外径8.6，孔径3.6 cm ④ M2：7，外径11.0—11.5，孔径5.0—5.5 cm ⑤ M2：8，外径12.0—12.5，孔径6 cm （2）商代三期（相当于殷墟一二期，1320—1200BC）（璧3件） ① H8：10，通径36，孔径18，内边厚3 cm ② H9：12，短径10，孔径2.4 cm ③ T5②：2，直径5.8—6.2，孔径1，厚1.6 cm （3）商代四期（相当于殷墟四期，1090—1040BC）（璧1件，鱼形饰的数量不详） ① H10：3，通径5—7，孔径1，厚1.5 cm，但系打制而成 ② 鱼形饰，数量不详	①
21	内蒙古敖汉旗大甸子	钺	2	夏家店下层（1735—1463BC）	1974、1976—1977、1983年	（1）M486：2 （2）M645：8	②
22	河南淅川下王岗③	管	1	龙山文化	1971—1972年	T15③：63（绢云母-白云母），发掘报告认为是绿松石制成的。扁筒状管。长1.4、直径1.1 cm	
		环	1	二里头文化三期	1971—1972年	T22②：44（白云母），已残，断面呈长方形，磨制精致，长3.4 cm	
23	河南偃师商城	珠	1	商代	不详	绿色（白云母）	④
24	河南洛阳天主教堂	饰	1	西周	不详	M624（白云母），方形玉饰	
25	河南洛阳针织厂综合楼	人	1	西周	不详	M5269：34（白云母）	
26	河南洛阳机瓦厂	贝、圭	2	西周 西周	不详	（1）HNLY-31，贝，原编号M501：14 （2）HNLY-36，圭，原编号M513：16	
27	河南洛阳单晶硅厂1-4号	贝	1	春秋	2002年	M7926：14A（白云母）	

---

① 刘士莪：《老牛坡》，陕西人民出版社2001年版，第55—56、148—149、212—213、298—299页。除了许多云母质鱼形饰外，61件玉器的材质为8件云母、12件透闪石-阳起石、13件大理石、4件石英岩、4件泥板岩、2件硅板岩、5件砂岩、13件未知材质。
② 中国社会科学院考古研究所：《大甸子——夏家店下层文化遗址与墓地发掘报告》，科学出版社1998年版，第165页。注，大甸子出土了一件蛇纹石斧（M1115：7）。
③ 河南省文物考古研究所、长江流域规划办公室考古队河南分队：《淅川下王岗》，文物出版社1989年版，第162、305页。
④ 董俊卿、干福熹、承焕生等：《河南境内出土早期玉器初步研究》，《华夏考古》2011年第3期。

续表

序号	出土地点	名称	数量	时代	出土时间	形状规格	资料来源
28	河南安阳殷墟	管、璜、饰、戈、柄形器、琮、璧、环、珠	24	商晚期	1963—2006年	(1) 管(11件)——其中2件为伊利石、1件为锂云母、1件为亚腰形方形管 (2) 璜(3件) (3) 饰(3件) (4) 戈(2件) (5) 柄形器(1件,锂云母) (6) 琮(1件) (7) 璧(1件) (8) 环(1件) (9) 珠(1件)	①
29	湖北随州叶家山曾国墓地	不详	1	西周早期	2011、2013年	M111:48-50,白云母	②
30	山西翼城大河口	柄形器、薄片、覆面、口琀、玦	90	西周中期至晚期	2007—2011年	M6043,西周中期,女性 柄形器(2件) ① M6043:1,墓葬中部棺盖表面,黄绿色,梯形长条形,长9.5,榫头宽1.6,底宽2.1,厚0.4 cm ② M6043:4,墓主人腹部,由深绿色透闪石柄形饰(M6043:4-1)和一组形状不一、多带扉棱的条形白云母片及细小的绿松石 M5010,西周晚期,男性 (1) 薄片(3件) ① M5010:55-2,平面呈圭形,残长9.5,宽3.5,厚约0.3 cm ② M5010:55-31,平面呈长方形,长7,宽3,厚约0.2 cm ③ M5010:55-73-1,平面呈弧边梯形,残,长9.4,宽1.9—3.6,厚0.2 cm (2) 覆面(32件)——M5010:258,全部由形制各异的白云母制作 (3) 口琀(49块)——M5010墓主人口中,长度1 cm左右 (4) 玦(4件)——黄褐色 ① M5010:261-1,直径5.4,孔径2.8,厚0.3 cm ② M5010:262,直径5.0—5.4,厚0.2 cm	③

① Wang, R., Cai, L., Bao, T. T., et al., "Study on the Grossular Rabbit with High Hardness Excavated from Yin Ruins, Anyang, China", *Archaeological and Anthropological Sciences*, 2019, 11(4), pp. 1577-1588.
② 闵梦羽、黄凤春、罗泽敏等:《湖北随州叶家山西周曾国墓地出土玉器的玉质研究》,《宝石和宝石学杂志》2017年第1期。
③ 山东大学文化遗产研究院、中国社会科学院考古研究所、山西大学北方考古研究中心等:《山西翼城大河口M5010、M6043实验室考古简报》,《江汉考古》2019年第2期。

续表

序号	出土地点	名称	数量	时代	出土时间	形状规格	资料来源
31	河南平顶山应国墓地	佩、残片等	4	西周中期早段	1993年	(1) 凤纹佩(1件)——M210：52 (2) M96S2、M96S5、M108S1,均为残件	①
32	河南新郑西亚斯	玦、珠、棒、柱、片饰等	5	东周	20世纪80年代末至2009年初	(1) 玦(1件)——M63：1 (2) 片饰(1件)——M63：3 (3) 螺形珠(1件)——M83：25 (4) 长条形棒(1件)——M241：4 (5) 柱(1件)——M250：2	②
33	河南新郑双楼	环、片	2	春秋中晚期至战汉之际	2012年	(1) 环(1件)——M85：3 (2) 片残(1件)——M171：7-3,战国中期早段	③
34	黑龙江齐齐哈尔平洋砖厂	管	1	战国早期	1984年	M107：247,暗绿色、内穿孔,长1.3、直径0.6 cm	④
35	湖北荆州熊家冢	珠、饰片	12	战国早期后段至中期前段	2005—2007年	(1) 珠(2件)——RXM50：1, RXM50：2 (2) 饰片(10件)——CHMK16：3-68、CHMK16：3-81、CHMK23：1-39、40、49、64、65、66、72、84	⑤
36	湖北江陵九店	管、璧	2	战国中晚期	1990—1991年	(1) 90江·九·砖M809：11 黄褐色管 (2) 91江·九·砖M839 灰色璧 (原文认为是云母化长石,认为云母是长石风化而来,本书认为原初材质是云母)	⑥
37	浙江杭州半山石塘村	管、璧、剑鞘等	不详	战国	1999年	昌化石的主要成分可以是地开石、叶蜡石和伊利石,文中没有交代35件昌化石器的主要矿物种类,仅列出石资71管、石资72管、950璧、966剑鞘(5件)属于伊利石质	⑦

① 河南省文物考古研究所、平顶山市文物管理局：《平顶山应国墓地》(1),大象出版社2012年版,第824—825页。
② 中国科学院上海光学精密机械研究所、河南省文物考古研究所：《新郑西亚斯东周墓地出土玉器检测报告》,载于河南省文物考古研究所：《新郑西亚斯东周墓地》,大象出版社2012年版,第203—221页。该墓地出土玉器247件(含水晶器34件、玛瑙器14件)。
③ 董俊卿、王凯、赵虹霞等：《新郑双楼东周墓地出土玉器的无损分析研究》,载于河南省文物考古研究院：《新郑双楼东周墓地》,大象出版社2016年版,第572—585页。
④ 黑龙江省文物考古研究所：《黑龙江泰来县平洋砖厂墓地发掘简报》,《考古》1989年第12期;黑龙江省文物考古研究所：《平洋墓葬》,文物出版社1990年版,第114页。
⑤ 董俊卿、顾冬红、苏伯民：《湖北熊家冢墓地出土玉器的pXRF无损分析》,《敦煌研究》2013年第1期。
⑥ 李玲、谭畅、赵虹霞：《江陵九店遗址出土的玻璃、玉器分析研究》,中国文物保护技术协会：《中国文物保护技术协会第七次学术年会论文集》,科学出版社2013年版,第404—418页。分析玉器样品共7件。
⑦ 洪丽娅：《杭州半山战国墓出土玉石器材质研究》,《东方博物》2007年第3期。

表2-49显示，早在黑龙江饶河小南山时期（9200—8600BP），云母已经被用于制作成珠、系璧等装饰品。同时期或略晚的河南舞阳贾湖时期（9000—8200BP），云母也被制作成环、璜形饰和柄形饰等装饰品。此后，云母在长江中下游地区应用较多，既被用于制作成璜、玦、管、锥形器、饰片等装饰品，也被制作成钺、琮、璧等礼仪器，而其余地区报道较少。至新石器时代末期，河南、陕西以及山西地区开始应用较多，制作的器物种类也有所增加，如环（联璜环）、镯、动物头状饰、人、贝、圭、戈、柄形器、覆面、口晗、剑鞘等，功能也由装饰器和礼器拓展到丧葬器（如晗），使用对象由人扩展到物以及动物（如熊家冢使用白云母饰片装饰马身）。

从数量上看，大多数遗址出土的云母类器少于5件，史前时期的黑龙江饶河小南山（9200—8600BP）、江苏溧阳神墩（6500—5900BP）、安徽潜山薛家岗（5300—4800BP）、山西芮城清凉寺（4500—3700BP）的出土数量分别达到5件、5件（均为伊利石）、7件和12件（均为伊利石）；历史时期陕西西安老牛坡（夏商时期）、河南安阳殷墟（商代晚期）、山西翼城大河口（西周中晚期）、湖北荆州熊家冢（春秋中晚期）、浙江杭州半山石塘（战国）的出土数量分别达到数十件、24件、90件、12件、数十件（伊利石质昌化石材料制成的管、璧、剑鞘等器物）。与同属层状硅酸盐的滑石和叶蜡石相比，古人使用云母质器物的数量相对较少，如江浙史前遗址；与属于碳酸盐的大理岩相比，古人使用云母质材料也是相对较少，如陕西商洛东龙山；仅个别遗址利用云母的易解理性质制作了较多器物，如西安老牛坡遗址出土了很多云母质鱼形饰，山西翼城大河口遗址出土了较多云母质覆面和口晗，表明古人对于较软石材的使用是有选择的。

从材质上看，大多数遗址出土的云母类器主要是白云母（含绢云母和伊利石，后者也称为水白云母），其他种类云母材质的使用较少，如安徽望江黄家堰遗址使用了钠云母制作玦，陕西神木新华出土1件钠云母钺，河南安阳殷墟出土1件锂云母柄形器和1件锂云母管。值得注意的是，一些遗址出土的白云母质玉器均属于伊利石，如江苏溧阳神墩和山西芮城清凉寺遗址。综上可见，中国古代使用钾云母系列材料较多，钠云母系列材料很少；钾云母系列中二八面体白云母亚族最多，包括白云母、绢云母和伊利石，三八面体锂云母亚族很少，三八面体黑云母亚族尚需更多科学分析结果，仅笔者近期在河南偃师商城玉石器中检测出1件黑云母质镞（Fe含量很高，也可称为铁云母）。

五、2∶1∶1型〔绿泥石，Chlorite，$[(Mg, Fe^{2+})_{3-x}Al_x(OH)_6]^{x+}[(Mg, Fe^{2+})_3(Si_{4-x}Al_x)O_{10}](OH)_2)]^{x-}$〕[1]

1. 基本性质

绿泥石的基本性质可归纳为表2-50：

绿泥石的晶体结构相当于2∶1型层状铝硅酸盐（TOT）的层间域被带正电荷的[Mg—OH$_6$]八面体片（O'）所充填，从而形成2∶1∶1结构（TOTO'），相当于一个滑石层和一个水镁石层相间排列，此时O'镁氧八面体与TOT结构单元层的底面氧之间依靠较强的氢键连接。绿泥石在外观上与云母相似，不同的是绿泥石结构单元层之间的氢键弱于云母的离子键，故无弹性。此外，绿泥石的氢键强于滑石的分子键，故也无滑感。

---

[1] 赵玉萍：《土壤化学》，北京农业大学出版社1991年版，第68页。

表 2‐50　绿泥石基本性质[1]

品种	晶系	结晶习性	颜色	光泽	透明度	摩氏硬度	密度（g/cm³）	荧光	特殊光学效应	其他
绿泥石	多型非常复杂，最稳定、最常见的多型属单斜晶系	假六方片状或板状，少数呈桶状，但晶体少见。常呈鳞片状集合体、土状集合体	大多数带绿色调，富Mg为浅蓝绿色，富Fe为深绿到黑绿，含Mn呈浅褐、橘红色，含Cr呈浅紫到玫瑰色；条痕无色	玻璃光泽，解理面呈珍珠光泽	半透明	2.0—2.5，硬度随着Fe含量增加，可随之增大到3	2.68—3.40（随含铁量增加而增大）	通常无	未见	常见于低级变质带中绿片岩相中及低温热液蚀变中（绿泥石化）；但在某些中、高温变质或蚀变岩中也可出现。在火成岩中多为富铁镁矿物（角闪石、辉石、黑云母等）的次生矿物；在沉积岩、黏土中都有一定含量

绿泥石的化学成分非常复杂，结构中存在大量的类质同象替代，所以成分复杂、矿物种属繁多。绿泥石的分类方案颇多，但争议也甚多，常用的是根据 O 和 O' 的八面体类型进行分类，当 O 和 O' 均为二八面体型，称为二八面体绿泥石；当 O 和 O' 均为三八面体型，称为三八面体绿泥石；当 O 和 O' 不同为二八面体或三八面体型，则称为二八‐三八面体绿泥石。从金属阳离子的含量看，二八面体绿泥石含铝多，也称为富铝绿泥石；三八面体绿泥石含铁镁较多，也称为富镁铁绿泥石。

根据铁的多少，三八面体绿泥石（富镁铁绿泥石）可以分成二个亚类，$FeO+Fe_2O_3 > MgO+Al_2O_3$（富含铁）的一组矿物统称为鳞绿泥石（富铁绿泥石），一般结晶较细，呈微鳞片状，包括鲕绿泥石〔$Fe_4^{2+}Al[AlSi_3O_{10}](OH)_6 \cdot nH_2O$〕和磷绿泥石〔$Fe_{3.5}(Al,Fe)_{1.5}[Al_{1.5}Si_{2.5}O_{10}](OH)_6 \cdot nH_2O$〕，相当于结构通式的 X=1；$Mg > Fe$（富含镁）的一组矿物统称为正绿泥石（富镁绿泥石），一般结晶较粗，呈粗大的鳞片状，主要包括叶绿泥石〔$(Mg,Fe)_5Al[AlSi_3O_{10}](OH)_8$〕、斜绿泥石〔$(Mg,Fe)_{4.75}Al_{1.25}[Al_{1.25}Si_{2.75}O_{10}](OH)_8$〕和蠕绿泥石（$(Mg,Fe)_{4.5}Al_{1.5}[Al_{1.5}Si_{2.5}O_{10}](OH)_8$）[2]，相当于结构通式的 X=0。

中国富铝绿泥石常与叶蜡石伴生，主要分布于福建峨眉。中国富镁铁绿泥石常与滑石伴生，主要分布在辽东半岛、山东半岛、广西和湖南等地[3]。一般认为，自然界中大多数绿泥石属于富镁铁绿泥石中的正绿泥石亚类（富镁绿泥石），土壤学中常将绿泥石的多少作为土壤风化程度的标志。

2. 科技鉴别

绿泥石的科技分析参考值可参见**表 2‐51**：

---

[1] 赵珊茸：《结晶学及矿物学》，高等教育出版社 2017 年版，第 377—378 页。
[2] 罗贤昌：《矿物学》（下），中南矿冶学院岩矿教研室矿物组 1979 年版，第 337 页。
[3] 宋春振、李树敏、冯惠敏等：《我国绿泥石资源特征及其工业利用》，《中国非金属矿工业导刊》2009 年第 5 期。

表 2-51 绿泥石科技分析参考值

分析方法		数据信息			
XRD	叶绿泥石 Pennine (PDF：83-1365)	14.286 7 ($I/I_0=100$)	7.143 4 ($I/I_0=68.2$)	2.442 7 ($I/I_0=44.5$)	4.762 2 ($I/I_0=42.9$)
	斜绿泥石 Clinochlore (PDF：12-0244)	3.540 0 ($I/I_0=100$)	7.070 0 ($I/I_0=90$)	4.720 0 ($I/I_0=80$)	14.100 0 & 1.534 0 ($I/I_0=70$)
	鲕绿泥石 Chamosite (PDF：12-0244)	7.014 0 ($I/I_0=100$)	2.520 9 ($I/I_0=36.7$)	14.028 0 ($I/I_0=35.6$)	2.140 1 ($I/I_0=35.5$)
拉曼分析参考值①	斜绿泥石 (自测+②)	(1) 100—103(m)、125—127(m)cm^{-1}——[SiO$_4$]的平移振动,笔者认为可能含有TOTO'的平移和旋转振动 (2) 153—155、197—202(vs)、232—235 cm^{-1}——M—O 振动 (3) 330—332、426—429、471—473 cm^{-1}——[SiO$_4$]的弯曲振动 (4) 548—551(s)、671—681(s)cm^{-1}——[SiO$_4$]的对称伸缩振动 (5) 1 033—1 036 cm^{-1}——[SiO$_4$]的不对称伸缩振动 (6) 3 567—3 571、3 656—3 665(vs)cm^{-1}——羟基OH的振动 注：vs = very strong, s = strong, m = media			
	鲕绿泥石③	(1) 190(m)cm^{-1}——M—O 振动 (2) 383、408 cm^{-1}——[SiO$_4$]的弯曲振动 (3) 543(s)、665(s)cm^{-1}——[SiO$_4$]的对称伸缩振动 (4) 1 029(m)cm^{-1}——[SiO$_4$]的不对称伸缩振动 (5) 3 439、3 561(s—vs)、3 631(s)cm^{-1}——羟基OH的振动			
化学成分参考值	绿泥石	理论值：MgO = 30.69%；SiO$_2$ = 27.61%；Al$_2$O$_3$ = 15.65%；H$_2$O% = 11.05% 实测值④：SiO$_2$ = 23.8%—29.9%,平均值 = 26.8% FeO = 17.5%—38.6%,平均值 = 25.1% Al$_2$O$_3$ = 17.2%—23.4%,平均值 = 19.9% MgO = 4.1%—21.5%,平均值 = 15.7% H$_2$O = 10.4%—11.9%,平均值 = 11.5% MnO = 0.1%—1.3%,平均值 = 0.4% Cr$_2$O$_3$ = 0—0.4%,平均值 = 0.06%			

---

① Prieto, A. C., Dubessy, J., Cathelineau, M., "Structure-composition Relationships in Trioctahedral Chlorites: A Vibrational Spectroscopy Study", *Clays and Clay Minerals*, 1991, 39(5), pp. 531-539.

② Gopal, N. O., Narasimhulu, K. V., Rao, J. L., "Optical Absorption, EPR, Infrared and Raman Spectral Studies of Clinochlore Mineral", *Journal of Physics and Chemistry of Solids*, 2004, 65(11), pp. 1887-1893; Reynard, B., Bezacier, L., Caracas, R., "Serpentines, Talc, Chlorites, and Their High-pressure Phase Transitions: A Raman Spectroscopic Study", *Physics and Chemistry of Minerals*, 2015, 42(8), pp. 641-649.

③ 韩景仪、郭立鹤、陈伟十:《矿物拉曼光谱图集》,地质出版社 2016 年版,第 173 页。

④ 杨敏:《绿泥石矿物近红外光谱吸收谱带的位移机理与控制机制研究》,长安大学博士学位论文,2019 年。

续表

分析方法	数据信息
	$CaO = 0—0.8\%$,平均值 $= 0.04\%$ $TiO_2 = 0—0.2\%$,平均值 $= 0.04\%$ $NiO = 0—0.1\%$,平均值 $= 0.03\%$ $K_2O = 0—0.3\%$,平均值 $= 0.02\%$ $Na_2O = 0—0.1\%$,平均值 $= 0.01\%$

3. 考古出土品

考古出土的早期绿泥石质玉器举例参见**表 2‑52**：

表 2‑52　考古出土早期绿泥石质玉器举例

序号	出土地点	名称	数量	时代	出土时间	形状规格	资料来源
1	黑龙江饶河小南山	珠、系璧	6	7200—6600BC	2015—2017 年	(1) 珠(5 件) (2) 系璧(1 件)	自测
2	江苏常州圩墩	环	2	崧泽文化中期偏晚阶段（3500BC）	1985 年	环(2 件) (1) M134：13,深褐色,直径 4.9、孔径 2.4、厚 0.3 cm (2) M122：8,浅绿色,直径 5.2、孔径 3、厚 0.4 cm	①
3	河南淅川下王岗	坠	1	仰韶文化三期	1971—1972 年	T14⑤：162（斜绿泥石），黑色，长 5、宽 2.2 cm	②
4	浙江余杭良渚	不详	不详	5300—4300BC	不详	20%属于蛇纹石、镁绿泥石、钾长石及滑石，一般见于小墓	③
5	陕西神木新华	钺	1	2150—1900BC	1999 年	99K1：27,青灰色,不透明,含有一定量的闪石和滑石	④
6	台湾卑南	管珠	1	1500—500BC	1993—1994 年	PN83‑461,长 1.19、宽 0.49、厚 0.45、内径 0.28 cm,重量 0.5 g	⑤

---

① 常州博物馆：《1985 年江苏常州圩墩遗址的发掘》,《考古学报》2001 年第 1 期。
② 董俊卿、干福熹、承焕生等：《河南境内出土早期玉器初步研究》,《华夏考古》2011 年第 3 期；河南省文物考古研究所、长江流域规划办公室考古队河南分队：《淅川下王岗》,文物出版社 1989 年版,第 198 页。
③ 干福熹、曹锦炎、承焕生等：《浙江余杭良渚遗址群出土玉器的无损分析研究》,《中国科学：技术科学》2011 年第 1 期。
④ 陕西省考古研究所、榆林市文物保护研究所：《神木新华》,科学出版社 2005 年版,第 329、372—373 页。
⑤ 饭塚义之、臧振华、李坤修：《卑南玉器之考古矿物学》,载于臧振华、叶美珍：《台湾史前文化博物馆馆藏卑南遗址玉器图录》,（台湾）史前文化博物馆 2005 年版,第 55—57 页；叶美珍：《卑南遗址石板棺研究——以 1993—1994 年发掘资料为例》,（台湾）史前文化博物馆 2005 年版,第 179 页。后者认为是台湾玉,即透闪石‑阳起石质玉,本书从前者。

续表

序号	出土地点	名称	数量	时代	出土时间	形状规格	资料来源
7	河南安阳殷墟	兔、残段	2	商代晚期	1985、1994年	(1) 兔——85ALZ M176：5 (2) 残段——94ALZ M48：2	自测
	河南安阳殷墟花园庄东地	管	28	殷墟二期偏晚（1200BC）	2000年	M54：331、339、410、411、418、420、430、440、441、443、449、453、465、483、501、506、512、524、525、529、531、536、538、540、541、565、585、600	①
8	四川成都同盟村	条形玉器	1	商晚期至西周早期	2011年	M7出土，位于左侧人骨胸部处。白色，条型石凿，横截面呈梯形，刃端粗、柄部细。表面有明显切割痕迹，整体表面粗糙，未经磨制。同时分析的其他两件石凿均经过磨制，表面光滑	②
9	四川成都金沙遗址"梅苑"地点	不详	不详	商晚期至春秋早期	2001年	558件玉器，材质以透闪石为主，还有少量阳起石、透辉石、斜长石、闪长石、滑石、大理石、绿泥石、叶蜡石、绿松石、玛瑙等	③
10	四川成都金沙遗址"阳光地带二期"	不详	2	商晚期至春秋早期	2003—2004年	(1) M397：7，绿泥石38%＋斜绿泥石37% (2) M397：8，斜绿泥石71%	④
11	河南新郑西亚斯	块、片	2	东周	20世纪80年代末至2009年初	(1) 块（1件）——M3：1，斜绿泥石＋白云母＋石英 (2) 片（件）——M197：2，斜绿泥石＋滑石	⑤
12	河南洛阳单晶硅厂	块、片	2	春秋	不详	(1) M7924：2（绿泥石） (2) M7924：4（绿泥石）	⑥

---

① 荆志淳、徐广德、何毓灵等：《M54出土玉器的地质考古学研究》，载于中国社会科学院考古研究所：《安阳殷墟花园庄东地商代墓葬》，科学出版社2007年版，第345—387页。
② 杨颖东、陈云洪：《成都市新都区新繁镇同盟村遗址M7出土玉石器》，载于四川大学博物馆、四川大学考古学系、成都文物考古研究所：《南方民族考古》（第九辑），科学出版社2013年版，第251—261页。
③ 成都市文物考古研究所：《成都金沙遗址Ⅰ区"梅苑"地点发掘一期简报》，《文物》2004年第4期。
④ 杨颖东、周志清：《成都市金沙遗址"阳光地带二期"地点墓葬出土玉石器分析》，载于成都文物考古研究所：《成都考古研究》（三），科学出版社2016年版，第468—487页。挑选了20件玉器，刮取少量粉末进行XRD分析，结果为：13件利蛇纹石、2件透闪石、2件绿泥石、2件纤蛇纹石和1件叶蛇纹石。
⑤ 中国科学院上海光学精密机械研究所、河南省文物考古研究所：《新郑西亚斯东周墓地出土玉器检测报告》，载于河南省文物考古研究所：《新郑西亚斯东周墓地》，大象出版社2012年版，第203—221页。该墓地出土玉器247件（含水晶器34件、玛瑙器14件）。
⑥ 董俊卿、干福熹、承焕生等：《河南境内出土早期玉器初步研究》，《华夏考古》2011年第3期。

续表

序号	出土地点	名称	数量	时代	出土时间	形状规格	资料来源
13	浙江杭州半山石塘村	环	3	战国	1990、1999年	绞丝纹环3件——(1999D19T1T1M1)	①
14	贵州赫章可乐	珠	1	战国末期至西汉前期	2000年	M271：26 绿泥石珠,灰绿色,不透明,直径0.65—0.70、高0.42,孔径一端0.16、一端0.2 cm。不规则圆形算珠状,磨制光洁。两端平,腰部略鼓。中部横穿一圆形穿孔,位置略偏向一侧,从一端钻通	②

表2-52表明绿泥石在中国的应用不多,最早的绿泥石器发现于距今9000—8000年的黑龙江饶河小南山遗址,如2015年出土了1件绿泥石珠,2017年出土了4件绿泥石珠和1件绿泥石系璧。此后,除河南安阳殷墟花园庄东地出土了28件绿泥石管外,其余遗址绿泥石器的出土数量均极少,主要被用于制作环、坠、管、珠、玦、兔等装饰品,仅陕西神木新华遗址出土1件绿泥石钺、四川成都同盟村出土1件条形绿泥石凿。此外,国内出土的绿泥石器多为斜绿泥石亚类。

值得注意的是,绿泥石器因硬度不高,故加工相对容易,使用也很早,如世界最早的绿泥石器出土于俄罗斯阿尔泰边疆区丹尼索瓦洞穴,距今约4万年,手镯造型宽2.7、厚0.9、直径7 cm③。该手镯原认为是智人制作的,现有研究显示是由已灭绝的丹尼索瓦人制作的,这一发现将促使人们重新认识早期人类制作技术的复杂程度。中国出土绿泥石质玉器的数量较少,有报道认为中国对绿泥石矿床的勘查数量较少,且被勘查的矿床中绿泥石常与滑石伴生,这可能使绿泥石的品质较差,限制了先民对它的利用;也可能是中国绿泥石矿的数量较少,进而限制了它的广泛应用。

第六节 架状硅酸盐玉材

一、基本性质④

架状硅酸盐矿物的结构特点是所有的硅氧四面体均共用角顶,即每个氧被两个硅氧四面体共用,构成了三维空间上的架状骨架。由于部分 Si^{4+} 被 Al^{3+} 取代形成 $[AlO_4]$(因为两个铝氧四面体不能相互共顶,故 Al 置换 Si 的比例一定是 $\leqslant 1/2$),造成架状骨架带负电荷,此时需要阳离子充填来中和电价。同时,由于架状硅氧骨干中存在较大的空隙,因此阳离子常常是 K^+(0.133 nm)、Na^+(0.095 nm)、Ca^{2+}(0.099 nm)、Ba^{2+}(0.135 nm)、Cs^+(0.169 nm)、Rb^+(0.148 nm)等低电价大半径型,而 Mg^{2+}(0.065 nm)、Fe^{2+}(0.076 nm)、Mn^{2+}(0.080 nm)、Al^{3+}(0.050 nm)、Fe^{3+}(0.064 nm)等高电价小半径型离子在架状硅酸盐中退

---

① 洪丽娅:《杭州半山战国墓出土玉石器材质研究》,《东方博物》2007年第3期。
② 贵州省文物考古研究所:《赫章可乐2000年发掘报告》,文物出版社2008年版,第108—109、127页。
③ 许洪明:《玉出萨彦岭、风流万古传——俄罗斯玉器发展概况》,《文物鉴定与鉴赏》2016年第3期。
④ 赵珊茸:《结晶学及矿物学》,高等教育出版社2017年版,第378页。

居次要地位,因此架状硅酸盐很少含有 Fe^{2+}、Mn^{2+} 等色素离子,颜色一般呈浅色。此外,架状硅酸盐可有附加阴离子和水分子存在。

架状硅酸盐的形状取决于各方向的键能大小,当各方向键能无明显差异时,呈粒状,解理也差,如白榴石;当某方向键能强于或弱于其他方向时,呈片状、板状或柱状、针状,会相应出现解理,如长石、沸石。一般认为,架状硅酸盐的键能较强,硬度较高,但因结构中存在较大的空隙,故相对密度和折射率较低。

二、长石族(Feldspar)

长石族是自然界最主要的造岩矿物,包括钾长石(Orthoclase-Or, $K[AlSi_3O_8]$)、钠长石(Albite-Ab, $Na[AlSi_3O_8]$)、钙长石(Anorthite-An, $Ca[Al_2Si_2O_8]$)和钡长石(Celsian-Cn, $Ba[Al_2Si_2O_8]$)。钾长石和钡长石由于钾离子(0.133 nm)和钡离子(0.135 nm)的半径较大,能撑开整个架状结构,使得钾长石和钡长石的对称度较高,形成单斜晶系,故将两种长石归属于碱性长石或钾长石系列;钠长石和钙长石由于钠离子(0.095 nm)和钙离子(0.099 nm)的半径较小,不能撑开架状结构,导致结构收缩变形,对称度变低,形成三斜晶系,故将钠长石和钙长石归属于斜长石系列[①]。

由于钡长石在自然界含量较少,因此本节的长石主要指碱性或钾长石系列中的钾长石以及斜长石系列中的钠长石和钙长石。实际上,由于钾离子和钠离子之间、钠离子和钙离子之间均存在着类质同象替代现象,因此钾长石和斜长石均是以混晶(固溶体)形式存在的。钾长石、钠长石和钙长石的构成关系如图 2-22 所示:

图 2-22 钾长石-钠长石-钙长石系列混溶性(改编[②])

---

① 朱一民、韩跃新:《晶体化学在矿物材料中的应用》,冶金工业出版社 2007 年版,第148—149 页。
② 潘兆橹、万朴:《应用矿物学》,武汉工业大学出版社 1993 年版,第 274 页。

由图 2-22 可知，钾长石是钾长石和钠长石的类质同象混晶（钙长石小于 5%—10%），也称为碱性长石亚族。由于钾离子（0.133 nm）和钠离子（0.095 nm）的半径存在较大差异，故它们在高温下才能形成完全类质同象系列，如钾长石（钾长石占 90%—100%）、微斜长石（钾长石占 80%—90%）、正长石（钾长石占 70%—80%）、透长石（钾长石占 70%—40%）、歪长石（钾长石占 40%—10%）、钠长石（钾长石占 0—10%）的高温变体；而在低温下只能形成有限类质同象系列，如 A 区的微斜长石（钠长石可达 20%）、正长石（钠长石可达 30%）、歪长石（钠长石可达 90%），以及 C 区的不稳定的条纹长石（钾长石为主体，钠长石为客体）和反条纹长石（钠长石为主体，钾长石为客体）。

斜长石是指钠长石和钙长石的类质同象混晶（钾长石小于 5%—10%），也称为斜长石亚族。因钠离子（0.095 nm）和钙离子（0.099 nm）半径相当，故在低温下就可进行置换。钠长石和钙长石可构成完全类质同象系列，划分为 6 个矿物种：钠长石（钠长石占 90%—100%）、更（奥）长石（钠长石占 70%—90%）、中长石（钠长石占 50%—70%）、拉长石（钠长石占 30%—50%）、培长石（钠长石占 10%—30%）和钙长石（钠长石占 0—10%）。

综上可见，离子半径或者价态相似，较易形成类质同象替代，如钠离子（0.095 nm）和钙离子（0.099 nm）的半径相似，虽电价不同，仍可形成完全类质同象替代系列；钾离子（0.133 nm）和钠离子（0.095 nm）的半径不同，但电价相似，故可形成低温有限、高温完全的类质同象替代系列。同理，当离子半径或价态均不相当时，即使在高温状态下也很难形成类质同象替代关系，如钾离子（0.133 nm）和钙离子（0.099 nm）的半径不同、电价也不同，故在低温和高温状态下均很难形成类质同象替代系列。

（一）斜长石亚族〔Plagioclase，Na[AlSi$_3$O$_8$]- Ca[Al$_2$Si$_2$O$_8$]〕

1. 基本性质

斜长石的基本性质可归纳为表 2-53：

表 2-53　斜长石基本性质[①]

品种	晶系	结晶习性	颜色	光泽	透明度	摩氏硬度	密度（g/cm³）	荧光	特殊光学效应	其他
斜长石	三斜晶系	柱状或板状	白色至灰白色，有些呈微浅蓝或浅绿色	玻璃光泽	半透明	6.0—6.5	2.61—2.76（钠长石高者相对密度小，反之较大）	荧光惰性	可有猫眼效应	广泛分布于岩浆岩、变质岩和沉积碎屑岩中

如前所述，斜长石是钠长石和钙长石的低温混溶体，均属于三斜晶系。钠长石（Albite，NaAlSi$_3$O$_8$）的 Al/Si = 1∶3，钙长石（Anorthite，CaAl$_2$Si$_2$O$_8$）的 Al/Si = 1∶1，表明从钙长石、拉长石、中长石、更（奥）长石至钠长石，Si 含量逐渐增加，结晶有序度相应提高，结合岩浆岩中钙长石先生成、钠长石后生成的"鲍文反应"，可知钠长石质文物的抗风化能力强于钙长石质文物。

2. 科技鉴别

斜长石的科技分析参考值可参见表 2-54：

[①] 赵珊茸：《结晶学及矿物学》，高等教育出版社 2017 年版，第 391—392 页。

表 2-54 斜长石科技分析参考值

分析方法	数据信息				
XRD	钠长石 Albite (PDF: 10-0393)	3.176 0 ($I/I_0=100$)	3.211 0 ($I/I_0=30$)	3.752 0 ($I/I_0=30$)	4.040 0 ($I/I_0=16$)
	钙长石 Anorthite (PDF: 41-1486)	3.180 6 ($I/I_0=100$)	3.208 6 ($I/I_0=88$)	3.196 2 ($I/I_0=69$)	4.040 4 ($I/I_0=22$)
拉曼分析参考值[1]	钠长石[2]	(1) 112—114、161—163(m—s)、185—187(w—m)、208—210(w—m)、251—254、268—271、289—291(s)、326—329(m)、407—410(w—s)cm^{-1}——M—O 振动和晶格振动 (2) 456—458(w—m)、478—480(s)、506—508(vs)cm^{-1}——O—Si(Al)—O 的弯曲振动。前两个峰位属于不对称型,后一个峰位属于对称型。这段峰位可以体现长石晶格中 Al 和 Si 的有序性 (3) 762—764(w—m)cm^{-1}——铝氧四面体中 Al^{IV}—O$_{nb}$ 的对称伸缩振动 (4) 814—816(w—m)、977—979(w—m)cm^{-1}——[SiO$_4$]的不对称伸缩振动。赵虹霞认为 814—816 cm^{-1} 应归属于 Si—O$_{nb}$ 的对称伸缩振动 (5) 1 010—1 012、1 032—1 034、1 098—1 100(m)cm^{-1}——[SiO$_4$]的对称伸缩振动 注: vs = very strong, s = strong, m = media, w = weak			
	钙长石(自测+[3])	(1) 143—145(m)、196—198(m)、244—246(m)、281—283(m—s)、323—325、366—368、399—401(m)、425—428(m)cm^{-1}——M—O 振动和晶格振动 (2) 458—460、484—487(s)、503—505(vs)cm^{-1}——O—Si(Al)—O 的弯曲振动。赵虹霞认为 O 原子沿 T—O—T(T 为 Si 或 Al)键角平分线运动而产生的对称伸缩振动 (3) 554—557(w—m)、592—594、620—622、680—682(m)cm^{-1}——O—Si(Al)—O 的弯曲振动 (4) 741—743(m)、761—764(m)cm^{-1}——铝氧四面体中 Al^{IV}—O$_{nb}$ 的对称伸缩振动 (5) 912—914、954—956(m)、984—986(m)cm^{-1}——[SiO$_4$]的不对称伸缩振动 (6) 1 019—1 021、1 077—1 079、1 124—1 125 cm^{-1}——[SiO$_4$]的对称伸缩振动。赵虹霞认为是 Si—O—Al 的不对称型伸缩振动			
化学成分参考值	钠长石(R050253、R050402、R060054、R070268)	SiO_2 = 62.13%—68.78%,平均值 = 65.60% Al_2O_3 = 20.21%—23.72%,平均值 = 21.78% Na_2O = 7.68%—11.79%,平均值 = 9.92% CaO = 0.01%—4.33%,平均值 = 1.92% K_2O = 0—3.23%,平均值 = 0.91% FeO = 0—0.03%,平均值 = 0.01% MnO = 0—0.02%,平均值 = 0.01% TiO_2 = 0—0.01%,平均值 = 0.004% MgO = 0—0.004%,平均值 = 0.002% Cr_2O_3 = 0—0.01%,平均值 = 0.001%			

---

[1] Mernagh, T. P., "Use of the Laser Raman Microprobe for Discrimination Amongst Feldspar Minerals", *Journal of Raman Spectroscopy*, 1991, 22(8), pp. 453-457.
[2] 毛荐、柴林涛、郭守国等:《缅甸墨绿色长石质玉石谱学特征研究》,《光谱学与光谱分析》2013 年第 5 期。
[3] 赵虹霞、干福熹:《拉曼光谱技术在中国古玉、古玉器鉴定和研究中的应用》,《光谱学与光谱分析》2009 年第 11 期。

续表

分析方法	数据信息
钙长石（R060082、R060193、R060221、R060275、R070510、R070598）	$SiO_2 = 47.51\%—54.41\%$,平均值 $= 51.26\%$ $Al_2O_3 = 28.74\%—33.36\%$,平均值 $= 30.61\%$ $CaO = 11.10\%—15.94\%$,平均值 $= 13.19\%$ $Na_2O = 2.37\%—5.10\%$,平均值 $= 3.96\%$ $K_2O = 0.02\%—1.07\%$,平均值 $= 0.39\%$ $FeO = 0—0.39\%$,平均值 $= 0.19\%$ $Fe_2O_3 = 0—0.89\%$,平均值 $= 0.16\%$ $MgO = 0—0.22\%$,平均值 $= 0.06\%$ $TiO_2 = 0—0.09\%$,平均值 $= 0.04\%$ $MnO = 0—0.04\%$,平均值 $= 0.001\%$

表 2-54 表明除了 XRD 可以有效区分钠长石和钙长石之外，拉曼光谱也可以进行有效区分，简单而言，钠长石 Al 取代 Si 导致 506—508 cm^{-1} 桥氧振动峰位分裂出 478—480 cm^{-1} 较强峰，钙长石中更多 Al 取代 Si 导致 503—505 cm^{-1} 桥氧振动峰位分裂为 484—487 cm^{-1} 较强峰和 554—557 cm^{-1} 的弱峰，此点可作为钠长石和钙长石的典型鉴别特征。

河南南阳独山玉是中国的特有玉材，属于多矿物的集合体，其中斜长石是主要组分之一。对图 2-23 的现代独山玉样品进行拉曼光谱分析，结果显示，119、147、190、260、286、311、336、418、433、456、492、529、573、595、622、677、871、888、926、983、1 072、1 092 cm^{-1} 等均是黝帘石[Zoisite, $Ca_2Al_3(Si_2O_7)(SiO_4)O(OH)$]的特征峰[1]，表明浅色区域主要是由黝帘石矿物组成。144、198、245、282、324、367、400、426、459、486、504、555、681、743、761、955、984 cm^{-1} 等均是钙长石(Anorthite, $CaAl_2Si_2O_8$)的特征峰[2]，表明深色区域主要由钙长石矿物组成。

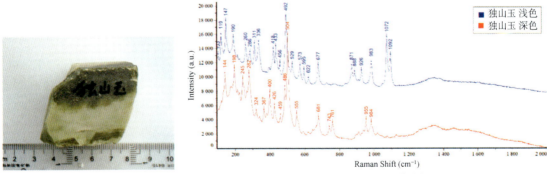

图 2-23 现代独山玉样品(承焕生教授提供)及拉曼光谱分析

一般来说，独山玉的主要组成矿物有斜长石、黝帘石，另有角闪石、云母、榍石、葡萄石、方解石、电气石等次要矿物，它们在不同颜色独山玉中的含量变化较大。本次分析样品仅有

---

[1] Mao, Z., Jiang, F. M., Duffy, T. S., "Single-crystal Elasticity of Zoisite $Ca_2Al_3Si_3O_{12}(OH)$ by Brillouin Scattering", *American Mineralogist*, 2007, 92, pp. 570-576.

[2] Freeman, J. J., Wang, A., Kuebler, K. E., et al. "Characterization of Natural Feldspars by Raman Spectroscopy for Future Planetary Exploration", *The Canadian Mineralogist*, 2008, 46, pp. 1477-1500.

浅色和深绿色两种颜色,因而矿物组成只有两种——钙长石和黝帘石。肖启云认为所有独山玉中的黝帘石可能是钙长石"黝帘石化"的结果,即 $Ca[Al_2Si_2O_8]$(钙长石)+ $H_2O \rightarrow$ $Ca_2Al_3[Si_2O_7][SiO_4]O(OH)$(黝帘石)[①],故两种矿物的成分差别不大,如**表 2 - 55**所示。该表同时表明钙长石的绿色主要与 Cr 元素相关。

表 2 - 55 独山玉的 PIXE 分析结果

	Na_2O	MgO	Al_2O_3	SiO_2	P_2O_5	K_2O	CaO	TiO_2	Cr_2O_3	Fe_2O_3	NiO	SUM
独山玉-浅色(白)	0.60	0.73	34.41	41.88	0.00	0.14	21.43	0.05	0.02	0.63	0.05	99.94
独山玉-深色(绿)	0.93	0.79	33.75	44.00	0.03	0.15	19.35	0.02	0.12	0.77	0.00	99.91

3. 考古出土品

考古出土的早期斜长石器举例参见**表 2 - 56**:

表 2 - 56 考古出土早期斜长石器举例(含独山玉)

序号	出土地点	名称	数量	时代	出土时间	形状规格	资料来源
1	河南邓州八里岗	斧、凿、锛、锄、刀等	数十件	仰韶文化早期至龙山文化晚期偏晚(5000—2000BC)	1992、1994、1998、2000 年	参见《南阳古玉撷英》第 20 页的表二,不过 76 件标本尚缺乏准确的科学检测报告,如 73 号妇好墓玉戈经笔者分析并非南阳玉,而是方解石质,参见图 2 - 12	②
2	河南新野凤凰山	铲	2	仰韶文化中期(3800—3600BC)	1976 年	(1) 长 18 cm、宽 11.3 cm、厚 0.7 cm (2) 长 17.5、宽 13.3 cm、厚 1.0 cm 均为黑花独山玉	③
3	河南南阳黄山	铲、凿、璜	5	仰韶文化晚期(3600—2900BC)	1959 年	铲 2 件、凿 2 件、璜 1 件	④
4	甘肃秦安大地湾	凿	1	大地湾第四期(3500—2900BC)	1978—1984 年	QDO: 167,两侧面呈棱形,长 10.9、宽 3.7、厚 1.85 cm	⑤

---

① 肖启云、蔡克勤、江富建:《河南南阳独山玉矿物碎裂成玉过程研究》,《地球学报》2009 年第 5 期。
② 南阳市文物考古研究所:《南阳古玉撷英》,文物出版社 2005 年版,第 20—21 页。
③ 江富建、赵树林:《独山玉文化概论》,中国地质大学出版社 2008 年版,第 28 页。
④ 江富建:《南阳黄山新石器时代玉器的玉质研究》,《中国宝玉石》2007 年第 5 期;南阳师范学院独山玉文化中心:《南阳黄山遗址独山玉制品调查简报》,《中原文物》2008 年第 5 期。
⑤ 闻广:《大地湾玉器地质考古学研究——中国古玉地质考古学研究之七》,载于杨建芳师生古玉研究会:《玉文化论丛》(3),文物出版社,众志美术出版社 2009 版,第 140—149 页;闻广:《大地湾遗址玉器鉴定报告》,载于甘肃省文物考古研究所:《秦安大地湾——新石器时代遗址发掘报告》,文物出版社 2006 年版,第 938 页。后者第 597 页描述 QDO: 167 凿为变质石英砂岩,同出的 11 件凿也为变质石英砂岩,1 件凿为透闪石-阳起石质,本书从闻广的鉴定结果。

续表

序号	出土地点	名称	数量	时代	出土时间	形状规格	资料来源
5	山西襄汾陶寺	珠	1	陶寺中期（2100—2000BC）	1978—1985年	JS62 M3202：1	①
6	湖北荆州枣林岗	锛、凿	不详	石家河文化晚期（2000—1800BC）	1990—1992年	半透明，颜色多为白底透绿色斑纹。锛共39件，凿共18件，属于斜长石独山玉的数量不详	②
7	四川成都金沙	不详	65	商代晚期至春秋早期	2001—2004年	占551件分析样品的11.8%	③
8	黑龙江齐齐哈尔平洋砖厂	饰品	7	战国早期	1984年	呈灰白色或灰褐色，内有孔，磨光。其中4件尺寸列举如下： (1) M101：26，扁珠形，直径1 cm (2) M101：22，一端斜平，穿双孔，长0.4—1，宽1.2 cm (3) M107：247，近菱形，中有孔，长1.6、宽1.1 cm (4) M140：26，近长方形，两端稍凹，长1.4、宽1 cm	④

现有研究表明，独山玉的摩氏硬度为6—7，相对密度为2.70—3.09（一般为2.90）⑤，属于中国古代玉材中为数极少的多矿物种类，是中国特有的玉材种类。独山玉按照主要矿物可以分为斜长石玉、黝帘石玉和角闪石玉，其中斜长石玉最多，黝帘石玉次之，角闪石玉仅黑独玉一种⑥。斜长石矿物超过50%的独山玉包括绿白玉、天蓝玉、紫独玉、青独玉等品种⑦，均以钙长石矿物为主。徐安武认为Sr^{2+}以类质同象形式替代钙长石中的Ca^{2+}，使得钙长石中的Sr含量较高，因此Sr元素可以作为斜长石类独山玉的指纹元素⑧。

表2-56显示钙长石目前仅在河南南阳和湖北荆州枣林岗遗址得到了确认，但仍作为独山玉的组成矿物，因此目前尚无钙长石单矿物质玉器的使用证据。此外，甘肃秦安大地湾遗址第四期、四川金沙遗址和黑龙江齐齐哈尔战国墓出土了一些斜长石质玉器，其中，由于较多大地湾玉器未经过检测，因此斜长石材料在大地湾遗址中的使用情况尚不清楚；金沙遗

---

① 闻广、荆志淳：《陶寺玉器地质考古学研究——中国古玉地质考古学研究之八》，载于中国社会科学院考古研究所、山西省临汾市文物局：《襄汾陶寺——1978-1985年考古发掘报告》（第三册），文物出版社2015年版，第1243—1254页。
② 湖北省荆州博物馆：《枣林岗与堆金台——荆江大堤荆州马山段考古发掘报告》，科学出版社1999年版，第42、46—47页。该遗址同出了独山玉（斜长石）和天河石。
③ 向芳、王成善、杨永富等：《金沙遗址玉器的材质来源探讨》，《江汉考古》2008年第3期。
④ 黑龙江省文物考古研究所：《黑龙江泰来县平洋砖厂墓地发掘简报》，《考古》1989年第12期；黑龙江省文物考古研究所：《平洋墓葬》，文物出版社1990年版，第114页。
⑤ 国家标准GB/T 16553—2010《珠宝玉石 鉴定》。
⑥ 肖启云、蔡克勤、江富建：《河南南阳独山玉矿物碎裂成生过程研究》，《地球学报》2009年第5期。
⑦ 肖启云、蔡克勤、江富建：《各色独山玉的矿物组合研究》，《岩石矿物学杂志》2011年增刊。
⑧ 徐安武、杨小勇、孙在泾等：《河南南阳独山玉的PIXE研究》，《核技术》1999年第9期。

址玉器目前被检测的数量达四分之一,其中斜长石数量达 65 件,可成为该地区用玉的特色之一;齐齐哈尔战国墓同出了数量较多的钾长石质和天河石质玉器,因此长石类材料也是战国时期黑龙江地区用玉的一大特色。

(二) 碱性长石亚族/钾长石亚族〔Alkali feldspar, K[AlSi$_3$O$_8$]—Na[AlSi$_3$O$_8$]〕

1. 基本性质

钾长石的基本性质可归纳为表 2-57:

表 2-57 钾长石基本性质[1]

品种	晶系	结晶习性	颜色	光泽	透明度	摩氏硬度	密度(g/cm^3)	荧光	特殊光学效应	其他
Microcline 微斜长石	三斜晶系	柱状或板状	肉红色、浅黄色或灰白色、个别铁含量高呈黄色	玻璃光泽(解理面上有时呈珍珠光泽)	半透明	6.0—6.5	2.55—2.63		可具猫眼、月光、晕彩、砂金和星光效应	中酸性和碱性火成岩的主要浅色造岩矿物。伟晶岩和长英岩、浅变质带中较多
Orthoclase 正长石	单斜晶系	短柱状或厚板状,集合体呈粒状	肉红色、浅黄色或灰白色		半透明或透明			长、短波紫外光下均呈弱橙红色荧光		中酸性和碱性火成岩的主要浅色造岩矿物。火山岩、深变质岩中较多
Sanidine 透长石		板状	无色、粉褐色		透明或半透明		2.57—2.58			中酸性火山岩

钾长石并不是一种矿物名称,而是钾长石含量较高的三个同质多象变体——透长石、正长石和微斜长石的总称。从产量上看,微斜长石分布最广,正长石次之,透长石较少见。其原因与矿物产出的环境条件相关,透长石属于高温变体,单斜晶系,在 900℃ 以上才能稳定存在,其络阴离子中 Si—Al 的分布呈无序结构,因此随着温度低于 900℃,它将依次转变为属于低温变体的正长石和微斜长石。正长石仍为单斜晶系,但因 Si—Al 呈短程有序结构,故会逐渐向具有 Si—Al 长程有序结构的微斜长石转变,此时拉曼峰位增多、化学成分的 K 含量增加和 Na 含量减少(见表 2-58),晶体也由单斜晶系转变为与斜长石系列相似的三斜晶系[2]。由上可见,微斜长石不仅比正长石蕴藏量大,而且比正长石稳定。

值得注意的是,天河石(Amazonite)是微斜长石中的一个绿、蓝绿和蓝色变种,全球产地众多。根据天河石中蓝色钾长石的 Rb、Cs 和 Pb 含量均高于白色钠长石,学者们推测天河石的呈色机制主要有两种,一种为 Rb$^+$(0.148 nm)和 Cs$^+$(0.169 nm)类质同象替代 K$^+$(0.133 nm)产生的色心致色,另一种为 Pb^{2+}(0.120 nm)类质同象替代 K$^+$(0.133 nm)产生

---

[1] 赵珊茸:《结晶学及矿物学》,高等教育出版社 2017 年版,第 387—389 页。
[2] 地质矿产部地质辞典办公室:《地质大辞典 2:矿物、岩石、地球化学分册》,地质出版社 2005 年版,第 79—80 页。

色心致色[1]。

2. 科技鉴别

钾长石的科技分析参考值可参见**表 2-58**：

表 2-58　钾长石科技分析参考值

分析方法		数据信息			
XRD	透长石 (PDF：25-0618)	3.3300 ($I/I_0=100$)	3.2800 ($I/I_0=60$)	3.7900&4.2400 ($I/I_0=55$)	4.2300 ($I/I_0=50$)
	正长石 (PDF：31-0966)	3.3100 ($I/I_0=100$)	3.7746 ($I/I_0=80$)	4.2200 ($I/I_0=70$)	3.2900 ($I/I_0=60$)
	微斜长石 (PDF：19-0932)	3.2400 ($I/I_0=100$)	3.2900 ($I/I_0=50$)	4.2200 ($I/I_0=45$)	2.1610 ($I/I_0=30$)
拉曼分析 参考值[2]	透长石	(1) 156—158(m—s)、192—197、280—283(m—s)cm^{-1}——M—O 振动和晶格振动 (2) 408—412、474—483(m—s)cm^{-1}——[SiO$_4$]的面内弯曲振动 (3) 509—513(vs)、564—568 cm^{-1}——[SiO$_4$]的面外弯曲振动 (4) 820—825(m)cm^{-1}——[SiO$_4$]的不对称伸缩振动 (5) 1 113—1 117(m)cm^{-1}——[SiO$_4$]的对称伸缩振动 注：vs = very strong，s = strong，m = media			
	正长石[3]	(1) 160—165(m—s)、196—198(m—s)、283—287(m)cm^{-1}——M—O 振动和晶格振动 (2) 401—403、473—476(m—s)cm^{-1}——[SiO$_4$]的面内弯曲振动 (3) 512—515(vs)cm^{-1}——[SiO$_4$]的面外弯曲振动 (4) 744—746 cm^{-1}——Al^{IV}—O$_{nb}$([AlO$_4$])的伸缩振动 (5) 806—808 cm^{-1}——[SiO$_4$]的不对称伸缩振动 (6) 1 120—1 126(m)cm^{-1}——[SiO$_4$]的对称伸缩振动			
	微斜长石（自测）	(1) 107—113、125—127、149—152(vs)、176—179(m)、198—201、264—266、283—290(m)、330—333 cm^{-1}——M—O 振动和晶格振动 (2) 402—408、452—455、474—480(s)cm^{-1}——[SiO$_4$]的面内弯曲振动 (3) 510—513(vs)、582—584、649—653 cm^{-1}——[SiO$_4$]的面外弯曲振动 (4) 747—750 cm^{-1}——Al^{IV}—O$_{nb}$([AlO$_4$])的伸缩振动 (5) 811—814、852—856 cm^{-1}——[SiO$_4$]的不对称伸缩振动 (6) 994—1 004、1 122—1 126(m)、1 135—1 140 cm^{-1}——[SiO$_4$]的对称伸缩振动			

---

[1] 孟国强、陈美华、王雅玫：《莫桑比克天河石的宝石学特征》，《宝石和宝石学杂志》2016 年第 4 期。
[2] 潘峰、喻学惠、莫宣学：《架状硅酸盐矿物的 Raman 光谱研究》，《硅酸盐学报》2009 年第 12 期。
[3] 赵虹霞、张朱武、干福熹：《用于中国古代玉器质地鉴测和溯源中的无损分析方法》，《广西民族大学学报（自然科学版）》2009 年第 4 期。

续表

分析方法		数据信息
化学成分参考值	透长石（R060313）	$SiO_2 = 63.92\% — 64.87\%$，平均值 64.35% $Al_2O_3 = 18.37\% — 18.65\%$，平均值 18.50% $K_2O = 14.26\% — 14.49\%$，平均值 14.42% $Na_2O = 1.38\% — 1.65\%$，平均值 1.50% $BaO = 0.49\% — 0.92\%$，平均值 0.74%
	正长石（R050185、R050367、R060077、R070001、R150014）	$SiO_2 = 63.25\% — 65.92\%$，平均值 64.65% $Al_2O_3 = 18.31\% — 19.21\%$，平均值 18.60% $K_2O = 14.39\% — 15.67\%$，平均值 14.99% $Na_2O = 0.43\% — 1.51\%$，平均值 1.02% $BaO = 0 — 0.71\%$，平均值 0.24% $SrO = 0 — 0.15\%$，平均值 0.03% $CaO = 0 — 0.09\%$，平均值 0.02% $FeO = 0 — 0.01\%$，平均值 0.004% $Fe_2O_3 = 0 — 0.02\%$，平均值 0.004% $MnO = 0 — 0.01\%$，平均值 0.004%
	微斜长石（R040154、R050150、R150015）	$SiO_2 = 63.90\% — 65.34\%$，平均值 64.71% $Al_2O_3 = 18.47\% — 18.92\%$，平均值 18.67% $K_2O = 14.81\% — 15.91\%$，平均值 15.29% $Na_2O = 0.50\% — 1.14\%$，平均值 0.89% $BaO = 0 — 1.04\%$，平均值 0.46% $SrO = 0 — 0.16\%$，平均值 0.05% $FeO = 0.02\% — 0.08\%$，平均值 0.04% $CaO = 0 — 0.02\%$，平均值 0.007%

3. 考古出土品

考古出土的早期钾长石器举例参见**表 2-59**：

表 2-59 考古出土早期钾长石器举例

序号	出土地点	名称	数量	时代	出土时间	形状规格	资料来源
1	辽宁建平牛河梁	坠珠（天河石）	1	红山文化晚期（3500—3000BC）	1985 年	N2Z4-85M3：2，散泛淡蓝色。多面体、不规则形，体中一单向钻孔。最长 1.1、孔径 0.25 cm	①
2	辽宁朝阳半拉山	坠饰（天河石）	不详	红山文化晚期（3300—3000BC）	2015 年	(1) 早期1件，M30：2，一侧面较平，一侧面圆弧。对钻一孔，单面钻一孔未通。直径 1.3、厚 0.7 cm (2) 晚期件数不详，完整，磨制光滑，形制规整。可分为三型：	

---

① 辽宁省文物考古研究所：《牛河梁——红山文化遗址发掘报告（1983—2003 年度）》（上），文物出版社 2012 年版，第 207—208 页。

续表

序号	出土地点	名称	数量	时代	出土时间	形状规格	资料来源
						① A 型：平面呈圆形。M29：4，扁体，围棋子形，边缘薄如刃。对钻一孔。直径 1.6、厚 0.7 cm ② B 型：平面呈椭圆形。M29：5，扁体，一侧平面，一侧弧面，边缘圆滑。对钻一孔。长轴 1.6、短轴 1.4、厚 0.6 cm ③ C 型：不规则形。M7：1，绿色，微泛白。对钻一孔。长 2.8、宽 2.4、厚 0.54 cm	①
3	浙江海宁九虎庙	管（正长石）	1	良渚文化中晚期	2008 年	M4：14，云母化的正长石玉	②
4	山西襄汾陶寺	片、管、珠（天河石）	5	陶寺中期（2100—2000BC）	2002—2007 年	片 2 件、珠 1 件、管 2 件，是陶寺文化中期出现的新玉材。 IIM22 扰坑：6 天河石嵌片为圆角长方形，正面隆起，背面平，玉色翠绿。背面有对切截痕，大概原本由 1 块天河石柱形珠纵向剖开而成。出土时天河石嵌块背面朝上，背上有黑褐色有机粘合物质，粘合物之上是棺板灰。由此可知该件天河石嵌块是镶嵌在棺板上的。 1 件珠和 1 件片也镶嵌在棺底板上。 2 件管出土于陶寺中期墓地第三层	③
5	湖北荆州枣林岗	管（天河石）	1	石家河文化晚期（2000—1800BC）	1990—1992 年	JZWM37：5，较粗矮	④
6	河南安阳殷墟妇好墓	管（天河石）	1	殷墟二期（1250—1200BC）	1975 年	1232 蓝色	⑤
7	辽宁大连于家砣头	坠（天河石）	5	西周初期	1977 年	(1) M8：6，长 1.43—1.50、宽 1.17、厚 0.7、孔径 0.37—0.45 cm (2) M14：2-1，直径 1.13、宽 1.1、孔径 0.30—0.38 cm (3) M14：2-2，直径 1.08—1.10、厚 0.3—0.4、孔径 2.45—2.49 cm	

---

① 辽宁省文物考古研究所、朝阳市龙城区博物馆：《辽宁朝阳市半拉山红山文化墓地的发掘》，《考古》2017 年第 2 期；辽宁日报：《半拉山红山文化墓地研究又出新成果》，《国土资源》2017 年第 4 期。
② 浙江省文物考古研究所、海宁市博物馆：《海宁九虎庙遗址考古发掘简报》，载于浙江省文物考古研究所主编：《浙北崧泽文化考古报告集(1996—2014)》，文物出版社 2014 年版，第 263—264 页。
③ 北京大学震旦古代文明研究中心：《山西襄汾陶寺遗址近年来出土玉石器》，《古代文明研究通讯》2008 年第 9 期。
④ 湖北省荆州博物馆：《枣林岗与堆金台——荆江大堤荆州马山段考古发掘报告》，科学出版社 1999 年版，第 49 页。
⑤ 中国社会科学院考古研究所、北京艺术博物馆、首都博物馆、河南博物院：《王后·母亲·女将——纪念殷墟妇好墓考古发掘四十周年(玉器篇)》，科学出版社 2016 年版，第 246 页。

续表

序号	出土地点	名称	数量	时代	出土时间	形状规格	资料来源
						(4) M30:3,长1.9、宽1.2、厚0.9 cm (5) M41:8,长1.5、宽0.9、厚0.65 cm	①
8	陕西西安沣西张家坡	柄形饰（天河石）	1	西周早期	1983—1986年	M44:21(天河石＋透闪石),长10、宽2.9、厚0.4 cm	②
9	陕西扶风强家村	似矛尖状	1	西周中晚期	1981年	M1:74,形式矛尖状,扁平,两面打磨抛光,呈天蓝色	③
10	安徽蚌埠双墩一号墓（钟离国国君"柏"）	珠（天河石）	1	春秋时期	2006—2008年	M1:38,青绿色,椭圆形,内有孔,中间有裂纹。长1.6 cm,腹部直径1 cm,两头直径0.7 cm,内孔两头的直径分别为0.5、0.3 cm	④
11	内蒙古林西井沟子	管、珠（天河石）	不详	春秋晚期至战国早期	2002—2003年	正式资料尚未公布。同出还有滑石、绿松石、孔雀石、玛瑙和水晶质管和珠	⑤
12	辽宁沈阳郑家洼子	管珠（天河石）	约80	春秋末期至战国初期	1965年	(1) 大串珠,位于颈部,蓝绿色,由33枚珠（长0.9—3.9、孔径0.8 cm）和1件半月形佩饰（长6.2、宽3.2、厚1.6 cm）组成 (2) 小串珠,位于额骨处,蓝绿色,小扁圆体,长0.5—0.8 cm,全长约40 cm	⑥
13	黑龙江齐齐哈尔平洋砖厂	饰品（天河石）	76	战国早期	1984年	出土于24座墓中,其中M107出土29件,其余各墓出1—9件不等,微带蓝绿色,磨光,光泽洁亮 (1) A型,28件,珠形,多数为扁平珠子,穿孔 (2) B型,25件,管形,两端齐平,长0.85—2.40、直径0.55—0.80 cm (3) C型,10件,长方形,平底,正面有单脊、圆鼓和平面之分,中有孔 (4) D型,13件,近菱形,两端磨平,内有孔	

---

① 大连市文物考古研究所:《于家砣头墓地》,科学出版社2018年版,第14—15、21—22、38、51—52页。
② 中国社会科学院考古研究所:《张家坡西周玉器》,文物出版社2007年版,第62、121页。
③ 周原扶风文管所:《陕西扶风强家一号西周墓》,《文博》1987年第4期。
④ 董俊卿、李青会、顾冬红等:《蚌埠双墩一号墓和三号墓出土玉器及玻璃器研究》,《南方文物》2012年第2期;安徽省文物考古研究所,蚌埠市博物馆:《钟离君柏墓》(上册),文物出版社2013年第167页。该墓出土玉器13件,其中12件出自主棺室,为墓主人随身佩戴的装饰品,11件为透闪石材质,1件珠为天河石材质,另有1件蛇纹石鞢出自南椁室器物厢。
⑤ 付琳、董俊卿、李青会等:《林西井沟子西区墓葬出土滑石珠的科技分析及相关问题》,《边疆考古研究》2015年第2期。
⑥ 沈阳故宫博物馆、沈阳市文物管理办公室:《沈阳郑家洼子的两座青铜时代墓葬》,《考古学报》1975年第1期。

续表

序号	出土地点	名称	数量	时代	出土时间	形状规格	资料来源
14	黑龙江齐齐哈尔平洋砖厂	饰品（钾长石）	105	战国早期	1984年	出自11座墓，M107多达83件，一般墓葬仅出1—8件不等。不少饰件出土时，内外附着一层很薄的黄褐色土皮，不仔细观察，易误认为骨质饰件。颜色呈浅绿，微带蓝色，晶莹透亮，磨制，分为五型： (1) A型，8件，珠形，中穿孔，直径0.5—1.0 cm (2) B型，11件，管形，内有孔，长0.9—2.1、直径0.5—0.8 cm (3) C型，4件，圆环形，较扁小 (4) D型，42件，近方形，平底，中有孔。正面圆鼓28件，正面有单脊8件，正面为双脊6件 (5) E型，40件，平面近似菱形，多数面稍圆鼓，个别的为单脊，平底，中穿孔	①②
15	黑龙江齐齐哈尔战斗村	饰品（天河石）	5	战国晚期	1985年	分两型： (1) A型，4件，扁平圆珠子，内有孔 (2) B型，1件，M219：4，方形，两面平整，两侧边各有一小孔，磨光，边长1.4—1.6、厚0.45 cm	③
16	黑龙江齐齐哈尔战斗村	饰品（钾长石）	12	战国晚期	1985年	呈微带蓝的绿色，透明，有的外表附着黄褐色土皮，分四型： (1) A型，5件，珠形，中有孔 (2) B型，2件，管形，两头平齐，内穿孔 (3) C型，1件，M207：4，近方形，两侧边稍斜平，中有孔，长1.7、宽0.9—1.2 cm (4) D型，4件，环形，较小，磨制规整	

与斜长石质玉器相比，钾长石质玉器的出土数量有所增加，且主要以天河石器为主。天河石早在红山文化晚期已经被用作装饰品，如辽宁建平牛河梁遗址出土了1件坠饰，辽宁朝阳半拉山墓地出土了多件坠饰。此后，天河石在内蒙古以东地区一直被使用，如内蒙古林西春秋晚期至战国早期的井沟子墓地出土了一些天河石管和珠；辽宁沈阳郑家洼子出土了80余件管和珠；黑龙江齐齐哈尔战国墓地出土了81件天河石装饰品，器型包括珠、管、方形和菱形等。值得关注的是，齐齐哈尔战国墓地同出了117件钾长石质和7件钠长石质玉器（表2-56），器型包括珠、管、方形、菱形和环形等装饰品，表明长石材料是该地区用玉的一大特色。

除了东北地区以及内蒙古东部地区，天河石器还发现于山西襄汾陶寺遗址、湖北荆州枣林岗墓地、河南安阳妇好墓、陕西西安沣西张家坡墓地、陕西扶风强家村一号墓和安徽蚌埠

---

① 黑龙江省文物考古研究所：《黑龙江泰来县平洋砖厂墓地发掘简报》，《考古》1989年第12期。
② 黑龙江省文物考古研究所：《平洋墓葬》，文物出版社1990年版，第111—114页。
③ 黑龙江省文物考古研究所：《黑龙江泰来县战斗墓地发掘简报》，《考古》1989年第12期；黑龙江省文物考古研究所：《平洋墓葬》，文物出版社1990年版，第153—154页。

双墩一号墓等地。除陶寺遗址出土 5 件外,其余墓地仅出土 1 件。不过,器型有所扩展,如天河石在张家坡墓地被用作柄形饰,因此功能也有相应扩展,如柄形器可被用作礼仪器。此外,陶寺遗址使用天河石片作为棺板的镶嵌材料。

目前,长江以南地区未有天河石的检测数据发表,仅在浙江海宁九虎庙遗址出土了 1 件正长石管,表明钾长石材料可能并非南方地区早期先民的用玉选择。

综上可见,天河石早在距今 5500 年的北方地区被用作玉材,但使用区域仅限于长江以北地区。天河石的最初功能可能并非作为绿松石的替代品,而是因蓝色调受到喜爱进而被先民利用。天河石的使用在早期中国是有限的,但内蒙古、辽宁、山西、甘肃、新疆、湖北、湖南、广东、广西、云南、福建等省区均出产天河石[①],因此中国出土天河石器的来源是否与中西方交流相关,尚有待进一步研究。

---

① 张蓓莉:《系统宝石学》,地质出版社 2006 年版,第 301 页。

第三章

中国早期玉材利用研究

——非硅酸盐篇

第二章介绍了中国早期硅酸盐质玉材的基本信息、科技研究及考古出土器等内容，本章将介绍中国早期非硅酸盐质玉材和有机质玉材的基本内容。

第一节 碳酸盐玉材

古代碳酸盐玉器的种类包括方解石、白云石和孔雀石，它们分属于碳酸盐类的两个主要种类：方解石族和孔雀石族。

一、方解石（Calcite，$CaCO_3$）和白云石［Dolomite，$CaMg(CO_3)_2$］

（一）基本性质

方解石和白云石的基本性质可归纳为**表 3-1**：

表 3-1　方解石和白云石基本信息[①]

品种	晶系	结晶习性	颜色	光泽	透明度	摩氏硬度	密度 (g/cm^3)	荧光	特殊光学效应	其他
方解石	三方晶系	单晶：常见柱状、板状和各种状态的菱面体，并易形成双晶集合体；(1)层状和纤维方解石，是片状（板状）或纤维状的方解石呈平行或近似平行组成的连生体；(2)石灰岩（致密块状）；(3)大理岩（粒状）；(4)白垩（土状）；(5)石灰华（多孔状）；(6)石钟乳（钟乳状）；(7)鲕状、豆状、结核状、葡萄状、被膜状及晶簇状等	(1)纯净的应为无色或白色；(2)因各种混入物而呈现不同的颜色，如微量 Co 或 Mn 可呈灰色、黄色、浅红色，微量 Cu 可呈绿色或蓝色	玻璃光泽	透明至不透明	3	2.65—2.75	荧光惰性	猫眼效应	具有多种成因类型：(1)沉积型——石灰岩、鲕状灰岩、白云质灰岩；(2)热液型——冰洲石；(3)热变质型——粗粒大理岩；(4)风化型——钟乳石、石笋、石柱等

---

① 张蓓莉：《系统宝石学》，地质出版社 2006 年版，第 412—417 页。

续表

品种	晶系	结晶习性	颜色	光泽	透明度	摩氏硬度	密度 (g/cm³)	荧光	特殊光学效应	其他
白云石	三方晶系	单晶：呈菱面体状，晶面常弯曲成马鞍形，不过单晶不常见；集合体：常呈粒状、致密块状，有时呈多孔状、肾状	无色、白带黄色或褐色色调	玻璃光泽至珍珠光泽	半透明	3—4	2.86—3.20	紫外线下可有橙、蓝、绿、绿白等多种颜色荧光		沉积岩中广泛分布的矿物之一

方解石的成因类型丰富，因而种类较多，例如将无色透明的方解石称为"冰洲石"；将方解石的隐晶质集合体被称为"石灰岩"；将方解石的显晶质集合体称为"大理岩"，也俗称为"汉白玉"，它除含有方解石外，可含白云石、菱镁矿、蛇纹石、绿泥石等矿物。

方解石结构可以分为两种：方解石型和文石型。方解石型的阳离子包括 Co^{2+}、Zn^{2+}、Mg^{2+}、Fe^{2+}、Mn^{2+} 和 Ca^{2+}，文石型的阳离子包括 Ca^{2+}、Sr^{2+}、Pb^{2+}、Ba^{2+}，由此可见，方解石型的二价阳离子半径≤钙离子半径（0.099 nm），文石型的二价阳离子半径≥钙离子半径（0.099 nm）。这种阳离子半径的差异，导致方解石型阳离子以六次配位形式与 6 个 O 相连，文石型阳离子以九次配位形式与 9 个 O 相连，进而导致方解石型和文石型的结构不同，前者属于三方晶系，后者属于斜方晶系。这种结构差别使得其他因素类同情况下的矿物密度和硬度随着质点堆积紧密程度的增高而增大，即随着阳离子的配位数增高而增大，因此方解石的硬度（3）和密度（2.72）均小于文石的硬度（3.5—4.0）和密度（2.94）。此外，方解石常在高温低压条件下生成，文石常在低温高压条件生成，文石一般不稳定，多转变为方解石[①]。

方解石和白云石的结构类型相似，离子电价也相同，因此矿物的硬度和密度随着离子半径的减小而增高，即 Mg^{2+} 半径（0.065 nm）小于 Ca^{2+}（0.099 nm），故白云石 $CaMg(CO_3)_2$ 的硬度和密度均大于方解石 $CaCO_3$。一般常用稀盐酸滴定来区分方解石和白云石，方解石常发生剧烈反应冒泡（生成 CO_2 气体），而白云石几乎不发生反应或缓慢反应，这也说明白云石的抗酸能力强于方解石。

（二）科技鉴别

方解石和白云石的科技分析参考值可参见**表 3-2**：

表 3-2 方解石和白云石科技分析参考值

分析方法	数据信息				
XRD	方解石 (PDF：05-0586)	3.035 0 ($I/I_0=100$)	2.285 0 & 2.095 0 ($I/I_0=18$)	1.913 0 & 1.875 0 ($I/I_0=17$)	2.495 0 ($I/I_0=14$)
	文石 (PDF：41-1475)	3.397 0 ($I/I_0=100$)	2.702 0 ($I/I_0=60$)	1.977 4 ($I/I_0=55$)	3.274 0 ($I/I_0=50$)
	白云石 (PDF：11-0078)	2.886 0 ($I/I_0=100$)	2.192 0 & 1.786 0 & 1.781 0 ($I/I_0=30$)	1.804 0 ($I/I_0=20$)	2.015 0 & 1.389 0 ($I/I_0=15$)

---

① 赵珊茸：《结晶学及矿物学》，高等教育出版社 2017 年版，第 409—410 页。

续表

分析方法		数据信息
拉曼分析 参考值 (自测+①②)	方解石(Calcite)	(1) 86 cm^{-1}——[CO_3]的旋转晶格振动 (2) 153—155(s)、179—181、206—208、280—282(s)cm^{-1}——Ca、CO_3的平移晶格振动 (3) 711—713(m)cm^{-1}——[CO_3]的面外弯曲振动 (4) 1 085—1 087(vs)cm^{-1}——[CO_3]的对称伸缩振动 (5) 1 435—1 437 cm^{-1}——[CO_3]的不对称伸缩振动 (6) 1 748—1 750 cm^{-1}——[CO_3]对称伸缩和对称弯曲的耦合振动
	文石(Aragonite)	(1) 152—155(m-vs)[或分峰为140—142(m)和162(m)]、180—192(m)、205—213(m-s)、271—273 cm^{-1}——Ca、CO_3的平移晶格振动。 (2) 701—703(m-s)、705—708(m-s)cm^{-1}——[CO_3]的面外弯曲振动 (3) 1 085—1 089(vs)cm^{-1}——[CO_3]的对称伸缩振动 (4) 1 461—1 463 cm^{-1}——[CO_3]的不对称伸缩振动
	白云石(Dolomite)	(1) 176—179(s)、300—304(s)cm^{-1}——Ca、Mg、CO_3的平移晶格振动 (2) 723—725(s)cm^{-1}——[CO_3]的面外弯曲振动 (3) 1 098—1 100(vs)cm^{-1}——[CO_3]的对称伸缩振动 (4) 1 443—1 445 cm^{-1}——[CO_3]的不对称伸缩振动 (5) 1 759—1 765 cm^{-1}——[CO_3]对称伸缩和对称弯曲的耦合振动 注:vs = very strong,s = strong,m = media,拉曼光谱中800—900 cm^{-1}之间的[CO_3]面内弯曲振动峰位不明显
化学成分 参考值	方解石(R040170、R050048、R050009、R050127、R050128、R050130、R050307、R150020)	CaO = 50.10%—59.60%,平均值 = 56.01% CO_2 = 39.22%—49.33%,平均值 = 43.15% SiO_2 = 0—1.57%,平均值 = 0.36% ZnO = 0—1.82%,平均值 = 0.11% MgO = 0—0.36%,平均值 = 0.08% SrO = 0—0.19%,平均值 = 0.03% CoO = 0.07%—0.32%,平均值 = 0.03% Na_2O = 0—0.13%,平均值 = 0.02% NiO = 0—0.25%,平均值 = 0.01% FeO = 0—0.15%,平均值 = 0.004% MnO = 0—0.10%,平均值 = 0.004% Cl = 0—0.01%,平均值 = 0.003% K_2O = 0—0.03%,平均值 = 0.001%
	文石(R040078、R060195、R080142、R150021)	CaO = 50.67%—53.58%,平均值 = 53.21% CO_2 = 43.90%—49.33%,平均值 = 45.90% SrO = 0.95%—2.19%,平均值 = 0.80% BaO = 0.11%—0.27%,平均值 = 0.04% FeO = 0—0.08%,平均值 = 0.01% MnO = 0—0.04%,平均值 = 0.01%

---

① Gunasekaran, S., Anbalagan, G., Pandi, S., "Raman and Infrared Spectra of Carbonates of Calcite Structure", *Journal of Raman Spectroscopy*, 2006, 37(9), pp. 892-899.

② 徐志、郭倩、李锐:《金珍珠中$CaCO_3$物相分析》,《岩石矿物学杂志》2014年增刊。

续表

分析方法	数据信息
白云石(R040030、R050129、R050241、R050272、R050357、R050370)	CO_2 = 35.75%—52.02%,平均值 = 48.47% CaO = 26.49%—29.99%,平均值 = 28.07% MgO = 11.40%—21.87%,平均值 = 16.99% FeO = 0.31%—13.07%,平均值 = 4.36% MnO = 0—7.80%,平均值 = 1.73% SiO_2 = 0.05%—0.93%,平均值 = 0.29% ZnO = 0—0.17%,平均值 = 0.01% Al_2O_3 = 0—0.61%,平均值 = 0.01% SrO = 0—0.11%,平均值 = 0.01% SO_3 = 0—0.05%,平均值 = 0.01% K_2O = 0—0.01%,平均值 = 0.004% Cl = 0—0.02%,平均值 = 0.002% BaO = 0—0.13%,平均值 = 0.002% Na_2O = 0—0.06%,平均值 = 0.002%

表 3-2 显示,在方解石、文石和白云石的拉曼光谱鉴别中,白云石与前两者的拉曼鉴别特征的差异明显;方解石和文石属于同质异构体,其区别在于:文石的主要鉴别特征位于 205—213 和 701—703 cm^{-1}(有时有 705—708 cm^{-1} 肩峰),方解石的主要鉴别特征位于 280—282 和 711 cm^{-1}。

(三) 考古出土品

考古出土的早期方解石和白云石器举例参见表 3-3：

表 3-3 考古出土早期方解石和白云石器举例

序号	出土地点	名称	数量	时代	出土时间	形状规格及其他信息	资料来源
1	河南新郑唐户	穿孔玉器	1	7600—5800BC	2009 年	09ZXT1013⑨:4,梭形,方解石质,通常 4.5、孔径 2.0—2.1 cm	①
2	陕西宝鸡关桃园	环	1	前仰韶时期 (5200—4900BC)	2003 年	H183:1,白色,枣核形,外径 2.6、内径 1.5、宽 1.5 cm。体形较少,应为指环	②
3	浙江余姚河姆渡	璜	2	河姆渡文化一期 (5000—4500BC)	1977—1978 年	(1) T213(4A):70 璜 (2) T211(4A):285 璜 注：经过质料鉴定	③

---

① 信应君、崔天兴、胡亚毅:《新郑唐户遗址出土穿孔玉器的科学分析》,载于成都金沙遗址博物馆、成都文物考古研究所、中国社会科学院考古研究所:《夏商时期玉文化国际学术研讨会论文集》,科学出版社 2018 年版,第 344—348 页。
② 陕西省考古研究院、宝鸡市考古工作队:《宝鸡关桃园》,文物出版社 2007 年版,第 93 页。
③ 浙江省文物考古研究所:《河姆渡——新石器时代遗址考古发掘报告》,文物出版社 2003 年版,第 84 页。

续表

序号	出土地点	名称	数量	时代	出土时间	形状规格及其他信息	资料来源
4	陕西西乡何家湾	棒状饰、佩饰	1	仰韶文化早期（半坡类型中晚期）（4600—3900BC）	1980—1982年	（1）半坡类型中期（1件）——T18④：7，白色碳酸盐棒状饰，中间略粗两端较细的圆柱体，长4.2，直径1.3 cm（2）半坡类型晚期（1件）——M152：2，灰白色大理岩质佩饰，长6.2，宽4.6，宽2.1，厚0.6 cm	①
5	甘肃秦安大地湾	坠、串饰、环	约56	大地湾文化第二期和第四期（4500—2900BC）	1978—1984年	大地湾二期（4500—3900BC）（1）坠（3件）① F203：1，扁平体椭圆形坠，长32、宽21、厚4 mm，重5 g② F709：21，略残，扁平体梯形坠，长24、宽19、厚3.5 mm，重2.8 g③ F320：3，残，圆鼓体坠，长15、径7 mm（2）串饰（1件）——TG4③：19，外径8.5、内径3、厚1.5 cm大地湾四期（3500—2900BC）（1）环（约51件）——其中完整器3件，大多采用大理岩为料（2）坠（1件）——圆鼓体坠T807③：47，长11、宽11、厚8、孔径2.5 mm，重1.5 g	②
6	江苏金坛三星村	璜、玦、纺轮等	33	马家浜文化晚期至崧泽文化中期（4500—3500BC）	1993—1998年	其中17件为：（1）玉璜（5件）① M514：2，外径16.1、内径12.2、宽1.8、厚1 cm② M485A：1，外径11.7、内径9.6、宽1.6、厚1.1 cm③ M739：9，外径11、内径6.7、宽1.8、厚0.9 cm④ M591：2，外径18.9、内径跨16.4、宽1.2、厚0.8 cm⑤ M920：9，残缺，宽1.2、厚0.6 cm（2）纺轮（1件）——M805：3，直径6.2、厚1 cm（3）玉玦（11件）① M522：3，外径6.2、内径3.6、上缺口0.3、下缺口0.3、厚0.9 cm② M522：4，外径8、内径4.9、上缺口0.4、下缺口0.4、厚0.6 cm③ M775A：2，外径5.3、内径2.6、上缺口0.1、下缺口0.1、厚1 cm	

---

① 陕西省考古研究所、陕西省安康水电站库区考古队：《陕南考古报告集》，三秦出版社1994年版，第105、145页。
② 甘肃省文物考古研究所：《秦安大地湾——新石器时代遗址发掘报告》，文物出版社2006年版，第225—227、617、620页。该遗址出土的部分打磨石、研磨石、石球、片状器、石棒、麻面磨石、石臼、石铲、石纺轮、石权杖头、石陀螺、圆柱体石器、石圈、石垫以及石料等材质均为大理岩。

续表

序号	出土地点	名称	数量	时代	出土时间	形状规格及其他信息	资料来源
						④ M673：2，外径 3.8、内径 1.2、上缺口 0.3、下缺口 0.3、厚 0.7 cm ⑤ M890：2，外径 4.1、内径 1.7、上缺口 0.3、下缺口 0.3、厚 0.8 cm ⑥ M625：7，外径 5.4、内径 3.1、上缺口 0.3、下缺口 0.3、厚 0.7 cm ⑦ M920：1，外径 6.3、内径 3.6、上缺口 0.5、下缺口 0.4、厚 0.6 cm ⑧ M719：2，外径 7.9、内径 4.7、上缺口 0.5、下缺口 0.4、厚 0.8 cm ⑨ M718：5，外径 5.7、内径 3.3、上缺口 0.4、下缺口 0.3、厚 0.6 cm ⑩ M445：2，外径 8.1、内径 5.2、上缺口 0.4、下缺口 0.4、厚 0.6 cm ⑪ M980：12，直径 4.8、厚 0.7 cm	①
7	山东兖州王因	镯、环、坠	11	大汶口文化早期（4200—3600BC）	1975—1978 年	(1) 镯(6 件)——其中 3 件编号为： ① M2206：4，外径 9.1、内径 5.7 cm ② M2448：3，外径 8.1、内径 5.2 cm ③ M2410：2，外径 8.4、内径 5.8 cm (2) 环(3 件)——共出土 30 件，多为绢云母片麻岩，3 件标为石灰岩 ① M188：8，直径 1.4、孔径 0.5 cm ② M2304：2，外径 4.5、内径 1.8 cm ③ M201：1，外径 4.4、内径 1.5 cm (3) 坠(2 件)——共出土 22 件，其余 20 件为绿松石质 18 件、片麻岩 1 件、绢云母片麻岩质 1 件。1 件石灰岩质坠为 M232：2，长 4.2、最宽 2.5 cm	②
8	江苏张家港东山村	管	1	崧泽文化中期偏晚阶段（3700—3500BC）	2008—2010 年	M83：10，含毒重石、铁含量较高的白云石，青白色，半透明。管身有六道凸弦纹，长径 1.8、短径 1.2、孔径 0.2—0.3、高 3.2 cm	③

---

① 南京师范大学、金坛市博物馆：《金坛三星村——出土文物精华》，南京出版社 2004 年版，第 160、162—164 页；江苏省三星村联合考古队：《江苏金坛三星村新石器时代遗址》，《文物》2004 年第 2 期。共出土 109 件玉器，包括钺 1 件、纺轮 1 件、琮 2 件、璜 13 件、玦 63 件、串饰 27（原报告为 25 件）、耳坠 2 件。材质包括石英 46 件（玉髓 23 件、玛瑙 4 件、石英岩 17 件、东陵石 2 件）、大理岩 33 件、叶蜡石 25 件、蛇纹石 5 件。没有列出《金坛三星村——出土文物精华》中的 2 件火山岩。

② 中国社会科学院考古研究所：《山东王因——新石器时代遗址发掘报告》，科学出版社 2000 年版，第 275、277—278、280 页。

③ 南京博物院、张家港市文管办、张家港博物馆：《东山村——新石器时代遗址发掘报告》（上），文物出版社 2016 年版，第 187 页。该遗址出土玉器 147 件，其中马家浜文化时期 32 件，崧泽文化时期 115 件。其中 65 件玉器经过近红外光谱分析，材质包括 27 件透闪石-阳起石（马家浜 6 件＋崧泽 21 件）、7 件蛇纹石（马家浜 2 件＋崧泽 5 件）、30 件石英（马家浜 14 件＋崧泽 16 件）、1 件白云石（崧泽 1 件）；南京博物院、张家港市文管办、张家港博物馆：《东山村——新石器时代遗址发掘报告》（中），文物出版社 2016 年版，第 637—638 页。

续表

序号	出土地点	名称	数量	时代	出土时间	形状规格及其他信息	资料来源
9	安徽含山凌家滩	璧	2	凌家滩文化（3600—3300BC）	2000年	2000M23：22和2000M24：1，均属于大理岩类玉，矿物成分为方解石或（和）白云石，淡黄色，半玻璃光泽，半透明，质均匀，呈细粒粒状变晶结构，断口参差状，具有同色纹理构造	①
10	山东广饶五村	环	2	大汶口文化中晚期（3500—2700BC）	1985—1986年	残，板状环形。其中一件T4121⑤C：1，外面有钻痕，外径约7，内径约6.2，宽2.6，壁厚0.8 cm	②
11	辽宁建平牛河梁	环、坠	2	红山文化晚期（3500—3000BC）	1989年	(1) 环(1件)——N16F3：34，白色，长3.7 cm (2) 坠(1件)——N16H77：3，环形坠饰，白色，直径8 cm	③
12	河南灵宝西坡	钺	2	仰韶文化晚期（3500—3000BC）	2005年	(1) M11：6，方解石，乳白色，略粉化，长17.2，宽5.3，厚1.5 cm (2) M30：9，蛇纹石化大理岩，灰白色，有黑色小斑点，长16.6，宽8.6，厚0.8 cm	④
13	西藏昌都卡若	璜、环、珠	11	卡若文化（3000—2000BC）	1985年	(1) 璜(2件) ① T3②：85，内径6.2，宽1.6，厚0.8 cm ② F17：1，长8.3，宽1.6，厚1.4 cm (2) 环(5件)——均系大理石 (3) 珠(4件) ① T41③：55，直径0.8，厚0.5 cm ② F8：16，直径0.7，长1.7 cm ③ F8：10，直径0.7，长1.2 cm ④ F8：111，28颗长方形珠和2颗管状珠组成的，其中1颗长方形珠为大理岩，长1.5，宽0.6，厚0.4 cm	⑤
14	青海乐都柳湾	臂饰、贝、珠	15	马家窑文化晚期至齐家文化（2650—1760BC）	1974—1979年	(1) 臂饰(8件)——M474：1、M499：1、M580：4、M606：8、M619：11、M619：16、M692：2、M1366：11 (2) 贝(4件)——M765：4、M1360：20、M1360：21、M1360：22 (3) 珠(3件)——M407：8、M648：4、M1364：26	⑥

① 蔡文静、张敬国、朱勤文等：《凌家滩出土部分古玉器玉质成分特征》，《东南文化》2002年第11期。
② 山东省文物考古研究所、广饶县博物馆：《广饶县五村遗址发掘报告》，载于张学峰：《海岱考古》（第1辑），山东大学出版社1989年版，第61—123页。大汶口文化时期的4个墓葬各随葬1件器物，分别为1件蛇纹石圭形坠、1件高岭石指环、1件高岭石串珠、1件为燧石指环。居址出土了3件装饰品，包括2件残汉白玉环和1件白色指环。
③ 辽宁省文物考古研究所：《牛河梁——红山文化遗址发掘报告(1983—2003年度)》（中），文物出版社2012年版，第457—458页。
④ 中国社会科学院考古研究所、河南省文物考古研究所：《灵宝西坡墓地》，文物出版社2010年版，第47、103页。出土玉钺13件(蛇纹岩质11件、方解石质1件、蛇纹石化大理岩质1件)、石钺3件(片麻岩2件、片岩1件)、玉环1件(蛇纹岩质)；马萧林、李新伟、杨亚青：《灵宝西坡仰韶文化墓地出土玉器初步研究》，《中原文物》2006年第2期。
⑤ 西藏自治区文物管理委员会、四川大学历史系：《昌都卡若》，文物出版社1985年版，第145—147页。
⑥ 青海省文物管理处考古队、中国社会科学院考古研究所：《青海柳湾》（上），文物出版社1984年版，第304、305、308页。

续表

序号	出土地点	名称	数量	时代	出土时间	形状规格及其他信息	资料来源
15	甘肃武威皇娘娘台	璧	不详	齐家文化早期	1975年	璧共有264件，有圆形、椭圆形和方形三种，圆形最多。一般采用玉料和大理石制作，颜色有绿色和白色	①
16	内蒙古赤峰大南沟	璧、环、镯	<45	处于新石器时代晚期至夏家店下层文化的过渡期（2500—2300BC）	1977、1979年	（1）璧（3件）——白色，体大，平薄，通体磨光，制作甚规整。出土时都位于颈部，为佩饰 （2）环（不详）——共出土31件环，41页表述为"多为大理岩质"。磨光，有的表面甚光泽，体薄而平，制作也甚规整。出土时位于颈下的10件，为佩饰；套在手臂的5例，为臂环 （3）镯（11件）——白色，其中4件出土于手臂处	②
17	内蒙古敖汉旗大甸子	斧、钺、皿、坠、珠等	1385	夏家店下层文化（1735—1463BC）	1974、1976—1977、1983年	（1）斧（45件）——共出土67件，其中45件为大理岩或白云质大理岩 （2）钺（11件）——共出土34件，其中11件为大理岩或白云质大理岩 （3）皿（2件）——形状相同，器内染有红色 （4）矩形坠（1件）——共出2件，其中1件玉质，1件大理石 （5）白石珠（1324枚）——出土于42座墓中，分为管状（57枚）、算珠状（425枚）、圆片状（842枚）三大类 （6）白石珠坯料（2件）——皆出在M453墓的龛中，皆呈短柱状，大小相近	③
18	陕西神木新华	钺	1	2150—1900BC	1999年	K1：32 黄褐色不透明玉刀，含蛇纹石	④
19	山西襄汾陶寺	钺、复合璧、铲等	242	2300—1900BC	1978—1985年	经闻广和荆志淳目验，数量约为242件，约占总数1019件的24%。 （1）钺（1件）——M1265：2，方解石＋透闪石 （2）复合璧（1件）——M1453：2，方解石＋透闪石 （3）铲（1件）——M2172：34，方解石＋透闪石	⑤

① 甘肃博物馆：《武威皇娘娘台遗址第四次发掘》，《考古学报》1978年第4期。
② 辽宁省文物考古研究所、赤峰市博物馆：《大南沟——后红山文化墓地发掘报告》，科学出版社1998年版，第41页。该遗址出土了近45件白色大理岩璧、环和镯，以及1件绿松石珠。
③ 中国社会科学院考古研究所：《大甸子——夏家店下层文化遗址与墓地发掘报告》，科学出版社1998年版，第162—166、168、172—173页。该遗址使用的绿松石器数量超过1841件，方解石/白云石器数量达到1385件，石英器数量达到215件。
④ 陕西省考古研究所、榆林市文物保护研究所：《神木新华》，科学出版社2005年版，第329、371—372页。该遗址共出土40件玉器，采集2件玉器。附录三记检测分析的玉器共24件，但附录三表一只有23件。值得注意的是：附表六中25件玉器标注材质，99K1：15叶蛇纹石钺和M26：2绿松石坠饰不见于附录三表一。
⑤ 闻广、荆志淳：《陶寺玉器地质考古学研究——中国古玉地质考古学研究之八》，载于中国社会科学院考古研究所：《襄汾陶寺——1978—1985年发掘报告》（下编），文物出版社2015年版，第1243—1254页。

续表

序号	出土地点	名称	数量	时代	出土时间	形状规格及其他信息	资料来源
20	河南淅川下王岗	戈	1	二里头一期（1750—1680BC）	1971—1972年	T14②:38（方解石+石英），戈内有一穿孔。残长8.1、宽4.5、厚7 cm	①
21	河南偃师二里头	钺	1	夏晚期（1750—1520BC）	1959年以来	方解石质	
22	河南偃师商城	珠、柄形器、簪、璧、饰	近50	商早期	1983年以来	（1）珠（40余颗）——白色方解石串珠 （2）柄形器（2件）——方解石质 （3）簪（2件）——1件大理岩质，1件蛇纹石化方解石质 （4）饰（1件）——大理岩质 （5）璧（1件）——蛇纹石化方解石质 注：除珠外，均由笔者分析	
23	河南南阳公交公司	珠	1	战国	2001年	2001M6:2，原标为"白晶"，后检测为方解石+石英（出土信息由董俊卿提供）	
24	陕西商洛东龙山	圭、璧、环、坠饰、鼓形器、穿孔器、钻芯	124	龙山时期至夏代	1997—2002年	（1）圭（2件） ① M83:3，长22.4、宽3.8—5.4、厚1 cm ② M78:10，长12.8、宽4.4、厚1 cm （2）璧（92件） ① 共出土6件龙山时期璧，孔径3.2—7.8 cm ② 共出土91件夏代早期石璧，其余10件为绿片岩8件、云母片岩1件和板岩1件 ③ 共出土10件夏代晚期石璧，其中5件大理岩质，孔径2—7 cm （3）环（6件） ① T6②:3，直径10.8、环体宽2.8—3.2 cm ② T6②:17，直径13.2、环体宽2.8—3.2 cm ③ H196:1，直径11、环体宽2.5 cm ④ 另出土3件夏代晚期环 （4）坠饰（1件，龙山时代）H235:9，直径2.3—3.0、厚0.7、孔径0.6—0.9 cm （5）鼓形器（1件）——H146:8，腹径5.7、高4.2 cm （6）穿孔器（1件）——H225:3，通体未磨，长11.8、宽8、厚1.4、孔径1—2 cm （7）钻芯（21件）——7件龙山时代，12件夏代早期，2件夏代晚期，均为石璧的空心管钻钻芯 注：未标时代者均为夏代早期	②

---

① 董俊卿、干福熹、承焕生等：《河南境内出土早期玉器初步研究》，《华夏考古》2011年第3期；河南省文物研究所、长江流域规划办公室考古队河南分队：《淅川下王岗》，文物出版社1989年，第285页。
② 陕西省考古研究院、商洛市博物馆：《商洛东龙山》，科学出版社2011年版，第66—68、129—133、185页。分析了149件玉器材质，包括124件大理岩、2件透闪石-阳起石、13件绿片岩、1件云母片岩、1件板岩、2件细砂岩、6件未知材质。

续表

序号	出土地点	名称	数量	时代	出土时间	形状规格及其他信息	资料来源
25	陕西西安老牛坡	璧、佩环、戈、管、镞	13	商代	1985—1988 年	(1) 璧(5件)(二、三期) ① H2：91，通径14，孔径5.4，厚0.8 cm，二期 ② H2：2，通径14.2，孔径4.5，厚0.6 cm，二期 ③ H9：13，白色，通径13.2，孔径6，中心厚0.7 cm，三期 ④ H7：6，淡青色，通径16，孔径3.6 cm，三期 ⑤ H5：42，白色，通径7.4—8.0，孔径2.8 cm，三期 (2) 环(1件)(二期) ① H2：86，乳白，通径9.4，孔径5.6，厚2.2 cm (3) 戈(3件)(四期) ① M44：8，乳白，通长25.3，援长18，宽7.5，内长7，宽6.5 cm ② M6：1，质色不纯，通长47.8，援宽10，内长8.8 cm ③ T7③：1，白色，通长14，援长8.5，宽5.7，内长5.5，宽5.1 cm (4) 佩(2件)(四期) ① H7：4，青色石灰岩，高度6.8，上宽2，下宽5.4，厚度0.8 cm ② H25：58，青色石灰岩，上残，高度6，下宽6.3，厚0.8 cm (5) 镞(1件)(四期)——H12：2，青色石灰岩，残长3.3，尾宽2 cm (6) 管(1件)(四期)——M10：9，乳白色，长2.4，直径3.4，孔径2.5 cm	①
26	河南安阳殷墟	璋、柄形器、戈、戚、环、杯、斗、琮等28种	96	商晚期	1963—2006 年	璋(26件)、柄形器(24件)、戈(11件)、坠饰(3件)、戚(3件)、珠(2件)、环(2件)、器嘴饰(2件)、斧(1件)、杯(1件)、斗(1件)、璧(1件)、琮(1件)、琮形饰(1件)、钺(1件)、柱形器(1件)、璋(1件)、牛(1件)、圭(1件)、半圆形饰(1件)、圆管形饰(1件)、器盖(1件)、穿孔石球(1件)、盘(1件)、簋(1件)、人像(1件)、未知(5件)	②
27	四川成都金沙	不详	3	商代晚期至春秋早期	2001—2004 年	占551件分析样品的0.54%(大理岩)	③
28	河南新郑郑国祭祀遗址	圭、璧、环、塞	10	二里岗上层一期至战国晚期后段	1992—1998 年	(1) 圭(7件) ① T649H2041：2、T649H2041：3、T649H2041：4、T649H2041：5，前3件为白色，后1件为青灰色	

---

① 刘士莪：《老牛坡》，陕西人民出版社2001年版，第95、148—149、211—212、215、301页。商代一、二期属于商代早期，商代三、四、五期属于商代晚期。除了许多云母质鱼形饰外，61件玉器的材质为8件云母、12件透闪石-阳起石、13件大理石、4件石英岩、4件泥板岩、2件硅板岩、5件砂岩、13件未知材质。
② Wang, R., Cai, L., Bao, T. T., et al., "Study on the Grossular Rabbit with High Hardness Excavated from Yin Ruins, Anyang, China", *Archaeological and Anthropological Sciences*, 2019, 11(4), pp. 1577-1588.
③ 向芳、王成善、杨永富等：《金沙遗址玉器的材质来源探讨》，《江汉考古》2008年第3期。

续表

序号	出土地点	名称	数量	时代	出土时间	形状规格及其他信息	资料来源
						② T658J448：1 和 T658J448：5，皆白色 ③ T655H2053：3，也是乳白色，通高 12.1、宽 1.75、厚 0.55 cm，距下端 1.4 cm 处有一小透孔 (2) 璧(1件)——T655H2053：2，乳白色，直径 4.6、孔径 1、厚 0.4 cm (3) 环(1件)——T596②：1 (4) 塞(1件)——T655H2053：7，乳白色，玉质较差，半透明，圆柱体，磨制光滑。高 1.7、直径 0.7 cm	①
29	甘肃崇信于家湾	鱼	1	西周早期	1984 年	残片 84CYM66：5，大理岩(白云石+方解石+蛇纹石)，玉质呈深褐色，带雪花点，质坚硬，半透明，长 9.7、宽 1.5、厚 0.3 cm	②
30	陕西西安沣西张家坡	管、戈、笄帽等	107	西周时期	1983—1986 年	(1) 笄帽(1件)——M32：13，黄色，方解石+透闪石 (2) 管、戈、圆形穿孔器、圭、长条形器、柄形器、圆柱形柄形器、鱼、璜、鱼形饰、握、玦等其他器型(106件)——86件大理石，9件蛇纹石化大理石，16件石灰岩	③
31	河南新郑天利	贝、圭	16	西周晚期晚段	2012—2013 年	(1) 贝(15件)——M251：16 (2) 圭(1件)——M277：1	④
32	河南新郑西亚斯	圭、柱、璜、珩、璧、纺轮等	约 30	东周	20 世纪 80 年代末至 2009 年初	(1) 圭(20余件)——共出土 23 件圭，绝大部分类汉白玉，其中 5 件为 M105：1、M173：13、M248：2、M336：1、M250：3(方解石+蛇纹石) (2) 柱(5件)——M251：3、M285：1、M348：4、M259：1 和 M267：2(方解石+蛇纹石) (3) 璜(2件)——M322：10、M348：7 (4) 珩(1件)——M173：16(方解石+白云石+镍绿泥石) (5) 璧(1件)——M104：10 (6) 纺轮(1件)——M335：20 (7) 玉器(1件)——M173：21	⑤

---

① 河南省文物考古研究所：《新郑郑国祭祀遗址》(上册)，大象出版社 2006 年版，第 347—348、533、604 页。347 页认为 T649H2041：1 是大理岩，1156 页认为 T649H2041：1 非大理岩材质，本节从后者；常宗广：《郑国祭祀遗址出土的玉石器鉴定报告》，载于河南省文物考古研究所：《新郑郑国祭祀遗址》(下册)，大象出版社 2006 年版，第 1156—1161 页。
② 张治国、马清林：《甘肃崇信于家湾周墓出土玉器研究》，《考古与文物》2009 年第 2 期；甘肃省文物考古研究所：《崇信于家湾周墓》，文物出版社 2009 年版，第 9、100 页。
③ 中国社会科学院考古研究所：《张家坡西周玉器》，文物出版社 2007 年版，第 9、120 页。
④ 董俊卿、刘松、李青会等：《河南新郑天利东周墓地出土玉器的科技分析研究》，载于河南省文物考古研究所：《新郑天利两周墓地》(上)，上海古籍出版社 2018 年版，第 487—505 页。该墓出土了 37 件玉器，包括透闪石 4 件、方解石 16 件、玉髓 15 件、滑石 1 件、磷灰石 1 件。
⑤ 河南省文物考古研究所：《新郑西亚斯东周墓地》，大象出版社 2012 年版，第 115、203—231 页。该墓地出土玉器 247 件(含水晶器 34 件、玛瑙器 14 件)。

续表

序号	出土地点	名称	数量	时代	出土时间	形状规格及其他信息	资料来源
33	河南新郑双楼	圭、柱、珠、管、饰品	42	春秋中晚期至战汉之际	2012年	(1) 圭(37件)——M3：4、M9：5、M21：1、M23：5、M27：1、M33：1、M32：2、M49：1、M68：7、M69：1、M70：1、M89：1、M94：1、M99：1-1、M99：1-2、M178：4、M184：18、M184：20、M192：1、M204：1、M209：11、M214：5、M218：1、M224：1、M226：1、M231：1、M232：1、M233：1、M237：1、M247：8、M248：1、M250：1、M253：8、M258：1、M260：1、M261：1、M261：2，均残 (2) 柱(1件)——M61：8 (3) 珠(1件)——M105：1 (4) 管(1件)——M123：1 (5) 饰(2件)——M49：2、M195：1，均残	①
34	湖北随州擂鼓墩二号墓	璧、璜、圭	4	战国早期偏晚至战国中期偏早	1981年	(1) 璧(2件) ① M2：156，方解石璧 ② M2：扰7-2，白云石璧 (2) 璜(1件)——M2：10，白云石 (3) 圭(1件)——M2：164，白云石	②
35	湖北江陵九店	珠	1	战国中晚期	1992年	92江·九·砖M871：1，浅黄色透明珠，$CaCO_3$含量达到86.8%	③

方解石/白云石类(即方解石、白云石及以它们为主的大理岩、白云岩和石灰岩)的硬度较低，较易加工，同时其矿产分布也广，因而该类材质在古代被利用的案例颇多。从**表3-3**可见出土器物多分布在长江以北区域，包括安徽、湖北、河南、山西、山东、陕西、甘肃等省份，少部分分布在长江以南区域，如浙江和江苏地区的河姆渡、马家浜和崧泽遗址，涉及的埋藏环境既有中性和碱性，也有酸性。目前考古发掘显示，方解石/白云石材质在河南新郑唐户遗址中已被使用，器型似管珠，年代距今9600—7800年；前仰韶时代的陕西宝鸡关桃园遗址已使用方解石制作环，年代距今约7000年；南方地区使用稍晚，如浙江余姚河姆渡一期文化(7000—6500BP)出土了方解石质璜。此后，方解石/白云石材料在多地被使用，器型种类相当丰富，如被制作成璜、坠、珠、玦、环、镯、管、臂饰、佩、贝、柄形器、鼓形器、柱形器、棒形器等装饰品，也被制作成璧、圭、钺、戚、戈、璋、琮、镞等礼仪器以及握等丧葬器，还被制成人物雕像以及杯、斗、皿、盘、簋、器盖、塞等日用器。**表3-3**可见新石器时代晚期遗址出土方解石/白云石质玉器的数量不多，少数遗址如甘肃秦安大地湾、江苏金坛三星村、山东兖州王因、西藏昌都卡若的出土

---

① 董俊卿、王凯、赵虹霞等：《新郑双楼东周墓地出土玉器的无损分析研究》，载于河南省文物考古研究院：《新郑双楼东周墓地》，大象出版社2016年版，第572—585页。出土玉器88件(含5件玛瑙器)，分析了其中的69件，包括透闪石5件、方解石42件、石英6件、滑石14件、白云母2件。
② 秦颖：《随州擂鼓墩二号墓出土部分玉石器鉴定结果》，载于随州市博物馆：《随州擂鼓墩二号墓》，文物出版社2008年版，第171—172页。
③ 李玲、谭畅、赵虹霞：《江陵九店遗址出土的玻璃、玉器分析研究》，载于中国文物保护技术协会：《中国文物保护技术协会第七次学术年会论文集》，科学出版社2013年版，第404—418页。分析玉器样品共7件。

数量超过10件;至新石器时代末期,一些地区使用方解石/白云石器的数量有较大幅度增加,如青海海东柳湾遗址出土数量为15件,甘肃武威皇娘娘台遗址的出土数量较多(至少几十件),内蒙古赤峰大南沟遗址的出土数量接近45件,陕西商洛东龙山遗址的出土数量达124件,山西襄汾陶寺遗址的出土数量达242件;至历史时期,一些地区出土方解石/白云石质玉器的数量急剧增加,以内蒙古敖汉旗大甸子出土数量为最,达到1385件,其中珠饰1326件,值得注意的是,该地区自红山文化之后玉器水平有所下降,如小河沿文化玉器多用大理岩材料。此外,以河南地区为例,方解石/白云石材料在商代之前多被制作成钺和戈,如灵宝西坡遗址(3500—3000BC)出土了2件大理岩质钺,淅川下王岗二里头一期(1750—1680BC)出土了1件大理岩质戈,偃师二里头遗址出土了方解石质钺;该类材料在商代开始被制作成装饰品,如偃师商城出土了2件柄形器、2件簪、1件饰、1件璧和40余颗珠;至商代晚期,该类材料的应用颇为广泛,如安阳殷墟出土数量达到96件,种类多达28种,已成为一种重要的制玉材料,并一直延续至两周时期,如新郑郑国祭祀遗址(二里岗上层一期至战国晚期后段)出土了10件大理岩质器(7件圭、1件璧、1件环和1件塞),新郑天利西周晚期晚段墓地出土了16件大理岩质器(15件贝和1件圭),新郑西亚斯东周遗址出土了约30件大理岩质器(20余件圭、3件柱、2件璜、1件璧等),新郑双楼春秋中晚期至战汉之际墓地出土了42件大理岩质器(37件圭、1件柱、1件珠、1件管、2件饰);两周时期该类材料也被制作成珠管,与透闪石-阳起石、釉砂、绿松石、贝类等其他材质器物一起构成组玉佩或串饰;至汉代方解石/白云石材料常被制作成祭祀类用玉以及玉衣玉片。

值得注意的是,2019年10月,复旦大学玉器组对山东滕州大韩墓地2017—2019年度出土玉器进行检测,发现方解石质玉器的数量多达52件,其时代多集中于战国时期,绝大部分器型为环(39件),另有少量佩饰(4件)、璧(2件)、玦(2件)、璜(2件)、管(2件)和珠(1件),表明方解石/白云石类材料的应用颇为广泛。不过,目前经过科学检测的遗址并不多,其在古代世界的利用面貌有待于多学科的细致研究。此外,2018年开始的河南南阳黄山遗址第二次发掘揭示了仰韶文化时期的大型聚落遗存和屈家岭文化时期的墓葬群。大型聚落遗存中有颇为完备的玉作坊遗址,制玉材料包括独山玉、大理岩和石英等[①]。一套大理石质(汉白玉)手镯的原料、半成品、成品残片揭示了手镯的制作工艺,先对一块圆饼状石头进行打磨边角,使其外边缘接近手镯形制,而后琢磨中心部位,待该原料中心逐渐磨薄后,可能通过敲击而使其成为圆环状,最后经过精细打磨制成圆润美观的手镯。发掘领队马俊才根据现有的一些手镯残片中心厚、四周薄的情况,认为古人为节省工时,对玉石手镯中心部位也可能采用了"圆周打磨法",从而可使手镯原材中心整体敲掉,成为圆环[②]。"圆周打磨法"可能是没有合适管钻工具的地区所采用的一种高效"掏膛"策略。该法类似于西伯利亚常用的"中孔轴心旋截技术"。

二、孔雀石[Malachite,$Cu_2CO_3(OH)_2$]

(一) 基本性质

孔雀石的基本性质可归纳为**表3-4**:

[①] 河南日报:《河南南阳:黄山遗址"千年一遇"》,http://hn.chinaso.com/ny/detail/20190719/1000200033030181563495548612886316_1,最后浏览日期:2019年9月4日。

[②] 大河网:《南阳黄山遗址部分考古成果首次发布——几年前的残次半成品揭开玉镯的千古之谜》,http://newpaper.dahe.cn/dhb/html/2018-05/03/content_242348.htm,最后浏览日期:2019年9月4日。

表 3-4 孔雀石基本性质①

品种	晶系	结晶习性	颜色	光泽	透明度	摩氏硬度	密度（g/cm³）	荧光	特殊光学效应	其他
孔雀石	单斜晶系	单晶体：少见，呈柱状、针状或纤维状。易形成比单晶更常见的燕尾双晶。集合体：晶簇状、肾状、葡萄状、皮壳状、充填脉状、粉末状、土状等。肾状集合体内部具有同心层状或放射纤维状特征，由深浅不同的绿色至白色组成环带	一般为绿色，但色调变化较大，从暗绿、鲜绿到白色。条痕色为浅绿色	玻璃至金刚光泽，纤维状者呈丝绢光泽	单晶透明至半透明，但非常罕见。一般为微透明至不透明	3.5—4.0	4.0—4.5（国家标准为 3.25—4.10）	荧光惰性	孔雀石猫眼	产于铜矿床的硫化矿床氧化带，常与蓝铜矿、硅孔雀石等矿物共生

孔雀石是含水碳酸铜矿物，是铜矿的重要来源矿物，因花纹美丽且双晶似孔雀扇尾状，故而得名。孔雀石一般呈隐晶质状态，其形态与矿的厚度及介质情况有关，故能形成多种形状的集合体，其中同心环带构造与特有的孔雀绿色构成了孔雀石的鉴别标志。需要注意的是，孔雀石的裂纹很有规律，一般随颜色变化而变化，显示裂纹和花纹相混，不容易被发现，故常在制作时掉落，进而使产品损坏②。

孔雀石主要产自俄罗斯、赞比亚、津巴布韦、纳米比亚、美国、巴西、澳大利亚、智利、法国、英国和罗马利亚等国。在中国，孔雀石产于湖北、广东、内蒙古、陕西、江苏、福建、江西、安徽、湖南、海南、云南、贵州、西藏等省区③，以广东阳春和湖北大冶最为著名④。

（二）科技鉴别

孔雀石的科技分析参考值可参见**表 3-5**：

表 3-5 孔雀石科技分析参考值

分析方法	数据信息				
XRD	孔雀石（PDF：41-1390）	3.690 0（I/I_0=100）	5.040 0（I/I_0=96）	5.970 0（I/I_0=84）	2.861 0（I/I_0=73）
拉曼分析参考值	孔雀石（自测＋⑤）	(1) 111—121(0—m)、126—132(0—vs)、138—148(0—s)、149—157(0—vs)、167—169(0—s, sh)、172—186(m—vs)、209—225(m—vs)、267—281(m—vs)、350—360(0—vs)、427—435(0—vs)cm^{-1}——晶格振动				

---

① 赵珊茸：《结晶学及矿物学》，高等教育出版社 2017 年版，第 415—416 页。
② 赵永魁、张加勉：《中国玉石雕刻工艺技术》，北京工艺美术出版社 2002 年版，第 201 页。
③ 王实：《中国观赏石大全》，中国广播电视出版社 2006 年版，第 512—513 页。
④ 崔文元、吴国忠：《珠宝玉石学 GAC 教程》，地质出版社 2006 年版，第 447 页。
⑤ Yu, B. S., Fang, J. N., Huang, E. P., "Characteristics of the Raman Spectra of Archaeological Malachite", *Journal of Raman Spectroscopy*, 2012, 44(4), pp. 630-636.

续表

分析方法		数据信息
		(2) 509—519(0—m)、528—538(0—vs)、563—569(0—m)、597—601(0—m)cm^{-1}——Cu—O 振动(528—538 cm^{-1} 归属于 Cu—OH 振动) (3) 712—724(0—m)、751—757(0—m)、770—778(0—w)cm^{-1}——[CO_3]的面外弯曲振动 (4) 808—830(0—m)cm^{-1}——[CO_3]的面内弯曲振动 (5) 1 054—1 068(0—s)、1 082—1 104(0—s)cm^{-1}——[CO_3]的对称伸缩振动 (6) 1 356—1 374(0—s)、1 458—1 464(0—m)、1 484—1 498(0—vs)、1 575—1 609(0—s)cm^{-1}——[CO_3]的不对称伸缩振动 (7) 3 310—3 332(0—vs)、3 373—3 387(0—vs)cm^{-1}——羟基 OH 的伸缩振动 注：vs = very strong, s = strong, m = media, w = weak
化学成分参考值	孔雀石(R050531)	CuO = 65.25%—75.47%，平均值 = 69.95% CO_2 = 21.92%—32.35%，平均值 = 27.68% ZnO = 1.16%—2.17%，平均值 = 1.65% SiO_2 = 0.13%—0.54%，平均值 = 0.27% F = 0.02%—0.28%，平均值 = 0.16% PbO = 0—0.29%，平均值 = 0.09% P_2O_5 = 0—0.11%，平均值 = 0.07% FeO = 0—0.06%，平均值 = 0.03% Na_2O = 0—0.08%，平均值 = 0.02% SO_3 = 0—0.04%，平均值 = 0.02% MnO = 0—0.06%，平均值 = 0.02% Cl = 0—0.02%，平均值 = 0.01% K_2O = 0—0.03%，平均值 = 0.01% CaO = 0—0.04%，平均值 = 0.01% MgO = 0—0.03%，平均值 = 0.01%

在考古工作者的日常鉴别工作中，有时将孔雀石鉴定为绿松石，如图 3-1 所示，但绿松石不具有孔雀石特有的同心环带构造。

图 3-1　河南安阳殷墟刘家庄出土 86 ALN M33：5 孔雀石口琀

（三）考古出土品

孔雀石是含铜矿物氧化时所形成的表生矿物，产于铜矿上部的氧化带中。孔雀石特有的翠绿色和同心环带结构容易吸引古人的注意,从而被加以利用,采用机械加工和人工冶炼等方式制作成器物,如玉石器和青铜器。此外,孔雀石是一种重要的绿色颜料,已使用在山西襄汾陶寺早期遗址①和芮城清凉寺墓地②(4300—3800BP)出土的木器和彩绘陶器上,还可作为釉及玻璃中的着色成分③。考古出土的早期孔雀石器举例参见**表3-6**:

表3-6 考古出土早期孔雀石质玉器举例

序号	出土地点	名称	数量	时代	出土时间	形状规格及其他信息	资料来源
1	辽宁大连大潘家村	坠饰	1	小珠山第四五期(3000—2000BC)	1992年3—4月	T6②:31,体小,呈方柱状,长1.5、宽0.7 cm	④
2	西藏昌都卡若	坠饰	1	卡若文化(3000—2000BC)	1985年	T62④:76,外形略似蝉,上部有两穿,尾部亦有一穿,但已残缺。长3、最宽处2.1 cm	⑤
3	山西芮城清凉寺	镶嵌	不详	清凉寺第四期(2040—1700BC)	2003—2005年	M275:2透闪石玉环的一段从内圈至外圈纵向镶嵌着绿色条状孔雀石	⑥
4	河南郑州洛达庙	饰	1	夏代晚期至商代早期	1956—1958年	M33:3,直径3 cm,表述为"用绿色孔雀石稍加磨制而成",但因器名为"松绿石饰",故是绿松石抑或孔雀石尚存疑	⑦
5	河南安阳殷墟	人、龟、虎、蛙、蝉、口琀	7	商代晚期	1976年、1986年	(1)妇好墓(6件)——M5:42蛙,M5:52蝉,M5:377人,M5:401虎,M5:1302和M5:1448龟 (2)刘家庄(1件)——86ALN M33:5(自测,口琀,如图3-1所示)	⑧
6	山东济南刘家庄	鸟	1	相当于殷墟三期	2010—2011年	M121:82,鸟形,长4.6、宽3.4、厚0.8 cm	⑨

---

① 李敏生、黄素英、李虎侯:《陶寺遗址陶器和木器上彩绘颜料鉴定》,《考古》1994年第9期。
② 王晓毅、南普恒、金普军:《山西南部新石器时代末期彩绘陶器颜料的科学分析》,《考古与文物》2014年第4期。
③ [美]大卫·斯考特:《艺术品中的铜和青铜——腐蚀产物、颜料、保护》,马清林等译,科学出版社2009年版,第79—84页。
④ 大连市文物考古研究所:《辽宁大连大潘家村新石器时代遗址》,《考古》1994年第10期;王巍:《中国考古学大辞典》,上海辞书出版社2014年版,第205页。中国社会科学院考古研究所金英熙研究员将小珠山遗址划分为五期,一期7000—6500BP,二期6500—6000BP,三期早段6000—5500BP,三期晚段5500—5000BP,四期5000—4500BP,五期4500—4000BP。
⑤ 西藏自治区文物管理委员会、四川大学历史系:《昌都卡若》,文物出版社1985年版,第148页。
⑥ 山西省考古研究所、运城市文物工作站、芮城县旅游文物局:《清凉寺史前墓地》(上),文物出版社2016年版,第331页。
⑦ 河南文物研究所:《郑州洛达庙遗址发掘报告》,《华夏考古》1989年第4期。
⑧ 张培善:《安阳殷墟妇好墓中玉宝石的鉴定》,《考古》1982年第2期。分析了M5:1302龟;中国社会科学院考古研究所:《殷墟妇好墓》,文物出版社1980年版,第204—205页;中国社会科学院考古研究所、北京艺术博物馆、首都博物馆、河南博物院:《王后·母亲·女将——纪念殷墟妇好墓考古发掘四十周年(玉器篇)》,科学出版社2016年版,第241—242页。分析了M5:377人;中国社会科学院考古研究所、广东省博物馆:《妇好墓玉器》,岭南美术出版社2016年版,第67、225、226、227、342页。
⑨ 济南市考古研究所:《济南市刘家庄遗址商代墓葬M121、M122发掘简报》,《中国国家博物馆馆刊》2016年第7期。

续表

序号	出土地点	名称	数量	时代	出土时间	形状规格及其他信息	资料来源
7	河南三门峡虢国墓	珠	不详	西周晚期晚段	1991—1992年	M2012：95，串饰含有绿松石、孔雀石和煤精等	①
8	湖北枣阳郭家庙	"中"字形佩，珠	2	春秋早期后段（700—650BC）	2002年11月—2003年4月	(1) "中"字形佩(2件)，两件形制、大小及纹饰均相同。翠绿色，扁平体，呈"中"字形，上下端各有两个斜向圆形穿孔。正面横纵向各刻划两道直线纹，背素面 ① GM13：6-1，长1.4、宽1.2、厚0.35 cm ② GM13：6-2，长1.4、宽1.2、厚0.36 cm (2) 珠(1件)——GM13：7，翠绿色，扁鼓形，中间穿孔，长0.3、宽0.5、孔径0.2 cm 注：均经过质料鉴定	②
9	河南淅川下寺楚墓	牌	1	春秋晚期前段	1978年	文中编号为HNWKII-57，器物编号M10：88，长方形，中部略鼓，两端各有一小穿孔，正面饰蟠螭纹。长4.3、宽2.7、厚0.36 cm，重11.02克，有磕伤——器物信息由上海光学精密机械研究所董俊卿提供	③
10	江苏苏州真山	珠	数千	春秋晚期前段（570—553BC）	1994年	D9M1，椁西南角出土了1件漆盒，长60、宽25、高15 cm，内装一排排由玛瑙管、绿松石珠、孔雀石珠、水晶珠等依次组成的串饰。每条长约60 cm，一条条整齐地排列着。上下共三层，每层约8条，共24条；绿松石珠和孔雀石珠有10 209件，其中将近半数残破，完整的有5 000余件，可分为两种：一种呈暗绿色，质地较硬；另一种泛绿白色，质地较松。直径0.7—0.9、孔径0.13—0.15 cm	④
11	河南陕县	珠	1	战国中期	1956—1958年	珠体较扁，编号为2096：15	⑤

---

① 鲍怡、朱勤文、辛军民等：《三门峡虢国墓地 M2012 墓玉器材质研究》，《中原文物》2015 年第 1 期。
② 狄敬如：《枣阳郭家庙曾国墓地出土玉器鉴定报告》，载于襄汾市考古队、湖北省文物考古研究所、湖北孝襄高速公路考古队：《枣阳郭家庙曾国墓地》，文物出版社 2005 年版，第 133—134、384—385 页。
③ 董俊卿、干福熹、承焕生等：《河南境内出土早期玉器初步研究》，《华夏考古》2011 年第 3 期。
④ 苏州博物馆：《真山东周墓地——吴楚贵族墓地的发掘和研究》，文物出版社 1999 年版，第 15、21、55、61 页。
⑤ 中国社会科学院考古研究所：《陕县东周秦汉墓》，科学出版社 1994 年版，第 96—97 页。该墓出土玉石器共 3 845 件，包括软玉、石质(以大理岩、千枚岩、绢云母片岩、泥质粉砂岩为最多)、玛瑙、水晶、绿松石、孔雀石和煤精等。除孔雀石珠外，其余珠均有环伴出，如 2123：19 出土水晶珠 11 颗、玉珠 6 颗、绿松石珠 2 颗、煤精珠 3 颗、玉环 1 件。

续表

序号	出土地点	名称	数量	时代	出土时间	形状规格及其他信息	资料来源
12	云南昌宁坟岭岗	珠	200—300	战国中晚期	1994年	3组串饰,圆管状: (1) M 21,200多粒,最大者长 1、径 0.4、孔径 0.1 cm,最小者长 0.2、径 0.3、孔径 0.1 cm (2) M29,数十粒 (3) M39,7粒	①
13	贵州赫章可乐	珠、片	3 342	战国晚期至西汉前期	2000年	3组串饰: (1) M330:2,粒直径 0.25—0.50 cm、长 0.08—0.95 cm、孔径 0.05—0.10 cm,用线连串后通长约 333 cm,串珠:大小不等,长者呈圆管状,短者呈圆片状,两面平齐,珠粒中部圆形穿。灰绿色,不透明,有的带自然纹理。强度差。此外,还有许多为薄片状,最薄的仅 0.08 cm (2) M338:4 和 M342:52 大体相似,珠粒中部孔径基本一致,约为 0.1 cm	②
14	云南东川普车河	镶嵌器	1	战国晚期至西汉中期	1985年	M39:3 青铜圆形扣饰,直径 7.9 cm,其正面略凹,中心嵌一圆形石英扣,其外镶孔雀石,制作精致,背铸一矩形扣	③
15	云南陆良薛官堡	珠	>109	战国秦汉至东汉初年	2012—2013年	(1) 长管形(6件)——M168:填2 (2) 短管形(3件)——M168:填7 (3) M179:2,100 余件组成,部分残碎	④
16	云南江川李家山	珠	上万	战国末期至东汉初年	1972年	出自11座墓中,呈圆圈形,中有穿孔,呈翠绿色,直径 0.3—0.5 cm。17—24 号墓最多,与玉管、玛瑙管和玛瑙珠等串联成一长方形覆盖物(可能是"珠襦"),掩盖于死者身上	⑤
17	云南晋宁石寨山	管、片、珠、饰等	不详	西汉早期至中期	1996年5—6月	(1) 71号墓 ① M71:78⑤铜剑空心椭圆形茎部镶嵌孔雀石管 ② M71:78⑥铜剑空心扁茎部镶嵌孔雀石片 ③ M71:86 圆形铜扣饰 ④ M71:97 铜扣饰上的孔雀石饰 ⑤ M71:224②珠 (2) 1号墓出土数件孔雀石珠	⑥

① 王大道:《云南昌宁坟岭岗青铜时代墓地》,《文物》2005年第8期。该墓地出土玉石器极少,除了孔雀石珠外,西汉初期 M41 出土了1件蛋形珠(M41:1),米黄色石英岩,长 2.8、径 1.6 cm。
② 贵州省文物考古研究所:《赫章可乐 2000 年发掘报告》,文物出版社 2008 年版,第 109—110、127 页。除 3 组孔雀石串珠外,该墓出土玉器 46 件,包括 39 件玉髓/玛瑙、3 件透闪石、2 件绿松石、1 件绿泥石和 1 件变质岩。
③ 云南省文物工作队:《云南东川普车河古墓葬》,《云南文物》1989 年第 26 期。
④ 中国社会科学院考古研究所、云南省文物考古研究所、曲靖市文物管理所、陆良县文物管理所:《陆良薛官堡墓地》,文物出版社 2017 年版,第 64—65 页。出土玉器共 40 件(组),包括透闪石(共 12 件,其中璜 3 件、玦 3 件、镯 1 件、管 5 件)、玛瑙(共 12 件,其中扣 2 件、珠 10 件)、孔雀石(3 组)、绿松石(共 13 件,其中珠 10 件、扣 3 件)。
⑤ 云南省博物馆:《云南江川李家山古墓群发掘报告》,《考古学报》1975 年第 2 期。
⑥ 云南省文物考古研究所、昆明市博物馆、晋宁县文物管理所:《晋宁石寨山——第五次发掘报告》,文物出版社 2009 年版,第 49、113、116、222—235 页,彩版七十九。

续表

序号	出土地点	名称	数量	时代	出土时间	形状规格及其他信息	资料来源
18	云南澄江金莲山	珠	不详	西汉中晚期至东汉初期	2008—2009年	M74①：8 铜扣饰,位于墓主人腰部。面呈圆盘状,中心部呈圆锥状突出,中央镶嵌红色玛瑙扣,背空,向外依次镶嵌穿孔孔雀石珠、白色玉环和穿孔孔雀石珠,白色玉环略有残损并有铜锈,背部中间靠上有一个呈长方形、顶边横出作钩的齿扣,直径 10、玉环径 4 cm	①
19	湖北巴东宝塔河	珠	1	东汉	1998、2002年	M3：50,不规则,有蓝、绿相间条纹,长约1、宽约0.5、孔径 0.1 cm	②
20	浙江南丰大圣舍利地宫	块	8	北宋	1985年	质脆,表面呈铁灰色,切开即现鲜艳的铜绿色,有些则呈累累葡萄堆塑状	③

由表 3-6 可见,孔雀石早在新石器时代晚期已被用作玉材,其器型简单,常作坠饰,也被用作镶嵌饰,如山西芮城清凉寺透闪石玉环上镶嵌条状排列的孔雀石,表明孔雀石可单独制成器物,也可装饰其他器物,其用法颇类似绿松石。至商晚期,孔雀石被用于制作成人和动物造型的器物,如殷墟妇好墓。西周至战国时期,孔雀石主要被用作珠饰,也被用作佩饰、牌饰和片饰,并与其他材质饰品组合使用,如河南三门峡虢国西周墓地出土了含有孔雀石、绿松石和煤精等材质构成的串饰。西汉时期,孔雀石除了继续被制作成珠饰外,还被制成管状和片状镶嵌器。值得注意的是,图 3-1 殷墟刘家庄遗址出土的 86 ALN M33：5 孔雀石块出土于人口中,应为口琀,具有丧葬功能。笔者所见的出土孔雀石制品较为致密,裂纹、片绺和蜂窝现象较少。

从出土地域来看,云南地区经过科技鉴别的孔雀石珠数量达到上万颗,贵州地区也达 3 342 颗,远高于除江苏以外的其他地区,这表明至少在战国晚期至汉代,云贵地区先民喜用孔雀石制成珠和管,并常与(红色、白色、蚀花)玛瑙、绿松石、透闪石-阳起石、水晶、釉砂、玻璃等材质的珠管和金片、金珠等构成组玉佩式"珠襦"。值得注意的是：云南和贵州均有孔雀石矿④,可为孔雀石饰品的制作提供充足的原料;加工这些小直径的珠粒是有一定难度的,一些宽片型铜手镯上镶嵌的孔雀石可达 400 多片,且尺寸更加细小,因此该地孔雀石的制作水平较高,且具有一定规模的生产组织;赫章可乐在铸造铜手镯时均设计凹槽,然后使用生漆黏合剂来镶嵌孔雀石片⑤。以上表明,孔雀石器在云贵地区的盛行具备原料充足和技术成

---

① 云南省文物考古研究所、玉溪市文物管理所、澄江县文物管理所等：《云南澄江金莲山墓地 2008—2009 年度发掘简报》,载于蒋志龙：《滇国探秘——石寨山文化新发现》,云南人民出版社 2012 年版,第 289—314 页。
② 武汉市文物考古研究所：《巴东宝塔河古墓发掘报告》,载于国务院三峡工程建设委员会办公室、国家文物局：《湖北库区考古报告集》(第 3 卷),科学出版社 2006 年版,第 251 页。
③ 南丰县博物馆：《南丰大圣舍利塔地宫清理简报》,《江西文物》1989 年第 2 期。
④ 何雪梅、张玉：《不同产地孔雀石的宝石矿物学特征分析》,载于《玉石学国际学术研讨会论文集》编委会：《玉石学国际学术研讨会论文集》,地质出版社 2011 年,第 166—174 页。
⑤ 贵州省文物考古研究所：《赫章可乐 2000 年发掘报告》,文物出版社 2008 年版,第 112、226—229 页。除 3 组孔雀石串珠外,该墓出土玉器 46 件,包括 39 件玉髓/玛瑙、3 件透闪石、2 件绿松石、1 件绿泥石和 1 件变质岩。

熟两个方面的基础。

除了云贵地区,目前仅江苏苏州真山东周大墓出土孔雀石珠的数量达上千件(江苏也有孔雀石矿区),结合孔雀石珠最早发现于河南西周虢国墓,可见使用孔雀石制作珠饰的传统随着时代有向南迁移的趋势。一般而言,孔雀石与铜矿开采密不可分,《管子·地数》载"上有丹砂者下有黄金,上有慈石者下有铜金,上有陵石者下有铅、锡、赤铜,上有赭者下有铁,此山之见荣者也"。"陵石"常被认为指孔雀石,其作为露头矿,是整个铜矿的苗,因而孔雀石常作为铜矿的示踪石。河南地区虽非孔雀石的产区,但有多处铜矿开采和利用的记载,如河南济源、安阳、南阳、信阳等地[①],因此河南地区从夏代至春秋晚期在开采铜料冶炼青铜器的同时,也一直利用机械方法将孔雀石加工成器。

第二节 磷酸盐玉材

一、绿松石[Turquoise,$CuAl_6(PO_4)_4(OH)_8 \cdot 5H_2O$ 或 $CuAl_6(PO_4)_4(OH)_8 \cdot 4H_2O$]

(一)基本性质

绿松石的基本性质可归纳为**表 3-7**:

表 3-7 绿松石基本性质[②]

品种	晶系	结晶习性	颜色	光泽	透明度	摩氏硬度	密度(g/cm^3)	荧光	特殊光学效应	其他
绿松石	三斜晶系	偶见短柱状单晶,多为隐晶质—非晶质集合体,通常呈致密块状、块状、皮壳状等	蓝色、蓝绿色和色杂色	玻璃、油脂、蜡状、土状	不透明	5—6	2.4—2.9	长波紫外线下无荧光或呈现黄绿色弱荧光;短波紫外线下无荧光	无	含铜热液与含铝(如长石等)和含磷(如磷灰石等)岩石作用而形成,常与褐铁矿、高岭石及玉髓等矿物共生,常见于铜矿床的地表

由**表 3-7**可见,绿松石晶体非常少见,通常为隐晶质集合体。绿松石晶体中$[PO_4]^{3-}$四面体和Al^{3+}八面体通过O—H键相结合形成骨架,Cu^{2+}分布在骨架的空隙中,被$4OH^-$和$2H_2O$包围形成畸变的八面体。Cu^{2+}八面体的结构特性导致晶体场发生电子跃迁,从而使绿松石呈现天蓝色。Fe 和 Al 可呈完全类质同象替代,故当 Fe 含量增多时(主要以Fe^{3+}形式存在),绿松石的颜色变化为天蓝—蓝绿—绿—黄绿—土黄色。谢先德等认为影响绿松石颜色发生变化的因素不是Fe^{3+}离子内部的电子跃迁,而是$O_2—Fe^{3+}$离子之间的电荷转移跃

---

① 王星光:《中原文化大典——科学技术典(矿冶、建筑、交通)》,中州古籍出版社 2008 年版,第 8—9 页。
② 张蓓莉:《系统宝石学》,地质出版社 2006 年版,第 389—398 页。

迁,原因在于 Fe^{3+} 的 d-d 跃迁是自旋禁戒的,强度很低,而 O_2—Fe^{3+} 的电荷转移会吸收掉一部分蓝色光或全部蓝色光,使得绿松石颜色由蓝色变成绿色、黄绿色,色调由浅变深[①]。

值得注意的是,绿松石含有吸附水、结晶水和结构水,吸附水会使绿松石颜色变得鲜艳。随着温度升高,水将脱去,引起绿松石的颜色发生由蓝到灰绿再至黄绿的变化趋势。此外,绿松石在世界范围内产地较多,中国范围内情况也是如此,湖北、陕西、新疆、河南、安徽、云南、青海、甘肃、西藏等省区均发现了绿松石矿。

(二) 科技鉴别

绿松石的科技分析参考值可参见**表 3-8**:

表 3-8 绿松石科技分析参考值

分析方法		数据信息			
XRD	绿松石 (PDF: 50-1655)	3.674 0 ($I/I_0=100$)	2.900 0 ($I/I_0=80$)	6.165 0 ($I/I_0=75$)	5.986 0 & 4.786 0 & 3.429 0 ($I/I_0=45$)
拉曼分析 参考值	绿松石 (自测+[②])	(1) 233—235(m)、336—340(m)cm^{-1}——Cu-O 伸缩振动 (2) 417—422(m)、430—436、474—475、485—487 cm^{-1}——$[PO_4]$的面内弯曲振动 (3) 548—553(m)、592—596(m)、648—651(m)cm^{-1}——$[PO_4]$的面外弯曲振动 (4) 811—819(m)cm^{-1}——H_2O 的振动 (5) 1 040—1 046(vs)cm^{-1}——$[PO_4]$的对称伸缩振动 (6) 1 103—1 110、1 161—1 167 cm^{-1}——$[PO_4]$的不对称伸缩振动 (7) 3 448—3 451、3 470—3 475(vs)、3 497—3 505 cm^{-1}——羟基 OH 的伸缩振动 注:vs = very strong, m = media			
化学成分 参考值	绿松石 (R050554)	$Al_2O_3 = 35.44\%$—38.21%,平均值 = 37.26%; $P_2O_5 = 32.97\%$—34.29%,平均值 = 33.57% $H_2O = 18.34\%$—20.93%,平均值 = 19.92% $CuO = 8.03\%$—9.29%,平均值 = 8.62% $F = 0.08\%$—0.36%,平均值 = 0.22% $ZnO = 0.07\%$—0.32%,平均值 = 0.21% $As_2O_5 = 0$—0.5%,平均值 = 0.10% $CaO = 0.06\%$—0.12%,平均值 = 0.09% $SO_3 = 0$—0.07%,平均值 = 0.01%			

表 3-8 的化学成分显示绿松石的含铜量不超过 10%,硅孔雀石($CuSiO_4 \cdot 2H_2O$)的含铜量为 33.1%,孔雀石$[Cu_2CO_3(OH)_2]$的含铜量为 57.4%。一些学者认为新石器时代晚期开采绿松石(包括硅孔雀石和孔雀石)的过程,也是铜矿的开采过程[③]。

(三) 考古出土品

考古出土的早期绿松石质玉器举例参见**表 3-9**:

[①] 谢先德:《中国宝玉石矿物物理学》,广东科技出版社 1999 年版,第 186 页。
[②] Frost, R. L., Reddy, B. J., Martens, W. N., et al., "The Molecular Structure of the Phosphate Mineral Turquoise—a Raman Spectroscopic Study", *Journal of Molecular Structure*, 2006, 788(1-3), pp. 224-231.
[③] 苏荣誉、华觉民、李克敏等:《中国上古金属技术》,山东科学技术出版社 1995 年版,第 28 页。

表 3-9　考古出土早期绿松石质玉器举例(按区域排列)

序号	出土地点	名称	数量	时代	出土时间	形状规格	资料来源
1	河南舞阳贾湖	棒形饰、方形坠饰、三角形坠饰、珠等	前七次发掘(71),第八次发掘(超过1 200)	贾湖文化(7000—5500BC)	1982—1987年进行了6次发掘,2001年和2013年进行了第7次和第8次发掘	(1) 前七次发掘(71件) ① 棒形饰(4＋2件)——T12③:1、T12③:6、T15③:8、T11③:13、T40②:4和M506:2(后两件为2001年出土,被用作耳饰) ② 方形坠饰(7件)——M58:2、M58:9、H127:7、M115:5、M335:18、T12③:6、T22③:5 ③ 三角形坠饰(11＋6件)M58:1、M58:3、M58:5、M58:12、M243:3、M243:4、M249:4、M249:5、H115:16、H127:5、H282:1。2001年第7次发掘出土了6件,编号为T41②:4、M451:6和M451:7(头部左右两侧)、M463填土出土1件、H494:2、M477:6(头左耳侧) ④ 圆形穿孔珠饰(26＋9件)——共46件,其中绿松石制品26件,萤石制品20件。2001年出土9件,编号为M477:3—5、7—8(右眼眶3枚,左眼眶2枚)、M478:4—6(耳饰)、T40③B:2 ⑤ 梭形饰(2件)——M121:12和H127:19 ⑥ 不规则形饰(2＋2件)——M58:10、M67:1、M478:2(枕饰,不规则形)和M478:3(瞑目,近棱形),后两件为2001年出土 (2) 第八次发掘(超过1 200件,串饰大小不一,最大直径6 mm,最小直径不到3 mm,厚薄不均,在1—3 mm之间) ① M59墓主颈侧随葬有绿松石串饰,最大一个呈弧边三角形,长8、宽4 cm。另有13粒圆柱形串饰,直径1.5 cm左右,属于贾湖一期 ② M55、M56、M58、M65、M73、M75、M81和M90发现大量绿松石串饰,属于贾湖二期	①

---

① 河南省文物考古研究所:《舞阳贾湖》,科学出版社1999年版,第396—401页;毛振伟、冯敏、张仕定等:《贾湖遗址出土绿松石的无损检测及矿物来源初探》,《华夏考古》2005年第1期;河南省文物考古研究院、中国科学技术大学科技史与科技考古系:《舞阳贾湖》(二),科学出版社2015年版,第91、93、114、116、121—122、207—208、428页。注:91页标记M477:3—5、7—8为左眼眶3枚,右眼眶2枚,但彩版一三显示右眼眶3枚,左眼眶2枚,本书从后者。93页M478:2枕和M478:3瞑目均描述为绿松石质,但208页标为萤石,不过该页首标记:"Ac型:7件。均为绿松石饰",结合428页科学分析结果,应为绿松石。207页M477:6标为三角形坠饰,428页标为圆形穿孔饰,454页标为珠,根据彩版二六-12,本书从三角形坠饰。彩板二六-1—5的编号可能有误,因M478:2为不规则枕饰,M478:3为近棱形瞑目,M478:4—6为圆形穿孔珠饰。蓝万里、张居中、杨玉璋等:《舞阳贾湖遗址第八次发掘取得重要成果》,《中国文物报》2014年1月17日第8版。

续表

序号	出土地点	名称	数量	时代	出土时间	形状规格	资料来源
2	湖南澧县八十垱	珠	1	彭头山文化（7000—5000BC）	1993—1997年	T8⑩：77，外径约1，厚约0.3 cm	①
3	河南新郑裴李岗	坠、珠	5	裴李岗文化（6200—5500BC）	1977、1979年	(1) 坠饰(1件)——方形，M67：8 (2) 珠(4件)——2件出土于M5，位于人骨颈下，直径1.1—1.3，厚0.7—0.8 cm；其余2件为M59：1和M59：6	②
4	河南郏县水泉	珠、坠	6	裴李岗文化贾湖类型（6200—5500BC）	1986—1989年	(1) 第一期(1件)——珠，H6：2，扁平圆形，中两面对穿孔，直径1.4，厚0.45 cm (2) 第二期(1件)——坠，M30：1，扁平三角形，有穿孔，长2.4 cm，在左边人骨颈部旁 (3) 第三期(4件)——珠，H16：9～12，出自一个窖穴，扁圆形，大小相近，直径0.5—0.7 cm	③
5	河南新郑沙窝李	穿系件	3	裴李岗类型（6200—5500BC）	1981—1982年	(1) 2件编号均为M6：3 (2) 1件编号为M13：4 均位于牙齿附近，器型近方形，直径0.9—1.3，厚0.1—0.2 cm，上有一个或两个对穿的小孔，孔径0.1 cm	④
6	河北易县北福地	片、钉	5	6000—5000BC	2003—2004年	(1) 片饰(4件) ① J：26，椭圆形。中部两个小穿孔，孔径0.08 cm。长2，宽1.5，厚0.13 cm ② J：27，椭圆形。中部有一穿孔，孔径0.1 cm。长1.3，宽0.8，厚0.1 cm ③ J：84，仅存不规则残片。长1.1，宽1.1，厚0.1 cm ④ T205④：1，弧边直角三角形，长3.1，宽1.9，厚0.9 (2) 钉饰(1件)——J：28，钉帽椭圆形。钉帽长0.9，宽0.5，通高0.9 cm	⑤

---

① 湖南省文物考古研究所：《彭头山与八十垱》(上)，科学出版社2006年版，第489页。
② 开封地区文管会、新郑县文管会：《河南新郑裴李岗新石器时代遗址》，《考古》1978年第2期。第78页将绿松石珠标为M4出土，应为笔误；中国社会科学院考古研究所河南一队：《1979年裴李岗遗址发掘简报》，《考古》1982年第4期。
③ 中国社会科学院考古研究所河南一队：《河南郏县水泉裴李岗文化遗址》，《考古学报》1995年第1期。
④ 中国社会科学院考古研究所河南一队：《河南新郑沙窝李新石器时代遗址》，《考古》1983年第12期。
⑤ 河北省文物研究所：《北福地——易水流域史前遗址》，文物出版社2007年版，第84、155—156、343页，彩版一四。北福地遗址共出土21件玉石器，其中祭祀场(6000—5000BC)共出土12件玉石器，包括玦3件(透闪石1件和蛇纹石2件)、匕形器1件(透闪石)、饰件2件(蛇纹透闪石)、片饰3件及钉饰1件(绿松石)、六棱锥柱状体2件(水晶)。第一期(6000—5000BC)其余地点(第84页标注)出土3件玉石器，包括六棱状水晶1件F2：49，绿松石片1件T205④：1，玉玦1件T7③：11。第二期(5000—4700BC)出土6件玉石器，包括残石璧2件T4②：8和T203②：11，残石环2件T28②：2和T12②：50，玉泡T221③：10，石芯T18②：1。

续表

序号	出土地点	名称	数量	时代	出土时间	形状规格	资料来源
7	陕西汉中龙岗寺	坠、璜	77	老官台文化晚期至仰韶文化早期（半坡类型）（6000—3900BC）	1983—1984年	(1) 坠饰（76件） ① 李家村类型（6000—5000BC），2件 ② 半坡类型（5000—3900BC），74件 (2) 璜（1件）——半坡类型（5000—3900BC）	①
8	江苏灌云大伊山	片坠	2	北辛文化（5400—4200BC）	1986年	片坠（2件） ① M41：1，长1.25、宽0.7、厚0.4 cm ② M41：2，长1.1、宽0.5、厚0.2 cm	②
9	陕西临潼姜寨	坠	4	仰韶文化早期（半坡类型早期）（5000—4500BC）	1972—1979年	坠饰（4件）——T9M24：2、T112M54：12、T112M54：11、T281③：42，皆扁平面较宽	③
10	陕西西乡何家湾	坠	9	仰韶文化早期（半坡类型）（5000—3900BC）	1980—1982年	(1) 半坡类型早期（1件）——M12：10，磨制，圆形片状，中部有一两面对穿小孔，在坠饰边缘有一人工磨出的缺口，直径1.66、厚0.4 cm (2) 半坡类型中期（5件）——平面呈圆形或椭圆形，器体扁薄呈片状，均有穿孔。其中3件编号为M7：1、M7：2、M19：3 (3) 半坡类型晚期（3件）——皆圆形片状，中部皆有小穿孔	④
11	河南郑州大河村	坠	3	仰韶文化晚期至秦王寨文化（3500—2400BC）	1972—1987年	(1) 大河村第二期（3500—3100BC，2件） ① T11⑤B：92，扁平体，呈鱼形，一端钻一圆孔，长2.8、厚0.3 cm ② T11⑤B：91，三棱体。通体磨光，长3 cm (2) 大河村第四期（2700—2400BC，1件）——H217：1，扁体，呈菱形，两面微鼓。一角钻一圆孔，对角线长分别为2.6、3.8 cm，厚0.7 cm	⑤
12	河南淅川下王岗	耳坠	6	仰韶文化（5000—2900BC）	1971—1972年	(1) 仰韶一期（1件）——M413：3，发掘报告的编号为M413：1，正面微鼓，上端有一系绳小圆孔。高1.87 cm (2) 仰韶二期（3件） ① M686：7，椭圆形穿孔耳坠，长2.3、厚0.3 cm ② M686：9，梯形耳坠，长1.5、厚0.25 cm ③ M300：35，引文107页M300平面图标记 (3) 仰韶三期（2件） ① T4③：279，董俊卿一文的彩板五-3 ② T14⑤：175，上窄下宽，有一穿孔，长4.3 cm	

---

① 杨岐黄：《龙岗寺遗址出土的玉石器试析》，《文博》2016年第6期。
② 南京博物院、连云港市博物馆、灌云县博物馆：《江苏灌云大伊山遗址1986年的发掘》，《文物》1991年第7期。
③ 半坡博物馆、陕西省考古研究所、临潼县博物馆：《姜寨——新石器时代遗址发掘报告》（上），文物出版社1988年版，第147页。
④ 陕西省考古研究所、陕西省安康水电站库区考古队：《陕西考古报告集》，三秦出版社1994年版，第77、84、105页。
⑤ 郑州市文物考古研究所：《郑州大河村》，科学出版社2001年版，第160、387页。

续表

序号	出土地点	名称	数量	时代	出土时间	形状规格	资料来源
		管	1	龙山文化		出土两件玉管，T15③：63 和 T15③：27，后一件标记为绿松石，扁筒状管，长 1.04、直径 1.1 cm	①
		坠	1	二里头文化三期		T17②：13，平面呈长方形，中有一穿孔，长 0.85、宽 0.4、厚 0.15 cm	
		耳饰	2	西周早期		(1) T14②：38，彩版六标为 HNWK Ⅱ-13，应为 HNWK Ⅱ-18a，发掘报告的编号为 T14②B：17，呈椭圆形，器身上端有一穿孔。长 1.3 cm (2) T6①：39，圆角长条形，一端有系绳的缺口，长 2.8 cm	
		珠、管	4	春秋晚期前段		HNWK Ⅱ-46—48、56	
13	江苏南京北阴阳营	片	1	北阴阳营文化（4000—3300BC）	1955—1958 年	M210：3，仅存小残片，形状不规则。经过郑建鉴定	②
14	安徽含山凌家滩	片	1	凌家滩文化早期（3700—3500BC）	1987 年	87M1：15，一面绿色，一面黑色。近似长方形，长 1.3、宽 1.0—1.1、厚 0.2 cm	③
15	重庆巫山大溪	耳饰	15	大溪文化中晚期（3900—3300BC）	1975—1976、2001 年	(1) 1975—1976 年出土 10 件 ① 梯形耳饰（2 件）——M138：1，M205：5 ② 圆形耳饰（1 件）——M191：1，一面天蓝色，一面黑色 ③ 方形耳饰（1 件）——M101：29 ④ 梯形耳饰（1 件）——B：70 ⑤ 耳饰（5 件）——M106 出土 2 件，M175、M178 和 M202 各出土 1 件 (2) 2001 年出土 5 件 ① 不规则梯形，长 4.7、宽 2.5 cm ② 椭圆长方形，长 3、宽 1.6 cm ③ 梯形，长 3.4、宽 2 cm ④ 扁长条形，长 3、宽 1 cm ⑤ 梯形，长 3.2、宽 1 cm	④

---

① 董俊卿、干福熹、承焕生等：《河南境内出土早期玉器初步研究》，《华夏考古》2011 年第 3 期；河南省文物研究所、长江流域规划办公室考古队河南分队：《淅川下王岗》，文物出版社 1989 年，第 51、107、161、198、262、284、305、328 页。
② 南京博物院：《北阴阳营——新石器时代及商周时期遗址发掘报告》，文物出版社 1993 年版，第 78 页。
③ 安徽省文物考古研究所：《凌家滩——田野考古发掘报告之一》，文物出版社 2006 年版，第 39 页。
④ 四川省博物馆：《巫山大溪遗址第三次发掘》，《考古学报》1981 年第 4 期；梁冠男、何纳：《重庆中国三峡博物馆藏巫山地区大溪文化玉石器的分析研究》，《文物天地》2018 年第 12 期。

续表

序号	出土地点	名称	数量	时代	出土时间	形状规格	资料来源
16	辽宁建平牛河梁	坠	6	红山文化晚期（3500—3000BC）至战汉时期	1983—1998年	(1) 红山时期 ① N2Z1M23：1,表层为绿松石质,底层为黑色石皮,黑皮厚,松石面很薄。外观呈梯形片状体,上端对钻一小孔。长5.2、宽1.6—3.8、最厚0.5 cm ② N2Z4M2：4,一面为淡绿色松石质,一面为黑色石皮,各厚0.1 cm,出于下颌骨处 ③ N2Z4M2：5,淡绿色松石质,有小块黑石皮斑痕。通长2.6、高1.5、厚0.2 cm。出于左侧颅骨下 注：上两件坠饰形制、大小相同,为一对,体扁平片状,呈半圆形,平底,底部两端外凸。上缘一面钻一小坠孔。 ④ N16M4：7,置于N16M4：5玉环内,颜色绿中泛蓝。直径1.9、高0.74、厚0.12 cm ⑤ N16M4：8,置于N16M4：6玉环内,颜色纯黑色。直径1.8、高0.74、厚0.13 cm 注：上两件坠饰背面均未附黑皮,性质相同,应为一对。 (2) 战国至汉代时期——N3G2：10,完整,为上窄下宽、上薄下厚的六面体。长1.4、厚0.4—0.9、通高2 cm。出土于环沟东南部上部堆积	①
17	辽宁阜新胡头沟	鱼形坠	2	红山文化晚期（3500—3000BC）	1973年	质料、形制全同。片状,表层为绿松石质,背面为一种黑色石皮。 (1) M3-3：1,长2.7 cm (2) M3-5：1,长2.5 cm	②
18	辽宁喀左东山嘴	鸮形饰	1	红山文化晚期（3500—3000BC）	1979、1982年	出土于方形基址东外侧黑土层中,片状,分两层,绿松石面下为一种黑色石皮。宽2.8、高2.4、厚0.4 cm	③
19	安徽萧县金寨村	片	27	良渚文化早期	1986年	134件玉器和27件绿松石片。绿松石片中,2件为正方形,中间穿孔。其他为长方形,一端穿孔。孔径0.15—0.18、长1.0—4.6、宽0.8—1.9 cm	④
20	浙江余杭瑶山	珠	2	良渚文化中期偏早	1987年	珠（2件）——M11：19 和 M11：22,形制相同,半球形,平面钻隧孔,直径0.8、厚0.55 cm	⑤

---

① 辽宁省文物考古研究所：《牛河梁——红山文化遗址发掘报告（1983—2003年度）》,文物出版社2012年版,第108、202、260、406页。
② 方殿春、刘葆华：《辽宁阜新县胡头沟红山文化玉器墓的发现》,《文物》1984年第6期。
③ 郭大顺、张克举：《辽宁省喀左县东山嘴红山文化建筑群址发掘简报》,《文物》1984年第11期。
④ 安徽省萧县博物馆：《萧县金寨村发现一批新石器时代玉器》,《文物》1989年第4期。
⑤ 浙江省文物考古研究所：《良渚遗址群考古报告之一——瑶山》,文物出版社2003年版,第168页。

续表

序号	出土地点	名称	数量	时代	出土时间	形状规格	资料来源
21	浙江桐乡新地里	珠、镶嵌片	19	良渚文化中晚期	2001—2002年	(1) 珠(2颗)——M114:6串珠,由2颗黄白色腰鼓形透闪石珠、2件扁鼓形绿松石珠和1件圆柱形叶蜡石珠组成 (2) 镶嵌片(17片) ① M23:4,1片为翠绿色,扁薄椭圆形。正面略鼓凸,抛光精细,背面平坦,未经抛光,长0.8 cm ② M140:5,8均为翠绿色,4片扁薄椭圆形,长径0.95—1.40 cm,2片圆形,直径1.1 cm,2片长方形侧边略内凹,长1.9、宽0.8 cm。正面略弧凸,抛光精细,背面略弧凹,未经抛光 ③ M140:8,8均为翠绿色,由圆形、椭圆形和凹弧长方形三种类型	①
22	江苏昆山赵陵山	镶嵌饰	3	良渚文化中期晚段至晚期偏早	1991年	(1) M18:27-1,蓝绿色,不透明,质地较杂,内含较多的灰白色杂质及孔洞。长条形,一面略凸起,另一面平整,其中凸面打磨光洁,平整面保留明显的打磨痕迹。长0.94、宽0.33、厚0.21 cm (2) M18:27-2,质地、形制与M18:27-1一致,略短小。长0.82、宽0.3、厚约0.21 cm (3) M18:27-3,近方形、四面内凹,其余质地和形制与M18:27-1一致,对角长1.24、厚0.23 cm	②
23	浙江余杭反山	镶嵌片、珠	10	良渚文化晚期(2300—2200BC)	1986年	(1) 镶嵌片(9件) ① M21:9,1件,一面平整,另一面磨制较光且边缘斜杀,直径0.9、厚0.12 cm ② M21:16,8件,其中1件残。4件呈圆形,直径0.8—0.9、厚0.12—0.16 cm;3件长条形,长0.7—0.8、厚0.12 cm (2) 球形隧孔珠(1件)——M21:17,直径0.4—0.5 cm	③

---

① 浙江省文物考古研究所、桐乡市文物管理委员会:《新地里》,文物出版社2006年版,第66、254、316、342页。该遗址玉器的主要材质为透闪石-阳起石,还有叶蜡石器336件、玉髓器25件、绿松石器19件、萤石器18件,均按个数计算。
② 南京博物院:《赵陵山——1990—1995年发掘报告》(上),文物出版社2012年版,第190页。该遗址共出土玉器260件,其中墓葬出土玉器245件,地层出土15件。M77出土123件,M18出土74件。36件玉器经过了测试分析,包括25件透闪石-阳起石、4件为蛇纹石玉、3件石英、2件白云母(M71:2不在检测目录中)、1件绿松石(仅挑选M18:27-3用于测试)、1件萤石。
③ 浙江省文物考古研究所:《良渚遗址群考古报告之二——反山》,文物出版社2005年版,第350页。

续表

序号	出土地点	名称	数量	时代	出土时间	形状规格	资料来源
24	上海青浦福泉山	珠、镶嵌片	67	良渚文化晚期（2300—2200BC）	1982—1984年	(1) 珠(5件)——M9：34，其余四件编号未知 (2) 镶嵌片(62件)——M40：9 圆饼形，M9：41 椭圆形长条形，M40：44 正方形凹弧边，M40：18 长方形两端边线凹弧，M40：2 曲尺形，M40：106 冠形，其余56件编号未知	①
25	浙江遂昌好川	珠	5	良渚文化晚期至夏晚期（2300—1700BC）	1997年	珠(5件)——M52：2 漆器一端发现5颗绿松石珠和2颗滑石珠	②
26	湖北荆州枣林岗	琥、坠	2	石家河文化晚期（2000—1800BC）	1990—1992年	(1) 琥(1件)——JZWM1：1，器高1.9、长3.2、宽2.9 cm (2) 坠(1件)——JZWM30：4	③
27	辽宁大连郭家村	珠、坠	6	3000—2000BC	1973、1976—1977年	(1) 珠(3件) (2) 坠(3件)——深绿色，孔对钻 ① ⅡT8⑤：28，扁平，圆角方形，长1.2 cm ② ⅡT8③：27，扁平梯形，长1.4 cm ③ 下采：42，弯月形，长2.5 cm	④
28	辽宁岫岩北沟西山	坠	9	2500BC	1987年	碧绿色，对钻孔	⑤
29	内蒙古赤峰大南沟	珠	1	处于新石器时代晚期至夏家店下层文化的过渡期（2500—2300BC）	1977、1979年	管状珠——M14：3，扁方形，孔系一面钻	⑥
30	广东曲江石峡	片饰	12	石峡文化第二期（2800—2300BC）	1973—1978年	出自2座(M45和M51)二次葬墓，出土时置尸骨堆上，形状有长方形、圆形、椭圆形等，正面抛光	⑦

---

① 上海市文物管理委员会：《福泉山——新石器时代遗址发掘报告》，文物出版社2000年版，第92、95页。该遗址共出土崧泽时期玉器10件，材质包括3件玉髓/玛瑙和7件透闪石-阳起石；该遗址共出土613件(粒)良渚时期玉器。不过黄宣佩研究员在《良渚文化玉器变白之研究》一文公布的数字为788件(粒)，材质包括673件透闪石-阳起石、67件绿松石、37件叶蛇纹石、5件滑石、4件玉髓/玛瑙质和2件辉石；黄宣佩：《良渚文化玉器变白之研究》，载于上海博物馆：《上海博物馆集刊》(10)，上海书画出版社2005年版，第357—364页。

② 闻广：《遂昌好川玉器地质考古学研究——中国古玉地质考古学研究之六》，载于浙江省文物考古研究所、遂昌县文物管理委员会：《好川墓地》，文物出版社2001年版，第335—341页；浙江省文物考古研究所、遂昌县文物管理委员会：《好川墓地》，文物出版社2001年版，第257页。

③ 湖北省荆州博物馆：《枣林岗与堆金台——荆江大堤荆州马山段考古发掘报告》，科学出版社1999年版，第47—48页。

④ 辽宁省博物馆、旅顺博物馆：《大连市郭家村新石器时代遗址》，《考古学报》1984年第3期。

⑤ 许玉林、杨永芳：《辽宁岫岩北沟西山遗址发掘简报》，《考古》1992年第5期。该遗址共出土玉石器19件，包括绿松石坠9件、蛇纹石环3件、蛇纹石有孔饰件2件、蛇纹石坠饰1件、滑石坠饰1件、蛇纹石片2件、页岩片1件。

⑥ 辽宁省文物考古研究所、赤峰市博物馆：《大南沟——后红山文化墓地发掘报告》，科学出版社1998年，第45页。该遗址出土了不到45件白色大理岩璧、环和镯，此外还出土了1件绿松石珠。

⑦ 广东省文物考古研究所、广东省博物馆、广东省韶关市曲江区博物馆：《石峡遗址——1973—1978年考古发掘报告》，文物出版社2014年版，第294页。

续表

序号	出土地点	名称	数量	时代	出土时间	形状规格	资料来源
31	陕西紫阳白马石	饰品	1	新石器时代后期至夏、商	1985—1986年	T21④：40，圆台状，底缘有一小缺口。顶、底面磨光，其余部分粗磨。直径1.5、厚0.7 cm	①
32	陕西神木新华	坠	1	2150—1900BC	1999年	M26：2，平面呈槐树叶形，两长边圆弧，尖端单面钻有一圆孔。利用自然岩理磨制而成。岩面分2层，表层为厚约1 mm的绿松石质，底面为厚约4 mm灰黑色岩面。长3.8、宽2.1、厚0.5 cm	②
33	山西襄汾陶寺	片、珠	>1 000	陶寺中期(2100—2000BC)	2002—2007年	(1) 宫殿区IFJT3主体殿堂建筑基础范围内的人牲(IT5023M11)右耳际下出土1件绿松石珠 (2) 宫殿废弃堆积里出土1件绿松石片 (3) 王级贵族墓地出土12件石器和129件(套)玉器，其中绿松石器95件(套)，包括片56件和珠39件，主要用来镶嵌，其次用来组成串饰，不单独用作瑞玉和玉礼器。被陶寺晚期毁坏而成为散片，显得数量巨大 (4) 饰片950件	③
34	内蒙古敖汉旗大甸子	珠、片	>1 841	夏家店下层(1735—1463BC)	1974、1976—1977、1983年	(1) 珠(332) ① 扁体四面性，211件 ② 管状121件 (2) 片(>1 509枚) ① M371有200枚 ② M383有14枚 ③ M606有5枚 ④ M648有164枚 ⑤ M663有5枚 ⑥ M666有179枚 ⑦ M672有713枚，头骨至盆骨之间有绿松石片713枚。头部最多，最为集中，为四边形小块，一面粗糙，一面磨平，是从朽坏的镶嵌物上散落下来的 ⑧ M931有14枚 ⑨ M1115有10枚 ⑩ M726朽坏的漆器上镶贴绿松石片200余枚 ⑪ M713陶鬲中有用作镶嵌物的绿松石片5枚 ⑫ M818奁内与小圆泡同出的有绿松石片	④

---

① 陕西省考古研究所、陕西省安康水电站库区考古队：《陕西考古报告集》，三秦出版社1994年版，第376页。
② 陕西省考古研究所、榆林市文物保护研究所：《神木新华》，科学出版社2005年版，第264页。该遗址共出土40件玉器，采集2件玉器。附录三标记检测分析的玉器共24件，但附录三表一只有23件。值得注意的是：附表六中25件玉器标注材质，99K1：15叶蛇纹石钺和M26：2绿松石坠饰不见于附录三表一。
③ 北京大学震旦古代文明研究中心：《山西襄汾陶寺遗址近年来出土玉石器》，《古代文明研究通讯》2008年第9期；中国社会科学院考古研究所、山西省临汾市文物局：《襄汾陶寺——1978—1985年考古发掘报告》(第2册)，文物出版社2015年版，第668—669页。
④ 中国社会科学院考古研究所：《大甸子——夏家店下层文化遗址与墓地发掘报告》，科学出版社1998年版，第46、49、51、56、64、167、188、370—371、380、382—384、400、403页。第67页认为耳缀绿松石珠的男性远比女性多，玛瑙珠出在女性和儿童身上。

续表

序号	出土地点	名称	数量	时代	出土时间	形状规格	资料来源
35	河南偃师二里头	片、微雕、珠	数千片	夏代晚期（1750—1520BC）	1959年以来	(1) HNYB1-2片，彩版一○显示有14块 (2) HNYB1-3微雕 (3) HNYB1-10-C珠 (4) 绿松石龙形器，约2 000片 (5) 兽面镶嵌绿松石铜牌饰，数千片	①
36	湖北武汉盘龙城	饰件、片	近千片	二里头文化三期至二里岗上层二期（1610—1300BP）	1974—1989年	(1) 饰件(11件) ① 李家嘴遗址(2件)——M3：17绿色和M4：13黄白色饰件，该遗址共出26件玉器，还包括18件蛇纹石和6件透闪石 ② 杨家湾遗址(2件)——H2：2绿色饰件和M11：49蓝色小圆饼，该遗址共出土20件玉器，还包括13件蛇纹石和5件透闪石玉器 ③ 杨家嘴遗址(1件)——T11⑤：13，该遗址共出土10件玉器，还包括7件蛇纹石和2件透闪石 ④ 楼子湾遗址(1件)——M1：14管状饰，该遗址出土12件玉器，还包括8件蛇纹石和3件透闪石 ⑤ 盘龙城采集(5件)——0302绿色管状饰、0309灰绿色、0317浅绿色、0318浅绿色、0321串(21颗)，该遗址采集27件玉器，还包括18件蛇纹石、2件透闪石、2件东陵石 (2) 镶嵌片(近千片)——在杨家湾墓地发现1件金片镶嵌绿松石兽面纹器，镶嵌绿松石片近千片	②
37	江西新干大洋洲	蝉、蛙、珠、泡、镶嵌片	超过600	商代后期早段或殷墟二、三期（1250—1090BC）	1989年	(1) 蝉(XDM：672)，翠绿色，微透明，蜡状光泽，有空隙沟，通长4.6、宽2、高1.5 cm (2) 蛙(XDM：669)，淡绿色，蜡状光泽，微透明，通长1.7、宽1、厚0.5 cm (3) 串珠(XDM：710)，由53颗珠串成，多数为磷铝石，少数为绿松石。主要为扁平长方形，亦有扁平梯形和扁椭圆形等，四角和棱边均较圆润，两端中心对钻穿孔。大部分有自然裂隙和沁蚀现象。每珠长1.0—3.8、宽1.4—2.0、厚0.5—1.0 cm。 (4) 串珠(XDM：646)，由15颗腰鼓形大珠串成，其中1颗为磷铝石制品。色呈苹果绿，蜡状光泽，不透明，孔隙沟分布较多，弱沁蚀。两端平齐，中央对钻穿孔，沿下各饰凹弦纹一周。每珠长0.9—3.3、横截径0.9—1.5 cm	

① 董俊卿、干福熹、承焕生等：《河南境内出土早期玉器初步研究》，《华夏考古》2011年第3期。
② 湖北省文物考古研究所：《盘龙城——1963—1994年考古发掘报告》(上)，文物出版社2001年版，第513—516页。共出土100件玉器，但附表四仅列98件；郑小萍：《盘龙城各遗址玉器鉴定报告》，载于湖北省文物考古研究所：《盘龙城——1963—1994年考古发掘报告》(上)，文物出版社2001年版，第624—628页。共出土100件玉器，但附表四仅列98件，包括19件透闪石玉器、66件蛇纹石玉器(原文为62件)、11件绿松石和2件东陵石器。

续表

序号	出土地点	名称	数量	时代	出土时间	形状规格	资料来源
						(5) 串珠(XDM：647)，由 14 颗小粒状珠串成，翠绿色 (6) 串珠(XDM：707)，由 131 颗中型管状珠串成，色呈翠绿，微透明，体长为细长圆管，每珠中心对钻穿孔。孔径 0.1—0.2 cm。每珠长 0.7—1.0，横截径 0.5—0.8 cm (7) 串珠(XDM：708)，由 349 颗细小粒状珠串成，翠绿色，珠粒细小，每颗长、径仅 0.3 和 0.2 cm (8) 泡(共 54 颗，除 XDM：676 为磷铝石外，其余 53 颗均为绿松石，包括 XDM：670、671、673、674 各 1 颗，XDM：709 计 38 颗，XDM：711 计 11 颗)，圆形，底平，大多数呈半球状，有沁蚀。其中有二件体扁薄。泡分大、中、小 3 种，均可作镶嵌物 (9) 除了玉器外，青铜特短骹矛(XDM：97)、直内戈(XDM：108、122、124、127)、曲内戈(XDM：127、128、129)均镶嵌绿松石	①
38	河南安阳殷墟	珠、管、饰件、贝、鸟、人、龟、蝉、蝉蛙、鸽、片	51	商代晚期	1963—2006 年	(1) 珠(23 颗) (2) 管(7 件) (3) 饰件(6 件) (4) 贝(5 件) (5) 鸟(4 件) (6) 人(1 件) (7) 龟(1 件) (8) 蝉(1 件) (9) 蝉蛙(1 件) (10) 鸽(1 件) (11) 片(1 件)	②
39	四川成都金沙	不详	13	商代晚期至春秋早期	2001—2004 年	占 551 件分析样品的 2.36%	③
40	辽宁大连于家砣头	坠	7	西周初年	1977 年	(1) M38：4，平面菱形 (2) M38：9，管状 (3) M38：10，绿色，原为管状坠，残长 0.7 cm (4) M40：5，蓝绿色，为残断后二次加工，残长 0.6、宽 0.65 cm (5) M41：7，算盘珠状，直径 1.2、厚 0.7 cm (6) M42：5，蓝绿色，平面近菱形，长 1.9、宽 1.5、厚 0.26 cm (7) M45：3，蓝绿色，扁平鸡心形，长 0.9、宽 0.85 cm	④

---

① 江西省文物考古研究所、江西省博物馆、新干县博物馆：《新干商代大墓》，文物出版社 1997 年版，第 93—94、96—97、150—151、153—155、214—215 页；陈聚兴：《新干商代大墓玉器鉴定》，载于江西省文物考古研究所、江西省博物馆、新干县博物馆：《新干商代大墓》，文物出版社 1997 年版，第 301—307 页。

② Wang, R., Cai, L., Bao, T. T., et al., "Study on the Grossular Rabbit with High Hardness Excavated from Yin Ruins, Anyang, China", *Archaeological and Anthropological Sciences*, 2019, 11(4), pp. 1577-1588.

③ 向芳、王成善、杨永富等：《金沙遗址玉器的材质来源探讨》，《江汉考古》2008 年第 3 期。

④ 大连市文物考古研究所：《于家砣头墓地》，科学出版社 2018 年版，第 46、50、52、54、57 页。

续表

序号	出土地点	名称	数量	时代	出土时间	形状规格	资料来源
41	江苏苏州真山东周大墓	珠、管、贝、套饰、嵌饰、扁环形饰等	数千	春秋晚期前段（570—553BC）	1994 年	(1) D9M1,椁西南角出土了1件漆盒,长60、宽25、高15 cm,内装一排排由玛瑙管、绿松石珠、孔雀石珠、水晶珠等依次组成的串饰。每条长约60 cm,一条条整齐地排列着。上下共三层,每层约8条,共24条。绿松石珠和孔雀石珠由10 209件,其中将近半数残破,完整的有5 000余件,可分为两种:一种呈暗绿色,质地较硬;另一种泛绿白色,质地较松。直径0.7—0.9、孔径0.13—0.15 cm (2) 漆盒下面及附近还有绿松石菱形珠(25件,孔雀蓝色,中央纵向钻孔。径0.98—1.40、孔径0.33—0.40 cm)、圆柱形管(23件,纵向贯孔。长2.23—3.24、径0.49—0.50、孔径0.17—0.22 cm)、梭子形管(9件,有墨绿、孔雀蓝等色,两端有3—6道弦纹,中贯孔,为两头对钻。长1.47—4.02、径0.6—1.0、孔径0.27—0.40 cm)、腰鼓形管(331件,有墨绿、孔雀蓝、灰白等色。长0.58—2.03、径0.23—1.36、孔径0.05—0.39 cm)等。扁环形绿松石1件(D9M1：34),椭圆形环状,长1.94、宽1.12、厚0.52 cm (3) 漆盒中放置数千枚天然贝和122枚绿松石,蓝色,上有云母状纹。外形酷似天然贝,但比天然贝略小,最大者长1.62、宽1.06、厚0.31 cm,最小者长1.26、宽0.77、厚0.22 cm。绿松石贝正面中部微鼓起呈弧状,中央有一条纵向凹槽,似贝唇但没有齿痕。凹槽的两头各有一小穿,背部平整 (4) 扁筒形绿松石套饰1件(D9M1：1),孔雀蓝色。一端稍大而另一端略小,横截面呈椭圆形,大的一端凹进去一个圆槽。可能是剑鞘头端的"珌" (5) 绿松石嵌饰126件,多数为一件漆盒上的镶嵌饰。形状多种多样,有圆环形、逗点形、靴形等	①
42	四川炉霍卡莎湖	饰品	不详	春秋至战国中期	1984 年	不详	②

---

① 苏州博物馆：《真山东周墓地——吴楚贵族墓地的发掘和研究》，文物出版社 1999 年版，第 15、17—18、21、24—25、29、55、61、76—78 页。
② 四川省文物考古研究所、甘孜藏族自治州文化局：《四川炉霍卡莎湖石棺墓》，《考古学报》1991 年第 2 期。

续表

序号	出土地点	名称	数量	时代	出土时间	形状规格	资料来源
43	黑龙江齐哈尔平洋砖厂	饰品	14	战国早期	1984年	出自6座墓中。多作扁方形，上下两面稍隆起，两端或平齐，或微内凹，中间穿孔，周身磨光。最大者M115：5，长1.4、宽1.2、厚0.4 cm。最小者M111：23，长0.4、宽0.3、厚0.2 cm。M107：257 制作规整，长0.75、宽0.7、厚0.25 cm。M136：6 形较大，一侧边呈圆弧，两头短平，中有一小孔，表面光滑闪亮，长1.6、最宽处1、厚0.4 cm	①
44	河南陕县	珠、印	16	战国中期至西汉初期	1956—1958年	(1) 战国时期15件——珠呈截尖橄榄形，少数珠体较扁 (2) 秦汉时期1件——印(3026：19)	②
45	黑龙江齐哈尔战斗村	管、饰品	4	战国晚期	1985年	分两型： (1) A型，3件，圆管形。其中1件M219：24，一头平，一头斜直，磨光，长1.6、直径0.5—0.8 cm (2) B型，1件。M204：24，扁平珠型，上下两边略弧，两端稍内凹，中有孔，长1.1、宽1.0 cm	③
46	贵州赫章可乐	珠	2	战国末期至汉代	2000年	(1) M271：25，灰绿色、不透明，直径0.65—0.70、高0.42、孔径一端0.16、一端0.2 cm。不规则圆形算珠状，磨制光洁。两端平，腰部略鼓。中部贯穿一圆形穿，位置偏向一侧，从一端钻通 (2) M288：1，器表土沁色，残断面翠蓝色，色匀，残损严重，可测量椭圆短径1.16、高0.76 cm。扁椭圆空心果核状，中部有一道纵向棱边。器表光整，放大镜下可见较多划擦痕。内壁凹凸不平	④
47	云南玉溪金莲山	扣	2	战国晚期至东汉初期	2008—2009年	M184②：1、2，位于第2层人骨中部偏西南，出土时紧贴放置与断骨上。两件形制相近，如M184②：1，形状不规则，正面中部突起呈圆锥状，底部对钻双连小孔，互相连通，外表磨光，长2.5、宽1.7、高1.4 cm	⑤

---

① 黑龙江省文物考古研究所：《黑龙江泰来县平洋砖厂墓地发掘简报》，《考古》1989年第12期；黑龙江省文物考古研究所：《平洋墓葬》，文物出版社1990年版，第110页。

② 中国社会科学院考古研究所：《陕县东周秦汉墓》，科学出版社1994年版，第91、96—97、151—153页。该墓出土玉石器共3845件，包括软玉、石质(以大理岩、千枚岩、绢云母片岩、泥质粉砂岩为最多)、玛瑙、水晶、绿松石、孔雀石和煤精等。除孔雀石珠外，其余珠均有环伴出，如2123：19 出土水晶珠11颗、玉珠6颗、绿松石珠2颗、煤精珠3颗、玉环1件。

③ 黑龙江省文物考古研究所：《黑龙江泰来县战斗墓地发掘简报》，《考古》1989年第12期；黑龙江省文物考古研究所：《平洋墓葬》，文物出版社1990年版，第151页。

④ 贵州省文物考古研究所：《赫章可乐2000年发掘报告》，文物出版社2008年版，第108—109、127页。除3组孔雀石串珠外，该墓出土玉器46件，包括39件玉髓/玛瑙、3件透闪石、2件绿松石、1件绿泥石和1件变质岩。

⑤ 云南省文物考古研究所、玉溪市文物管理所、澄江县文物管理所等：《云南澄江金莲山墓地2008—2009年度发掘简报》，载于蒋志龙：《滇国探秘——石寨山文化新发现》，云南人民出版社2012年版，第289—314页。

续表

序号	出土地点	名称	数量	时代	出土时间	形状规格	资料来源
48	青海同德宗日	块、珠	225	宗日文化（3200—2100BC）	1994—1995年	(1) 块(79件)，多为灰色板岩的一面附有一薄层绿松石，少数是用纯绿松石片穿孔而成的佩饰 (2) 珠(146粒)，多与骨珠相间串成链饰	①
49	青海乐都柳湾	管、珠、饰品	278	马家窑文化晚期至齐家文化（2650—1760BC）	1974—1979年	(1) 半山类型(40件)(2650—2350BC)——管、珠、饰件(斧形、长方形、异形) (2) 马厂类型(204件)(2450—2050BC)——管(41件)、扁平带孔(31件)、扁平不带孔(119件)、小型单孔饰件(13件) (3) 齐家文化(34件)(2050—1760BC)——管、珠、饰件(斧形、长条形、不规则形)	②
50	宁夏固原店河	镶嵌饰	2	齐家文化较早阶段	1965年	(1) M2:7，外形为一束腰、两面内凹的圆形陶器，在其一面周围粘有17枚小的薄平绿松石，直径2.8，高1.3 cm，位于胸前 (2) M1:10，与上形状相同，出土时绿松石与陶器已分离。位于颈部	③
51	甘肃武威皇娘娘台	珠	>34	齐家文化早期	1957、1959、1975年	(1) 珠(数量不详)——1957年和1959年三次发掘。M4口内含2枚珠，M24佩饰钻孔的小珠数枚 (2) 珠(32枚)——1975年第四次发掘出土，呈扁圆形或长条形。有的在口内含着，有的在手腕旁放置，有的在左肩下	④
52	甘肃永靖秦魏家	珠	46	齐家文化中期或略偏晚	1959—1960年	绿松石珠放在耳旁或颈部附近，应为耳饰或一种项链。 绿松石珠分为两式：一为圆形或扁圆形，个别呈三角形；一为长条形。 根据引文表一整理可知： M36出土30件，M30、M43各出土4件，M42出土2件，M23、M25、M81、M103、M134、M135各出土1件	⑤
53	甘肃临潭磨沟	珠、饰品	4	齐家文化较晚阶段	2008年	(1) M303,4号人骨颈部有大量穿孔滑石珠和1件穿孔绿松石；5号人骨盆骨上有1件穿孔绿松石 (2) M344,骨架中发现有1件铜环和2件绿松石饰品	⑥

① 青海省文物管理处、海南州民族博物馆：《青海同德县宗日遗址发掘简报》，《考古》1998年第5期。
② 青海省文物管理处考古队、中国社会科学院考古研究所：《青海柳湾》(上)，文物出版社1984年版，第49—51、166—167、229—232、248页。
③ 宁夏文物考古研究所：《宁夏固原店河齐家文化墓葬清理简报》，《考古》1987年第8期。
④ 甘肃省博物馆：《甘肃武威皇娘娘台遗址发掘报告》，《考古学报》1960年第2期；甘肃省博物馆：《武威皇娘娘台遗址第四次发掘》，《考古学报》1978年第4期。
⑤ 中国科学院考古研究所甘肃工作队：《甘肃永靖秦魏家齐家文化墓地》，《考古学报》1975年第2期。
⑥ 甘肃省文物考古研究所、西北大学文化遗产与考古学研究中心：《甘肃临潭磨沟齐家文化墓地发掘简报》，《文物》2009年第10期。

续表

序号	出土地点	名称	数量	时代	出土时间	形状规格	资料来源
54	甘肃酒泉干骨崖	管、珠、坠等	15	1850—1500BC	1987年	列举3件： (1) M36：4，珠，直径0.25、孔径0.06、厚0.2 cm (2) M51：8-1，管，高0.7、宽0.6、孔径0.2、厚0.4 cm (3) M51：7，片状坠饰，长1.7、宽0.5、厚0.15、孔径0.1—0.2 cm	①
55	甘肃永靖大何庄	珠	20	齐家文化较晚阶段	1959—1960年	多见于小孩墓，20件绿松石珠（横剖面皆为椭圆形，中间穿孔）和2件玛瑙珠（紫红色，直径均为0.7 cm）位于耳旁	②

中国出土新石器时代至汉代绿松石的遗址和墓葬众多，地域覆盖中国全境，时代贯穿新石器时代，并一直延续至今。表3-9仅列举部分出土案例，颇为全面的绿松石整理工作，可以参看一些研究论文，如庞小霞对新石器时代绿松石的梳理和研究③，刘莞对夏商时期绿松石的整理④，封世雄对东周时期绿松石的整理⑤等。

目前的研究揭示，绿松石最早在中原地区的河南舞阳贾湖遗址（9000—7500BP）被用于制作装饰品，除置于头和颈部外，个别置于腿和足部⑥。贾湖绿松石质玉器数量除了发掘报告公布的71件外，还在2013年度的第八次发掘中出土了超过1 200余粒的绿松石串饰。其后，裴李岗文化稍晚时期的几个遗址出土绿松石器的数量很少，如河南新郑裴李岗、郏县水泉、新郑沙窝李等遗址，至仰韶文化时期仍是如此，如郑州大河村、淅川下王岗。这种情况同样存在于陕西地区，如老官台文化晚期南郑龙岗寺遗址（7500—7000BP）出土绿松石器的数量达77件（包括1件璜），仰韶文化时期的临潼姜寨、西乡何家湾等遗址的出土数量很少，新石器时代末期的紫阳白马和神木新华遗址的出土数量更少。新石器时代末期至青铜时代早期，绿松石作为镶嵌片饰的数量激增，如山西襄汾陶寺遗址出土绿松石片的数量达到千余枚，河南偃师二里头遗址出土绿松石片的数量达到数千枚，这与绿松石被认为能体现王权的某些特性相关。商代晚期，绿松石被用作镶嵌片的数量虽有所减少，但造型更加丰富，除了珠、管等饰件外，还包括人、贝以及龟、蝉、蝉蛙、鸽等动物形器。西周以后，绿松石除继续被用作镶嵌片之外，还与透闪石-阳起石、（红色、白色、蚀花）玛瑙、水晶、釉砂、孔雀石等材质的珠和管一起构成多彩珠管型组玉佩和梯形牌联珠串饰。

黄河下游海岱地区最晚在北辛文化时期（7400—6200BP）使用了绿松石坠饰，墓主人是幼女。黄河上游地区在相当于马家窑文化中晚期的宗日文化时期（5200—4100BP）已经使用绿松石材料，其数量可达数百件。至齐家文化，一些遗址出土绿松石器数量较多，达几十

---

① 甘肃省文物考古研究所、北京大学考古文博学院：《酒泉干骨崖》，文物出版社2016年版，第118、121页。
② 中国科学院考古研究所甘肃工作队：《甘肃永靖大何庄遗址发掘报告》，《考古学报》1974年第2期。
③ 庞小霞：《中国出土新石器时代绿松石器研究》，《考古学报》2014年第2期。
④ 刘莞：《试论夏商时期的绿松石制品》，中央民族大学硕士学位论文，2016年。
⑤ 封世雄：《中国出土东周时期绿松石器研究》，重庆师范大学硕士学位论文，2017年。
⑥ 河南省文物考古研究院、中国科学技术大学科技史与科技考古系：《舞阳贾湖》（二），科学出版社2015年版，第81页。

件,如甘肃武威皇娘娘台、永靖秦魏家等遗址;一些遗址出土数量很少,如宁夏固原庙河、甘肃临潭磨沟(同出 630 余件白色滑石珠)等遗址。此后,绿松石一直被应用制作成管、珠和片状坠饰,与红玛瑙、滑石等其他材质珠和管组成串饰,如甘肃酒泉干骨崖、永靖大何庄等遗址。

长江中游地区早在彭头山文化时期(9000—8000BP)已使用绿松石珠,与贾湖绿松石时代相近,不过数量仅有 1 件。至大溪文化中晚期(5900—5300BP)绿松石器的数量有所增加,如重庆巫山大溪遗址出土了 15 件绿松石耳饰,其后绿松石一直被使用,但数量不多,如石家河文化晚期的湖北荆州枣林岗墓地出土了 1 件琥和 1 件坠。长江下游地区从北阴阳营文化(6000—5300BP)开始使用绿松石材料,早期使用数量很少,如江苏南京北阴阳营和安徽含山凌家滩遗址,至良渚文化时期数量有所增加,如良渚早期的安徽萧县金寨出土了 27 件绿松石片,良渚中晚期浙江桐乡新地里出土了 19 件绿松石器,良渚晚期浙江余杭反山出土了 10 件绿松石器,良渚晚期上海青浦福泉山出土了 67 件绿松石器。至历史时期,绿松石继续被使用,一些遗址或墓葬出土数量颇多,如长江中游的湖北盘龙城出土了 11 件饰件和近千枚镶嵌片、江西新干大洋洲出土了超过 600 件的绿松石器,长江下游的江苏苏州真山出土各种绿松石饰件达数千件(同出数千件孔雀石珠)。

东北地区最晚在红山文化晚期(5500—5000BP)开始使用绿松石器,一些遗址如辽宁建平牛河梁出土了一些绿松石器,包括鸮、鱼等动物形坠饰,但数量不多。此后,辽宁大连郭家村、辽宁岫岩北沟西山、内蒙古赤峰大南沟等遗址出土了一些绿松石珠和坠,数量不超过 10 件。这一面貌至夏家店下层文化的内蒙古敖汉旗大甸子遗址有较大变化,其出土绿松石珠的数量达到 332 件、绿松片数量超过 1 509 件。其后,绿松石仍有应用,但数量不多,如辽宁大连于家砣头出土了 7 件坠,黑龙江齐齐哈尔战国墓葬中出土了 18 件装饰品。

华南地区迟至广东曲江石峡文化第二期(4800—4300BP)出土了 12 件片饰。西南地区更晚,可能晚至春秋战国时期,其数量也不多,具体情况有待今后更广泛的玉材研究工作。

由上可见,黄河流域、长江流域、东北、华南和西南等地区使用绿松石的历史均不相同,黄河中原地区使用最早,西南地区可能晚至春秋战国时期。绿松石既可作装饰品,也可作镶嵌片,因而其应用颇为广泛。中国绿松石矿产丰富,但一些靠近矿产地的遗址或墓葬出土绿松石的数量却很少,一些周边无矿产的遗址或墓葬出土绿松石的数量却颇多,这表明绿松石的使用更多地与文化选择相关,绿松石的长距离交流应引起足够的重视。

二、磷铝石(Variscite,$AlPO_4 \cdot 2H_2O$)和磷铝锂石[Montebrasite, (Li, Na)$Al(PO_4)(OH, F)$]

(一) 基本性质

磷铝石和磷铝锂石的基本性质可归纳为**表 3-10**:

磷铝石($AlPO_4 \cdot 2H_2O$)成分中可含与 Al 呈完全类质同象替代的 Fe 及 Ca、Mg 等元素,当 Fe>Al 的含量时称为红磷铁石。磷铝石的晶体结构是六次配位的 Al 与 4 个 O 和 2 个 H_2O 形成[$AlO_4(H_2O)_2$]八面体,其中 4 个 O 再分别与 4 个不同方位的[PO_4]四面体连接形成架状结构[1]。磷铝锂石(((Li, Na) $Al(PO_4)(OH, F)$))的晶体结构是 Al^{3+} 位于 4 个

---

[1] 刘养杰:《结晶矿物学》,西北大学出版社 2009 年版,第 269—270 页。

表 3-10 磷铝石和磷铝锂石的基本性质[①]

品种	晶系	结晶习性	颜色	光泽	透明度	摩氏硬度	密度(g/cm^3)	荧光	特殊光学效应	其他
磷铝石	斜方晶系	晶体少见,偶见斜方双锥晶形或细粒状。多呈胶态,如皮壳状、结核状、肾状等	纯者为无色、白色、含杂质则呈浅红、绿、黄、天蓝色等	玻璃光泽/油脂光泽	半透明	晶体为5,胶体为4[②]	2.53—2.58	荧光惰性	无	产于片岩和板岩中,常与磷铝钠石、磷灰石等共生,呈块状或瘤状
磷铝锂石	三斜晶系	短柱状或致密块状集合体,聚片双晶常见	颜色变化较大,白、蓝、粉红、蓝绿乃至褐色。透明石料近于无色、浅黄到微绿黄色	玻璃光泽/油脂光泽	透明/半透明	5—6	2.98—3.24	紫外线下可具极弱的绿色	无	宝石级晶体产于伟晶岩中,与电气石、石英、磷灰石、锂云母和锂辉石等伴生

$(PO_4)^{3-}$ 四面体之间,与 4 个 O^{2-} 和 2 个 $(OH)^-$ 相连结,组成 $Al—O_4(OH)_2$ 配位八面体。Li 位于 $(PO_4)^{3-}$ 四面体与 $Al—O_4(OH)_2$ 配位八面体之间呈五次配位。磷铝锂石,也称为磷锂铝石,其中 Li_2O 可被 Na_2O 置换,$(OH)^-$ 可被 F^- 置换,当 F 含量 $>(OH)$ 含量时称为锂磷铝石。锂磷铝石和磷锂铝石可以形成完全类质同象替代系列,都是提取锂的重要矿物原料。

(二) 科技鉴别

磷铝石和磷铝锂石的科技分析参考值可参见**表 3-11**:

表 3-11 磷铝石和磷铝锂石科技分析参考值

分析方法		数据信息			
XRD	磷铝石(PDF: 33-0033)	3.041 0 ($I/I_0=100$)	4.260 0 ($I/I_0=70$)	5.360 0 ($I/I_0=65$)	2.914 0 ($I/I_0=45$)
	磷铝锂石(PDF: 12-0448)	2.968 0 ($I/I_0=100$)	3.164 0 ($I/I_0=90$)	4.672 0 ($I/I_0=70$)	3.200 0 ($I/I_0=60$)
拉曼分析参考值	磷铝石[③]	(1) 122、143、177、227(m)、237、258、288、299、326、340、356 cm^{-1}——晶格振动 (2) 389、419(m)、437(m) cm^{-1}——$[PO_4]$ 的面内弯曲振动 (3) 464、483、534、563 cm^{-1}——$[PO_4]$ 的面外弯曲振动 (4) 613、790 cm^{-1}——水振动或 Al—OH 振动 (5) 938、1 005、1 023(s) cm^{-1}——$[PO_4]$ 的对称伸缩振动 (6) 1 029(s)、1 077、1 133、1 157、1 250 cm^{-1}——$[PO_4]$ 的不对称伸缩振动 (7) 1 359、1 573 cm^{-1}——HOH 弯曲振动			

---

① 张蓓莉:《系统宝石学》,地质出版社 2006 年版,第 514—515 页。
② 潘兆橹:《结晶学及矿物学(第 3 版)》(下册),地质出版社 1994 年版,第 227 页。
③ Frost, R. L., Weier, M. L., Erickson, K. L. et al., "Raman Spectroscopy of Phosphates of the Variscite Mineral Group", *Journal of Raman Spectroscopy*, 2004, 35(12), pp. 1047-1055.

续表

分析方法		数据信息
	磷铝锂石[①]	(1) 139、172、198、229、277(w—s)、297(s)、312、324 cm^{-1}——晶格振动 (2) 396、415、428(m)cm^{-1}——[PO_4]的面内弯曲振动 (3) 483、493、548 cm^{-1}——[PO_4]的面外弯曲振动 (4) 600、626、646(m)、798(w—m)cm^{-1}——水振动或 Al—OH 振动 (5) 1 012(s)cm^{-1}——[PO_4]的对称伸缩振动 (6) 1 046(s)、1 057(s)、1 108(w—m)、1 187 cm^{-1}——[PO_4]的不对称伸缩振动 (7) 3 383(vs)cm^{-1}——羟基 OH 的伸缩振动 注：vs = very strong，s = strong，m = media，w = weak
化学成分参考值	磷铝石	理论值：Al_2O_3 = 32.28%，P_2O_5 = 44.94%，H_2O = 22.78% Al_2O_3 = 30.97%—32.96%，平均值 = 31.85% P_2O_5 = 44.26%—44.56%，平均值 44.40% H_2O = 22.42%—22.58%，平均值 = 22.50% Fe_2O_3 = 1.33%—2.88%，平均值 = 2.02% V_2O_5 = 0.06%—0.28%，平均值 = 0.17% CaO = 0.01%—0.05%，平均值 = 0.04% MgO = 0.01%—0.05%，平均值 = 0.01%
	磷铝锂石 (R060890)	理论值：Li_2O = 10.24%，Al_2O_3 = 34.94%，P_2O_5 = 48.64%，H_2O = 6.18% 实测值：P_2O_5 = 47.57%—49.09%，平均值 48.10% Al_2O_3 = 36.32%—36.67%，平均值 = 36.48% F = 4.27%—5.42%，平均值 = 4.84% $Li_2O + H_2O$ = 9.81%—11.40%，平均值 = 10.54%（根据总量 100% 进行推算） Fe_2O_3 = 0—0.08%，平均值 = 0.02% CaO = 0—0.03%，平均值 = 0.006% SO_3 = 0—0.03%，平均值 = 0.005% Na_2O = 0—0.02%，平均值 = 0.003% MgO = 0—0.01%，平均值 = 0.003% Cl = 0—0.01%，平均值 = 0.003%

（三）考古出土品

考古出土的早期磷铝石和磷铝锂石质玉器举例参见**表 3-12**：

表 3-12 考古出土早期磷铝石和磷铝锂石质玉器举例

序号	出土地点	名称	数量	时代	出土时间	形状规格	资料来源
1	河南鹤壁刘庄	管珠	6	下七垣文化（约 1680—1550BC）	2005—2006 年	(1) M28:1，浅绿色，表面可见剥蚀痕迹。扁管状，一面微鼓、一面近平，单面钻长孔。磨光。长 1.8、直径 0.66—1.25、孔径 0.3 cm	

[①] Almeida，R. M.，Hofer，S.，Mayerhofer，T. G.，et al.，"Optical Phonon Features of Triclinic Montebrasite：Dispersion Analysis and Non-polar Raman Modes"，*Vibrational Spectroscopy*，2015，77，pp. 25-34.

续表

序号	出土地点	名称	数量	时代	出土时间	形状规格	资料来源
						(2) M208：2 是由 14 粒大小不一的管珠饰组成，颜色有浅绿色、青色、白色等。5 件为磷铝石，5 件为绿松石，3 件为纤磷钙铝石，1 件为明矾石。器表均磨光，每粒中心皆有细小穿孔，皆为单面钻 ① M208：2-1，青白色略泛黄，亚腰扁方形，长 1.12、直径 0.41—1.18、孔径 0.15 cm ② M208：2-2，青白色泛黄，亚腰扁长方形，长 0.52、直径 0.32—0.65、孔径 0.14 cm ③ M208：2-7，青白色泛绿，残半，应当为扁圆柱体，长 1、直径 0.41—0.60、孔径 0.18 cm ④ M208：2-10，深青色，扁圆柱体，长 0.8、直径 0.40—0.52、孔径 0.15 cm ⑤ M208：2-14，青白色泛黄，扁圆柱体，长 1.18、直径 0.41—0.60、孔径 0.2 cm	①，如图 3-2 所示
2	江西新干大洋洲	项链、腰带、玉璧、玉柄形器、玉泡、串珠等	80 余件	商代后期早段或殷墟二、三期（1250—1090BC）	1989 年	出土磷铝石器： (1) 项链——XDM：641，18 颗，以磷铝石为主，间有磷铝锂石。出土时，呈桃形依序排列于棺室的东头。玉块大小厚薄不一，有的大小相差两倍以上。除两块较大者破裂外，其余均完整，但大部分有自然裂隙和沁蚀现象，色泽不一，性状也不相同，有扁平梯形、扁椭圆形、扁长方形和扁薄方形等，但四角磨制圆润，两端中心均对钻穿孔。玉块长 1.4—4.1、宽 1.0—2.2、厚 0.8—1.0 cm (2) 腰带——XDM：642，13 颗，苹果绿色，玻璃光泽，不透明，摩氏硬度 4.5—5.0。弱沁蚀。玉块长短不一，厚薄不匀。其中 4 件残破。体多呈长方形，正面两侧缘琢成斜边，四角圆润，底面平齐，两端中心纵贯穿孔。通体素面质朴。出土时，一块接着一块地呈弧形排列于棺中部，可能是系绕于死者腰间。玉块长 5.6—9.6、宽 3.2—3.5、厚 1.3—1.5 cm (3) 玉璧——XDM：650、651，蜡状光泽，不透明，摩氏硬度 4.5—5。体扁薄而匀称，中心有对钻大圆孔，孔周两面均凸起呈环状圆口，周缘与孔都较圆，制作精良，两面抛光。650 号为青黄色，沁蚀严重，碎裂成七块，直径 18.4、孔径 7.5、孔壁厚 2.4、边缘厚 0.5 cm。651 号为黄绿色，沁蚀严重，碎裂成三块，直径 16.8、孔径 7.2、孔壁厚 2.4、边缘厚 0.5 cm	

---

① 河南省文物局：《鹤壁刘庄——下七垣文化墓地发掘报告》，文物出版社 2012 年版，第 40—41、236—237、399—415 页。

续表

序号	出土地点	名称	数量	时代	出土时间	形状规格	资料来源
						(4) 玉柄形器——XDM：640，出土 3 件，XDM：652、653 的材质是透闪石。灰绿色，玻璃光泽，不透明，斑点较多，摩氏硬度 4.5 以上。中等沁蚀，通体素面。上端内弧成柄，其顶面中心竖钻一斜孔至柄中部的一侧穿出。下端收成扁薄形榫，榫面钻一孔。长 17.4、宽 1.5、厚 1 cm (5) 玉泡——XDM：676，大型泡，黄绿色，玻璃光泽，不透明，弱沁蚀。直径 1.4、高 0.3 cm (6) 串珠 ① XDM：710，由 53 颗珠串成，多数为磷铝石，少数为绿松石。主要为扁平长方形，亦有扁平梯形和扁椭圆形等，四角和棱边均较圆润，两端中心对钻穿孔。色泽不一，有浅绿和青灰等色，大部分有自然裂隙和沁蚀现象。每珠长 1.0—3.8、宽 1.4—2.0、厚 0.5—1.0 cm ② XDM：646，由 15 颗腰鼓形大珠串成，其中 1 颗为磷铝石制品。色呈苹果绿，蜡状光泽，不透明，孔隙沟分布较多，摩氏硬度 5.5—6.0。弱沁蚀。两端平齐，中央对钻穿孔，沿下各饰凹弦纹一周。每珠长 0.9—3.3、横截径 0.9—1.5 cm	①
		琮、镯、环、串珠、项链	琮、镯、环各一件，串珠、项链几十颗	商代后期早段或殷墟二、三期（1250—1090BC）	1989 年	出土磷铝锂石： (1) 玉琮——XDM：648，灰黄色，带紫色和黄褐色斑点，玻璃光泽，不透明，摩氏硬度 5.5—6.0。外方内圆，上小下大，两端面平，有不甚明显的短射，中部横截面近方形。体四角有凸棱形或对称的长方弧面，中部一浅横凹槽将方弧面和整个琮体分为上下两节。方弧面的上下饰浮雕式的蝉纹，上下蝉尾相对，蝉大头圆眼，宽翼尖尾。上下节的四面中部，各刻阴线四周。表里均经抛光。通高 7、射高 0.5、射径 8.0—8.4、射壁厚 0.8—1.0 cm。玉琮 XDM：677，淡黄色，有墨绿斑，玻璃光泽，不透明，摩氏硬度 5.5—6.0。筒体更矮，细察仍是内圆外方。上下有短射，射口不甚圆。上下两节，四角有凸棱，并以四角凸棱为中线，上下各饰由卷云纹构成的筒体兽面纹一组，面部轮廓略浮出，圆形目稍凸出。通高 4.1、射高 0.4、射径 7.7—7.9、射壁厚 0.5—0.8 cm	

---

① 江西省文物考古研究所、江西省博物馆、新干县博物馆：《新干商代大墓》，文物出版社 1997 年版，第 141—143、149—152、155—156 页。腰带编号在 149 页标为 XDM：462，在 214 页标为 XDM：642，本书从后者；陈柳兴：《新干商代大墓玉器鉴定》，载于江西省文物考古研究所、江西省博物馆、新干县博物馆：《新干商代大墓》，文物出版社 1997 年版，第 301—307 页。

续表

序号	出土地点	名称	数量	时代	出土时间	形状规格	资料来源
						(2) 玉镯——XDM:675,青灰色,有黄褐斑,琉璃光泽,不透明,摩氏硬度5.5—6.0。弱沁蚀。短筒体,两端平齐,中心对钻大孔,表里抛光。外壁中腰微束,将全器分为上下两节,每节等距浅刻宽竖线槽四条,将外壁上下各节分成四等分。每等分的上下刻凹弦纹两组,每组三周。器高2.6、直径7.9、壁厚0.7 cm。 (3) 玉环——XDM:685,青灰色,有青褐斑,珍珠光泽,不透明,摩氏硬度5.5—6.0。已残,形似璧,但边宽比璧较窄,孔径较大,孔壁与环面平齐,一边的宽度略小于孔径的二分之一,制作规整,周缘较圆,孔口及边之两面都经抛光。肉两面均有四组每组由两周细线构成的同心圆刻线。直径12.4、孔径6.3、孔壁厚0.7 cm (4) 串珠——XDM:710,53颗,内有少数为绿松石 (5) 项链——XDM:641,18颗,以磷铝石为主,间有磷铝锂石	①
3	河南荥阳小胡村	管	1	1300—1100BC	2006年	M2:4,绿色,风化成白色。长1.5、宽1.1、孔径0.3 cm	②
4	河南安阳殷墟	珠、坠	2	1290—1046BC	1988、1992年	(1) 88采暖厂M68:3,原质青蓝,椭圆扁形,上下穿孔为双面钻,土沁严重。长2.1、宽2、厚1 cm (2) 92 ALN M327:1,绿色,表面遍布白沁。蝉形,头部及翅膀为阴线刻,眼突出,翅膀下端刻划深、明显,背面平直无纹饰。头部上方突出一较窄平面,上有钻孔,对钻。长2.35、宽1.05、厚0.23—0.50 cm	自测,如图3-3所示

---

① 江西省文物考古研究所、江西省博物馆、新干县博物馆:《新干商代大墓》,文物出版社1997年版,第141、143、149页。新干商墓出土了一件神人兽面形饰——XDM:633,黄绿色,玻璃光泽,不透明,有绺文。摩氏硬度4.5以上。中—强沁蚀。整体呈扁平竖长方形,唯上端左角稍残。通高16.2、下端宽5、中宽6、顶宽7、厚0.4 cm。第156将神人兽面形饰的材质表述为磷铝石,后被国家博物馆成小林研究后认为是透闪石,本书从后者。新干商墓玉器材质有必要重新检视:陈聚兴:《新干商代大墓玉器鉴定》,载于江西省文物考古研究所、江西省博物馆、新干县博物馆:《新干商代大墓》,文物出版社1997年版,第301—307页。圆形玉坠饰(XDM:630)在第304页表述为磷铝锂石,但在第152页表述为透闪石。

② Zhao, H. X., Li, Q. H., Liu, S., "Investigation of Some Chinese Jade Artifacts (5000BC to 771BC) by Confocal Laser Micro-Raman Spectroscopy and Other Techniques", *Journal of Raman Spectroscopy*, 2016, 47 (5): 545 - 552.

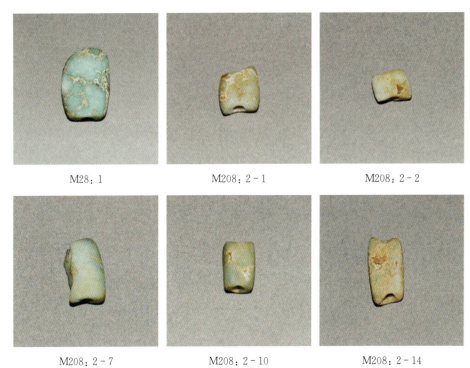

图 3-2　河南鹤壁刘庄遗址出土磷铝石质玉器（董俊卿提供）

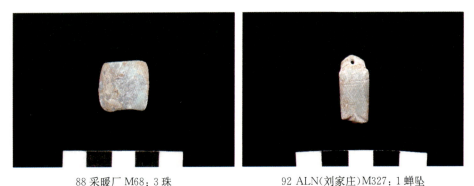

图 3-3　河南安阳殷墟出土的磷铝石质玉器

由表 3-12 可见，目前磷铝锂石质玉器仅在江西新干大洋洲商墓中发现，颜色呈青灰或黄色。磷铝石质玉器仅在河南和江西两地出土，如河南鹤壁刘庄先商墓地、安阳殷墟墓葬、荥阳小胡村墓地以及江西新干大洋洲商墓。磷铝石器的颜色以绿色为主，如新干磷铝石器的绿色种类丰富，色彩鲜艳，包括淡绿、蓝绿和苹果绿等颜色。磷铝石器也有青白、深青等颜色，主要出土于鹤壁刘庄先商墓地中，如 5 颗磷铝石珠与 5 颗绿松石珠、3 颗纤磷钙铝石、1 颗明矾石共同构成串珠饰，可能作为绿松石的替代品，这一传统延续至今，是传统的仿绿松石材料[①]。不过，河南安阳殷墟墓葬出土磷铝石器的数量很少，主要是珠和蝉形坠饰，尚无法分辨是否作为绿松石的替代品；在江西新干商墓中，绿松石主要被用于制作蝉、蛙、珠、泡和镶嵌片等

---

① 陈全莉、亓利剑、张琰：《绿松石及其处理品与仿制品的红外吸收光谱表征》，《宝石和宝石学杂志》2006 年第 1 期。

器物。磷铝石除了被用于制作项链、串珠腰带的玉块外,还被制作成较大型器物,如璧、柄形器等。磷铝锂石除了被用于制作串珠和项链外,还被制作成玉琮、玉镯和玉环等。值得注意的是,磷铝锂石与磷铝石不同,其外观特征更接近透闪石-阳起石玉[①]。上述分析表明,至少在晚商时期,磷铝石或磷铝锂石并非简单地作为绿松石的替代品,而可能是相互搭配使用。

陈聚兴认为,磷铝石和磷铝锂石产于特定伟晶岩类的岩石中,虽不多见,但在湖北、江西境内(如湖北通城、江西星子和修水等)的幕阜山伟晶岩中颇为常见,且品类繁多,其特征是含有一定量的云母和石英,而新疆、四川等地的磷铝石和磷铝锂石含有一定量的长石,据此陈聚兴认为新干磷铝石器和磷铝锂石器的原料来源于幕阜山。值得注意的是,幕阜山有紫红色磷铝石的菱方柱单晶体,但并未在江西新干商墓中发现,显示出古人对玉器颜色的倾向性。新干商墓出土了超过600件绿松石,其产地被认为很可能来自湖北西北部的郧县地区。一般认为,绿松石常与磷铝石共生,但江西地区没有发现绿松石,表明绿松石和磷铝石的共生现象并不是普遍的,因此在中国早期许多使用绿松石的地区,并没有磷铝石的使用报道。河南地区出土的磷铝石器出现在先商和晚商时期,表明其产地很可能来自周边地区。至于河南和江西两地的相互影响关系,有待进一步探讨。

对于磷铝石和磷锂铝石的风化特征,陈聚兴发现磷铝石抛光面的摩氏硬度在4.5—5.0,而未抛光面的摩氏硬度为3—4。大部分磷铝石制品均有不同程度的风化,严重者随吸附水损失的多少呈现极不相称的色彩,如神人兽面形饰 XDM:633 未风化区域为蓝绿色、蜡状光泽,而风化区域为灰白色、土状光泽。不过神人兽面形饰在经过红外光谱的物相分析以及扫描电镜的成分分析后,被认为是透闪石材质[②],笔者认为它的白化特征与透闪石质玉器的白化现象非常相似。江西新干大洋洲和河南鹤壁刘庄以及河南安阳殷墟发现的大部分磷铝石和磷锂铝石均属于弱风化,仅江西新干大洋洲 XDM:650 和 651 磷铝石质玉璧风化严重,河北荥阳小胡村磷铝石质玉管发生了白化现象。

三、磷灰石[Apatite, $Ca_{10}(PO_4)_6(OH, F, Cl)_2$]

(一) 基本性质

磷灰石的基本性质可归纳为表 3‐13:

表 3‐13 磷灰石基本性质[③]

品种	晶系	结晶习性	颜色	光泽	透明度	摩氏硬度	密度 (g/cm³)	荧光	特殊光学效应	其他
磷灰石	六方晶系	单晶体一般为带锥面的六方柱,集合体呈粒状、致密块状、结核状六方双锥晶类	纯净的为无色透明,常呈浅绿色、黄绿色、褐红色、浅紫色等;沉积成因的磷灰石因含有机质被染成深灰色至黑色	玻璃光泽,断口油脂光泽	透明	5	3.13—3.23	磷光	猫眼效应	分布极广,存在于各种地质作用中

[①] 曾卫胜:《从新干大洋洲古玉探寻"赣文化"源流》,《南方文物》2004 年第 3 期。
[②] 成小林、王建平:《一件新干商墓出土玉器的红外光谱和扫描电镜的分析研究》,《光谱学与光谱分析》2006 年第 7 期。
[③] 黄志良:《磷灰石矿物材料》,化学工业出版社 2008 年版,第 8—16 页。

磷灰石是钙的磷酸盐,其化学式为 $Ca_{10}(PO_4)_6(OH,F,Cl)_2$,依据附加阴离子的不同可以分为氟磷灰石(Fluorapatite)、羟磷灰石(Hydroxylapatite)、氯磷灰石(Chlorapatite),不过上述绝对纯的三种磷灰石在自然界都很少见,相对而言,氟磷灰石较常见、羟磷灰石次之、氯磷灰石较少见。氟磷灰石和羟磷灰石常混溶,构成氟羟磷灰石。

磷灰石的晶体结构较复杂,Ca^{2+} 的配位形式主要有两种:一种是 Ca^{2+} 位于上下两层的 6 个 $[PO_4]^{3-}$ 四面体之间,与 6 个 $[PO_4]^{3-}$ 四面体当中的 9 个角顶位置的 O^{2-} 相连接,因此 Ca^{2+} 的配位数为 9,常被称为 Ca1。这种 Ca—O 配位多面体呈三方柱状,使得整个晶体结构中形成了平行于 c 轴的较大通道,附加阴离子(F^-、OH^-、Cl^-)充填于通道之中。另一种是附加阴离子 F^-(或 OH^-、Cl^-)与上下两层的 6 个 Ca^{2+} 构成(F 或 OH、Cl)-Ca_6 配位八面体,此时 Ca^{2+} 除了与 1 个附加阴离子连接,还与邻近 4 个 $[PO_4]^{3-}$ 中的 6 个角顶位置的 O^{2-} 相连接,因此 Ca^{2+} 的配位数为 7[①],常被称为 Ca2。由上分析可见,磷灰石中的 Ca 可呈 9 次(Ca1)和 7 次(Ca2)两种配位形式,Ca1 和 Ca2 的比例为 4∶6。

磷灰石具有一些光学效应,如作为宝石的磷灰石常为氟磷灰石,可形成磷灰石猫眼。磷灰石因含微量的 Ce、U、Th 等稀土元素,可以产生磷光现象。值得注意的是,磷灰石的呈色机制包括过渡金属 d-d 跃迁致色、色心致色以及微小包裹体致色,其中晶体结构中存在多种类型的色心可使磷灰石呈黄色至天蓝色[②]。

磷是地球上第十大主要元素(地壳丰度约为 0.1%),存在于多种矿物中,PO_4^{3-} 是主要的结构成分。磷灰石是地壳中含磷最高的原生矿物,包含了地壳中 95% 的磷[③],因此磷灰石的分布颇广,中国已在内蒙古、河北、河南、甘肃、新疆、云南、江西、福建等地发现磷灰石,其中内蒙古和新疆的磷灰石可以达到宝石级。

(二)科技鉴别

磷灰石的科技分析参考值可参见**表 3-14**:

表 3-14 磷灰石科技分析参考值

分析方法		数据信息			
XRD	氟磷灰石 (PDF:15-0876)	2.800 0 ($I/I_0=100$)	2.702 0 ($I/I_0=60$)	2.772 0 ($I/I_0=55$)	3.442 0 ($I/I_0=40$)
	羟磷灰石 (PDF:09-0432)	2.814 0 ($I/I_0=100$)	2.778 0 & 2.720 0 ($I/I_0=60$)	3.440 0 & 1.841 0 ($I/I_0=40$)	1.943 0 ($I/I_0=30$)
	氯磷灰石 (PDF:33-0271)	2.771 0 ($I/I_0=100$)	2.862 0 & 2.783 0 ($I/I_0=90$)	1.835 6 ($I/I_0=30$)	1.963 3 ($I/I_0=25$)
拉曼光谱 参考值[④]	氟磷灰石	(1) 431、445 cm^{-1}——$[PO_4]$ 的面内弯曲振动 (2) 581、591、607、617 cm^{-1}——$[PO_4]$ 的面外弯曲振动 (3) 963(vs)cm^{-1}——$[PO_4]$ 的对称伸缩振动 (4) 1 033、1 041、1 052、1 061、1 080 cm^{-1}——$[PO_4]$ 的不对称伸缩振动 (5) 3 540(m)cm^{-1}——氟基 F 的伸缩振动 注:vs = very strong, m = media			

---

① 陈武、季寿元:《矿物学导论》,地质出版社 1985 年版,第 173—174 页。
② 蔡秀成、富毓德:《磷灰石研究的某些进展》,《地质地球化学》1979 年第 10 期。
③ 魏世强:《环境化学》,中国农业出版社 2006 年版,第 350—351 页。
④ 黄志良:《磷灰石矿物材料》,化学工业出版社 2008 年版,第 29 页。

续表

分析方法		数据信息
	羟磷灰石	(1) 433、450 cm^{-1}——[PO_4]的面内弯曲振动 (2) 581、593、610、618 cm^{-1}——[PO_4]的面外弯曲振动 (3) 963(vs)cm^{-1}——[PO_4]的对称伸缩振动 (4) 1 031、1 041、1 049、1 057、1 079 cm^{-1}——[PO_4]的不对称伸缩振动 (5) 3 570(m)cm^{-1}——羟基 OH 的伸缩振动 注：当 F 取代 OH 时，除了出现 3 540 cm^{-1}，还可能出现 3 560 cm^{-1} 峰位①
	氯磷灰石	(1) 430、443 cm^{-1}——[PO_4]的面内弯曲振动 (2) 577、587、593、615、621 cm^{-1}——[PO_4]的面外弯曲振动 (3) 961(vs)cm^{-1}——[PO_4]的对称伸缩振动 (4) 1 017、1 035、1 044、1 058、1 078 cm^{-1}——[PO_4]的不对称伸缩振动
化学成分参考值	磷灰石②	$CaO = 54.58\%$，$P_2O_5 = 41.36\%$，$F = 1.23\%$，$Cl = 2.27\%$，$H_2O = 0.56\%$，F、Cl、OH 以等比计算
	氟磷灰石(R050122，R050529，R060421)	$CaO = 50.56\%—55.64\%$，平均值 $= 54.53\%$ $P_2O_5 = 35.68\%—41.91\%$，平均值 $= 39.48\%$ $F = 2.92\%—4.30\%$，平均值 $= 3.55\%$ $Cl = 0.02\%—0.04\%$，平均值 $= 1.49\%$ $SiO_2 = 0.19\%—0.44\%$，平均值 $= 0.29\%$ $MnO = 0.06\%—0.89\%$，平均值 $= 0.13\%$ $SrO = 0—0.10\%$，平均值 $= 0.05\%$ $Na_2O = 0—0.09\%$，平均值 $= 0.05\%$ $FeO = 0.01\%—0.12\%$，平均值 $= 0.01\%$ $K_2O = 0—0.02\%$，平均值 $= 0.01\%$ $Al_2O_3 = 0—0.02\%$，平均值 $= 0.004\%$
	羟磷灰石(R060180)	$CaO = 53.96\%—54.85\%$，平均值 $= 54.42\%$ $P_2O_5 = 40.91\%—41.36\%$，平均值 $= 41.15\%$ $H_2O = 3.71\%—4.90\%$，平均值 $= 4.30\%$ $Cl = 0.09\%—0.17\%$，平均值 $= 0.13\%$
	氯磷灰石(R060192)	$CaO = 52.74\%—55.17\%$，平均值 $= 53.85\%$ $P_2O_5 = 39.30\%—40.88\%$，平均值 $= 40.31\%$ $Cl = 3.21\%—4.26\%$，平均值 $= 3.59\%$ $H_2O = 0.87\%—4.77\%$，平均值 $= 1.70\%$ $MnO = 0.11\%—0.89\%$，平均值 $= 0.42\%$ $SrO = 0—0.10\%$，平均值 $= 0.05\%$ $F = 0—0.11\%$，平均值 $= 0.05\%$ $Na_2O = 0—0.07\%$，平均值 $= 0.03\%$

（三）考古出土品

考古出土的早期磷灰石质玉器举例参见**表 3-15**：

---

① Penel, G., Leroy, G., Rey, C., et al., "Infrared and Raman Microspectrometry Study of Fluor-fluor-hydroxy and Hydroxy-apatite Powders", *Journal of Materials Science: Materials in Medicine*, 1997, 8(5), pp. 271-276.

② 潘兆橹：《结晶学及矿物学》（下），地质出版社 1985 年版，第 213 页。

表3-15 考古出土早期磷灰石质玉器举例

序号	出土地点	名称	数量	时代	出土时间	形状规格	资料来源
1	河南安阳殷墟妇好墓	块	1	殷墟二期（1250—1200BC）	1976年	淡绿色，致密块状，由两种矿物组成，一为磷灰石，二为含水的某种铜矿物	①
2	河南安阳殷墟安阳钢铁厂	块	1	商代晚期（1290—1046BC）	2004年	2004 AGGD（安阳钢铁厂）M47：2，象牙白色	自测
3	河南新郑天利	柱	1	西周晚期至战国晚期	2012—2013年	M281：5-4	②
4	河南新郑天成	佩、鸟、珠	5	春秋战国至汉代	2008—2009年	(1) 佩（1件）——M144：5-1，方形 (2) 鸟（2件）——M196：4-1、M196：4-2 (3) 珠（2件）——M196：6-1、M196：6-4	③
5	北京房山长沟刘济墓	坠饰	5	唐代	2012年8—12月	(1) FCY16 棕色坠 (2) FCY22 灰绿色饰 (3) FCY39-1 绿色玉饰残片 注：其他材质的玉器45件，包括滑石型玉器24件、绿松石型玉器17件、琥珀2件、透闪石型玉器1件、云母1件	④

由**表3-15**可见，汉代之前的磷灰石质玉器仅在河南地区有零星发现，安阳殷墟出土的2件磷灰石器物均呈块状，1件绿色，1件象牙白色，其具体用途有待更多材料佐证。新郑天利东周墓出土了37件玉器，材质包括4件透闪石、16件方解石、15件玉髓、1件滑石和1件磷灰石，表明该墓地等级不高。1件磷灰石柱形器和1件玉髓觿、2件玉髓环及几件玉料（透闪石和滑石）等同出于281号墓，显示M281或为玉工墓。新郑天成墓地出土了117件玉器，材质包括36件透闪石-阳起石、36件方解石、水晶19件、8件云母、5件磷灰石、4件滑石、1件蛇纹石、1件绿松石、7件未知材质。5件磷灰石器包括2件珠、2件鸟和1件佩，其中1件磷灰石佩与2件云母块、3件云母方形佩、1件云母柱、2件方解石柱同出于144号墓，2件磷灰石鸟和2件磷灰石珠与2件水晶珠、1件方解石饰、4件方解石珠同出于196号墓。M144和M199没有随葬透闪石-阳起石质玉器，表明两个墓葬的等级不高，也说明磷灰石并非受重视的玉材。唐代北京房山长沟刘济墓出土了5件磷灰石玉器，结合此墓仅出土1件透闪石玉器，同样表明该墓等级不高，也说明磷灰石材料在唐代仍不受重用。总的看来，磷灰石材料在中国很少被制作成器物，这与先民的选择有关，可能受限于该类材料具有较大脆性，不当压力很容易导致磷灰石沿解理面裂开，造成该类器物碎裂。即使在当代，仅优质的

---

① 张培善：《安阳殷墟妇好墓中玉器宝石的鉴定》，《考古》1982年第2期。该件磷灰石＋含水铜矿物的编号为M5：02，应不是器物编号，因中国社会科学院考古研究所和广东省博物馆主编的《妇好墓玉器》（岭南美术出版社2016年版）一书第80页标记的M5：2是一件石灰岩含碳质的石磬。
② 董俊卿、刘松、李青会等：《河南新郑天利东周墓地出土器的科技分析研究》，载于河南省文物考古研究所：《新郑天利两周墓地》（上），上海古籍出版社2018年版，第487—505页。
③ 王凯：《绿柱石类和天然氧化物类宝石及古代玉器的无损分析研究》，中国科学院上海光学精密机械研究所硕士学位论文，2015年。
④ 杨菊、程利、刘乃涛：《北京房山长沟刘济墓出土玉器和玻璃器的无损科技分析》，《中国文物科学研究》2015年第3期。

蓝色或蓝绿色的透明磷灰石材料被用于制作宝石[1]。

尽管磷灰石材料的弱点限制了其在古代及当代的应用，但磷灰石的一种——羟磷灰石可能是最早的人工制作的颜料之一，其既可能从天然矿物中获得，也可能从动物骨骼中获取——通过灼烧方式使骨骼内的有机物质被燃尽，然后将它们磨碎形成略带灰色调的白色粉末，故也称为骨白（Bone White）。在古代西方，骨白在旧石器时代已经被使用，如西班牙西北部阿斯图里亚斯地区的 Tito Bustillo 和 El Buxu 洞穴岩画上存在使用羟基磷酸钙书写的象形文字[2]。在中世纪时期，骨白主要作为铅白（碱式碳酸铅）的替代品，可以克服铅白易在空气中变黑以及不能和铜绿、雌黄混合调色的缺点，但是骨白缺乏铅白颜料的强度和不透明性[3]，因此也不是一种好的白色颜料。在古代中国，羟磷灰石矿物和骨白在汉代之前的漆器[4]、壁画[5]、铜制品[6]和彩绘陶[7]上已有大量应用。

一般来说几乎所有的骨骼都可以用来制作骨白颜料[8]，但古代可能多用动物特殊部位的骨骼，如鸟类的翼骨和家养动物的腿骨等。中西方很多学者认为骨白的主体矿物是磷酸钙[9]，它既可能是羟基磷酸钙的一种简称，也可能是羟基磷酸钙在燃烧过程中以结构水方式脱去羟基形成的磷酸钙[$Ca_3(PO_4)_2$]。然而，羟基磷酸钙的形成系一部分结构水在 800℃ 左右以 OH^- 形式进入了磷酸钙结构。当羟基磷灰石被加热时，由于 OH^- 被包围在 Ca 的八面体中间，与 Ca^{2+} 形成紧密化学键，因此 OH^- 在 1 310℃ 的高温下依然存在[10]。模拟实验也揭示：750℃ 煅烧牛骨和猪骨粉体可以获得结晶化程度非常高的羟基磷酸钙晶体；至 1 000℃ 左右羟基磷酸钙尚未分解[11]，表明骨白颜料的主体矿物可能是以羟基磷酸钙形式存在的；当温度再升高时，羟基磷酸钙会逐渐失去羟基，分解成磷酸三钙（β-Tricalcium phosphate（β-TCP），$β-Ca_3(PO_4)_2$）以及磷酸四钙[Tetracalcium phosphate（TTCP），$Ca_4(PO_4)_2O$]，如反应方程式所示：$Ca_{10}(PO_4)_6(OH)_2 \longrightarrow 2Ca_3(PO_4)_2 + Ca_4O(PO_4)_2 + H_2O$；至 1 350℃ 的极值温度时，羟基磷酸钙完全分解[12]。因此，骨白颜料的主体矿物多以羟基磷酸钙为主，但若主体矿物以磷酸三钙[$β-Ca_3(PO_4)_2$]为主，则应含有磷酸四钙矿物。目前在磷酸三钙和羟基磷酸钙的物相鉴别中，拉曼光谱是一种非常有效快捷的方法，具体说来：（1）β-

---

[1] ［英］朱迪丝·克劳：《世界宝石经典图鉴》，张正国等译，上海人民美术出版社 2008 年版，第 105 页。

[2] Hernanz, A., Gavira-Vallejo, J. M., Ruiz-López, J. F., et al., "Spectroscopy of Palaeolithic Rock Paintings from the Tito Bustillo and El Buxu Caves, Asturias, Spain", *Journal of Raman Spectroscopy*, 2012(11), pp. 1644 – 1650.

[3] Thompson, D. V., *The Materials and Techniques of Medieval Painting*, New York: Dover Publications, 1956, p. 95.

[4] 金普军、胡雅丽、谷旭亮等：《九连墩出土漆器漆灰层制作工艺研究》，《江汉考古》2012 年第 4 期。

[5] 夏寅：《显微镜探知中国古代颜料史》，《文博》2009 年第 6 期。

[6] 张小燕、郭振琪、杨德玉：《秦陵一号铜车马残件元素组成分析》，《光谱实验室》1998 年第 2 期；马生涛：《秦陵 7 号坑铜水禽彩绘保护及分析》，《文博》2009 年第 6 期；刘江卫：《秦始皇陵陪葬坑出土十二号青铜水禽的修复保护报告》，《文物科技研究》2004 年第 00 期；罗黎：《汉代彩绘铜镜的绘制工艺及颜料研究》，《考古与文物》2002 年第 4 期。

[7] 容波、兰德省、王亮等：《咸阳地区出土汉代彩绘陶器表面颜料的科学研究》，《文博》2009 年第 6 期。

[8] Goffer, Z., *Archaeological Chemistry (Second Edition)*, New York: Wiley-Interscience, John Wiley & Sons, Inc, 2007, p. 68.

[9] Clark, R. J. H., "Pigment Identification by Spectroscopic Means: An Arts/Science Interface", *Comptes Rendus Chimie*, 2002(5), pp. 7 – 20.

[10] 江东亮、李龙土、欧阳世翕等：《无机非金属材料手册》（上册），化学工业出版社 2009 年版，第 463 页。

[11] 王庆良：《羟基磷灰石仿生陶瓷及其生物摩擦学研究》，中国矿业大学出版社 2010 年版，第 131 页。

[12] Pattanayak, D. K., Dash, R., Prasad, R. C., etc., "Synthesis and Sintered Properties Evaluation of Calcium Phosphate Ceramics", *Materials Science and Engineering*, C, 2007(4), pp. 684 – 690.

$Ca_3(PO_4)_2$ 与羟磷灰石在 3 000—4 000 cm^{-1} 区间存在差异——前者没有峰位,后者存在 3 560 和 3 570 cm^{-1} 左右的羟基峰位[①];(2)β-$Ca_3(PO_4)_2$ 与羟磷灰石在 900—1 000 cm^{-1} 区间存在差异——前者的峰位在 948 和 970 cm^{-1},后者的峰位在 960 cm^{-1} 附近。

值得注意的是,有学者认为骨骼在缺氧的还原气氛下燃烧会生成碳物质而发黑,形成在古代世界常被用作黑色颜料的骨黑(Bone Black)[②]。天然牛骨和猪骨材料煅烧的差热分析也揭示:骨骼质量的变化主要包括三个阶段,总质量会损失约 40%。第一阶段的温度 20—300℃,约有 14% 的质量损失,相对应的 DTA 曲线在 90℃左右有一个较宽的吸热峰出现,主要是水分的挥发。第二阶段的温度为 300—600℃,质量损失增加到 32%,相对应的 DTA 曲线在 370℃左右出现明显的放热峰,主要是有机物质燃失脱碳、碳的氧化及燃烧放热。观察表明,该温度下煅烧的骨骼样品为黑色。第三阶段的温度为 600—1 000℃,差热曲线逐渐趋于稳定,相应的 DTA 曲线在 750℃左右有所下降,随后趋于稳定。该阶段主要伴随着骨骼中部分骨盐的加热分解。从差热分析可以得知,骨骼加热的质量损失主要发生在 750℃以前的低温范围,超过 750℃则烧结,可以较完全地去除骨骼中的有机物质,获得稳定的骨骼烧结结构[③]。

综上可见,较大的脆性使得磷灰石材料在古代世界很少被制作成器物,而常被用作颜料,如磷灰石中的羟磷灰石很早作为颜料被使用,它既可能从天然矿物中获得,也可能通过灼烧动物骨骼获取,先民进而通过控制骨骼的燃烧温度来获取两种颜色的磷灰石颜料——骨黑和骨白,前者系骨骼在缺氧的还原气氛下燃烧所致,温度在 300—600℃,后者系骨骼燃烧温度较高所致。

第三节 硫酸盐玉材

一、硬石膏(Anhydrite,$CaSO_4$)/生石膏(Gypsum,$CaSO_4 \cdot 2H_2O$)

(一) 基本性质

石膏的基本性质可归纳为**表 3-16**:

表 3-16 石膏基本性质

品种	晶系	结晶习性	颜色	光泽	透明度	摩氏硬度	密度(g/cm^3)	荧光	特殊光学效应	其他
硬石膏[④]	斜方晶系	斜方双锥晶类,晶体少见,多呈厚板状	灰白、浅蓝、紫、粉红色或无色	玻璃光泽,解理面呈珍珠光泽	透明	3.0—3.5	2.8—3.0	荧光惰性	无	化学沉积产物,大量形成于盐湖中,常与石膏伴生

---

① Blakeslee, K. C., Condrate, R. A., "Vibrational Spectra of Hydrothermally Prepared Hydroxyapatites", *Journal of the American Ceramic Society*, 2006, (11), pp. 559-563.
② Goffer, Z., *Archaeolgcial Chemistry (Second Edition)*, New York: Wiley-Interscience, John Wiley & Sons, Inc, 2007, p. 69.
③ 王庆良:《羟基磷灰石仿生陶瓷及其生物摩擦学研究》,中国矿业大学出版社 2010 年版,第 104—105 页。
④ 张蓓莉:《系统宝石学》,地质出版社 2006 年版,第 519 页。

续表

品种	晶系	结晶习性	颜色	光泽	透明度	摩氏硬度	密度(g/cm^3)	荧光	特殊光学效应	其他
(生)石膏[①]	单斜晶系	板状，少数呈柱状，晶面具纵纹，双晶常见；集合体为白色致密状者称雪花石膏，纤维状者称纤维石膏；另有土状、肾状集合体	透明晶体为无色(透石膏)，因含杂质呈灰、黄等色	玻璃光泽，解理面呈珍珠光泽，纤维状集合体为丝绢光泽	透明/半透明	2	2.30—2.37	紫外线下可具极弱的绿色	无	化学沉积作用的产物，常与硬石膏、石盐等共生

石膏是硫酸钙矿物，根据其含水的多少又分为无水石膏(也称硬石膏，Anhydrite，$CaSO_4$)、半水石膏(也称熟石膏、烧石膏，"Plaster of Paris"，$CaSO_4 \cdot 0.5H_2O$)、二水石膏(也称生石膏，Gypsum，$CaSO_4 \cdot 2H_2O$)。通常所说的石膏常指生石膏，摩氏硬度为2，是很柔软的矿物，用指甲(摩氏硬度为2.0—2.5)即可刻划出痕迹，密度为2.30—2.37。将(生)石膏煅烧后，会失去部分水分成为熟石膏。熟石膏与水混合，可形成易于加工的塑性材料，经过一定时间会凝结起来，并逐渐硬化成象石材一样的物体。熟石膏再经煅烧，可变为硬石膏，摩氏硬度增加到3.0—3.5，密度增加到为2.8—3.0[②]。不过，硬石膏是不稳定的，在吸收空气中的水分后又能水化为熟石膏，进而能形成生石膏。这一过程伴随着体积增大，其原因是在25℃和1atm下，硬石膏的溶解度是2.7 mg $CaSO_4$/L H_2O，生石膏的溶解度为2.0 mg $CaSO_4$/L H_2O，两者的溶解度差异会导致硬石膏与水溶液接触时溶解，且当溶液中 $CaSO_4$ 浓度在2.0—2.7 mg $CaSO_4$/L H_2O 之间时，$CaSO_4$ 会以生石膏的形式离析出来。溶液 $CaSO_4$ 浓度的减小又会导致硬石膏的进一步溶解，与此相伴的是更多的生石膏离析出来，直至所有硬石膏都溶解并以生石膏的形式离析出来为止[③]。

一般情况下，生石膏和硬石膏是共生的，生石膏中多少混有些硬石膏，硬石膏中也多少混有生石膏。硬石膏的晶体结构中，$[SO_4]$ 四面体是孤立的，通过 Ca^{2+} 联结成层排列，每个 Ca^{2+} 位于4个 $[SO_4]^{2-}$ 之间，被8个 O^{2-} 所围绕，配位数为8；每个 O^{2-} 则与1个 S^{6-} 和2个 Ca^{2+} 相联结，配位数为3。生石膏的晶体结构中，$[SO_4]$ 四面体也是孤立的，通过 Ca^{2+} 联结成双层排列，双层之间由水分子连接。每个 Ca^{2+} 与4个 $[SO_4]$ 四面体中的6个 O^{2-} 以及2个水分子 O 连接，配位数为8；2个水分子还与4个 $[SO_4]$ 四面体中的另2个 O^{2-} 形成氢键，从而把水分子层和 $Ca^{2+}-[SO_4]^{2-}$ 双层联接起来[④]。由此可见，硬石膏主要靠离子键连接，生石膏主要靠氢键连接，晶体结构的显著差异导致生石膏的晶体多呈纤维状，硬石膏的晶体多呈颗粒状，造成硬石膏的硬度和密度均高于生石膏。

---

① 王永华、刘文荣：《矿物学》，地质出版社1985年版，第233—234页。
② 罗刚、彭真万、赵展：《晶体光学及光性矿物学》，地质出版社2009年版，第150—151页。
③ [德]瓦尔特·韦德卡：《岩石力学》，曾国熙等译，浙江大学出版社1996年版，第118页。
④ 张冠英：《非金属矿产矿物学》，武汉工业大学出版社1989年版，第107—112页。

(一) 科技鉴别

石膏的科技分析参考值可参见表 3-17：

表 3-17　石膏科技分析参考值

分析方法		数据信息			
XRD	硬石膏 (PDF：37-1496)	3.498 8 ($I/I_0=100$)	2.849 5 ($I/I_0=29$)	2.328 2 & 2.209 0 ($I/I_0=20$)	1.869 1 ($I/I_0=16$)
	(生)石膏 (PDF：21-0816)	2.871 0 ($I/I_0=100$)	4.280 0 ($I/I_0=90$)	2.684 0 ($I/I_0=50$)	7.610 0 ($I/I_0=45$)
拉曼分析 参考值 (自测+①②)	硬石膏	(1) 417—419(m)、498—500(m)cm^{-1}——[SO_4]的面内弯曲振动 (2) 608—610、628—630、674—676(m)cm^{-1}——[SO_4]的面外弯曲振动 (3) 1 017—1 019(vs)cm^{-1}——[SO_4]的对称伸缩振动 (4) 1 109—1 111、1 128—1 130(m)、1 159—1 161 cm^{-1}——[SO_4]的不对称伸缩振动 注：vs = very strong，s = strong，m = media			
	(生)石膏	(1) 413—416、493—496(m)cm^{-1}——[SO_4]的面内弯曲振动 (2) 618—620、668—670 cm^{-1}——[SO_4]的面外弯曲振动 (3) 1 005—1 009(vs)cm^{-1}——[SO_4]的对称伸缩振动 (4) 1 135—1 142(m)cm^{-1}——[SO_4]的不对称伸缩振动 (5) 3 401—3 406(m—s)cm^{-1}——[H_2O]的对称伸缩振动 (6) 3 492—3 495 cm^{-1}——[H_2O]的不对称伸缩振动			
化学成分 参考值	硬石膏 (R040012， R061102)	理论值：$CaO = 41.2\%$，$SO_3 = 58.8\%$ 实测值：$SO_3 = 57.25\%$—60.39%，平均值 = 58.47% $CaO = 37.93\%$—41.20%，平均值 = 40.17% $FeO = 0.18\%$—2.46%，平均值 = 1.17% $Al_2O_3 = 0.16\%$—2.31%，平均值 = 0.89% $PbO = 0$—1.69%，平均值 = 0.46% $SrO = 0.04\%$—0.36%，平均值 = 0.22% $Na_2O = 0$—0.58%，平均值 = 0.15% $P_2O_5 = 0$—0.13%，平均值 = 0.06% $BaO = 0$—0.30%，平均值 = 0.02% $MnO = 0$—0.09%，平均值 = 0.01% $MgO = 0$—0.10%，平均值 = 0.01% 注：两个标样各含有一些成分，故本书将化学成分全部列出，其总量为 101.63%，未做均一化处理			
	(生)石膏	理论值：$SiO_2 = 32.6\%$，$SO_3 = 46.5\%$，$H_2O = 20.9\%$			

(三) 考古出土品

考古出土的早期石膏质玉器举例参见表 3-18：

---

① Sarma, L. P., Prasad, P. S. R., Ravikumar, N., "Raman Spectroscopic Study of Phase Transitions in Natural Gypsum", *Journal of Raman Spectroscopy*, 1998, 29(9), pp. 851-856.
② Iishi, K., "Phononspectroscopy and Lattice Dynamical Calculations of Anhydrite and Gypsum", *Physics and Chemistry of Minerals*, 1979, 4(4), pp. 341-359.

表 3-18　考古出土早期石膏质玉器举例

序号	出土地点	名称	数量	时代	出土时间	形状规格及其他信息	资料来源
1	河南淅川下王岗	残璧	1	二里头文化二期（1680—1610BC）	1971—1974 年	H263：5，器表光滑。直径 10.3、孔径 2.5~3.2、厚 1 cm。系混合物：硬石膏＋利蛇纹石＋白云石	①
2	甘肃甘谷毛家坪	贝	1	西周后期	1982—1983 年	M16：5，形同海贝。M5 还出土一件石膏质微型鬲	②
3	陕西咸阳二〇二所	饰	1	西汉晚期	2003 年	M2：20，獠牙形，通长 5.9 cm	③

由表 3-18 可见，石膏在中国玉器上的应用很少，最早见于河南淅川下王岗遗址，如图 3-4 所示，其时代早至二里头文化二期，但材质并非纯净的石膏，而是石膏＋利蛇纹石＋白云石的混合物，因此质地颇为细腻，被加工成璧形器物。其后，西周后期甘肃甘谷毛家坪墓地出土了 1 件石膏质仿贝，西汉晚期陕西咸阳二〇二所墓地出土 1 件石膏质獠牙器。

与磷灰石矿物颇为相似，除个别石膏品种（如雪花石膏）外，较大的脆性限制了石膏在古代世界被加工成器，但由于其很容易被磨碎，因此用途也非常广泛，如在古代中国，

图 3-4　河南淅川下王岗出土残玉璧（董俊卿提供）

曾被用作矿物颜料、建筑材料以及药材。在矿物颜料方面，周国信认为在甘肃秦安大地湾遗址出土的白色彩陶上（距今 7000 年以上），一些白色颜料是由石膏矿物组成的，其中第九发掘区发现的白色彩绘系方解石和硬石膏的混合物④。陈晓峰、马清林等对甘肃马家窑类型（3280—2740BC）出土的彩陶颜料进行了分析研究，发现白色颜料由石膏矿物组成⑤。陈庚龄等对甘肃武威磨咀子出土汉代彩绘木马颜料进行了分析，发现白色颜料系由生石膏矿物

---

① 河南省文物考古研究所、长江流域规划办公室考古队河南分队：《淅川下王岗》，文物出版社 1989 年版，第 285 页。H263：5 玉璧标为白玉石，同页的 T14②B：38 玉戈也标为白色玉石，璧和戈材质是否相同，有待未来的科学分析；董俊卿、干福熹、承焕生等：《河南境内出土早期玉器初步研究》，《华夏考古》2011 年第 3 期。第 46 页将 H263：5 玉璧的时代标为龙山时代。本书从发掘报告标注的二里头二期。
② 甘肃省文物工作队、北京大学考古学系：《甘肃甘谷毛家坪遗址发掘报告》，《考古学报》1987 年第 3 期。
③ 咸阳市文物考古研究所：《陕西咸阳二〇二所西汉墓葬发掘简报》，《考古与文物》2006 年第 1 期。
④ 周国信、程怀文：《丝绸之路古颜料考》（Ⅰ），《现代涂料与涂装》1995 年第 1 期。
⑤ 陈晓峰、马清林、宋大康等：《半山、马家窑类型彩陶黑、白颜料的 X 射线衍射分析》，《兰州大学学报》2000 年第 2 期。

组成的①。目前的分析显示，由于石膏矿在中国西北地区广泛存在，因此它常在中国西北部和北部的墓葬和壁画中使用，如甘肃敦煌莫高窟、天水麦积山、张掖马蹄寺、武威天梯山、永靖炳灵寺等石窟壁画上的白色颜料多含有石膏矿物，有些甚至使用了纯石膏②。新疆拜城克孜尔石窟的白色颜料主要由石膏矿物组成③。新疆龟兹库木吐喇石窟壁画的地仗层上的白粉层是由石膏矿物构成的，之后在白粉层中起稿、勾线、添彩作画，其中使用的白色颜料同样是采用石膏矿物调制而成的④。山西云冈石窟彩绘的白色颜料也是由石膏矿物组成的⑤。王进玉曾根据敦煌石窟壁画的颜料分析统计认为：石膏类材料从早期十六国至北宋均出现在有白垩、滑石等成分的混合颜料中，但含量很少，不大于20%；唐代以后，出现了以纯石膏为白色颜料或以石膏为主要成分的颜料样品⑥。此外，石膏被用于和青金石等其他矿物颜料进行调色，出现在甘肃莫高窟壁画⑦、新疆克孜尔壁画和山西云冈石窟上，也作为壁画地仗层的材料，用于制作石窟、墓葬、寺观及宫廷的壁画⑧。

在建筑材料方面，李乃胜等发现山西襄汾陶寺遗址出土的一块"白灰面"为二水硫酸钙矿物（生石膏）组成，据此认为我国古代先民在4000年以前已经开始开采和使用石膏这种建筑材料，相比石灰（白灰）而言，石膏具有更好的可塑性，更适于建筑装饰纹样塑造，因而是理想的凝胶材料，在今天的建筑装饰中仍广泛使用⑨。此外，史前时期石膏有时在能源缺乏的地区是比石灰更好的建筑材料，因为烧制熟石膏需要的燃烧温度较低，在130—160℃即可形成⑩。应该说，石膏在古代世界最重要的用途是作为一种砂浆材料（Mortar）。

在医药方面，石膏是一味临床常用的、确有疗效的药物，"生"用清热泻火，除烦止渴；"煅"用收敛，生肌，止血，外治溃疡不敛，水火烫伤等⑪。此外，在世界范围内的古代美索不达米亚地区，石膏使用也非常早，并有着不同于古代中国的一些用途，如被研磨后与皂石相混合成为皮肤清洁剂或光滑剂；被用来制作塑像，也被用作其他材料如黏土质塑像的外层覆盖物；被用作建筑和墙壁的装饰剂，如与沥青或柏油混合后被用于涂刷宫殿使之壮丽辉煌；也被用作金银皮革制品的底色⑫。

综上可见，石膏材料的用途颇为广泛，较大的脆性使其成为装饰和建筑材料，但限制了其被加工成器物，因此中国古代的石膏质器物极少。值得注意的是，图3-4显示石膏器白化现象明显，表明这类器物抗风化能力弱。

---

① 陈庚龄、韩鉴卿：《甘肃武威磨咀子出土汉代彩绘木马颜料分析与修复保护》，《文物保护与考古科学》2011年第1期。
② 周国信：《古代壁画颜料的X射线衍射分析》，《美术研究》1984年第3期；于宗仁、赵林毅、李燕飞等：《马蹄寺、天梯山和炳灵寺石窟壁画颜料分析》，《敦煌研究》2005年第4期。
③ 苏伯民、李最雄、马赞峰等：《克孜尔石窟壁画颜料研究》，《敦煌研究》2000年第1期。
④ 李英亮、叶梅、王力丹等：《新疆龟兹库木吐喇石窟壁画制作工艺与材料分析》，《中国文物科学研究》2012年第4期。
⑤ 李海、陈顺喜、陈昆松等：《云冈石窟彩绘颜料初步分析》，《文物》1998年第6期。
⑥ 王进玉：《敦煌石窟艺术应用颜料的产地之谜》，《文物保护与考古科学》2003年第3期。
⑦ 王进玉：《敦煌莫高窟出土蓝色颜料的研究》，《考古》1996年第3期。
⑧ 郭宏：《古代干壁画与湿壁画的鉴定》，《中原文物》2004年第2期。
⑨ 李乃胜、何努、毛振伟等：《陶寺、尉迟寺白灰面的测试研究》，《分析测试学报》2005年第5期。
⑩ Rapp, G., *Archaeomineralogy*, New York: Springer, 2009, p.19.
⑪ 宋友广、刘立干：《清热中药话石膏》，《时珍国药研究》1997年第1期。
⑫ Levey, M., "Gypsum, Salt and Soda in Ancient Mesopotamian Chemical Technology", *Isis*, 1958, 49(3), pp.336-342.

二、明矾石 [Alunite，$KAl_3(SO_4)_2(OH)_2$]

(一) 基本性质

明矾石的基本性质可归纳为**表 3 - 19**：

表 3 - 19　明矾石基本性质[①]

品种	晶系	结晶习性	颜色	光泽	透明度	摩氏硬度	密度 (g/cm^3)	荧光	特殊光学效应	其他
钾明矾	等轴晶系	在纯的明矾水溶液中结晶成八面体，从碱性溶液中结晶成立方体。自然界常成土状块体、盐华和皮壳状，较少成致密粒状	无色或白色	玻璃光泽	透明	2	1.76	荧光惰性	无	通常由岩石中浸染状黄铁矿分解所形成的硫酸，作用于含钾的铝硅酸盐矿物而成。另在火山活动区域，可由硫质喷气孔所提供的硫酸，作用于含长石或白榴石的岩石而成
(钾)明矾石	三方晶系	晶体细小，呈菱面体、假立方体或厚板状，通常呈细粒状、致密块状、土状或纤维状	白色，常微带浅灰、浅黄或浅红色调	玻璃光泽，解理面有时呈珍珠光泽	透明	3.5—4.0	2.6—2.8	荧光惰性	无	主要由含硫酸的低温热液，作用于中酸性火山喷积岩而发生蚀变的产物。与石英、高岭石等矿物共生

表 3 - 19 将钾明矾 [Potassium Alum，$KAl(SO_4)_2 \cdot 12H_2O$] 和 (钾) 明矾石 [Alunite，$KAl_3(SO_4)_2(OH)_2$] 一并列出，尽管只有"石"的一字之差，但两者性质差别较大。钾明矾属于等轴晶系，偏方二十四面体对称型，其结晶习性随溶液中所含杂质的影响而变化。钾明矾结构中 K 和 Al 均为八面体配位，周围为 6 个 H_2O 分子，H_2O 分子通过氢键与 $[SO_4]$ 联结。钾明矾易溶于水，一般产出很少，而明矾石不溶于冷水及盐酸，稍溶于硫酸，完全溶于强碱氢氧化钠溶液中，因此明矾石的产出量高于明矾。

古代钾明矾的制备有两种，一是从天然钾明矾石直接获得；二是从自然的明矾石中提取，通过在空气中烧烤，然后经历浸滤和结晶而形成。明矾石中质优者以钾明矾石为主，约占85%，其次是钠明矾石。对于第二种制取方法的进一步发展，明代的《天工开物》有过详细记载："凡白矾，掘土取磊块石，层叠煤炭饼锻炼，如烧石灰样。火候已足，冷定入水。煎水极沸时，盘中有溅溢如物飞出，俗名蝴蝶矾者，则矾成矣。煎浓之后，入水缸内澄。其上隆结曰吊矾，洁白异常。其沉下者曰缸矾。轻虚如棉絮者曰柳絮矾。烧汁至尽，白如雪者，谓之巴石。方药家锻过用者曰枯矾云。""矾"是古时对各种金属的硫酸盐的统称，又按其颜色划分为 5 种。其中白矾即是明矾，制取白矾时，掘土取出矾石石块，与煤饼逐层堆积起来烧炼，就像烧石灰那样。烧足火候，任其彻底冷却，加入水中。将水溶液煮沸，锅内出现飞溅出来的东西，俗称"蝴蝶矾"，至此"明矾"便制成了。再将其煎浓之后，倒入水缸内澄清。上面凝结的叫"吊矾"，洁白异常。沉在缸底下的叫"缸矾"，轻虚如绵絮的叫"柳絮矾"。锅内溶液烧尽后，锅底剩下的是白如雪的"巴石"。

[①] 汪正然、陈武：《矿物学》，上海科学技术出版社 1965 年版，第 403—404 页。

经炼丹家、本草学家烧炼过做药用的明矾,则叫"枯矾",即失去结晶水的明矾[①]。

(二) 科技鉴别

明矾石的科技分析参考值可参见**表 3 - 20**:

表 3 - 20 明矾石科技分析参考值

分析方法		数据信息			
XRD	钾明矾 (PDF: 07 - 0017)	4.2980 ($I/I_0=100$)	3.2500 ($I/I_0=55$)	4.0530 ($I/I_0=45$)	5.4400 ($I/I_0=40$)
	明矾石 (PDF: 14 - 0136)	2.9900 & 2.8900 ($I/I_0=100$)	2.2930 ($I/I_0=80$)	1.9260 ($I/I_0=70$)	4.9600 ($I/I_0=55$)
拉曼分析 参考值	钾明矾[②]	(1) 386、416 cm^{-1}——M—O 和晶格振动 (2) 441、459(m)、475 cm^{-1}——[SO_4]的面内弯曲振动 (3) 517 cm^{-1}——Al—O 振动 (4) 603—610(m)cm^{-1}——[SO_4]的面外弯曲振动 (5) 684—685、714 cm^{-1}——HOH 的振动 (6) 757、804、819、841、872 cm^{-1}——均为弱峰,归属不详 (7) 973(0 - vs)、989—991(vs)cm^{-1}——[SO_4]的对称伸缩振动 (8) 1 086 cm^{-1}——[SO_4]的不对称伸缩振动 注: vs = very strong, s = strong, m = media			
	明矾石[③][④]	(1) 232—235(s)、249—252、387—389(m)cm^{-1}——M—O 或 OH—O 及晶格振动 (2) 483—488(m—s)、505—508 cm^{-1}——[SO_4]的面内弯曲振动 (3) 560—563 cm^{-1}——M—O 振动或 OH 的面外变形振动 (4) 653—657(s)cm^{-1}——[SO_4]的面外弯曲振动 (5) 993—999 cm^{-1}——OH 的面外变形振动 (6) 1 024—1 027(vs)cm^{-1}——[SO_4]的对称伸缩振动 (7) 1 077—1 082、1 186—1 194 cm^{-1}——[SO_4]的不对称伸缩振动 (8) 1 151—1 158 m^{-1}——OH 的面内变形振动 (9) 3 476—3 482(vs)、3 508—3 524(vs)cm^{-1}——羟基 OH 的伸缩振动			
化学成分 参考值	钾明矾	$K_2O = 9.93\%$, $Al_2O_3 = 10.75\%$, $SO_3 = 33.75\%$, $H_2O = 45.57\%$			
	明矾石 (R060430)	理论值: $K_2O = 11.4\%$, $Al_2O_3 = 37.0\%$, $SO_3 = 38.6\%$, $H_2O = 13.0\%$ 实测值: $Al_2O_3 = 37.66\%$—38.86%,平均值 $= 38.26\%$ $SO_3 = 36.84\%$—38.20%,平均值 $= 37.59\%$ $H_2O = 12.70\%$—14.82%,平均值 $= 13.62\%$ $K_2O = 9.04\%$—9.45%,平均值 $= 9.27\%$ $SiO_2 = 0.02\%$—1.28%,平均值 $= 0.61\%$ $Na_2O = 0.20\%$—0.45%,平均值 $= 0.38\%$ $P_2O_5 = 0.08\%$—0.23%,平均值 $= 0.17\%$ $FeO = 0.04\%$—0.15%,平均值 $= 0.10\%$			

---

① 宋应星:《天工开物译注》,上海古籍出版社 2008 年版,第 213—214 页。
② Makreski, P., Jovanovski, G., Dimitrovska, S., "Minerals from Macedonia: XIV. Identification of Some Sulfate Minerals by Vibrational (infrared and Raman) Spectroscopy", *Vibrational spectroscopy*, 2005, 39(2), pp. 229 - 239.
③ Murphy, P. J., Smith, A. M. L., Hudson-Edwards, K. A., "Raman and IR Spectroscopic Studies of Alunite-supergroup Compounds Containing Al, Cr^{3+}, Fe^{3+} and V^{3+} at the B site", *The Canadian Mineralogist*, 2009, 47(3), pp. 663 - 681.
④ Frost, R. L., Wills, R. A., Weier, M. L., et al., "A Raman Spectroscopic Study of Alunites", *Journal of Molecular Structure*, 2006, 785(1 - 3), pp. 123 - 132.

（三）考古出土品

考古出土的早期明矾石质玉器举例参见**表 3‑21**：

表 3‑21　考古出土早期明矾石质玉器举例

序号	出土地点	名称	数量	时代	出土时间	形状规格	资料来源
1	安徽含山凌家滩	钺	2	凌家滩文化（3600—3300BC）	1987、1998 年	（1）87M8：33，黄色夹黑条纹。表面琢磨光滑，平面呈长舌形。上部饰两面管钻孔，孔径 2 cm。顶部凹凸不平。三边两面弧刃。长 15、宽 9.2、厚 1.4 cm （2）98M18：1，灰黄色泛紫黑斑。表面磨制光滑，平面呈长方形。顶部略弧，上部饰两面管钻孔，孔径 2.6 cm。三边两面刃，长 17.6、宽 11.9、厚 1.2 cm	①②
2	河南鹤壁刘庄墓地	管珠	1	下七垣文化（约 1680—1550BC）	2005—2006 年	M208：2 是由 14 粒大小不一的管珠饰组成，颜色有浅绿色、青色、白色等。5 件为磷铝石，5 件为绿松石，3 件为纤磷钙铝石，1 件为明矾石。器表均磨光，每粒中心皆有细小穿孔，皆为单面钻。 M208：2‑6，明矾石，牙白色，扁圆柱体，长 0.81、直径 0.6—0.8、孔径 0.28 cm	③

由**表 3‑21**可见，目前仅安徽凌家滩和河南鹤壁刘庄墓地出土了明矾石质玉器，其时代早至 5600—5300 年前，明矾石材料既被制成类似钺的大型器物，也被制成类似管珠的小型装饰品。中国明矾石的资源丰富，仅次于美国和俄罗斯，目前已知矿床 28 处、矿点 70 余处，主要产于浙江省（53%）和安徽省（41%，庐江明矾石矿床距凌家滩遗址约 100 公里）。另外，福建、江苏、山东、台湾、四川和新疆等省份④以及河南漳德府⑤（治所在今安阳市）均有明矾石矿床或矿点。因此，上述出土明矾石器的原料应来源周边地区，尽管资源丰富，但出土案例很少，表明明矾石并非先民的玉材选择。

就整个古代世界范畴来看，钾明矾/明矾石是最早被先民认识的化合物之一，且用途广泛。例如，明矾可能在公元前第 3 千纪被美索不达米亚地区使用，如制革（注：用明矾使动物皮革变得柔软）、染色（注：明矾能将可溶颜料变成不可溶的色淀）、制造玻璃、去污和医药等；至古典时代，明矾被作为焊料用来焊接青铜、使木材具有防火性以及被冶金家用来分离

---

① Zhao, H. X., Li, Q. H., Liu, S., "Investigation of Some Chinese Jade Artifacts (5000BC to 771BC) by Confocal Laser Micro-Raman Spectroscopy and Other Techniques", *Journal of Raman Spectroscopy*, 2016, 47(5), pp. 545-552；安徽省文物考古研究所：《凌家滩——田野考古发掘报告之一》，文物出版社 2006 年版，第 94、205 页。
② 余飞：《凌家滩墓葬出土玉器的考古学与多方法无损科技检测综合研究》，第二届古代玉器青年学术论坛报告，2018 年 9 月。共分析了 243 件玉器。
③ 河南省文物局：《鹤壁刘庄——下七垣文化墓地发掘报告》，文物出版社 2012 年版，第 236—237、399—415 页。
④ 厉衡隆、顾松青：《铝冶炼生产技术手册》（上），冶金工业出版社 2011 年版，第 230—232 页。
⑤ 杨大金：《近代中国实业通志》，开明书店 1933 年版，第 518 页。

银和金，当然，尚没有直接证据证明上述技术起源于美索不达米亚地区[1]。埃及在3500年前使用明矾净水，去除所有可见的杂质，这主要是因为钾明矾入水后会形成一种具有吸附和凝聚作用的胶状沉淀[即不可溶的$Al(OH)_3$]，进而带走所有的浑浊，因此明矾常被埃及人用作净水剂或絮凝剂[2]。此外，明矾也被埃及人用于皮肤止血和消除体臭[3]，表明明矾在古埃及也获得了广泛应用。埃及北部分布着质量上乘的钾明矾矿，常出口至希腊和美索不达米亚[4]，这在一定程度上促进了近东文明之间的交流。

在古代中国，"矾"字最早出现在公元前四世纪的《计倪子》一书中，该书主要记载了24种岩石和矿物，其中包括"矾石"[5]。汉代刘安的《淮南子》也曾述及明矾的媒染剂作用，认为其作此用途时质须纯洁。蒙古诺因乌尔地区出土的公元前一世纪制造的彩色锦缎，经化验显示两块系采用明矾染色[6]。除此之外，明矾也被用作医药，明代李时珍《本草纲目》曾总结认为矾石之用有四："吐利风热之痰涎，取其酸苦涌泻也；治诸血痛、脱肛、阴挺、疮疡，取其酸涩而收也；治痰饮、泄痢、崩带、风眼，取其收而燥湿也；治喉痹、痈疽、中蛊、蛇虫伤螫，取其解毒也。"另外，明矾常被应用于绘画艺术，如我国古代在绘画之前，先将动物胶和明矾按一定的比例配合，加水煮成胶体溶液，将其涂刷在需要彩绘的墙壁、绢纸、木器等物体上，然后再进行髹漆[7]或彩绘，这实质上起着打底子和涂胶结剂的双重作用[8]。明矾的这种胶结作用也被用作日用陶瓷破裂后的粘补剂，其使用方法非常简单：将明矾粉末用清水搅拌均匀后，趁热粘在破面上，再对合紧固后即能牢固地粘合[9]。同时，钾明矾在热水中溶解性能极好、在室温中仅能溶解10%浓度的性质，也曾被用于饱水漆器的脱水定形[10]。值得关注的是，明矾在古代中国还被用于制作"神仙水"，最初被用于饮服"成仙"，后被用于炼丹，如2018年河南洛阳西汉大墓出土的青铜壶中保存有近3500毫升明矾石和硝石（KNO_3）的水溶液，是目前考古出土最早的"仙药/神仙水/矾石水"[11]。由此可见，明矾在东方炼丹术中是为长生服务的，在西方炼金术中则是用于分离金和银的。

综上可见，明矾石很容易磨成颗粒状，因此用途丰富，李约瑟先生曾总结认为："在几个古代文明过程中，明矾的纯化必颇为彻底。明矾亦可使兽皮柔软，可上胶纸张，整涂羊皮纸，

---

[1] Levey, M., "Alum in Ancient Mesopotamian Technology", *Isis*, 1958, 49(2), pp. 166–169.

[2] Kotz, J. C., Treichel, P. M., Townsend, J. R., *Chemistry and Chemical Reactivity*, Belmont: Thomson Brooks/Cole, 2009, p. 956.

[3] Shaath, M., "The Afterlife of Natural, Ancient Egyptian Cosmetics", *HAAPI*, 2008(1), pp. 77–82.

[4] Samia, A. A. J., "From Clarifying Pearls and Gems to Water Coagulation with Alum. History, Surviving Practices, and Technical Assessment", *Anthropos*, 1994, (4–6), pp. 419–430.

[5] 郑毅：《中国古代地质观察与探索》，山东科学技术出版社2008年版，第11页。

[6] 黄能馥：《中国印染史话》，中华书局1962年版，第14页。

[7] Wang, R., Nie, F., Chen, J. M., et al., "Study on the Ground Layer of Lacquerwares from Between the Mid-Warring States Period and the Mid-Western Han Dynasty Unearthed in the Changsha Region", *Archaeometry*, 2017, 59(1), pp. 105–120.

[8] 朱学文：《秦俑彩绘底层生漆研究》，《文博》2002年第5期。

[9] 相宝荣：《日用化学与精细化工配方》，中国轻工业出版社1992年版，第580页。

[10] 徐毓明：《艺术品和图书、档案保养法》，科学普及出版社1985年版，第111页；方北松、吴顺清：《饱水竹木漆器保护修复的历史、现状与展望》，《文物保护与考古科学》2008年增刊。

[11] 河南省文物考古研究院：《再现华夏文明，走近河南考古——2018年度河南考古新发现公众报告会》，http://www.haww.gov.cn/wbzx/201904/16/content_418109.htm，最后浏览日期：2019年4月16日。

供制玻璃,净化天然水以及作木材耐火剂,能止血、催吐及收敛的特性,在医药方面颇受欢迎。"[1]但是,明矾的较大脆性限制了其被制作成器物,因此出土明矾石质玉器的案例极少。

三、天青石[Celestite, (Sr, Ba)SO$_4$]

(一) 基本性质

天青石和重晶石的基本性质可归纳为**表 3-22**:

表 3-22　天青石[(Sr,Ba)SO$_4$]和重晶石[(Ba,Sr)SO$_4$]基本性质[2]

品种	晶系	结晶习性	颜色	光泽	透明度	摩氏硬度	密度（g/cm^3）	荧光	特殊光学效应	其他
天青石	斜方晶系	斜方双锥晶类,板状晶体。完好晶体少见,多为钟乳状、结核状、细粒状集合体	蓝、绿、蓝绿、橙色或无色	玻璃光泽,解理面呈珍珠光泽	透明	3.0—3.5	3.87—4.30	紫外线下有时呈黄色或蓝色荧光	无	主要产于沉积岩,特别是白云岩及白云质中,亦见于热液矿脉中
重晶石	斜方晶系	斜方双锥晶类,板状晶体。粒状、纤维状集合体	浅黄、白至无色。富含Sr则呈浅蓝色	玻璃光泽—树脂光泽,解理面呈珍珠光泽	透明—半透明	3—4	4.3—4.6	有时显示荧光,经常显示磷光,呈微弱的蓝色或浅绿色	无	产于低温热液矿床中,也产于沉积环境中

天青石因含 Sr 而具有淡淡的天青色,由于该矿物属于重晶石族,故**表 3-22**将天青石和重晶石一并列出,以便比较。天青石和重晶石的晶体形态和内部结构相似,结构中的 Ba 或 Sr 与 S 分别排列在 b 轴 1/4 和 3/4 高度上,[SO$_4$]$^{2-}$四面体方位为 2 个 O 呈水平排列,另 2 个 O 与它们垂直,每个 Ba 或 Sr 与 7 个[SO$_4$]$^{2-}$联结,因此配位数均为 12[3],故单纯使用肉眼区分是有困难的。

天青石化学式为(Sr,Ba)SO$_4$,Sr 含量高于 Ba 含量,可含 Pb、Ca、Fe 等元素;重晶石(Barite)化学式为(Ba,Sr)SO$_4$,Ba 含量高于 Sr 含量,也可含 Ca、Pb 元素。由此可见,天青石和重晶石构成一组完全类质同象替代系列。区分它们的简单方法之一是在一定条件下进行燃烧,天青石的火焰为红色,而重晶石的火焰为绿色。由于红色火焰透射能力最强,天青石也被用于制造信号弹、电光弹以及烟花等[4]。

(二) 科技鉴别

天青石和重晶石科技分析参考值可参见**表 3-23**:

---

[1] 李约瑟:《中国之科学与文明》(第6册),台湾商务印书馆1980年版,第289页。
[2] 张蓓莉:《系统宝石学》,地质出版社2006年版,第519—521页。
[3] 刘养杰:《结晶矿物学》,西北大学出版社2009年版,第258页。
[4] 马志飞:《天青石——大自然中的天国之石》,《百科知识》2017年第19期。

表 3-23 天青石和重晶石科技分析参考值

分析方法		数据信息			
XRD	天青石 (PDF：05-0593)	2.972 0 ($I/I_0=100$)	3.295 0 ($I/I_0=98$)	2.731 0 ($I/I_0=63$)	3.177 0 ($I/I_0=59$)
	重晶石 (PDF：24-1035)	3.445 0 ($I/I_0=100$)	3.103 0 ($I/I_0=98$)	2.121 0 ($I/I_0=80$)	2.106 0 ($I/I_0=75$)
拉曼分析 参考值	天青石（自测＋①）	(1) 458—461(m-s)cm^{-1}——[SO$_4$]的面内弯曲振动 (2) 619—624、638—640、655—657(m)cm^{-1}——[SO$_4$]的面外弯曲振动 (3) 999—1 001(vs)cm^{-1}——[SO$_4$]的对称伸缩振动 (4) 1 055、1 094、1 111、1 156—1 158(m)、1 187—1 189 cm^{-1}——[SO$_4$]的不对称伸缩振动 注：vs = very strong, s = strong, m = media			
	重晶石（自测＋②）	(1) 452—453、461—462(m-s)cm^{-1}——[SO$_4$]的面内弯曲振动 (2) 616—617、628—631、644—647 cm^{-1}——[SO$_4$]的面外弯曲振动 (3) 987—989(vs)cm^{-1}——[SO$_4$]的对称伸缩振动 (4) 1 082—1 085、1 102—1 104、1 139—1 144（m）、1 164—1 166 cm^{-1}——[SO$_4$]的不对称伸缩振动			
化学成分 参考值	天青石（R040007）	SrO = 52.79%—56.01%，平均值 = 54.40% SO$_3$ = 42.53%—43.73%，平均值 = 43.24% BaO = 0.24%—3.13%，平均值 = 1.65% PbO = 0—1.44%，平均值 = 0.49% CaO = 0.15%—0.25%，平均值 = 0.20% MnO = 0—0.07%，平均值 = 0.02% 注：因平均值总和为 101.91%，故笔者进行了归一化处理			
	重晶石（R040036）	BaO = 64.17%—66.49%，平均值 = 65.52% SO$_3$ = 33.38%—34.53%，平均值 = 33.91% PbO = 0—3.51%，平均值 = 0.79% SrO = 0—0.12%，平均值 = 0.05% MnO = 0—0.07%，平均值 = 0.02% CaO = 0—0.02%，平均值 = 0.01%			

（三）考古出土品

考古出土的早期天青石质玉器举例参见**表 3-24**：

表 3-24 考古出土早期天青石质玉器举例

序号	出土地点	名称	数量	时代	出土时间	形状规格及其他信息	资料来源
1	湖北荆门左冢楚墓	璧首、管、环、带钩、玦、圭、鸡、羊、猪	15	战国中期	2000 年	(1) M1N 北室 ① 29 铜削刀玉璧首，厚弧背、薄刃，刀身截面呈三角形。细长柄，柄截面近三角形。柄首端夹铸一小玉璧组。玉璧呈浅黄色，两面皆阴刻谷纹。近柄处的一小半玉璧已凿薄，这是在铸造时有	

---

① Chen, Y. H., Yu, S. C., Huang, E., et al., "Raman Spectroscopy and X-ray Diffraction Studies on Celestite", *Physica B: Condensed Matter*, 2000, 405(20), pp. 4386-4388.
② 刘川江、郑海飞：《常温 0～1 GPa 压力下重晶石的拉曼光谱研究》，《光谱学与光谱分析》2001 年第 6 期。

续表

序号	出土地点	名称	数量	时代	出土时间	形状规格及其他信息	资料来源
						意削薄的,使得范合拢时不产生空隙 ② 31 管,浅绿色,局部泛灰白。圆筒形。上端粗,作八棱形,下端稍细,作圆形。中空,平顶。八棱面中段阴刻一周宽网纹带,上下皆阴刻卷云纹,平顶上钻一小孔与侧面的钻孔呈直角对穿。通长 4.6、直径 1.1—1.2 cm ③ 32 环,乳白色,质透明。圆形。直边。两面平,中孔对钻。整器打磨光滑。素面。直径 5.6、孔径 2.8 cm ④ 33 杆,灰白色。圆柱状,上端雕凿两个背向的人面纹,人面皆浮雕。平顶。面部清晰。凸眉,杏眼,高鼻,小嘴,尖颚,两侧阴刻双耳。自颈部以下刻细密的螺旋纹。中部有透穿孔,两侧的耳处也饰一对穿孔。通长 5.1 cm ⑤ 50 棱柱形玉管,浅绿色,透明,全器打磨光滑。扁八棱柱状,中有一穿,侧面也有一穿与中孔相同。出土时中孔内残留有穿连的丝带。通高 1.6 cm (2) M1 内棺 ① 3 带钩,由整块长方形玉石雕凿而成。正面弧,背面近平,钩头作长颈鸟头形弯曲,左右各刻一圆睛。长颈正面雕刻成三棱面。钩尾近正方形,四角圆润。其上浮雕兽面纹,四面据正面纹饰雕凿成凹凸不平的边,背面正中凿一长方形凸纽。组四角打磨圆。通体磨光。通长 7、宽 3.2 cm ② 4 鱼形玉片,浅绿色,椭圆形,两面平,两端对称凿成鱼头形,其上各有一穿。正面边部打磨成斜边。通体磨光。通长 4.7、宽 2.7、厚 0.7 cm ③ 5 玉玦,墨绿色,矮圆管状,中空。边上有一缺。内壁有钻凿痕。器外表磨光。直径 2.3、内径 1.5、高 1.1、厚 0.4 cm ④ 6 梳,墨绿色。厚背。平齿。齿末端为方形。齿疏 9 根。通体磨光,通长 4.2、宽 4.1、厚 0.3—0.5 cm ⑤ 7 圭,残,浅绿色,头端尖,尖头的两边打磨成斜边刃。通体磨光,正面阴刻三角勾连云纹。通长 13 cm ⑥ 14 鸡,鉴定报告标为 15,浅绿色,仅凿出外形,鸡作小头,凹背,条尾,双足。两面通体磨光。前胸及头端略残。高 0.8、残长 1.65 cm	①

---

① 湖北省文物考古研究所、荆门市博物馆、襄荆高速公路考古队:《荆门左冢楚墓》,文物出版社 2006 年版,第 71、136—139、185 页。M1、M2 和 M3 共出土 32 件玉石器。M1 出土玉石器 28 件,位于南室、北室和内棺,其中天青玉 13 件、10 件石英质玉、2 件石英质卵石、1 件花岗岩卵石。1 件玉玦和 1 件玉饰没有标注材质,根据玉质描述推测玉玦材质是天青石,玉饰材质是石英;M2 出土 1 件石英质璧和 2 件石英质卵石;M3 出土 1 件天青玉管。赵令湖:《左冢一号楚墓出土器的鉴定报告》,载于湖北省文物考古研究所、荆门市博物馆、襄荆高速公路考古队:《荆门左冢楚墓》,文物出版社 2006 年版,第 210—211 页;赵令湖:《左冢三号楚墓出土玉器的鉴定报告》,载于湖北省文物考古研究所、荆门市博物馆、襄荆高速公路考古队:《荆门左冢楚墓》,文物出版社 2006 年版,第 213 页。

续表

序号	出土地点	名称	数量	时代	出土时间	形状规格及其他信息	资料来源
						⑦ 15 羊,鉴定报告标为 16,浅绿色。羊作侧身站立状,小嘴,凹弧背,短尾,头垂腹,两直立足。通体磨光。高 0.65,残长 1.45 cm ⑧ 16 猪,鉴定报告标为 17,浅绿色。猪作侧立状,小头、弧背、垂腹,双足。尾残。通体磨光,高 0.8,残长 1.1 cm (3) M1 中棺——8 环,浅绿色,环截面呈八棱形。通体磨光。该环出土于内棺头挡外,出土时环上附有丝织物,可见其原应是用丝带捆扎于内棺棺挡之外中心处,这一葬制应是古文献所见的"连璧"。直径 7.5、孔径 6、环边宽 0.7、厚 0.5 cm (4) M3 头箱东北角——14 管,含少量绿泥石,浅黄色。圆台形管,管外壁阴刻卷云纹。管上部直径 1.4、下部直径 1.6、孔径 0.6—0.7 cm	

由**表 3-24** 可见,天青石目前仅发现于战国中期的湖北荆门左冢楚墓,数量约 15 件。该墓同出了 17 件玉器,其材质包括石英和花岗岩。天青石器型包括管、环、带钩、玦、圭、鸡、羊、猪等,也制成璧,与铜削刀的柄首合铸。石英器型有龙形玉佩、珠、璧、片、卵石等。花岗岩器型仅卵石,发掘者认为卵石是下葬时随地所拾,使用后扔入椁内的[①]。从出土位置看,天青石仅出土于 M1 和 M3,而石英出于 M1 和 M2。结合 M1 墓主人(下大夫)的地位高于 M2 和 M3(士),其内棺出土的均为天青石器,没有玛瑙器,表明天青石具有一定的等级性。

天青石是目前世界上最主要的锶矿资源,虽属于短缺的矿种,但在中国分布广泛,探明储量约占世界现有锶矿储量的 60%。目前已在四川、江苏、贵州、内蒙古、青海、新疆、湖北、湖南、陕西、吉林、辽宁、甘肃等省区发现了矿床或矿点,其中湖北的蕴藏量排名第四[②],表明荆门左冢楚墓出土的天青石材料很可能来自周边地区。天青石矿常出露地表,易于开采,但在中国应用极少,可能与天青石材料有两组完全解理和一组中等解理[③]、较脆易碎裂相关。值得注意的是,许多外文文献中的"青金石(Lapis lazuli)"被翻译成"天青石",造成了很大误解。青金石$[(Na,Ca)_8(AlSiO_4)_6(SO_4,Cl,S)_2]$是一种硅酸盐,和天青石是两种截然不同的矿物,因此在阅读相关书籍时应特别留心。

第四节 氧化物玉材

除了本节列举的二氧化硅类和刚玉类材料在中国古代制作玉器外,还有个别遗址使用赤铁矿制作的器物,不过数量极少,如四川成都金沙遗址目前发现了 1 件赤铁矿质玉器[④]。

[①] 湖北省文物考古研究所、荆门市博物馆、襄荆高速公路考古队:《荆门左冢楚墓》,文物出版社 2006 年版,第 139 页。
[②] 罗朝阳:《21 世纪青海经济发展问题研究——2004—2005 年度报告》(上册),甘肃民族出版社 2005 年版,第 254—255 页。
[③] 刘养杰:《结晶矿物学》,西北大学出版社 2009 年版,第 257 页。
[④] 向芳、王成善、杨永富等:《金沙遗址玉器的材质来源探讨》,《江汉考古》2008 年第 3 期。

二氧化硅类包括水晶、玉髓/玛瑙、石英、蛋白石等，考虑到二氧化硅是化学成分名称，本书将"二氧化硅类"简化称为"石英类"。

一、石英类

(一) 基本性质

石英类的基本性质可以归纳为**表3-25**：

表3-25 石英类基本性质[①]

品种	晶系	结晶习性	颜色	光泽	透明度	摩氏硬度	密度(g/cm^3)	荧光	特殊光学效应	其他
水晶	三方晶系	柱状晶形，包括六方柱、菱面体、三方双锥、假六方双锥状。随温度升高，晶形从长柱状趋向短柱状，最后到假六方双锥状	无色、紫色、黄色、粉红色、不同程度的褐色至黑色，以及绿色	玻璃光泽，断口可具油脂光泽	透明—半透明	7	2.64—2.69	无	星光效应、猫眼效应	主要产于伟晶岩脉或晶洞中
玉髓		超显微隐晶质集合体，多呈块状产出。单体呈纤维状，杂乱或略定向排列，粒间微孔内充填水分和气体	白、红（Fe致色）、绿（Fe、Cr和Ni等，也可由细小的绿泥石、阳起石等绿色矿物的均匀分布引起）、蓝色、暗红色（俗称"碧玉"，含杂质较多，杂质主要为氧化铁和黏土矿物，可达20%以上）	玻璃光泽、油脂光泽或丝绢光泽，断口一般呈油脂光泽	微透明—半透明	6.5—7.0	2.55—2.71	无	无	主要分为原生矿和次生矿两类。原生矿主要由富含二氧化硅的胶体溶液充填冷凝而成；次生矿床由原生矿床风化淋滤、搬运而成
玛瑙		具条带状构造的隐晶质	白、红（氧化铁）、绿（绿泥石）、黑							
石英		显晶质，粒度一般为0.01—0.60 mm；集合体呈块状	纯净者无色，因含有色矿物，可呈不同的颜色				2.64—2.71			主要产于区域变质作用和热液接触变质作用形成的石英岩中

---

① 张蓓莉：《系统宝石学》，地质出版社2006年版，第260—269、374—386页。

续表

品种	晶系	结晶习性	颜色	光泽	透明度	摩氏硬度	密度(g/cm³)	荧光	特殊光学效应	其他
蛋白石（欧珀）	无	非晶质体	白、黑、深灰、蓝、绿、棕、橙、橙红、红	玻璃光泽至树脂光泽	透明—不透明	5—6	1.25—2.23	黑色或白色具无至中等强度的白色、浅蓝色、浅绿色和黄色荧光，并可有磷光	变彩效应	在表生环境下由硅酸盐矿物风化后产生的二氧化碳胶体溶液凝聚而成，也可由热水中的二氧化硅沉淀而成

由**表 3-25**可知，二氧化硅单体可聚合形成凝胶，凝胶老化后可缩合为蛋白石（Opal，$SiO_2 \cdot nH_2O$）。由于蛋白石属于非晶质体，其结构的不稳定性会导致进一步脱水结晶形成各种尺寸的晶体。这种由非晶态向晶态的转变过程与周边环境密切相关，有的环境会形成隐晶质的玛瑙（Agate）或玉髓（Chalcedony）（两者的区别在于玛瑙有条带，而玉髓无条带），有的环境会形成显晶质的石英（Quartz），个别环境则结晶完美形成单晶体的水晶（Crystal）。由此可见，尽管玛瑙/玉髓、石英岩和水晶的晶体尺寸不同，但均具有基本的石英晶体结构——每一个 Si^{4+} 被4个 O^{2-} 包围形成[SiO_4]四面体（**图 2-1**）后再彼此以角顶相连接形成三维空间的架状结构（类似**图 2-3**，因无 Al 取代 Si，故没有其他金属阳离子充填以平衡电价）。蛋白石属于石英的非晶质体，其实质是石英微粒分散于水中形成的不均匀的胶体分散系，因石英分散相远多于水分散媒，因此呈胶凝体。胶体矿物带电荷，可吸附一些阳离子物质，造成蛋白石的化学组成常常不固定。

由于 O 和 Si 元素在地壳中的质量丰度之和接近75%，因此石英质材料在世界各地分布较广，这也为该类材料在石器时代被各地先民广泛利用提供了坚实的物质基础。

（二）科技鉴别

石英类的科技分析参考值可参见**表 3-26**：

表 3-26　石英类科技分析参考值

分析方法	数据信息				
XRD	石英（PDF：33-1161）	3.3420 (I/I_0=100)	4.2570 (I/I_0=22)	1.8179 (I/I_0=14)	1.5418 (I/I_0=9)
拉曼分析参考值	石英[①]	(1) 126、206、263 cm^{-1}——[SiO_4]的旋转振动或平移振动 (2) 356、393、401、465(vs)cm^{-1}——[SiO_4]的弯曲振动 (3) 501 cm^{-1}——"Moganite"石英中的 Si—O 的弯曲振动			

[①] Wang, R., Zhang, W. S., "Application of Raman Spectroscopy in the Nondestructive Analyses of Ancient Chinese Jades", *Journal of Raman Spectroscopy*, 2011, 42(6), pp. 1324-1329.

续表

分析方法		数据信息
		注:"Moganite"石英属于单斜的多晶质石英,在玉髓和玛瑙中存在该种晶形的石英[1]。水晶中的 509 cm^{-1} 归属于一种石英变体,可能由 α-石英向对称性比较低的石英转变而成[2] (4) 698、807 cm^{-1}——[SiO_4]的对称伸缩振动有关 (5) 1 065、1 080、1 160 cm^{-1}——[SiO_4]的不对称伸缩振动有关
	蛋白石[3]	(1) 320—410(vs)cm^{-1}——[SiO_4]的弯曲振动 (2) 780—810 cm^{-1}——[SiO_4]的对称伸缩振动 (3) 960—980、1 050—1 080 cm^{-1}——[SiO_4]的不对称伸缩振动 (4) 3 000—3 600(vs)cm^{-1}——羟基 OH 的对称伸缩振动 注: vs = very strong,蛋白石是非晶体,故以上峰位多为宽峰
化学成分参考值	石英(R040031,R050125,R060604)	SiO_2 = 96.08%—101.08%,平均值 = 98.926% Al_2O_3 = 0—0.11%,平均值 = 0.028% FeO = 0—0.06%,平均值 = 0.015% Na_2O = 0—0.06%,平均值 = 0.013% TiO_2 = 0—0.03%,平均值 = 0.013 MnO = 0—0.06%,平均值 = 0.012% F = 0—0.05%,平均值 = 0.009% K_2O = 0—0.04%,平均值 = 0.007% CaO = 0—0.02%,平均值 = 0.005% MgO = 0—0.02%,平均值 = 0.002%
	蛋白石[4]	SiO_2 = 65%—90%;含水量为 4%—9%,最高可达 20%;Al_2O_3 可达 9%;Fe_2O_3 可达 3%;有时 MnO 可达 10%;有机质可达 3.9%

(三) 考古出土品

考古出土的早期石英类玉器举例见**表 3-27**:

表 3-27　考古出土早期石英类玉器举例

序号	出土地点	名称	数量	时代	出土时间	形状规格	资料来源
1	黑龙江饶河小南山	系璧	1	7200—6600BC	2015 年	T505,500③:44,玉髓质,半透明白色,裂缝中有黄色沁。略呈圆角方形,表面可见琢制痕迹。背面平整,正面弧起。对钻,背面为琢制后钻孔,孔壁已打磨。内径 0.5、外径 1.70—2.05、厚 0.35 cm	自测

---

[1] Gotze, J., Nasdala, L., Kleeberg, R., et al., "Occurrence and Distribution of 'Moganite' in Agate/Chalcedony: A Combined Micro-Raman, Rietveld, and Cathodolumine-scence Study", *Contributions to Mineralogy and Petrology*, 1998, 133, pp. 96-105.

[2] Su, L., Fan, J. L., Guo, S. G., "Study on Mineralogical Characteristics and Coloration Mechanism of Purple Chalcedony", *Conservation and Utilization of Mineral Resources*, 2008, 5, pp. 21-26.

[3] 邢莹莹、亓利剑、王海涛:《秘鲁蓝色蛋白石矿物学性质及致色机理初探》,《岩矿测试》2017 年第 6 期。

[4] 赵珊茸:《结晶学及矿物学》,高等教育出版社 2017 年版,第 305 页。

续表

序号	出土地点	名称	数量	时代	出土时间	形状规格	资料来源
2	河北易县北福地	六棱锥柱体	3	6000—5000BC	2003—2004年	均为天然水晶晶体。 (1) J：9，直径0.9，高2.1 cm (2) J：45，仅存锥状部分，直径2.8，高2.8 cm 注：J：9和J：45均出土于祭祀坑中 (3) F2：49，出土于房址，长1.7，厚0.3 cm	①
3	浙江余姚河姆渡	珠、玦、璜、管	约32	河姆渡文化 (5000—3300BC)	1973—1974年、1977—1978年	第一期(7件，7000—6500BP) (1) 珠(3件)——共出土38件珠，其中T233(4A)：106，玛瑙质，米粒形，直径0.5—0.7 cm；T243(4A)：200和T243(4A)：223为石英及萤石质 (2) 珠料(4件)——石英及萤石质半成品。其中3件编号为T243(4A)：187、T243(4A)：226，T242(4A)：343 第二期(6件，6300—6000BP) (1) 纺轮(1件)——共出15件纺轮，其中1件为石英及萤石质T242(3B)：86 (2) 玦(2件)——共出12件玦，其中4件为萤石质，1件为玛瑙T242(3B)：40，1件为石英及萤石质T242(3B)：170 (3) 璜(2件)——共出13件璜，其中6件为萤石质，2件为石英及萤石质T244(3A)：16和T244(3B)：100 (4) 管(1件)——共出土14件管，其中1件为石英及萤石质T242(3B)：95 第三期(6件，6000—5600BP) (1) 管(1件)——共出土9件管，其中1件叶蜡石，8件为半成品和坯料(1件为石英及萤石质T211(2A)：9，7件可能均为萤石质) (2) 珠(4件)——共出土13件，表三六列出7件，包括3件珠、3件珠料和1件管珠，材质为3件叶蜡石质、4件石英及萤石质[T226(2B)：9/T215(2B)：9/T231(2B)：20/T243(2B)：7] (3) 玦(1件)——T233(2A)：17 第四期(约13件，5600—5300BP) (1) 玦(约9件)——共出土11件玦，多为石英及萤石质，其中1件为萤石质，1件为叶蜡石化凝灰岩 (2) 管(2件)——共出土6件管，其中1件为玛瑙质T225(1)：6，1件为石英及萤石质T233(1)：7，1件为高岭土化火山岩质，1件为萤石质 (3) 璜(1件)——M1：6，灰白色，半透明，长5.8，宽1.6，厚0.5 cm (4) 珠(1件)——T213(1)：6，直径3，厚0.8 cm	②

---

① 河北省文物研究所：《北福地——易水流域史前遗址》，文物出版社2007年版，第84、155—156、343页，彩版一四。
② 浙江省文物考古研究所：《河姆渡——新石器时代遗址考古发掘报告》，文物出版社2003年版，第78—80、84、254—255、261—265、315—316、319—321、350—351、355—357页。注：报告中存在"石英及萤石"和"萤石及石英"两种表述，本书将前者归于石英质器，而将后者归于萤石质器。

续表

序号	出土地点	名称	数量	时代	出土时间	形状规格	资料来源
4	浙江嘉兴马家浜	玦	6	马家浜时期	2009年	玉玦（6件）——09JMM19：1，09JMTG1-3：1，09JMM73：1，09JMM14：1，09JM采集，09JMM8：1	①
5	江苏金坛三星村	璜、玦、串饰、珰等	46	马家浜文化晚期至崧泽文化中期（4500—3500BC）	1993—1998年	其中30件为： （1）玉髓（20件） ① 璜（4件）——M191：4、M80A：2、M39：6、M39：7 ② 串饰（2件）——M39：13、M39：5 ③ 玦（14件）——M218：2、M218：4、M80A：12-1、M80A：12-2、M837：2、M837：3（玛瑙）、M661：1（玛瑙）、M909A：16、M636：3、M985：4、M778：2、M698：2、M889：1、M638：1 （2）石英岩（8件） ① 璜（2件）——M846：1、T1110③：1（绢云母石英岩） ② 串饰（1件）——M39：14 ③ 玦（4件）——M862：2、M531：2-2、M535：1、M920：8 ④ 珰（1件）——M925：6，扁圆饼状，打磨未抛光 （3）东陵玉（2件） ① 璜——M191：3 ② 玦——M190：3	②
6	江苏溧阳神墩	璜、玦、片	7	马家浜文化晚期（4500—3900BC）、春秋时期	2004—2006年	（1）马家浜文化晚期（6500—5900BP）（5件） ① M12：1，石英玦，扁平环形 ② M55：2，石英玦，扁平环形 ③ M131：1，石英璜，弧形 ④ M88：8，玉髓玦，半环形 ⑤ M227：2，玉髓璜，弧形 （2）夏商时期（1件）——T1232等G1③：22，玉髓璜，半环形，外径4.7、宽1 cm （3）春秋时期（1件）——T0834等②a：1，玉髓片，白色，椭圆形，长径2.8、短径2.4、厚0.75 cm	③

---

① 秦岭、崔剑锋：《浙北崧泽-良渚文化遗址出土玉器的初步科学分析》，载于浙江省文物考古研究所：《崧泽文化学术研讨会论文集》，文物出版社2016年版，第412页。
② 南京师范大学、金坛市博物馆：《金坛三星村——出土文物精华》，南京出版社2004年版，第159—164页；江苏省三星村联合考古队：《江苏金坛三星村新石器时代遗址》，《文物》2004年第5期。共出土109件玉器，包括钺1件、纺轮1件、珰2件、璜13件、玦63件、串饰27（原报告为25件）、耳坠2件。材质包括石英质46件（玉髓23件、玛瑙4件、石英岩17件、东陵石2件）、大理岩质33件、叶蜡石质25件、蛇纹石质5件。没有列出《金坛三星村——出土文物精华》中的2件火山岩。
③ 南京博物院、常州博物馆、溧阳市文化广电体育局：《溧阳神墩》，文物出版社2016年版，第361、438、466、492页。该墓共出土玉器23件，其中马家浜文化晚期21件（6件迪开石管、3件迪开石璜、3件伊利石管、1件伊利石璜、1件伊利石管状坠、2件玉髓璜、1件萤石管、1件高岭石管、2件石英玦、1件石英璜），夏商时期1件（玉髓璜），春秋时期1件（玉髓片）。

续表

序号	出土地点	名称	数量	时代	出土时间	形状规格	资料来源
7	江苏张家港东山村	璜、玦、管、管形饰	33	马家浜文化晚期至崧泽文化早期（4300—3700BC）	2008—2010年	(1) 马家浜文化(14件)(6300—6000BP) ① 璜(2件)——M101:8(含紫苏辉石的石英岩)、M101:12(玉髓) ② 玦(1件)——M101:13(含白云母片、绿泥石矿物的石英岩) ③ 管(10件)——M101:16、M101:19、M101:21(含白云母片、三水铝石的石英岩)、M101:17、M101:18、M101:20、M101:22、M101:25、M101:28(含白云母片、绿泥石矿物的石英岩)、M101:24(含白云石、云母片的石英岩) ④ 管形玉饰(1件)——M101:27(含白云母片、绿泥石矿物的石英岩) (2) 崧泽文化早期(19件)(6000—5700BP) ① 玦(1件)——M90:44(含三水铝石、蛋白石的石英岩) ② 管(9件)——M90:40、M90:47[含三水铝石、蛋白石、微量水镁石的石英岩(玉髓)]、M92:37、M92:38、M92:39、M92:40、M92:41、M92:42、M92:46[含蛋白石的石英岩(玉髓)] ③ 管形饰(1件)——M90:48[含三水铝石、微量水镁石的石英岩(玉髓)] ④ 璜(8件)——M92:45、M95:31、M95:32、M95:33、M95:34、M95:35、M95:36、M95:37(含三水铝石的玉髓)	①②
8	江苏吴县草鞋山	玦、璜	3	马家浜文化晚期至崧泽文化早期（4300—3700BC）	1972—1973年	(1) 玦(2件)——WCM42:4、WCM174:3，马家浜文化晚期(6300—6000BP) (2) 璜(1件)——WCM35:1，崧泽文化早期(6000—5700BP) 注：均为石英质	③
9	浙江桐庐方家洲	玦、管、璜	数量多	马家浜文化晚期至崧泽文化早中期（4000—3600BC）	2010年	玦多为白色石英、管多为灰绿色石英、璜也多为石英，引文321页列举的一件璜坯料为黄褐色。该遗址石英材料的制作以琢打为主要方式，而透闪石材料的制作以解玉砂为介质切割修治，两者形成了鲜明的反差	④

---

① 南京博物院、张家港市文管办、张家港博物馆：《东山村——新石器时代遗址发掘报告》(上)，文物出版社2016年版，第74—78、219、221、243、245、276—277页。该遗址出土玉器147件，其中马家浜时期玉器32件，崧泽文化时期玉器115件。65件经过近红外光谱分析，包括27件透闪石-阳起石玉器(马家浜6件＋崧泽21件)、7件蛇纹石玉器(马家浜2件＋崧泽5件)、30件石英类玉器(马家浜14件＋崧泽16件)、1件白云石玉器(崧泽1件)。值得注意的是，正文部崧泽时期的石英类标记为19件，221页M90:40、245页M92:46和277页M95:37未被附录四的陈启贤分析报告所记录，本书从正文内容。

② 南京博物院、张家港市文管办、张家港博物馆：《东山村——新石器时代遗址发掘报告》(中)，文物出版社2016年版，第633—635页。

③ 闻广：《草鞋山玉器地质考古学研究——中国古玉地质考古学研究之五》，载于杨建芳师生古玉研究会：《玉文化论丛》(2)，文物出版社、众志美术出版社2009年版，第110—125页。

④ 浙江省文物考古研究所、桐庐县博物馆：《桐庐方家洲新石器时代玉石器制造场遗址发掘的主要收获》，载于浙江省文物考古研究所：《浙北崧泽文化考古报告集(1996—2014)》，文物出版社2014年版，第302—327页。

续表

序号	出土地点	名称	数量	时代	出土时间	形状规格	资料来源
10	浙江桐庐方家洲	玦、管坯料等	3	马家浜文化晚期至崧泽文化中期（4000—3500BC）	2010—2011年	(1) 玦坯(10TFTN2W2：1) (2) 管坯(11TFTS1W1：3) (3) 坯件(10TFTN2W1：1675) 注：均出土于地层，均为石英质①	②
11	浙江安吉安乐	玦、管、坠、璜	17	马家浜文化晚期至崧泽文化（4000—3300BC）	2013—2014年	(1) 玦(12件) ① M39：1，白色，半透明。豁口高1.0、内宽0.24、外宽0.3、玦外径3.17—3.20、孔径1.36—1.37、最厚0.7 cm ② M39：3，淡绿色，豁口高1.23、宽约0.25、玦外径4.22—4.42、最厚1.19、孔内径2.04 cm ③ M39：4，白色，孔内径2.00—2.12、豁口高1.04、内宽0.26、外宽0.3、玦外径3.76—3.98、最厚0.53 cm ④ M73：3，外径2.8—3.0、孔径0.9、最厚0.9 cm ⑤ M73：4，外径4.2、内径2、最厚0.6 cm ⑥ M94：1，外径3.4—3.6、孔径1.3、最厚0.7 cm ⑦ TN3E2③：9，残，白色，高2.66、豁口高约0.9、最厚1.13 cm ⑧ TN5E2④：16，残，灰色，残高2.2、豁口高约0.8、最厚1.26 cm ⑨ TN3E3③：12，玦坯，白色，直径4.30—4.96、厚2.86 cm ⑩ TN3E3③：18，玦坯，白色，直径5.5、厚2.26 cm ⑪ TN4E3④：21，玦坯，白色，直径6.70—7.32、厚2.48 cm ⑫ TN5E3④：32，玦坯，白色，直径4.34—4.54、厚0.90 cm (2) 管(3件) ① M41：1，青白色，孔内径0.52、管高2.29、外径1.61—1.68 cm ② M73：5，横截面呈椭圆形，长4.9、外径2.1、孔内径0.4 cm ③ TN6E②：13，白色，孔内径0.16、管高1.93、外径1.06—1.11 cm (3) 坠饰(1件)——M39：2，浅黄白色，半透明，玦断裂后改制，孔内径0.2、高5.42、最厚0.96、豁口高1.56 cm (4) 璜(1件)——TN5E2①：7，璜坯料，黄色，高约5.3、残高约4.1、厚1.71 cm	③

---

① 浙江省文物考古研究所、良渚博物院：《崧泽之美——浙江崧泽文化考古特展》，浙江美术出版社2014年版，第224页。
② 秦岭、崔剑锋：《浙北崧泽-良渚文化遗址出土玉器的初步科学分析》，载于浙江省文物考古研究所：《崧泽文化学术研讨会论文集》，文物出版社2016年版，第413页。
③ 浙江省文物考古研究所、良渚博物院：《崧泽之美——浙江崧泽文化考古特展》，浙江美术出版社2014年版，第156—161，190页；浙江省文物考古研究所、安吉县博物馆：《安吉安乐遗址第三、四次发掘的阶段性收获》，载于浙江省文物考古研究所：《浙北崧泽文化考古报告集(1996—2014)》，文物出版社2014年版，第53—54，56—57页。

续表

序号	出土地点	名称	数量	时代	出土时间	形状规格	资料来源
12	浙江海宁小兜里	璜	1	崧泽文化早期(4000—3700BC)	2009—2010年	璜——M54:2,玉髓质,器身一面扁平,一面弧凸,两端实心钻小圆孔。长12 cm,截面宽1.6 cm,厚0.6 cm	①
13	浙江海盐仙坛庙	玦、璜、管	9	绝大部分属于崧泽文化早期(4000—3700BC)	2002—2004年	(1)玦(6件)(玉髓) ① M83:7,白色,直径3.1,厚0.4 cm ② M83:8,白色,直径3,厚0.4 cm,王宁远等认为M83:7和M83:8玉玦并非成形后分割为两件 ③ M119:1,白色,径3.8,厚0.6 cm ④ M129:1,浅白色,径2.7,厚0.5 cm ⑤ M129:5,白色,径2.7,厚0.5 cm 注:前5件为崧泽文化早期。①②④⑤均出土于墓主人头骨两侧耳朵位置 ⑥ M9:2为良渚文化晚期 (2)璜(2件)(崧泽文化早期) ① M83:9,玉髓,黄绿色,半环式,高9、宽1.4、厚0.9 cm ② M83:11,白中带浅红斑纹理,可定为玛瑙。出土于死者颈部附近,直径10.6、宽1.5、厚0.6 cm (3)管(1件)(玛瑙)(崧泽文化早期)——M129:2,质地细腻、略带弧弯,长3.8、直径1.2—1.4 cm,出土于墓主人颈部,应为穿线使用的项饰	②③
14	江苏南京北阴阳营	璜、玦、珠	19	北阴阳营文化(4000—3300BC)	1955—1958年	(1)璜(13件)——10:328、455、464、639、778(瓷白色石英)、839、870(石英)、936、998、999、1183、1192、4605 (2)玦(5件)——10:391、597、669、780、1262 (3)珠(1件)——10:900 注:2件为石英质,17件为玛瑙质	④
15	安徽怀宁孙家城	璜	1	孙家城文化(3800—3300BC)	2007年	编号为07HSTG2②:1,玉髓质	⑤
16	安徽望江黄家堰	环、璜、残件	3	薛家岗文化早期(3500—3300BC)	1997年	(1)残件(1件)——97WH T2403②:7 (2)环(1件)——97WH T2603 M51:1 (3)璜(1件)——97WH T2903④,残段 注:均为玉髓质	⑤

---

① 浙江省文物考古研究所、良渚博物院:《崧泽之美——浙江崧泽文化考古特展》,浙江美术出版社2014年版,第136页。
② 王宁远、顾晓峻:《崧泽早期玉器的几个特点——从仙坛庙出土玉器谈起》,载于浙江省文物考古研究所:《浙江省文物考古研究所学刊(第6辑)——第二届中国古代玉器与传统文化学术讨论会专辑》,杭州出版社2004年版,第105—111页。
③ 浙江省文物考古研究所、海盐县博物馆:《海盐仙坛庙遗址的早中期遗存》,载于浙江省文物考古研究所:《浙北崧泽文化考古报告集(1996—2014)》,文物出版社2014年版,第160—186页。崧泽文化早期多使用玉髓/玛瑙器,良渚文化多使用透闪石-阳起石,有时也使用叶蜡石。
④ 罗宗真:《南京北阴阳营新石器时代遗址出土玉器的初步研究》,载于邓聪:《东亚玉器》(上),香港中文大学中国考古艺术研究中心出版1998年版,第233—240页。127件玉器中,66件透闪石-阳起石玉、39件蛇纹石玉、17件玛瑙质玉、2件石英质玉和3件未知玉。
⑤ 王荣、朔知、承焕生:《安徽史前孙家城和黄家堰等遗址出土玉器的无损科技研究》,《复旦学报(自然科学版)》2011年第2期。

续表

序号	出土地点	名称	数量	时代	出土时间	形状规格	资料来源
17	安徽含山凌家滩	璜、玦、管、钺、镯、耳珰、璧、豕	22	凌家滩文化(3600—3300BC)	1987、1998年	(1) 璜(9件) ① 87M15：44，玛瑙质，乳黄色，半透明，孔径0.3、外径15.8、内径12.6、厚1 cm ② 87M15：90，石英质，白色，半透明，孔径0.3、残长10.9、厚0.5 cm ③ 87M15：92，玉髓质，白色，半透明，孔径0.3、外径17.8、内径15.8、厚0.9 cm ④ 87M15：93，玉髓质，白色泛黄，半透明。孔径0.3、外径17.8、内径15.6、厚1.2 cm ⑤ 87M15：94，玛瑙质，乳白色，半透明。孔径0.3、外径19.2、内径16.9、厚1.1 cm ⑥ 87M15：95，玛瑙质，乳白色泛黄，半透明。孔径0.4、外径18.9、内径16.3、厚0.9 cm ⑦ 87M15：103-2，玛瑙质，乳白色，半透明。孔径0.4、外径18.8、内径16.6、厚0.9 cm ⑧ 98M29：10，玛瑙质，乳黄色，半透明。外径11.4、内径10、中间厚1.2、两端厚0.2 cm ⑨ 98T1102③：5，玛瑙质 (2) 玦(3件) ① 87T0909③：8，玉髓质，乳白色，半透明，外径7.3、内径5.3、厚0.5、中缺口宽0.4、下缺口宽0.4 cm ② 87M2：11，石英，半透明，玦宽0.8—1.0、厚0.6—0.8 cm ③ 87M14：8，玛瑙质，透明，乳黄色，玦口外宽0.3、中间宽0.25、内宽0.3、长径5.2、短径5、厚0.5 cm (3) 管(3件) ① 98M29：18，玉髓质，白色，半透明，孔径0.2—0.5 cm、长径1.8、短径0.8、高5.5 cm ② 98M29：19，玉髓质，乳白色，孔径0.5、长1.8、宽1.2、厚0.7 cm ③ 98M20：5，蔡文静标记为玉髓质，不过发掘报告没有报道此件 (4) 钺(2件) ① 98M20：1，玛瑙质，半透明，乳黄色泛黑色珊瑚状斑纹。孔径1.1、长18.1、刃宽8.1、厚1.15 cm ② 98M28：21，玛瑙质，褐黄色泛灰白斑纹，半透明。孔径1.3、长19.4、宽7.2、厚1.2 cm (5) 镯(2件) ① 98M3：1，外径8.5、内径6.8、厚1 cm。发掘报告163页表述为透闪石质，蔡文静表述为石英质，本书从后者 ② 98T0807④：1，石英质，白色，半透明，表面晶莹润亮，外径8、内径5.7、厚1 cm	

续表

序号	出土地点	名称	数量	时代	出土时间	形状规格	资料来源
						(6) 耳珰(1件)——87M15：34，水晶，白色，半透明。上球径1.3、凹槽宽0.3、深0.2、下球径1.1、高1.2 cm (7) 豕(1件)——87M13：1，玛瑙质，乳黄色，半透明，长6.9、高2.7、厚1.3 cm (8) 璧(1件)——87T0908②：1，玛瑙质，乳白色，外径6.1、内径1.2、厚0.5 cm	①②
18	安徽潜山薛家岗	管	2	薛家岗文化中期（3300—2800BC）	1979—1982年	(1) M32：2-1 乳白色，圆柱体，一端似眼形，最长1.1、直径1.4 cm (2) M32：2-2 乳白色，近圆柱体，最长1.5、直径1.4 cm 注：均为玉髓质	③
19	浙江余杭石马兜	璜	1	崧泽文化时期	2007—2008年	M32：5，玉髓质，米黄色，内径8.5、宽0.7、厚0.35、孔径0.3 cm	④
20	上海青浦福泉山	管、坠、玲、珠	7	崧泽文化中期至良渚文化（3800—2400BC）	1982—1984年、1986—1988年	(1) 崧泽文化中期(3件，5800—5500BP) ① 管(1件)——M110：3，长1.2 cm ② 坠(1件)——M110：6，长2.7 cm ③ 玲(1件)——M12：1，扁平圆形，残缺约五分之一，直径1.9 cm (2) 良渚时期(4件) ① 一期(崧泽向良渚的过渡期，5200—5100BP)：管(1件)——M139：40，玛瑙质，灰白色，半透明，椭圆柱形，长4.5、直径1.45—1.60 cm 玲(1件)——M139：38，玛瑙质，灰褐色，半透明，高1.3、直径2 cm ② 三期(4800—4600BP)：珠(1件)——M144：1，淡绿色，半透明，高4.82、圆径2 cm ③ 四期(鼎盛期，4500—4400BP)：坠(1件)——M74：97，深绿色，长1.3、最大径0.6 cm	⑤⑥

---

① 安徽省文物考古研究所：《凌家滩——田野考古发掘报告之一》，文物出版社2006年版，第26—27、42、129、134、140、143、163、211、243、252页。
② 蔡文静、张敬国、朱勤文等：《凌家滩出土部分古玉器玉质成分特征》，《东南文化》2002年第11期。
③ 安徽省文物考古研究所：《潜山薛家岗》，文物出版社2004年版，第110、588页。
④ 浙江省文物考古研究所、良渚博物院：《崧泽之美——浙江崧泽文化考古特展》，浙江美术出版社2014年版，第136页。
⑤ 上海市文物管理委员会：《福泉山——新石器时代遗址发掘报告》，文物出版社2000年版，第28—29、90、92—93页。该遗址共出土崧泽时期玉器10件，材质包括3件玉髓/玛瑙和7件透闪石-阳起石；该遗址共出土613件(粒)良渚时期玉器，不过黄宣佩研究员在《良渚文化玉器变白之研究》一文公布的数字为788件(粒)，材质包括673件透闪石-阳起石、67件绿松石、37件叶蛇纹石、5件滑石、4件玉髓/玛瑙质和2件辉石。
⑥ 黄宣佩：《良渚文化玉器变白之研究》，载于上海博物馆：《上海博物馆集刊》(10)，上海书画出版社2005年版，第357—364页。该文认为2件管和1件玲属于第一期，1件珠属于第三期。由于数量与发掘报告相同，故本书以发掘报告信息为准。

续表

序号	出土地点	名称	数量	时代	出土时间	形状规格	资料来源
21	浙江嘉兴南河浜	玦、坠	3	崧泽文化晚期（3500—3100BC）	1996年	（1）坠（2件） ① M81：25，蘑菇形，青绿色，高1 cm。此种形制的玉坠共出土2件，另一件材质未标明，时代为崧泽文化晚期一段（5500—5300BP） ② M55：1，圆柱状，直径1.2，高0.9 cm，崧泽文化晚期二段（5300—5100BP） （2）玦（1件）——M11：1，暗绿色，残，厚0.6 cm，崧泽文化晚期二段（5300—5100BP） 注：均为玉髓质	①
22	江苏昆山赵陵山	管、珠	3	崧泽文化晚期最晚阶段至良渚文化中期早段（3300—2900BC）	1991年	（1）管（1件）——M74：7，口琀，乳白色，半透明状玉髓质。两端径均为1.1，孔径均为0.6，中宽1.20—1.34，长2.05 cm。崧泽文化晚期最晚阶段至良渚文化早期 （2）珠（2件）——近球形，均出土于北端葬具内 ① M75：6，暗粉红色，半透明状玛瑙质，最大径1.86，厚1.38，平整面最大径1.3，孔径0.29 cm。崧泽文化晚期最晚阶段至良渚文化早期 ② M78：11，凸面偏黄，孔部偏白色，半透明状玉髓质。最大径1.6，厚1.32，平整面最大径1.15，孔径0.25 cm。良渚文化早期中后段至良渚文化中期早段	②
23	浙江桐乡普安桥	坠、璜	3	良渚文化早期（3300—2900BC）	1996、1998年	（1）璜（1件）——断为两块98TP M30：6和98TP M30：7，青绿色，宽11，高3.8，断面的椭圆形直径0.6×1.2 cm （2）坠饰（2件） ① 96TP M16：36，半透明，乳白色，高3，宽1.4，厚0.7，孔内径0.1 cm ② 96TP M17：12，三角形坠饰，褐绿色，表面缺乏光泽，高2.1，宽2.6，厚0.8，孔内径0.2 cm 注：均为玉髓质	③

---

① 浙江省文物考古研究所：《南河浜——崧泽文化遗址发掘报告》，文物出版社2005年版，第190—191页。该遗址共出土玉器64件，其中透闪石玉器54件，包括钺1件、璜10件、镯5件、玦1件、玉饰35件（梯形6件、舌形6件、三角形13件、圆片形2件、圆环形5件、半圆形2件、方环形1件）、半球形玉坠2件；玉髓器3件，包括坠2件、玦1件；叶蛇纹石1件；未知材质6件，根据报告描述，透闪石的可能性更大。326页M91：3标为白色石英岩，但在190页标为透闪石质，本书从后者。

② 南京博物院：《赵陵山——1990—1995年发掘报告》（上），文物出版社2012年版，第99、101、160页。该遗址共出土玉器260件，其中墓葬出土器245件，地层出土15件。M77出土123件，M18出土74件。36件玉器经过了测试分析，包括25件透闪石-阳起石、4件为蛇纹石玉、3件石英、2件白云母（M71：2不在检测目录中）、1件绿松石（仅挑选M18：27-3用于测试）、1件萤石。

③ 秦岭、崔剑锋：《浙北崧泽-良渚文化遗址出土玉器的初步科学分析》，载于浙江省文物考古研究所主编：《崧泽文化学术研讨会论文集》，文物出版社2016年版，第406页；浙江省文物考古研究所、良渚博物院：《崧泽之美——浙江崧泽文化考古特展》，浙江美术出版社2014年版，第138页；普安桥中日联合考古队：《桐乡普安桥遗址早期墓葬及崧泽风格玉器》，载于浙江省文物考古研究所：《浙北崧泽文化考古报告集（1996—2014）》，文物出版社2014年版，第134—159页。

续表

序号	出土地点	名称	数量	时代	出土时间	形状规格	资料来源
24	浙江余杭卞家山	坠、珠	2	良渚文化中期至晚期前段（2900—2400BC）	1998—1999年	(1) 坠(1件)——M54：2，半透明，米黄，长2.8，直径1，穿孔径0.2 cm (2) 珠(1件)——M63：1，透明，圆鼓，长0.7，直径0.85、孔径0.35 cm	①
25	浙江桐乡新地里	珠	25	良渚文化中期至晚期（2900—2300BC）	2001—2002年	(1) M5：2，由2颗湖绿色玉髓珠、1颗红褐色萤石珠和17颗黄白色透闪石-阳起石珠组成串饰 (2) M17：19，灰白色，略有沁蚀，扁圆球形，有牛鼻形隧孔。直径1.5、高1.25 cm (3) M57：13，2颗，浅湖绿色，鼓腰。直径1.05、高0.7—0.8 cm (4) M57：17，2颗，浅湖绿色，扁鼓形。直径1.00—1.08、高0.68—0.70 cm (5) M62：3，由1颗淡湖绿色玉髓珠、1颗红褐色叶蜡石珠、1颗黄白色透闪石珠组成。直径0.7—0.8、高0.30—0.75 cm (6) M67：10，淡湖绿色，扁鼓形，一面略残。直径1.3、高0.6 cm (7) M67：19，灰白，受沁表皮剥落。鼓腰，双面钻孔。直径1、高0.85 cm (8) M74：5，2颗，浅湖绿色，扁鼓形。直径0.9、高0.45—0.50 cm (9) M87：3，2颗，浅湖绿色，扁鼓形。直径0.6—0.7、高0.25—0.40 cm (10) M87：4，串珠，由7颗玉髓珠组成串饰，浅湖绿色，扁鼓形。直径0.70—0.75、高0.3—0.4 cm (11) M114：1，青绿色，扁平球形，有一牛鼻形隧孔。直径1.55 cm (12) M119：1，淡湖绿色，半透明，扁鼓形。直径1.15、高0.8 cm (13) M121：10，灰白色，鼓腰。直径0.7、高0.75 cm (14) M127：3，灰黄色，圆球形，一面有一牛鼻形隧孔。直径1.5 cm 注：均为玉髓质	②

---

① 浙江省文物考古研究所：《卞家山》(上)，文物出版社2014年版，第107、117、454—455页。该遗址共出土玉器220件，肉眼鉴定结果为182件透闪石-阳起石(2件为阳起石)、32件叶蜡石、3件萤石、2件玉髓、1件粉砂岩(M46：2梳背)。其中，墓葬出土198件玉器(161件透闪石)，器型包括：璜(1件)、梳背(1件)、镯(2件)、锥形饰(55件)、坠(2件)、管(77件)、珠(54件)、隧孔珠(5件)、D形饰(1件)。地层及遗迹单位出土22件玉器(19件透闪石＋2件阳起石＋1件萤石)，器型包括管(2件)、弧形坠饰(1件)、戒指型端饰(1件)、锥形饰(18件)。

② 浙江省文物考古研究所、桐乡市文物管理委员会：《新地里》，文物出版社2006年版，第35、55、132、137、155、157、176、197、253、271、279、298页。该遗址玉器的主要材质为透闪石-阳起石，还有叶蜡石器336件、玉髓器25件、绿松石器19件、萤石器18件，均按个数计算。

续表

序号	出土地点	名称	数量	时代	出土时间	形状规格	资料来源
26	浙江遂昌好川	钺、锥形器、珠、玦	4	良渚文化晚期至夏晚期（2300—1700BC）	1997年	（1）钺（1件）——M29：32，玛瑙质，米黄色，长11.6 cm （2）锥形器（1件）——M74：1，水晶质，多棱体，长4.6 cm （3）珠（1件）——M3：6，石英质，长3 cm （4）玦（1件）——M70：13，石英质，已残，直径1.7 cm	①②
27	湖北荆州枣林岗	蝉、璧、璜、坠、环、珠、残片	11	除2件水晶和2件玛瑙属于春秋中期至晚期早段，其余均属石家河文化晚期（2000—1800BC）	1990—1992年	（1）水晶（4件） ①蝉（2件）——JZWM31：1，扁薄宽体，长2.15，宽1.5，厚0.6 cm。JZM31：4，残长1.05，厚0.6 cm ②珠（1件）——春秋中期，JZM103：4，紫色，通径1.25，厚0.7 cm ③环（1件）——春秋晚期早段，JZM27：8①，白色残破，通径3.2，内宽0.6，内厚1.35 cm （2）石英（3件） ①璧（1件）——JZWM4：6，淡黄色，厚0.8，内宽3.7 cm ②璜（1件）——JZWM31：3，质白色，残长1.8，宽1.5，厚0.8 cm，似为石英料 ③残片（1件）——JZWM44：8，灰白色，残长1.1，宽1，厚0.6 cm，似为石英料 （3）玛瑙/玉髓（4件） ①璜（1件）——JZWM31：2，淡黄色，半透明，残长7.8，宽1.2，厚1 cm ②坠（1件）——JZWM38：4，乳白色，残长1.1，宽1.6，厚0.6 cm ③环（2件）——春秋晚期早段，JZM27：8③，淡黄色，通径3.85，好径2.25，肉厚0.75，肉宽0.8 cm。JZM27：8⑤，剖面呈菱形，通径7.35，好径4.35，肉厚0.85，肉宽1.5 cm	③
28	甘肃秦安大地湾	锛、斧	11	大地湾文化三至四期（3900—2900BC）	1978—1984年	（1）锛（1件）——QDT703③：44，大地湾第三期（5900—5500BP） （2）斧（1件）——QDT806④：4，大地湾第四期（5500—4900BP）	④

---

① 闻广：《遂昌好川玉器地质考古学研究——中国古玉地质考古学研究之六》，载于浙江省文物考古研究所、遂昌县文物管理委员会：《好川墓地》，文物出版社2001年版，第335—341页。
② 浙江省文物考古研究所、遂昌县文物管理委员会：《好川墓地》，文物出版社2001年版，第85、89、91页。共出土98件（一墓内出土的玉珠均按1件计算，漆器上的玉饰片不计入），80座墓中有56座随葬玉器，每墓1—4件不等。
③ 湖北省荆州博物馆：《枣林岗与堆金台——荆江大堤荆州马山段考古发掘报告》，科学出版社1999年版，第20、31、35、40—41、47—48、133—135页。
④ 闻广：《大地湾玉器地质考古学研究——中国古玉地质考古学研究之七》，载于杨建芳师生古玉研究会：《玉文化论丛》（3），文物出版社、众志美术出版社2009年版，第140—149页；闻广：《大地湾遗址玉器鉴定报告》，载于甘肃省文物考古研究所：《秦安大地湾——新石器时代遗址发掘报告》，文物出版社2006年版，第938页。

续表

序号	出土地点	名称	数量	时代	出土时间	形状规格	资料来源
29	北京昌平张营	玦、饰	4	夏代中期至二里岗上层晚段	2004年	(1) 玦(2件) ① H86:9,玛瑙质,无色与黄色相间呈同心层纹状,透明。外径3、内径1.5、厚0.5 cm,重1.91 g,密度2.64 g/cm³ ② T3⑤:8,玉髓质,无色,透明。外径3.9、内径3.2、厚约0.6 cm,重1.19 g,密度2.64 g/cm³ (2) 饰件(2件),水晶质,其中1件编号T10⑤:1,上半部白色不透明,结晶程度低,下半部无色透明,柱形,强烈的玻璃光泽,无解理。断口呈贝壳状,油脂光泽。长3、宽1.8、厚1.4 cm,重9.96 g,密度2.61 g/cm³	①②
30	广东曲江石峡	玦、坠	6	石峡文化二、三期(2800—1600BC)	1973—1978年	(1) 石峡二期(2800—2300BC) ① 水晶玦(2件)——M20:2,直径2.4、内径1.3 cm。M20:3,直径2.5、内径1.4 cm ② 水晶坠(1件)——M37:8,长3.1、直径1.5—1.6 cm (2) 石峡三期(相当于夏代或夏商之际) ① 水晶制品(1件)——T31②B:11,淡茶色,多面体,无使用痕迹 ② 环(2件)——T4D②B:18,黄白色云母石英岩,宽0.9—1、厚1.1 cm。T43②BH57:3,黄棕色石英岩,宽0.7、厚1、外径8 cm	③
31	广东珠海宝镜湾	玦、璜、饼形器	17	新石器时代晚期至青铜时代早期	1997—2000年	(1) 玦(10件) (2) 璜(2件) (3) 饼形器(5件,系制作环玦类饰品的母体) 注:均为水晶质	④
32	香港新界屯门龙鼓上滩	玦	1	新石器时代晚期	1990	石英,直径6.3 cm,该件器物在两处被折断,折断位置两侧有两对对称的凹口,为一种接驳的沟槽,目的是用来进行连缀修复以达到再利用	⑤

---

① 员雪梅、杨歧黄、赵朝洪:《张营遗址出土部分玉(石)器材质鉴定报告》,载于北京市文物研究所、北京市昌平区文化委员会:《昌平张营——燕山南麓地区早期青铜文化遗址发掘报告》,文物出版社2007年版,第271—272页。该墓共出土玉器10件,包括萤石器3件、玉髓器1件、水晶2件、玛瑙1件、绿松石3件。

② 北京市文物研究所、北京市昌平区文化委员会:《昌平张营——燕山南麓地区早期青铜文化遗址发掘报告》,文物出版社2007年版,第94—96页。

③ 广东省文物考古研究所、广东省博物馆、广东省韶关市曲江区博物馆:《石峡遗址——1973—1978年考古发掘报告》,文物出版社2014年版,第289、291—292、449页。

④ 广东省文物考古研究所、珠海市博物馆:《珠海宝镜湾——海岛型史前文化遗址发掘报告》,科学出版社2004年版,第149—151页。

⑤ 邓聪:《东亚玉器》,香港中文大学中国考古艺术研究中心1998年版,上册第88页,下册彩版190。

续表

序号	出土地点	名称	数量	时代	出土时间	形状规格	资料来源
33	香港新界屯门涌浪	玦（成品、半成品）、芯	9	新石器时代末期	1992—1993年	(1) 白色石英 ① 玦半成品(1件)——92：1174，双面钻孔，直径4.4、厚1.5 cm ② 玦(2件)——92：505，外形椭圆，已断裂，使用接驳槽进行连缀修复，直径4.2、孔径1.9、厚0.7—0.8 cm ③ 92：1228，断为三截，在断口两侧使用接驳槽进行连缀修复。直径5.9、孔径3、厚1 cm (2) 水晶——玦(3件) ① 92：1238，椭圆形，直径2.15—2.35、孔径0.8、厚0.6 cm ② 92：512，椭圆形，长径2.7、短径2.2、厚0.5、孔径1.1 cm ③ 92：32，通体磨光，肉较窄，厚1.1 cm (3) 白色石英或水晶(3件) ① 92：468，外形椭圆，偏心孔，个体较小，直径3.8、孔径1.9、厚0.5 cm ② 92：399，形制与上相似，肉色，长径4.14、短径3.9、孔径1.6、厚0.7 cm ③ 芯 92：1125，厚薄均匀，直径1.3、厚0.8 cm	①
34	内蒙古敖汉旗大甸子	斧、钺、皿、坠、珠等	约215	夏家店下层(1735—1463BC)	1974、1976—1977、1983年	(1) 斧(1件)——共出土67件，其中1件玉髓质M1204：6 (2) 钺(1件)——共出土34件，其中1件玉髓质M1230：4 (3) 珠(213件)——出于17座墓中，分为算珠形(211件)和管形(2件)两类。多数为红玛瑙 (4) 玦形坠(不详)——共10件，依据图版五〇，即玦。质料为半透明石英或白色软玉	②
35	湖北武汉盘龙城	饰件	2	二里头文化三期至二里岗上层二期	1974—1989年	采集2件东陵石——03100饰件和0311饰件 注：该遗址采集了27件玉器，还包括18件蛇纹石、2件透闪石、5件绿松石	③④

---

① 香港古物古迹办事处：《香港涌浪新石器时代遗址发掘简报》，《考古》1997年第6期。
② 中国社会科学院考古研究所：《大甸子——夏家店下层文化遗址与墓地发掘报告》，科学出版社1998年版，第163、165、168—169页。注，大甸子出土了一件蛇纹石斧(M1115：7)。
③ 湖北省文物考古研究所：《盘龙城——1963—1994年考古发掘报告》(上)，文物出版社2001年版，第513—516页。共出土100件玉器，但附表四仅列98件。
④ 郑小萍：《盘龙城各遗址玉器鉴定报告》，载于湖北省文物考古研究所：《盘龙城——1963—1994年考古发掘报告》(上)，文物出版社2001年版，第624—628页。共出土100件玉器，但附表四仅列98件，包括19件透闪石玉器、66件蛇纹石玉器(原文为62件)、11件绿松石器和2件东陵石器。

续表

序号	出土地点	名称	数量	时代	出土时间	形状规格	资料来源
36	江西新干大洋洲	套环	2	商代后期早段或殷墟二、三期（1250—1090BC）	1989年	(1) 大环(XDM:638)，一边内侧有一处磕伤，另一边缘有小磕口一处，破损处有贝壳状断口，纯净，无气泡。直径7、孔外径5、孔内径3、厚1.4 cm (2) 小环(XDM:637)，完好无损。直径5、孔径2、厚1.1 cm 注：均为水晶质，质地甚佳，纯度较高，全器无色透明，呈玻璃光泽。形制相同，出土时，小环套叠在大环上。器体规矩正圆，正面和两侧边各琢出一道脊棱，使器身的横截面近于菱形	①②
37	河南安阳殷墟	管、珠、璜、钺、柄形器等	47	商代晚期	1963—2006年	(1) 管(34件，其中1件为红玛瑙) (2) 珠(25，均为红玛瑙) (3) 璜(4件) (4) 玦(2件) (5) 蛋白石珠(1件) (6) 水晶环(1件) (7) 钺(1件) (8) 系璧(1件) (9) 柄形器(1件) (10) 饰(2件) 注：2件红玛瑙珠和1件红玛瑙管组成一串饰，23件红玛瑙珠组成一串饰	③
38	四川成都金沙	不详	4	商代晚期至春秋早期	2001—2004年	占551件分析样品的0.72%（3件石英岩＋1件玛瑙）	④
39	辽宁大连于家砣头	珠	3	西周初年	1977年	(1) M24:8，红玛瑙，算盘珠状，一端略残损，风化，直径1.5、1.05、孔径0.3—0.6 cm (2) M41:5，红玛瑙，算盘珠状，直径1.2、厚0.7 cm，与1件绿松石坠和1件天河石坠同出 (3) M47:2，红玛瑙，鼓形，略有残损，风化，直径1.45—1.48、厚1.1 cm	⑤
40	甘肃崇信于家湾	珠	28	西周早期	1984、1986年	(1) 86CYM130:1—3，共79颗，分三串依次挂在墓主人项前。其中绿松石玦2颗，绿松石坠2颗，绿松石串珠60颗，红玛瑙管和珠9颗，玉石管珠3颗。料珠3颗 (2) 84CYM19:1，共127颗，其中绿松石珠7颗，红玛瑙珠19颗，蚌珠101颗	⑥

---

① 江西省文物考古研究所、江西省博物馆、新干县博物馆：《新干商代大墓》，文物出版社1997年版，第150—151页。
② 陈聚兴：《新干商代大墓玉器鉴定》，载江西省文物考古研究所、江西省博物馆、新干县博物馆：《新干商代大墓》，文物出版社1997年版，第301—307页。
③ Wang, R., Cai, L., Bao, T. T., et al., "Study on the Grossular Rabbit with High Hardness Excavated from Yin Ruins, Anyang, China", *Archaeological and Anthropological Sciences*, 2019, 11(4), pp. 1577-1588.
④ 向芳、王成善、杨永富等：《金沙遗址玉器的材质来源探讨》，《江汉考古》2008年第3期。
⑤ 大连市文物考古研究所：《于家砣头墓地》，科学出版社2018年版，第32、52、59页。
⑥ 甘肃省文物考古研究所：《崇信于家湾周墓》，文物出版社2009年版，第104页。

续表

序号	出土地点	名称	数量	时代	出土时间	形状规格	资料来源
41	陕西宝鸡弢国墓地	玦、珠、管	>1 200	西周早中期	1974—1981年	红玛瑙珠(1 092件)和管(102件) (1) BRM13：86，由25件红玛瑙管、13件红玛瑙珠组成串饰(共38件) (2) BRM13：123，由7件红玛瑙管和40件红玛瑙珠组成串饰(共47件) (3) BRM7：173，由1件玉璜、15件红玛瑙珠、7件绿松石珠组成串饰(共23件) (4) BZM1：1，由1件玉璜、10件红玛瑙管、11件红玛瑙珠、8件绿松石珠组成串饰(共30件) (5) BZM4：40，由10件红玛瑙管组成串饰 (6) BZM4：83，由4件红玛瑙管、14件红玛瑙珠、8件绿松石组成串饰(共26件) (7) BZM20：26，由2件红玛瑙管、1件红玛瑙珠组成串饰(共3件) (8) BZM9：15，由40件红玛瑙珠、7件红玛瑙管、4件玉管、2件石管、18件圆柱形釉砂管、9件菱形釉砂管、1件方形玉饰组成串饰(共81件) (9) BZM9：33，由76件红玛瑙珠、30件圆柱形釉砂管、16件菱形釉砂管、3件玉石兽面饰组成串饰(共125件) (10) BZM9：52，由72件红玛瑙珠、36件圆柱形釉砂管、18件菱形釉砂管、1件玉管组成串饰(共127件) (11) BZM5：15，由64件红玛瑙珠、1件红玛瑙管、16件玉管、存留的120件圆柱形釉砂管组成串饰(共201件) (12) BRM1甲：81，由311件红玛瑙珠和2件灰黄色圆形饰物组成串饰(共313件) (13) BRM1甲：82，由134件红玛瑙珠、4件红玛瑙管、2件浅绿色萤石管、9件灰蓝色菱形釉砂管、94件灰蓝色釉砂珠、1件灰绿色釉砂管、1件深绿色滑石圆形饰物组成串饰(共245件) (14) BRM1乙：278，由90件红玛瑙珠、11件红玛瑙管、67件釉砂管、241件釉砂珠组成串饰(共409件) (15) BRM2：64，由21件红玛瑙管、211件红玛瑙珠、41件玉管、8件蛇纹石管、308件釉砂管、1件蛇纹石贝组成串饰(共590件) 玦(数目不详)，标为石英，根据描述应有不少属于玉髓。 (1) BZM5：13，白色，薄而透亮，制作规整，直径5，孔径2.3，厚0.15 cm (2) BZM5：14，直径5、孔径2.6、厚0.15 cm	

续表

序号	出土地点	名称	数量	时代	出土时间	形状规格	资料来源
						(3) BRM1 甲出土数十件,分大中小三类,文中列举了 BRM1 甲:83、84、95、110、116、121、140、145、146、149、156 等 11 件石英块	①
42	河南新郑天利	环、珠、觿	15	西周晚期至战国	2012—2013 年	(1) 环(4 件)——M51:1-1、M51:1-2、M281:2、M281:3,均为玉髓质 (2) 珠(10 件) ① 紫水晶(6)——M51:2-1、M51:2-2、M51:2-6、M51:2-7、M51:2-8、M51:2-10 ② 水晶(4 件)——M51:2-3、M51:2-4、M51:2-5、M51:2-9 (3) 觿(1 件)——M281:1,玉髓质	②
43	河南新郑西亚斯	环、觿、珠、璧	48	东周	20 世纪 80 年代末至 2009 年初	(1) 环 4 件——M83:1(水晶)、M91:1(玛瑙)、M140:2(玛瑙)、M156:2(玛瑙) (2) 觿 2 件——M83:30(玛瑙)、M83:31(玛瑙) (3) 珠 1 件——M153:9(红玛瑙) (4) 璧 1 件——M104:1(石英) 注:以上为 203—231 页中科院上海光机所检测结果。 125 页统计水晶器 34 件(1 件环+1 件璧+32 件珠),文中水晶环的编号为 M83:2,与上海光机所的检测编号 M83:1 不同。126 页统计玛瑙器 14 件(10 件环+4 件觿,均为白色)	③
44	河南平顶山应国墓地	珠、管、玦	538	西周至春秋早期	1993 年	(1) 西周时期(497 件)④ 西周早期(216 件): ① M232 出土 6 件红玛瑙管,应为某件组合玉佩上的饰件 ② M231 出土 182 件红玛瑙器,包括 38 件管和 144 件珠 ③ M230 出土 16 件红玛瑙器,包括 11 件管和 5 件珠	

---

① 卢连成、胡智生:《宝鸡强国墓地》,文物出版社 1988 年版,第 87—88、128、138、170、199、241、244—246、323—324、329—330、335—336、379—380 页。串饰还包括 88 页 BZM13:122(4 件绿松石管+33 件绿松石珠+25 件大理石珠);171 页 BZM4:57(33 件海贝)、BZM4:56+BZM4:104(27 件蛤蜊)、BZM4:27(16 件螺蛳);206 页 BZM19:77(32 件蛤蜊);380 页 BRM2:62(10 件玉蚕+数百颗釉砂珠);381 页 BRM2:78(121 件贝+13 件小玉戈、2 件玉鸟+2 件玉鱼);388 页 BRM4:10(23 件海贝)、BRM4:11(3 排釉砂管+3 件长形釉砂管)。

② 董俊卿、刘松、李青会等:《河南新郑天利东周墓地出土玉器的科技分析研究》,载于河南省文物考古研究所:《新郑天利两周墓地》(上),上海古籍出版社 2018 年版,第 487—505 页。该墓出土了 37 件玉器,包括透闪石 4 件,方解石 16 件、玉髓 15 件、滑石 1 件、磷灰石 1 件。

③ 河南省文物考古研究所:《新郑西亚斯东周墓地》,大象出版社 2012 年版,第 125—127、203—231 页。该墓地共出土 247 件玉器,除 34 件水晶器和 14 件玛瑙器外,还出土 198 件玉器(115 页统计为 199 件),包括 39 件璜、5 件环、6 件璧、13 件玦、79 件片饰、1 件玉饰、23 件圭、6 件珠、3 件棒、10 件座、8 件塞、4 件珠、1 件纺轮。

④ 河南省文物考古研究所、平顶山市文物管理局:《平顶山应国墓地》(1),大象出版社 2012 年版,第 52、94、222、254、304、380、386、419、425、446、540—542、545、568、660 页。

续表

序号	出土地点	名称	数量	时代	出土时间	形状规格	资料来源
						④ PY采：00531，12件红玛瑙珠 西周中期(281件)： ① M213出土25件红玛瑙器，包括7件管和18件珠 ② M210出土15件红玛瑙珠 ③ M86出土22件红玛瑙珠 ④ M201出土150件红玛瑙珠 ⑤ M202出土5件红玛瑙珠 ⑥ M84出土1件红玛瑙珠 ⑦ M85出土63件红玛瑙珠 (2) 春秋时期(41件) 管珠(38件)：① ① M1：68由1件管、3件白水晶管珠和16件红玛瑙珠组成右手腕饰 ② M1：69由1件管、4件白水晶管珠、1件紫水晶管珠、3件玉髓珠和11件红玛瑙珠组成左手腕饰 玦(3件)——M6：286-1-2和M9：27，均为水晶质	
45	河南洛阳针织厂综合楼	环	1	东周	不详	M5269：40玛瑙质	
46	河南南阳名门华府	珠、环	不详	春秋晚期	2008年	(1) 珠——M38：15，椭圆形，玛瑙质 (2) 环——1号墓出土，玛瑙质②	
47	河南新蔡葛陵③	扣、管、珠、圭、人、坠	>134	战国	1994年	(1) 扣(4件) ① 紫水晶扣(3件)——G：10-1-3 ② 白水晶扣(1件)——X：14 (2) 白水晶管(1件)——X：10(第137页标为璧) (3) 珠(129颗) ① 白水晶珠(93颗)——D：181-1-93 ② 紫水晶珠(36颗)——D：182-1-36 (2) 圭(8件)——G12：1-8，白色石英或方解石 (3) 人或俑(25件) ① G：7-1-22，男性，白色石英或方解石？ ② G：8-1-3，女性，白色石英或方解石？ (4) 坠(11件)——G：3-1-11，白色石英或方解石？	

---

① 河南省文物考古研究所、平顶山市文物局：《平顶山应国墓地十号墓发掘简报》，《中原文物》2007年第4期。
② 乔保同：《最新考古发现：南阳楚彭氏家族墓》，《文史知识》2009年第6期。
③ 河南省文物考古研究所：《新蔡葛陵楚墓》，大象出版社2003年版，第138—141页。该墓出土玉器224件，包括14件璧、3件坠、2件璜、1件环、1件扳指、1件竹节饰、9件扣子、144件珠、4件块、1件料、8件圭、25件人或俑、11件坠。需要注意的是，第138图七九标示的8件圭均为汉白玉材质，第139页图八〇标示的G：7-1-10男人和G：8-1-2女人均为白色石英，但143图八一将G：8-3和4女人标为汉白玉，将G：7-1和2标为汉白玉，与书中描述矛盾，且文中并没有G：8-4这件器物。附录四检测了1件方解石圭，认为圭、俑和坠饰均为方解石质。鉴于此，本书仅列出圭、俑和坠饰的相关信息，不进行材质统计。

续表

序号	出土地点	名称	数量	时代	出土时间	形状规格	资料来源
48	河南南阳公交公司	珠	13	战国	2001年	2001M6：2，紫水晶3件，白水晶10件	①
49	河南新郑双楼	环	6	春秋中晚期至战汉之际	2012年	环（6件）——M61：1（残）、M118：1、M164：1、M244：5-1（残）、M244：5-2（残）、M244：5-3（残），均为玉髓质	②
50	江苏苏州真山	珠、管、璜形饰	348	春秋晚期前段（570—553BC）	1994年	（1）D9M1，椁西南角出土了1件漆盒，长60、宽25、高15 cm，内装一排排由玛瑙管、绿松石珠、孔雀石珠、水晶珠等依次组成的串饰。每条长约60 cm，一条条整齐地排列着。上下共三层，每层约8条，共24条。玛瑙和水晶器共344件 ① 红玛瑙管164件，棕红色，略呈腰鼓状，纵向穿孔，为两面对钻。最大者长4、径1.28、孔径0.5 cm；最小者长1.86、径0.94、孔径0.32 cm ② 水晶珠120件和玛瑙珠60件形状相近，均为白色。直径0.97—1.18、孔径0.28—0.40 cm （2）璜形玉饰4件，玉髓质，一端椭圆形，另一端呈扁凿形。标本D9M1：2-1，长9.2 cm。标本D9M1：31-1，长9.35 cm。另两件为D9M1：2-2，D9M1：31-2	③
51	湖北襄阳余岗	圭、环、珠、佩、管	34	战国早期前段至战国中期前段	1987、1996、2004—2005年	（1）圭（8件）——石英质，形制基本相同，编号为M166 （2）环（8件） ① M112：20，水晶质，直径2.3、孔径1.2、厚1.2 cm ② M102：12，玛瑙质，直径6.1、孔径3.7、厚0.9 cm ③ M112：31，玛瑙质，直径2.9、孔径1.6、厚0.6 cm ④ M112：32，玛瑙质，直径3.5、孔径3.5、厚1 cm ⑤ M112：34，玛瑙质，直径4.5、孔径3.1、厚0.8 cm ⑥ M112：39，玛瑙质，直径3.5、孔径2、厚0.7 cm ⑦ M112：41-1，玛瑙质，直径3.5、孔径1.7、厚0.8 cm	

① 董俊卿、干福熹、承焕生等：《河南境内出土早期玉器初步研究》，《华夏考古》2011年第3期。
② 董俊卿、王凯、赵虹霞等：《新郑双楼东周墓地出土玉器的无损分析研究》，载于河南省文物考古研究院：《新郑双楼东周墓地》，大象出版社2016年版，第572—585页。出土玉器88件（含5件玛瑙器），分析了69件，包括透闪石5件、方解石42件、石英6件、滑石14件、白云母2件。
③ 苏州博物馆：《真山东周墓地——吴楚贵族墓地的发掘和研究》，文物出版社1999年版，第21、25、55、61页。

续表

序号	出土地点	名称	数量	时代	出土时间	形状规格	资料来源
						⑧ M112：41-2，玛瑙质，直径 3.6、孔径 1.8、厚 0.8 cm (3) 珠(2组15颗)——水晶质，有扁圆和椭圆两种 ① M112：33 有 6 颗 ② M112：37 有 9 颗 (4) 佩(2件) ① M102：14，玛瑙龙形佩，残长 6.2 cm ② M112：38，水晶长方形佩，长 5.8、宽 1.4、厚 0.6 cm (5) 管(1件)——M112：12，玛瑙质，孔对钻，长 7.4、直径 0.7—1.0 cm。彩版五—3 显示其颜色为棕红色	①②
52	黑龙江齐齐哈尔平洋砖厂	饰品	29	战国早期	1984年	均为玛瑙质，出土于12座墓葬，以红色、桔黄色为多，色泽鲜艳，半透明状，器表光亮。分作四型： (1) A 型，11件，呈圆形，分两式。Ⅰ式，9件，扁平圆珠形，有的周边稍鼓，多数平齐，中间穿孔。Ⅱ式，2件，近球形，上下两端略平，中有孔 (2) B 型，12件，圆管形，长短不一，两头磨平，内穿孔。长 0.7—1.9、直径 0.65—0.80 cm (3) C 型，5件，六菱形，中有孔 (4) D 型，1件，M111：21，上小下大，上端有一未透的小孔，下端为圆弧状，加工较粗，长 2 cm	③④
53	湖北荆州嵝峨山楚墓	环、珠	3	战国中期	2010年	(1) 环(2件)——玛瑙质 ① M27：14，直径 4.1 cm ② M27：16，直径 4.1 cm (2) 珠(1件)——M19：11，紫水晶质，直径 1.5 cm	⑤

---

① 襄阳市文物考古研究所：《余岗楚墓》(上)，科学出版社 2011 年版，第 77—79、105—106、135—136、250 页。不包括玉琀，该墓出土玉器 241 件(77 页表述为 229 件，水晶珠按照数量应为 15 颗，非 3 颗)，器类有璧、佩、璜、环、管、珠和圭等。材质包括滑石(163 件)、煤精(27 件)、水晶\玛瑙\石英(34 件)、透闪石-阳起石(17 件)。其中，所有的璧(6 件)和璜(4 件)的材质均为透闪石-阳起石矿物，7 件玉环(共 15 件玉环)的材质是透闪石-阳起石矿物。78 页和 418 页显示 M112 出土了 14 件环，其中 8 件玉环的材质为透闪石-阳起石矿物，1 件是水晶环，5 件是玛瑙环。但是 135—136 页显示玛瑙环有 6 件，故而本书推测透闪石-阳起石玉环的数量为 7 件。
② 中国科学院上海光学精密机械研究所科技考古中心：《湖北省襄阳市余岗墓地送检玉器的无损分析检测报告》，载于襄阳市文物考古研究所：《余岗楚墓》(下)，文物出版社 2011 年版，第 449—466 页。
③ 黑龙江省文物考古研究所：《黑龙江泰来县平洋砖厂墓地发掘简报》，《考古》1989 年第 12 期。
④ 黑龙江省文物考古研究所：《平洋墓葬》，文物出版社 1990 年版，第 110 页。
⑤ 荆州博物馆：《荆州嵝峨山楚墓 2010 年发掘简报》，《江汉考古》2013 年第 2 期。

续表

序号	出土地点	名称	数量	时代	出土时间	形状规格	资料来源
54	河南陕县	环、觽、珠、玲	55	战国中期至西汉初期	1956—1958年	(1) 战国中期53件——玛瑙17件＋水晶36件 ① 玛瑙环7件，其中5件横断面呈七棱形，外缘平滑，内缘起棱。2042：32：2 红黄两色相印，外径6.7、内径5 cm。另4件较小，奶白色，其中外径3.2—3.6 cm。2042：32：1 外径3.6、内径2.2 cm，2115：68 外径3.2 cm ② 玛瑙觽3件，奶白色，略呈S形，通长7.1—9.3 cm。2042：32：3 长9.3、宽0.9、厚0.7 cm ③ 玛瑙珠7件，其中截尖橄榄形5件，圆球或扁球形2件 ④ 水晶珠36件，其中截尖橄榄形水晶珠26件，均为两面钻孔，长0.55—2.10 cm。圆球或扁球形水晶珠8件，均为两面钻孔，径0.5—1.2 cm。形近Ⅰ型紫水晶珠1颗(2123：19：15)，长1.15、径0.9 cm。形似扁球紫水晶1颗(2507：2)，长1.9、径2.5 cm (2) 秦汉时期2件 ① 环1件，2001：15：2，玛瑙质，白色，内有暗红色斑纹。出于漆奁（2001：15：8）中，外径4.1、内径2.1、厚0.15 cm ② 玲1件，3101：16，利用白色玛瑙环的残段，未加修整，断面近三角形。长3.4 cm	①
55	湖北荆门左冢楚墓	龙形玉佩、珠、璧、片、卵石	16	战国中期	2000年	(1) M1N北室 ① M1N：1，卵石片，210页鉴定报告描述此物，但未在正文中找到 ② M1N：6，卵石，灰白色，发掘报告139页表述为花岗岩，但第210页鉴定报告显示为石英质 ③ M1N：34，卵石，号表述为砂岩，但鉴定报告显示为花岗岩。部分表面有褐晕。椭圆形，表面光滑。两端皆有捶击痕，通长11、宽9 cm ④ M1N：24，"S"龙形玉佩饰，浅咖啡色，通长8.6 cm ⑤ M1N：52，珠，器残，复原为椭圆管状，直径1.35、高1.5 cm (2) M1S南室——52、53、78、79、80、86、90、99（共鉴定了9件椭圆形玉片中的8件，其中99应为89），形制大体同，玉质较差，灰褐色，多与车伞同出，推测其为伞上的扣件	

---

① 中国社会科学院考古研究所：《陕县东周秦汉墓》，科学出版社1994年版，第91、96—98、151—153页。该墓出土玉石器共3 845件，包括软玉、石质（以大理岩、千枚岩、绢云母片岩、泥质粉砂岩为最多）、玛瑙、水晶、绿松石、孔雀石和煤精等。除孔雀石珠外，其余珠均有环伴出，如2123：19出土水晶珠11颗、玉珠6颗、绿松石珠2颗、煤精珠3颗、玉环1件。

续表

序号	出土地点	名称	数量	时代	出土时间	形状规格	资料来源
						(3) M2 边厢东端——16 卵石,深灰色,其上有浅红色的花斑,长 13 cm (4) M2 边箱东南角——24 卵石,灰色变质石英砂岩,残长 7.4 cm (5) M2 东端内外棺间——25 璧,红褐色,直径 10.9、好径 4.9、厚 0.5 cm 注:均为玛瑙质	①②
56	河南新郑郑国祭祀遗址	圭、璧、环、镯、塞、珠等	12	战国中期至战国晚期后段	1992—1998 年	(1) 璧(1 件)——T656H2099:1,石英质,黑色有褐黑色斑纹,玉质较差,直径 4、厚 0.4、孔径 1.8 cm (2) 圭(1 件)——T642H2164:2,石英质,白色,长条形,残高 3.4、宽 1.8、厚 0.2—0.4 cm (3) 环(6 件)——均为玛瑙质 ① T655H2053:16,白色透明,残径 3.3、厚 0.8、内径 1.9 cm ② T599H1805:16,乳白色,质地好,透明,圆形体,残失一半,直径 5.8、内径 3.9、厚 1.2 cm ③ T573H1880:2,乳白色,质透明,圆形体,残失一少部分,横断面近菱形。直径 3.9、内径 2.2、厚 0.9 cm ④ T573H1880:119,白色,透明,圆形体,残失一少部分,横断面近菱形。直径 3.8、内径 2.2、厚 1 cm ⑤ T577H1685:6,乳白色,半透明,光亮润泽。现存一端,横断面近菱形。残长 3、宽 0.6、厚 0.8 cm ⑥ T619M851:5,乳白色,孔径 2.7、直径 4.8、厚 0.1—0.6 cm (4) 镯(1 件)——T642H2170:95,玛瑙质,青绿色,半透明,残存段,横断面呈椭圆形。残长 3.4、宽 0.8、厚 1.3 cm (5) 塞(1 件)——T599H1805:21,乳白色,不透明,圆柱状,顶端残失,残长 1.85、直径 0.8 cm (6) 珠(1 件)——T617M816:2,水晶,白色透亮,扁圆形,孔径长 0.2、直径 0.8、厚 0.7 cm	

---

① 湖北省文物考古研究所、荆门市博物馆、襄荆高速公路考古队:《荆门左冢楚墓》,文物出版社 2006 年版,第 136—139、161—162 页。M1、M2 和 M3 共出土 32 件玉石器。M1 出土玉石器 28 件,位于南室、北室和内棺,其中天青玉 13 件、10 件石英质玉、2 件石英质卵石、1 件花岗岩卵石。1 件玉玦和 1 件玉饰没有报告结果,根据玉质描述推测玉玦是天青石材质,玉饰是石英质材质;M2 出土 1 件石英质璧和 2 件石英质卵石;M3 出土 1 件天青玉管。

② 赵令湖:《左冢一号楚墓出土器的鉴定报告》,载于湖北省文物考古研究所、荆门市博物馆、襄荆高速公路考古队:《荆门左冢墓》,文物出版社 2006 年版,第 210—211 页;赵令湖:《左冢二号楚墓出土器的鉴定报告》,载于湖北省文物考古研究所、荆门市博物馆、襄荆高速公路考古队:《荆门左冢墓》,文物出版社 2006 年版,第 212 页。

续表

序号	出土地点	名称	数量	时代	出土时间	形状规格	资料来源
						(7) 其他（1 件）——T655H2053：38,青灰色略呈白斑石英,圆饼状,两面磨光,直径 2.9、厚 0.5 cm。可能是一件未完工的玉环	①②
57	黑龙江齐齐哈尔战斗村	管	4	战国晚期	1985 年	玛瑙质,呈桔红色,圆管形,两端平齐,中穿一直孔。大者如 M219：5,长 1.6、直径 0.8 cm；小者如 M219：67,长 0.9、直径 0.7 cm	③
58	浙江杭州半山	杯、环、珠串	11+1 串	战国	1990、1999 年	(1) 水晶杯（1 件）——1990 小溪坞 M1：22 (2) 玛瑙环（10 件）——4 件 1990 小溪坞 M1：23,6 件 1990 小溪坞 M1：13 (3) 玛瑙珠串（1 串）——1999D3	④
59	贵州省赫章可乐	管、珠	39	战国末期至西汉前期	2000 年	(1) 管（30 件） ① 玉髓质（2 件）,M271：19 和 M271：23,乳白色、半透明 ② 玛瑙质（28 件）,主要为赭石色及乳白色,长短、粗细不等,形制略有差异 (2) 珠（9 件） ① 玉髓质（1 件）,M274：65,乳白色、半透明 ② 玛瑙质（8 件）,多为乳白色,形制略有差异。6 件为算珠形、乳白色、半透明,1 件为双平面圆墩形、赭石色、微透明,1 件圆墩形、色稍浅	⑤
60	云南东川普车河	珠	15	战国晚期至西汉中期	1985 年	玛瑙质,白色,磨制精细,大小不一	⑥
61	云南澄江金莲山	扣牌饰玦	7	西汉中期至东汉初期	2008—2009 年	(1) 铜扣饰（1 件）——M74①：8,位于墓主人腰部。中央镶嵌红色玛瑙扣,背空,向外依次镶嵌穿孔孔雀石珠、白色玉环和穿孔孔雀石珠,直径 10、玉环径 4 cm	

---

① 河南省文物考古研究所：《新郑郑国祭祀遗址》（上册）,大象出版社 2006 年版,第 400、535、606、792、843、870 页。400 页认为 T634⑤：1 是大理石,1156 页认为 T634⑤：1 非大理岩材质,本书从后者。
② 常宗广：《郑国祭祀遗址出土的玉石器鉴定报告》,载于河南省文物考古研究所：《新郑郑国祭祀遗址》（下册）,大象出版社 2006 年版,第 1156—1161 页。
③ 黑龙江省文物考古研究所：《黑龙江泰来县战斗墓地发掘简报》,《考古》1989 年第 12 期；黑龙江省文物考古研究所：《平洋墓葬》,文物出版社 1990 年版,第 151 页。
④ 洪丽娅：《杭州半山战国墓出土玉石器材质研究》,《东方博物》2007 年第 3 期。该墓出土 106 件玉石器,另有 6 件玻璃仿玉器。
⑤ 贵州省文物考古研究所：《赫章可乐 2000 年发掘报告》,文物出版社 2008 年版,第 108—109、127 页。除 3 组孔雀石串珠外,该墓出土玉器 46 件,包括 39 件玉髓/玛瑙、3 件透闪石、2 件绿松石、1 件绿泥石和 1 件变质岩。
⑥ 云南省文物工作队：《云南东川普车河古墓葬》,《云南文物》1989 年第 26 期。

续表

序号	出土地点	名称	数量	时代	出土时间	形状规格	资料来源
						(2) 扣饰(3 件)，分别位于墓主人左肩上方、左上臂外侧和左臂关节外侧。形制相同。年代为西汉中晚期至东汉初期 ① M74①:11，圆片状，直径 3.2，高 1 cm ② M74①:12，直径 3.8，高 2 cm ③ M74①:13 圆片和突起略残，直径 5.5，残高 1.3 cm (3) 牌饰(1 件)——M200①:2，位于第 1 层人骨堆中。圆形，直径 2.8，孔径 0.5，厚 0.5 cm。年代为西汉中晚期至东汉初期 (4) 玦(2 件)，位于人骨堆积内的下部，形制相同，年代为西汉中期 ① M155:3，整体呈圆形，缺口较窄。外径 1.8，内径 0.9，厚 0.2 cm ② M155:2，残缺一半。外径 3.2，内径 1.3，厚 0.2 cm 注：均为玛瑙质	①
62	云南晋宁石寨山	璧、扣、珠等	约 599	西汉早期至中期	1996 年 5—6 月	(1) 铜扣饰(M71:97)镶嵌蛋白石璧，浅褐黄色 (2) 玛瑙扣(约 97 件)、玛瑙管形饰(214 件)、玛瑙锥形饰(18 件)、玛瑙珠饰(约 269 件)——出土于 M71 号墓	②

玉器是中国传统文化的杰出代表性器物，是具有中国特色的文物种类。从材料利用史的角度考察，人类历史可被划分为石器时代、青铜时代以及铁器(钢铁)时代三个阶段，其中石器约占人类史的 99％时光。按照制作技术可划分为旧石器时代和新石器时代，旧石器时代的技术特征是"打制"，脆性大、均质且各向同性、硬度高、结构致密的石材适合打制成刃类工具或细石器，如黑曜石、燧石、石英等，优点是可以控制打制石器的形状。脆性小(韧性高)的石材常作为敲击类工具，虽无法适合精细打制，但满足了耐用的需求；新石器时代的技术特征是"磨制"，合适的石材是硬度高且韧性大的耐磨材料，不仅适合精细加工，而且磨抛形成的光泽层可以展现石料的材质美，因此透闪石-阳起石、玛瑙等玉石矿物逐渐脱颖而出，常被磨制成装饰品，满足人们的精神追求，并随着社会的分化成为权力和地位的象征，具备了礼仪功能。由此可见，石英类材料的韧性适中，既适合打制，也适合磨制，因此它很早被用作工具和装饰品，从旧石器时代贯穿新石器时代和历史时期，一直延续至今从未中断。

第一，石英类材料是中国玉材的重要种类，其中玉髓/玛瑙的应用最多、最广泛，其在中国玉器产生之初已被使用，如距今 9 000 余年的黑龙江饶河小南山遗址出土了 1 件玉髓质系

---

① 云南省文物考古研究所、玉溪市文物管理所、澄江县文物管理所等：《云南澄江金莲山墓地 2008—2009 年度发掘简报》，载蒋志龙：《滇国探秘——石寨山文化新发现》，云南人民出版社 2012 年版，第 289—314 页。
② 云南省文物考古研究所、昆明市博物馆、晋宁县文物管理所：《晋宁石寨山——第五次发掘报告》，文物出版社 2009 年版，第 166、224—235 页。

璧。不过,东北地区兴隆洼文化、红山文化等重要玉器文化分布区出土的石英质玉器数量很少,仅夏家店下层的内蒙古赤峰大甸子遗址例外,其出土的石英质玉器数量达 215 件,器型包括坠、珠等装饰品,以及斧、钺等礼仪器。与东北地区早期玉器较少使用石英材料的情况相反,东南地区早期玉器常使用石英材料,如河姆渡文化和马家浜文化遗址,常制作成玦、璜、管等器物。这一情况直至马家浜文化晚期至崧泽文化时期随着透闪石-阳起石材料的广泛利用才得以改变,如长江南岸的张家港东山村遗址在马家浜文化晚期开始利用透闪石-阳起石材料制作各种器物,环太湖地区从稍晚的崧泽文化时期开始逐步扩大透闪石-阳起石玉器的制作比例。不过,石英质材料在这个时期仍被应用,其在某些遗址(如浙江桐庐方家洲遗址)所占的比例依然较大。玛瑙石子也被用作口琀,具备丧葬功能,如江苏南京北阴阳营遗址。至良渚文化时期,石英质玉器的数量多在 10 件以内,仅个别遗址,如浙江桐乡新地里的出土数量达到 25 件,常被制作成坠和珠。华南地区在新石器时代晚期使用石英制作玉器,如广东曲江石峡文化、香港新界屯门龙鼓上滩和涌浪,数量在 10 件以内,常制作成玦。至历史时期,石英材料作为玉材使用的情况仍很普遍,尤其是两周时期,玉髓/玛瑙常被制作成管、珠,与透闪石-阳起石、方解石、绿松石、釉砂、滑石等材质玉器构成组佩和串饰,一些墓葬的出土数量达到数百件,甚至超过 1 000 件,如河南平顶山应国墓地、江苏苏州真山大墓、河南新蔡葛陵楚墓等。这一时期,中国南方云贵地区也常使用石英材料,一些墓地出土数量达到数十至数百件,如云南晋宁石寨山 M71 出土玛瑙质玉器的数量近 600 件;贵州赫章可乐遗址的 8 座墓出土非孔雀石质玉器 46 件,均为装饰品,其中玉髓/玛瑙质器的数量为 39 件,比例最高。结合表 3-6 显示云贵地区常使用孔雀石器,表明孔雀石和玉髓/玛瑙材料是该地区装饰品的主要玉材。

值得注意的是,中国青铜时代初期至商周之际,出现了红色系(包括橘红色、红色和紫红色)玉髓/玛瑙珠和管组成的串饰,分布于西北地区的甘肃玉门火烧沟、酒泉干骨崖、永靖大何庄、庄浪徐家碾等遗址,北方地区的内蒙古敖汉旗大甸子遗址,中原地区的河南安阳殷墟妇好墓,以及西南地区的云南通海兴义遗址。至西周时期红玉髓/玛瑙管珠(管和珠的简称,以下同)被大量应用,如与璜、绿松石管珠、釉砂管珠等构成多璜组玉佩,与梯形牌、绿松石管珠、釉砂管珠等构成梯形牌联珠串饰。一般认为,红色系玉髓/玛瑙的产量稀少,先民采用低温热处理方法使有色玉髓/玛瑙所含的二价铁氧化为三价铁,从而获取所需的红色,这种玉髓/玛瑙人工改色技术一直沿用至今。由于印度半岛地区早在哈拉帕文化时期(2600—1900BC)已使用热处理玉髓/玛瑙器,因此一些学者认为西亚、中亚地区的红玉髓/玛瑙器受印度地区影响,并认为中国甘肃地区的红玉髓/玛瑙器受到中亚和西亚的影响,其传播路线应为沿河西走廊的古丝绸之路。不过,云南兴义地区的红玉髓/玛瑙器早至公元前 2000 年,内蒙古敖汉旗大甸子红玉髓/玛瑙器的使用年代与甘肃地区相近(1800—1500BC),因此如果红玉髓/玛瑙管珠非中国自产,其传入中国的路径值得研究。此外,甘肃酒泉干骨崖遗址出土的红玉髓/玛瑙器包括成品、半成品和原料,显示红玉髓/玛瑙器的来源可能有三种:一为外来成品;二为外来原料,本地制作;三为本地原料,本地制作。从技术层面来讲,随着白陶、印纹硬陶及此后原始瓷的出现,中国已掌握高温和保温技术,因此热处理玉髓/玛瑙(300—400℃)的低温技术并非难以掌握(笔者的模拟实验揭示,400—500℃时玉髓/玛瑙裂纹明显),这说明当中国先民对红玉髓/玛瑙器有需求时,并没有技术层面的壁垒,因此目前有限的研究工作无法排除红玉髓/玛瑙管珠是中国自产的可能性,红玉髓/玛瑙管珠体现的原料和工艺层面的地域特征非常值得关注。红玉髓/玛瑙管珠在春秋时代有所减少,至春秋晚期战国初期再度兴盛,但形式上发生了变化,出现了在红玉髓/玛瑙上蚀刻白色条纹的红白色系蚀刻玉髓/玛瑙管珠,以及在黑色或棕色玉髓/玛瑙上蚀刻白色条纹的黑白色系蚀刻玉髓/玛瑙管珠。除了蚀刻技术尚待研究之外,蚀刻之前是否进行热处理也需要进行细致研究,笔者已经建立了玉髓/玛瑙是否经过热处理及温度的定量判别方法,目前的初步结果表明热处理玉髓/玛瑙有助于更好地进行蚀刻。综上可见,热处理技术拓展了玉髓/玛瑙材质的装饰工艺,也拓展了玉髓/玛瑙材质的制作技术(如蚀刻),使得玉髓/玛瑙材质得到广泛应用。

第二,水晶的脆性比玛瑙和玉髓要高,因此其制作相对较难。早期的水晶饰多为天然晶形,不加人工干预,如目前最早出土于距今 8000—7000 年河北易县北福地遗址的 3 件水晶,均为六棱锥柱体的天然晶形。至距今 5600—5300 年的安徽含山凌家滩遗址,先民已能将水晶加工成耳珰类的装饰品。此后,先民们多将水晶加工成装饰品,如距今 4800—4300 年的广东曲江石峡遗址出土了水晶玦和坠,距今 4300—3700 年的浙江遂昌好川遗址出土了水晶质锥形器,新石器时代末期至青铜时代早期的广东珠海宝镜湾遗址出土了水晶质玦、璜和饼形饰,新石器时代末期的香港新界屯门涌浪出土了水晶玦等。至夏商时期,夏代中期至商代前期的北京昌平张营遗址出土了水晶饰,江西新干大洋洲商墓和河南安阳殷墟均出土了水晶环。陈聚兴认为江西新干大洋洲水晶没有任何内部和外部的瑕疵,表明古人看重水晶的无色透明质感。两件水晶环的圆、弧和棱的制作相当精美,造型别致,显示商代的水晶制作已经达到相当高的水平。此后,不少遗址出土了较多水晶器。一些遗址的水晶器数量甚至超过了玉髓/玛瑙器。如河南新郑天利西周晚期至战国墓地出土的水晶器(10 件)超过了玉髓/玛瑙器(5 件);河南新郑西亚斯东周墓地出土的水晶器(34 件)超过了玛瑙器(14 件);江苏苏州真山东周大墓出土的水晶珠(120 件)也超过了玛瑙珠(60 件);河南新蔡葛陵楚墓出土水晶器的数量达到 133 件,占该墓出土玉石器总数的 60%。此外,水晶品种和器型方面也有扩展,如春秋早期,河南新郑天利墓地和平顶山应国墓地出土了紫水晶管珠;春秋中晚期,湖北荆州枣林岗墓地出土了水晶蝉;战国时期,水晶除被用于制作成长方形佩饰(如湖北襄阳余岗墓地)和扣饰(河南新蔡葛陵楚墓),还被用于制作成容器——杯(浙江杭州半山)。由此可见,先民对于水晶这类脆性材料的认识是不断深入的,从最早的不加人工干预,发展至能够将水晶加工成玦、璜、环、管、珠、扣、佩饰、觿和杯等多种器型,满足先民的装饰和实用需求。唐锦琼根据考古发掘资料认为,早期水晶器的数量不多、分布极为零散,至春秋中晚期开始大量出现,出土数量达 2 474 件,其中齐地数量为 2 121 件(占比达 85.75%),表明水晶制品是先秦时期齐地的装饰品特色,这或许与山东南部和江苏北部蕴藏丰富的水晶矿藏有关。唐锦琼还认为先秦时期水晶制品的大量使用与铁质工具的出现和大量运用相关[①]。

第三,蛋白石质器物被确认的很少。如河南安阳殷墟出土了 1 件蛋白石珠;荆志淳确认了云南晋宁石寨山 M17 出土的铜扣饰上镶嵌了蛋白石璧、玉髓扣和孔雀石饰各 1 件[②]。一些被标记为蛋白石的器物,可能属于其他材质,如青海柳湾遗址出土的马家窑文化半山类型

[①] 唐锦琼:《先秦时期水晶制品初探》,《东南文化》2019 年第 5 期。
[②] 云南省文物考古研究所、昆明市博物馆、晋宁县文物管理所:《晋宁石寨山——第五次发掘报告》,文物出版社 2009 年版,第 230 页。

长方形坠 M607：3，发掘报告将它作为绿松石饰的第四种类型加以介绍，但器物描述中认为它是"蛋白石，乳白色，长 3.5、宽 0.9 厘米"[1]。该遗址出土的马家窑文化马厂类型三角形饰 M1060：41，发掘报告 307 页的鉴定表表述为蛋白石，但 166 页归入绿松石饰的Ⅱ型 4 式[2]。广东珠海宝镜湾遗址出土的新石器时代晚期至青铜时代晚期残玦，原认为属于蛋白石[3]，后认为均属于水晶质[4]。

第四，东陵石器被确认的也很少。如马家浜中晚期至崧泽早期的江苏金坛三星村遗址出土了 1 件东陵石璜和 1 件东陵石玦，湖北武汉盘龙城商代前期墓葬出土了 2 件东陵石饰。东陵石是一种显晶质的石英质玉石，常含有其他颜色的矿物而呈现不同的颜色，如含铬云母称为绿色东陵石，含蓝线石称为蓝色东陵石，含锂云母称为紫色东陵石，其中绿色东陵石最常见，本节仅在考古出土品中列出。

二、刚玉（Corundum, Al_2O_3）

（一）基本性质

刚玉的基本性质可归纳为**表 3－28**：

表 3－28　刚玉基本性质[5]

品种	晶系	结晶习性	颜色	光泽	透明度	摩氏硬度	密度（g/cm³）	荧光	特殊光学效应	其他
刚玉	三方晶系	复三方偏三角面体晶类，晶体常呈桶状、柱状，少数呈板状或叶片状	纯净时无色，因含微量元素可呈所有颜色，其中 Cr 导致红色，Fe、Ti 联合作用导致蓝色	玻璃光泽至亚金刚光泽	透明/不透明	9	3.95—4.10	长波紫外线下红色刚玉可具弱至强红色荧光，短波紫外线下可具微弱至中等红色的荧光	星光效应、变色效应	主要产于岩浆岩和变质岩

刚玉的阴离子 O^{2-} 作六方最紧密堆积，质点排列紧密，故而结构牢固。刚玉的阳离子 Al^{3+} 填充在 O^{2-} 离子形成的八面体空隙中，配位数为 6，不过 Al^{3+} 只充填了空隙的 2/3，尚有 1/3 空隙为空穴，即每个 O 离子与 4 个 Al 离子配位，配位数为 4。刚玉的 Al 和 O 键型具有离子键向共价键过渡的晶体化学性质，常显示共价化合物的性质，故具有较高的硬度。

（二）科技鉴别

刚玉的科技分析参考值可参见**表 3－29**：

---

[1] 青海省文物管理处考古队、中国社会科学院考古研究所：《青海柳湾》(上)，文物出版社 1984 年版，第 49 页。
[2] 同上书，第 166、307 页。
[3] 邓聪：《东亚玉器》(下)，香港中文大学中国考古艺术研究中心 1998 年版，彩版 210。
[4] 广东省文物考古研究所、珠海市博物馆：《珠海宝镜湾——海岛型史前文化遗址发掘报告》，科学出版社 2004 年版，第 149 页。
[5] 张蓓莉：《系统宝石学》，地质出版社 2006 年版，第 193—198 页。

表 3-29 刚玉科技分析参考值

分析方法	数据信息				
XRD	刚玉 (PDF: 10-0173)	$2.085\,0$ $(I/I_0=100)$	$2.552\,0$ $(I/I_0=90)$	$1.601\,0$ $(I/I_0=80)$	$3.479\,0$ $(I/I_0=75)$
拉曼分析 参考值	刚玉(自测+①)	(1) 378—380、416—419(vs)、430、447 cm^{-1}——[AlO_6]的弯曲振动 (2) 575—576、644—648(0—vs)、749—752(0—vs)cm^{-1}——[AlO_6]的伸缩振动 注:vs = very strong			
化学成分 参考值	刚玉(R060020)	$Al_2O_3 = 97.62\%$—98.61%,平均值 = 98.20% $Fe_2O_3 = 0.93\%$—1.08%,平均值 = 1.01%			

表 3-29 拉曼图谱显示 416—419 cm^{-1} 是最强峰位,赵虹霞分析的良渚反山 M14:199 刚玉钺,并未出现刚玉的 417 cm^{-1} 最强峰位,她认为 693 和 694 cm^{-1} 系 Al_2O_3 中 Cr^{3+} 的光致发光谱②。此外,范建良认为刚玉是各向异性的,当入射光平行于晶轴 c 时,644—645 cm^{-1} 会显示最强光谱特征;当入射光垂直于晶轴 c 时,644—645 cm^{-1} 会消失,同时产生 575—576 和 749—750 cm^{-1} 两个拉曼位移。不过,罗涵等的工作显示这三个峰位是可以同出的③。

3. 考古出土品

考古出土的早期疑似"刚玉"质器举例参见表 3-30:

表 3-30 考古出土早期疑似"刚玉"质器举例

序号	出土地点	名称	数量	时代	出土时间	形状规格及其他信息	资料来源
1	浙江余杭吴家埠	钺	1	良渚文化早期 (约 4300—2900BC)	1981 年	40%的刚玉、33%的硬水铝石、25%的白云母和少量金红石、锆石、独居石	④
2	浙江余杭反山	钺	1	良渚文化中期偏早 (约 3000—2800BC)	1986 年	M14:199,主要化学成分:$Al_2O_3 = 87.40\%$、$MgO = 5.33\%$、$SiO_2 = 3.47\%$、$TiO_2 = 2.07\%$	⑤
3	浙江余杭反山	钺	1	良渚文化中期偏早 (约 3000—2800BC)	1986 年	M16:44,刚玉和硬水铝石[AlO(OH)]的混合物, $Al_2O_3 = 69.4\%$—91.8%,	

---

① 范建良、郭守宇、刘学良等:《拉曼光谱在红宝石检测中的应用研究》,《应用激光》2008 年第 2 期。
② Zhao, H. X., Li, Q. H., Liu, S., "Investigation of Some Chinese Jade Artifacts (5000BC to 771BC) by Confocal Laser Micro-Raman Spectroscopy and Other Techniques", *Journal of Raman Spectroscopy*, 2016, 47(5), pp. 545-552.
③ 罗涵、孔艳菊、刘岳等:《明万历孝靖皇后凤冠镶嵌宝石的种属判定》,《故宫博物院院刊》2018 年第 5 期。见图三-8。
④ Lu, P. J., Yao, N., So, J. F., etc., "The Earliest Use of Corumdum and Diamond, In Prehistoric China", *Archaeometry*, 2005, 47(1), pp. 1-12.
⑤ Zhao, H. X., Li, Q. H., Liu, S., "Investigation of Some Chinese Jade Artifacts (5000BC to 771BC) by Confocal Laser Micro-Raman Spectroscopy and Other Techniques", *Journal of Raman Spectroscopy*, 2016, 47(5), pp. 545-552.

续表

序号	出土地点	名称	数量	时代	出土时间	形状规格及其他信息	资料来源
						$SiO_2=0.91\%—22.1\%$，$TiO_2=1.67\%—3.14\%$，$MgO=1.17\%—1.83\%$，$Fe_2O_3=0.40\%—2.79\%$，$K_2O=0.09\%—3.78\%$	①
4	山东济南大辛庄遗址	斧	2	商代	1984年	(1) 11H26：6 白色，刚玉，上端残，弧刃，两端齐整，横断面呈梭形，表面光润。残长5，宽4.8，厚1.1 cm (2) 11M7：017，白色，刚玉，有斜向纹理，横断面扁平，刃部弧平，上端残，残长5，宽4.9，厚0.9 cm	②
5	吉林通榆兴隆山鲜卑墓地	珠饰	不详	西汉中晚期	1979年	该墓出土珠饰275件，质料包括绿玉（刚玉、绿柱石、绿松石，共147件）、白石（软玉次生蚀变物、珍珠云母类，共80件）、玛瑙（43件）、琉璃质（3件）、蚌类（2件）	③

刚玉材料的硬度较高，在以石英砂作为解玉砂的早期中国是较难加工的。表3-30显示的3件经过科学分析的良渚玉钺，其材质均为刚玉的混合物。除刚玉外，其他矿物的硬度均小于7，因此该类材料的整体硬度会降低，在早期中国用石英质工具是可以进行加工的，只是所需时间较长。山东济南大辛庄商代遗址出土的2件斧没有相关的科学分析数据，其材质属于较纯的刚玉抑或刚玉和其他矿物的混合物，尚不可知，有待细致分析。吉林通榆兴隆山墓地出土了高硬度的刚玉和绿柱石珠，考虑到刚玉和绿柱石的专业性，应经过专业人士鉴定，其时代在西汉中晚期，加工方式则有待深入探讨。

与第二章分析的石榴石材料多被用于制作装饰品不同，刚玉为主的混合材料在先秦时期常被用于制作钺和斧等器型。不过，两类材料在中国古代玉器中的最大用途是作为解玉砂材料被用于加工玉料。相对于石英质解玉砂而言，石榴石硬度有所提高，刚玉硬度更是达到了9，它们构成了古代中国的三类解玉砂材料，即1891年李澄渊在《玉作图》中总结的解玉砂包含黑砂（刚玉）、红砂（石榴石）以及黄砂（石英）等。因此，从石英、石榴石至刚玉，反映了中国解玉砂的发展脉络，构成了中国古代玉器发展史的重要内容，其结果是提高了玉器加工的效率和水平，引发了中国玉器加工技术的革新，推动了中国古代玉文化的飞速发展。不过，非洲和地中海的磨料中含有石榴石和刚玉，西亚在公元前第三千纪晚期使用了刚玉磨料④，目前尚不清楚中国何时使用刚玉磨料，这有待今后考古出土实物证据的支持。

---

① 干福熹、曹锦炎、承焕生等：《浙江余杭良渚遗址群出土玉器的无损分析研究》，《中国科学：技术科学》2011年第1期。
② 山东大学东方考古研究中心：《大辛庄遗址1984年秋试掘报告》，载于山东大学东方考古研究中心：《东方考古》（第4集），科学出版社2008年版，第319—321页。
③ 吉林省文物工作队：《通榆县兴隆山鲜卑墓清理简报》，《黑龙江文物丛刊》1982年第3期。
④ Kenoyer, J. M., "Stone Beads and Pendant Making Techniques", in Lankton, J. M., Diamanti, J., Kenoyer, J. M., et al., eds. *A Bead Timeline*, Volume 1: Prehistory to 1200CE, The Bead Society of Greater Washington, 2003, pp. 14-19.

第五节　氟化物玉材

一、萤石(Fluorite，CaF_2)

(一) 基本性质

萤石的基本性质可归纳为**表 3 - 31**:

表 3 - 31　萤石的基本信息[①]

品种	晶系	结晶习性	颜色	光泽	透明度	摩氏硬度	密度(g/cm^3)	荧光	特殊光学效应	其他
萤石	等轴晶系	单晶体呈立方体、八面体、菱形十二面体及聚形,立方体晶面上常出现与棱平行的网格状条纹;集合体为粒状、晶簇状、条带状、块状等	纯净的为无色。可因含 Y、Ce 等稀土元素,产生色心而致色。也可因含过渡金属元素而致色。除红色和黑色少见外,其余颜色均可见	玻璃光泽至亚玻璃光泽	透明至半透明	4	3.00—3.25	紫外线下有时呈黄色或蓝色荧光	变色效应	主要产于热液矿床中。无色透明的萤石晶体产于花岗伟晶岩或萤石脉的晶洞中

萤石质纯者透明无色,含杂质者常呈绿、蓝、紫、黄、白、粉红、玫瑰红、深红至褐红、褐、蓝黑等多种颜色。其致色成因有两种: 色心成因和元素致色(过渡金属元素和稀土元素),其中色心是主要致色成因,系含有较多的稀土元素所致。一些萤石的颜色与色心的尺寸相关,如尺寸小的色心常显示绿色,中等尺寸的色心常显示蓝色,而大尺寸的色心常显示紫色。需要注意的是,萤石颜色的多样性除与晶体缺陷、包体、混入物有关,也与成矿温度有关,如成矿温度从高至低依次是紫色 — 淡蓝色 — 绿色[②],这表明色心尺寸与成矿温度有关,温度越高,色心尺寸越大。元素致色成因主要是由取代 Ca^{2+} 的 La^{3+} 使萤石呈现黄色,Mn^{4+} 和 Mn^{3+} 分别使萤石呈现紫色和粉色,Fe^{2+} 使萤石呈现绿色,Fe^{2+} 和 Fe^{3+} 则使萤石呈现蓝色[③]。

中国的萤石矿产占世界萤石储量的 35%,各个省区几乎都分布萤石资源,不过宝石级萤石主要分布在湖南、浙江、内蒙古、河北、福建、江西、广西、贵州、新疆等地。

(二) 科技鉴别

萤石的科技分析参考值可参见**表 3 - 32**:

表 3 - 32　萤石科技分析参考值

分析方法	数据信息				
XRD	萤石(PDF: 35 - 0816)	1.931 6 ($I/I_0 = 100$)	3.154 6 ($I/I_0 = 92$)	1.647 1 ($I/I_0 = 33$)	1.115 2 ($I/I_0 = 17$)

[①] 张蓓莉:《系统宝石学》,地质出版社 2006 年版,第 408—412 页。
[②] 同上书,第 4089 页。
[③] Rapp, G. R., *Archaeomineralogy*, New York: Springer, 2009, p. 38.

续表

分析方法		数据信息
拉曼分析参考值	萤石（自测）	(1) 184—189、259—263 cm^{-1}——红外活性的声子振动引起①，Krishnan 认为与 F 的晶格振动相关 (2) 320—323(vs)cm^{-1}——属于典型的萤石峰位,是由拉曼活性的声子振动引起的。苏良碧等认为该峰位是唯一由拉曼活性晶格振动引起的,其他均是一些离子取代 Ca^{2+} 后振动引起的新峰位② (3) 728 cm^{-1}——可能与垂直于八面体面的 Ca 和 F 的振动相关 (4) 839—841 cm^{-1}——可能与垂直于八面体面的 F 振动相关③ (5) 979(m—s)、1 126—1 127、1 146—1 147(vs)、1 170—1 171(m)、1 243—1 246(vs)、1 341—1 344(m—s)、1 446—1 452(m—s)、1 538—1 541、1 719—1 722(m)、1 776—1 777、1 819—1 824、1 877—1 879(vs)、1 916、1 931、1 955—1 957、2 089—2 091(m)、2 177、3 075、3 128—3 130、3 149、3 176—3 178 cm^{-1}——可能为稀土元素的发光谱,其中包括拉曼光谱和发光光谱④ 注：vs=very strong，s=strong，m=media
化学成分参考值	萤石（R050115）	Ca=48.46%—49.97%,平均值=49.23% F=50.71%—51.27%,平均值=51%

（三）考古出土品

考古出土的早期萤石质玉器举例参见**表 3-33**：

表 3-33　考古出土早期萤石质玉器举例

序号	出土地点	名称	数量	时代	出土时间	形状规格	资料来源
1	河南舞阳贾湖	圆形穿孔饰、穿孔器	25	7000—5500BC	1982—1987 年进行了 6 次发掘,2001 年和 2013 年进行了第 7 次和第 8 次发掘	(1) 圆形穿孔饰(24 件) ① 前 6 次出土 20 件(M58 出土 1 件、M318 出土 17 件、M249 出土 2 件,时代分别为 1 期 1 段、1 期 2 段和 1 期 3 段,距今 9000—8500 年),两面和周边均做圆弧形,横剖面呈椭圆形,大多制作规整,直径 2.08—0.96,器厚 1.08—0.47 cm ② 2001 年出土 4 件(M478:2、M478:3、M478:4 属于 1 期 2 段,距今 9000—8500 年；M463:5 属于 3 期 8 段,距今约 7500 年),其中 M463:5 中间为两面对钻孔,一面孔径外径 5.77—6.57、内径 3.89—3.87 mm,另一面外径 5.87—7.04、内径 3.95—4.42 mm	

---

① Keramidas, V. G., "Raman Spectra of Oxides with the Fluorite Structure", *The Journal of Chemical Physics*, 1973, 59(3), pp. 1561-1562.
② 苏良碧、徐军：《氟化钙晶体材料及其应用》，科学出版社 2006 年版，第 64—65 页。
③ Krishnan, R. S., Krishnamurthy, N., "The Second Order Raman Spectrum of Calcium Fluoride", *Journal de Physique*, 1965, 26(11), pp. 633-636.
④ 张惠芬、曹俊臣、谢先德：《天然萤石的喇曼光谱和发光谱研究》，《矿物学报》1996 年第 4 期；杨芳、余晓艳、李耿等：《河北阜平变色萤石的宝石学特征研究》，《矿产综合利用》2007 年第 1 期。

续表

序号	出土地点	名称	数量	时代	出土时间	形状规格	资料来源
						(2) 穿孔器(1件)——M478:5,2001年出土,形状不规则,器体略小	①②
2	浙江萧山跨湖桥	璜形饰	1	6200BC	2001—2002年	璜形饰(T0512湖IV:1),淡青色,短环状,截面呈椭圆状。对钻穿孔,长2、截面长径1.2、短径0.6 cm	③
3	浙江余姚河姆渡	璜、玦、管、珠、纺轮	约90	5000—3300BC	1973—1974、1977—1978年	(1) 第一期(11件,距今7000—6500年) ① 珠(7件)——共出土38件珠,有部分尚半成品及坯料;其中7件为萤石质,包括1件萤石+石英珠、1件萤石珠、5件萤石质不规则扁圆形坯料 ② 管(3件)——共出土7件管,尚无萤石器报道。另有3件萤石+石英质管料 ③ 玦(1件)——共出土6件玦,其T243(4A):317为萤石质 注:第一期出土了18件弹丸,其中16件为萤石质,小圆球形状不甚规整,加工磨制简单粗糙 (2) 第二期(64件,距今6300—6000年) ① 纺轮(21件)——共出15件纺轮,其中13件为萤石质,呈扁平圆形,多不甚规整。直径2.5—7.5、厚0.5—1.5 cm。此外,另有8件萤石质、不规则扁平圆形未穿孔的纺轮坯料 ② 玦(4件)——共出12件玦,其中4件为萤石质,梯形稍厚 ③ 璜(6件)——共出土13件璜,其中6件为萤石质,制作尚规整 ④ 珠(24件)——共出32件珠,其中24件为萤石质,器型不甚规整,对钻孔常有偏向或错开等技术弊病 ⑤ 管(9件)——共出土14件管,未有萤石器报道。另有2件半成品和7件坯料,全系萤石质 注:第二期出土了26件弹丸,多系萤石制品 (3) 第三期(约13件,距今6000—5600年) ① 管(约7件)——共出土9件管,1件叶蜡石,其余8件均为半成品及坯料,1件为石英及萤石质,其余7件可能均为萤石质 ② 珠(约6件) 共出土13件,表三六列出7件,包括3件珠、3件珠料和1件管珠,材质为3件叶蜡石质、4件为石英及萤石质。表三六的T234(3C):44可能与页321的T232(2B):44是一件器物。以上分析显示其余6件可能均为萤石质	

---

① 河南省文物考古研究所:《舞阳贾湖》,科学出版社1999年版,第399—400页。
② 河南省文物考古研究院、中国科学技术大学科技史与科技考古系:《舞阳贾湖》(二),科学出版社2015年版,第64、208—209页。注:另有207页M463:4和H468:1萤石弹丸。93页的M478:2—6均标记为绿松石,而208和209页均标为萤石,本书从前者。
③ 浙江省文物考古研究所:《跨湖桥》,文物出版社2004年版,第168—169页、图版三十五:7、8。

续表

序号	出土地点	名称	数量	时代	出土时间	形状规格	资料来源
						注：第三期出土了5件弹丸,1件为萤石质 (4) 第四期(2件,距今5600—5300年) ① 玦(1件)——共出土11件玦,多为石英及萤石质,其中1件为萤石质,器型厚,断面呈鼓形 ② 管(1件)——共出土6件管,其中1件为玛瑙质,1件为石英及萤石质,1件为高岭土化火山岩质,1件为萤石质	①
4	浙江宁波傅家山	玦	3	相当于河姆渡文化一期(5000—4360BC)	2004年	整体光滑,略带透明,大小不一,形状各异	②
5	浙江余姚田螺山	饰件、原料、半成品	不详	河姆渡文化二期(4300—4000BC)	2004年	饰件可能包括玦、璜、管、珠、坠等,无纹饰。材质还包括石英、叶蜡石等 原料和半成品出土于H9	③
6	浙江桐乡罗家角	坠、管	2	马家浜文化偏早期	1979—1980年	(1) 坠(1件)——T120(三):13,利用纵向对半破损的圆柱形玉管,在一侧之近两端处各有小圆孔一个,长3.1、直径1.4 cm (2) 管(1件)——T137(一):10,圆柱形,中有孔,长1.3、直径0.9 cm	④
7	江苏溧阳神墩	管	1	马家浜文化晚期(4500—3900BC)	2004—2006年	M190:4,淡青色,半透明,圆柱形,属于第二段	⑤
8	浙江安吉安乐	玦	1	马家浜文化晚期至崧泽文化(4000—3300BC)	2013—2014年	M50:3,幽绿色,透明,孔内径0.63—0.71、外径1.02—1.04、豁口高2.69、内宽0.23、外宽0.26、玦高2.69、宽2.14、厚1 cm	⑥
9	内蒙古巴林右旗巴彦汉苏木那日斯台	鱼形饰	1	红山文化中期(4000—3500BC)	1980年	编号为00185C0012,浅绿色,圆雕饰件,呈扁圆椎体,似鱼形;颈部有一周阴刻弦纹,鱼身一侧琢一沟痕,另一侧有两条,似为鱼翅;尾端变细呈钝尖、琢磨不规整;头部钻一孔似鱼眼,应是佩戴装饰用,故名"鱼形饰"	⑦

---

① 浙江省文物考古研究所:《河姆渡——新石器时代遗址考古发掘报告》,文物出版社2003年版,第78—80、83、254—255、261—265、315—316、320—321、350—351、355—357页。注:报告中存在"石英及萤石"和"萤石及石英"两种表述,本书将前者归于石英质器,而将后者归于萤石质器。
② 宁波市文物考古研究所:《傅家山——新石器时代遗址发掘报告》,文物出版社2013年版,第79页。
③ 国家文物局:《2004中国重要考古发现》,文物出版社2005年版,第5—8页;浙江省文物考古研究所、余杭市文物保护管理所、河姆渡遗址博物馆:《浙江余姚田螺山新石器时代遗址2004年发掘简报》,《文物》2007年第11期。
④ 栾秉敖:《古玉鉴别》(上册),科学出版社2008年版,第114页;罗家角考古队:《桐乡县罗家角遗址发掘报告》,载于嘉兴市文化局:《马家浜文化》,浙江摄影出版社2004年版,第45—80页。
⑤ 南京博物院、常州博物馆、溧阳市文化广电体育局:《溧阳神墩》,文物出版社2016年版,第361、492页。
⑥ 浙江省文物考古研究所、安吉县博物馆:《安吉安乐遗址第三、四次发掘的阶段性收获》,载于浙江省文物考古研究所:《浙北崧泽文化考古报告集(1996—2014)》,文物出版社2014年版,第53页。
⑦ 王荣、李一凡、苏布德:《红山文化萤石质鱼形饰的鉴别和探讨》,《文物保护与考古科学》2016年第4期。

续表

序号	出土地点	名称	数量	时代	出土时间	形状规格	资料来源
10	江苏昆山绰墩	饰件	1	崧泽文化中期	1998年	M35：4，绿色，略呈"品"字形，品上有一孔。高2.1、下宽2.1 cm	①
11	上海青浦福泉山	琀	1	崧泽向良渚的过渡期（3200—3100BC）	1982—1984、1986—1988年	T6M2：1	②
12	浙江海宁小兜里	管珠	3	良渚文化早期和中期（3300—2600BC）	2009—2010年	(1) M3：4-16，翠绿色，透光，孔内径0.3、高0.92、外径1.31—1.32 cm。与15件透闪石珠组成管珠串——良渚文化早期 (2) M5：45-28，孔内径0.26、高0.73、外径0.88—0.89 cm。与10件透闪石珠、55件叶蜡石珠和1件M5：37长玉管组成管珠串饰——良渚文化中期 (3) M12：8，翠绿色，有裂纹，透光，隧孔，厚0.47、外径0.87 cm——良渚文化中期	③
13	浙江余杭汇观山遗址	管、杖端饰	4	良渚文化中期或略晚	1991年	(1) 管（3件）——M3：27，灰白色半透明，长1.5—1.7、直径1.3 cm。它与M3：14和M3：22为同一坯料上切割制成的。均为圆柱形管 (2) 杖端饰（1件）——M4：13，灰白色含黄斑，出于墓主胸部右侧。整器外观如圆台，上端稍粗大，顶部微弧凸；下端略小，中间挖琢一圆形卯眼，卯眼不贯穿。通高3.55、上端直径3.2、下端直径1.7、卯眼直径0.65 cm	④
14	浙江海宁荷叶地遗址	珠	1	良渚文化中晚期（2500—2000BC）	1988年	M9：7	⑤

---

① 苏州市考古研究所：《昆山绰墩遗址》，文物出版社2011年版，第102—103页。
② 熊樱菲：《三件古玉器的无损分析》，《文物保护与考古科学》2000年第2期。
③ 浙江省文物考古研究所、海宁市博物馆：《海宁小兜里遗址第一～三期发掘的崧泽文化遗存》，载于浙江省文物考古研究所：《浙北崧泽文化考古报告集（1996—2014）》，文物出版社2014年版，第187—241页；秦岭、崔剑锋：《浙北崧泽-良渚文化遗址出土玉器的初步科学分析》，载于浙江省文物考古研究所：《崧泽文化学术研讨会论文集》，文物出版社2016年版，第410—411页；浙江省文物考古研究所、海宁市博物馆：《小兜里》，文物出版社2015年版，第48、51、75—78、137页。
④ 浙江省文物考古研究所、余杭市文物管理委员会：《浙江余杭汇观山良渚文化祭坛与墓地发掘简报》，《文物》1997年第7期；浙江省文物考古研究所、余杭市文管会：《浙江余杭汇观山良渚文化祭坛与墓地发掘报告》，载于浙江省文物考古研究所：《浙江省文物考古研究所学刊》，长征出版社1997年版，第74—93页。出土玉器共编104号，以单件计则超过200件，包括琮、璧、钺、冠状饰、三叉形器、镯、带钩、杖端饰、串饰、柱形器、曲匕形器、坠、插件、锥形器、管、珠等10多种。
⑤ 闻广、荆志淳：《中国古玉地质考古学研究》，《地学研究》1997年第29—30期；海宁市政协文教卫体与文史委员会：《海宁历史文化遗存》，浙江人民出版社2006年版，第18—19页。该遗址出土器物380件，其中玉器262件，包括琮、璧、钺、镯、管、珠、坠等。

续表

序号	出土地点	名称	数量	时代	出土时间	形状规格	资料来源
15	江苏昆山赵陵山	镶嵌饰	1	良渚文化中期晚段至晚期偏早	1991年	M18：32，半透明，微泛蓝绿色。平面圆形，一面略凸起，磨痕清晰；另一面平整，能观察到明显的晶体解理。通体未经抛光。出土时位于一圆形漆痕正中，应是漆器上部的镶嵌装饰物。直径 1.4、中厚 0.35 cm	①
16	浙江余杭卞家山遗址	管	3	良渚文化中期至晚期前段（2900—2400BC）	1998—1999年	(1) M7：5，淡绿色，圆柱形，碎裂不堪，直径 1、残高 1.1、孔径 0.25 cm (2) M48：2，无色，有裂痕，圆柱形，一端稍斜。长 2.9、直径 1.5、孔径 0.6 cm (3) G2②B：27，腰鼓形，制作规整，长 1.7、孔径 0.5 cm	②
17	浙江桐乡新地里遗址	珠、镶嵌片、管、梳背、坠、锥形器	18	良渚文化中晚期	2001—2002年	(1) 珠(8 件) ① M5：3，红褐色，该件萤石珠与 17 颗透闪石-阳起石、2 件玉髓组成一串饰 ② M22：3，青黄色，2 件萤石珠，与 8 件透闪石珠、10 件叶蜡石珠组成串饰 ③ M30：8，湖绿色，1 件 ④ M63：10，青灰色，扁圆柱形。直径 0.5、高 0.3 cm ⑤ M67：10、M67：25、M119：9 各一件 (2) 锥形器(1 件)——H36①：6，湖绿色 (3) 镶嵌片(5 件) ① M40：6，青色 ② M83：5，共 6 片，其中 4 片为青绿色萤石薄片，2 片为透闪石薄片 (4) 管(2 件) ① M76：2，红褐色 ② M115：6，由 59 件叶蜡石珠、2 件叶蜡石管、1 件透闪石管和 1 件萤石管组成串饰 (5) 坠(1 件)——M93：9，由 10 件叶蜡石珠和 1 件青绿色萤石坠组成串饰 (6) 梳背(1 件)——M124：12，青绿色	③

---

① 南京博物院：《赵陵山——1990—1995 年发掘报告》(上)，文物出版社 2012 年版，第 190 页。该遗址共出土玉器 260 件，其中墓葬出土玉器 245 件，地层出土 15 件。M77 出土 123 件，M18 出土 74 件。36 件玉器经过了测试分析，包括 25 件透闪石-阳起石、4 件为蛇纹花玉、3 件石英、2 件白云母(M71：2 不在检测目录中)、1 件绿松石(仅挑选 M18：27-3 用于测试)、1 件萤石；李青会、董俊卿、赵虹霞等：《赵陵山遗址(1990—1995 年度)出土玉器(石器)的无损科技分析》，载于南京博物院：《赵陵山——1990—1995 年发掘报告》(上)，文物出版社 2012 年版，第 302 页。

② 浙江省文物考古研究所：《卞家山》(上)，文物出版社 2014 年版，第 45、98、309、454—455 页。该遗址共出土玉器 220 件，肉眼鉴定结果为 182 件透闪石-阳起石(2 件为阳起石)、32 件叶蜡石、3 件萤石、2 件玉髓、1 件粉砂岩(M46：2 梳背)。其中，墓葬出土 198 件玉器(161 件透闪石)，器型包括：璜(1 件)、梳背(1 件)、镯(2 件)、锥形器(55 件)、坠(2 件)、管(77 件)、珠(54 件)、隧孔珠(5 件)、D 形饰(1 件)。地层及遗迹单位出土 22 件玉器(19 件透闪石＋2 件阳起石＋1 件萤石)，器型包括管(2 件)、弧形坠饰(1 件)、戒指型端饰(1 件)、锥形饰(18 件)。

③ 浙江省文物考古研究所、桐乡市文物管理委员会：《新地里》，文物出版社 2006 年版，第 35、63、84、100、141、177、189、207、258、288、339、536 页。该遗址玉器的主要材质为透闪石-阳起石，还有叶蜡石器 336 件、玉髓器 25 件、绿松石器 19 件、萤石器 18 件，均按个数计算。

续表

序号	出土地点	名称	数量	时代	出土时间	形状规格	资料来源
18	辽宁大连小珠山	珠	1	3000—2500BC	2009年	2009LCX T1311⑨：5，黄白色	自测
19	甘肃酒泉干骨崖	块	1	1850—1500BC	1987年	M60：8-13，放在M60：8陶方盒左侧小格子内，淡紫色，半透明状，系制作装饰品的原料，边长1.2、厚0.4 cm	①
20	河南安阳殷墟	坠饰、管、鸟、虎形饰等	8	商代晚期	1963—2006年	坠饰（3件）、管（1件）、鸟（1件）、虎形饰（1件）、芯（1件）、未知（1件）	②
21	辽宁大连于家砣头	坠	1	西周初年	1977年	M43：3，由1块长方形萤石坠和99颗石珠组成串饰	③
22	北京昌平张营	珠、饰、坠	3	夏代中期至二里岗上层晚段	2004年	(1) 珠——F2：7，淡黄色。外观似水晶，状如算盘珠，性脆，玻璃光泽，半透明，解理发育。外径1.6、孔径0.4、厚约1 cm，重2.58 g，密度3.11 g/cm³。 (2) 饰——H105：9北扩，淡黄色，杂质较多，通体磨光，结构不均匀，硬度低。性脆，玻璃光泽，半透明，解理发育。长4、宽4.2、厚0.8 cm，重31.50 g，密度3.19 g/cm³。 (3) 坠——T9⑤：1，无色，透明，较纯净，通体磨光。硬度低。性脆，玻璃光泽，半透明，解理发育。上下各一钻孔，顶部左右亦各一钻孔，长4.4、直径1.6 cm，重26.35 g，密度3.10 g/cm³	④
23	陕西宝鸡茹家庄M1	管	2	西周中期	1974—1977年	其中1件编号为BRM1甲：82，淡绿色，透明晶莹，两端平齐，对钻孔，一般长2.3、径1.1、孔径0.4 cm。 2件萤石管与134件玛瑙珠、4件玛瑙管、9件菱形料管、94件料珠、1件料管和1件圆形滑石饰物组成串饰，共计245件	⑤

---

① 甘肃省文物考古研究所、北京大学考古文博学院：《酒泉干骨崖》，文物出版社2016年，第121页。
② Wang, R., Cai, L., Bao, T. T., et al., "Study on the Grossular Rabbit with High Hardness Excavated from Yin Ruins, Anyang, China", Archaeological and Anthropological Sciences, 2019, 11(4), pp. 1577-1588.
③ 旅顺博物馆、辽宁省博物馆：《大连于家砣头村砣头积石墓地》，《文物》1983年第9期。
④ 员雪梅、杨歧黄、赵朝洪：《张营遗址出土部分玉（石）器材质鉴定报告》，载于北京市文物研究所、北京市昌平文化委员会：《昌平张营——燕山南麓地区早期青铜文化遗址发掘报告》，文物出版社2007年版，第271—272页。该墓共出土玉器10件，包括萤石器3件、玉髓器1件、水晶2件、玛瑙1件、绿松石3件；北京市文物研究所、北京市昌平区文化委员会：《昌平张营——燕山南麓地区早期青铜文化遗址发掘报告》，文物出版社2007年版，第94—96页。
⑤ 宝鸡市博物馆：《宝鸡强国墓地》（上册），文物出版社1988年版，第329—330页；北京大学震旦古代文明研究中心、北京大学中国考古学研究中心、宝鸡青铜博物馆等：《强国玉器》，文物出版社2010年版，第51页。

续表

序号	出土地点	名称	数量	时代	出土时间	形状规格	资料来源
24	山西曲沃、翼城天马-曲村	戈、锛、圭、玦	6	西周中期	1980—1989年	(1) 戈(1件)——M7113:32,出于墓主右股近髋处,青白色,内尾斜直,通长12、内长3 cm (2) 锛(1件)——M7113:21-1,灰白色半透明,一面刃,长4.5 cm,残 (3) 圭(1件)——M7113:25,出土于墓主左肘旁,青色间白条,残长5.14、底宽2.2 cm (4) 玦(3件)——M7113:38-1和M7113:38-2,黑花白色和翠绿色,直径3.3—3.4 cm。M7113:45,翠绿色,直径2.13 cm	①
25	浙江东阳前山	月牙形饰	18	春秋末期	2003年	M1:34-19,大多无色透明,略泛青色,长2.9—4.0、拱背宽0.5—0.8、拱背厚0.4—0.5 cm	②
26	河南南阳公交公司	管	1	战国	2001年	M6:2,由1件萤石管、1件方解石管、10件水晶珠、2件紫晶珠、2件釉砂管组成串饰	③
27	青海大通上孙家寨汉晋墓	饰	12	汉晋	1973—1981年	(1) M46(5件,东汉晚期) (2) M121(1件,东汉晚期) (3) M19(1件,汉末魏晋初) (4) M54(5件,汉末魏晋初),晶莹透明,浅黄色。作圆珠形或椭圆形,个别略呈长方形或不规整	④

中国萤石矿床分布广泛,除天津、上海、宁夏部分省市外,其余省市均有分布,主要分布在浙江、内蒙古、湖南、江西、福建、河南等省区。大中型萤石矿床集中于东部沿海、华中和内蒙古中东部[⑤]。矿藏的丰富使得萤石在中国古代较早被使用,但主要在中原和华东地区,其他地区使用不多。中原地区利用最早,如距今9 000年的贾湖遗址已经使用(绿松石质装饰品的比例最大,萤石质次之);华东地区利用略晚,但具有延续性,如从距今8 000年的跨湖桥文化至良渚时代。至历史时期,萤石的使用地域扩大。总的看来,出土萤石质玉器包含无色、白色、红、黄、绿、蓝等多种颜色,器型包括圆形穿孔器、璜、玦、管、珠、坠、纺轮、杖端饰、虎、鸟、鱼形饰、月牙形饰、梳背、锥形器、戈、锛、圭等,多为装饰器,个别具有礼仪功能(戈、圭等)和丧葬功能(管、残件等被用作口琀)。萤石具有完全解理的结构构造,因此性脆易于碎裂。当萤石越薄时,沿解理面开裂和断裂的可能性也增大,因此早期萤石器很少呈薄片状,至

---

① 北京大学考古系商周组、山西考古研究所:《天马-曲村1980—1989》(第2册),科学出版社2000年版,第535页。
② 浙江省文物考古研究所、东阳市博物馆:《浙江东阳前山越国贵族墓》,《文物》2008年第7期。出土玉石器近3 000件(组),主要是绿松石[1 200多件(组)、透闪石-阳起石、玛瑙/水晶(488件)、萤石器(18件),另有个别叶蜡石器。
③ 董俊卿、干福熹、承焕生等:《河南境内出土早期玉器初步研究》,《华夏考古》2011年第3期。
④ 青海省文物考古研究所:《上孙家寨汉晋墓》,文物出版社1993年版,第161—162、213—214页。
⑤ 王吉平、商朋强、熊先孝等:《中国萤石矿床成矿规律》,《中国地质》2015年第1期。

商晚期已能加工出长约 8 cm、宽约 3.05 cm、厚约 0.4—0.8 cm 的虎等片状萤石器(如安阳殷墟)、西周时期已能加工出长约 12 cm 的戈等大型片状萤石器(如天马-曲村墓地)。此外,在萤石矿料的切割、打磨和抛光工序中,当切割面或打磨抛光面与解理面的相交角度很大时,萤石料也很容易开裂破损①。以上分析表明:早期先民已掌握了这类脆性材料的加工技术。

单一结晶萤石矿由于开采和利用都相对简单,因此成为古代世界萤石材料的主要来源。不过,河姆渡文化出土了大量含石英的萤石(或含萤石的石英)质器物,显示伴生萤石矿在古代中国亦有应用。虽然中国萤石产地众多且很多地区都出土过萤石质玉器,但其主要应用在史前华东地区。从史前长江下游地区的跨湖桥、河姆渡和马家浜等文化的玉料使用情况看,萤石、叶蜡石、滑石等低硬度材料最先被使用,然后是玉髓、玛瑙等高硬度材料的使用,区别在于玉髓和玛瑙在河姆渡文化的早期已被少量使用,而在马家浜文化的晚期才被大量使用②。进入马家浜文化晚期,透闪石-阳起石玉材开始被利用,其比例随着时代不断增加,且随着社会分化,与等级密切相关;至良渚文化时期,透闪石-阳起石玉材成为最主要的用玉材料,此时萤石等低硬度材料则转型为辅助性玉材。而与南方同时期的北方兴隆洼文化、赵宝沟文化和红山文化,透闪石-阳起石材料始终作为最主要的玉器材质,迪(地)开石、云母、萤石等低硬度玉器的比例很小。

由于低硬度的萤石、叶蜡石或迪(地)开石、云母等美石材料在中国南北方都易获得,故造成辽河流域和长江下游地区在史前玉材使用上的差异原因可能是多种的。首先,从工艺技术的角度考察,萤石等低硬度玉料的加工相对容易,透闪石-阳起石玉等高硬度玉料的加工较难,这似乎体现长江下游地区崧泽文化及其之前的早期玉工艺的原始性,这点还可以从河姆渡早期玉料中硬度较高的石英及萤石质矿物材料的比例较低(石英摩氏硬度为 7,使得萤石和石英伴生矿的硬度比萤石高),但至河姆渡晚期(第四期)其比例上升得到佐证③;其次,从透闪石-阳起石玉来源的角度考察,长江下游地区的透闪石-阳起石玉矿源迟至马家浜晚期才被发现、开采和利用,可能导致该地区透闪石-阳起石玉器的制作晚于北方地区。

第六节 有机质玉材——煤精

表 1-1 显示现代有机宝石包括天然珍珠、养殖珍珠、珊瑚、琥珀、煤精、象牙、龟甲和贝壳等八种,除养殖珍珠外,它们均在新石器时代至汉代被制作装饰品及其他功能器物,限于篇幅,本节及下节仅介绍煤精和龟甲(即玳瑁)的使用情况。

一、基本性质

煤精的基本性质可归纳为**表 3-34**:

煤精(学名称烛煤,Jet,又有炭精、煤玉等习惯称呼),由暗煤和亮煤组成,呈灰黑色、油脂光泽、贝壳状断口。质地坚韧、结构细腻、无节理、无裂隙、没有纹路,是煤中的精华。煤精

---

① 刘汉伟、姜国经、沈永宏:《萤石材料性能与光学加工》,《人工晶体学报》1997 年第 3 期。
② 蒋卫东:《问玉凝眸马家浜》,载于北京大学考古文博学院、北京大学中国考古学研究中心:《考古学研究(九)——庆祝严文明先生八十寿辰论文集》(上册),文物出版社 2012 年版,第 397 页。
③ 孙国平:《河姆渡·马家浜文化玉玦考察》,载于浙江省文物考古研究所:《浙江省文物考古研究所学刊(第六辑)——第二届中国古代玉器与传统文化学术讨论会专辑》,杭州出版社 2004 年版,第 74—91 页。

表 3-34 煤精基本性质①

品种	晶系	结晶习性	颜色	光泽	透明度	摩氏硬度	密度(g/cm³)	荧光	特殊光学效应	其他
煤精	无定形态	常见集合体为致密块状	黑色、褐黑色，条痕为褐色	树脂光泽，抛光后可呈玻璃光泽	不透明	2—4	1.30—1.34	无	无	具可燃性

是中生代时期(5 000 多万年)的原始森林(柞、桦、松、柏等硬木)经地质演变后形成的，既可燃烧，也可被加工成装饰品，被认为是"生物类宝玉石"。

二、科技信息

煤精的科技分析参考值可参见表 3-35：

表 3-35 煤精科技分析参考值

分析方法	数据信息				
XRD	煤精	无	无	无	无
拉曼分析参考值	煤精②	1 356—1 389 cm⁻¹ 和 1 593—1 596 cm⁻¹ 均来源于苯基的振动；拉曼分析无法有效区分煤精、褐煤和烛煤			
化学成分参考值	煤精	列于表 3-36			

(一) 煤精的结构物相分析

邢莹莹等对煤精进行了薄片分析和 XRD 分析，结果显示煤精由树脂体和腐殖质构成，其中腐殖质主要由凝胶体、少量的结构木质体及微量的无机碎屑物质(石英、黏土矿物等)组成。此外，煤精及相似样品的红外光谱分析如图 3-5 所示：煤精和煤精围岩在 3 000—

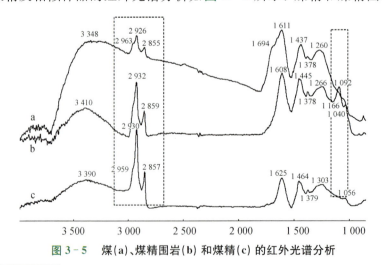

图 3-5 煤(a)、煤精围岩(b)和煤精(c)的红外光谱分析

---

① 张蓓莉：《系统宝石学》，地质出版社 2006 年版，第 558—560 页。
② Hunter, F. J., Mcdonnell, J. G., Pollard, A. M., et al., "The Scientific Identification of Archaeological Jet-like Artefacts", *Archaeometry*, 1993, 35(1), pp. 69-89.

2 800 cm^{-1} 范围内相似,而煤的强度最弱,显示从煤、煤精围岩至煤精,随着树脂体和凝胶体等胶结物质的增多,其结构越来越致密。在 1 100—1 000 cm^{-1} 范围内,从煤、煤精围岩至煤精,其峰位向高波数段偏移[1]。

(二)煤精的化学成分分析

关于煤精的化学成分,以出土煤精器为例,目前可见辽宁沈阳新乐遗址和陕西宝鸡茹家庄西周墓地出土煤精制品的化学成分分析结果,如**表 3-36** 所示:

表 3-36　若干出土煤精制品的检测分析

	工业分析				元素分析				
	水分	灰分	挥发分	粘结性	发热量（卡/克）	碳	氢	氮	氧
新乐遗址[2]	10.58%	9.79%	59.60%	1	5 821　7 216	72.94%	6.33%	1.80%	
茹家庄墓地[3]	13.22%	11.71%	44.01%	2		70.13%	4.48%	0.77%	24.62%

(三)煤精的显微结构观察

邢莹莹等对煤、煤精围岩和煤精进行了 SEM 观察,结果显示:它们的内部结构差异较大。煤精呈鳞片结构,质地致密、孔隙度低。煤精围岩和煤则呈蜂巢结构,孔隙发育,质地较为疏松。从煤、煤精围岩至煤精,其煤化程度越来越低。

三、考古出土品

历史时期的煤精制品,1990 年之前发表的出土品可参见祁守华的相关研究成果[4]。1990 年之后发表的出土煤精器举例如**表 3-37** 所示:

表 3-37　1990 年之后发表的出土煤精制品举例

序号	出土地点	名称	数量	时代	出土时间	形状规格	资料来源
1	甘肃张掖西城驿	制品	不详	马厂晚期—四坝文化	2010 年	与绿松石、玛瑙、水晶、珍珠、蚌壳等制品同出	[5]
2	甘肃酒泉干骨崖	珠	2	1850—1500BC	1987 年	(1) M78:8,高 1.1、直径 0.8、孔径 0.2—0.4 cm (2) 采集品各 1 件	[6]

---

[1] 邢莹莹、朱莉:《辽宁抚顺煤精的宝石学特征研究》,《宝石和宝石学杂志》2007 年第 4 期。
[2] 辽宁省煤田地质勘探公司科学技术研究所:《沈阳市新乐遗址煤制品产地探讨》,《考古》1979 年第 1 期。
[3] 赵承泽、田新华:《宝鸡茹家庄渔伯墓妾室出土黑色块的鉴定》,载于卢连生、胡智生:《宝鸡强国墓地》(上册),文物出版社 1988 年版,第 657—661 页。
[4] 祁守华:《出土文物中的煤精雕刻制品》,载于安徽省文物考古研究所:《文物研究》(9),黄山书社 1994 年版,第 89—95 页。
[5] 甘肃省文物考古研究所、北京科技大学材料与冶金史研究所、中国社会科学院考古研究所、西北大学文化遗产学院:《甘肃张掖市西城驿遗址 2010 年发掘简报》,《考古》2015 年第 10 期。
[6] 甘肃省文物考古研究所、北京大学考古文博学院:《酒泉干骨崖》,文物出版社 2016 年,第 118、121 页。

续表

序号	出土地点	名称	数量	时代	出土时间	形状规格	资料来源
3	陕西宝鸡强国墓地	玦	64	西周早中期	1974—1981年	(1) BZM13：100、121、101，两两一组、三组六件。其中BZM13：100，一组两件等大，直径5.1，孔径3.2，厚0.7 cm (2) BZM7：73、74 (3) BZM1：257，直径3.3，孔径2，厚0.4 cm (4) BZM20：23、24，前者直径3.5，孔径2.3，厚0.6 cm，后者直径2.7，孔径1.4，厚0.6 cm (5) BZM9：9，直径2.8，孔径1.5，厚0.4 cm (6) BZM5：11、12，两件等大，直径3.4，孔径2，厚0.3 cm (7) BZM1甲室出土50件，分为大型(27件)、中型(17件)和小型(6件)	①
4	陕西扶风案板	虎、饰品	4	西周中期至末期	1993年	(1) 虎(2件)——作蹲距状，腰部穿有1孔 (2) 饰品(2件)——中圆外方的长方体，体中部有一周凹槽，凹槽内有对穿小圆孔	②
5	陕西西安沣西新旺村制骨作坊	璜	1	西周晚期	1990年	半圆形，内圆厚，外圆薄，宽1 cm	③
6	河南三门峡虢国M2012	珠	6	西周末年	1990—1999年	6件菱形煤精珠皆残，与99件绿松石珠、2件绿松石片、10件料管、5件料珠组成数量达122件的串饰	④
7	陕西韩城梁带村	珠	51	春秋早期	2005—2007年	M26：181，由51件煤精珠和3件玉器组成项饰	⑤
8	河南平顶山应国墓地	饰	1	春秋早期	1986—2007年	M7：57-1	⑥
9	山东海阳嘴子前	珠	不详	春秋	1978年	颗粒极小，如绿豆粒大小，与玉、玛瑙等构成串饰	⑦

① 卢连成、胡智生：《宝鸡强国墓地》，文物出版社1988年版，第86、125、138、199、239、245、322页，图版三六-2，图版六九-1，图版一〇七-5，图版一三七-3，图版一四〇-3，图版一七四-5。煤玉玦出土时，见空气即发生龟裂现象。发掘报告公布的煤精玦数量(64件)少于祁守华统计的数量(200余件)。
② 西北大学文博学院考古专业：《扶风案板遗址发掘报告》，科学出版社2000年版，第241—242页。
③ 中国社会科学院考古研究所沣镐工作队：《陕西长安县沣西新旺村西周制骨作坊遗址》，《考古》1992年第11期。
④ 河南省文物考古研究所、三门峡文物工作队：《三门峡虢国墓》(第1卷)，文物出版社1999年版，第238、241、264、294页。第316页的统计表有误，椭圆形绿松石片应为2件，鼓形料珠应为3颗。
⑤ 孙秉君、蔡庆良：《芮国金玉选粹——陕西韩城春秋宝藏》，三秦出版社2007年版，第144—145页。
⑥ 董俊卿、干福熹、承焕生等：《河南境内出土早期玉器初步研究》，《华夏考古》2011年第3期。
⑦ 烟台市博物馆、海阳市博物馆：《海阳嘴子前》，齐鲁书社2002年版，第32页。

续表

序号	出土地点	名称	数量	时代	出土时间	形状规格	资料来源
10	湖北襄阳余岗	管、珠	27	战国早期前段至战国中期前段	2004—2005年	(1) 管(23件)——M112:36,短圆管 (2) 珠(4件)——出土于M102,有纺锤形和扁圆形两种 ① M102:8-1,直径0.78、孔径0.2、厚0.2 cm ② M102:8-4,纺锤形,中有穿孔,直径0.7、高1.2 cm ③ M102:8-5,镶嵌物已脱落。直径1.2、高0.95 cm ④ M102:8-7,直径0.85、高0.8 cm	①
11	河南陕县	珠	13	战国中期至西汉初期	1956—1958年	(1) 战国中期(12颗)——截尖橄榄形珠8颗,圆形或扁球形珠4颗 (2) 秦汉时期(1颗)——3411:21,扁圆形,出土于人骨头部,径0.5—0.7 cm	②
12	河北易县燕下都	八棱柱煤精器	10	战国晚期	1930—1991年	均残缺,其中一件编号XG9T24②:5,残长4.3 cm	③
13*	天津北仓	八角柱形	1	战国	1965年	长4.8、直径1.5 cm	④
14	陕西咸阳塔尔坡	八棱柱塞、喇叭状塞	4	秦墓	1995年	八棱柱塞3件,喇叭状塞1件	⑤
15	重庆万州中坝子	饰	1	秦汉	1998—2000年	中间细两头粗的哑铃形,长4.3、直径1.65 cm	⑥
16	黑龙江庆安勤劳乡	珠	52	公元前2世纪至公元5世纪	1983年	长度不等的短圆柱状串珠,圆柱体直径为1.6、中间圆孔径为0.7 cm。最长节长4.5、最短的0.3 cm	⑦

---

① 襄阳市文物考古研究所:《余岗楚墓》(上),科学出版社2011年版,第77—79、104—105页。不包括玉琀,该墓出土玉器241件(77页表述为229件,水晶珠的数量应为15颗,非3颗),器类有璧、佩、璜、环、管、珠和圭等。材质包括滑石(163件)、煤精(27件)、水晶/玛瑙/石英(34件)、透闪石-阳起石(17件)。其中,璧(6件)和璜(4件)的材质均为透闪石-阳起石矿物,7件玉环(共15件玉环)的材质是透闪石-阳起石矿物。78页和418页显示M112出土了14件环,其中8件玉环的材质为透闪石-阳起石矿物、1件是水晶环、5件是玛瑙环。但135—136页显示玛瑙环有6件,故而本书推测透闪石-阳起石玉环的数量为7件;中国科学院上海光学精密机械研究所科技考古中心:《湖北省襄阳市余岗墓地送检玉器的无损分析检测报告》,载于襄阳市文物考古研究所:《余岗楚墓》(下),文物出版社2011年版,第449—466页。
② 中国社会科学院考古研究所:《陕县东周秦汉墓》,科学出版社1994年版,第96—97、151—153页。该墓出土玉石器共3 845件,包括软玉、石质(以大理岩、千枚岩、绢云母片岩、泥质粉砂岩为最多)、玛瑙、水晶、绿松石、孔雀石和煤精等。除孔雀石珠外,其余珠均有环伴出,如2123:19出土水晶珠11颗、玉珠6颗、绿松石珠2颗、煤精珠3颗、玉环1件。
③ 河北省文物考古研究所:《燕下都》,文物出版社1996年版,第600—601页。
④ 天津市文物管理处:《天津北仓战国遗址清理简报》,《考古》1982年第2期。
⑤ 咸阳市文物考古研究所:《塔尔坡秦墓》,三秦出版社1998年版,第175—176页。
⑥ 西北大学文博学院:《重庆市万州区上中坝遗址发掘》,《文博》2000年第4期。
⑦ 徐风:《黑龙江庆安县出土玉器、石器》,《考古》1993年第4期。

续表

序号	出土地点	名称	数量	时代	出土时间	形状规格	资料来源
17	内蒙古海拉尔谢尔塔拉牧场	珠	2	公元前3世纪	1985年	其中一件扁圆状珠饰,高0.8、直径1.3、孔径0.4 cm	①
18	广东广州南越王墓	珠	2	西汉前期	1983年	圆球形,中有穿孔。直径0.83、孔径0.13 cm	②
19	湖南常德南坪汉代赵玄友等家族土墩墓群	坠	2	西汉	2011年	呈不规则的椭圆环形	③
20	江苏扬州甘泉乡姚庄M101	鸟、羊	2	西汉晚期	1985年	装饰在手部,鸟高1 cm,羊高0.8 cm,均有穿孔,与其他7件玉质、玛瑙、琥珀质饰件穿缀成串饰	④
21	江苏扬州甘泉乡姚庄M102	羊	1	西汉晚期	1988年	装饰在手部,羊高0.8 cm,有极细的穿孔,与1件紫晶葫芦、1件琥珀兽、1件玻璃鸽子、2件玛瑙枣核形管组成串饰	⑤
22	重庆万州区余家河	羊	1	汉代	2002—2007年	雕刻精到,形态生动	⑥
23	河南平顶山宝丰廖旗营	饰件	1	东汉早期	2010年	黑色不透明,树脂光泽。质地坚硬,结构细腻,无裂纹,块度略小,应为丧葬饰物	⑦
24	重庆万州区金狮湾	羊、司南	2	东汉早期	2001年	(1) 羊(1件)——呈蹲卧姿势,四肢弯曲,着地,蹄足,羊身较丰满,昂首,羊身中有一穿孔。另一面平整 (2) 司南(1件)——平面近长方形,中部略凹,有一穿孔贯穿上下	⑧

① 王成:《内蒙古海拉尔市谢尔塔拉牧场发现古墓群》,《考古》1995年第3期。
② 广州市文物管理委员会、中国社会科学院考古研究、广东省博物馆:《西汉南越王墓》(上),文物出版社1991年版,第199页。
③ 龙朝彬:《湖南常德南坪汉代赵玄友等家族土墩墓群发掘简报》,载于湖南省博物馆:《湖南省博物馆馆刊》(9),岳麓书社2013年版,第96—110页。
④ 邗江区文化体育局、邗江政协文史资料委员会:《邗江出土文物精萃》,广陵书社2005年版,第50页;扬州博物馆:《江苏邗江姚庄101号西汉墓》,《文物》1988年第2期。
⑤ 扬州博物馆、天长市博物馆:《汉广陵国玉器》,文物出版社2003年版,第137页。
⑥ 杨小刚、赵丛苍:《万州余家河墓地发掘主要收获及其意义》,《西北大学学报(哲学社会科学版)》2008年第2期。
⑦ 姚智辉、李锋:《宝丰出土汉代饰品类器物的分析》,《中原文物》2014年第1期。
⑧ 南京市博物馆、南京市文物研究所:《万州金狮湾墓群(二期)发掘报告》,载于重庆市文物局、重庆市移民局:《重庆库区考古报告集》(2002卷·上),科学出版社2010年版,第651页。

续表

序号	出土地点	名称	数量	时代	出土时间	形状规格	资料来源
25	青海大通上孙家寨	饰品、耳珰	10	东汉	1973—1981年	(1) 饰品(7件)——分为三型。A型圆珠型2件(乙M9：2，东汉晚期)，B型扁圆形1件(乙M8：7，汉末魏晋初)，C型动物形4件(乙M9：12-13，M61：18，东汉晚期) (2) 耳珰(3件)——出在三座墓中(M91：3，东汉早中期，M161，东汉早中期，M39：10，东汉晚期)。束腰柱形，纵穿一孔	①
26	内蒙古满洲里扎赉诺尔	饰品	1	东汉	1986年	整体呈马蹄形，前端中部排列着两个穿孔，前为圆孔，后为长方孔；尾端正中有一"V"形缺口，其前方并列有两个圆形穿孔。饰牌正面边框一周饰柳叶形嵌槽，中间有排列成网状的圆形嵌孔10个，中间一孔仍保留有绿松石嵌物。嵌孔之间呈网格状排列着若干浅细未透的小钻孔。饰牌背面刻划一组未能识别的文字	②
27	重庆奉节白杨沟	狮	2	东汉中晚期	2001年	狮子呈蹲状，仰首，雕刻线条简练，为写意造型	③
28	重庆万州瓦子坪	豚形器	1	东汉	2001年	穿孔，出土于M15，与另一件有孔的穿孔三角形石珠构成一组串饰	④
29	河南安阳西高穴曹操高陵	虎	1	东汉晚期	2008—2009年	M2：12，长3.75、宽3、高2.65 cm	⑤
30	辽宁沈阳八家子汉魏墓葬群	扣	3	东汉晚期至魏晋	2001年	3件，皆出于M6中，是串珠的一部分，形制各不相同，两件保存完好，如M6：38，扣形，中部穿孔，长1.26、宽1.06、厚0.46、孔径0.2 cm。M6：39，动物形，底部穿孔，长1.6、宽1.2、残高1.32、孔径0.4 cm	⑥
31*	广东封开江口	扁圆形	1	东汉晚期	1972年	形若扁圆棋子，横穿一孔	⑦

---

① 青海省文物考古研究所：《上孙家寨汉晋墓》，文物出版社1993年版，第164、213—214、237页。
② 内蒙古文物考古研究所：《扎赉诺尔古墓群1986年清理发掘报告》，载于李逸友、魏坚：《内蒙古文物考古文集》(第1辑)，中国大百科全书出版社1994年版，第369—383页。
③ 陕西省考古研究所、西安半坡博物馆、重庆市文物局、奉节市白帝城文物管理所：《奉节白杨沟墓群2001年发掘简报》，载于重庆市文物局、重庆市移民局：《重庆库区考古报告集》(2001卷·上)，科学出版社2001年版，第386—396页。
④ 山东省博物馆、山东省文物考古研究所、重庆市文物局、重庆市万州区文物管理所：《万州瓦子坪遗址发掘报告》，载于重庆市文物局、重庆市移民局：《重庆库区考古报告集》(2001卷·中)，科学出版社2001年版，第803页。
⑤ 河南省文物考古研究所、安阳县文化局：《河南安阳市西高穴曹操高陵》，载于河南省文物考古研究所：《曹操高陵考古发现与研究》，文物出版社2010年版，第1—13页。
⑥ 沈阳市文物考古研究所：《辽宁沈阳八家子汉魏墓葬群发掘简报》，《北方文物》2004年第3期。
⑦ 广东省文物管理委员会：《广东封开县江口汉墓及封川隋墓发掘简报》，载于文物编辑委员会：《文物资料丛刊》(第1辑)，文物出版社1977年版，第134—140页。

续表

序号	出土地点	名称	数量	时代	出土时间	形状规格	资料来源
32	湖北郧县老幸福院	饰	3	东汉晚期偏晚阶段	2004—2005年	(1) M13：7-6，束腰形，中间一穿孔，长0.9、宽0.8、厚0.45 cm (2) M13：7-7，近方形，中间一穿孔，长2.5、宽2.25、厚1.3 cm (3) M13：7-8，似小动物，中间一穿孔，宽1.33 cm	①
33	湖北秭归台子湾	扣	1	新莽至魏	1999—2000年	ⅢM2：5，出土于石室券顶墓中，同出的还有铜镜、铜铃、布钱、铜扣以及五铢钱等	②
34*	新疆洛甫县山普拉	珠、带扣	不详	战国晚期至汉代	1983—1984、1992年	(1) 1983—1984年发掘 ① 带扣(1件)——M01c：1，方柄圆角扣体，柄上钉有皮带残片，已开裂变形 ② 珠(2颗)——M13：1，在一根红、黄、蓝三色毛线上，位于人体左肩靠颈部，应为项链。呈扁圆状，高0.85、直径1.1、孔径0.3 cm (2) 1992年发掘——92LSⅡM6：365，系煤精珠和玻璃珠组成的项链	③
35	新疆温宿包孜东	珠	66	汉代	1985年	大小不一，形体相同，均呈柱状	④
36	新疆尼雅	圆饼状	1	公元3—4世纪	1991年	91NL：17，残，黑色，似从中间被剖开，中间有孔，正面为三圈圈点纹，背面为混乱的刻划线	⑤
37	新疆罗布泊小河流域	块	1	汉晋之际	2002—2007年	覆斗型，下边长1、上边长1.8、高0.6 cm	⑥
38	新疆阿勒泰克尔木齐	不详	2	西汉—隋唐	1963年	出自石棺中	⑦

---

① 南水北调中线水源有限责任公司、湖北省移民局、湖北省文物事业管理局：《郧县老幸福院墓地》，科学出版社2007年版，第157页。
② 南京大学历史系考古教研室：《秭归台子湾遗址发掘报告》，载于国务院三峡工程建设委员会办公室、国家文物局：《湖北库区考古报告集》(第1卷)，科学出版社2003年版，第473页。
③ 新疆维吾尔自治区博物馆：《洛甫县山普拉古墓发掘报告》，《新疆文物》1989年第2期；王博、鲁礼鹏：《扎滚鲁克和山普拉古墓出土的玻璃器》，载于伊斯拉菲尔·玉苏甫：《新疆维吾尔自治区博物馆论文集》，新疆大学出版社2005年版，第127—138页。
④ 王博、傅明方：《包孜东、麻扎甫塘古墓与龟兹古国文化》，载于新疆龟兹学会：《龟兹学研究》(第二辑)，新疆大学出版社2007年版，第146页。
⑤ 新疆文物考古研究所：《1991年尼雅遗址调查简报》，《新疆文物》1996年第1期。
⑥ 新疆文物考古研究所、罗布泊地区小河流域的考古调查、教育部人文社会科学重点研究基地、吉林大学边疆考古研究中心：《边疆考古研究》(7)，科学出版社2008年版，第390页。
⑦ 新疆社会科学院考古研究所：《新疆克尔木齐古墓群发掘简报》，《文物》1981年第1期。该件器物未收录进祁守华的论文，本书进行补充。

续表

序号	出土地点	名称	数量	时代	出土时间	形状规格	资料来源
39	江苏南京富贵山	狮	1	东晋早期	1997 年	雕刻精细，两端穿孔	①
40	江苏南京幕府山	羊	1	东晋	1982—1985 年	卧羊形饰，中部横穿一孔，底宽 1.6、高 1.5 cm	②
41	江苏南京景家村	饰	1	南朝早期	2003—2004 年	雕刻较精细，头部残，已看不出器型。四肢曲伏，器身中有一穿孔	③

注：* 为祁守华未收录的 1990 年前发表的出土煤精制品。

煤精在发掘报告中有时被表述为"煤玉""炭精"等，其面貌如图 3-6 所示。目前的考古发现揭示：辽河流域的辽宁沈阳新乐文化遗址（5300—4800BC）出土了最早的煤精制品和煤精块，根据期刊发表的发掘简报和报告统计数量为 398 件④，但 2018 年出版的发掘报告显示煤精器的数量为 311 件（包括 106 件泡形饰、85 件圆球形器、30 件耳珰形器、26 件半成品、64 件料）⑤。黄河流域的山东王因遗址一座男性单人墓中出土了一件煤精镯，时代属于大汶口文化的早期阶段（3500BC），其外径 7.5—7.8、内径 5.5—5.7、厚 8—12 厘米，表面光滑，背面不甚平整，有几处摩擦出的斜纹⑥。值得注意的是，长江流域安徽含山县凌家滩遗址出土了编号为 87M9∶64 黑色盖钮（图 3-6 右图），表面琢磨光滑、束腰、中空，孔内底有管钻痕迹，高 1.5、最大径 1.6、底径 1.4 厘米。该件器物被认为采用了中国最早的玉器掏膛技术，碳-14 年代为 3600—3300BC，原被认为是煤精材质⑦，后被修正为黑色滑石⑧。以上分析可见，煤精早在新石器时代北方的辽河流域和黄河流域已有应用，其后在中国大多数地区均有出土，以陕西、黑龙江、新疆和湖北地区的出土数量较多，既被用于制作珠、管、坠、耳珰、璜、玦、环、镯、笄、簪、司南等装饰品，也被制作成羊、狮、虎、鸟、猪等动物造型，还被制作成盖钮、扣等日用器。煤精常与煤矿伴生，多存在于煤层之间，汉代煤精器的品种和数量均增多，雕刻技艺也更加精巧，杨益民等认为这可能与汉代煤的初次大规模利用有关。

---

① 南京市博物馆、南京市玄武区文化局：《江苏南京市富贵山六朝墓地发掘简报》，《考古》1998 年第 8 期。
② 南京市博物馆：《南京幕府山东晋墓》，《文物》1990 年第 8 期。
③ 南京市博物馆、江宁区博物馆：《南京南郊景家村六朝墓葬》，载于南京博物院：《南京考古资料汇编》（三），凤凰出版社 2013 年版，第 1479 页。
④ 沈阳市文物管理办公室：《沈阳新乐遗址试掘报告》，《考古学报》1978 年第 4 期；沈阳市文物管理委员会、沈阳故宫博物馆：《沈阳新乐遗址第二次发掘报告》，《考古学报》1985 年第 2 期；沈阳新乐遗址博物馆、沈阳市文物管理委员会：《辽宁沈阳新乐遗址抢救清理发掘简报》，《考古》1990 年第 11 期；沈阳市文物考古工作队：《沈阳新乐遗址 1982—1988 年发掘报告》，《辽海文物学刊》1990 年第 1 期。
⑤ 沈阳市文物考古研究所、新乐遗址博物馆：《新乐遗址发掘报告》（下），文物出版社 2018 年版，第 716—717 页。
⑥ 中国社会科学院考古研究所：《山东王因——新石器时代遗址发掘报告》，科学出版社 2000 年版，第 277、297—298 页。
⑦ 安徽省文物考古研究所：《凌家滩——田野发掘报告之一》，文物出版社 2006 年版，第 101、274 页。
⑧ 余飞：《凌家滩墓葬出土玉器的考古学与多方法无损科技检测综合研究》，第二届古代玉器青年学术论坛报告，2018 年 9 月。

沈阳新乐下层文化出土煤精制品① 　　　凌家滩 87M9：64 黑滑石盖钮

图 3-6　中国出土的早期煤精和黑滑石制品

第七节　有机质玉材——玳瑁

一、基本性质

玳瑁的基本性质可归纳为**表 3-38**：

表 3-38　玳瑁基本性质②

品种	晶系	结晶习性	颜色	光泽	透明度	摩氏硬度	密度（g/cm³）	荧光	特殊光学效应	其他
玳瑁	无定形态	有机质	底色为黑褐色去，其上可有暗褐色、黑色或绿色斑点	油脂光泽至蜡状光泽	微透明	2—3	1.26—1.35	长、短波紫外光下无色，龟甲的黄色部分可有蓝白色荧光	无	显微镜下色斑由许多红色圆形色素小点组成

玳瑁龟，系龟鳖目—潜颈龟亚目—海龟科—玳瑁属，属于体型较小的海龟。成年玳瑁龟重约 60 kg，背甲长 65—80 cm。玳瑁龟的背部甲壳颜色为带有浅黄色云斑的棕红色，腹部甲壳的颜色为带有褐色斑纹的黄色。玳瑁海龟主要分布于太平洋、印度洋、大西洋等热带和亚热带海域，中国玳瑁主要分布在南中国海、海南、广东、广西、福建、台湾、浙江、山东和黄海等地或海域，是国家 2 级重点保护动物③。玳瑁在古代中国常被用作药材料，但因其具有色泽艳丽、油脂至蜡状光泽、微透至半透的美丽外观特征，以及具有质地细腻、质轻的良好韧性和加工性能，因此也是珍贵的工艺品原料④。

二、科技鉴别

玳瑁的科技分析参考值可参见**表 3-39**：

---

① 沈阳新乐遗址博物馆：《煤精制品》，http://www.syxlyz.cn/products_detail/productId = 34.html，最后浏览日期：2019 年 12 月 11 日。
② 张蓓莉：《系统宝石学》，地质出版社 2006 年版，第 560—562 页。
③ 李纯厚、贾晓平、孙典荣等：《南澎列岛海洋生态及生物多样性》，海洋出版社 2009 年版，第 166—167 页。
④ 钟华邦：《自然之宝——玳瑁》，《地球》2006 年第 2 期。

表 3‑39　玳瑁科技分析参考值

分析方法	数据信息				
XRD	玳瑁	无	无	无	无
拉曼分析参考值	玳瑁	无			
化学成分参考值	玳瑁①	碳 55%、氧 20%、氮 16%、氢 6%、硫 2%。17 种氨基酸总量为 90.61%,氨为 1.07%			

三、考古出土品

考古出土的玳瑁器举例参见表 3‑40:

表 3‑40　考古出土玳瑁器举例

序号	出土地点	名称	数量	时代	出土时间	形状规格及其他信息	资料来源
1	长沙楚墓 M1710(朝阳新村)	璧	1	战国晚期	1976 年	出土墓葬的原编号为 76 长杨 M145	②
2	长沙马王堆一号汉墓	笄	1	西汉早期	1972 年	(1) 璧(1件)——见后节分析 (2) 笄(1件)——长约 20 cm,出土于发髻上。共出土 3 件笄,其余 2 件用竹和角制成	③
3	长沙马王堆二号汉墓	璧、卮、梳、篦	5	西汉早期	1973—1974 年	(1) 卮(1件)——盖及腹壁采用玳瑁,底为木胎。盖、身的口和底的边皆用铜条扣包。纽扣、足为铜件铆入。盖顶平,纽作 S 形,身直壁,平底,矮蹄足。通体深色,底髹黑漆。口径 8.4、通高 13.6 cm (2) 梳、篦(各1件)——大小形状完全一样,长 8.4、宽 5.4、厚 0.45 cm。黑褐色,器表玳瑁纹路清晰。马蹄形。篦齿 59 根,梳齿 20 根,很均匀 (3) 璧(2件)——呈黑褐色,器表有玳瑁的自然线纹。1 件肉径 16.6、好径 6.2、厚 0.05 cm。1件肉径 10.4、好径 4、厚 0.05 cm。其中一件见后节分析 注:均出于椁箱北部	④

---

① 周佩玲、杨忠耀:《有机宝石学》,中国地质大学出版社 2004 年版,第 116 页。
② 湖南省博物馆、湖南省文物考古研究所、长沙市博物馆、长沙市文物考古研究所:《长沙楚墓》(上),文物出版社 2000 年版,第 435、584、738 页。
③ 湖南省博物馆、中国科学院考古研究所:《长沙马王堆一号汉墓》(上),文物出版社 1973 年版,第 32 页。
④ 湖南省博物馆、湖南省文物考古研究所:《长沙马王堆汉墓二、三号墓》(第 1 卷——田野考古发掘报告),文物出版社 2004 年版,第 21、23、203 页。

续表

序号	出土地点	名称	数量	时代	出土时间	形状规格及其他信息	资料来源
4	湖南长沙马王堆三号墓	璧、片	不详	西汉早期	1973年	(1) 璧(1件)——见后节分析 (2) 片(不详)——二件短角剑,其牛角制的剑首、剑格、剑珥和剑珌均用玳瑁片粘合包住	①
5	北京丰台大葆台汉墓	长条扁片	2	西汉	1974—1975年	出土于西面内回廊中。1件墨绘飞凤,长14、宽2 cm。1件墨绘2只小鸟,常11.6、宽1.4 cm。与其他15件玛瑙饰件一起被用作嵌件	②
6	江苏扬州西湖胡场14号墓	鸡、鸭	2	西汉	1996年	微雕饰件,有穿孔,利用天然质地纹路表现禽类毛羽。与其他26件金、玉、玛瑙、琥珀等材料制成的珠、管、壶、辟邪等组成28件串饰。出土于墓主人(女性)胸部,为颈部挂饰	③
7	江苏仪征新集螃蟹地	环	1	西汉晚期	2002年	编号为M7∶46,直径5.6,孔径1.8 cm,出土于胸部	④
8	陕西扶风法门寺地宫	开元通宝	13	唐晚期	1987年	编号为FD5∶028-1~13,较通用钱币形制要大,最大直径2.75、厚0.06 cm。最大者重2克,最小者重1.7克,共重24.8克。面、背皆有内外廓,外廓较宽而肉厚,但仍透明	⑤
9	黑龙江阿城巨源金代齐国王墓	簪	1	金代	1988年	细长条形,状如柳叶,一端尖细、另一端为抠耳勺状	⑥
10	湖南沅陵黄澄存夫妇墓	梳	1	元代	1985年	黄澄存系元代知州。玳瑁梳很薄,两边近缘处有几根梳齿已残断	⑦
11	上海浦东"双孝"沈辅家族墓	带板	17	明中期	1974—1976年	M6沈梁墓,双穴夫妇合葬。玳瑁带板系男棺墓出土,沈梁系沈辅长子,处士	⑧

① 聂菲:《湖南楚汉漆木器研究》,岳麓出版社2013年版,第148页。
② 苏天钧:《北京考古集成11——琉璃河燕国墓地、北京大葆台汉墓》,北京出版社2000年版,第341页。
③ 扬州博物馆、天长市博物馆:《汉广陵国玉器》,文物出版社2003年版,第11,136页。
④ 仪征市博物馆:《仪征新集螃蟹地七号汉墓发掘简报》,《东南文化》2009年第4期。
⑤ 陕西省考古研究院、法门寺博物馆、宝鸡市文物局、扶风县博物馆:《法门寺考古发掘报告》(上),文物出版社2007年版,第252页,彩版二四〇∶1,2。
⑥ 国家文物局:《中国文物事业60年》,文物出版社2009年版,第234页;朱启新:《考古人手记》(第1辑),生活·读书·新知三联书店2002年版,第180页。
⑦ 湖南省博物馆:《湖南宋元窖藏金银器的发现与研究》,文物出版社2009年版,第323页。
⑧ 上海市文物管理委员会:《上海明墓》,文物出版社2009年版,第46页。

续表

序号	出土地点	名称	数量	时代	出土时间	形状规格及其他信息	资料来源
12	定陵	簪	10	明万历	1956—1958年	W15:1~10,均出土于万历帝棺内西端北侧	①

商代甲骨文即有关于"玳瑁"的记载②,但考古发掘资料显示最早的玳瑁器出土于战国晚期的长沙楚墓,如 M1710 出土了一件玳瑁璧。表 3-40 显示报道的西汉玳瑁器较多,多为装饰品,如璧、环、笄、鸡和鸭等,用于装饰人(发饰和项饰)和器物(悬挂或镶嵌,如用作具有丧葬功能的棺饰),也被制作成日用器,如梳、篦和卮等,用来梳发和盛酒。此后,玳瑁器一直被使用,除了用作头部装饰,还用作腰部装饰,如带板。值得注意的是,唐代玳瑁被制作成货币,王仓西认为玳瑁通宝不属于流通币、压胜币和纪念币,而属于唐皇室给法门寺的施财,通过供奉的方式置于地宫中③,这与其时佛教对玳瑁的珍视程度是相符的,它与金、银、珍珠、珊瑚、水晶、琉璃并称为佛教密宗七宝。综上所述,尽管玳瑁器的报道不多,但玳瑁在中国古代的价值颇高,其使用者应具有一定等级,如早期使用者的地位颇高,唐以后使用范围有所扩大,上至帝王、下至处士均有使用。

四、马王堆玳瑁璧科学研究

(一) 马王堆玳瑁璧简介

马王堆汉墓共出土玳瑁璧 4 件,其中 1 号墓 1 件、2 号墓 2 件、3 号墓 1 件。观察和分析其中的 3 件,如图 3-7 所示,分别为 M1:5089 玳瑁璧,外径 14.2 cm,内径 4.3 cm,上面系棕色丝带;M2:5818 玳瑁璧,外径 7 cm,内径 3.4 cm;M3:6121 玳瑁璧,外径为 15.9 cm④。

M1:5089

M2:5818

M3:6121

图 3-7 马王堆玳瑁璧的面貌

---

① 中国社会科学院考古研究所、定陵博物馆、北京市文物工作队:《定陵》(上),文物出版社 1990 年版,第 304 页。
② 徐云峰,商代麇:《康卜辞中之玳瑁及其他》,《农业考古》2002 年第 1 期。
③ 王仓西:《玳瑁与玳瑁钱》,《文博》1993 年第 4 期。
④ 喻燕姣:《试论马王堆汉墓中的玉文化内涵》,载于杨伯达:《中国玉文化玉学论丛》(三编下),紫禁城出版社 2005 年版,第 508—528 页。

湖南省博物馆挑选了剥落的微小残样送至复旦大学文博系进行检测分析，由复旦大学材料科学系张巍山和笔者共同完成。

（二）研究方法简介

本次研究主要采用了光学显微镜、紫外灯、红外光谱及扫描电子显微镜等方法。

光学显微镜测试主要通过拍摄样品在放大 100 倍及 200 倍后的表面形貌照片来对样品进行表征分析；紫外灯主要是通过观察样品在紫外线照射下的荧光来分析样品信息。

红外光谱法是分子吸收光谱的一种，ATR-FTIR 可以简化样品的制作和处理过程，使微区成分的分析变得方便而快捷，极大地扩展了红外光谱的应用范围。本次测试的仪器为 PerkinElmer Spotlight 300 傅里叶变换红外光谱仪。

扫描电子显微镜（SEM）是一种重要的显微结构观测工具，主要用以观察玳瑁在 1 000 倍至 20 000 倍放大下的微观形貌。本次实验采用日立公司生产的 TM-3000 台式扫描电子显微镜，该仪器的优势在于样品无需前处理，直接置于样品仓，然后在低真空状态下进行测试分析，这尤其适用于珍贵文物的分析研究。

（三）研究结果与分析

1. 物理性质分析

肉眼观察玳瑁样品，均有光泽，不透光，密度均大于水，在紫外灯 245 nm、365 nm 辐射下均无明显荧光。

2. 光学显微镜观察

图 3-8 系玳瑁表面区域的光学显微图像，M1(5089) 和 M2(5818) 的玳瑁表面均布满黑色微小颗粒，且排列成为线型纹路，夹杂着一些白色有光泽的颗粒。这些颗粒应是玳瑁的生

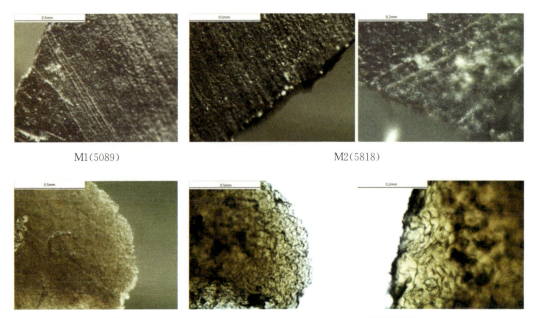

M1(5089)　　　　　　　　M2(5818)

M3(6121) 表面形貌暗场像　　　　　　　M3(6121) 表面形貌明场像

图 3-8　三件玳瑁样品的光学显微观察

长单位,而线性纹路很可能是在后期打磨过程中留下来的痕迹。

由于M3(6121)样品较薄,可以透光,所以该样品可观察到同一位置的明场像,从而看到其内部组织结构。明场像显示M3(6121)样品是由胶原及角蛋白颗粒层层堆积而成的,这与玳瑁的显微结构特征相符。

3. 电子显微镜观察

图3-9上两图显示大量的柱状结构按照一定方向定向排列,直径约为2—10 μm,应为羟磷灰石晶体;图3-9下两图从垂直方向可以看细小团簇颗粒聚集分布,其直径大约在0.5—1 μm,应为羟磷灰石晶体及有机膜结构的端点。红色箭头所示的柱状结构,其直径约为5 μm,应为Volkmann管。

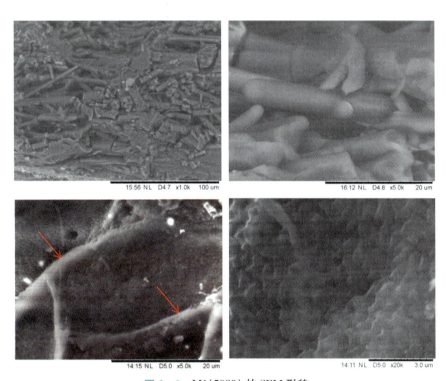

图3-9 M1(5089)的SEM形貌

图3-10左图显示片层状结构,反映了角质盾的形貌,是由角质层的不断加厚和硬化产生的。图3-10右图显示孔状结构,其直径约为3—20 μm,反映了骨质板的形貌。一般来说,骨密质的孔洞直径约为10—30 μm,骨松质的孔洞直径约为50—200 μm[1],因此右图观测区域应位于骨板的密质层。

图3-11与图3-9类似,可以看到很多小的团簇结构的堆积,应为羟磷灰石晶体及有机膜结构交织而成。

（4）红外光谱分析

图3-12显示三件样品的红外谱图相似,均与玳瑁标样的红外图谱一致,表明三件样品

---

[1] 谷翠云:《巴西龟壳结构与性能》,吉林大学硕士学位论文,2009年。

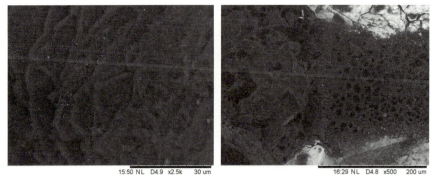

图 3-10　M2(5818) 的 SEM 形貌

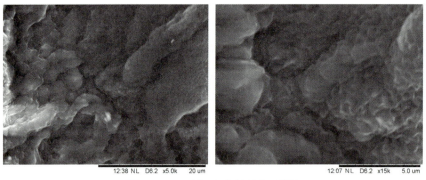

图 3-11　M3(6121) 的 SEM 形貌

均由玳瑁制成。3 300 cm^{-1} 附近的宽峰是由 N—H 的伸缩振动引起的,2 959 和 2 925 cm^{-1} 是由 C—H 的不对称伸缩振动引起的,2 851 cm^{-1} 是由 C—H 的对称伸缩振动引起的,1 655 cm^{-1} 是由 C—O 的伸缩振动引起的,1 518 cm^{-1} 是由 N—H 的弯曲振动引起的,1 450 cm^{-1} 是由 C—H 的弯曲振动引起的,1 395 cm^{-1} 是由 O—H 的弯曲振动引起的,1 240 cm^{-1} 是由 C—N 的伸缩振动引起的,1 107 和 1 035 cm^{-1} 均是由 P—O 的伸缩振动引起的。

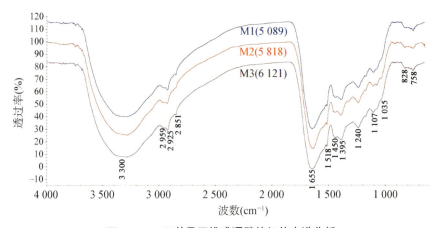

图 3-12　三件马王堆玳瑁璧的红外光谱分析

（四）讨论

玳瑁是由真皮起源的骨质板，以及覆盖于骨质板外、由角质化表皮增厚和硬化而来的角质盾构成的。盾片和骨板界限明显，外层为角质盾结构，呈层状分布；内层为骨质板结构，与动物骨骼类似，分为松质层与密质层两种结构，两者逐渐过渡，并无明显分界线。密质层的基本结构单元是 Haversian 系统，其中心是一根营养管（即 Volkmann 管），周围沿其长度方向定向排列着一些细小的羟磷灰石$[Ca_5(PO_4)_3(OH)]$棒状晶体，棒状晶体之间由有机质膜相连。正是由于这层有机质膜和棒状羟磷灰石的存在，保证了龟壳不仅具有较高的强度，还具有较高的韧性[1]。松质层呈现多孔的结构，由胶原纤维缠绕形成，孔隙分布无规则可循，有些地方排列得较为整齐，有些地方排列松散，这些孔隙在营养物质的运送中起到了关键作用[2]。

（五）小结

本次共对三件样品进行了无损分析与测试，得出以下结论：三件样品具有与玳瑁一致的物理性质和化学构成，因而它们均由玳瑁海龟的甲壳制成的。来源于玳瑁不同部位的样品，其微观结构差异较大。具体说来：来源于表层角质盾区域的样品，呈现层状结构；来源于内部骨密质和骨松质区域的样品，呈现孔状结构，差别在于骨密质区域的孔径（约 3—30 μm）小于骨松质区域（约 50—200 μm）。

---

[1] 周后恩、王家俊：《鳖甲的显微结构与成分分析》，《浙江理工大学学报》2012 年第 2 期。
[2] 徐永东、张立同：《龟壳的力学性能与显微结构初探》，《复合材料学报》1995 年第 3 期。

第四章

中国早期玉器使用研究

—— 火燎祭祀篇①

古人对玉器的使用方式按功能可分为装饰、礼仪、陈设、生活实用、器具附件以及随葬等。不过,文献还记载了多种使用方式,如在祭祀方面,包含燎玉、毁玉、沉玉、埋玉等多种方式,有的可以得到考古出土物的验证,如毁玉和埋玉;有的很难得到考古出土物的验证,如沉玉;有的需要通过多学科手段揭示考古出土物的证据,如燎玉。本章将首次系统对中国古代燎玉进行实证研究,以期丰富对玉器使用方式的认知。

第一节　燎玉的早期文献记载

《左传》"成公十三年"记载:"公及诸侯朝王,遂从刘康公、成肃公会晋侯伐秦。成子受脤于社,不敬。刘子曰:'吾闻之,民受天地之中以生,所谓命也。是以有动作礼义威仪之则,以定命也。能者养以之福,不能者败以取祸。是故君子勤礼,小人尽力,勤礼莫如致敬,尽力莫如敦笃。敬在养神,笃在守业。国之大事,在祀与戎,祀有执膰,戎有受脤,神之大节也。今成子惰,弃其命矣,其不反乎?'","国之大事,在祀与戎"表明祭祀和军事是国家最为重视的事件。

祭祀是人们用于和神灵沟通的一种常见方法,是一种人与神之间的交换关系,即人们以祭品作为礼物奉献给想象中的神灵,以换取神灵的恩赐和消灾,从而满足主体心理上和情感上的需要。祭祀是人们生存需要与神灵观念相结合的产物,既表现出人们对超自然现象的敬畏和依赖,同时也反映了人们所处社会的价值观念和心理状态②。随着社会的发展,祭祀目的、对象、方式等内容相应发生变化,例如,祭祀目的一开始为生产得以重复而进行,后来则常为政治服务。祭祀对象与整个中国的社会结构和传统文化有着紧密的联系,从自然界

---

① 笔者从 2007 年始一直寻找玉器火烧的直接实物证据,幸于 2015 年 11 月 16 日在中国社会科学院考古研究所对安阳殷墟妇好墓玉器进行研究时,首次发现并证实了妇好墓玉器存在着火烧行为,首次提出采用科技方法鉴别不同受热温度出土玉器的学术构思,并进行了相关实验研究。2016 年 5 月、9 月和 10 月分别在河南郑州"首届中国考古学大会"、复旦大学"首届古代玉器青年学术论坛"、北京科技大学"首届古代材料研究专题研讨会"和重庆中国三峡博物馆"全国第十三届科技考古学术讨论会"公布相关研究成果。2017 年 8 月和 2018 年 1 月分别在江苏常州武进寺墩玉器和陕西宝鸡血池玉器中发现并证实火烧行为。2017 年在线、2018 年正式发表研究论文"A Jade Parrot from the Tomb of Fu Hao at Yinxu and Liao Sacrifices of the Shang Dynasty", *Antiquity*, 2018, 92(362): 362 – 382。

② 瞿明安、郑萍:《沟通人神——中国祭祀文化象征》,四川人民出版社 2005 年版,第 2 页。

的天地日月、山林川泽等自然界神灵,发展到冥冥中的祖宗鬼神等社会性神灵。祭祀方式也随祭祀对象的变化而日益丰富,包括燎祭、沉祭、埋祭、血祭等多种形式。

祭祀的重要部分是准备祭品,从文献记载、考古发现以及民族学、人类学调查来看,人、动物(六畜)、食品、用品(玉器、动物皮毛、丝帛衣物)等均曾用作祭品。玉器用于祭祀,早在甲骨文中已有明确记载,主要包括燎玉、沉玉、埋玉、毁玉、奏玉、禹玉、尊玉等多种方式。甲骨卜辞中,燎玉的祭祀对象有"先公先王"、"山"与"河";沉玉的祭祀对象除为数较少的"土(社)"外,绝大部分为"河";埋玉的祭祀对象为"山";毁玉的祭祀对象为"先公先王";奏玉的祭祀对象为"先公先王旧臣";禹玉和尊玉的祭祀对象为"先公先王"①。

甲骨文中的燎,可写作 ✳,似火上架柴燔烧之形。这就是说,所谓燎祭,即以燔烧祭品的方式进行的祭祀活动,既然玉为燎祭的祭品,其曾经燔烧自在情理之中。关于火燎用玉的种类,甲骨文记载了一些案例,现列举如下②:

丙戌卜,殼贞:燎王亥圭。贞:勿圭,燎十牛。——《甲骨文合集》11 006 正。

戊午卜,王燎于瀧三宰,埋三宰又一㺿?——《甲骨文合集》14 362。

甲申卜,争贞:燎于王亥,其㺿。甲申卜,争贞:勿㺿。——《甲骨文合集》14 735 正。

己丑卜,殼贞:燎三小宰又□人,㺿□三□……——《甲骨文合集》15 058。

庚子□🜨□若——《甲骨文合集》16 408(此为合文)。

"□□卜:尞(燎)……殸(磬)……"——《甲骨文合集》18 761。

□🜨□——《甲骨文合集》21 462(此为合文)。

……二玉,燎罙沉。——《甲骨文合集》30 777。

丁卯贞:王其禹㺿,燎三宰,卯□□牢祖乙。——《甲骨文合集》32 420。

庚午贞:王其禹㺿于祖乙,燎三宰……乙亥酒。(王)禹㺿于祖乙,燎三宰,卯三大(牢)。兹用。——《甲骨文合集》32 535。

丁卯贞:王其禹㺿、珥……燎三小宰,卯三大牢于□?——《甲骨文合集》32 721。

癸巳,贞其燎玉山,雨——《甲骨文合集》33 233 正。

"癸卯卜,鼎(贞):酒奉(禱),乙子(巳)自上甲二十示一牛,二示羊,土尞牢,四戈□,四巫豕"——《甲骨文合集》34 120。

丙寅贞:王其禹㺿,乙亥燎三小宰,卯三大牢。——《甲骨文合集》34 657。

贞王🜨乙㺿,燎三小宰,卯三大(牢)。——《甲骨文合集》40 510。

其觥瀧,玉其焚?——《小屯南地甲骨》2 232。

由上述文献可知:㺿(戚)、圭、璋、珥、磬、戈等曾作为燎玉使用;燎玉和埋玉可并用,如《甲骨文合集》14 362;燎玉和沉玉可并用,如《甲骨文合集》30 777。

西周以降,燎祭仪式中用玉的情况,典籍中也多有记载,举例如下:

---

① 喻燕姣、方刚:《中国玉器通史》(夏商卷),海天出版社 2014 年版,第 22—25 页。
② 陈剑:《说殷墟甲骨文中的"玉戚"》,《"中研院"历史语言研究所集刊》,2007 年第 78 本第 2 分册;喻燕姣、方刚:《中国玉器通史》(夏商卷),海天出版社 2014 年版,第 13—28 页;徐义华:《甲骨文中的玉文化》,《博物院》2018 年第 5 期。

圭璧既卒,宁莫我听?……不殄禋祀,自郊徂宫。——《诗经·大雅·云汉》

以禋祀祀昊天上帝,以实柴祀日月星辰,以槱燎祀司中、司命、风师、雨师。(周人尚臭,烟,气之臭闻者。……三祀皆积柴实牲体焉,或有玉帛,燔燎而升烟,所以报阳也。)——《周礼·春官·大宗伯》郑玄注云

燎者,取俎上七体,与其珪宝,在辨中,置于柴上烧之。——《公羊传·僖公卅一年》何休注云

燎者,积柴薪,置璧与牲于上而燎之,升其烟气。——《吕氏春秋·季冬纪》高诱注云

天子奉玉升柴加于牲上。——《礼记·郊特性》孔颖达疏引《韩诗内传》

燔柴于泰坛,祭天也。瘗埋于泰圻,祭地也。——《礼记·祭法》

祭天曰燔柴,祭地曰瘗埋。——《尔雅·释天》

积柴于坛上,加牲玉于柴上,乃燎之,使气达于天,此祭天之礼也。——《礼记·祭法》陈澔注云

由上可见,周代祭天的形式为聚柴盛放牲畜和玉器的燎祭,使烟气上达于天神。这种祭祀方式虽为周代典籍记载,实际上应源自早期的祭天仪式①。古代的埋祭常紧随燎祭之后,即先燎祭后埋祭②。西周以后,燎祭似乎没有商代盛行,且主要与征伐和祭祀先祖相关,成为郊祀和封禅的主要仪式,并一直延续至明清时期,如皇帝赴北京天坛祭祀时,在"斋宫鸣钟"的同时,燎工"燔柴举火",再"驿犊升燔"(将一整只犊牛置于燔柴炉上)、"燔柴望祭"(将祝文、供品和帛等放入炉内燃烧)。

第二节 考古出土的疑似火烧玉器

由于文献中有过玉器被火烧使用的记载,因此一些考古学者根据某些出土玉器呈现的特殊形态和面貌(如白化),认为这些玉器经过了火烧过程。不过,不少学者认为所谓的火烧特征是地下埋藏环境的受沁作用造成的,这就形成了持续数十年的"火烧与受沁之争"。此外,学界对玉器火烧的原因作了多种推测,除了火燎祭祀外,还包括便于开采、软化玉器以及获取所需颜色等。其中,便于开采涉及玉器的开采阶段,软化玉器涉及玉器的生产层面,火燎祭祀涉及玉器的使用层面,获取颜色涉及玉器的生产和使用层面。本节将对此进行必要的探讨。

一、火烧与受沁之争论

实际上,在现代学者讨论火烧变白的可能性之前,近代的一些古玉研究者和爱好者已经表达了类似观点,如清·吴大澂在《古玉图考》(1889年)中认为一些玉器的白色是经过"地火(即地热)"形成的,并非人工加热而成③。清代徐寿基在《玉谱类编》(1889年)中将"煨工"分为"人火"和"地热",认为"煨工与鸡骨白相似,着地火之玉无裂文,人火则有之,此易辨也"④。民国刘大同在《古玉辨》(1940年)中认为受地火者,纯白曰"鸡骨白",微黄曰"象牙

---

① 田元林:《神话与中国社会》,上海人民出版社1998年版,第76页。
② 何宏波:《先秦玉礼研究》,线装书局2007年版,第188页。
③ 宋惕冰、李娜华:《古玉鉴定指南》,北京燕山出版社2009年版,第29页。
④ 同上书,第148页。

白",微青则曰"鱼骨白"①。刘大同赞成徐寿基的"人火"易形成裂纹、"地热"则无裂纹的观点,并进一步指出经过"炭火(人火)",玉器的玻璃光会消失②。当然,前人对于"地热"的观点不能用现代科学来评价,但根据"今见人之移冢者,开坟后木棺被地火焚毁,往往有之"③判断,"地热"实际是地下埋藏环境的风化作用。可以肯定的是,前人的"地热"观点来源于"人火",不同颜色玉器经"人火"后均呈石灰色,只是深浅不同,并且规格大的器物会碎。随着 20 世纪 70 年代末中国开始改革开放,经济的飞跃发展带动基础建设的全面展开,大量玉器经过科学发掘得以出土面世,为解决火烧与受沁的争论提供了更多实物资料。

(一) 良渚玉器

考古发掘出土的玉器疑似经过火烧和疑似受沁的争论最早开始于 20 世纪 80 年代初。1982 年,南京博物院汪遵国研究员认为江苏常州寺墩 M3 号墓的玉器经过了火烧,其理由如下:"值得注意的是:玉璧中一件碎为数块的达 21 件,而其中的 13 件又有明显的经火烧过的痕迹;玉琮中分为两截或两半的仅 5 件,也有 8 件有明显的经火烧过的痕迹。从玉璧碎裂的痕迹看,似大多皆同火烧有关。在穿孔斧中也有 3 件(M3:45、M3:86 和 M3:94)有因火烧而碎裂的痕迹。有火烧痕迹者带褐色。这些随葬品都靠近头部和下肢骨,而玉璧和穿孔斧都在墓葬的底层。"汪遵国进一步认为:"上述这些现象,说明在葬地曾举行某种殓葬的宗教仪式。其过程是:先于死者葬地的头前和脚后铺上各十余件玉璧,然后放火燃烧,等火将灭未灭时,将死者安放于葬地,再围绕四周放置玉琮,并在头前脚后放置陶器和其他玉石器,而将最好的两件玉璧摆在死者的胸腹之上,最后覆土掩埋。"④ 从上述表述来看,汪遵国认为火烧玉器的种类包括玉璧和玉琮,不过从殓葬过程的推测看,只提及玉璧的火烧,并未涉及玉琮。

1991 年,寺墩玉器"火烧"的认识被否定,理由是:"当初认为此墓的许多玉琮、璧和石斧留有明显的火烧痕迹,21 件破碎的玉璧大多与火烧有关,并推断在安葬死者之前曾举行过火烧墓地和部分随葬品的敛葬宗教仪式。然而能将玉璧烧裂的火,当然会将地表烧成坚硬的烧土层,但在墓底未见烧土面,玉琮、璧和石斧上的所谓火烧痕迹当与某种物化反应有关,玉璧的碎裂不是因火烧所致。原来推断安葬时曾举行火烧墓地的宗教仪式的看法是值得商榷的。"⑤ 以上表述可见,早先认为的火烧痕迹应与某种物化反应有关,尽管当时未作较明确的推测,但依据当时已存在的火烧和受沁之争论,推知物化反应最有可能是指地下埋藏过程的受沁作用,这也表明时人认为人为火烧和自然受沁形成的一些痕迹是相似的。

实际上,火烧和受沁之争论可能产生于 20 世纪 80 年代发掘的多处良渚文化遗址,如 1982—1984 和 1986—1988 年发掘的青浦福泉山遗址,发掘领队上海博物馆黄宣佩研究员发现出土的 9 件崧泽玉器中有 8 件未变白、基本保持原色;而出土的 789 件(粒)良渚玉器中有 520 件(粒)变白,比例达 65.9%,且年代越晚所占比例越高。以透闪石玉为例,第一期白化的比例为 3/36,第二期白化的比例为 3/30,第三期白化的比例为 4/69,第四期白化的比例为

---

① 宋惕冰、李娜华:《古玉鉴定指南》,北京燕山出版社 2009 年版,第 323 页。
② 同上书,第 345 页。
③ 同上书,第 323 页。
④ 南京博物院:《1982 年江苏常州武进寺墩遗址的发掘》,《考古》1984 年第 2 期。
⑤ 南京博物院:《近十年江苏考古的新成果》,载于文物编辑委员会:《文物考古工作十年(1979—1989)》,文物出版社 1991 年版,第 103 页;方向明:《中国玉器通史》(新石器时代南方卷),海天出版社 2014 年版,第 179—180 页。

271/307，第五期白化的比例为204/231，由此可见，玉器白化的数量从第四期开始呈现突变式的增长。黄宣佩结合墓葬位置——墓位均在高土墩上、深度均未达到地下水位，认为这种变化是人为火烧所致，而不是入土自然受沁的缘故。值得注意的是：江苏吴县张陵山良渚文化早期墓葬出土的玉器大部分未变化，而位于张陵山西北方向的草鞋山良渚文化晚期墓葬出土的玉器大部分变白，黄宣佩认为这可能也是人为火烧所致。至于人为火烧的原因，黄宣佩结合良渚文化盛行的燎祭传统——福泉山遗址中心地带发现的燎祭祭坛以及火殓葬墓地（如M136坑壁被火烧红，人骨变白龟裂，随葬的二管一珠一镯等玉器均呈乳白色），认为祭祀时火烧玉器的目的是为了获取所需的颜色——白色，因为白色是光芒的象征，崇尚白色是对火神太阳神的崇拜[1]。不过，有的遗址的火殓葬墓中，随葬器物并未火烧，如1985年发掘的上海青浦金山坟遗址[2]。

以上分析表明，良渚玉器是否经过火烧的判别标志是白化玉器数量随年代变化的规律性特征，排除了自然风化的可能性，从而肯定了人为火烧，其目的可能与燎祭传统相关，系为了获取所需的颜色。

（二）夏商玉器

江苏常州寺墩玉器的火烧变白观点与受沁变白观点的提出时间相差7年，可能正是受到20世纪80年代火烧与受沁之争的影响。此后，这种发轫于史前良渚文化晚期遗址的争论延续至历史时期的商代玉器，如江西新干大洋洲商代中期至晚期墓地出土的破碎成多块的玉璧和玉戈，每块性状差别颇大，彭适凡研究员认为可能是自然受沁所致[3]，但黄宣佩研究员认为可能是火烧所致，其理由是这些玉器属于同一块玉料、同一年代、同一地点，且处于相同的地理环境中，而每一断块有的变色，有的未变色，有的有细裂纹，显然这种变色发生于玉器折断之后入土之前，而非入土受沁所致[4]。由此可见，玉器是否经过火烧的判别标志是同一玉器的不同部分呈现的不同面貌，排除了自然风化的可能性，从而推断为人为火烧所致。

夏商玉器疑似火烧案例还有几例，如四川广汉三星堆仁胜村墓葬出土的61件玉器中（约三星堆一期后段至二期前段，相当于二里头二期至四期，即1680—1560BC），有一件蛇纹石化白云岩涡旋状器97GSDgM21∶5，其拱面一侧直径为0.6—1.2 cm的圆窝似被火烧过，推测与占卜有关[5]。商王朝统治核心区域的河南安阳殷墟侯家庄1001号墓，其北墓道外灰坑和1567号大方坑的火烧炭层中都夹有碎玉片，有学者认为这是殷商用玉燎祭而后埋的遗迹[6]。殷墟花园庄M54号墓出土的玉器，凡个体大、形制规整、与礼仪相关的17件玉器（矛、戈、戚、圭、璧、环等）皆受沁严重，已基本失透，颜色多为黄褐色或灰白色，荆志淳、唐际根教授推测这批玉器入土之前，有人曾将其火烧，以期获得某种颜色或缘于祭祀活动的具体程

---

[1] 黄宣佩：《良渚文化玉器变白之研究》，载于上海博物馆：《上海博物馆集刊》（10），上海书画出版社2005年版，第357—364页。
[2] 上海市文物保管委员会：《上海青浦县金山坟遗址试掘》，《考古》1989年第7期。
[3] 彭适凡：《新干古玉》，典藏艺术家庭股份有限公司2003年版，第156—158页。
[4] 黄宣佩：《良渚文化玉器变白之研究》，载于上海博物馆：《上海博物馆集刊》（10），上海书画出版社2005年版，第357—364页。
[5] 四川省文物考古研究所三星堆遗址工作站：《四川广汉市三星堆遗址仁胜村土坑墓》，《考古》2004年第10期。
[6] 邓淑苹：《山川的精英——玉器的艺术》，载于郭继生：《中国艺术之特质》，黄山书社2012年版，第189页。

序。他们通过**表 4-1** 列出的模拟实验认为火烧玉器的铁含量介于白玉和青玉之间[①]。花园庄玉器的研究还显示，火烧玉器的结构变松导致入土埋藏后更易受到风化作用，因而受沁程度会加重。湖南宁乡黄材三亩地出土的玉器（管、珠、玦、环、饼形饰、鱼形佩和虎形佩等[②]）全部呈鸡骨白颜色，它们出土时位于椭圆形坑内的青铜云纹大铙旁边，喻燕姣推测它们作为祭品玉币，可能在祭祀前经过了焚烧[③]。以上分析表明，商代玉器是否经过火烧的判别标志是火烧痕迹、出土位置以及变色程度差异。

综上可见，玉器是否经过火烧判别标志包括白化玉器数量随年代变化的规律性特征、同一玉器的不同部分呈现的不同面貌、火烧痕迹、出土位置以及变色程度差异等。除了火烧痕迹是根据玉器本体进行肉眼判别，其余均是根据一些特殊现象进行简单判别，缺乏对玉器本体是否受热的科学鉴别和证据，因此导致了火烧和受沁的争论从 1982 年一直持续到 2015 年。

二、火烧目的分析

上节谈及玉器火烧的目的包括作为祭品用于祭祀以及获取所需的颜色，这种目的更多是指玉器的使用方式。不过，火烧也可能产生于玉器的开采阶段，即利用热胀冷缩原理，通过火烧冷淋的方式使玉器破裂。此外，火烧还可能产生于玉器的生产阶段，包括获取所需的颜色，以及使玉器变软便于加工。本小节将对这几种火烧目的作简要分析。

（一）玉器开采阶段 —— 便于开采

古人所使用的玉料来源主要包括：山料、山流水和河料，其中后两者均与山料相关。山料在物理风化作用的影响下会发生崩解形成各种碎块，在重力作用下滚落至低段地势和河流，分别形成山流水和河料。古人只需发现并捡起山流水和河料即完成原料的获取阶段，但当它们不能满足使用需求时，古人需要至玉料原生地进行山料开采。此时采用的方法既包括机械层面的"敲打锤击法"，也包括热层面的"火烧法"或"火爆法"，即先用火将矿床某一部分烧热，然后用冷水淋，利用热胀冷缩原理使山料破裂，以便开采。不过，也有只用火烧、不用水淋的方法，如明代陆容（1436—1494 年）在《菽园杂记》中记载过："采铜法，先用大片柴，不计段数，装叠有矿之地。发火烧一夜，令矿脉柔脆，次日火气稍歇，作匠方可入身，动锤尖采打。凡一人一日之力，可得矿二十斤，或二十四五斤。"[④] 由此可见，不用水的前提是火烧时间较长，使得矿石的性质变脆。

"火烧法"或"火爆法"除了用于山料的开采，也被推测用于已采集玉石料的分割，如故宫博物院杨晶认为在线切割和片切割等新型开料技术广泛应用之前，火烧的自然分割法应被使用过，是更为原始的开料手段。她推测基本制作工序为：首先，将采集来的石料集中聚拢在固定的用火场所，简单地围砌成一个个石圈以便于热处理，石块上的裂纹及石圈周边的灰土层应是用火焚烧的佐证，而石圈附近的陶罐、陶钵等盛器则是加水冷却的明证；然后，把经过热处理的石块搬运到加工场所，将石块上的裂纹加宽，顺着裂缝进行剖分，再将剖分好的石片切割成备

[①] 中国社会科学院考古研究所：《安阳殷墟花园庄东地商代墓葬》，科学出版社 2007 年版，第 375—376 页。
[②] 喻燕姣：《湖南出土珠饰研究》，湖南人民出版社 2018 年版，第 37—41、417 页。
[③] 喻燕姣：《湖湘出土玉器研究》，岳麓书社 2013 年版，第 292、299、306 页。
[④] ［明］陆容：《菽园杂记》，卷一四。

用的石料;最后,从石料中挖切出所需要的石器坯料,再将坯料进一步打制、琢磨成型。这种火烧的自然分割法会造成原料的浪费,因此在玉石资源贫乏的情形下是不宜采用的[①]。

(二) 玉器生产阶段 —— 便于加工或提高耐用度

史前良渚玉器上丝米量级阴刻线构成的纹饰引发了学者们的思索 —— 金属工具出现之前如何雕刻较高硬度的透闪石-阳起石玉器?一些白化玉器使得部分学者认为这些玉器在雕刻之前经过软化处理,或者经过了加热处理[②],或者浸没于某种腐蚀性液体内[③]。不过绝大多数学者对此持否定态度,如认为热处理后玉料在雕刻花纹时,相邻线条之间容易崩裂或开叉,而这与出土器物呈现的线条纤细清晰的面貌是不一致的[④]。一些火烧模拟实验更是彻底否定软化玉器的观点,如表 4-1 中 Russell J. Beck(1981)、Janet G. Douglas(2001) 和荆志淳(2007) 均认为:火烧不仅不能使透闪石-阳起石玉的硬度降低,反而有所增加;Douglas 同时指出试样在 900℃ 后已十分松脆,无法测试其硬度,此时透闪石转变为透辉石。以上分析显示,玉器的热处理目的不是为了软化玉器便于雕刻加工。

值得注意的是,加热软化透闪石-阳起石玉器的想法应来源于旧石器时代石材的改性。随着人类掌握用火技术之后,古人不仅用火来烧烤食物、驱赶野兽、取暖和照明,还将用火对象不断扩大,用于石质硬性材料和土质软性材料的改性或生成新材料。现有考古证据表明,热处理技术在旧石器时代已被先民用于石料改性,既增加脆性、改善剥片性能和效率,还可以减小硬度,更利于提高打制效率。如笔者和马鸣远的一项模拟实验显示:不同含铁量的玉髓/玛瑙材料在分别加热至 200℃、300℃、400℃ 和 500℃ 后硬度均降低(图 4-1)。

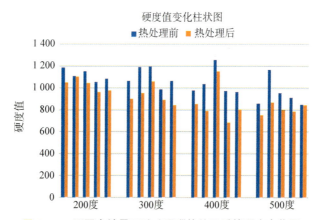

图 4-1 不同含铁量玉髓/玛瑙热处理后的硬度变化图

注:每个温度组共 5 枚样品,从左自右依次为深红色、浅红色、黄色、深青色、浅青色。

以上分析可见,不同石材在加热过程中的物理性质变化会有差别,如玛瑙材料硬度减

---

① 杨晶:《探秘原始的玉石开料技术》,《大众考古》2017 年第 10 期。
② 闻广:《古玉丛谈(八)—— 鸡骨白与象牙白古玉》,《故宫文物月刊》1994 年第 2 期。
③ 吴京山:《试解良渚文化玉器的雕琢之谜》,《东南文化》2001 年第 4 期。
④ 林华东:《浙江通史》(第 1 卷),浙江人民出版社 2005 年版,第 285 页;赵晔:《湮灭的古国古都 —— 良渚遗址概论》,浙江摄影出版社 2007 年版,第 153 页。

小、脆性增大,非常适合打制技术;透闪石-阳起石玉材硬度增加、脆性增大,并不适合磨制技术。因此,古人已经认识到热处理材料的物理性质变化与使用的加工技法是有关联的,古人在旧石器时代中期已掌握了低温控制技术,使玉髓／玛瑙材料处于一个稳定的温度环境中,从而完成材料改性以便更易打制成器。值得注意的是,表4-3的滑石器在加热后硬度有较大提升,有助于提高耐用度。

(三)玉器生产阶段和使用阶段——获取所需颜色

热处理技术在石器上的改色使用研究很早就引起关注,石材包括燧石、石英、玛瑙等硅质岩石,颜色变化主要与所含铁元素相关。周振宇指出硅质岩颜色变化还与升温速度相关,当速度较快时颜色变化不明显。不过,某些红色调的石材是天然产的,并非热处理所致[①],因此石器热处理研究中也缺乏受热的直接科学证据。

热处理技术在玉器上的改色使用最早由新西兰南部地区博物馆和艺术馆的 Russell J. Beck 在1981年提出,他认为大量史前软玉被毛利人加热过,显示他们了解加热结果——颜色的改变和硬度的增加。鱼是毛利人图腾的重要主题,南乳鱼(Inanga)因稀少且具有乳白色或浅绿银色的漂亮外观深受毛利人喜欢。尽管新西兰因半透明亮绿色软玉而著称于世,但毛利人却喜欢稀少的、类似南乳鱼的浅绿银色品种,因此毛利人通过加热改色方式使亮绿色软玉呈现与南乳鱼相近的外观特征[②]。此外,Beck 认为中国鸡骨白古玉是经过高温加热处理的,但大量玉器是经过低温加热获得所需的颜色;同时,Beck 认为加拿大的大量透闪石-阳起石玉器也经过了热处理过程[③]。以上分析表明,Beck 认为透闪石-阳起石玉器的热处理目的是获取所需的颜色,该过程是在玉器的生产阶段完成的。

中国境内"获得所需颜色"的观点,最早由黄宣佩研究员提出。如前所述,燎祭时火烧玉器的目的是为了获取所需的颜色——白色,因为白色是光芒的象征,崇尚白色是对火神、太阳神的崇拜[④]。其后,荆志淳和唐际根在分析殷墟花园庄 M54 出土的部分礼器时也持类似观点,即凡个体大、形制规整、与礼仪相关的17件玉器(矛、戈、戚、圭、璧、环等)均经过火烧,以期获得某种特定的颜色或缘于祭祀活动的具体程序[⑤]。

此外,一些非透闪石-阳起石玉器引起学者的关注,如常见的黄色玉髓／玛瑙经热处理变成稀有的红色玉髓／玛瑙。闻广研究员认为辽宁建平牛河梁白色仿贝(JN2Z1CJ:1)材质——顽火辉石并非原生矿物,而是由原生矿物蛇纹石加热形成的,这可能是最早的蛇纹石热处理证据,其目的可能是获取所需颜色[⑥]。董俊卿[⑦]和付琳[⑧]等发现河南平顶山应国墓

---

① 周振宇、关莹、高星:《旧石器时代石制品热处理研究:回顾与展望》,《人类学学报》2013年第1期。
② Beck, R. J., "A New Development in Understanding the Prehistoric Usage of Nephrite in New Zealand", in Leach, F., Davison, J., ed., *B. A. R. International series 104: Archaeological Studies of Pacific Stone Resources*, 1981, pp. 21-29.
③ Beck, R. J., Mason, M., *Mana Pounamu-New Zealand Jade*, New Zealand: Reed Books, 2002, p. 117.
④ 黄宣佩:《良渚文化玉器变白之研究》,载于上海博物馆:《上海博物馆集刊》(10),上海书画出版社2005年版,第357—364页。
⑤ 中国社会科学院考古研究所:《安阳殷墟花园庄东地商代墓葬》,科学出版社2007年版,第375—376页。
⑥ 闻广:《古玉地质考古学研究方法续》,中国社会科学院考古研究所:《张家坡西周玉器》,文物出版社2007年版,第147页。
⑦ 河南省文物考古研究所、平顶山市文物管理局:《平顶山应国墓地》(1),大象出版社2012年版,第94、840—847、938—939页。值得注意的是:发掘报告的白辉石珠是指白色顽火辉石珠,黑辉石珠是指黑色滑石珠。939页中蚌器505件(颗),内分404件白蚌珠、75件黑辉石珠和7件白辉石珠。此处的黑和白辉石珠可能有误。若无误的话,白和黑辉石珠的总数为 $23+7+1856+75=1961$ 件(颗)。
⑧ 付琳、董俊卿、李青会等:《林西井沟子西区墓葬出土滑石珠的科技分析及相关问题》,《边疆考古研究》2015年第2期。

地和内蒙古林西井沟子墓地出土白色和灰色珠的主要物相是顽火辉石，其中部分白色珠中仍存在少量滑石，他们据此认为这批白色顽火辉石珠是由黑色滑石珠加热而成的，其目的是为了增白。滑石的热处理改色工艺可能早在古印度河流域的梅赫尔格尔（Mehrgarh）一期后段（6500—5800BC）已被发明，至梅赫尔格尔三期（4300—4000BC）已大量应用，因此中国出土滑石改色玉器的来源问题需要置于更大区域的文化和贸易交流层面来考察。

以上分析显示，针对热处理玉器获得所需颜色的研究，国外学者认为透闪石-阳起石玉器的热处理过程是在生产阶段完成的，而中国学者认为热处理过程是在生产阶段和使用阶段完成的。其他材质的玉器，如蛇纹石、滑石质、玉髓／玛瑙质玉器的热处理过程多被认为是在生产阶段完成的。笔者认为这一过程需要控温技术，使被处理玉器处于一个稳定的温度环境中。与蛇纹石和滑石不同的是，玉髓／玛瑙仅适合低温环境（< 500℃）。

（四）玉器使用阶段 —— 燎祭祭品

长期以来，仅有明确证据显示，四川广汉三星堆遗址一、二号祭祀坑出土的玉石器和金器、青铜器、陶器、象牙器、贝器和骨器等遗物经过了高温焚烧。一号坑内的骨渣里杂有明显的竹木灰烬，部分铜器的一侧或一端已呈半熔化变形状况[1]；二号坑的下层主要为草木灰烬和炭屑堆积，混杂其间的大部分出土物皆留有明显的烟熏火燎痕迹，一些玉石器甚至已被烧裂[2]。有学者认为这里曾举行过一次规模浩大、仪式隆重的"燎祭"活动，"燎祭"结束后，祭品随即瘗埋于此，其依据或许可参考商王朝核心区域安阳殷墟出土的甲骨文。2015年之后，随着江苏武进寺墩、安阳殷墟、陕西凤翔血池祭祀遗址出土的部分玉器被笔者证实经过火烧过程，表明玉器的确作为燎祭祭品存在，与甲骨文的文献记载是相符的。

综上分析可见，旧石器时代石器的热处理目的可能有四个：一是劈裂大块岩石，获取石料；二是使劣质石料变得更加均质，改善剥片性能和效率，利于石器制作；三是改变石料的色泽，作为贵重物品，用于贸易或赋予宗教、文化价值；四是改变石料原有的成分结构，形成新物质[3]。新石器时代玉器的热处理或火烧目的包括四个：一是生产阶段的玉料开采；二是生产阶段的玉材改性，便于加工或提高耐用度；三是生产阶段和使用阶段的获取所需颜色；四是作为祭品使用。其中，有的热处理是在开放性环境中进行的，如玉石料开采、火燎祭祀等，有的热处理是在封闭环境中进行的，如玉石材改性、获取所需的颜色等，此时需要控温技术，创造一个稳定的温度环境。

第三节　　火烧模拟实验综述

第一章指出中国古代玉器的最重要材质为透闪石-阳起石，本章第二节热处理玉器的材质不仅包括透闪石-阳起石，还包括蛇纹石、滑石、玉髓／玛瑙。本节将对前人的火烧模拟实验进行必要综述，并根据研究目的设计针对性的模拟实验。考虑到玉髓／玛瑙涉及内容较多，且与本章主旨 —— 火燎祭祀关联不大，故本书不作讨论。

---

[1] 四川省文物管理委员会、四川省文物考古研究所、四川省广汉县文化局：《广汉三星堆遗址一号祭祀坑发掘简报》，《文物》1987年第10期。

[2] 四川省文物管理委员会、四川省文物考古研究所、广汉市文化局、文管所：《广汉三星堆遗址二号祭祀坑发掘简报》，《文物》1989年第5期。

[3] 陈虹、沈辰：《史前石制品的热处理研究》，《江汉考古》2009年第2期。

一、透闪石-阳起石矿物加热模拟实验

在整个世界范畴内,地质学者最早开展透闪石矿物的加热实验研究,1908年Allen和Clement通过透闪石矿物的加热实验研究水在该矿物中的构成形式[1]。1931年Posnjak和Bowen采用XRD和光学显微观察等方法研究了透闪石(样品来自Allen和Clement)在空气中的加热变化过程,指出随着温度增加,吸附水和结构水将先后失去,结构水的失去温度为750—1 000℃[2],透闪石发生物相转变形成辉石类和方石英矿物,反应式为:

$$Ca_2Mg_5Si_8O_{22}(OH)_2(透闪石) + Heat \Rightarrow 2CaMgSi_2O_6(透辉石)$$
$$+ 3MgSiO_3(顽火辉石) + SiO_2(方石英) + H_2O(gas)[3]$$

其后,相当多的学者开展了透闪石和阳起石矿物的加热实验,考虑到中国古代玉器的加热方式可能为露天加热或者封闭(窑炉)加热,因此本节仅将空气和电炉加热实验的具体结果汇总成表4-1。

(一)脱水温度特征

由表4-1可见,透闪石或阳起石的结构水脱去温度(物相转变温度)是不同的,其影响因素是多样的。张亚楠(2011)的红外光谱实验显示在加热3小时的条件下,透闪石在800℃以上时物相开始转变,至1 200℃时物相完全转变,表明透闪石的物相转变过程是在一定温度范围内完成的。一般说来,透闪石或阳起石的物相转变过程伴随着羟基峰位振动减弱、Fe^{2+}氧化为Fe^{3+}等过程。因为透闪石或阳起石结构中M_1和M_3位置的Mg常被Fe类质同象替代,且这些位置又与羟基连接(图2-15),因此透闪石或阳起石结构水的脱去温度(物相转变温度)与Fe含量密切相关。Vermaas(1952)的研究显示透闪石结构水会在930—988℃完全脱去,而阳起石结构水则在1 060—1 122℃完全脱去。Wittels(1951)的研究显示透闪石的物相完全转变温度为1 040℃,高于阳起石的完全转变温度1 020℃。虽然两个年代相近的实验出现不同之处,但从理论上来讲,结构水是以与Mg连接的羟基形式存在的,Mg被Fe类质同象替代后会引起红外光谱3 671 cm^{-1}附近Mg—OH峰位的脱水温度降低,而该位置的羟基峰位消失又可以指示透闪石或阳起石的物相完全转变,因此若铁含量高,则透闪石或阳起石的物相完全转变温度降低,这被Ishida(2001)[4]的实验结果所验证。表4-1还显示相同加热时间下Fe含量的不同会引起透闪石物相的开始转变温度的差异。王春云(1991)的研究显示含铁量为2.1%的新疆和田青白玉和含铁量为0.47%的四川龙溪浅绿色透闪石玉在加热1小时条件下未在800℃以下发生物相转变,而卢保奇(2005)的研究显示含铁量4.48%—5.05%的四川软玉在加热1小时条件下未在900℃以下发生物相转变。两个实验似乎显示含铁量低则物相开始转变温度降低,但王春云的实验没有900℃实验曲线,且两个实验的温度间隔均过大,故不能作此推断。一般认为Mg—OH化学键能大于Fe—OH化学

---

[1] Allen, E. T., Clement, J. K., "Role of Water in Tremolite and Certain Other Minerals", *American Journal of Science*, 1908, 26, pp. 101-118.
[2] Posnjak, E., Bowen, N. L., "The Role of Water in Tremolite", *American Journal of Science*, 1931, 22, pp. 203-214.
[3] Deer, W. A., Howie, R. A., ZUSSMAN, J., *Rock-Forming Minerals*, Vol. 2B, London: Geological Society, 1997.
[4] Ishida, K., Hawthorne, F. C., Ando, Y., "Fine Structure of Infrared OH-stretching Bands in Natural and Heat-treated Amphiboles of the Tremolite-ferro-actinolite Series", *American Mineralogist*, 2002, 87(7), pp. 891-898.

键能,因此铁含量高则物相或材质的开始转变温度降低。上述工作显示:首先,透闪石和阳起石的铁含量增加均会引起物相的开始转变温度和完全转变温度降低。其次,透闪石和阳起石的物相转变温度也与保温时间相关,一般说来,随着保温时间增加,物相开始转变温度会降低,Douglas(2001)和 Chen Tung-Ho(2008)的研究均支持该观点;同时物相完全转变温度也会降低,Posnjak 和 Bowen(1931)也持该观点。

(二) 颜色变化特征

表 4-1 同样可见,透闪石或阳起石加热过程中的颜色变化也不相同。闻广(1993)的研究显示铁含量较高透闪石玉的颜色在 650℃ 时由原来的黄绿色变成棕黑色,950℃ 时则退色发白;谭立平(1998)、余炳盛(1998)、Douglas(2001)、荆志淳(2007)和张亚楠(2011)的研究均显示透闪石的颜色在物相完全转变过程中由青白色、青色、绿色变成了白色、浅黄白色、白黄色等。与此不同的是,谭立平(1978)的研究显示含铁量 3%—3.5% 台湾猫眼软玉的颜色在 700℃ 时由原来的绿黄色变成黄色,860℃ 时则变成黑色且不透明。该实验没有继续升温加热,因此最终的颜色变化不得而知。余炳盛(2006)的研究显示透闪石在 1 050℃ 由原来的绿色变成了红棕色。此外,Douglas(2001)显示同一样品浅色和深色区域的变化特征不同,浅色区域变成了白色,而深色区域由浅灰色变成浅橙色。

上述研究表明,铁含量可能是透闪石加热过程中不同颜色变化的原因之一,此观点也可从铁含量更高的阳起石中得到佐证,如郑建(1986)的研究显示,深绿色的阳起石在 400—500℃ 时变为棕黑色,1 000℃ 时表面变为红褐色;荆志淳(2007)的研究显示含铁量高的阳起石玉和碧玉加热后首先变黑,而后逐渐退色,在 700℃ 左右变为深褐色、深黄褐色,温度进一步提高后颜色变化不大。

上述研究还表明,当透闪石呈现灰白色时,加热温度多接近物相完全转变温度,此时已非透闪石材质;当透闪石呈现其他颜色时,加热温度可以未达到物相开始转变温度,此时仍为透闪石材质;当阳起石呈现黄或褐色调时,加热温度多超过物相转变温度,此时已非阳起石材质。对于透闪石-阳起石玉器在物相转变温度以下时的受热行为指纹性特征的提取,有时是判断出土玉器是否经过火烧的难点。Tung-Ho Chen(陈东和,2008)尝试使用拉曼光谱进行区分,具体说来,3 646 cm^{-1} 峰位会在 400℃ 以上时出现,599 cm^{-1} 峰位会在 500℃ 以上时出现,899 cm^{-1} 峰位会在 600—800℃ 时出现。不过该项研究是否能广泛应用,很大程度上取决于拉曼光谱仪器的性能以及测试样品的性质。

综上可见,透闪石或阳起石在加热过程中的颜色变化与铁含量密切相关,铁含量少则玉器在加热过程中易退色变白,铁含量高则常变成褐色调。

(三) 硬度变化特征

前节关于火烧目的的分析中曾提到,火烧是使玉器软化的一种方式,目的是便于玉工在较高硬度的透闪石-阳起石玉料上雕刻。不过 Beck(1981)、Douglas(2001)和荆志淳(2007)的加热实验显示:火烧不仅不能使透闪石-阳起石玉的硬度降低,反而有所增加。Douglas 指出加热至 500℃、600℃、700℃、800℃ 时,试样的摩氏硬度由未加热时的 6.2 分别提升至 6.5、6.6、6.6 和 6.8,她同时指出试样在 900℃ 后已十分松脆而无法进行硬度测试,此时透闪石转变为透辉石。以上表明,透闪石-阳起石玉的硬度随着温度升高而增加,随着材质转变导致脆性增大、结构疏松。

表 4-1 透闪石/阳起石的加热实验汇总

编号	研究年份/人员	材质	特征	类型/来源	状态	设备	温度℃	时间	气氛	颜色	透明度	结构	失水	新物质
1	1931/Posnjak & Bowen	透闪石	铁含量极低	现代玉料/阿拉斯加Ham岛	粉末	电炉	600	24 h				未变		
							900	24 h				发生改变		
							1 150—1 200	2 h				完全改变		
2	1931/Posnjak & Bowen	透闪石	铁含量极低、含水分别为2.75%和3.37%	现代玉料/阿拉斯加Ham岛	粉末	电炉	115—1 100						首先快速脱去吸附水,随着温度的升高失水量逐渐减少	
							900	24 h					减少2.10%—2.15%的重量,接近透闪石结构水含量理论值2.22‰。不同透闪石结构水的含量与吸附水含量不同	
							900+						然后结构水缓慢脱去,在750—1 000℃时大部分结构水脱去。结构水的脱去程度与透闪石的物相转变程度有关	
							1 000						随温度升高结构水的脱水量减少	
													结构水完全脱去	
3	1939/Belyankin & Donskaya[1]	阳起石	FeO为6.56%,含水3.73%	现代玉料			400—500			绿色变褐色				
							500—600			褐色变深褐色				
							800						400℃失水1.68%	
							950					物相完全转变	失水2.42% 失水3.64%—3.73%	

① Belyankin, D. G. , Donskaya, E. V. , "Thermo-optical Investigation of Actinolite", Bullet Academic Science. U. R. S. S. , Ser. Geol. , 1939. 1: 95 (M. A. 8-19).

续表

编号	研究年份/人员	实验样品 材质	特征	类型来源	状态	设备	温度°C	时间	气氛	颜色	透明度	结构	失水	新物质
4	1951/Wittels①	透闪石	铁含量极低，含1.35%F	现代玉料			600—1125					沿C轴方向有0.65%的不可逆体积收缩，每克样品释放2.75卡路里	加热到900℃时，保温24小时才有部分反应进行。若加热至所需温度后立即冷却，则结构无变化	脱水和物相转变是同时发生的
							825							
		阳起石	Fe_2O_3为2.0%，FeO为4.3%	现代玉料			600—1125	30℃/Min 升温速率				完全分解，每克样品释放6.4卡路里		
							1040					氧化		
							750—1000					完全分解，每克样品释放6.2卡路里		
							1020							
5	1952/Vermaas②	透闪石、阳起石	含铁量未标明	现代玉料			0—1200					一些二价铁的氧化引起放热反应		
							815—824					透闪石结构转变	透闪石失去结构水	
							930—988							
							1060—1122						阳起石失去结构水	
6	1978/谭立平③	软玉	FeO为3%—3.5%	现代玉料/台湾软玉猫眼			700	4 h		绿黄色变黄色			结构水失去，质量由0.585 g减少至0.595 g	
							860			变黑	微透明变不透明	二价铁氧化为三价铁，质量增至0.594 g		

---

① Wittels, M. C., *A Thermo-chemical Analysis of Some Amphiboles*, Ph. D. Dissertation of the Massachusetts Institute of Technology, 1951.
② Vermaas, F. H. S., "The Amphibole Asbestos of South Africa", *Transactions of the Geological Society*, 1952, 55, pp. 199-232.
③ Tan, L. P., Lee, C. W., Chen, C. C., et al., "A Mineralogical Study of the Fengtien Nephrite Deposits of Hualien, Taiwan", *National Science Council Special Publication*, 1978, (1), pp. 35-36.

续表

编号	研究年份/人员	实验样品 材质	实验样品 特征	实验样品 类型/来源	实验样品 状态	实验方法 设备	实验方法 温度℃	实验方法 时间	实验方法 气氛	实验结果 颜色	实验结果 透明度	实验结果 结构	实验结果 失水	实验结果 新物质
7	1981/Beck①	软玉	深绿色	现代玉料/新西兰	抛光块	空气	300			颜色变化为主				
				W301 透闪石			650			显著变化		硬度提高		
							1 000			变灰白色	变为不透明	结构被破坏,产生黑锈色小裂纹		
				W302 软玉（含氧化层）			650			黄色至绿色变红棕色,其色调随黄色至绿色的变化而变深				
				W106 透闪软玉（质纯、黄绿色）		电炉	650			外层呈黑色				
							1 000			外层呈铁锈色,内层呈不透明灰色		结构被破坏,产生黑锈色小裂纹		
				W103 透闪石			650	1 h		外层为橄榄色的氧化壳,继续氧化变成黑色至褐色;内层由深绿色变成褐色或者银白绿色		加热形成圆形特征痕呈现,类似鱼鳞纹		
8	1986/郑建②③	阳起石	铁含量未标明,深绿色带灰白色	出土玉器残块/江苏常州寺墩遗址良渚玉璧(M3:59)	块状		400—500			表面变为棕黑色				
							1 000			表面变为红褐色				

① Beck, R. J., "A New Development in Understanding the Prehistoric Usage of Nephrite in New Zealand". In Leach, F., Davison, J., ed., *B. A. R. International Series 104: Archaeological Studies of Pacific Stone Resources*, 1981, pp. 21-29.
② 汪遵国:《良渚文化玉器综论》,载于邓聪:《东亚玉器》(上),香港中文大学中国考古艺术研究中心 1998 年版,第 252 页。
③ 郑建:《寺墩遗址出土良渚文化玉器鉴定报告》,载于徐湖平:《东方文明之光——良渚文化发现 60 周年纪念文集》,海南国际新闻出版中心 1996 年版,第 432—441 页。该文载郑健在 1986 年完寺墩玉器的研究工作。

续表

编号	研究年份/人员	实验样品 材质	实验样品 特征	实验样品 类型/来源	实验方法 状态	实验方法 设备	实验方法 温度℃	实验方法 时间	实验方法 气氛	实验结果 颜色	实验结果 透明度	实验结果 结构	实验结果 失水	实验结果 新物质
9	1991/王春云[①]	软玉	FeO为2.1%（新疆和田）、FeO为0.47%（四川汶西）	现代玉料			室温—1100；室温—800	1 h、20℃/Min升温速率				结构非常稳定；结构破坏		Ca-Mg辉石($Ca_2Mg_2Si_2O_{24}$)生成
10	1993/闻广[②]	透闪石	$Fe/(Fe+Mg)=8.24$黄绿色	出土玉器残块，浙江余杭反山遗址玉璧(M20:184)			650；950			变棕黑色；退色发白	透明度显著降低	铁镁比降为7.25；铁镁比降为5.24		
11	1998/谭立平[③]	软玉	青白色	现代玉料			1100	0.5 h		完全白化或象牙色（白里微红），可能是新矿物质或生成玻璃引起的		表面有玻璃光泽，放大镜下可见许多微小的黑褐色裂纹		透闪石已转换为透辉石
12	1998/余炳盛[④]	软玉	青色	现代玉料			700；1100	40 min；0.5 h		表面轻微白化，局部区域变黑；表面变白		产生许多裂纹		无；物相转变，透辉石生成

[①] 王春云、张惠芬：《软玉的热谱特征与热转变机制》，《矿物学报》1991年第3期。

[②] 闻广：《古玉丛谈（八）——鸡骨白与象牙白古玉》，《故宫文物月刊》1994年第2期。

[③] 谭立平、钱宪和、林润滨等：《古玉的沁色》，载于钱宪和：《中国古玉鉴——制作方法及矿物鉴定》，地球出版社1998年版，第147—160页。

[④] 余炳盛、谭立平：《闪玉与蛇纹石的仿古实验》，载于钱宪和：《中国古玉鉴——制作方法及矿物鉴定》，地球出版社1998年版，第173—181页。

续表

编号	研究年份/人员	实验样品				实验方法				实验结果				
		材质	特征	类型/来源	状态	设备	温度℃	时间	气氛	颜色	透明度	结构	失水	新物质
13	2001/Janet G. Douglas[①]	和田玉	青玉，含铁量低	现代玉料/新疆			500—1 100（升温间隔100℃）	24 h	氧化	样品浅色区域由灰黄变成浅黄灰色		未加热时摩氏硬度为6.2，加热至500—700℃时摩氏硬度分别为6.5、6.5、6.6		
							800			样品深色区域表面裂隙中可能浸入的有机物质炭化使该区域颜色由浅灰变成灰黄橄榄黑				
							900			炭化物质逐渐汽化导致橄榄黑色区域褪色 浅黄灰色变成白色	变为不透明	抛光表面未受破坏，摩氏硬度提高到6.8		
							1 000			深黄褐色		裂隙出现，并有扩大趋势，样品十分松脆，无法进行硬度测试		
							1 100			浅黄褐色				
										浅橙色			羟基峰完全消失	透辉石生成

[①] Douglas, J. G., "The Effect of Heat on Nephrite and Detection of Heated Chinese Jades by X-ray Diffraction (XRD) and Fourier-Transform Infrared Spectroscopy (FTIR)"，载于钱宪和：《海峡两岸古玉学会议论文集》，台湾大学地质科学系2001年版，第543—554页。

续表

编号	研究年份/人员	材质	特征	类型/来源	状态	设备	温度℃	时间	气氛	颜色	透明度	结构	失水	新物质
14	2005/卢保奇[①]	软玉	FeO为4.48%—5.05%	现代玉料/四川	粉末/颗粒度80μm		室温—1 100	室温—900	1 h			非常稳定		Ca-Mg辉石($Ca_2Mg_2Si_2O_7$)的新物相生成
								900—1 100				结构破坏		
15	2006/余炳盛[②]	透闪石	绿色,含铁量未标明	现代玉料				500	1 h	无变化		无变化		
								650		有些许变白		表面光滑		
								850		颜色变深		开始有少许裂隙产生,裂隙的数量、长度、宽度较小,仍为透闪石		
								1 050		表面变为红棕色(推测是铁离子氧化所致,且颜色变深)		裂隙产生的范围变广、宽度及深度加大	羟基峰完全消失	生成透辉石物相
16	2007/陈笑容[③]	透闪石	黄白色,褐色,黄绿色	青海			800—1 100	800	2 h		黄绿色没有明显变化,但黄白色和褐色发生变化	结构没有变化		生成透辉石,且形成1 304—1 310 cm^{-1}拉曼峰位
								900			均发生明显变化			
								1 000				均发生明显变化		
								1 100						

① 卢保奇,夏义本,亓利剑:《软玉猫眼的红外吸收光谱及热相变机制研究》,《硅酸盐学报》2005年第2期。
② 余炳盛,刘金龙,黄琨哲:《闪玉热处理仿古实验及其拉曼光谱之研究》,载于《第八届资源与环境学术研讨会论文集》,台湾花莲2006年版,第55—64页。
③ 陈笑容,郭守国,张蔚等:《拉曼光谱技术在仿古玉鉴别中的应用》,《文物保护与考古科学》2007年第1期。

续表

编号	研究年份/人员	实验样品 材质	实验样品 特征	实验样品 类型/来源	实验方法 状态	实验方法 设备	实验方法 温度℃	实验方法 时间	实验方法 气氛	实验结果 颜色	实验结果 透明度	实验结果 结构	实验结果 失水	实验结果 新物质
17	2007/荆志淳[①]	透闪石	白玉、青玉	现代玉料			700			变成浅白灰色	变为不透明			
							900			变成浅黄白色,类似象牙白或鸡骨白				
		阳起石	绿色玉和碧玉				700			首先变黑,而后逐渐退色				
							400+			深褐色,深黄褐色,温度进一步升高颜色变化不大				
18	2008/Tung-Ho Chen[②]	软玉	FeO为0.08%—3.67%	现代玉料			300—900(升温间隔100℃)	24 h	氧化			Fe^{2+}氧化为Fe^{3+}后的Fe^{3+}—OH(与M_3位连接的O_3)键振动引起的3 646 cm^{-1}拉曼峰位出现		加热过程中,会发生氧化作用,从而使铁经氧化作用和脱基拉曼峰位(3 657—3 661和3 641—3 645 cm^{-1})强度降低至完全消失
							500					Fe^{2+}氧化为Fe^{3+}后的Fe^{3+}—O键振动引起的599 cm^{-1}拉曼峰位出现,并逐渐增强		
							600—800					Fe^{2+}氧化为Fe^{3+}后的Fe^{3+}的S—O键振动引起的899 cm^{-1}拉曼峰位出现。599和899 cm^{-1}拉曼峰位在铁含量小于0.25%时未出现,599 cm^{-1}峰位强度大于899 cm^{-1}		

[①] 中国社会科学院考古研究所:《安阳殷墟花园庄东地商代墓葬》,科学出版社2007年版,第375—376页。
[②] Chen, T. H., "A Raman Spectroscopic Study of Heat-treated Nephrite", *Phase Transitions*, 2008,81(2−3), pp.205−216.

续表

编号	研究年份/人员	实验样品			实验方法				实验结果				
		材质	特征	类型/来源	状态设备	温度℃	时间	气氛	颜色	透明度	结构	失水	新物质
19	2011/张亚楠①	透闪石	绿色，含铁量未标明	现代玉料		500			颜色未变		光泽未变		
						600			略有变白				
						700			表面出现一些暗色斑块和白色区域		光泽变弱		
					500—1 200（升温间隔100℃）	800	3 h		白色区域逐渐变大，呈条带状分布，遍布玉体				
						900—1 200			完全变成白黄色				
						1 200						羟基峰位完全消失	形成Ca—Mg辉石
													物相完全转变

表4-2 蛇纹石加热实验汇总

编号	研究年份/人员	实验样品			实验条件		实验结果			
		材质	特征	来源	温度	时间	颜色	结构	失水	谱图	其他
1	1983/郑建	利蛇纹石	绿色	江苏镇江	200		绿色	无纤维结构，多色性明显			
			叶片状		1 000		退色变白	纤维集晶体			

① 张亚楠：《古玉白沁作伪方法研究》，中国地质大学（北京）硕士学位论文，2011年。

续表

编号	研究年份/人员	实验样品			实验条件			实验结果			
		材质	特征	来源	状态	温度	时间	颜色	结构	失水	谱图	其他
2	1986/彭文世,刘高魁[①]	斜纤蛇纹石、利蛇纹石	未标明	未标明	未标明	400			结构未发生变化		除羟基带强度略降低外,红外光谱特征没有变化	
						500			结构已进行调整,结晶程度下降		XRD 线条变得模糊	
						600			出现非晶质镁橄榄石		红外光谱完全脱羟	
						700			镁橄榄石的结晶度增加			
						800			镁橄榄石的量增加		出现顽火辉石	
						1 200			镁橄榄石的量减少		顽火辉石结晶程度大为提高	
		正纤蛇纹石、叶蛇纹石	未标明	未标明	未标明	400			结构未发生变化		除羟基带强度略降低外,红外光谱特征没有变化	
						500			结构已进行调整,结晶程度下降		XRD 线条变得模糊	
						600			出现非晶质镁橄榄石		丢失 40%羟基	
						700			镁橄榄石的结晶度增加		红外光谱完全脱羟	
						800			镁橄榄石的量增加		出现顽火辉石	
						1 200			镁橄榄石的量减少		顽火辉石结晶程度大为提高	

① 彭文世,刘高魁:《蛇纹石族矿物及其热转变产物的红外光谱研究》,《矿物学报》1986 年第 2 期。

续表

编号	研究年份/人员	实验样品			实验条件			实验结果			
		材质	特征	来源	状态	温度	时间	颜色	结构	失水	谱图	其他
3	1988/余炳盛①谭立平	叶蛇纹石	未标明	未标明	未标明	700	40 min	白色表面	产生许多裂纹，电子显微镜下有气泡状结构		蛇纹石拉曼谱消失，有微弱的顽火辉石谱	
						1 100	30 min	淡黄褐色斑纹			顽火辉石拉曼峰位明显	
4	2003/余炳盛②	叶蛇纹石	未标明	台湾花莲	块状	100	50℃/min					顽火辉石的形成温度较前人研究为高，其原因可能是实验升温较快，保温时间不够长所致
						150						
						300						
						450					1 112.7 和 1 268.1 cm^{-1} 的拉曼峰位迅速降低	
						600			晶体结构受损		1 112.7 和 1 268.1 cm^{-1} 的拉曼峰位消失，晶体构造已有些受损	
						650						
						700						
						750	25—10℃/min		晶体结构完全破坏	结晶水脱水		
						800						
						850						
						900					再结晶生成新的晶体	

---

① 余炳盛、谭立平：《闪玉与蛇纹石的仿古实验》，载于钱宪和：《中国古玉鉴——制作方法及矿物鉴定》，地球出版社1998年版，第173—181页。
② 余炳盛、陈素华、赖韶文：《叶蛇纹石热处理之显微拉曼光谱初步研究》，载于《第六届资源与环境学术研讨会论文集》2003年版，第19—146页。

续表

编号	研究年份/人员	实验样品				实验条件		实验结果				
		材质	特征	来源	状态	温度	时间	颜色	结构	失水	谱图	其他
5	2003/朱红州[①]	叶蛇纹石	未标明	辽宁岫岩	粉末	150	3 h					
						200	3 h					
						250	3 h			吸附水和层间水开始脱失		
						300	3 h			吸附水和层间水明显脱失		
						400	3 h		保持层状结构		出现镁橄榄石	
						500	3 h		层状结构被完全破坏,晶体结构发生突变			
						550	3 h			羟基脱失加速		
						600	3 h		结构水的主要脱水区	吸附水和层间水完全脱失		
						650	3 h				镁橄榄石结晶度增高,并出现顽火辉石新物相	
						700	3 h			羟基全部脱出		
						750	3 h					
						800	3 h				发生明显相变	
						900	3 h					
						1 000	3 h					
						1 050	3 h				镁橄榄石的含量略有减小,出现较多晶质顽火辉石物相	

[①] 朱红州、王时麒、俞宁:《辽宁岫岩叶蛇纹石蛇纹石热处理产物的矿物学特征》,《矿物学报》2003 年第 2 期;王时麒、赵朝洪、于洸等:《中国岫岩玉》,科学出版社 2007 年版,第 61—67 页。

续表

编号	研究年份/人员	实验样品 材质	实验样品 特征	实验样品 来源	实验样品 状态	实验条件 温度	实验条件 时间	实验结果 颜色	实验结果 结构	实验结果 失水	实验结果 谱图	其他
6	2005/卢保奇[①]	纤蛇纹石	猫眼,含铁量1.87%	四川石棉	粉末、块样	500	2 h		结构稳定			
						700	2 h		结构被完全破坏	完全脱羟	转变成镁橄榄石和少量非晶质顽火辉石	
						800	2 h				晶质镁橄榄石的量和结晶度增加	
						900	2 h					
						1 000	2 h				镁橄榄石的量明显下降	
						1 100	2 h		结构比较稳定		顽火辉石的量和结晶程度显著增加	
7	2005/卢保奇[②]	叶蛇纹石、纤蛇纹石	未标明	四川石棉	粉末	500	1 h					
						600			结构破坏	625—700℃,脱羟完全	晶质镁橄榄石的量和结晶度增加	
						700						
						800					顽火辉石出现,单结晶度较差	
						900					晶质镁橄榄石和晶质顽火辉石的量逐渐增加,顽火辉石的结晶有序度增加	
						1 100						叶蛇纹石的高温相变相于纤蛇纹石

[①] 卢保奇,亓利剑,夏义本等:《四川石棉蛇纹石猫眼热相变相的Raman光谱和XRD研究》,《高校地质学报》2005年第2期。
[②] 卢保奇,夏义本,亓利剑:《蛇纹石猫眼的红外光谱及热相变相制研究》,《无机材料学报》2005年第2期。

续表

编号	研究年份/人员	实验样品 材质	特征	来源	状态	实验条件 温度	时间	实验结果 颜色	结构	失水	谱图	其他
8	2006/李合①	叶蛇纹石	浅绿至灰绿色,含铁量为FeO=0.25%	辽宁岫岩	粉末压制成0.5 cm正方体	750			显微结构没有明显变化	598℃以前损失吸附水,之后失去层间水,直至780℃		硬度略有降低
						820		变成土黄色	橄榄石物相以非常小微粒形式存在		生成橄榄石	硬度明显增大
						1 250					生成顽火辉石	
9	2011/张亚楠②	蛇纹石	未标明	未标明	未标明	200	3 h		结构变化不大		红外光谱变化不大	
						400	3 h	颜色逐渐变黑,光泽变弱				
						500	3 h					
						600	3 h					
						700	3 h	通体变灰白色			蛇纹石的主要谱峰消失,轻基峰位也逐渐消失,产生镁橄榄石和顽火辉石	
						800	3 h					
						1 000	3 h					

① 李合:《以蛇纹石为原料制备陶瓷涂层的实验研究》,中国地质大学(北京)硕士学位论文,2006年。
② 张亚楠:《古玉白沁作伪方法研究》,中国地质大学(北京)硕士学位论文,2011年。

表 4-3 滑石的加热实验举例

编号	研究年份/人员	实验样品 材质	实验样品 特征	实验样品 来源	实验样品 状态	实验条件 温度	实验条件 时间	实验结果 颜色	实验结果 结构	硬度及其它
1	1993/童银洪①	滑石	黑色	广西上林	粉末、块状	690	20 min	白度增加	碳被氧化	硬度增大，块状的滑感消失
2	1993/陈正国等②	滑石	黑色	江西广丰		400		白度增加	有机碳开始分解	
		滑石	黑色	江西广丰		850		白度增加	出现顽火辉石	
3	2013/丁苏东等③	滑石	黑色	江西广丰	粉末	800	24 h半地穴窑,密封还原,自然冷却		出现顽火辉石	
						1 200			滑石完全分解	
4	2017/Connor等④	滑石	浅色		块状	900	氧化气氛,自然冷却	黑色	顽火辉石+少量镁橄榄石	
		滑石	浅色		块状	850、950	氧化气氛,自然冷却	红棕色		
		滑石	浅色		块状	1 050		红棕色		开裂,透明度下降
5	2019/Baehre等⑤	滑石	玻璃白	西伯利亚	2×2 cm	600~1 200	2 h	白色	顽火辉石	
		滑石+斜绿泥石+透闪石	灰绿色	埃及	2×2 cm	1 000	24 h	红褐色	顽火辉石+镁橄榄石	
		滑石+利蛇纹石+透闪石	灰色/绿色	埃及	2×2 cm	1 000	24 h	白色/褐色	顽火辉石+镁橄榄石+透辉石	
		滑石+蓝铜矿+钠长石	浅绿色	埃及	2×2 cm	1 000	24 h	白色	顽火辉石+钠长石	
		滑石+石英	灰至黑色	埃及	2×2 cm	1 000	24 h	褐色/白色	顽火辉石+石英	
		滑石+透闪石+钠长石	棕绿色	埃及	2×2 cm	1 000	24 h	浅棕色	顽火辉石+钠长石	

① 童银洪：《上林黑滑石增白技术实验研究》，《桂林冶金地质学院学报》1993年第4期。
② 陈正国，邸素梅，祝强：《广丰黑滑石的增白试验及致黑机理探讨》，《非金属矿物》1993年第6期。
③ 丁苏东，董益名，陈晶晶等：《江西广丰黑滑石煅烧增白实验研究》，《水泥工程》2013年第5期。
④ Connor, S., Tavier, H., Putter, T. D.," "Put the Statues in the Oven": Preliminary Results of Research on Steatite Sculpture from the Late Middle Kingdom", *The Journal of Egyptian Archaeology*, 2017, 101(1), pp. 297–311.
⑤ Baehre, O., Kloess, G., Raue, D., et al.," "From Talc to Enstatite: Archaeometric Investigations on an Ancient Egyptian Whitish Bead", *Archaeological and Anthropological Sciences*, 2019, 11(4), pp. 1621–1629.

二、蛇纹石矿物的加热模拟实验

郑建(1983)公布了江苏吴县新石器遗址出土玉器的地质学检测结果,一件白化纤维蛇纹石玉管被认为是经过火烧退色变白形成的[①],由此引出了白化蛇纹石的人为加热成因观点。此后,一些中国玉器研究者对蛇纹石进行了加热实验,汇总如上表4-2所示。

(一) 颜色和硬度变化特征

由表4-2可见,早期加热实验中的温度条件设置较少,因而仅描述现象,尚未涉及蛇纹石的加热变化过程。郑建(1983)显示1 000℃时蛇纹石产生退色作用变成白色,虽然引出了白化蛇纹石玉器可能系人为火烧的观点,但是此温度下的蛇纹石应发生分解,生成了镁橄榄石(Mg_2SiO_4)和顽火辉石($Mg_2Si_2O_6$),如余炳盛(1998)认为700℃时蛇纹石表面呈现白化特征,此时蛇纹石的结构特征消失;张亚楠(2011)认为加热至600℃时蛇纹石的颜色变黑,700℃以上时蛇纹石虽通体变成了灰白色,但蛇纹石的结构信息也消失了。两个模拟实验均显示蛇纹石的变白温度在700℃以上,且此时蛇纹石已经发生物相变化。

表4-2显示仅李合(2006)提及蛇纹石在加热过程中的硬度变化,指出岫岩蛇纹石(摩氏硬度3.92—3.98)加热至750℃时硬度略有降低,加热至820℃时硬度显著增大,这被认为与镁橄榄石(摩氏硬度6.5—7.0)的生成相关。由于顽火辉石的摩氏硬度为5—6,也高于蛇纹石,因此高于820℃时,整体硬度会降低,但仍高于原初材质硬度。

(二) 分解温度特征

第二章已述:蛇纹石[$Mg_6Si_4O_{10}(OH)_8$]系镁氧八面体层和硅氧四面体层按1∶1构成的层状硅酸盐矿物,层之间以氢键相连。Al替代Si、Fe^{3+}和Fe^{2+}替代Mg或Si造成蛇纹石结构的变化形成多种结构变体,主要有三种:叶蛇纹石(八面体片和四面体片交替反向波状弯曲)、利蛇纹石(八面体片和四面体片的平行排列)和纤蛇纹石(四面体片在内、八面体片在外的结构单元层卷曲);一般说来叶蛇纹石有相对高的SiO_2和相对低的H_2O,利蛇纹石有相对高的SiO_2和相对低的FeO,纤蛇纹石有相对高的MgO和H_2O且Fe_2O_3/FeO的比例较低。利蛇纹石和纤蛇纹石的化学式更接近蛇纹石的理论式[$Mg_6Si_4O_{10}(OH)_8$],而叶蛇纹石则接近$Mg_{48}Si_{34}O_{85}(OH)_{62}$。余炳盛(2003)和来红州(2003)的研究显示叶蛇纹石的完全脱羟温度在700—800℃,卢保奇(2005)的研究显示纤蛇纹石的完全脱羟温度在700℃左右,这表明蛇纹石结构的差异会导致加热相变温度的不同。国家建材局地质研究所热分析组(1987)[②]的研究显示,样品的状态不同,其热转变过程存在差异;当样品成粉末状时,叶蛇纹石的脱羟温度最高,约720—750℃或更高,而纤蛇纹石最低,约670—690℃,利蛇纹石介于二者之间,约700—710℃。Viti(2010)[③]的研究显示叶蛇纹石的分解温度在715—720℃,利蛇纹石的分解温度在708—714℃,纤蛇纹石的分解温度在650—654℃,生成产物均为镁橄

---

① 郑建:《江苏吴县新石器时代遗址出土的古玉研究》,载于《考古》编辑部:《考古学集刊》(第3辑),中国社会科学出版社1983版,第218—224页。
② 国家建材局地质研究所热分析组:《蛇纹石及温石棉的热分析》,《硅酸盐通报》1987年第1期。
③ Viti, C., "Serpentine Minerals Discrimination by Thermal Analysis", *American Mineralogist*, 2010, 95(4), pp. 631 - 638.

榄石和顽火辉石,且镁橄榄石(岛状硅酸盐结构)在顽火辉石(单链状硅酸盐结构)之前形成。以上分析显示,不同种类的蛇纹石因结构的微小差异导致分解温度存在差异,其规律为:叶蛇纹石 > 利蛇纹石 > 纤蛇纹石,可相差 100℃。

(三)分解产物特征

来红州(2003)的研究显示镁橄榄石在 500℃ 开始出现,顽火辉石在 650—700℃ 时出现。关于顽火辉石的形成温度,卢保奇(2005)的研究显示 650℃ 以上时形成少量非晶质顽火辉石,800℃ 时形成晶质顽火辉石,不过结晶度仍较差;Dlugogorski(2014)总结认为镁橄榄石可在蛇纹石完全脱羟之前形成,温度可以低至 500℃,但顽火辉石的形成需要蛇纹石完全脱羟和 800℃ 以上的高温,其反应式如(1) 和(2)[①]。

(1) $T<800℃$,$Mg_6Si_4O_{10}(OH)_8$(蛇纹石)$\Rightarrow 3Mg_2SiO_4$(镁橄榄石)$+SiO_2+4H_2O$

(2) $T\geqslant 800℃$,$Mg_6Si_4O_{10}(OH)_8$(蛇纹石)$\Rightarrow 2Mg_2SiO_4$(镁橄榄石)$+2MgSiO_3$(顽火辉石)$+4H_2O$

上述分歧点主要在于顽火辉石的形成温度以及状态,尚需要进一步探讨。此外,彭文世(1986)认为在蛇纹石的热转变产物中未发现 SiO_2 相。

综上可见,蛇纹石的加热分解过程是复杂的,取决的因素众多。一般说来,蛇纹石材质结构、加热方式和保温时间等均与分解温度密切相关,其中保温时间与蛇纹石分解温度呈反比关系;等温加热方式下的蛇纹石分解温度比一定速率升温方式下的分解温度低,只是前种加热方式需要的加热时间比后者长得多。此外,结构水、物理吸附水和化学吸附水均影响蛇纹石矿物的热稳定性。物理吸附水和化学吸附水均与颗粒尺寸、水的部分压力直接相关,低水压和极小的颗粒均降低了水的释放速率。

三、滑石矿物的加热模拟实验

董俊卿等(2012)公布了河南平顶山应国墓地黑白珠饰的检测结果,认为白色顽火辉石珠是由黑色滑石珠加热而成的,目的是为了增白,即获取所需颜色。一些学者对滑石进行了加热实验,举例如**表 4-3** 所示。

(一)颜色和硬度变化特征

滑石的颜色变化与加热氛围相关,如在电炉的氧化氛围中常变为白色或红褐色,在半地穴窑的还原气氛中常变黑,Connor 等(2017)认为这类似于渗碳工艺。其中,黑色滑石在氧化加热过程中会因有机碳的分解氧化而发生变化,即陈正国(1993)认为 400℃ 时有机碳开始分解,滑石颜色开始变白,随着温度升高,白度会继续增加;低铁的浅色滑石在氧化加热过程中会变白,铁高的绿色至深色滑石则会变成棕色或褐色调。

由于滑石的硬度为 1,顽火辉石的硬度为 5—6,可推知滑石在加热过程中硬度会变大,童银洪(1993)的研究也证实了此点。

[①] Dlugogorske,B. Z.,Balucan,R. D.,"Dehydroxylation of Serpentine Minerals: Implications for Mineral Carbonation",*Renewable and Sustainable Energy Reviews*,2014,31,pp. 353-367.

(二) 分解温度和产物特征

丁苏东(2013)认为黑滑石出现顽火辉石的温度是800℃,至1200℃完全分解,其反应式为 $2Mg_3[Si_4O_{10}](OH)_2$(滑石)$\Rightarrow 3Mg_2Si_2O_6$(顽火辉石)$+2SiO_2+2H_2O$。Baehre等(2019)认为由于组成物质的不均匀性,裂隙会产生,透明度会消失,在1100—1200℃时,会生成高温顽火辉石(Protoenstatite);SiO_2先以无定形态存在,当温度达到1200℃时以方石英形式存在。

滑石的主要分解产物是顽火辉石,与蛇纹石颇为相似。此外,滑石与透闪石-阳起石矿物相似,Fe含量的增加会降低滑石的开始脱水温度,如Fe含量增加2%,脱水温度可以降低127℃[①]。

四、室内加热实验的启示

前三小节显示绝大多数模拟实验是由地质学者完成的,虽然目的是为了了解透闪石-阳起石、蛇纹石以及滑石矿物的热转变过程,但相关研究结果有助于加深对这三类矿物的认识。

首先,透闪石-阳起石、蛇纹石和滑石矿物在火烧过程中均会伴随着颜色改变现象。以氧化氛围为例,具体说来:有机质成因的黑色滑石和低铁滑石会变白,高铁滑石会变成棕色或褐色调,其中黑色滑石矿物从400℃开始变白,800℃以上时发生物相转变生成顽火辉石,表明滑石的变白发生在材质转变之前。因此,白色滑石既可能是原生矿物,也可能是人为火烧形成的,还可能是火烧后再入土受沁疏松白化形成的。

蛇纹石矿物在500℃以上时开始发生材质转变:镁橄榄石首先生成,随着温度的增加,非晶质顽火辉石和晶质顽火辉石依次生成。这一过程会伴随着颜色改变现象,先变深(至600℃)再退色变白(≥700℃),即蛇纹石的火烧变色过程发生在材质转变温度之后(>500℃)。因此,白色蛇纹石不可能是人为火烧形成的,应为原生矿物或者火烧后再入土受沁疏松白化形成的。

透闪石-阳起石矿物的加热过程相对复杂,参考图4-27笔者的扩展工作,其火烧过程可能伴随着有机质的炭化、二价铁氧化为三价铁、结构疏松过程,分别对应于变黑、变黄或褐、退色变白的颜色变化过程。若铁含量低,则透闪石在加热过程中会变浅至白色;若铁含量高,则透闪石-阳起石多为先变浅,再变深,最后不易退色变白,而呈黄或褐色调。值得注意的是,透闪石-阳起石矿物的颜色改变可以发生在材质开始转变温度之前(700—900℃),因此,白色透闪石玉既可能是原生矿物,也可能是人为火烧形成的,还可能是火烧后再入土受沁疏松白化形成的。

其次,若受热温度超过透闪石-阳起石、蛇纹石和滑石的物相转变温度,则分别生成透辉石、橄榄石+顽火辉石、顽火辉石的新物质,因此若检测到出土玉器的材质为上述几种,需要思考其是否是该类玉器的原初材质。第二章和本章第五节指出江苏武进寺墩、四川广汉三星堆以及陕西宝鸡雍城血池遗址等出土的透辉石玉器已确认与人为火烧相关,系由透闪石高温转变而成的,而上海青浦福泉山和四川成都金沙遗址出土的透辉石玉器是否与人为成因相关,尚需进一步研究。同理,白色顽火辉石的来源可能有四种:一为自然产出;二为火

[①] 张瑞鑫、易丽、刘红等:《铁含量对滑石脱水动力学的影响及其地质意义》,《地质通报》2017年第6期。

烧后再入土受沁疏松白化形成的;三为由滑石珠加热而成的,目的是为了增白,即获取所需颜色;四为蛇纹石加热而成,如闻广研究员认为辽宁建平牛河梁遗址出土的一件仿贝属于此种情况,并进一步指出古玉中所见的透辉石和顽火辉石,均非古玉的原生矿物[①]。不过,黑龙江齐齐哈尔平洋墓葬出土的64件白色顽火辉石器,属于原生材料抑或热处理形成的,尚需进一步研究。由于白色顽火辉石是滑石或蛇纹石在800℃以上时生成的,因此,可以通过未完全相变的滑石或蛇纹石进行原初材质判别。需要注意的是,蛇纹石的Fe也是类质同象替代Mg,与透闪石-阳起石和滑石相似,因此三种矿物的Fe含量增加均会使开始脱羟温度即材质开始转变温度降低。

最后,上述模拟实验基本都在马弗炉中进行的,故实验样品的受热是均匀的,其结论对生产阶段完成的热处理玉器具有参考价值。值得注意的是,不少出土玉器呈现受热不均匀的特征,表明它们的热处理是在开放环境中进行的,因此马弗炉实验结果的参考性需要检验。然而,对于最重要的透闪石-阳起石玉器而言,目前已有的露天开放环境的火烧模拟实验极少,公布的有效特征也不明晰,如Beck仅记录了加热至300℃的过程中以颜色变化为主,加热至650℃颜色会显著变化,且硬度也会发生变化。一些特征如火烧产生的裂纹或裂隙并不能反向作为玉器火烧的绝对证据,即它们只是火烧的充分非必要条件。应该说,正是因为学界未从玉器本体上获得令人信服的火烧证据,导致"火烧和受沁之争"持续了数十年。

第四节 露天火烧模拟实验

第三节对火烧模拟实验进行了整理和分析,这些实验基本是在电炉的封闭空间完成的,因此温度是均匀的。第二节曾分析了古人火烧玉器的目的,包括开采阶段的"火烧法"采料、生产阶段和使用阶段的获取所需颜色、使用阶段的火燎祭祀三种。除了均匀的温度有助于获取所需的颜色,"火烧法"采料和火燎祭祀均是在开放环境下进行的,但此类模拟实验极少,且实验过程和结果过于简略,因此有必要进行系统的研究。

一、实验设计

一般认为,古人的火燎祭祀仪式是由人、柴薪和祭品三部分组成的,是在一个开放性环境下进行的,因此火烧温度是变化的,主要受自然天气因素影响;同时燎祭时长也是不确定的,既受人为因素影响,也受柴薪特性决定。柴薪的使用离不开当地的森林植被环境,许科结合文献记载和植物考古成果认为商周时期华北森林为暖温带落叶阔叶林,树木以栎、松类为主。栎树燃烧时间长,能维持一宿不灭,松类燃烧能散发出强烈的松香味,与柴薪燃烧产生的烟气一道上达于天,在视觉上和嗅觉上能实现燎祭的精意[②]。

本节采用平地松木堆烧玉器模拟古人的燎玉祭祀过程,同时,为了精确了解火烧过程中玉器受热温度的变化情况,使用热电偶绑缚玉器样品后投入火堆中,用摄像机完整记录热电偶数值的变化过程,如图4-2所示。

[①] 闻广:《古玉地质考古学研究方法续》,载于中国社会科学院考古研究所:《张家坡西周玉器》,文物出版社2007年版,第147页。
[②] 许科:《古代燎祭用物及其意义》,《四川大学学报(哲学社会科学版)》2008年第3期。

实验场所(上海金山)

准备热电偶

准备生火

用热电偶探头绑缚玉料

将绑缚热电偶的玉料投入篝火中(两次模拟实验)

热电偶温度显示器

摄像机全程记录温度

添柴加火

取出样品、自然冷却

图 4-2 露天模拟实验流程

露天模拟实验分两次，第一次设置长时间的燃烧时长，完成于2017年6月10日，由笔者及研究生包天添、才璐共同完成。第二次设置短时间的燃烧时长，完成于2018年10月20日，由笔者及研究生包天添、张萼、麦蕴宜共同完成。实验柴薪及场所均由上海金山区范银红先生提供。

二、分析方法

分光测色分析：美国柯尼卡美能达公司生产的CM-2300d型便携式积分球分光测色仪器。用于测试样品颜色的$L^*a^*b^*$值。$L^*a^*b^*$色彩模型是由明度（Luminosity）和显示色彩的a^*、b^*共三个要素组成。明度（L^*）表示颜色的亮度，值域由0到100；a^*表示从红色至绿色的范围，b^*表示黄色至蓝色的范围，值域都是由+120至-120。其中，+120 a^*是红色，逐渐过渡到-120 a^*时就变成绿色。同理，+120 b^*是黄色，-120 b^*是蓝色。该设备同时能获得测色区域的光泽度（单位Gs）。

表面显微分析：Dino-Lite Digital Microscope，放大倍数10—50×，220×，分辨率1 280×1 024像素，帧率（最大）30FPS。

拉曼光谱分析：美国必达泰克公司（BWTEK）生产的I-Raman。激光波长为785 nm，光谱范围为65—3 200 cm^{-1}，分辨率为4 cm^{-1}。本次拉曼测试的物镜倍数为20×，积分时间为10 s。

三、短时长火烧实验

本次模拟实验选择一种低铁的浅绿色透闪石样品（$FeO\&Fe_2O_3$总量占1.79%）和一种高铁的深绿色阳起石样品（$FeO\&Fe_2O_3$总量占7.27%），各加工成7块，尺寸为1.5×1.5×0.5 cm，均一面抛光。低铁透闪石命名为D1—D7，高铁阳起石命名为G1—G7，按照5、10、15、20、30、40和50分钟的时长进行火烧，如图4-3所示。需要说明的是：D7样品原拟加热50分钟，但因取出时热电偶的绑缚铁丝松动，导致D7样品掉落至篝火内，直至90分钟篝火熄灭后才取出。

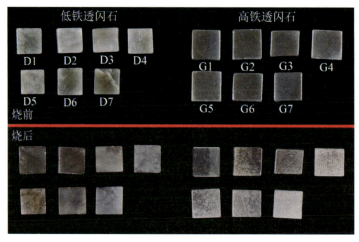

图4-3 短时长火烧实验的样品火烧前后的面貌

(一) 平均温度及最高温度

如表 4-4 所示,除 D7 外,14 件样品的燃烧时长在 5—50 分钟,平均受热温度为 533.7—828.0℃。10 分钟的平均温度 760.5—816.3℃,而 40 分钟的平均温度为 636.0—739.1℃,表明燃烧时长与平均温度没有必然的关系。以平均温度较高的 G5 和即时温度最高的 G4 样品为例,设置 0.5—1 分钟的时间间隔,将两个样品在燃烧 4—20 分钟之间的即时温度列于表 4-5。G5 的平均温度 825.1℃,最高温度只有 898.9℃,表明 G5 燃烧过程中的温度变化范围不大;G4 的平均温度只有 752.6℃,最高温度达 977.1℃,表明 G4 燃烧过程中的温度变化范围较大。

表 4-4 14 件样品的平均温度

样品号	D1	D2	D3	D4	D5	D6	D7
平均温度(℃)	562.8	816.3	728.3	589.8	828.0	636.0	789.6
时长(分钟)	5	10	15	20	30	40	50+40
样品号	G1	G2	G3	G4	G5	G6	G7
平均温度(℃)	533.7	760.5	602.1	752.6	825.1	739.1	760.8
时长(分钟)	5	10	15	20	30	40	50

表 4-5 G4 和 G5 样品的即时温度

时间(分)	4	4.5	5	5.5	6	6.5	7	7.5	8	8.5	9	9.5	10	10.5
G4 温度(℃)	709.9	748.4	744.3	726.8	743	755.5	766.2	783.3	790.4	814	857.5	866.2	883.6	876.3
G5 温度(℃)	845.7	863.6	880.1	890.3	855.4	880.7	866.9	898.9	877.6	849.7	827.4	812.5	812.3	801.1
时间(分)	11	11.5	12	12.5	13	13.5	14	14.5	15	16	17	18	9	20
G4 温度(℃)	902.7	914.3	904.1	917.3	924.6	963.8	977.1	940.9	906.2	876.8	835.5	838.4	834.5	859.8
G5 温度(℃)	791.7	785.2	780.1	777.8	774.5	771.9	771.4	768.9	768.2	779.8	795.8	828.6	835.1	843.2

(二) 色度及光泽度变化

表 4-6 显示,透闪石样品中,D7 燃烧时间长,其明度 L^* 值增大,而 D1—D6 的 L^* 值均减小。D1—D7 的 a^* 值变化规律不明显,而 D1—D7 的 b^* 值均增加。以上分析表明在 50 分钟的加热时间内,透闪石样品明度值减少,颜色偏黄色调。

表 4-6 显示,阳起石样品中,G1—G7 燃烧 5、10 和 15 分钟,其明度 L^* 值下降或变动很小,但从 20 分钟开始 L^* 值均增加。G1—G7 的 a^* 值变化规律不明显,而 G1—G7 的 b^* 值均增加,这与透闪石样品呈现的特征是相似的。以上分析表明阳起石样品的明度值先减少,加热 20 分钟后比未加热前增加,颜色则一直偏黄色调。

表 4-6 显示,透闪石样品仅 D3 样品光泽度增加,其余样品均减小,表明透闪石样品在受热过程中光泽度减小。阳起石样品的 G2、G3、G4、G5 光泽度增加,而 G1、G6 和 G7 光泽度

减小,表明阳起石样品在受热过程中光泽度先增加再减小。

结合表 4-5,G4 比 G5 的 L* 值大,表明 G4 结构受到的破坏程度高于 G5。不过,G5 的燃烧时长和平均温度均高于 G4,因此对于阳起石颜色的宏观特征而言,当时长超过 20 分钟后,时长和平均温度的破坏力小于一定时长的高温作用。G4 和 G6 平均温度差别不大,但燃烧 20 分钟的 G4 比燃烧 40 分钟的 G6 的 L 值大,表明一定时长的高温作用确实更有破坏力。

表 4-6 14 件样品的色度变化

样品	时长	L* 烧前	L* 烧后	a* 烧前	a* 烧后	b* 烧前	b* 烧后	光泽度烧前	光泽度烧后
D1	5	29.25	18.62	−4.11	−5.66	4.6	15.56	87.6	81
D2	10	42.60	21.63	−4.68	−4.56	2.92	18.58	88	81.7
D3	15	33.46	10.90	−3.91	−0.71	2.29	17.76	73.9	85.6
D4	20	34.40	30.28	−4.37	−4.74	5.99	12.03	99.0	70.0
D5	30	38.36	32.71	−4.17	0.50	3.97	17.95	75.5	62.1
D6	40	22.79	16.98	−3.73	−5.8	5.69	23.49	92.1	59.7
D7	90	26.22	48.29	−3.29	−4.29	9.2	3.24	95.9	77.2
G1	5	22.81	0.61	−2.97	−1.56	3.18	6.46	94.0	87.5
G2	10	23.62	25.42	−2.29	−3.91	4.69	15.95	94.1	99.0
G3	15	19.54	13.99	−3.11	−5.68	4.56	18.77	80.9	91.2
G4	20	23.72	44.46	−3.07	−2.93	4.88	9.60	81.9	93.5
G5	30	19.86	32.04	−3.42	−4.65	5.86	6.91	92.1	94.1
G6	40	18.37	26.79	−3.03	−4.48	5.85	10.32	95.3	89.6
G7	50	26.16	53.57	−3.03	−3.36	1.80	2.67	98.2	94.9

(三) 透明度

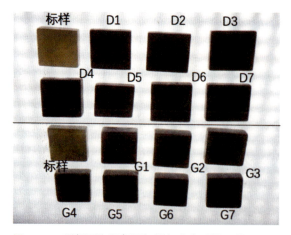

图 4-4 透闪石和阳起石标样与火烧后样品的透光照

借助玉器的透光照可以定性判断玉器的透明度,如图 4-4 所示,所有样品经火烧后透明度均降低,并且随着受热程度的增加,透明度越来越低。

(四) 材质分析

结合图 4-5 拉曼图谱和表 4-15 透闪石-阳起石和透辉石的特征峰位,结果显示除了 D7 的火烧时间较长,出现了透辉石的最强特征峰 1 012 和 1 017 cm^{-1},其余样品则均未出现。此外,所有样品均未出现透辉石的另一个最强峰位(662—670 cm^{-1}),表明露天环境下加热时长对玉器材质的改变是有影响的。

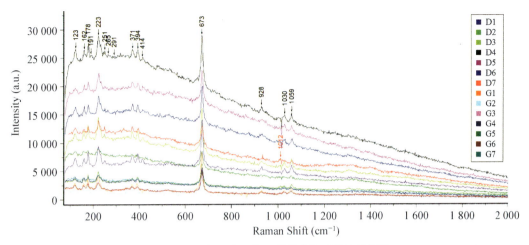

图 4-5　透闪石和阳起石样品火烧后的拉曼图谱

透闪石和阳起石相比较,当加热时间超过 20 分钟后,阳起石矿物的 930、1 030、1 060 cm⁻¹ 峰位均降低,有的峰位甚至消失;透闪石矿物的 930、1 030、1 060 cm⁻¹ 等峰位的变化较小,且不存在消失现象,表明阳起石矿物在加热过程中是先于透闪石矿物发生变化的。

四、长时间火烧实验

本次模拟实验仅选择一种低铁的浅褐色透闪石样品（FeO&Fe_2O_3 总量占 0.51%）,切割成 10 块样品（编为 1—10 号）,使用热电偶绑缚后置于柴火中燃烧不同的时长,燃烧前后的面貌如图 4-6 所示。

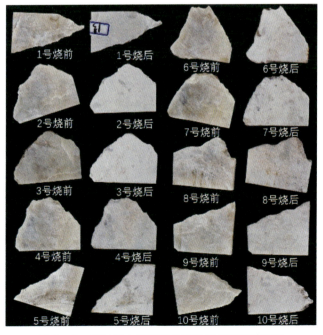

图 4-6　长时间火烧实验的样品火烧前后的面貌

(一) 平均温度及最高温度

如表4-7所示,10件样品的燃烧时长在67—300分钟,平均温度在672.9—852.5℃。67分钟燃烧时长的平均温度为834.8℃,而240分钟燃烧时长的平均温度为672.9℃,再次表明燃烧时间与平均温度没有必然关系。

表4-7 10件样品的平均温度

样品号	1号	2号	3号	4号	5号	6号	7号	8号	9号	10号
燃烧时长	67	170	125	300	280	250	240	175	135	135
平均温度	834.8	852.5	781.8	754.9	732.9	708.3	672.9	778.9	689.2	740.1

以平均温度最高的2号样品为例,图4-7显示该样品受热温度在入火后20秒左右即与柴火温度同步。以2—5分钟为间隔,将2号样品在燃烧27—95分钟范围内的即时温度列于表4-8。可见,当有风或风力增大时,火焰温度会瞬时增加200℃,最高可达1251℃,因此露天燃烧的温度可以非常高。若此高温能持续一段时间,足以使玉石器甚至金属器发生物相结构转变。本次实验是在6月份进行的,而短时长实验是在10月份进行的,显示不同天气对于燃烧温度是有影响的。

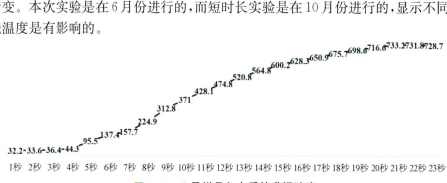

图4-7 2号样品入火后的升温速率

表4-8 2号样品的即时温度

时间(分)	27	29	31	33	35	37	39	41	43	45	47	49	51	53
温度(℃)	870	870.1	890.3	859.7	1 251	881.3	1 244	946.2	812.6	1 073	883.4	912.5	1116	904.9
时间(分)	55	57	59	61	63	65	67	69	71	75	80	85	90	95
温度(℃)	910.2	887.2	885.5	910.4	893	859.7	843.2	838.3	844.5	813.1	850.8	898.3	905.4	1 241

(二) 色度变化

表4-9显示,所有样品的L^*值明显增大,对应于透闪石玉的颜色变白现象;a^*值有的增大,有的减少,规律不明显;b^*值有增大的现象,显示透闪石玉经露天燃烧后有向黄色变

化的趋势,尽管肉眼观察并不明显;a^* 和 b^* 在短时和长时的变化规律是一致的。表 4-6 加热 30 分钟 D5 样品和表 4-7 加热 67 分钟 1 号样品的平均温度和即时温度相近,但后者 L^* 增大,前者 L^* 减小,表明后者的变化程度大,显示加热时长对于透闪石矿物是有影响的,即时间长,即时高温出现的几率大,因此造成的破坏作用相应增强。

表 4-9　火烧样品的色度变化情况

序号	L^* 烧前	L^* 烧后	a^* 烧前	a^* 烧后	b^* 烧前	b^* 烧后
1	58.78	80.84	-0.54	-0.98	1.27	6.96
2	56.91	84.37	-0.55	-2.46	1.79	6.56
3	58.00	83.76	-3.63	-2.17	3.91	5.36
4	57.02	72.43	-1.34	1.13	7.50	9.73
5	56.95	83.22	-1.44	-1.25	3.63	6.91
6	54.10	75.07	0.20	1.58	4.97	7.97
7	54.28	80.21	-1.25	-1.69	-0.07	6.87
8	55.58	69.48	-0.05	-0.47	5.02	7.35
9	58.31	67.04	-0.48	-0.29	2.43	8.18
10	59.87	71.24	-1.46	-1.48	3.10	3.54

(三) 露天火烧的不均匀性

结合图 4-8 和表 4-15 透闪石-阳起石和透辉石的特征峰位可见,浅褐色区域的 123、159、178、223、251、332、369、394、417、437、674、929、1 030、1 059 cm^{-1} 等峰位是透闪石的特征拉曼峰,表明浅褐色区域的材质仍为透闪石。白色区域的 234、328、394、669、854、1 012 cm^{-1} 等峰位是透辉石的特征拉曼峰位,1 307 cm^{-1} 的成因目前没有定论,123、160、192、369 cm^{-1} 等峰位是透闪石的峰位,表明白色区域材质已转变为透闪石至透辉石的中间态 —— 以透辉石为主。

五、小结

第一,柴火的平均温度在 500—900℃,但即时温度可以很高,可达 1 251℃,其受环境风力的影响较大。环境风力类似"鼓风机"的作用,可获得高温并持续很长时间。

第二,在加热过程中,透闪石和阳起石玉的明度值均先变小再增大,区别在于阳起石玉比透闪石玉增大得快,如阳起石玉的明度值约在加热 20 分钟后增加,而透闪石玉明度值约在 40 分钟后增加。

第三,在加热过程中,透闪石玉和阳起石玉的 b^* 值均增加,即玉器受热后会偏黄色调;透闪石玉和阳起石玉的 a^* 值变化无规律性。

第四,在加热过程中,透闪石玉的光泽度减小,阳起石玉的光泽度先增加再减小;透闪石和阳起石玉的透明度均减小。

 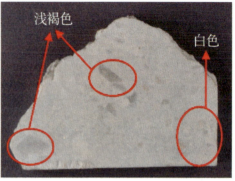

2号样品燃烧前后

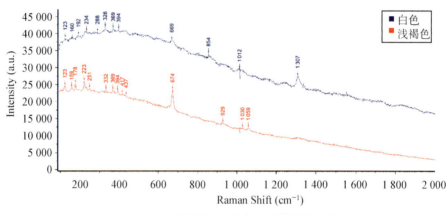

图 4-8　2号样品不同颜色区域的拉曼图谱

第五，在加热过程中，温度对透闪石和阳起石玉的影响最大。但当温度相近时，加热时长对玉的影响最大。

第六，露天火烧会造成玉料不同区域受热不均匀，从而引起玉料不同区域的宏观性质（颜色、光泽、透明度）和微观结构有所差异。

第五节　出土玉器火烧实证研究

一、江苏武进寺墩良渚玉器

（一）遗址及玉器简介

武进寺墩遗址位于江苏省常州市东北15公里的武进县郑陆乡三皇庙村寺墩，属于良渚文化，年代距今4700—4200年。寺墩遗址于1973年10月被发现，18件征集所得的玉石器出自寺墩东坡，包括3件玉璧、12件玉琮，以及石斧、玉刀等。1978年10月在寺墩北部农田中采集到的一批崧泽文化陶器，表明寺墩遗址下层属于崧泽文化，上层为良渚文化，再上层为春秋时期遗存。统计来看，1973—1978年常州博物馆采集和征集了50件良渚文化玉器，包括1件透闪石双孔刀、15件透闪石璧、20件琮（多为透闪石）、6件环、4件笄、2件坠、1件管和

1件珠等①。

1978年12月、1979年2—3月、1982年10—11月,南京博物院在寺墩东侧和北部进行了三次发掘,发掘了一座崧泽文化墓葬(墩北M2)和三座良渚文化墓葬(墩东M1②、M3和M4③),1993年年底至1994年年初和1994年年底至1995年年初,南京博物院、常州市博物馆、武进市博物馆联合对寺墩遗址东部进行了第四、第五次发掘,发现一座良渚文化大墓(墩东M5④)。四座良渚墓葬自西向东依次为M1、M4、M3和M5,其中M4和M3的间距为2.6米,M3和M5的间距为3米,M1和M4的间距为6.5米,显示M1和M4之间可能有一座良渚墓葬被破坏。此外,M3和M4地层出土8件良渚玉器,包括1件钺、1件镯、3件管、1件锥形饰、2件柱形坠。上述信息汇总如表4-10所示。2017年8月16—20日,笔者及研究生李一凡(当时已工作于上海博物馆)、张蓊和才璐至常州博物馆,对馆藏寺墩玉器进行了细致观察和研究。

表4-10 寺墩良渚文化墓葬出土玉器汇总表

	璧	琮	项链	钺	镯	镯形器	锥形饰	有槽坠	片	"格"饰(瑁)	带槽玉器(镦)	带钩	统计	备注
M1	5	2(2节和8节)	珠13、管4、锥形坠1							1(M1:9)			9组(26件)	1件玉璧上铺有石英颗粒
M3	24	32	珠32、管6、锥形坠1	3	3	1	2	3		1(M3:56)	1(M3:68)		71组(109件)	
M4	2	1(2节)	管2										4组(5件)	1973年前出土的璧、琮即在此处,共30余件,包括璧和琮各10余件,还有穿孔玉斧、玉珠等
M5	2(M5:50 直径达29 cm)	2(3节和11节)	珠23、管33	1					4			2	12组(67件)	

注:《1982年江苏常州武进寺墩遗址的发掘》第117页将M3玉琮标为33件,但该文表二只有32件,本书从后者。

(二) 样品和分析方法

1. 样品简介

常州博物馆现场分析显示多件寺墩玉器(112琮、261璧、266璧、268璧)经过了火烧过程,其中图4-9的261玉璧火烧特征最为典型。261玉璧整体呈现白色,但原色为绿色,璧身

---

① 常州博物馆:《江苏武进寺墩遗址的新石器时代遗物》,《文物》1984年第2期。
② 南京博物院:《江苏武进寺墩遗址的试掘》,《考古》1981年第3期。
③ 南京博物院:《1982年江苏常州武进寺墩遗址的发掘》,《考古》1984年第2期。
④ 江苏省寺墩考古队:《江苏武进寺墩遗址第四、五次发掘》,载于徐湖平:《东方文明之光——良渚文化发现60周年纪念文集》,海南国际新闻出版中心1996年版,第42—56页。

不平整,已断裂为两块,其中大块边缘残缺。中间对钻孔,有台痕。外径 19.5—19.7 cm,内径 3.1—3.3 cm,厚 0.88—1.34 cm。常州博物馆的原始记录显示为 1978 年 4 月 10 日出土。

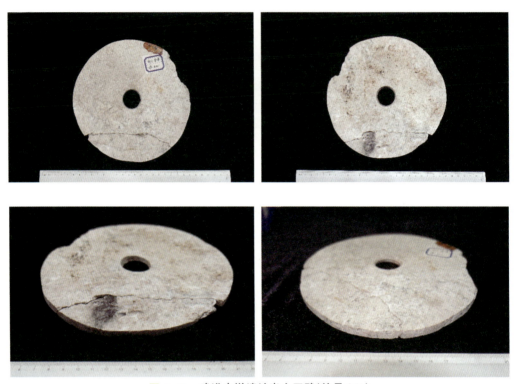

图 4-9　武进寺墩遗址出土玉璧(编号 261)

2. 分析方法

分光测色分析:美国柯尼卡美能达公司生产的 CM-2300d 型便携式积分球分光测色仪器。用于测试样品颜色的 $L^*a^*b^*$ 值。$L^*a^*b^*$ 色彩模型是由明度(Luminosity)和显示色彩的 a^*、b^* 共三个要素组成。明度(L^*)表示颜色的亮度,值域由 0 到 100;a^* 表示从红色至绿色的范围,b^* 表示黄色至蓝色的范围,值域都是由 +120 至 -120。其中,+120 a^* 是红色,逐渐过渡到 -120 a^* 时就变成绿色。同理,+120 b^* 是黄色,-120 b^* 是蓝色。该设备同时能获得测色区域的光泽度(单位 Gs)。

表面显微分析:Dino-Lite Digital Microscope,放大倍数 10—50×,220×,分辨率 1 280×1 024 像素,帧率(最大)30FPS。

拉曼光谱分析:美国必达泰克公司(BWTEK)生产的 I-Raman。激光波长为 785 nm,光谱范围为 65—3 200 cm^{-1},分辨率为 4 cm^{-1}。本次拉曼测试的物镜倍数为 20×,积分时间为 10 s。

X 射线荧光光谱分析:德国布鲁克公司(Bruker)生产的 Tracer Ⅲ-SD 型便携式仪器,可连接便携式真空装置,以保证 Mg、Al 等 X 光发射能量较弱的元素信号不被空气吸收,本次实验电压为 15 kV,电流为 25 μA。

(三) 分析结果

1. 颜色与光泽度分析

由图 4-9 可知,玉璧表面分布着少量绿色、少量黄白色以及大量白色,放大如图 4-10 左图所示(仅标示绿色区域)。采用便携式积分球分光测色仪对不同颜色区域进行测试,结果如图 4-10 右侧所示。从绿色、黄白色至白色,L^* 增大,光泽度减小。

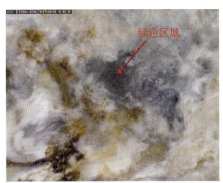

颜色	L^*	a^*	b^*	光泽度
绿色	58.79	-1.86	7.83	12
黄白色	73.21	-0.34	11.46	6
白色	81.41	-1.01	5.10	3

图 4-10　玉璧不同颜色区域的色度及光泽度值

2. 形貌观察

由图 4-11 可知,玉璧的某些区域已经出现轻微裂隙,白色覆盖在绿色区域之上,表明颜色变化是从表面往内层深入的。

图 4-11　玉璧表面形貌图

3. 拉曼光谱分析

玉璧整体呈现白色调,但仍能观察到一些区域呈现绿色,如图 4-10 所示。对绿色和白色区域进行拉曼光谱分析(图 4-12),并结合图 4-14 的 XRF 分析,绿色区域(红色图谱)的 123、159、178、223、367、394、414、430、673、931、1 030、1 059 cm^{-1} 等峰位是透闪石矿物的特征拉曼峰位,表明绿色区域的材质没有改变。白色区域(蓝色图谱)的 140、228、323、360、389、557、666、1 012 cm^{-1} 等峰位均是透辉石矿物的特征拉曼峰位,157、192 cm^{-1} 等峰位是透闪石矿物的特征拉曼光谱,表明白色区域的材质为透闪石至透辉石的中间态——以透辉石为主。

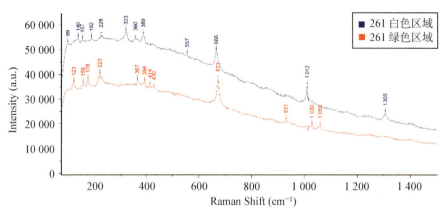

图 4-12　玉璧表面绿色和白色区域的拉曼图谱

由图 4-13 可见,玉璧剖面中间的光泽度和透明度均较两侧为高,且颜色偏绿。对顶部、中间和底部进行拉曼光谱分析,,并结合图 4-14 的 XRF 分析,123、159、178、223、249、330、346、367、394、419、526、673、928、1 028、1 059 cm^{-1} 等峰位均为透闪石矿物的特征拉曼峰位,表明玉璧的中间是由透闪石矿物组成的。顶部和底部白色层的拉曼图谱相近,140、228、254、323、357、389、666、1 012 cm^{-1} 等均是透辉石矿物的特征拉曼峰位,表明玉璧的外层由透辉石矿物组成。但 157、192 cm^{-1} 是透闪石矿物的特征拉曼峰位,显示白色层含有透辉石和透闪石两种矿物,也说明透辉石与透闪石的关系密切,即白色区域的材质为透闪石至透辉石的中间态——以透辉石为主。

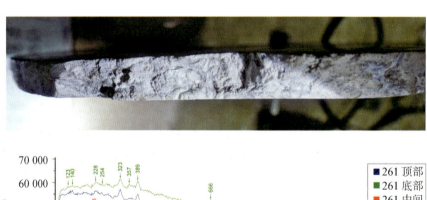

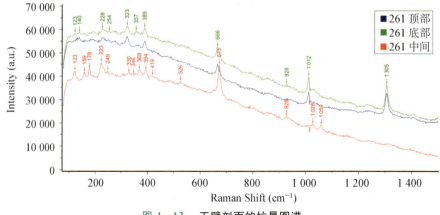

图 4-13　玉璧剖面的拉曼图谱

4. X 射线荧光光谱分析

对玉璧绿色区域进行 XRF 分析,结果如图 4-14 显示,主要元素为 Si、Mg、Ca、Fe 等,其中 Fe_2O_3 & FeO 的百分含量为 1.01%,镁铁比 $Mg/(Mg+Fe)=0.976$。一般而言,透闪石和阳起石是按照单位分子中镁和铁的占位比率不同进行划分的,即当 $Mg/(Mg+Fe) \geqslant 0.90$ 时为透闪石,当 $0.90 > Mg/(Mg+Fe) \geqslant 0.50$ 时为阳起石,当 $0.50 > Mg/(Mg+Fe)$ 时为铁阳起石(在自然界少见)[①],因此该件玉璧的原初材质为透闪石。

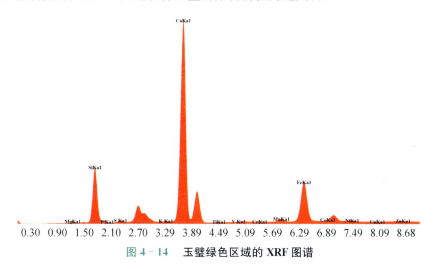

图 4-14　玉璧绿色区域的 XRF 图谱

二、河南安阳殷墟妇好墓玉器

(一) 遗址及玉器简介

妇好是商王武丁(约 1250—1192BC)的妻子,其墓葬于 1976 年被发掘,是唯一保存完整的商代王室成员墓葬,出土随葬品 1 928 件,其中青铜器 468 件(不计小铜泡)、玉器 755 件、石器 63 件、宝石制品 47 件、骨器 564 件、象牙器 5 件、陶器 11 件、蚌器 15 件。此外,还有红螺 2 件、货贝 6 820 多枚[②]。由于宝石制品包括绿晶、玛瑙、绿松石和孔雀石四种,属于广义玉的范畴,因此妇好墓出土玉器总数应为 802 件。

妇好墓玉器以其数量较多、造型丰富、纹饰精美、工艺复杂而受到广泛关注,学者们从多个领域开展了一些研究工作。不过材质研究领域的工作并不多,尤其是科学分析工作。仅张培善研究员 1982 年对 15 件玉器进行了测试分析[③],于平和王金霞等在 2015 年 11 月对 51 件玉器进行了测试分析(于平等研究了 8 件,王金霞等研究了 44 件,双方均对 M5:1120 透闪石柄形器进行了研究)[④]。同时,复旦大学玉器组也对 91 件妇好墓玉器进行了无损研究,其

---

① 潘兆橹、万朴:《应用矿物学》,武汉工业大学出版社 1993 年版,第 198 页;闻广:《中国古玉的考古地质学研究——玉,中国古代文化的标志》,载于地质矿产部书刊编辑室:《国际交流地质学术论文集——为二十七届国际地质大会撰写》(6),地质出版社 1985 年版,第 265—267 页。
② 杜金鹏:《玉华流映——殷墟妇好墓出土玉器》,中国书店 2017 年版,第 7—9 页。
③ 张培善:《安阳殷墟妇好墓中玉器宝石的鉴定》,《考古》1982 年第 2 期。
④ 中国社会科学院考古研究所、北京艺术博物馆、首都博物馆、河南博物院:《王后·母亲·女将:纪念殷墟妇好墓考古发掘四十周年(玉器篇)》,科学出版社 2016 年版,第 216—247 页。

中 7 件透闪石玉器与于平和王金霞的工作重复①。王强对 168 件妇好墓玉器进行了分析,其中 91 件与笔者重合,故只统计 77 件②。此外,2016 年 12 月广东省博物馆和中国社会科学院考古研究所共同策划举办"玉鸣锵锵——商代王后妇好墓玉器特展",并出版了图录,其中对某些玉器的材质也进行了标注③,以上汇总如表 4-11 所示。

表 4-11　妇好墓玉器材质分析汇总表

材质\研究者	张培善(1982)	于平和王金霞等(2016)	广东省博物馆等(2016)	王荣(2018)	王强(2018)	合计	硬度④
石英					1	1	6.5—7
玛瑙-玉髓	1 串珠(不统计)			3		3	6.5—7
天河石		1				1	6
绿松石	1					1	5—6
磷灰石		1(含水铜矿物)				1	5
萤石		1				1	4
孔雀石	1	1	3	1		6	3.5—4
蛇纹石					1	1	3—3.5
白云石/方解石/大理岩	1(硅质)(不统计)	1		6	5	12	3—4
白云母(绢云母)				1		1	2—3
叶蜡石		1				1	1—2
非透闪石-阳起石总数	5(只统计 3 件)	5	3	11	7	29	
透闪石-阳起石检测数	10(只统计 3 件)	46		73	71	123	6—6.5

注:(1)张培善研究员检测的样品只有 4 件有正式编号(M5:1438 透闪石玉箍、M5:1439 透闪石玉箍、M5:1511 透闪石玉瑗、M5:1302 孔雀石龟)。1 串玛瑙珠可能与王荣检测的 1 串 3 件玛瑙珠重合。其余 10 件自编号样品中,只有绿松石器和磷灰石器与其他学者不重合,而另 8 件样品可能重合,无法考证。鉴于此,在总数统计中只计入 6 件。(2)王强分析的非透闪石-阳起石玉器还包括石英质料(M5:1251)、蛇纹石璧(M5:91)、大理岩质簋(M5:321)、大理岩质管(M5:11)、大理岩质圭(M5:15)、大理岩质高足盘(M5:16)、大理岩质人像(M5:376)。

---

① 王荣、王昌燧、唐际根等:《殷墟妇好墓部分玉器的科学分析与探讨——兼谈玉器火燎的相关问题》,载于中国社会科学院考古研究所、广东省博物馆、广东省文物考古研究所、广州市文物考古研究院:《夏商玉器及玉文化学术研讨会论文集》,岭南美术出版社 2018 年版,第 335—354 页。
② 王强:《妇好墓玉器材质检测研究》,载于杜金鹏:《殷墟妇好墓出土玉器研究》,科学出版社 2018 年版,第 167—179 页。
③ 中国社会科学院考古研究所、广东省博物馆:《妇好墓玉器》,岭南美术出版社 2016 年版,第 67、225、226、227、342 页。
④ 参见表 1-4。

由表 4-11 可见，从目前的检测分析看，非透闪石-阳起石材质玉器的总数约 29 件，占比极少，约 29/802＝3.6％，但材质种类丰富，包括玛瑙（玉髓）、大理岩／方解石／白云石、磷灰石、孔雀石、绿松石、叶蜡石、天河石、白云母（绢云母）、蛇纹石和萤石等 10 余种材质。按大类可以分为硅酸盐、碳酸盐、磷酸盐、氧化物、氟化物五类，显示玉材利用的多样性和广泛性。

从摩氏硬度上看，6—7 之间的有玛瑙-玉髓、透闪石-阳起石（链状硅酸盐结构）和天河石（架状硅酸盐结构）等氧化物和硅酸盐矿物。6—3 之间有绿松石、磷灰石、萤石、孔雀石、蛇纹石、白云石、方解石和大理岩等磷酸盐、层状硅酸盐、氟化物和碳酸盐。而＜3 的主要有白云母（绢云母）和叶蜡石的层状硅酸盐矿物。

从颜色上来说，绿松石、孔雀石、磷灰石、萤石、蛇纹石、天河石、绢云母等均可呈绿色调，这与透闪石（阳起石）的主体绿色调是相近的，表明绿色调是商晚期玉材使用的特点。

从器型上来说，透闪石（阳起石）的使用范围非常广泛，包括装饰器、礼仪器、实用器等；而大理岩、方解石和白云石常用作戈、管、饰、器盖、穿孔石球、簋、圭、盘和人等，孔雀石常用作蛙、龟、人、虎等，白云母（绢云母）、天河石和叶蜡石常用作玉管等，萤石常用作玉箍（类似玉管），绿松石常用作动物等，磷灰石用作块状物等，玛瑙（玉髓）常用作珠等，蛇纹石常用作璧等。由上可见，除大理岩、方解石和白云石的用途广泛外，其余非透闪石（阳起石）材质常用作装饰类器物。

本次分析的 91 件玉器中，经过加热的样品约 20 余件，本节选取 M5：993 玉鹦鹉和 M5：445 玉戈为例说明。

（二）玉鹦鹉分析

1. 玉鹦鹉简介

M5：993 玉鹦鹉本色为淡绿色，呈油脂光泽、微透明，玉质部分结构致密，为隐晶质，但内部有很多开放性的裂隙；褐黄色部位呈团块状、体状分布，部分沿裂隙分布；白色部位呈片状分布。将色温为 5600K 的 LED 光源透射该样品，借以判断玉器的透明程度。将玉鹦鹉的正面图与其强光透射图相比较（图 4-15），不难发现，其褐黄色和白色区域的透明度较低，而淡绿色部分的透明度较高。

图 4-15　1976AXT M5：993 玉鹦鹉的正反面图和光透射图

2. 分析方法

分光测色分析和 X 射线荧光光谱分析同常州寺墩玉器。

拉曼光谱分析：法国 Horiba Jobin Yvon 公司生产的型号为 XploRA 拉曼光谱仪。测试时，采用 785 nm 激发光源，物镜常用 50×。

红外光谱分析：美国赛默尼高力公司（Thermo NICOLET）生产的型号为 IS50 傅里叶变换红外光谱仪（FTIR），仪器配有衰减全反射附件（ATR），可应用于文物的无损检测。

扫描电镜分析：美国菲达康公司（FEI）生产的型号为 Quanta 650 场发射环境扫描电子显微镜，其优点是样品室的空间大（X—Y=150 mm，Z=65 mm），适合较大文物的无损形貌观察和能谱分析。所有测试皆在中国社会科学院考古研究所实验室进行。

3. 结果与分析

（1）颜色和光泽度分析

图 4-16 显示，从淡绿色的本体区域至褐黄色和白黄色区域，a^* 值偏向红色调，b^* 值偏向黄色调，光泽度值显著降低，而白黄色区域的明度值 L^* 有所增强。白黄色与褐黄色区域相比，除明度 L^* 显著增强外，a^*、b^* 以及光泽度值均有所降低。

颜色	L^*	a^*	b^*	光泽度
淡绿色	46.22	−3.74	6.78	33
褐黄色	46.09	8.81	20.83	14
白黄色	54.71	4.31	15.75	11

图 4-16　1976AXT M5：993 不同颜色的色度值和光泽度值

（2）拉曼光谱分析

图 4-17 的黑色谱线为淡绿色玉质的拉曼图谱，结合图 4-19 的 XRF 分析，123、161、180、225、252、351、371、396、417、438、676、932、1 031、1 062 cm^{-1} 等峰位均为透闪石矿物的拉曼特征峰，表明淡绿色玉质的组成矿物是透闪石矿物 [$Ca_2(Mg, Fe^{2+})_5Si_8O_{22}(OH)_2$]。

图 4-17 的红色谱线为褐黄色区域的拉曼图谱，仅可见 180、250、676 cm^{-1} 附近的拉曼位移，显示褐黄色区域的组成矿物仍是透闪石矿物，但其晶体结构受到了破坏。

图 4-17 的蓝色谱线为白黄色区域的拉曼图谱，143、235、254、327、393、670、1 015 cm^{-1} 等峰位是透辉石矿物的拉曼特征峰，161、179 cm^{-1} 峰位是透闪石矿物的拉曼特征峰，表明白黄色区域的组成矿物为透闪石至透辉石的中间态——以透辉石 [$Ca(Mg, Fe^{2+})Si_2O_6$] 为主。

（3）红外光谱分析

图 4-18 为样品的红外图谱，表 4-12 为样品不同颜色区域的红外光谱峰位及指派汇总

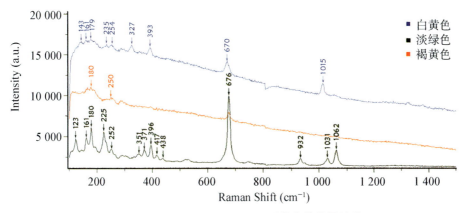

图 4-17 1976AXT M5：993 不同颜色的拉曼图谱

表（ν_s、ν_{as} 和 δ 分别表示对称伸缩振动、反对称伸缩振动和弯曲振动）。不难发现，其淡绿色和褐黄色区域的红外图谱颇为相似。图中 3 671 cm^{-1} 附近的峰位与羟基振动相关，1 141 cm^{-1} 和 1 090 cm^{-1} 附近的峰位应源自 Si—O 的反对称伸缩振动，1 040 cm^{-1} 附近的峰位产生于 O—Si—O 的反对称伸缩振动，996 cm^{-1} 附近的峰位产生于 Si—O—Si 的反对称伸缩振动，918 cm^{-1} 附近的峰位产生于 Si—O—Si 的对称伸缩振动，757 cm^{-1} 附近的峰位缘自 S—O 的反对称伸缩振动，683 cm^{-1} 附近的峰位产生于 O—Si—O 的对称伸缩振动，660 和 641 cm^{-1} 附近的峰位与 Si—O—Si 的对称伸缩振动相关，544 和 512 cm^{-1} 附近的峰位缘自 Si—O 的弯曲振动，462 和 417 cm^{-1} 则与 M—O 振动相关[1]。由此不难认识到，淡绿色和褐黄色区域的材质均为透闪石矿物。

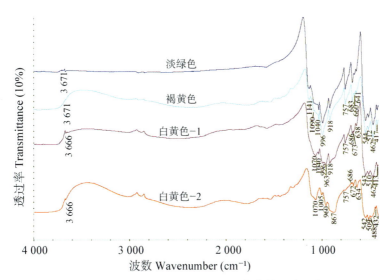

图 4-18 1976AXT M5：993 不同颜色的红外图谱

---

[1] 王铎、徐则彬、孙猛等：《不同产地碧玉的红外光谱研究》，《红外技术》2009 年第 12 期。

表 4-12　1976AXT M5：993 不同颜色的红外光谱谱带位置及指派

	淡绿色区域（透闪石）	白黄色区域-1 （透闪石至透辉石的中间态，表示为透闪石-透辉石）	白黄色区域-2 （透辉石为主）
M—OH 伸缩振动	3 671	3 666（透闪石-透辉石）	3 666（透闪石-透辉石）
ν_{as}(Si—O)	1 141		
	1 090	1 070（透辉石）	1 070
ν_{as}(O—Si—O)	1 040	1 040（透闪石）	
ν_{as}(Si—O—Si)			1 005
	996	996（透闪石）	
		963（透闪石）	960
ν_s(Si—O—Si)	918	918（透闪石）	
ν_s(Si—O)			867
	757	757（透闪石）	757（微小，透闪石-透辉石）
ν_s(O—Si—O)	683	686（透闪石-透辉石）	686（微小，透闪石-透辉石）
		673（透辉石）	672
ν_s(Si—O—Si)	660		
	641	638（透闪石-透辉石）	634
δ(Si—O)	544	543（透闪石-透辉石）	542（透闪石-透辉石）
	512	510（透闪石-透辉石）	509
M—O 振动			488
	462	462（透闪石）	
			432
	417	413（透闪石-透辉石）	

图 4-18 白黄色区域的红外图谱有两种，结合表 4-12 分析可知，白黄色-2 的 1 200—400 cm^{-1} 指纹区间多数峰位与透辉石标准图谱基本一致[①]，少数微小峰位介于透闪石和透辉石之间，表明该白黄色区域的主要材质为透辉石矿物。白黄色-1 的 1 200—400 cm^{-1} 指纹区间峰位中，1 070、673 cm^{-1} 是透辉石矿物的特征峰位，1 040、996、963、918、757、462 cm^{-1} 均为透闪石的特征峰位，而 686、638、543、510、413 cm^{-1} 的峰位介于透闪石和透辉石之间。以上分析表明白黄色区域至少含有两种物相：透辉石和透闪石至透辉石的中间态，预示着透辉石是由透闪石转变而来的。

（4）X 射线荧光光谱分析

图 4-19 为样品的 XRF 图谱，其中，蓝色谱线是白黄色区域的 XRF 图谱，红色图谱是淡绿色玉质的 XRF 图谱。根据透闪石-阳起石标样曲线的拟合分析，可知玉鹦鹉的半定量成分值为：CaO＝11.59％，MgO＝23.51％，SiO$_2$＝61.34％，Fe$_2$O$_3$&FeO＝1.20％，镁铁比

[①] 彭文世、刘高魁：《矿物红外光谱图集》，科学出版社 1982 年版，第 355 页。

Mg/(Mg+Fe)＝0.972,表明 M5：993 玉鹦鹉的材质属于透闪石。由于无透辉石的标样曲线,故无法推知白黄色区域的半定量成分值。不过,图 4-19 的定性分析显示,白黄色区域的 Ca 峰强相对增高,而 Si 和 Mg 峰强均有所降低。通过矿物化学式计算,透辉石矿物主量元素的含量理论值为：$CaO=25.9\%$,$MgO=18.5\%$,$SiO_2=55.6\%$,与透闪石相比,透辉石的 Ca 含量偏高,Mg 和 Si 含量偏低。上述分析表明,白黄色区域的物相变化确实导致了相应元素含量的变化。

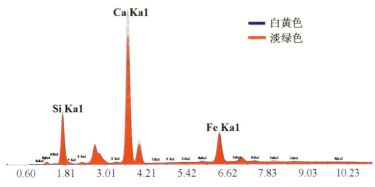

图 4-19 1976AXT M5：993 不同颜色的 XRF 定性图谱

（5）扫描电镜分析

图 4-20 的左图为白黄色区域的微观形貌,尽管该样品在扫描电镜内放电严重,但其未放电区域仍显示出短纤维状晶体。鉴于 600× 即能观察到晶体及晶间空隙,表明白黄色区域的结构业已疏松。计算化学式可知,透辉石 $CaMgSi_2O_6$ 的原子数之比为,Ca∶Mg∶Si＝1∶1∶2；透闪石 $Ca_2Mg_5Si_8O_{22}(OH)$ 的原子数之比为,Ca∶Mg∶Si＝1∶2.5∶4。计算图 4-20 右图的数据可知,样品白黄色区域的原子数之比为,Ca∶Mg∶Si＝1∶1.86∶3.47,介于透闪石和透辉石之间,暗示白黄色区域含有透闪石和透辉石两种物相。这与图 4-18 红外光谱分析和图 4-19XRF 定性分析的结果完全一致。

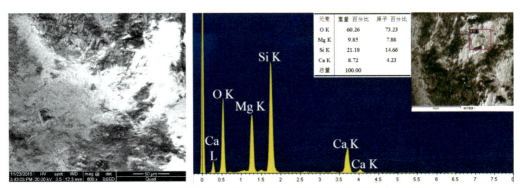

图 4-20 1976AXT M5：993 白黄色区域的形貌和 EDX 成分分析

（三）玉戈分析

1. 玉戈简介

图 4-21 显示 M5：445 玉戈的颜色复杂,本色为淡绿色,其余颜色如(黄)褐色、灰白色、

黑色应为次生色。本体呈油脂光泽,不透明、少部分强光下微透明。玉质部分结构较致密、隐晶质,但其他区域较粗糙,肉眼可见许多裂隙。

图 4-21 M5:445 玉戈正反面、局部及透光图

2. 分析方法

分光测色分析、表面显微分析、拉曼光谱分析和 X 射线荧光光谱分析均同江苏常州寺墩良渚玉器。

3. 研究结果

(1) 颜色和光泽度分析

表 4-13 显示,从绿色的本体区域至黑色、(黄)褐色和灰白色区域,a^* 值偏向红色调,b^* 值偏向黄色调(黑色区域除外),光泽度值降低。灰白色区域的明度值 L^* 有所增强。灰白色与(黄)褐色区域相比,除明度 L^* 增强外,a^*、b^* 以及光泽度值均有所降低,这与 M5:993 玉鹦鹉的特征是相似的。

表 4-13　M5:445 不同颜色区域的色度及光泽度

颜色	L*	a*	b*	光泽度
绿色	51.09	−5.22	10.61	43
黑色	32.09	1.68	3.12	32
黄褐色	52.73	3.77	21.47	17
白黄色	64.70	−0.24	17.32	13

(2) 拉曼光谱分析

图 4-22 上图显示便携式拉曼配备的显微系统可以对微小区域进行分析,因此非常适合不同颜色区域的玉器材质分析。图 4-22 下图显示 M5:445 玉戈的不同颜色区域的拉曼图谱,灰白色区域与其他颜色区域的图谱差异很大,其 326、393、670、1 015 cm^{-1} 峰位是透辉石矿物的特征峰位,而黑色、(黄)褐色、白黄色区域的拉曼图谱中 225、366、391、674 cm^{-1} 等峰位是透闪石矿物的特征峰位(结合图 4-23 的 XRF 分析)。(黄)褐色、黑色的拉曼有效峰位减少,表明(黄)褐色区域的透闪石晶体结构受到破坏所致;黑色区域有两种可能,一种是风化所致,另一种成因是结构受到破坏,理由是表 4-1 中 Douglas(2001)认为玉器样品部分区域的表面裂隙中可能浸入的有机物质在加热过程中碳化会使样品显现黑色。

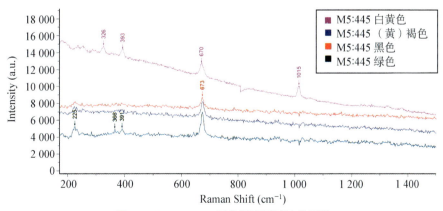

图 4-22　M5:445 玉戈不同区域拉曼图谱

(3) X射线荧光光谱分析

图4-23为样品的XRF图谱,其中,蓝色谱线是黑色区域的XRF图谱,红色图谱是M5：445绿色玉质的XRF图谱。根据透闪石-阳起石标样曲线的拟合分析,可知该透闪石玉的半定量成分值为：$CaO=14.79\%$,$MgO=20.25\%$,$SiO_2=59.47\%$,$Fe_2O_3\&FeO=1.61\%$,镁铁比$Mg/(Mg+Fe)=0.958$,表明M5：445玉戈的材质属于透闪石。黑色区域的Fe含量高于绿色区域,显示黑色区域可能受到土壤Fe元素的浸染。

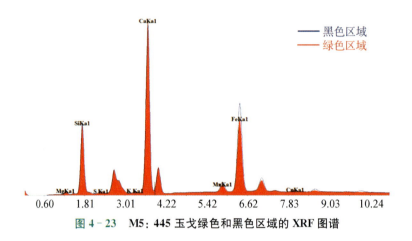

图4-23 M5：445玉戈绿色和黑色区域的XRF图谱

三、陕西凤翔秦汉血池玉器

(一) 遗址及玉器简介

血池遗址位于陕西凤翔县城西北柳林镇血池村,因发现非常多的祭祀坑,并发掘到大量的玉器、青铜车马器等实物遗存,被学界认为是在东周秦时基础上所建的北畤或雍五畤。2016—2018年考古工作者在该遗址的祭祀坑发现了121件玉器,器型包括人(47件)、琮(26件)、璜(珩)(18件)、璋(15件)、璧(4件)、圭(4件)、珠(1件)、片(1件)以及未知残片(5件)共九类,其中人、琮、璜(珩)和璋为主要器型,总量达106件。121件玉器中,119件有明确出土或采集地点,1件玉璧残片为征集调查所得,1件玉人残件为遗址所出但无明确出土的地点和层位信息。所有器型中,玉璋均为残件且存在着火烧可能,显示血池遗址玉器的祭祀形式是多样化的。鉴于血池玉器在探讨秦汉国家祭祀活动内涵方面的重要性,受发掘领队——陕西省考古研究院田亚岐研究员邀请,复旦大学玉器组(笔者及研究生包天添、张翦、马鸣远、麦蕴宜)于2018年1月20—22日携带多种便携式仪器至陕西宝鸡雍城工作站对血池玉器进行了多学科研究。本书整理了血池玉器的一些基本信息,在此基础上论证和探讨了其中的火燎玉器。

(二) 样品及分析方法

1. 样品简介

121件玉器中,15件玉璋均检测出透辉石及透闪石至透辉石的中间态,显示这批玉璋经过了火烧过程。玉璋均以残件形式存在,可根据厚度与其他器型进行区分,如玉璋的厚度均

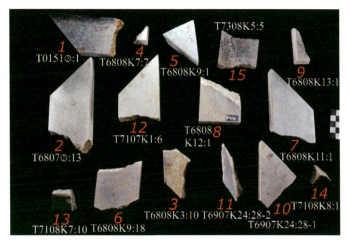

图 4-24 血池遗址出土的玉璋残件

大于 2 厘米,其他各类器物的厚度均小于 0.8 厘米,其中绝大多数厚度更小于 0.6 厘米。

玉璋残件主要为梯形、三角形或不规则形,可按厚度不同划分为 3 种类型,为了简化表述,本节编为 1—15 号。

① 厚度在 2.0—3.0 厘米的玉璋有 4 件,为 4 号 T6808K7:7、9 号 T6808K13:1、10 号 T6907K24:28-2 和 14 号 T7108K8:1。

② 厚度在 3.1—4.3 厘米的玉璋有 2 件,为 3 号 T6808K3:10 和 13 号 T7108K7:10。

③ 厚度在 6.0—7.2 厘米的玉璋有 9 件,为 1 号 T0151②:1、2 号 T6807②:13、5 号 T6808K9:1、6 号 T6808K9:18、7 号 T6808K11:1、8 号 T6808K12:1、11 号 T6907K24:28-1、12 号 T7107K1:6 和 15 号 T7308K5:5。

2. 分析方法

分光测色分析、表面显微分析、拉曼光谱分析和 X 射线荧光光谱分析均同常州寺墩良渚玉器。

(三) 分析结果

1. 颜色和光泽度分析

15 件玉璋的色度值和相对光泽度如表 4-14 所示。1、13、14、15 号玉璋的 L^* 值小于 60,因此颜色较深;其余 11 件样品的 L^* 值超过 74,因此颜色发白。此外,15 件玉璋的 b^* 值偏向黄色调,并仍有光泽度。

表 4-14 血池玉璋的色度值及铁含量汇总表

序号	出土编号	L^*	a^*	b^*	光泽度	FeO&Fe_2O_3质量百分含量
1	T0151②:1	52.94	−1.61	3.84	28	1.23%
2	T6807②:13	74.81	−0.86	8.99	31	1.39%

续表

序号	出土编号	L*	a*	b*	光泽度	FeO&Fe$_2$O$_3$质量百分含量
3	T6808K3:10	80.98	1.88	21.29	7	1.65%
4	T6808K7:7	82.88	0.42	10.75	14	1.64%
5	T6808K9:1	77.41	−1.55	5.50	37	1.75%
6	T6808K9:18	86.25	−0.64	7.46	8	1.68%
7	T6808K11:1	82.85	−1.45	8.00	9	1.61%
8	T6808K12:1	82.49	0.23	10.69	43	1.96%
9	T6808K13:1	85.5	1.14	12.58	8	1.68%
10	T6907K24:28-1	85.28	1.69	19.83	14	1.77%
11	T6907K24:28-2	75.14	−2.12	4.03	2	1.34%
12	T7107K1:6	86.30	0.42	7.77	2	1.81%
13	T7108K7:10	55.48	−0.41	6.30	70	1.65%
14	T7108K8:1	50.72	−2.93	3.72	43	1.58%
15	T7308K5:5	39.41	0.20	2.40	30	1.47%

2. 拉曼光谱分析

对15件血池玉璋进行拉曼光谱分析,其结果颇为相近,均如图4-25所示。所有玉璋样品表面存在着宏观特征(主要是颜色、光泽度和裂纹)的不均匀性,即表面分布着多种颜色、不同颜色区域的光泽度不同、裂纹分布不均匀。以图4-25的8号T6808K12:1为例,存在绿色、浅黄色和黄白色三种不同颜色,绿色区域没有裂纹,浅黄色区域可见一些细小裂纹,黄白色区域(其上部分黄色区域为黄色土壤粘附所致)可见大量裂纹(有的裂缝较大)。三个不同颜色区域的拉曼图谱结合图4-26的XRF分析显示,黄白色区域的峰位(152、195、233、323、387、664、852、1 010 cm^{-1})均为透辉石的拉曼特征峰位;浅黄色区域的326、856、1 012 cm^{-1}是透辉石的拉曼特征峰,其余峰位(119、160、179、121、282、369、392、529、673、931、1 026、1 059 cm^{-1})为透闪石的拉曼特征峰,表明浅黄色区域处于透闪石至透辉石的中间态;绿色区域的峰位(121、176、223、371、393、527、1 026、1 057 cm^{-1})为透闪石的拉曼特征峰,表明绿色区域仍为透闪石材质。以上分析表明,玉璋表面同时分布着透闪石、透闪石至透辉石的中间态、透辉石三种物相结构,这是造成玉璋表面不均匀的根本原因。

15件玉璋既有透闪石峰位,也有透辉石峰位,表明这批玉璋经历了火烧过程。其中,1、13、14、15号样品的透辉石峰位较少,仍以透闪石峰位为主,显示这4件样品的受热程度较低,因此颜色变化较少,仍呈现较深的本色;其余11件玉璋的透辉石峰位较多,显示它们的受热程度较高,因此颜色变化较大,已呈现白色调。

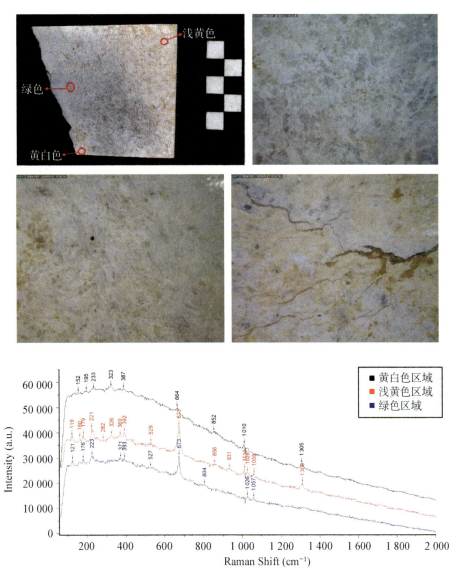

图 4-25 8号 T6808 K12:1 不同颜色区域显微图谱及拉曼光谱分析

3. X射线荧光光谱分析

对15件玉璋进行XRF成分分析,结果发现T0151②:1的Fe含量最低,而T6808K12:1的Fe含量最高,如图4-26所示,FeO&·Fe$_2$O$_3$含量的半定量数据列于表4-14,Mg/Mg+Fe值介于0.949—0.969之间,表明15件玉璋的材质均为透闪石。结合颜色、光泽度和拉曼光谱分析,透闪石的铁含量与颜色深浅并无对应关系,火烧过程对透闪石颜色变化的影响更大。

四、讨论

(一) 火烧玉鉴别

透闪石-阳起石玉器是否经过火烧过程主要是基于透辉石以及透闪石-阳起石至透辉石

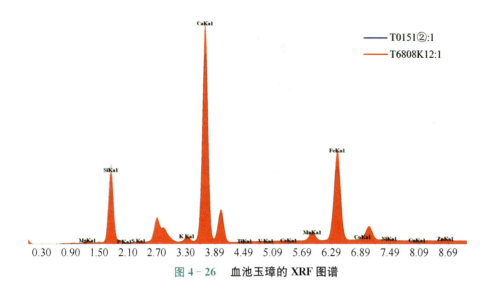

图 4-26 血池玉璋的 XRF 图谱

的中间态等物相的生成来判断的,透辉石系透闪石在受热温度达到物相开始转变温度(700—900℃)时形成的,透闪石(阳起石)-透辉石的中间态是透闪石-阳起石在受热温度低于物相完全转变温度、高于物相开始转变温度的范围内生成的。不过,透辉石可能有三种成因:一为透闪石-阳起石玉料经过"火烧法"开采时发生相变所致;二为透闪石-阳起石玉料伴生所致;三为透闪石-阳起石玉器入土埋藏后受沁所致,下文将进行必要辨析。

1. 透辉石的来源

(1) 伴生可能性

一般认为透辉石可以成为透闪石-阳起石玉器的伴生矿物,但当这类玉料加工成各种形状的玉器后,透辉石的分布应该是没有规律的。从目前对江苏武进寺墩良渚玉器、河南殷墟妇好墓玉器以及陕西凤翔血池玉器的细致研究来看,透辉石的分布均有显著的规律性,具体如下:

一是上述玉器上发现的透辉石呈白色调,均有规律地分布在器物表面。如果透辉石是伴生的,其在各种造型玉器上的分布应是无规律的,不应"恰好"分布在器物表面。

二是上述玉器表面存在透辉石的区域,其分布从表及里依次减少,且结构由透辉石过渡到透闪石-阳起石至透辉石转变的中间态直至透闪石-阳起石,这与透闪石-阳起石火烧实验中热转变过程呈现的特征是一致的,符合玉器火烧时表面受热程度高于内层的规律性特征,因而器表矿物的转变程度高于内层。

三是器物表面同时存在的一些黄色或褐色区域,其结构处于透闪石-阳起石向透辉石转变的中间物相,这不是伴生和受沁所能形成的,而是受热温度不够造成的。

上述规律性特征显示,寺墩玉器、妇好墓玉器以及血池玉璋上发现的透辉石并非伴生的。结合上节分析,古代世界的高温是最容易实现的,因此透辉石以及透闪石-阳起石至透辉石的中间态均是由透闪石-阳起石玉器火烧加热形成的。火烧玉器表面不同颜色区域并存,反映了玉器不同部位受热程度的不均匀,表明玉器是在一个较开放的环境中火烧的。

(2) "火烧法"开料可能性

与"伴生可能性"的分析相同,若用火对透闪石-阳起石玉料进行"火烧水浇"开采,则形成的透辉石在玉料上的分布也是无规律的。当玉料加工成器后,透辉石也不应"恰好"规律性地分布在器物表面,且由表及里依次减少。

(3) 风化可能性

透辉石是由硅氧四面体$[SiO_4]$通过桥氧连接、沿一维空间无限伸展的单链,链以两个硅氧四面体为不断重复的单元,记为$[Si_2O_6]^{2-}$,链间由金属阳离子连结。一般而言,透辉石$[Si_2O_6]$单链间有两种孔隙,小者标记为M_1,位于四面体角顶相对的位置,由Mg^{2+}以6次配位形式占据;大者标记为M_2,位于四面体底面相对的位置,由Ca^{2+}以8次配位形式占据。

透闪石-阳起石是由硅氧四面体$[SiO_4]$相互连接、沿一维空间无限伸展的双链,可以看作两个辉石单链连接而成,链以4个硅氧四面体为一个重复单位,记为$[Si_4O_{11}]^{6-}$,链间以金属阳离子连结。一般而言,透闪石-阳起石双链间存在5种大小不同的空隙,分别命名为M_1、M_2、M_3、M_4和A。M_1—M_4相当于单链变成双链后的空隙数量翻倍,M_1和M_2位于四面体角顶相对的位置上,M_2空隙最小,M_1次之,M_3位于相对的角顶之间,空隙略大,M_1、M_2和M_3位置常由Mg^{2+}和Fe^{2+}占据;M_4位于四面体底面相对的位置上,空隙比前三种大,该位置常由Ca^{2+}占据;A位于相邻两个M_4之间,恰好是$[Si_4O_{11}]^{6-}$双链构成的六方环中心附近形成的宽大连续空间,因此空隙最大,可全部空着,也可被大半径阳离子Na^+、K^+、H_3O^+占据,用以平衡电价①。M_1和M_3常连接$4O+2OH$,因此透闪石-阳起石双链结构存在结构水,而透辉石单链结构中M_1和M_2均与活性氧连接,故没有结构水。

以上分析显示,透闪石-阳起石变为透辉石需要结构上的巨大变化,如结构水的逸失以及双链变成单链等,这在常温常压下是无法形成的,因此透闪石-阳起石玉器在地下埋藏过程中是无法发生受沁作用而生成透辉石的。

2. 露天火烧与马弗炉火烧之比较

过去几十年,地质学界希望了解透闪石-阳起石矿物的热变化机制;考古学界希望了解古人是否通过加热使透闪石-阳起石玉料变软以利于加工,是否通过加热使透闪石-阳起石玉器变色从而获得所需的颜色。基于上述研究目的,学者们对透闪石-阳起石矿物进行了数十次马弗炉模拟实验,仅Beck在1981年将新西兰玉料置于空气中加热300℃和650℃,发现300℃时颜色发生改变,650℃时颜色发生显著改变,此时硬度提高。Beck认为650℃是很容易用柴火实现的,新西兰先民们通过短时间燃烧获得所需的颜色②。近几年来,随着殷墟妇好墓玉器火烧的实物证据被确认,结合甲骨文和金文的文献记载,可以推知玉器火烧的目的是为了祭祀,这表明火燎祭祀是古代玉器的一种重要使用方式,因此玉器燎祭的源流问题非常值得关注。不过,该项研究的前提和难点工作是采用科学方法将火烧玉器鉴别出来。显然,目前仅进行马弗炉模拟实验是不够的,为此本文针对性地设计了露天火烧实验,以期弥补这一空白。

以往的马弗炉实验研究发现温度和保温时长对透闪石-阳起石矿物的颜色、透明度和硬度等宏观特征以及物相结构等微观特征均有影响。同一保温时长下温度不同和同一温度下保温时间不同均会使透闪石-阳起石玉的宏观和微观变化特征呈现差异,尤其是后者的保温

---

① 潘兆橹、万朴:《应用矿物学》,武汉工业大学出版社1993年版,第192—194页。
② Beck, R. J., Mason, M., *Mana Pounamu—New Zealand Jade*, New Zealand: Reed Books, 2002, p.114.

时间长,则透闪石-阳起石玉能呈现更高温度下的变化特征。总的看来,现有马弗炉实验显示不同温度下透闪石-阳起石玉的大致变化特征是有规律性的,如微观特征上,透闪石-阳起石会向透辉石转变。宏观特征上,一是透明度会下降直至消失。二是低铁透闪石在800℃时出现裂纹,900℃时裂隙明显增多。高铁阳起石在600℃时开始出现裂纹,700℃时裂纹明显,800℃时裂隙数明显增多。三是低铁透闪石(含铁量0.83%)在300—1 100℃的加热过程中会呈现较为单一的退色变白现象;中铁透闪石(含铁量1.32%—2.60%)会发生多种颜色变化现象,如变浅、变深、再退色变成浅黄色调;高铁阳起石(含铁量4.62%—7.27%)也会发生多种颜色变化现象,如变浅、变深、再退色变成褐色、黄色和棕色等色调,即铁含量的增加会使受热透闪石-阳起石的颜色偏向红黄色系(大致包括红、橙、褐、棕、黄等)的偏黄色单元,如图4-27所示。以第四排的含铁量2.6%的透闪石为例,笔者进行了Fe价态的X射线吸收精细结构分析(XAFS),如图4-28所示,表明随着温度升高,透闪石的Fe^{2+}氧化为Fe^{3+}的比例增加,至700℃时,$Fe^{3+}/(Fe^{3+}+Fe^{2+})$的比例可达91.68%,至900℃时,$Fe^{3+}/(Fe^{3+}+Fe^{2+})$的比例可达99.49%,此时材质已转变为透辉石,继续升高温度至1 000℃和1 100℃时,$Fe^{3+}/(Fe^{3+}+Fe^{2+})$的比例会降低,预示着$Fe^{3+}$将转变为$Fe^{2+}$,因此,透闪石-阳起石在900℃前后颜色均发生变化。笔者认为,Fe元素含量和价态是颜色变化的主要原因,Fe元素的配位方式也是重要影响因素,这部分内容将专文阐述。

与马弗炉实验相比,露天火烧的各因素都是变化的,如温度是变化的、同一温度的持续时间是变化的、同一时间不同受热区域的温度也是有差异的,因此火燎祭祀中玉器所处的受热环境是多变的、复杂的,马弗炉实验的某些结论仅具有参考作用。近期,首都博物馆的一项马弗炉模拟实验显示,透闪石玉器分别加热至300、700、1 000℃,在10、20、30、60分钟等不同保温时间内颜色外观改变是相似的。此外,透闪石玉分别加热至300、800℃时,在

图4-27 不同含铁量的透闪石-阳起石玉在不同温度下的颜色变化特征(马弗炉实验,升温速率10℃/min,保温时间12小时,由笔者课题组完成于2018年)[①]

---

① 包天添:《透闪石-阳起石玉在火燎祭祀中的受热改性研究》,复旦大学硕士学位论文,2019年。

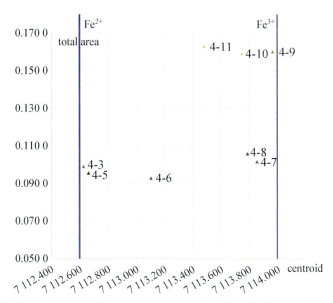

图4-28 透闪石玉在不同温度下Fe价态的XAFS分析（笔者课题组完成于2019年,4代表图4-27的第四组,后缀数字代表加热温度,4-4和4-5重合）[1]

10、20、30、60分钟等不同保温时间内的烧失率是相似的,但加热至1 000℃时在60分钟保温时间下的烧失率是最高的[2],这表明保温时间对于透闪石-阳起石的改变程度是有影响的,但与温度更密切相关。

首先,对于露天火烧而言,绝大多数条件都受天气影响,但加热时长与人类的加薪添火行为相关。"露天模拟实验"中透闪石和阳起石在短时长模拟实验中变化程度不如长时间模拟实验,这既可从拉曼光谱的微观结构中得到反映,如长时间模拟实验中透辉石的含量明显增多;也可以从色度的宏观特征中得到反映,如长时间模拟实验的透闪石明度值L^*均增加,而短时间模拟实验的透闪石明度值L^*均减少,短时间模拟实验的阳起石明度值L^*在5、10、15分钟均减小,20分钟后才增加。这一结果首先确认了Fe含量不同造成透闪石和阳起石的变化特征是有差异的。其次,对于透闪石玉器而言,在平均温度533.7—828.0℃的条件下,短加热时长（如60分钟内）对于透闪石的改变是有限的,因此需要建立一套科学方法将这类火烧玉器鉴别出来,该部分内容也将专文阐述。值得注意的是,图4-3的D系列和G系列样品分别对应图4-27的第六组和第一组样品,肉眼观察显示,同种玉料经过露天火烧后的色变现象与马弗炉火烧实验结果相反,如透闪石受热后明度均减小（除D7外）,即产生变暗现象;阳起石在受热20分钟后,明度增大,即产生发白现象。图4-6的透闪石样品的铁含量(0.51%)低于图4-27的最后一组样品(0.83%),两者的色变现象一致,即明度均增大,即产生变白现象。

综上可见,对于火燎祭祀而言,700—900℃以上的即时温度是透闪石-阳起石玉器发生快速变化的首要因素,该即时温度的持续时间越长,玉器物相的变化程度越大。玉器燎祭的时长

---

[1] 才璐:《透闪石-阳起石玉中铁元素呈色机制及应用研究》,复旦大学硕士学位论文,2020年。
[2] "基于无损检测技术的中国古玉鉴定研究"课题组:《中国古玉无损科技检测与研究》,科学出版社2018年版,第290—295页。

是透闪石-阳起石玉器发生变化的次要因素。此外,露天火烧将对玉器物理性质和化学结构产生一个复杂的、综合性影响,不能简单地套用马弗炉封闭稳定状态下的模拟实验结果。

3. 火烧快速判别方法

第五节的出土玉器分析显示,火烧玉器的表面常分布着透辉石以及透闪石至透辉石的中间态,因此可借助物相结构分析方法进行鉴别。一般来说,X 射线衍射分析、拉曼光谱和红外光谱等方法均有效果,但考虑到玉器样品的珍贵性,需要经常至玉器的保藏地进行现场分析研究,因此便携式无损分析仪器成为常用设备。目前,便携式 X 射线衍射仪受到样品室空间的限制,需要样品非常小且薄,或者磨成粉末,因此无法进行无损分析;便携式红外光谱常使用漫反射模式,其分析结果在不同仪器上存在着波数偏移问题,有些峰位的偏移度甚大,因此在比较研究方面存在一定局限性;便携式拉曼光谱的偏移度较小,且适合微区域分析,因此非常适合进行玉石器的热处理研究。笔者将透闪石-阳起石和透辉石的拉曼图谱汇总如表 4-15,供研究者参阅。

当分析区域的拉曼图谱具有透辉石矿物的特征峰位,表明玉器材质已由透闪石-阳起石矿物转变为透辉石矿物;当分析区域的拉曼图谱同时具有透闪石-阳起石矿物和透辉石矿物的特征峰位时,表明玉器材质处于透闪石-阳起石至透辉石的中间态。结合透辉石和"中间态"的规律性分布特征,可以认为透闪石-阳起石玉器经历了开放性火烧过程。

表 4-15　透闪石-阳起石和透辉石的拉曼峰位比较

透闪石-阳起石	117—123(m)		138—141(w)	157—162(m)	174—179(s)	191—193(w—m)	221—226(s)		247—251(m)
透辉石		126—131(m)	140—141(w—s)		188—190(m)	195—199(m)		228—234(m—s)	
透闪石-阳起石			330—332(m)	342—347(s)	353—358(w—m)	367—371(m—s)	391—396(m—s)	412—421(m)	435—438(m)
透辉石	254—261(m)	323—328(s)			353—358(w—m)	360—365(m)	387—393(s)		507—511(m)
透闪石-阳起石	526—530(m)			673—675(vs)		926—931(m—s)		1 026—1 030(m—s)	1 057—1 061(m—s)
透辉石			557—560(w—m)	664—670(vs)		852—856(m)	1 008—1 012(vs)	1 017(m)	1 305—1 309(vs)

注:(1) vs=very strong, s=strong, m=medium, w=weak。(2) 1 305—1 309 cm^{-1} 在未加热透闪石中也存在,因而不能作为透辉石的特征峰位,也不能用于判断透闪石是否受热[①]。

---

① 陈笑蓉、郭守国、张蔚等:《拉曼光谱技术在仿古玉鉴别中的应用》,《文物保护与考古科学》2007 年第 1 期。

(二) 玉器火烧或祭祀形式

1. 寺墩玉器

笔者的研究表明多件常州博物馆所藏寺墩玉器经过了火烧过程,有的玉器(如261号玉璧)火烧程度较深,因而呈现断裂状态。寺墩遗址M3号墓出土的不少璧、琮和斧都呈碎裂状态(现保藏于南京博物院和常州武进博物馆),故发掘者最初认为这是火烧造成的。具体说来,M3号墓出土的24件璧中20件碎为2—8块,其中的13件推测有不同程度的火烧痕,1件底面有烟炱。M3号墓出土的32件琮中5件碎为2—4块,其中2件有火烧痕,3件无火烧痕;没有碎裂的27件玉琮中6件有火烧痕。M3号墓出

图4-29　武进寺墩出土M3：86钺(来自1984年发掘报告图版五)

土的M3：86斧(钺),中下部有火烧痕迹,出土时碎为十多块,裂痕似与火烧有关,如图4-29所示,可以拼合成器①。

以上列举显示,7件碎裂的璧和3件碎裂的琮没有火烧痕迹,6件未碎裂的琮有火烧痕迹,这些现象似乎表明玉器的碎裂与火烧没有必然关系,模拟实验也显示高温使玉器产生裂纹但并未碎裂。因此,寺墩玉器的碎裂似乎是人有意为之,可能与"毁玉"相关,在稍晚的石家河文化晚期的湖北荆州枣林岗墓地也存在类似情况,如"随葬玉器的显著特征是以碎玉居多,有不少完整器是打碎以后下葬的"②。

综合来看,后世出现的"烧玉""毁玉""埋玉"等形式均在寺墩M3号墓中出现,其目的是否与后世相似,尚待更多考古资料的证实。不过,玉器火烧的行为方式至迟在良渚晚期出现,扩展了玉器的使用方式。

2. 妇好墓玉器

上述讨论业已证实殷墟妇好墓出土的玉鹦鹉M5：993曾经火烧加热过程。然而遗憾的是,妇好墓发掘时,棺椁和所有随葬器物皆被深水淹没,除某些大、中型青铜器尚可推测其埋葬位置外,绝大多数玉器和其他器物,仅能大约知道它们在墓中的方位③。尽管如此,根据一些间接证据,我们仍可推断先民加热玉鹦鹉M5：993的目的。

第一,殷墟妇好墓的墓室内未见明显的红烧土或炭屑灰烬等痕迹,而大约50余件青铜礼器的表面,还粘附有纺织品残片④,这些事实表明,妇好墓下葬之后未曾经历大规模焚烧,即M5：993玉鹦鹉的受热过程应发生在妇好下葬之前。

第二,甲骨文中有一些记载,如:"癸巳卜：子,叀白璧肇丁。用。"——《花东》37。"甲子

---

① 南京博物院：《1982年江苏常州武进寺墩遗址的发掘》,《考古》1984年第2期。
② 湖北省荆州博物馆：《枣林岗与堆金台——荆江大堤荆州马山段考古发掘报告》,科学出版社1999年版,第194页。
③ 中国社会科学院考古研究所：《殷墟妇好墓》,文物出版社1980年版,第9页。
④ 同上书,第17页。

卜：乙，子肇丁璧暨琡。叀黄璧暨璧。"——《花东》180。"乙亥：子惠白圭禺。用。惟子见（献）。"——《花东》193。表明商人祭祀时使用了白璧、黄璧和白圭，但这些颜色的玉器在妇好墓出土玉器中是不多的，是否存在通过火烧玉器获得所需的黄色和白色呢？Beck(1981)和荆志淳(2007)皆依据某些玉器颜色的有规律改变，即器物整体或某些特定部位颜色的显著改变，推测系先民有意加热为之，旨在使这些玉器获得某种特定的颜色。然而，不难发现，M5∶993玉鹦鹉仅足部和夔形冠部顶端、尾部末端的一小块区域变成黄白色或褐黄色，其分布毫无规律可言。由此可以断定，玉鹦鹉受热实无获取某种特定颜色之目的。

第三，既然排除了上述可能性，那么玉器的加热处理似乎只能缘自特定的祭祀活动。"国之大事，在祀与戎"，祭祀是古代国家最为重视的仪式，第一节显示商代已有玉器作为燎祭祭品的明确记载，因此这批玉器被露天火烧的目的是祭祀。

第四，古代的"埋祭"常紧随"燎祭"之后，即先"燎祭"后"埋祭"，妇好墓的部分玉器是否属于先"燎祭"再"瘗埋"，尚需进一步研究。此外，第一节还显示甲骨文中记载了琡(戚)、圭、璋、珥、磬、戈等曾作为"燎玉"使用，笔者在91件妇好墓玉器中发现戈、钺、璜、柄形器、管、臂饰、动物形饰品等均经过了火烧过程，表明燎玉的类型是多样化的，至少包含"装饰器"和"礼仪器"，这在实物层面丰富了商代玉器火燎祭祀的相关认识。

3. 血池玉器

血池祭祀遗址玉器包括人(47件)、琮(26件)、璜(26件)、璋(26件)、璧(4件)、圭(4件)、珠(1件)、片(1件)以及未知残片(5件)。陕西地区也发现了一些战国晚期至秦代的祭祀遗址，如陕西西安北郊联志村的祭祀坑出土玉器95件，包括圭(43件)、璧(18件)、人(18件)、璜(6件)、琮(4件)、璋(2件)、琥(2件)和觹(2件)等形制①；西安西北郊庐家口村的祭祀坑出土玉器100多件，包括圭、璋、璧、环、琮、璜、琥、觹、人及猪等形制，两地均被认为使用了埋祭方式。从数量上看，圭、璧和人是这两处战国晚期至秦代遗址祭祀玉器的主体；从器型上看，联志村和庐家口村还使用了琥和觹等。根据《史记》《汉书》等文献记载以及考古发掘情况，李银德认为先秦时期的璧、琮、圭、璋、璜和琥六种主要礼仪用器，至汉代仅有圭和璧继续用于礼仪，而其余四种或不再使用，或主要功能发生改变②。以上分析显示，血池玉器与陕西地区战国晚期至汉代祭祀玉器在组合形式上有些差异。

血池玉器的组合形式并不是统一的，将玉璋组合整理如**表4-16**所示。血池玉璋的出土形式有7种：只出1件璋和2件璋的祭祀坑分别为7个和1个，出土璋＋圭、璋＋人、璋＋璧人、璋＋琮＋人、璋＋琮＋璜人五种组合的祭祀坑各有1个。15件玉璋均以残件形式存在且均经过了受热过程，而其他器型尚未发现经历受热过程，但璧均为残件，部分圭、人、琮和璜等也以残件形式存在，表明血池玉器在祭祀过程中除使用"埋祭"方式外，部分玉器使用了"毁玉"方式，少量玉器(如玉璋)使用了"燎祭"方式。一般认为，玉璋是祭祀神灵和行聘的礼玉，也作为仪仗用玉，并具有身份地位的标志③。玉璋用于祭祀，在甲骨文中有明确记载，

---

① 王长启：《从古代玉礼器的发展与衰落看西安市北郊出土的秦国玉器》，载于杨伯达：《出土玉器鉴定与研究》，紫禁城出版社2001年版，第197—211页。文中联志村出土玉器的数量为95件，而非85件。
② 李银德：《中国玉器通史》(秦汉卷)，海天出版社2014年版，第60页。
③ 欧阳摩壹：《中国玉器通史》(战国卷)，海天出版社2014年版，第95—96页。

如第一节《小屯南地甲骨》2232 中有记载。

表 4-16　血池玉璋的出土组合形式

序号	出土器物	祭祀坑	备注
1	1 件璋	T6807②、T6808K3、T6808K7、T6808K11、T6808K12、T7107K1、T7108K8	共 7 件
2	2 件璋	T6808K9——皆残	共 2 件
3	1 件璋＋1 件圭	T0151②(皆残)	共 2 件
4	1 件璋＋1 件人	T6808K13(璋残,人残、女性)	共 2 件
5	1 件璋＋1 件璧＋1 玉人	T7108K7(皆残,人为女性)	共 3 件
6	1 件璋＋1 件琮＋1 件人	T7308K5(琮和璋为残片,人为女性)	共 3 件
7	2 件璋＋2 件琮＋1 件璜＋3 件人	T6907K24(璋残,人为 2 男 1 女)	共 8 件

第一节已述"燎玉"和"埋玉"在甲骨卜辞中常常并用,这得到了考古证实,如笔者认为河南安阳殷墟妇好墓出土的部分玉器极可能是经过"焚烧"后再"瘗埋"的[①],喻燕姣认为湖南宁乡黄材三亩地云纹附近出土的商代晚期玉器可能也是经过"焚烧"后再"瘗埋"的[②]。"燎玉""刚玉(即毁玉)"和"埋玉"并用的祭祀方式目前在四川三星堆遗址中得到证实,出土玉器被认为是在举行了一次"燎祭"活动后"瘗埋"的[③],其中不少玉器的残断部分分布在祭祀坑的不同部位,发掘者认为这些玉器在入坑前进行某种活动时遭到了损坏,因此推断三星堆玉器在"瘗埋"之前存在着"燎玉"和"毁玉"两种行为。尽管火燎行为能让玉器出现裂缝,从而易于分解玉器,但是玉器本身具有一定的脆性,碰撞和砸击也能使之碎裂,因此三星堆玉器被毁坏和火烧的先后顺序尚需进行有效辨别。不过,血池玉璋残块的厚度均不一致,且断面内外呈现的火烧面貌相似,因此它们被毁坏后火烧的可能性很大。

第六节　小　结

本章第一节对甲骨文中关于"燎玉"的文献记载进行了简要梳理,指出瑴(戚)、圭、璋、珥、磬、戈等器型被记载作为"燎玉"使用,"燎玉"和"埋玉"可并用,燎玉和沉玉也可并用。

本章第二节谈及了 20 世纪 80 年代由考古出土的疑似火烧玉器引发的"火烧"和"受沁"之争,讨论对象集中于良渚晚期玉器至商代玉器,如江苏常州寺墩玉器、上海青浦福泉山玉器、河南安阳殷墟玉器、江西新干大洋洲玉器等,其根本原因在于火烧证据并非理性的科学证据,而是感性的肉眼判别。然后,本章在旧石器时代石器热处理研究的基础上,总结了新

---

① Wang, R., Wang, C. S., Tang, J. G., "A Jade Parrot from the Tomb of Fu Hao at Yinxu and Liao Sacrifices of the Shang Dynasty", *Antiquity*, 2018, 92(362), pp. 362-382.
② 喻燕姣:《略论湖南出土的商代玉器》,《中原文物》2002 年第 5 期。
③ 四川省文物管理委员会、四川省文物考古研究所、四川省广汉县文化局:《广汉三星堆遗址一号祭祀坑发掘简报》,《文物》1987 年第 10 期。

石器时代至历史时期玉器热处理或火烧的目的包括四个：生产阶段的玉料开采、生产阶段的玉材改性、生产和使用阶段均涉及的获取所需颜色、作为祭品使用。

本章第三节根据经过火烧的出土玉器材质主要集中在透闪石-阳起石、蛇纹石和滑石的研究现状，梳理了地质学界和文博学界针对这三种矿物在室内稳定环境下的马弗炉火烧模拟实验，从宏观的颜色变化特征、硬度变化特征，以及微观的脱水温度特征、分解温度特征、分解产物特征等方面进行了总结。指出，蛇纹石的退色变白温度（≥700℃）超过材质转变温度（>500℃），因此白色调蛇纹石不可能是人为火烧形成的，应为原生材质，或火烧后再入土受沁疏松白化形成的；白色滑石既可能是原生矿物，也可能是有机质成因黑色滑石经过人为火烧形成的，还可能是火烧后再入土受沁疏松白化形成的；白色顽火辉石既可能是原生矿物，也可能是由滑石或蛇纹石加热形成的，其温度超过800℃，可以通过未完全分解的滑石或蛇纹石进行判别；透闪石-阳起石的退色变白、变褐、变黄等颜色变化温度可以在材质转变温度（700—900℃）之前，因此这些色调的透闪石既可能是原生矿物，也可能人为火烧或火烧后再入土受沁风化形成的，可以通过科技手段甄别。需要注意的是，透闪石-阳起石、蛇纹石和滑石矿物的Fe含量增加，均会使开始脱水温度即材质开始转变温度降低。不过，蛇纹石和滑石的Fe含量在加热过程中的影响研究，尚不如透闪石-阳起石开展得多。

本章第四节针对玉器的火烧环境多在开放环境下进行，设计了针对透闪石-阳起石玉的露天柴薪堆烧的模拟实验，结果显示柴火的平均温度颇高，即时温度可以达到1251℃，环境风力可以起到"鼓风机"的作用，使高温可以持续很长时间，从而使透闪石-阳起石玉发生材质转变。透闪石和阳起石在加热一定时长后（本次模拟实验为40分钟）明度值均会增加，b^*增大即偏黄，透明度均减小。透闪石光泽度会减小，阳起石光泽度先增加再减小。露天火烧会造成玉料不同区域受热不均匀，从而引起玉料不同区域的宏观性质和微观结构形成差异，这很容易通过拉曼光谱等结构分析方法获得科学证据——透辉石矿物的生成；透闪石-阳起石至透辉石的"中间态"矿物的生成。值得注意的是，露天火烧将对玉器物理性质和化学结构产生一个复杂的、综合性影响，不能简单地套用本章第三节——马弗炉封闭稳定状态下的模拟实验结果。

本章第五节选取新石器时代晚期良渚寺墩玉器、商代晚期殷墟妇好墓玉器、战汉时期陕西凤翔血池玉器进行了细致研究，发现其中一些玉器存在着与第四节露天模拟实验非常相近的宏观和微观特征，表明这些玉器是在开放性环境中经历火烧过程。寺墩玉器的火烧目的尚不明晰，可能存在"烧玉"、"毁玉"和"埋玉"三种形式；妇好墓玉器的火烧目的可以结合甲骨文记载推断为火燎祭祀，可能存在先"燎玉"再"埋玉"的形式。"燎玉"的器型多样，至少包括装饰器和礼仪器，不少是甲骨文没有记载的；血池祭祀玉器大部分为"埋玉"方式，部分玉器使用了"毁玉"方式，仅玉璋使用了"燎玉"方式，是为数不多的同时使用"燎玉"、"毁玉"和"埋玉"的祭祀玉器，非常值得关注。

上述研究显示玉器火烧至少可以追溯到良渚文化晚期，至少在商代晚期玉器已作为火燎祭祀的祭品之一，这一传统延续至秦汉时期，成为国家祭祀程序的一部分，并一直延续至明清时期。

第五章

中国早期玉器再利用研究
—— 古代修复篇

玉器在古代世界常被再利用（如改制），相关研究甚多。然而玉器在加工和使用过程中均可能发生损坏，古人若不废弃，便会对它进行修复，其目的也是再利用。不过，针对修复性质的再利用工艺研究尚处于起步阶段，本章拟通过梳理出土玉器的修复痕迹，对中国古代采用的修复方式进行归纳总结，并在此基础上讨论玉器再利用的相关问题。这部分研究将有助于构建玉器的古代修复史，丰富对中国早期玉器再利用内涵的认识，进而丰富对中国玉文化和中国古代科技的认识。

第一节　玉器生产与修复

一般而言，出土玉器的生命过程可以概括为图5-1所示的五个阶段，除第五阶段与今人密切相关外，其余四个阶段均与古人行为相关。其中，修复是古人对玉器进行再利用的一种方式，主要发生在玉器的使用过程中，也发生在玉器的生产制作阶段。随着玉器入土埋藏，再经考古发掘出土，玉器面临传承之重任，既包括物质实体的保护，也包括从物质实体上提取的各种知识体系的传播和传承，例如考古学、历史学、文物学、艺术史等学科知识。从这个意义上讲，包括玉器在内的各项考古文博工作的最终目的是文化遗产保护，这实际也是文化遗产再利用。

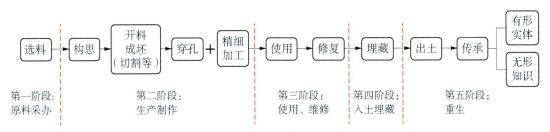

图5-1　出土玉器的生命过程

一、选料和构思

第一阶段是选料阶段。古人需要具备识别玉矿、开采玉料的能力。

第二阶段是生产制作阶段。玉料采办之后，首先是构思阶段，玉工们可根据一些玉料的形状和大小构思需要制作的玉器造型，也可根据玉器造型选择合适形状和大小的玉料，这是玉器制作的第一种方式——借助原始玉料的形状纹理等,直接将玉料加工成器[①]。而根据预先构思好的式样,先开料成坯,将玉料加工成合适的形状和大小,再加工成器,这是玉器制作的第二种方式。按照几何形状的差异,古代玉器常可分为筒状成形、片状成形、块状成形、环状成形、柱状成形、粒状成形等方式[②],举例如表5-1内蒙古巴林右旗红山玉器所示。

表5-1 巴林右旗红山玉器的器型构思分类

分类	图示	典型器型	分类	图示	典型器型
柱状成形		玉蚕、玉管等	筒状成形		斜口筒形器
块状成形	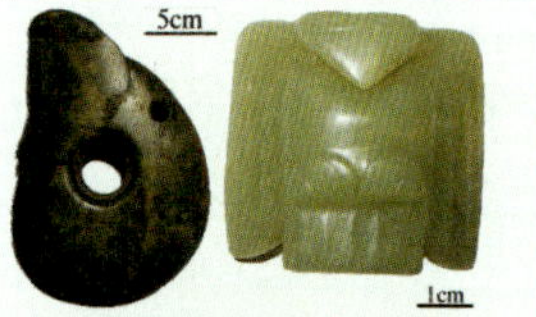	玉雕龙、玉人面、玉鸮、萤石鱼、坠饰、纺瓜等	环状成形		玉环或璧、玉玦等
片状成形		勾云形器、兽形玉佩、钩形器、三联璧、玉斧等	粒状成形		玉串珠

二、切割

由于绝大多数的玉器构思都无法在原始玉料上实现,因此在经历选料和构思之后,玉器制作进入开料成坯阶段,即通过切割、钻孔、减地、镂空、掏膛等单技术或复合技术将大块玉料分解成合适形状和大小的坯料。一般来说,切割技术分为硬性切割(即片切割)和柔性切割(即线切割)两种,均是利用机械能的摩擦切割技术,区别在于线切割技术必须使用解玉砂作为摩擦介质切割玉料,而片切割技术可不使用解玉砂进行直接的摩擦切割,只是其效率不如以砂为介质的间接摩擦,如表5-2的砂岩片实验所示。叶晓红的实验显示,砂绳线切割效率可以非常高,超过砂岩片和解玉砂的组合方式,也表明解玉砂的应用确实是切割技术的一大飞跃[③]。黄建秋的实验显示马尾、竹丝和羊肠线作为线切割的工具材料是没有效率的,而皮条可以作为线切割的工具材料,但其效率远低于麻绳。张敬国和黄建秋的实验均显示砂岩片+解玉砂的组合效率高于竹片+解玉砂的组合效率,张敬国的实验还显示花岗岩或玛瑙片+解玉砂的组合效率既不如砂岩片+解玉砂的组合效率,也不如砂绳的效率。

[①] 邓聪、刘国祥:《红山文化东拐棒沟C形玉龙的工艺试析》,载于刘国祥、邓聪:《玉根国脉(一)——2011年"岫岩玉与中国玉文化学术研讨会"文集》,科学出版社2011年版,第54—65页。
[②] 王荣、李一凡、曹布敦嘎等:《内蒙古巴林右旗红山玉器制作工艺研究》,《考古与文物》2017年第4期。
[③] 杨虎、刘国祥:《兴隆洼文化玉器初论》,载于邓聪:《东亚玉器》(上),香港中文大学中国考古艺术研究中心1998年版,第128—139页。

表 5-2 切割模拟实验

实验者	切割对象	切割工具	是否加解玉砂	效率(每毫米耗时 h/mm)(括号内为玉材和工具的损耗比)
张敬国等①②	透闪石-阳起石质玉	砂岩片	+解玉砂	2.03—2.31,1.63—1.86(1:10)
			无解玉砂	7.01—7.74(1:15)
		竹片	+解玉砂	3.26(1:30)
		花岗岩	+解玉砂	4.69
		玛瑙片	+解玉砂	4.69
		黄铜片	+解玉砂	0.76(1:4)
		麻绳	+解玉砂	2.83
叶晓红③	透闪石-阳起石质玉	麻绳	+解玉砂	0.27
黄建秋④	透闪石-阳起石质玉	皮(宽厚比大于1)	+解玉砂	9
		马尾	+解玉砂	无效率
		竹丝	+解玉砂	无效率
		羊肠线	+解玉砂	无效率
		竹片	+解玉砂	1(1:12)
		砂岩片	+解玉砂	0.73

三、穿孔

当玉料成坯之后,需要按照构思进行穿孔或精细加工。穿孔可分为钻孔和掏孔两种,掏孔既可以使用钻孔工具进行"掏搅"或"掏膛"⑤,也可使用复合工艺进行加工,如先用实心桯钻在坯料一侧贴边打孔,然后将砂绳从孔中穿过,以砂绳切割方式(单向或双向)去芯。

钻孔工具有两种,空心管钻和实心桯钻,管钻常用于制作直径和深度较大的穿孔,或以浅钻形式来制作纹饰;桯钻适用于制作直径和深度较小的系孔,或钻孔的定位点。使用管钻和桯钻工具对玉器进行穿孔后,均会在管壁形成螺旋纹。若采用两面对钻方式,则常在孔壁中间的钻孔会合处形成凸起的台面。当钻孔定位发生错位时,桯钻形成的未穿透孔呈现中间深、四周浅的特征,管钻形成的未穿透孔呈现中间凸出、四周凹槽的特征。

关于钻具材料,金属、竹子、砂岩、石英、骨头等都被学者提出过。叶晓红曾借助模拟实验探讨玉器钻孔的工艺技术,并试图探索不同钻孔工具的效率,她与其他学者的工作总结如**表 5-3** 所示。由表可见,弓钻的钻孔效率远高于徒手钻;空心竹管的钻孔效率高于石质桯钻;石质桯钻的钻

---

① 张敬国、张敏、陈启贤:《片状工具开料之初步实验——玉器雕琢工艺显微探索之三》,载于杨建芳师生古玉联合会:《玉文化论丛》(1),科学出版社、众志美术出版社 2006 年版,第 311—326 页。
② 张敬国、张敏、陈启贤:《线性工具开料之初步实验——玉器雕琢工艺显微探索之一》,《东南文化》2003 年第 4 期。
③ 叶晓红:《西朱封龙山文化玉器加工技术研究》,载于杜金鹏:《临朐西朱封龙山文化玉器研究》,科学出版社 2015 年版,第 209—214 页。
④ 黄建秋、陈杰、姚勤德等:《良渚文化治玉技法的实验考古研究》,载于钱宪和:《史前琢玉工艺研究》,台湾博物馆 2003 年版,第 157—188 页。
⑤ 方向明:《中国玉器通史》(新石器时代南方卷),海天出版社 2014 年版,第 159、318 页。

孔效率高于竹质锥钻；石英岩桯钻不加解玉砂的徒手钻孔效率虽高于闪长岩桯钻+解玉砂的徒手钻孔，但相差并不大；张敬国和易建成的实验均显示相对于竹钻具来说，青铜钻具的效率并没有提升，但是玉料和工具的损耗比有较大幅度的降低；和田晴夫和土田孝雄的实验显示金刚砂的钻孔效率高于硬玉砂和砂岩砂的混合效率。值得关注的是，早期若无合适的管钻工具，古人可能采用"圆周打磨法"来制作大孔径玉器，如先对一块圆饼状石头进行边角的打磨，使其外边缘接近手镯形制，然后琢磨内径的圆周部分至较薄厚度，再通过敲击使内径芯料分离，从而形成圆环状的器型，最后通过精细打磨制成圆润美观的手镯①。由此可见，"圆周打磨法"的工作原理与管钻法是一致的，是一种颇为省时省力的方法，该法类似于西伯利亚常用的"中孔轴心旋截技术"。

表 5-3　钻孔模拟实验

实验者	钻具	钻孔对象	钻孔方式	效率(每毫米耗时 h/mm)
王波②	石钻（玛瑙、玉髓）	砾石	徒手	0.5
		岫岩玉(4—6 Mohs)	徒手	0.5
		砾石	弓钻(150—200 钻/分钟)	0.25
		砾石	机械钻(300—350 钻/分钟)	0.133
		岫岩玉(4—6 Mohs)	机械钻(300—350 钻/分钟)	0.033
陈淳③	燧石钻头	岫岩蛇纹石质玉(5.5 Mohs)	徒手	0.5
			弓钻(200 钻/分钟)	0.056
			金属钻床(300 钻/分钟)	0.028—0.033
叶晓红④	闪长岩	透闪石-阳起石质玉料	徒手	1.06
	石英岩		徒手+不加解玉砂	1.2
	竹管		徒手	0.62
张敬国⑤	干燥竹管	岫岩透闪石-阳起石质玉(6 Mohs)	徒手	1.82(损耗比：1∶20)
	新鲜竹管	碧玉	徒手	7.99(损耗比：1∶20)
	鹅翅骨	阳起石	徒手	13.75(损耗比：1∶100)
	铜管	阳起石	徒手	3.4(损耗比：1∶1.5)
席永杰⑥	竹管	岫岩透闪石-阳起石质玉(6.3 Mohs)	弓钻	0.23

---

① 大河网：《南阳黄山遗址部分考古成果首次发布——几年前的残次半成品揭开玉镯的千古之谜》，http://newpaper.dahe.cn/dhb/html/2018-05/03/content_242348.htm，最后浏览日期：2019 年 9 月 4 日。
② 王波、辛健：《细石器石钻工具的实验考古学研究——以昂昂溪为例》，载于钟侃、高星：《旧石器时代论集——纪念水洞沟遗址发现八十周年》，文物出版社 2006 年版，第 302—310 页。
③ 陈淳、张祖方：《磨盘墩石钻研究》，《东南文化》1986 年第 1 期。
④ 叶晓红：《西朱封龙山文化玉器加工技术研究》，载于杜金鹏：《临朐西朱封龙山文化玉器研究》，科学出版社 2015 年版，第 209—214 页。
⑤ 张敬国、陈启贤：《管形工具钻孔之初步实验——玉器雕琢工艺现为探索之二》，载于杨建芳师生古玉联合会：《玉文化论丛》(1)，科学出版社、众志美术出版社 2006 年版，第 304—310 页。
⑥ 席永杰、张国强：《红山文化玉器线切割、钻孔技术实验报告》，《北方文物》2009 年第 1 期。

续表

实验者	钻具	钻孔对象	钻孔方式	效率(每毫米耗时 h/mm)
黄建秋[1]	竹锥	透闪石-阳起石质玉	弓钻	1.67
	竹管	砂岩	弓钻	0.100—0.167
	铜管	透闪石-阳起石质玉	弓钻	0.43
易建成[2]	桂竹管	丰田透闪石-阳起石质玉	机器模拟手钻的平均速度 144 转/分钟	0.688(单面钻)/0.696(双面钻)(损耗比：1:3.67)
	青铜管			1.626(损耗比：1:0.446)
和田晴夫[3]	竹锥	翡翠	徒手＋金刚砂	1.6
土田孝雄[4]	竹锥	翡翠	徒手＋(硬玉砂＋砂岩砂)	2.5
邓聪[5]	管钻	透闪石-阳起石质玉	辘轳(60—80 转/分钟)	0.61—0.76

钻孔技术的应用不仅十分广泛，而且十分灵活，根据钻孔的功能性，可分为"成形型钻孔"和"装饰型钻孔"两类。"成形型钻孔"指使用钻孔技术使器物的外观成形，主要运用于对环状成形的器物进行局部去料，如玉环或玉璧的制作一般使用大口径的管钻工具，去除环(璧)体以内的玉料，使环或璧得以成形。"装饰型钻孔"一般使用于佩饰上，其目的是穿线绳悬挂、组合、绑缚、缝缀等，用于装饰人或器物。"装饰型钻孔"的运用最为广泛，包括斜钻(牛鼻孔)和垂直钻(单向钻和对向钻)两种形式。

值得关注的是，对于 2.5 cm 以上大孔径的"成形型钻孔"，如环、琮、璧、镯等，香港中文大学邓聪教授及清华大学徐飞认为这类大型钻孔技术可能与"辘轳轴承器"的发明和使用密切相关，具体钻孔方式应为旋转装置带动被钻对象(玉、石器)，而钻孔工具(如竹管、芦苇或其他管状有机纤维等)固定，在旋转力的作用下施加压力于被钻对象，从而完成钻孔工序。由此可见，"辘轳轴承器"的使用将以往钻孔工具中钻孔工具(旋转运动)和被钻对象(固定)的运行方式进行了转换。邓聪和徐飞将辘轳管钻的模拟实验结果与公元前 3500—前 3000 年的北方红山玉器和南方凌家滩玉器，以及之后良渚玉器的管钻痕迹进行细致比较，认为辘轳轴承器应是古代玉石器大型钻孔的动力来源，辘轳管钻技术使得大孔径玉器的高效加工成为可能[6]。**表 5-3** 显示，辘轳管钻的效率是每毫米耗时 0.61—0.76 小时，相对于其他管钻方式而言，虽然不是最有效率的，但考虑到大孔径因素(6—10 cm)，此种方法是非常高效的手段。

---

[1] 黄建秋、陈杰、姚勤德等：《良渚文化治玉技法的实验考古研究》，载于钱宪和：《史前琢玉工艺研究》，台湾博物馆 2003 年版，第 157—188 页。
[2] 易建成：《卑南ⅡA式耳饰玉玦的钻孔工艺实验》，台湾逢甲大学硕士学位论文，2009 年。
[3] 寺村光晴：《日本の翡翠——その謎を探る一》，吉川弘文館 1995 年版，第 201 页。
[4] 同上。
[5] 邓聪：《欧亚大陆史前玉器技术扩散——2018 年度考古学研究系列学术讲座第 5 讲纪要》，http://kaogu.cssn.cn/zwb/xsdt/xsdt_3347/xsdt_3348/201805/t20180504_4257385.shtml，最后浏览日期：2018 年 12 月 2 日。
[6] 徐飞、邓聪、叶晓红：《史前玉器大型钻孔技术实验研究》，《中原文物》2018 年第 2 期。

四、精细加工

当玉料经切割工序之后,其初步的造型完成,然后进行钻孔工作或精细加工。精细加工包括纹饰加工和打磨抛光两个部分。纹饰加工的方式多样,可使用石质工具进行刻画,也可利用线切割、片切割和钻孔等方式进行加工还可借助精密复合机械进行加工,如制作符合阿基米德螺线规律的绞丝纹玉环[1]。有些玉器使用了透雕技法形成镂空纹饰,透雕方式有二种:一是使用石质工具刻画图案(有时添加解玉砂),通过摩擦研磨,使镂空处越来越薄,直至磨透[2];二是使用钻孔和切割的复合工艺,即先打透一个孔洞,然后穿过砂绳,通过反复摩擦切割后形成镂空纹饰。

当纹饰完成之后,需要将之前的加工痕迹尽可能去除,以获得光滑的外表面和温润的玉质感,从而展现玉料的美感,这十分依赖于高超的打磨抛光工艺。有时为了更细微地雕琢纹饰,玉工先使用磨抛工艺获得平整表面。关于打磨抛光时所使用的工具,砺石易于获得且使用最为方便,可进行直接打磨,使用方式为先以粗砂岩粗磨而后用细砂岩打磨;砺石也可借助细砂等介质进行间接打磨,这种细砂很可能是解玉砂在玉器加工环节中磨耗玉料的同时自身进一步碎化和粉化后形成的。石器模拟实验显示磨料的研磨硬度是石料的2.5倍以上时将有利于提高打磨效率[3],石英砂的罗氏研磨硬度约是摩氏硬度为6矿物的3.23倍[4],因此使用石英砂打磨透闪石-阳起石质玉及低硬度玉器是很有效率的。打磨工序完成后,可使用动物毛皮、植物纤维编织物等柔软有韧性的物体在器表进行长时间的软性摩擦,获得精致的抛光效果。

以新石器时代晚期中国南北地域的两个玉器文化为例。北方红山玉器的表面虽打磨抛光得细致、彻底,但光泽度并不高,普遍在30 Gs(光泽度单位)左右,而南方良渚文化玉器的光泽度可以超过50 Gs。在对部分透闪石-阳起石质的两地玉器进行细致观察和比较后可知:(1)多数红山玉器的质地优于良渚玉器,红山玉料通常杂色少、质地通透、结构致密;(2)良渚玉器表面多呈现镜面反射效果,红山玉器表面多呈现漫反射效果;(3)良渚玉器呈现镜面反射的玻璃质感,红山玉器呈现玉材质本身温润剔透的油脂质感。以上分析表明,玉器的磨抛效果不仅取决于磨抛工艺,还与玉料质地密切相关,因此玉质感是玉器材质和磨抛工艺的有机结合。此外,磨抛工艺从另一侧面反映了史前时期人们在处理玉料磨抛效果时所具备的先进意识和高超审美,即红山先民在面对质地良好的玉材时会进行"扬长"处理,尽可能凸显玉材之美,而良渚先民则针对质地稍逊的玉材进行"藏拙"处理,将玉材不甚完美的呈色和质地隐藏于高度抛光的表面下。

五、修复

(一) 古代修复与现代修复

"修复"一词在《辞海》中的定义有两个:一个是修理使恢复完整,如修复河堤;另一个是

---

[1] Lu, P. L., "Early Precision Compound Machine from Ancient China", *Science*, 2004, 304(5677), p. 1638.
[2] 方向明:《史前琢玉的切割工艺》,《南方文物》2013年第4期。
[3] Atkins, A. G., Felbeck, D. K., "Applying Mutual Indentation Hardness Phenomena to Service Failures", *Metals Engineering Quarterly*, 1974, (14), pp. 55-61.
[4] 薛纪越:《宝石学教程》,南京大学出版社1996年版,第28页。

恢复,如有机体的组织发生缺损时,由新生的组织来补充使之恢复原来的形态。在文博领域中修复常指代前一种含义,有现代修复和古代修复之分,两者的相同点在于修复对象相同;不同点在于修复理念和原则的差异,采用的方法及目的也有不同。

现代修复,即常说的文物修复,系在体现文物的历史价值、科学价值和艺术价值的理念下,遵从可逆性、可辨识性、最小干预性等原则,运用科学的方法,加固已经疏松的文物本体、清除文物后添加的附加物、粘接断裂部分和修补残缺部分,以恢复文物固有的风貌,保护它的完整性,使文物藏品延长寿命[1]。

古代修复,系在恢复器物功能的理念下,先民采用一定的方法修补器物以期使之能够再利用。古代修复的产生几乎与人类文明相始终,目前的考古证据显示,至迟在旧石器时代中期,古人已采用"修锐"方式对一些在使用过程中发生磨损的石器进行维修,这被认为是石制品生产"操作链"的一个环节,也被认为是精制技术的组成部分,是对优质石料短缺的一种应对,是先民减少生存风险的一种关键措施[2]。除了对无机质材料进行修复外,旧石器时代也产生了有机质材料的修复方法,如山顶洞人使用的骨针,可以对破损的兽皮等衣物进行补缀;到了新石器时代,修复的对象扩大到陶器等人工发明材料;进入历史时期,修复对象进一步扩大,青铜器、铁器等金属器均可以进行修补,并逐渐形成专门的手工艺,延续千年,有的技术(如锔补)一直使用到20世纪八九十年代。以上可见,随着时代的发展,古代修复技术不断进步,同时随着观念的更新,修复理念从单一的恢复功能发展到兼顾美观因素,但其最终目的均是实现对残损器物的再利用。

(二) 玉器修复

玉器本质上属于石质,因此大部分的出土玉器属于稳定性文物,出土时的破碎、残损等缺陷均可以通过可逆性粘结剂进行粘接修复,残缺部分可以通过配置可逆性树脂材料进行补缺修复[3]。一些在埋藏过程由于风化作用而异常疏松的出土玉器则属于极度脆弱性文物,因而此时的修复属于抢救性修复,首先需要通过加固维持器物固有的外形[4],然后再进行粘接、补缺等常规性修复。目前,出土玉器的修复保护研究与实践越来越受到重视,这将非常有助于玉器这一珍贵文化遗产的永久传承。相对而言,玉器的古代修复至今仍属于研究的薄弱环节,中国古代玉的概念与今不同,具有文化学和社会学上的意义,从目前出土玉器的科学检测结果看,30余种矿物材料在古代曾被用作玉料使用,其中透闪石-阳起石、石英、绿松石、大理岩等是中国古代最重要的玉料材质。透闪石-阳起石质玉作为今地质学定义的两种"玉"之一,其数量众多、品种丰富、造型多样、纹饰精美、工艺高超,是中国最重要的玉器种类。

透闪石-阳起石被用作玉材,一方面是因其摩氏硬度较高(6—6.5),另一方面是因纤维

---

[1] 莫鹏:《藏品修复与保护之关系》,《中国博物馆》1998年第1期。
[2] 参见陈虹:《华北细石叶工艺的文化适应研究——晋冀地区部分旧石器时代晚期遗址的考古学分析》,浙江大学出版社2011年版。
[3] 李新秦:《博物馆古玉器修复与复制保养》,《中国文物科学研究》2007年第4期。
[4] 万俐:《良渚风化玉器的化学保护》,《东南文化》2003年第5期;王荣、胡盈:《风化古玉器的加固保护技术初探》,载于杨晶、蒋卫东:《玉魂国魄——中国古代玉器与传统文化学术讨论会文集》(五),浙江古籍出版社2012年版,第404—412页。

交织的晶体结构使得其韧性极高(韧性值为9),仅次于黑金刚石(韧性值为10,达到最高)[①],韧性值参见**表 1-2**。一般来说,玉石在外力作用下不容易破裂的性质称为韧性;反之,容易破裂的性质称为脆性,反映矿物受力时抵抗碎裂的能力;硬度是矿物抵抗外力侵入的能力。韧性或脆性与硬度没有直接的关系,而与矿物的结构构造相关,一些学者曾将韧性、脆性和硬度的关系表述为经验公式:$I_b=H/K_c$,I_b 为脆性指数,H 为硬度,K_c 为韧性值[②]。从经验公式看,任何玉石都具有一定的脆性,因此透闪石-阳起石质玉的韧性尽管极高,但是片形、璧环形以及镯形玉器在加工过程和使用过程中,因磕碰等外力作用依然容易造成损坏。先民们曾采用多种方法对玉器进行修复,以期能够再利用,然而迄今为止针对古代修复方式的相关研究尚不多见,因此下节将对古代中国的玉器修复史进行梳理,以期加深对玉器再利用方式的了解,进而丰富对中国玉文化和中国古代科技的认识。

第二节　玉器古代修复技术分类

玉器在加工和使用过程中均会面临着损坏的情况,此时有两种处置方式:废弃或者修复。废弃与否与当时的发展水平有关,决定因素是玉料来源的多寡;修复可从实用和审美两个角度进行考量,从而进行还原或改造。还原与改造的选择在于玉器的工艺水平、破损程度以及玉工的心境,最终实现受损器物的再利用。

玉器的损坏可以分为"断"和"缺"两种情况。"断"表示文物各部分尚存,但相互之间的连结关系已被打破;"缺"则表示文物的若干实体部分丢失。针对这两种损坏形式的修复均可能在古代玉器上留下痕迹,通过这些痕迹的仔细观察和辨别将有助于解读古代中国的玉器修复方式。本节以出土玉器为例,通过对公开发表的图录、发掘报告、简报及研究论文等文献资料的必要梳理,将古代采用的修复方式分为四种:常规修整、连缀修复、补配修复、改制(型)修复。

一、常规修整

常规修整方式为钻孔、打磨、抛光等玉器加工工序的运用,主要应用于断茬、磕损、残缺等一般损伤的修复。前已述及,尽管某些材质玉料的韧性很高,但仍具有一定的脆性,因此在加工过程中会因各种原因发生损坏,尤其是切割和钻孔工序的完工阶段可能会因为崩解造成部分玉料破裂。此外,成品玉器在使用过程中也会因磕碰等原因造成一些部位破裂。针对此种情况,玉工可采用对破裂面进行打磨抛光的修复方式,获得与玉器整体相似的色泽特征。当穿孔损坏时,玉工可在其附近再钻一孔以恢复其功能。常规修整是一种"减地式"的修复方式,而非"增添式"或"替代式"的修复方式,其使用时间较长,至今依然应用在玉器的加工阶段,贯穿了整个玉器发展史。需要说明的是,这种修复方式也常应用于新石器时代的石器中,与"改制修复"中的"改形"内涵相近。

图 5-2-1 的河姆渡文化玉璜(5000—4500BC)出土于浙江余姚河姆渡遗址[③],两端各钻

---

① 宋焕斌:《宝石学导论》,云南教育出版社1997年版,第28页。
② 林宗寿:《无机非金属材料工学》,武汉理工大学出版社2008年版,第36页。
③ 浙江省博物馆:《浙江省博物馆典藏大系——史前双璧》,浙江古籍出版社2009年版,第33页。

一孔,其中左端钻孔破裂后,玉工在其附近重新定位穿孔,恢复玉璜的装饰功能。图5-2-2的薛家岗文化玉管(3300—2800BC)出土于安徽潜山薛家岗遗址①,管壁的一侧已经破裂,玉工并没有将裂开部分连缀起来,而是对破裂面进行打磨抛光,使断口处呈现与管体相近的外观特征。图5-2-3的西周中期BRM1乙:233柄形器出土于陕西宝鸡弸国墓,其刃端已残断,但这并不是因墓葬坍塌撞击所致,报告者认为"因为断裂处业已打磨平滑,说明在下葬前即已整修完成"②。

1. 河姆渡玉璜　　　　2. 薛家岗玉管　　　　3. 西周弸国柄形器

图5-2　采用常规修整方式的出土玉器

二、连缀修复

此种修复方式最为常见,统计如本章末附表所示,分为两侧钻孔、两侧沟槽、两侧胶粘、金属镶包四种基本形式,以及两侧钻孔+浅槽、两侧钻孔+沟槽、两侧钻孔+胶粘、两侧钻孔+金属镶包、胶粘+金属镶包五种组合形式,以下将分述这九种方式的具体表现形式,本部分器物的来源列于附表。

(一)两侧钻孔方式

两侧钻孔修复方式是在玉器断裂处两侧进行钻孔,然后使用连接材料通过穿孔将断裂部位紧密接合,从而恢复玉器原来的功能。根据已经公布的材料,该修复方式已在中国绝大多数省份的出土玉器上被发现,其使用贯穿新石器时代直至唐代。根据断裂处两侧的穿孔数量,可将该修复方式细分为八种:(1)两侧单孔;(2)两侧双孔;(3)两侧三孔;(4)两侧四孔(疑似);(5)一侧单孔、一侧双孔;(6)一侧双孔、一侧三孔;(7)一侧三孔、一侧四孔;(8)一侧四孔、一侧五孔。前四种方式在断裂处两侧的钻孔数量相同,属于"两侧对称型钻孔";后四种方式在断裂处两侧的钻孔数量不相同,属于"两侧不对称型钻孔"。

1. 两侧对称型钻孔

(1)两侧单孔

两侧单孔方式因修复简单而最早被先民采用,黑龙江饶河小南山遗址出土的新石器时代中期透闪石质玉环(图5-3-1,9200—8600BP)是目前已知最早采用该种方式进行修复的玉器实例,表明玉器的连缀修复在中国玉器的早期阶段已存在。河北易县北福地遗址出土的新石器时代中期蛇纹石质玉玦(图5-4-1,8000—7000BP)是目前华北平原最早采用两侧单孔连缀修复的玉器实例。 山东潍坊前埠下遗址出土的后李文化晚期滑石环

---

① 王荣、朔知、王昌燧:《薛家岗玉器加工工艺的微痕迹初探》,《文物保护与考古科学》2009年第4期。
② 北京大学震旦古文明研究中心、北京大学中国考古学研究中心、宝鸡青铜博物馆等:《弸国玉器》,文物出版社2010年版,第87页。

(7700—7300BP,见附表的 H259：6)是目前黄河下游海岱地区最早采用两侧单孔连缀修复的玉器实例。江苏溧阳神墩遗址出土的马家浜文化晚期早段迪开石质玉璜(图 5-5-6,6500BP)是目前长江流域最早采用两侧单孔修复方式的玉器实例。此后,两侧单孔修复方式广泛使用在马家浜文化(7000—6000BP)、大溪文化(6500—5300BP)、红山文化(6500—4800BP)、新开流文化(6000—5000BP)、大汶口文化(6200—4600BP)、崧泽文化(6000—5300BP)、北阴阳营文化(6000—5300BP)、凌家滩文化(5600—5300BP)、薛家岗文化(5500—4800BP)、屈家岭文化(5300—4500BP)、良渚文化(5300—4300BP)、石峡文化(5000—4000BP)、陶寺文化(4300—3900BP)、齐家文化(4300—3400BP)、卑南文化(3500—2500BP)、夏商周时期(2070—771BC)、春秋战国时期(770—221BC)、秦汉和唐代等遗址或墓葬出土的器身较细或窄的璜、玦、环、镯等玉器以及宽体的玉璧和玉饰上。

图 5-3 显示两侧单孔修复在环、镯和璧中的应用实例很多,表明这类器物在使用过程中易于损坏。需要说明的是,《尔雅·释器》指出环、瑗、璧之分在于"肉"和"好"的大小比例,一些学者认为"瑗"和"环"是可以通假的,故建议放弃"瑗"这一称谓。杨晶认为"肉"大于等于"好"的称为"璧",反之称为"环"①。本节在出土玉器的引用中将据此作必要的区分;环和镯的区分在发掘报告和图录中均不甚清晰,其区别应在于器体的厚度,目前尚无统一标准,故本书不作区分。

图 5-3-1 显示目前出土最早的黑龙江饶河小南山玉器已使用两侧单孔方式对破裂玉环进行连缀修复,以达到再利用的目的,表明两侧单孔修复方式是中国最早的连缀修复法。小南山玉环断裂的一侧有一未钻透孔,表明玉工可能设计成一侧单孔、一侧双孔的修复方式。此后,该种玉环(镯)和璧上的修复方式先后应用于长江下游地区的马家浜文化、薛家岗文化和崧泽文化,东北地区的新开流文化和红山文化,黄河下游地区的大汶口文化,黄河中游地区的龙山文化,黄河上游地区的齐家文化等史前遗址中,并一直延续至历史时期,唐代渤海国仍使用此种修复方式。需要说明的是,图 5-3-3 的新开流文化玉环残体出土于黑龙江鸡西刀背山墓地,有 3 个钻孔和 5 个齿纹,原被命名为玉璜,但玉器两端钻孔附近的剖面清晰可见残断的痕迹,因此报告者认为该件玉器应属于璧体(应为环)的一半②,即两端钻孔是用来和断裂处另一侧的钻孔进行连接修复的,但该件玉器也不能排除玉璧(环)断裂后改型修复为玉璜的可能性。

1. 黑龙江饶河小南山　2. 浙江长兴江家山　3. 黑龙江鸡西刀背山　4. 江苏张家港东山村 M90：55

---

① 杨晶：《试论红山文化的玉璧、玉环》,载于杨晶、蒋卫东：《玉魂国魄——中国古代玉器与传统文化学术讨论会文集》(四),浙江古籍出版社 2010 年版,第 37—57 页。
② 黑龙江文物考古研究所、李陈奇、赵评春：《黑龙江古代玉器》,文物出版社 2008 年版,第 62 页。

5. 辽宁建平牛河梁
N3M3:3

6. 浙江嘉兴南河浜
M78:7

7. 山东广饶傅家

8. 江苏新沂花厅
M32:20

9. 安徽潜山薛家岗
M59:1

10. 上海青浦福泉山
M145:3

11. 江苏昆山赵陵山
M79:3

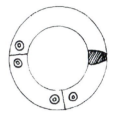
12. 山东章丘焦家
ZJ:65

13. 内蒙古扎鲁特旗南宝力
皋吐 AM199:6,7

14. 江苏无锡邱承墩
M4:7

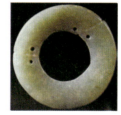
15. 山西临汾下靳
M136

16. 青海民和喇家
H19

17. 香港南丫岛大湾
M10-Ⅳ011

18. 河南安阳殷墟
83ASM662:2

19. 云南曲靖八塔台
M265

20. 吉林永吉杨屯

21. 江苏张家港东山村
M95:41

22. 江苏新沂花厅
M56:2

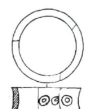
23. 山东章丘焦家
ZJ:53

24. 江苏无锡邱承墩
CJ:11

 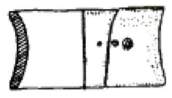  

25. 广东马坝石峡 M6:1　　26. 香港南丫岛大湾 TF14-M3-Ⅳ003　　27. 湖北荆门龙王山 M10:20　　28. 山东广饶傅家 M481:5

图 5-3　采用两侧单孔修复方式的出土玉环(镯)和玉璧

(1~20 断裂处正反面方向穿孔,21~26 断裂处内外径方向穿孔,27 沿断面和内径方向,28 为牛鼻孔)

图 5-3 显示玉环(镯)和璧断裂后的两侧单孔修复方式存在五种形式:第一种是沿玉器断裂处的正反面方向各钻一孔,然后用柔性材料穿孔连缀,如图 5-3-1~20 所示;第二种是沿玉器断裂处的内外径方向各钻一孔,然后用柔性材料穿孔连缀,如图 5-3-21~26 所示,这种修复方式多见于玉镯,原因在于镯体的内外径方向常比正反面方向更容易钻孔;第三种是在玉器断裂处的断面和内径方向各钻一牛鼻孔,然后用柔性材料穿孔连缀,如图 5-3-27 所示;第四种是在断口一侧沿正反面方向钻一孔,另一侧的器身面形成牛鼻孔,然后用柔性材料穿孔连缀,如图 5-3-28 所示;第五种是断裂面呈较长斜面,采用沿该斜面与镯身两侧各钻一孔的方式进行连缀修复,断裂处复合后形成一贯通的钻孔,如附表的海宁小兜里 M2:12 镯环。

值得注意的是,第一种正反面和第二种内外径方向的穿孔修复方式均见于江苏张家港东山村(图 5-3-4 和图 5-3-21)、江苏新沂花厅(图 5-3-8 和图 5-3-22)、山东章丘焦家(图 5-3-12 和图 5-3-23)和江苏无锡邱承墩(图 5-3-14 和图 5-3-24)等遗址的出土玉环(镯)和璧中。其中,江苏张家港东山村玉镯最为特殊,镯体虽然较薄,但玉工仍然沿内外径方向钻孔,表明彼时玉工钻孔技术非常成熟。第一种正反面和第四种牛鼻孔的穿孔修复方式均见于山东广饶傅家玉璧。

牛鼻孔的连缀修复方式不仅见于湖北荆门龙王山玉镯和山东广饶傅家玉璧,还见于重庆巫山大水田(附录 M94:2)、江苏张家港东山村(附录 M94:16、M95:41、M91:23、M91:34)、浙江海宁小兜里(附录 M2:12)、昆山赵陵山(附录 T063③:15)等墓葬出土的玉璧和环(镯)中,表明长江流域在大溪文化、崧泽文化、屈家岭文化、良渚文化时期常使用牛鼻孔方式。从出土数量看,长江上游地区多于长江下游地区。

图 5-3 还显示连缀材料在商代晚期发生了变化,已经使用铜质材料(图 5-3-18)。

玉玦的最早两侧单孔修复实例见于河北易县北福地遗址祭祀场出土的蛇纹石玦(图 5-4-1,J:8),年代为 6000—5000BC,与兴隆洼文化相当或稍晚。同出的蛇纹石玦(J:7)和透闪石玦(J:24)的器身均无钻孔,因此推断 J:8 玉玦的钻孔系连缀修复使用。长江流域玉玦的最早修复实例见于马家浜文化晚期,一件玉髓质玦(图 5-4-2)出土于江苏金坛三星村遗址,一件玉玦(断为三节)出土于浙江余杭张家墩遗址①,它们的共同点是沿断裂处两侧的内外径方向进行钻孔连缀。

---

① 赵晔:《钱塘江北岸的跨湖桥文化辐射》,第十届跨湖桥文化学术讨论会,2019 年 10 月 23 日。

1. 河北易县北福地　　2. 江苏金坛三星村　　3. 广东马坝石峡　　4. 台湾卑南
　　J：8　　　　　　　　M778：2　　　　　　M59：70　　　　　　PN83-179

  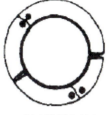 

5. 香港屯门涌浪　　6. 湖南衡阳杏花村　　7. 福建漳州虎林山　　8. 广东深圳大梅沙
　　　　　　　　　　　M5：1489　　　　　　M19②：20

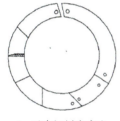   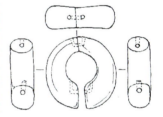

9. 云南江川李家山　　10. 云南昆明白沙河　　11. 江苏金坛三星村　　12. 江苏丹徒磨盘墩 T2④：16
　　M69：129-1　　　　　　水库　　　　　　　M889：1

图 5-4　采用两侧单孔修复方式的出土玉玦

(1—10 断裂处正反面方向穿孔，11 断裂处内外径方向穿孔，12 断面和内外径方向穿孔)

图 5-4 显示玉玦断裂后的两侧单孔修复至少存在两种方式：一种是在玉玦断裂处的正反面方向各钻一孔，然后用柔性材料穿孔连缀，如图 5-4-1～10 所示；另一种是在玉玦断裂处的内外径方向各钻一孔，然后用柔性材料穿孔连缀，同样常见于江苏出土玉器中，如图 5-4-11 所示。值得注意的是，两个方向穿孔的修复方式同样见于江苏金坛三星村玉玦中（图 5-4-2 和图 5-4-11）。图 5-4-12 磨盘墩玉玦的钻孔方式较为特殊，断裂处是断面和外径方向各钻一孔，而玦口是断面和内径方向各钻一孔。发掘报告标为"玦"，则玦口两钻孔的用途何为？还有一种可能是，原器型为环，断裂为两节，两个断口两侧均采用两侧单孔修复方式。

值得关注的是，广东深圳大梅沙遗址出土的春秋晚期或者战国早期玉玦残段（图 5-4-8），两个穿孔残存着连接断口的物质，只是迄今尚无相关的研究工作。此外，图 5-4-2、图 5-4-5、图 5-4-10、图 5-4-11 四件玉玦均系玉髓或玛瑙质，摩氏硬度约为 7，虽略大于透闪石质玉，但其韧性值为 3.5，远小于韧性值为 9 的透闪石质玉，因此，玉髓或玛瑙质玉器在使用过程中更易损坏。不过，同为 SiO_2 组成的水晶韧性值却为 7—7.5，虽小于透闪石质玉，但高于玛瑙质，这表明水晶器比玉髓／玛瑙器耐用。

玉璜是长江流域的特色器物,马家浜文化晚期已使用两侧单孔的连缀修复方式,如江苏溧阳神墩遗址和金坛三星村遗址等。此后,这种玉璜上的修复方式先后应用于长江下游的崧泽文化和良渚文化、长江上游的大溪文化、长江中游的凌家滩文化、珠江流域的石峡文化、黄河流域的龙山文化等史前遗址。图 5-5 显示断裂后的两侧单孔修复存在两种方式,一种是在玉璜断裂处的正反面方向各钻一孔,然后使用柔性材料穿孔连缀,如图 5-5-1~5 所示;另一种是在玉璜断裂处的内外径或内外侧方向各钻一孔,然后用柔性材料穿孔连缀,常见于江苏玉璜中,也见于湖南和广东玉璜中,如图 5-5-6~11 所示。从数量上看,使用第一种修复方式的出土玉璜更多。值得注意的是,两个方向穿孔的修复方式均见于江苏金坛三星村和广东韶关石峡玉器中。

1. 江苏金坛三星村 M591:2(大理岩)　　2. 重庆巫山大溪 M42:13

3. 安徽含山凌家滩 98M17:1　　4. 广东韶关石峡 M98:1　　5. 山西芮城清凉寺 M67:3(透闪石)
　　　　　　　　　　　　　　　　（高岭石）

6. 江苏溧阳神墩 M20:1(迪开石)　　7. 江苏金坛三星村 M485A:1(大理岩)

8. 江苏江阴祁头山 T1425H1:1　　9. 江苏张家港东山村 M101:11(透闪石-阳起石)

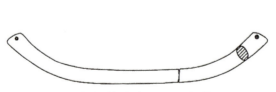
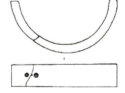

10. 湖南洪江高庙 M26:3(玛瑙)　　11. 广东韶关石峡 M45:37

图 5-5　采用两侧单孔修复方式的出土玉璜

(1—5 断裂处正反面方向穿孔,6—11 断裂处内外径或内外侧方向穿孔)

图 5-6-1 红山文化勾云形佩出土于内蒙古巴林右旗查干诺尔苏木，现藏巴林右旗博物馆，编号为 00965C0100，其正反面均按卷勾纹饰的走向磨出浅瓦沟纹，原器断为三节，一小节已缺失，玉工在每个断口两侧各钻一孔进行连缀修复。图 5-6-2 薛家岗文化玉饰 T17④：63-1 的左上部位断裂，采用两侧单孔方式进行连缀修复。图 5-6-3 人兽形耳饰、图 5-6-4 条形耳饰以及图 5-6-5 方形耳饰的卑南文化玉饰曾经断裂过，玉工均采用两侧单孔方式进行连缀修复。不过，图 5-6-5 方形耳饰的断裂处右侧上方有一未穿透的孔，考虑到修复的穿孔径较小，而断裂面尺寸相对较大，因此断裂面两侧各钻双孔或者一侧单孔、另一侧双孔的修复方式更牢固，这在卑南遗址出土的一些方形耳饰上可以观察到（如图 5-7-6 和图 5-15-10 所示），据此可以推测此件方形耳饰的修复未按预期意图完工。图 5-6-6 商代玉头冠饰出土于河南安阳殷墟西北岗 2099 号墓，因器身镂空可直接连缀，故玉工在右侧领部钻两孔，通过钻孔连缀与镂空连缀的组合方式进行修复。图 5-6-7 战国早期玉佩饰出土湖北省荆州市熊家冢墓地，龙尾部分断裂，玉工采用两侧单孔方式进行连缀修复。

1. 内蒙古巴林右旗查干诺尔苏木勾云形器（自摄） 2. 安徽潜山薛家岗 T17④：63-1 饰

3.4.5. 台湾台东卑南遗址人兽形饰和玦形耳饰

6. 河南安阳殷墟西北岗 R001737 头冠饰　　7. 湖北荆州熊家冢 M2：14 龙形佩

图 5-6　采用两侧单孔修复方式的出土玉饰

（2）两侧双孔

如果断裂面较宽，此时可通过钻多孔的方式进行连缀修复，目的是使修复器物更牢固，便于长期使用。目前两侧双孔连缀修复最早可见于长江下游地区的马家浜文化早期玉玦（图 5-7-1，6800—6600BP），此后该种方法常应用于修复受损的玦、璜、镯、环、璧、璋等玉器，如图 5-7、图 5-8、图 5-9、图 5-10、图 5-12 所示。

 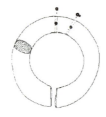  

1. 浙江湖州邱城 M1∶21　2. 浙江象山塔山 M26∶4　3. 浙江长兴江家山 M239∶2　4. 重庆巫山大溪 M73

  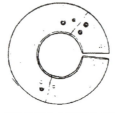 

5、6. 台湾卑南（未知编号）　7. 香港马湾岛东湾仔北 SF110　8. 陕西西安张家坡 M342∶1∶1

图 5-7　采用两侧双孔修复方式的出土玉玦和玦形耳饰

（4、6、7、8 断裂处正反面方向穿孔，1、2、3、5 特殊形式）

相较于两侧单孔修复方式而言，两侧双孔修复的方式多样，最常见的是沿器身正反面方向穿孔，如图 5-7-8 的西周煤精玉玦出土于陕西长安张家坡墓地，报告者认为"中部曾断裂，裂缝两侧各钻两孔，连缀后继续使用"；图 5-7-6 和图 5-7-7 也是如此；图 5-7-4 中大溪文化玉玦的修复钻孔均沿器身正反面方向，但一断裂处采用两侧单孔连缀修复，另一断裂处采用两侧双孔连缀修复。两侧单孔修复的玦身宽度略大于两侧双孔修复的玦身宽度，因此前者的修复穿孔的孔径大于后者。

此外，两侧双孔修复还存在三种形式，第一种是沿断裂面与内外缘方向钻孔，如图 5-7-1 的马家浜文化早期玉髓玦；第二种是沿断裂处两侧沿正反面方向和内外径方向各钻一孔，如图 5-7-2 河姆渡文化第三期玉玦和图 5-7-3 崧泽文化早期玉玦；第三种是断裂面呈长斜面，采用沿长斜面的正反面方向穿孔进行连缀修复，如图 5-7-5 和图 5-8 所示。

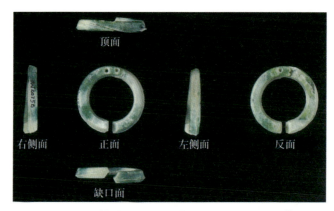

图 5-8　断裂面为长斜面的两侧双孔修复方式[①]

[①] 连照美：《台湾新石器时代卑南墓葬层位之分析研究》，台湾大学出版中心 2008 年版，第 129 页。

图5-9玉璜的两侧双孔修复方式多为沿器身正反面方向穿孔,仅图5-9-9广东曲江石峡璜沿器身内外径方向穿孔,另附表湖北荆门龙王山M12:30玉璜可能是采用该种方式的复合式玉器,其钻孔为沿断面与内径和外径方向的两个牛鼻孔。图5-9显示有些修复使用的钻孔孔径约1 mm,显示先民已经注意到修复玉器的美观性。

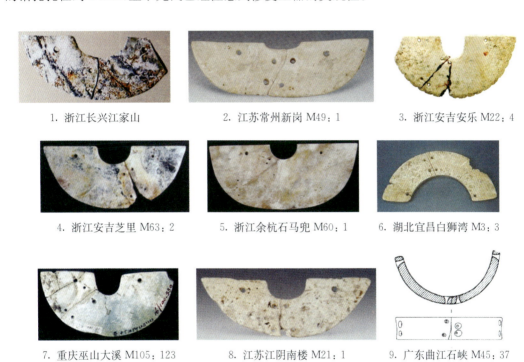

1. 浙江长兴江家山　　2. 江苏常州新岗 M49:1　　3. 浙江安吉安乐 M22:4

4. 浙江安吉芝里 M63:2　　5. 浙江余杭石马兜 M60:1　　6. 湖北宜昌白狮湾 M3:3

7. 重庆巫山大溪 M105:123　　8. 江苏江阴南楼 M21:1　　9. 广东曲江石峡 M45:37

图 5-9　采用两侧双孔修复方式的出土玉璜(1—8 为正反面方向,9 为内外径方向)

图5-10玉镯和镯形琮的修复钻孔均沿内外径方向。图5-10-1大汶口文化中晚期玉镯(M39:2)断裂为多段,每段的断裂处两侧均钻双孔。该墓葬出土的M1:7玉镯断裂痕两侧也各有2个圆孔用以连缀修复。图5-10-2大汶口文化晚期偏早玉镯的右侧断裂处两边分别有2个和3个钻孔,报告者称"原两断茬处分别钻有两个孔,供系绳相连",可能表示右侧断茬处的3个穿孔中有一个孔未穿透。图5-10-3大汶口文化晚期玉镯的断裂处右侧的一个钻孔可能被泥土填塞。图5-10-4良渚文化风格兽面纹玉琮断为四节,断口两侧均各钻两孔,然后连接修复。

1. 江苏新沂花厅 M39:2　　2. 安徽亳州傅庄　　3. 山东广饶傅家　　4. 陕西延安芦山峁

图 5-10　采用两侧双孔修复方式的玉镯和镯形琮

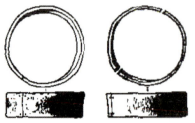

图 5-11　M11：1(左)和 M11：11(右)象牙镯①

值得注意的是,这种在镯体断裂两面各钻两孔进行修复的方式也应用于长江下游的崧泽文化象牙镯上,如图 5-11 的 M11：1 和 M11：11。发掘报告认为"两件镯的内壁可见旋削痕,层层递进,与良渚文化玉器的旋痕近似",表明玉器和象牙器的制作存在相通性,故这种修复方式也可用于玉器上。此外,也存在沿断裂面和内外径方向各钻两个牛鼻孔的修复方式,如图 5-3-27 所示,该件荆门龙王山玉镯断为五段,其中四个断裂处采用两侧单牛鼻孔的连缀修复方式,一个断裂处采用两侧双牛鼻孔的连缀修复方式。

图 5-12 显示该类玉器的两侧双孔修复方式均为沿器身正反面方向穿孔。图 5-12-2 小珠山上层文化牙璧采用了两种形式进行连缀修复,即宽璧身的断裂面两侧各钻双孔,而短璧身的断裂面两侧各钻单孔,但两个断裂面的穿孔孔径相近,这与图 5-7-4 是不同的。值得注意的是,山西芮城清凉寺使用两侧双孔修复方式的(多璜联)环多达 15 件,珠江流域出土的两件商周牙璋采用的修复方式相同。

 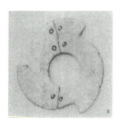  

1. 山东泰安大汶口 M73：4　　2. 辽宁大连四平山牙璧　　3. 山西芮城清凉寺 M4：1　　4. 山西临汾下靳 M145：1

5. 广东广州增城墨依山 M66：4 牙璋　　6. 香港南丫岛大湾 DW-M6-10 牙璋

图 5-12　采用两侧双孔修复方式的出土玉环、(牙)璧和玉璋

(3) 两侧三孔

这种修复方式最早可见于大溪文化时期(图 5-17-1 和图 5-13-1),前者的三孔形式复杂,后者沿断裂处两侧的正反面方向各钻三孔,这种常见形式一直延用至西汉时期,如图 5-13-4～7 所示。大溪文化晚期至屈家岭文化时期的湖北荆门龙王山墓地采用的钻孔方式较特殊,如图 5-13-2 所示,玉器断为两段,断面为三角形,内侧宽,外侧薄。长段沿断面和内侧方向钻一牛鼻孔、沿外侧正反面方向钻一孔、沿外侧垂直断面钻一卯孔,短段沿断面和内侧

---

① 上海市文物管理委员会:《福泉山——新石器时代遗址发掘报告》,文物出版社 2000 年版,第 27—28 页。

方向钻一牛鼻孔、沿外侧正反面方向钻一孔、垂直外侧断面钻一卯孔,并与正反面钻孔相通。该遗址也出现如图5-7-5和图5-8长斜断面的M194:55玉镯(图5-13-3),断为三节,分别采用两侧单孔、两侧单孔和两侧三孔的方式进行连缀修复,其中图下方的短段与图右侧的长段形成长斜断面,采用了断面和内外径方向各钻三孔的修复方式。

1. 重庆巫山大溪玉璜

2.3. 湖北荆门龙王山墓地 M10:25 璜和 M194:55 镯

4. 河南三门峡虢国墓地 M2001:656 盘龙形佩[①]

5.6. 河南桐柏月河墓地 M1:42 和 M1:258 玦

7. 广东广州象岗南越王墓 D93 虎头金钩扣玉龙[②]

图5-13 采用两侧三孔修复方式的出土玉器

(1、4—7 为正反面方向钻孔,2 和 3 钻孔特殊)

图5-13-4西周盘龙形玉佩原出土一对,另一件完好,该件龙颈处断裂后采用两侧各钻三孔的方式修复连接;图5-13-5和图5-13-6春秋晚期玉玦和玉龙形玦均出土于河南南阳桐柏月河M1,断口两侧各钻三小孔用以修复连接,报告者认为玉龙形玦:"断处纹饰不连贯推知,为器未琢成时断裂";图5-13-7西汉虎头金钩扣玉龙出土于广东广州象岗南越王墓,龙尾处已断裂,断口两侧各钻三孔用以修复连接。需要说明的是,原来认为虎头金钩虎口形成的套銎可套住折断处,是专门制作来掩饰修复痕迹,经西汉南越王墓博物馆研究人员确认,此金钩是无法遮蔽修复孔位的,因此其作用不是为了美化修复痕迹,而是使玉龙佩的功能从装饰物变成实用物——带钩[③]。

(4)两侧四孔(疑似)

这种修复方式极少见,但出现较早,可见于上海青浦福泉山遗址出土的崧泽文化中晚期玉璜上,如图5-14所示。

《福泉山》发掘报告认为"T27⑦:4,透闪石,残缺。

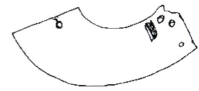
图5-14 上海青浦福泉山遗址出土玉璜(T27⑦:4)

[①] 虢国博物馆:《虢国墓地出土玉器》(壹),科学出版社2013年版,第67页。
[②] 西汉南越王博物馆:《西汉南越王博物馆珍品图录》,文物出版社2007年版,第57页。
[③] 李秋晨:《南越王墓出土修复玉器的分析》,《2018中国·徐州汉代玉文化国际学术研讨会论文纲要集》,第102—104页。此纲要集系会议交流资料。

残断处钻小孔 4 个,似为联结另一断块之用"①。不过,图 5-14 显示玉璜断裂处仅有 3 个钻孔,因此该种修复方式有待实物确证。

2. 两侧不对称型钻孔

(1) 一侧单孔、一侧双孔

此种修复方式较之两侧单孔来说修复效果更牢固,较之两侧双孔来说可以节省时间,在新石器时代已使用,如图 5-15 所示。

图 5-15 可见,一侧单孔、一侧双孔的修复方式最早见于崧泽文化晚期的江苏江阴南楼遗址(图 5-15-2)和大溪文化晚期至屈家岭文化时期的湖北荆门龙王山遗址(图 5-15-1),前者断为三节,结合使用两侧单孔和一侧单孔、一侧双孔的两种方式;后者残缺,至少采用了一侧单孔、一侧双孔的方式。不同的是,荆门龙王山的单双孔均为牛鼻孔,且双孔的牛鼻孔为内径二孔与断面一孔组成的相通孔,与图 5-15-2～10 的双孔形式不同。大汶口文化中晚期的山东章丘焦家遗址也使用了一侧单孔、一侧双孔,并与两侧单孔结合使用,如图 5-3-23 玉钏所示。

1. 湖北荆门龙王山 M10:52 镯　　2. 江苏江阴南楼 M9:1 镯　　3. 江苏昆山赵陵山 M84:1 兽形片状饰

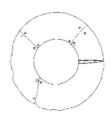

4.5. 山西临汾下靳 M47:7 和 M229:1 环　　6.7. 山西芮城清凉寺 M46:4 和 M54:3 环

8. 广东韶关曲江马坝石峡 M31:1 玦　　9. 湖南双峰月龙村玦　　10. 台湾卑南玦形耳饰　　11. 陕西宝鸡強国墓 BRM1 甲:62,63 玦

图 5-15　采用一侧单孔、一侧双孔修复方式的出土玉器

(2—11 为正反面方向钻孔,1 为牛鼻孔)

---

① 上海市文物管理委员会:《福泉山——新石器时代遗址发掘报告》,文物出版社 2000 年版,第 28—29 页。

此种修复方式在山西陶寺文化遗址或墓葬中使用较多,常应用于复合式玉器的修复(图 5-15-4~7)。此外,也应用于南方出土玉器(图 5-15-8~10),图 5-15-8 的石峡文化"C"字形玉玦断为三节,同墓还出土了两件"山"字形玉玦(M31:2 和 M31:3),其器身无穿孔①,表明 C 形玉玦的断口一侧的单孔和另一侧的双孔均是用来连接修复的。图 5-15-9 的湖南商代玉玦和图 5-15-10 卑南玦形耳饰断为二节,其中一断裂处采用两侧双孔连缀修复,另一断裂处采用一侧单孔、一侧双孔连缀修复。

总的来看,该类修复方式常应用于璧(环、镯)、玦以及装饰品等器物,直至西周时期仍有应用,如图 5-15-11。

(2) 一侧双孔、一侧三孔

此种修复形式尚不多见,图 5-16-1 的玉璜属于大溪文化中晚期(4200—3400BC),采用沿正反面方向分别钻双孔和三孔的修复方式,推测原为两侧双孔连缀修复,但断口左侧下方钻孔破裂,遂在其左侧再钻一孔。图 5-16-2 的玉璜属于大溪文化晚期至屈家岭文化时期,其修复方式比较特殊,璜体中部断为二段,断口左侧钻双孔(断面和内外壁方向的两个牛鼻孔),断口右侧钻三孔(正反面方向钻一孔、内外侧方向钻一孔、断面垂直打入一孔,形成三维方向的通孔)。图 5-16-3 的西周虎形玉佩出土于陕西扶风黄维老堡子 44 号墓②(其编号为 95MFHM44:1,故非 43 号墓),其虎尾断裂。从拓片可见,断裂处的一侧双孔,另一侧钻三孔。该墓同出的另一件虎形玉佩(95MFHM44:2)尾部无穿孔,表明该件玉器尾部钻孔系连缀修复使用。

1. 重庆巫山大水田遗址 M77:1 璜　　2. 湖北荆州龙王山 M42:137&138 玉璜

3. 陕西扶风黄维老堡子虎形玉佩

图 5-16　采用一侧双孔、一侧三孔修复方式的出土玉器

(3) 一侧三孔、一侧四孔

此种修复方式主要见于大溪文化中晚期玉器,如图 5-17 所示。图 5-17-1 的 M94:2 玉镯下方断口两侧为三孔连缀修复,但上方断口左侧为三孔——一孔是沿正面和断面方向的牛鼻孔、一孔沿正反面方向、一孔沿内径和断面方向,右侧为四孔——两孔完整(一孔是沿正面和断面方向的牛鼻孔、一孔沿正反面方向),两孔断裂(一孔沿内径和断面方向、一孔

---

① 邓聪:《东亚玉器》(下),香港中文大学中国考古艺术研究中心 1998 年版,彩版 138—140。
② 古方:《中国出土玉器全集》(陕西卷),文物出版社 2005 年版,第 63 页。

沿外缘和断面方向）。图5-17-2的M12:19璜体断为两段,断面未打磨。断口右侧沿断面和内外径方向各钻一个牛鼻孔,并垂直断面钻两卯孔；在断口左侧沿断面和内外径方向各钻一个牛鼻孔,并垂直断面钻一卯孔。图5-17-3的M42:183璜体断为三段,其中一小段为后期断裂,另两段的断口采用一侧三孔（正反面方向）、一侧四孔（三孔为正反面方向,一孔为断口与璜体内壁方向、与璜体内侧的正反面方向钻孔形成三通孔）进行连缀修复,断口已打磨。

1. 重庆巫山大水田 M94:2 玉镯
2.3. 湖北荆门龙王山 M12:19 和 M42:183 玉璜

图5-17　采用一侧三孔、一侧四孔修复方式的出土玉器

（4）一侧四孔、一侧五孔

图5-18的玉璜断为两节,连缀钻孔颇为特殊,断裂处一侧四孔（沿内外径方向两孔＋垂直断面方向两卯孔）、另一侧五孔（沿内外径方向两孔＋垂直断面方向两卯孔＋垂直璜身内径一孔）。此外,在沿内外径方向有沟槽,方便固定线以及弱化修复痕迹,即该器物采用了两侧不对称钻孔＋沟槽的连缀修复方式。

图5-18　湖北荆门龙王山墓地出土 M121:1 玉璜

(二) 两侧钻孔＋浅槽方式

此种修复方式是先钻孔,然后通过减地方式磨出修复钻孔之间的浅沟槽（简称浅槽,非使用过程中连缀材料的磨损痕迹）,使得连缀用的细柔性材料可以填入浅槽,既能弱化修复痕迹,也能使连缀修复更加稳固,如图5-19所示。

"浅槽"最早可见于湖南澧县彭头山棒状饰上,距今9000—8000年①,其用于修复最早见于江苏张家港东山村遗址 M101 出土的玉髓璜(M101:12,见图 5-19-1)和透闪石玦(M101:14,见图 5-19-2),其时代为马家浜文化晚期或晚期偏晚阶段,距今约6000年。图 5-19-2 的玉玦断为两半,玉工首先在残断处两端沿内外径方向各穿有两个修复孔,然后上下各凿浅槽一道,用以系缚相连②。此件玉玦是东山村遗址仅有的一件两侧双孔+浅槽修复方式,该遗址常见的是两侧单孔+浅槽修复方式,既有如图 5-19-1 沿内外径方向的钻孔方式,也有如图 5-19-3 沿正反面方向的钻孔方式。图 5-19-3 的 M98:29 玉璜的年代稍晚些,属于崧泽文化早期偏晚阶段,距今约 5800—5700 年。当璜体较宽且薄时,修复钻孔只能贯穿璜体的两面,如图 5-19-10 凌家滩 M15:48 透闪石质玉璜所示,左上方的璜体断裂,修复方式为在断裂面两侧各钻双孔,并在孔之间减地出浅槽。

图 5-19-4 的玉玦出土于江苏南京北阴阳营遗址,相当于崧泽文化早期阶段(6000—5700BP),其断口两侧的内外径方向各钻一孔,并在两孔之间刻出细槽。图 5-19-5 崧泽文化早期玉璜出土于浙江省海盐县仙坛庙遗址 83 号墓,其断裂处两侧沿正反面方向各

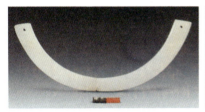

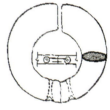

1.2.3. 江苏张家港东山村 M101:12 璜、M101:14 玦和 M98:29 环　　4. 江苏南京北阴阳营 M46:4 玦

5. 浙江海盐仙坛庙 M83:9 璜　　6. 辽宁建平牛河梁勾云形器 N2Z1M24:3 勾云形器　　7. 湖北荆门龙王山 M131:10 环

8.9.10. 安徽含山凌家滩 87T0909③:8 玦、87M8:18 环和 87M15:48 璜　　11. 广东广州南越王墓器盖

图 5-19　采用两侧钻孔+沟槽修复方式的出土玉器

---

① 方向明:《中国玉器通史》(新石器时代南方卷),海天出版社 2014 年版,第 4 页。
② 南京博物院、张家港市文管办、张家港博物馆:《东山村——新石器时代遗址发掘报告》(上),文物出版社 2016 年版,第 76 页。

钻一孔,同样在两孔之间减地出细沟槽。图5-19-6系红山文化勾云形佩的正面图及右下钻孔处的特写图,该器物出土于辽宁建平牛河梁遗址,正面与卷勾纹饰走向相同的部位琢磨出浅瓦沟纹,背面无瓦沟纹。原器已经断裂为三节,玉工在每个断裂处两侧各钻一孔,然后在正面的两孔之间减地出细沟槽,但反面的两孔间未磨出沟槽。图5-19-7的玉环出土于湖北荆门龙王山墓地,断为两节,一断口两侧沿断面和内径方向各钻一孔,并无细槽,另一断口两侧沿正反面方向各钻一孔,且孔之间有浅槽。图5-19-8的凌家滩文化87T0909③:8玉玦的厚度约0.5 cm,图5-19-9环和图5-19-10璜的厚度分别为0.6和0.3 cm,但三件玉器修复时的钻孔方位不同,前一件贯穿玦体的内外径方向,后两件均贯穿环体和璜体的正反面方向。值得注意的是,凌家滩遗址出土的另一件石英质玉玦(87M2:11)也采用内外径方向穿孔进行连缀修复①。

图5-19-11玉盒盖出土于广东广州南越王墓,器盖边沿破裂一角,其位置正好在一对圆孔之间,故又在这两个圆孔旁边各加钻一个较小的孔,并在里面刻出凹槽,然后用丝线将破口连缀起来,线可埋于凹槽内,从而弱化修复痕迹②。

综上可见,两侧钻孔+浅槽修复方式的钻孔仍然存在着内外径方向钻孔和正反面方向钻孔两种方式。一般而言,正反面方向的钻孔方式颇为多见,内外径方向钻孔可见于江苏南京北阴阳营玉器上(图5-19-4),两种方式均存在于江苏张家港东山村玉器(图5-19-1～3)和安徽含山凌家滩玉器(图5-19-8～10)。值得注意的是,北阴阳营文化、凌家滩文化还出现了长江中下游地区颇具特色的偶合式(联体式、复合式、分体式、合体式)璜以及少量的环③,玉工首先在两段璜体连接端的两侧分别钻孔,钻孔走向为璜体内外侧方向,然后在两孔之间减地出沟槽,最后通过柔性材料将两段璜体连接,柔性材料填入沟槽,弱化连接痕迹。北阴阳营也有随葬一半分体式玉璜的墓葬,表明缀璜单件也可作为颈饰佩戴④。这类复合玉器思想极可能源自玉器修复,既节约了玉料,又提高了加工效率,后来影响到龙山时期山西芮城清凉寺、襄汾陶寺、临汾下靳、晋陕高原以及甘青宁齐家文化区域的多璜联璧(环)的设计与制作。

(三) 两侧沟槽方式及两侧钻孔+沟槽方式

本书所讲的沟槽是指深(沟)槽,与浅(沟)槽相比,沟槽的修复方式不多见,最早见于长江下游的马家浜文化晚期遗址,此后也见于长江中上游的大溪文化晚期至屈家岭文化早期遗址以及珠江流域的新石器时代末期遗址,如图5-20和图5-21所示。图5-20-1的江苏金坛三星村玉髓质玦(6500—6000BP)断为三段,图5-20-3的龙虬庄玉玦(6000—5500BP)断裂为两段,两件玉玦均采用线切或片切工具在断裂处的两面磨出浅向凹槽,然后系绳绑缚。图5-20-2的江苏南京北阴阳营玉璜(6000—5700BP)被认为"曾折断,后又在断裂处用管钻法钻一环形凹槽,然后用绳圈将两段牢结在一起"⑤。以上三件玉器的凹槽均在器身的

---

① 安徽省文物考古研究所:《凌家滩——田野考古发掘报告之一》,文物出版社2006年版,第27、42、43页,彩版八-1。
② 广州市文物管理委员会、中国社会科学院考古研究所、广东省博物馆:《西汉南越王墓》,文物出版社1991年版,第202—204页。
③ 中华玉文化中心、中华玉文化工作委员会:《玉魂国魄——凌家滩文化玉器精品展》,浙江古籍出版社2011年版,第24页。
④ 方向明:《中国玉器通史》(新石器时代南方卷),海天出版社2014年版,第28页。
⑤ 南京博物院:《北阴阳营——新石器时代及商周时期遗址发掘报告》,文物出版社1993年版,第74页。

正面或反面或两面皆有。

图 5-20-4～7 崧泽文化玉镯、图 5-20-8 良渚文化早期玉镯环、图 5-20-9 薛家岗文化中期晚段玉环的破损处呈现自然断裂特征，玉工在断裂处两侧使用线切割方式在镯体内侧拉切形成"L"型沟槽（图 5-20-6～7、9）和近"L"型沟槽（图 5-20-4～5、8），然后用柔性材料穿槽连接修复。以上 6 件玉镯（环）的共同特征均为在器身内径方向拉切出沟槽。

1. 江苏金坛三星村 M638：1 块

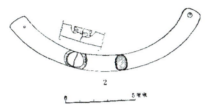
2. 江苏南京北阴阳营 M59：3 璜

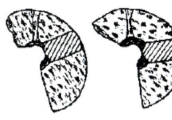
3. 江苏高邮龙虬庄 M399：6, 7 块

4. 浙江长兴江家山 M226：2 镯

5. 江苏常州新岗 M47：17 镯

6. 浙江嘉兴南河浜 M96：5 镯

7. 上海松江广富林玉镯

8. 江苏昆山赵陵山 M37：1 镯环

9. 安徽潜山薛家岗玉环

10. 香港龙鼓上滩玉玦

11. 香港屯门涌浪石英玦

图 5-20　采用两侧沟槽方式修复的出土玉器

图 5-20-10～11 的新石器晚期玉玦均出土于香港地区，从断口不规则推知原器曾断裂，先民采用切割方式（片切割的可能性很大）在断裂处两侧的内径（图 5-20-10）或者内外径（图 5-20-10 和图 5-20-11）切割出"U"型凹槽，然后用柔性材料绑缚使用。由此可见，珠江流域与长江下游流域的两侧沟槽修复方式在切割工具、凹槽位置和形状等方面均存在差异。

值得注意的是，沟槽和钻孔的结合形式可见于长江中游大溪文化晚期至屈家岭文化时期的湖北荆门龙王山玉器，如图 5-18 的两侧不对称钻孔＋沟槽的连缀修复；如图 5-21 的 M22：1，断口两侧采用沿内外侧方向的单孔连缀修复，并且在断裂处一侧有沿内外侧方向的两个线切割沟槽。

由上可见，两侧沟槽方式的差别在于：一是修复工具不相同，管钻、线切和片切工具均

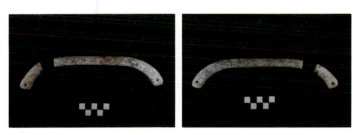

图 5-21 采用两侧钻孔＋沟槽方式修复的出土玉器

有应用,以切割工具的使用居多,其中线切割的出土案例最多;二是沟槽位置不同,有的位于器身正面或反面或两面兼有,有的位于器身内侧或外侧或两侧兼有。

(四) 胶粘方式及两侧钻孔＋胶粘方式

古代的胶物质常来源于植物、动物以及矿物,新石器时代晚期的一些出土器物上曾发现胶物质残留[1],也出土了胶粘实物(如陶器上粘有17枚薄平绿松石)[2],显示胶物质在中国古代使用甚早。实际上,8000年前跨湖桥文化出土漆弓上髹涂的生漆即是一种黏合剂,"如胶似漆"显示了漆与胶之间的密切关系。最新研究揭示8000年前中国生漆除了用作涂料,也用作胶粘剂,常应用于破损独木舟和陶器的修复中[3]。年代较晚的良渚文化墓地曾出土了许多用漆粘嵌玉片的文物,因此胶物质使用的源流有待残留物提取技术的提高和深入研究。从胶的定义来看,通过表面胶接将不同部分结合在一起,而这也是连缀修复的本质,因此胶物质也是古代中国玉器修复的一种方式,只是目前得到确认的实例极少。

一般来说,胶粘方式的持久性和坚牢性有限,而钻孔的修复方式有碍美观且连接部分的相对位置还是可以变化的,因此中国古代也将两种方式结合起来进行玉器修复,如图5-22-1商代玉玦断裂处的两侧均钻一孔,且留有深黄色黏合剂[4]。

1. 江西新干大洋洲玉玦　　　　　　　　2～4 云南江川李家山玉镯

图 5-22 采用两侧钻孔＋胶粘修复方式(1—3)和胶粘修复方式(4)的出土玉器

彭适凡研究员发现江西新干大洋洲商墓出土的18件透闪石质扁薄体玉玦中,数件存在

---

[1] 甘肃省博物馆文物工作队、武威地区文物普查队:《甘肃永昌鸳鸯池新石器时代墓地》,《考古学报》1982年第2期。
[2] 宁夏文物考古研究所:《宁夏固原店河齐家文化墓葬清理简报》,《考古》1987年第8期。
[3] Wu, M., Zhang, B. J., Jiang, L. P., et al., "Natural Lacquer Was Used as a Coating and an Adhesive by Early Humans at Kuahuqiao, Determined by ELISA", *Journal of Archaeological Science*, 2018(100), pp. 80-87.
[4] 古方:《中国出土玉器全集》(江西卷),文物出版社2005年版,第14页。

断裂和修复现象,且断口处均残留深黄色黏合剂[①],只是这种黏合剂是动物胶抑或植物胶,目前尚无相关研究报道;图 5-22-2 突沿玉镯和图 5-22-3 弦纹玉镯出土于云南江川李家山 22 号墓,均是透闪石质,原器均断为三节,断口均有黏合剂附着。突沿手镯断裂处附近钻三孔,其中两孔发现铜锈残留,弦纹手镯的断裂处两端均有牛鼻钻孔,表明这两件手镯采用胶粘和铜丝穿联的方式进行修复。图 5-22-4 透闪石质突沿手镯也出土于云南江川李家山 22 号墓,原器断为三节,裂口处均有黏合剂附着,表明该件玉镯直接采用胶粘方式进行修复[②]。同一个墓葬出土的 3 件经修复玉镯,一件采用胶粘方式,两件采用钻孔和胶粘结合的方式,可能也说明了胶粘方式的坚固性和耐久性是有限的。

(五) 金属镶(包)方式及胶粘或钻孔＋金属镶(包)方式

金属镶或包方式系采用金、银、铜等贵重金属直接对玉器的断口进行连缀修复,最早可见于西汉凤纹牌形佩(图 5-23),其出土于广东广州南越王墓,已经折断的方框下端通过两个"H"形的小金襻连接[③]。有的玉器先将断口用胶粘或钻孔连缀上,然后再用金属镶或包玉修复,即胶粘或钻孔和金属镶(包)的组合方式。这类方法由于能很好地掩饰修复痕迹,因此在秦汉之后逐渐成为断裂玉器接合的主要修复方式之一,一直延续至今。

图 5-23　使用金包玉修复方式的凤纹牌形佩(左图来源于《南越王墓玉器》,右图为 2014 年 11 月自摄于广州西汉南越王博物馆)

值得注意的是,有观点认为图 5-24 虎头玉龙断裂后,先采用钻孔进行连缀,然后将金钩套接在断裂处,既可以弱化修复痕迹、美化装饰效果,又可增加修复的坚牢性和耐久性。不过,西汉南越王博物馆的研究人员指出金钩无法遮盖断裂处,因此它不是用来弱化修复痕迹的。

图 5-24　西汉南越王墓出土虎头金钩玉龙(2014 年 11 月自摄于广州西汉南越王博物馆)

---

① 彭适凡:《新干古玉》,典藏艺术家庭股份有限公司 2003 年版,第 51 页。
② 赵美、张杨、王丽明:《滇国玉器》,文物出版社 2003 年版,第 120—121 页,图版 26-28。
③ 广州南越王墓博物馆、香港中文大学文物馆:《南越王墓玉器》,(香港) 两木出版社 1991 年版,第 35—26 页。

三、补配修复

补配是指在原器物不完整的情况下,用其他物件来填补,以恢复器物的完整性和功能性。当补配的物件与原器物的颜色、材质、纹饰、雕工等相近,则很难观察到这种修复形式,但当两者有差异时,则很容易进行判别,举例如图 5-25 所示。图 5-25-1 叶蜡石樽出土于浙江东阳前山春秋晚期越国贵族墓,在近底部的边缘有一处明显破损,后用另一块玉料修复粘接。该遗址出土的多件器物皆是通过先加工成多个部分,后粘合成器的方式制作的,如一种形体较小的扁方形饰是用两片不同质料的扁薄片粘合而成,一些长仅 0.9—1.9、直径 0.4—0.5 cm 的微小型绿松石腰鼓形管或珠也是分两半制作后粘合而成,M1:25 组合型臂环更是将多件璜形花芽饰和拱形条形饰粘合成器[①]。图 5-25-2 和图 5-25-3 均出土于江苏扬州[②],图 5-25-2 嵌玉鎏金铜带銙出土于邗江区甘泉"妾莫书"西汉墓,原本玉料是黄玉,但左上角缺失后用白玉填补。图 5-25-3 玉具剑饰出土于邗江区甘泉老虎墩东汉墓,其剑首、剑格系透闪石质玉质,而剑璏系玛瑙材质,报告者也认为该墓的玉具剑饰有"拼凑迹象"。

1. 玉樽

2. 嵌玉鎏金铜带銙

3. 玉具剑饰

图 5-25 采用补配修复方式的出土玉器

值得注意的是,在距今 9000—8500 年的河南舞阳贾湖遗址出土的 M451:7 和 M478:2 两件绿松石饰上(图 5-26),被认为存在补配修复的痕迹,系用黏合剂将残缺部分补全,以使器物表面显得更为平整和美观。这两件器物均属于贾湖一期,距今 9000—8500 年,表明补配修复形式出现很早。此外,浙江余杭反山遗址(良渚文化中期偏早阶段)出土的 M14:221 钺上端一角缺失,先切割成台阶状,然后使用同样切割成台阶状的玉件进行补缺。由于补缺玉件的切割状况与钺体顶端并不一致,故发掘报告认为该补缺玉件来自不同的个体[③]。

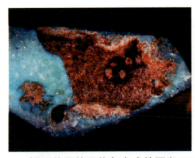 

图 5-26 疑似使用补配修复方式的贾湖 M451:7 三角形坠饰和 M478:2 圆形穿孔珠饰[④]

[①] 浙江省文物考古研究所、东阳市博物馆:《浙江东阳前山越国贵族墓》,《文物》2008 年第 7 期。
[②] 古方:《中国出土玉器全集》(江苏卷),文物出版社 2005 年版,第 132、160 页。
[③] 浙江省文物考古研究所:《反山》,文物出版社 2005 年版,第 102 页。
[④] 河南省文物考古研究院、中国科学技术大学科技史与科技考古系:《舞阳贾湖》(二),科学出版社 2015 年版,第 484—485 页,彩版四八。

四、改制(型)修复

一般常说的改制器,是以玉器成品作为玉料来源,进而重新制作的器物,其来源主要有两类:一类是损坏的器物;一类是原本完好的器物。由于第一类器物已损坏无法恢复其原有的形状和功能,先民们采用改制的方式进行再利用。这种方式在石器上也经常使用,常改变原器物的形状和类型,可区分为"改形"和"改型"①,"改形"只是器物尺寸的变化,依然可以恢复器物的原有功能,因而"改形"的内涵与常规修整有相似之处;"改型"系原器物受损严重而无法继续使用时采用的一种改制方式,将改变器物的原有功能,尽管与修复的定义有差异,但从宏观角度看,某些器物如玉玦、玉璜、玉环、玉镯、玉珠等通过改型后,虽然类型已经变化,但是恢复了器物原有的装饰功能,达到了再利用的目的,因此这种"改型"可以作为

1. 河南舞阳贾湖璜形饰②　　2. 内蒙古敖汉旗兴隆洼璜形饰③

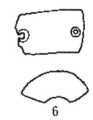

3. 浙江余姚河姆渡玉璜

4. 浙江余杭庙前玉璜④　　5. 安徽天长三角圩鞢形饰⑤　　6. 山西临汾下靳玉璜⑥

7. 河南安阳殷墟璜形饰⑦　　8. 陕西宝鸡弓国璜形饰⑧

图 5-27　采用改型修复方式的出土玉器(宏观功能不变)

---

① 黄建秋:《国外磨制石斧石锛研究述评》,《东南文化》2010 年第 2 期。
② 河南省文物考古研究所:《舞阳贾湖》,科学出版社 1999 年版,第 396 页。
③ 中国社会科学院考古研究所、香港中文大学中国考古艺术研究中心:《玉器起源探索》,中国考古艺术研究中心 2007 年版,第 143—145 页。
④ 良渚博物院:《瑶琨美玉——良渚博物院藏良渚文化玉器精粹》,文物出版社、众志美术出版社 2011 年版,第 320 页。
⑤ 扬州博物馆、天长博物馆:《汉广陵国玉器》,文物出版社 2003 年版,第 112 页。
⑥ 古方:《中国出土玉器全集》(山西卷),文物出版社 2005 年版,第 24 页。
⑦ 中国社会科学院考古研究所:《安阳殷墟出土玉器》,科学出版社 2005 年版,第 53 页。
⑧ 北京大学震旦古文明研究中心、北京大学中国考古学研究中心、宝鸡青铜博物馆等:《弓国玉器》,文物出版社 2010 年版,第 213 页。

广义上的修复方式,如图5-27所示。需要说明的是,某些器物改型后恢复的功能发生改变,如礼器和装饰器之间的相互改型、各种器型改型为丧葬器(玉覆面、玉衣)等,由于其目的均是再利用,因此本书的改型修复也将此种情况包含在内,具体如图5-28所示。改型修复和复合玉器的区分较难,前者剖面呈现自然断裂,后者剖面呈现齐整形貌。实际上,复合玉器的剖面齐整可能是对断裂玉器的断面进行再打磨或切割形成的,而自然断裂的剖面也可能是复合玉器加工过程中形成的。比较而言,自然断裂剖面的玉器系改型修复的可能性最大,本书据此判断玉器的改型修复。

图5-27-1的绢云母质璜形饰出土于河南舞阳贾湖遗址H216,报告者认为这可能是残环改作而成,其年代属于贾湖一期,距今9000—8500年。图5-27-2的透闪石质璜形饰出土于内蒙古敖汉旗兴隆洼遗址第11号房址,报告者认为这可能是残块改作而成,相类似的璜形饰在多个房址均有发现,距今8000年。以上两个案例表明改型修复方式在中国玉器早期阶段已被使用,其技术应来源于石器。该技术也应用在长江下游地区的跨湖桥璜形器(7500BP)[1]以及之后的河姆渡文化第二期玉器上(6300—6000BP,如图5-27-3所示)。河姆渡玉璜T242(3B):83,叶蜡石质,报告者认为"似为扁鼓形珠残损后改制约呈三分之一圆形"[2]。该遗址第三期的玉珠T222(2B):25(6000—5600BP),原为算珠形珠,残成一半,在断合面的四角各对钻一个小圆孔[3]。不过,河姆渡第四期的玉珠T22(1):5(5600—5300BP)被认为是利用圆柱形珠的成品为原料,纵向对剖后取其一半,在四角斜向对钻一个小圆孔[4]。

璜除了可由珠改型修复而成外,还可由玦残段后改型修复而成[5]。一般而言,玦、环、璧等破损后改型为璜或璜形器较容易,因而在中国早期玉器上使用颇多,如图5-27-4的良渚文化玉璜出土于浙江余杭庙前遗址、图5-27-6的陶寺文化玉璜出土于山西临汾尧都下靳墓地47号墓、图5-27-7的商代璜形饰出土于河南安阳殷墟遗址、图5-27-8的西周早期BZM1:16璜形饰出土于陕西宝鸡弓国墓地等。这种改型修复形式使用时间较长,如图5-27-5的西汉鞣形玉饰也属于改型修复,其出土于安徽天长三角圩汉墓群,似为断裂的鞣形佩改制而成。这类宏观功能不变的改制也广泛存在于台湾卑南文化中,叶美珍认为"工具类玉器可能因刃线修改而有不同功能,如长方形器身刃线由长边改为短边,使得刀类的边刃器改成凿类的端刃器。此外,断裂的玦形耳饰也可见改为坠饰者"[6]。

图5-28-1的玉饰件出土于四川成都金沙遗址,年代为商晚期至西周早期,报告者认为其"很可能是用一残损的玉璋刃部加工而改成"[7],表明这种改型修复使玉器由具备礼器功能转化为具备装饰功能;图5-28-2的西周早期BZM16:2玉戈出土于陕西宝鸡弓国墓地,似是用某种残缺的条形玉器改制而成[8],这种改型修复使玉器具备礼器功能;图5-28-3西汉玉覆面出土云南晋宁石寨山6号墓,该件玉覆面含166件玉片,一部分系采用玉料专门制作

---

[1] 方向明:《中国玉器通史》(新石器时代南方卷),海天出版社2014年版,第16—17页。
[2] 浙江省文物考古研究所:《河姆渡——新石器时代遗址考古发掘报告》,文物出版社2003年版,第262—263页。
[3] 同上书,第320—321页。
[4] 同上书,第356—357页。
[5] 方向明:《中国玉器通史》(新石器时代南方卷),海天出版社2014年版,第11页。
[6] 叶美珍:《卑南遗址石板棺研究——以1993—1994年发掘资料为例》,(台湾)史前文化博物馆2005年版,第137页。
[7] 成都文物考古研究所:《金沙玉器》,科学出版社2006年版,第156页。
[8] 北京大学震旦古文明研究中心、北京大学中国考古学研究中心、宝鸡青铜博物馆等:《弓国玉器》,文物出版社2010年版,第263页。

的,另一部分断口粗糙,边角也无穿缀的孔洞,可能为残损的玉璧或其他玉器改制而成①,表明这种改型修复将玉器的礼仪、装饰等功能转化为丧葬功能。

1. 四川成都金沙玉饰　　　　2. 陕西宝鸡弢国玉戈　　　　3. 云南晋宁石寨山覆面

图 5-28　采用改型修复方式的出土玉器(宏观功能改变)

第三节　相关问题探讨

一、修复和复合

由第二节分析可见,古代玉器的连缀修复形式最为多样,主要根据修复处的自然断裂特征加以判断,而复合玉器主要根据连接处的平整切割面特征进行推断。实际上,自然断裂面只能说明修复的可能性极大,同理平整切割面也只能说明复合的可能性极大,因此修复玉器和复合玉器的判别还需结合同一墓葬、遗址、地区甚至同一文化圈的玉器使用方式进行综合判断。

第二节分析还显示,长江下游地区最早(6000—5300BP)出现复合玉器,如江苏南京北阴阳营、安徽含山凌家滩等文化遗址常制作复合式玉璜和环(镯)。其中,北阴阳营遗址出土了 28 件复合式玉璜(共出土 100 件玉璜),包括完整的 16 件和只残留一段的 12 件,应均由 2 段相同部分通过沿内外径或内外侧方向的钻孔组合而成②。含山凌家滩遗址出土了 6 件复合式璜和 1 件镯,包括 3 件完整拼合璜(87M1：4&5、87M9：17&18、87M15：40&106)、3 件残留一段的璜(98T1102③：6、87M15：109、98M31：1)以及 1 件残存一半的镯(98M16：1)③。长江中上游地区至迟在大溪文化晚期(5600—5300BP)出现复合式环(图 5-29)和璜(图 5-30)。由此可见,长江流域最早使用了复合玉器,下游地区的出现时间稍早于中上游地区,显示复合思想存在由东向西传播的可能性。长江流域自河姆渡文化、马家浜文化和大溪文化已使用钻孔连缀技术达到损坏玉器的再利用,明显早于复合玉器的出现,同时复合玉器和修复玉器常并存于同一遗址,表明复合玉器的构思极可能源自玉器修复。

复合玉器的制作可能出于多方面因素,制作工艺是可能因素之一,黄翠梅认为玉料匮乏也是可能的原因④,邓淑苹从思想高度认为或与太阳崇拜相关⑤。一般来说,璜、环(镯)和璧

---

① 古方：《中国出土玉器全集》(云南、贵州、西藏卷),文物出版社 2005 年版,第 77 页。
② 南京博物院：《北阴阳营——新石器时代及商周时期遗址发掘报告》,文物出版社 1993 年版,第 74—75 页。
③ 安徽省文物考古研究所：《凌家滩——田野考古发掘报告之一》,文物出版社 2006 年版,第 26、39、98、143—144、195、267 页。
④ 黄翠梅：《中国新石器时代玉器文化谱系初探》,《史евал集刊》2002 年第 1 期。
⑤ 邓淑苹：《史前华西系玉器与中国玉礼制》,载于陈星灿、唐士乾：《2016 中国·广河齐家文化与华夏文明国际论坛论文集》,甘肃文化出版社 2017 年版,第 131—157 页。

等器型的制作对玉料均匀性的要求颇高,因此复合式玉器一方面可以节省玉料;另一方面使得对开成形或者成形对开工艺得到广泛应用,从而提高制玉效率;再一方面可以使一些小孔径镯、环、璧的穿戴和脱卸变得相对容易些。图 5-29 显示其制作工艺为先制作一个半环形璜体,然后采用线切割方式剖成两片,最后通过两侧双孔方式(正反面方向一孔、断面和内径方向一孔)连缀复合成玉环。图 5-30 显示其制作工艺为先制作弧形璜体,然后用线切割方式剖成两片(以图 5-30 中图为例,先从璜体一侧竖切,再从左向右切割,最后从璜体的另一侧竖切,使两个璜体分体),最后采用一侧单孔(内外径方向)和一侧双孔(一孔沿内外径方向,一孔垂直璜身、但未穿透另一侧)方式将两片璜体连缀成一件玉璜。

图 5-29　湖北荆门龙王山墓地出土复合式玉环(M12:27)

图 5-30　湖北荆门龙王山墓地出土复合式玉璜(M153:1)

黄河中上游地区迟至新石器时代末期出现复合玉器,如山西晋南地区(芮城清凉寺、襄汾陶寺、临汾下靳)、山西晋北地区(兴县碧村)、陕西榆林地区(石峁、新华)、陕西延安地区(芦山峁、甘泉、延长、黄龙)、甘青宁齐家文化区域(甘肃师赵村、皇娘娘台、半山、会宁、西坪、新庄坪,青海喇家,宁夏页河子)等遗址常出土复合式玉环(璧),且由多璜构成,可称为"多璜联璧(环)"。吴晓桐也认为这一时期多璜联环(璧)的构思来源于修复,并认为此种组合式玉器最早产生于山西芮城清凉寺二期(4300—4100BP),进而向北影响临汾地区的陶寺文化,然后向西传播至晋陕高原以及甘青宁齐家文化区域[1]。高江涛认为多璜联璧(环)在传播过程中,器物功能由清凉寺的佩饰演变为齐家文化的祭祀用器[2]。由附表可见,黄河下游海岱地区出土的修复玉器较多,时代也早至后李文化,该地区至迟在大汶口文化中期(5500—5000BP)出现了较多经过钻孔修复的璧、环、镯。黄河中上游地区出土的早期修复玉器极少,至清凉寺文化二期才出现许多经过修复的璧(环),这很可能是受到海岱地区西传的影响。

---

[1] 吴晓桐:《多璜联璧的起源、演变与传播》,《江汉考古》2019 年第 6 期。
[2] 高江涛:《陶寺遗址出土多璜联璧初探》,《南方文物》2016 年第 4 期。

值得注意的是,由于透闪石材料的限制,晋南地区的玉工会将不同色泽(见高江涛文)、不同尺寸(图 5‑31‑1)的璜片复合成璧(环),也会将不同材质(图 5‑31‑2)的璜片复合成璧(环)。图 5‑31‑1 的 M48:1 蛇纹石璧(环)属于清凉寺文化第二期(4300—4100BP),由长短两节复合而成,长节最厚处为 0.5 cm,短节最厚处为 0.2 cm。图 5‑31‑2 的 M201:1 璧(环)属于清凉寺第四期(4100—3900BP),由三个璜片组成,其中两段为透闪石质,一段为蛇纹石大理岩质,采用两侧单孔方式进行连缀复合。清凉寺遗址从第三期开始出现了透闪石质玉,由于该区域没有透闪石矿源,学者推测透闪石可能来源于多个地方,玉工有时将外来的透闪石和本地产的大理岩结合使用,形成了复合玉器的一种形式。不过,这种复合玉器目前仅发现一件,表明其并非复合玉器的主流形式,复合玉器首先追求材质和色泽的一致。此外,从修复的角度看,两件玉器或属于补配修复。

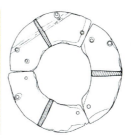

1. 不同厚度的复合璧(环)　　2. 不同材质的复合璧(环)

图 5‑31　山西芮城清凉寺出土的复合璧(环)①

二、修复时间判断

(一) 加工阶段修复

古代玉器的修复常发生在器物的使用过程,也发生在器物的加工过程。一般而言,加工过程的修复辨别是不容易的,当器物存在纹饰且连缀处两侧的纹饰不连贯时,可以认为断裂和修复均发生在玉器的加工过程,而非使用过程,如图 5‑13‑1~3 的河南桐柏月河龙形玦。该件玉器的编号为 M1:42,一面光素无纹,另一面刻双阴线纹,断裂处两端的纹饰不连贯,如图 5‑32‑2 所示。图 5‑32‑4~6 显示同墓出土的另一件龙形玦,编号 M1:248,与 M1:42 吻合,应属成形对开器,它们的对开面光素无纹,而另一面均饰双阴线刻纹。M1:248 的纹饰连贯,佐证了 M1:42 的不连贯纹饰是在器物断裂后加工的。从图 5‑32‑6 的透光照可见,M1:248 存在如红色箭头所示的裂隙,对应于 M1:42 的断裂处,因此该件玉料在成形对开过程中,M1:42 沿裂隙处发生断裂,而 M1:248 未开裂。值得注意的是,两件玦的本色是一致的,但在长期地下埋藏过程形成了不一样的受沁特征,使得两件玉器的本色需要仔细辨认。此外,M1:42 纹饰面的三对修复钻孔之间有浅槽,而素面的修复钻孔之间没有浅槽,表明浅槽非使用过程中形成的,而是连缀过程中制作的,如图 5‑32‑2~3 所示。

---

① 山西省考古研究所、运城市文物工作站、芮城县旅游文物局:《清凉寺史前墓地》(上),文物出版社 2016 年版,第 108、326 页,彩版 5‑2‑21‑3、彩版 7‑2‑1。

1. M1:42 光素面

2. M1:42 断裂处

3. M1:42 断裂处另一面

4. M1:248 纹饰面

5. M1:248 光素面

6. M1:248 透光照

图 5-32　河南桐柏月河龙形玦

(二) 加固修复与连缀修复

以上分析可见,加工过程中发生的断裂及修复可以借助连接处的纹饰是否连贯加以推断。若玉器无纹饰,或纹饰连贯,则无法确定修复是在加工阶段或使用阶段完成的。值得注意的是,修复并非总是发生在器物断裂之后,当器物出现裂痕时,古人也会采用钻孔方式进行加固修复,如图 5-33 所示。图 5-33-1 重庆巫山大溪文化中期 M67:1 玦中部出现裂痕(红色箭头处),玉工采用两侧单孔进行连缀加固,但孔均未穿透,因此该件玉器的加固修复工序未完工。器物裂隙既可能是玉料固有的,也可能是使用过程中形成的,因此无法确定加固修复是在玉器的加工阶段还是使用阶段进行的。这种加固修复方式也见于陕西南郑龙岗寺、江苏江阴南楼、内蒙古翁牛特旗大南沟和山西芮城清凉寺等遗址。如图 5-33-2 陕西南郑龙岗寺绿松石折角璜中部有一道裂痕(红色箭头处),璜体反面在裂痕两侧各有两个牛鼻钻孔(沿反面与内侧和外侧方向)。图 5-33-3 江苏江阴南楼崧泽文化晚期 M18:1 镯断为两节,一处断口两侧有钻孔(红色箭头处),推测原来有裂痕,玉工采用两侧单孔进行连缀加固,另一处断口两侧无钻孔,从器物能使用的角度考察,推测该处断口是在埋藏过程中形成的。图 5-33-4 内蒙古翁牛特旗大南沟 M33:1 环的红色箭头处已断裂,但仅断口一侧钻孔,从玉器能使用的角度推测,原应为裂痕,玉工拟钻孔加固修复,但该项流程未完工。图 5-33-5&6 山西芮城清凉寺墓地出现了多件加固修复玉器,如 M4:2 大理岩环已碎裂成多块,仅一对钻孔(红色箭头处),推测原应完整,在裂痕两侧各钻一孔进行加固修复;M142:4 蛇纹石璧断为多节,采用两侧单孔或双孔方式进行连缀修复,红色箭头处的璧体出现裂纹,玉工采用两侧钻两孔的方式进行加固修复。附表的 M110:3 大理岩环有多处裂痕(发掘报告未使用"断裂"一词,表明器体未断),左边的裂痕采用两侧双孔加固修复,右侧因缺损,不易判断加固修复形式。附表的 M217:1 蛇纹石化大理岩的一处断口仅一侧有钻孔,从器物能使用的角度考察,若该处断口是埋藏或出土过程中形成的,则左侧孔为装饰性钻孔;若断口原为裂痕,则左侧孔为加固修复性钻孔,属于加固流程未完工。

1. 重庆巫山大水田 M67：1 块　　　　　2. 陕西南郑龙岗寺 M314：5①

  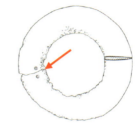 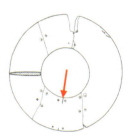

3. 江苏江阴南楼 M18：1 镯　4. 内蒙古翁牛特旗大　5、6. 山西芮城清凉寺 M4：2 大理岩环和
　　　　　　　　　　　　　　南沟 M33：1 环　　　　M142：4 蛇纹石璧

图 5‑33　使用加固修复的玉器(1 和 4 加固修复未完工)

三、修复方式选择

由第二节修复方式的总结归类可见,片状玉器及圆体玉器(如玉玦、玉璜、玉镯、玉环、玉璧、玉璋、玉戈、镯形琮、玉佩、玉饰等)在加工和使用过程中容易发生损坏,此时如何进行修复将取决于多种因素,如玉器种类、破坏程度、玉料来源的难易程度、使用者的需求以及玉工的设计等。总的看来,中国古代玉器有四种修复方式:一般的破损可采用常规修整方式,玉器的缺失可采用补配修复方式,玉器的断裂可采用连缀修复或改制修复(除玉璜易被"改形"为多件小玉璜外,多数断裂玉器将被"改型"成其他类型的玉器)。其目的是恢复玉器的原有功能,实现再利用。

古代玉器修复方式的解读需要细致观察和分析,其中补配修复的应用实例较少,它能被解读是因为补配的部件与原器物在颜色、纹饰、材质等方面存在差异,此时的补配修复水平是较低级的,高水平的补配修复采用了相同质色的材料,因而很难被解读。补配修复作为中国古代玉器的一种修复方式,其时代早至距今 9000 年(贾湖遗址),并一直延续至今。常规修整、连缀修复和改制修复的判别均需要对断口形貌进行细致观察,然后结合器形、纹饰、墓葬、遗址等考古学信息进行综合判断。常规修整和改制修复中的"改形"内涵相近,因此这两类修复方式的解读主要取决于玉器形态,即若玉器是完整的,则此种改制不能称为修复。连缀修复的解读相对容易些,但需要与复合玉器进行区分,若一些断裂玉器的断口经过细致打磨或切割形成平整的形貌,然后再组合成复合玉器,这也是一种再利用的修复行为,只是这种情况的判别非常困难,因此本书没有考虑在内。

---

① 陕西省考古研究所:《龙岗寺新石器时代遗址发掘报告》,文物出版社 1990 年版,第 86、157—158 页,图版一二四-1。

出土玉器实例分析显示连缀修复使用最多且形式最为丰富,可分为钻孔、沟槽、胶粘、金属镶(包)四种基本形式,既有玉器加工技术如钻孔、切割的应用,又有粘接技术和金属技术的运用。此外,钻孔与浅槽、钻孔与深槽(沟槽)、钻孔与胶粘、钻孔与金属镶(包)、胶粘与金属镶(包)等均可以组合使用,因此连缀修复方式多达九种。从出土数量上看,沟槽和胶粘方式、金属镶(包)均不多,钻孔与三者的组合方式也不多见,表明钻孔和连接材料(主要是线性材料)的搭配是先秦时期尤其是史前时期连缀修复的最重要方式。值得注意的是,史前时期不同地域的钻孔形式既有共性,也有差异,具体说来:

两侧单孔修复。(1)沿断裂处两侧的正反面方向各钻一孔,这种形式最常见;(2)沿内外径或内外侧方向钻孔(长江下游的江苏溧阳神墩、江阴祁头山、金坛三星村、张家港东山村、无锡邱承墩,长江中游的湖南洪江高庙,淮河流域的江苏新沂花厅,黄河下游地区的山东章丘焦家,珠江流域的广东石峡、香港南丫岛大湾);(3)在断面和内径或外径方向钻孔(长江上游的重庆巫山大水田M94:2环,长江中游的湖北荆门龙王山M10:20镯,长江下游的江苏张家港东山村M94:16、M95:41、M91:23、M91:34镯、丹徒磨盘墩T2④:16玦、昆山赵陵山T063③:15以及浙江海宁小兜里M2:12镯环);(4)在器身一面直接形成牛鼻孔(如山东广饶傅家M481:5璧);(5)沿斜断面的正反面方向钻一孔(如浙江海宁小兜里M2:12镯环)。

两侧双孔修复。(1)沿断裂处两侧的正反面方向各钻两孔,这种形式最常见;(2)沿内外径或内外侧方向各钻两孔(除江苏新沂花厅、安徽亳州傅庄、山东广饶傅家、陕西延安芦山峁的厚体镯外,还包括广东曲江石峡M45:37璜);(3)沿内外径方向和正反面方向各钻一孔(浙江象山塔山M26:4玦和浙江长兴江家山M239:2玦);(4)沿断面和内外径方向各钻一孔(浙江湖州邱城M1:21玉玦);(5)沿长斜断面的正反面方向钻两孔(台湾卑南玉玦)。

两侧三孔修复。(1)沿断裂处两侧的正反面方向各钻三孔,这种形式最常见;(2)湖北荆门龙王山玉镯钻孔比较复杂,存在两种形式:一为断面和内侧方向钻一牛鼻孔,外侧正反面方向钻一孔,外侧垂直断面钻一卯孔;二为沿长斜断面的正反面方向各钻三孔。

两侧四孔修复。沿断裂处两侧的正反面方向各钻四孔(有待更多资料佐证)。

一侧单孔、一侧双孔修复(可简称为"两侧单双孔")。(1)一般沿断裂处两侧的正反面方向钻孔;(2)沿断裂处两侧的内外径方向钻孔(山东章丘焦家ZJ:53钏);(3)一侧沿断面和内径方向钻一孔,一侧沿断面和内径方向钻二孔(湖北荆门龙王山玉镯)。

一侧双孔、一侧三孔修复(可简称为"两侧双三孔")。(1)一般沿断裂处两侧的正反面方向钻孔;(2)也有一侧断面和内外壁方向二孔,一侧为正反面方向一孔、内外侧方向一孔、垂直断面一卯孔(该侧形成三维方向的通孔,湖北荆门龙王山玉璜M42:137&138璜)。

一侧三孔、一侧四孔修复(可简称为"两侧三四孔")。(1)断裂处一侧沿正反面方向钻一孔、沿正面和断面方向钻一牛鼻孔、沿内径和断面方向钻一牛鼻孔,断裂处另一侧多一个沿外缘和断面方向的牛鼻孔(重庆巫山大水田M94:2环);(2)断裂处一侧沿断面和内外径方向钻二孔,垂直断面钻一卯孔,断裂处另一侧多一个垂直断面的卯孔(湖北荆门龙王山M12:29璜);(3)断裂处一侧沿正反面方向钻三孔,断裂处另一侧多一个沿断口与璜体内壁方向的钻孔,形成了三通孔(湖北荆门龙王山M42:183璜)。

一侧四孔、一侧五孔修复（可简称为"两侧四五孔"）。主要在断裂处一侧沿内外径方向钻二孔、垂直断面钻二卯孔，断裂处另一侧多一个垂直璜身内径的钻孔（湖北荆门龙王山M121：1璜）。

由上可见，两侧对称钻孔的比例高于两侧不对称钻孔，前者断口一侧的钻孔数可达三个（图5-14的四个有待核实），后者断口一侧的钻孔数可达五个。两侧单孔最早出现（距今9000年的黑龙江饶河小南山遗址），两侧双孔（距今6800—6600年的浙江湖州邱城遗址）和两侧三孔（距今5600—5400年的重庆巫山大溪遗址）次之，这可能是钻孔技术提高的结果。此外，钻孔数量的多少还与断裂体的宽度或厚度相关，如图5-12-2辽宁大连四平山牙璧所示，其窄体钻一孔，宽体钻两孔。但图5-7-4大溪文化玉玦中两个断裂处的宽度相近，其中一处采用两侧单孔方式、另一处采用两侧双孔方式，显示孔的多少还与不同文化区域玉工的选择相关。

从出土数量上看，两侧单孔和两侧双孔修复的玉器数量多于两侧三孔，两侧单孔连缀修复方式存在于各文化区域；两侧双孔连缀修复方式主要存在于长江下游的马家浜文化、河姆渡文化、崧泽文化，长江中上游的大溪文化晚期及屈家岭文化，黄河下游地区的大汶口文化中晚期，珠江流域的石峡文化，黄河中游的陶寺文化（含下靳和清凉寺）、辽海地区的小珠山上层文化等遗址，器物多为璜、玦、镯、璧以及牙璋，显示可能存在着成品或修复技术由长江下游地区向西、向北和向南传播的可能性；两侧三孔修复方式目前主要存在于长江中上游地区的大溪文化区域。

两侧不对称钻孔中两侧单双孔修复的玉器数量也多于其他三种方式。两侧单双孔最早出现在长江下游地区的崧泽文化晚期（如距今5600—5300年的江苏江阴南楼），其后分布于长江中游地区的大溪文化晚期至屈家岭文化、珠江流域的广东石峡文化、黄河中上游地区的晋南、晋陕地区，器型多为环、镯、璧以及玦，同样显示存在着成品和修复技术由长江下游地区向西、向南、向北传播的可能性；两侧双三孔和两侧三四孔最早出现在长江中上游地区的大溪文化中晚期（如距今6000—5400年的重庆巫山大水田），两侧四五孔最早出现在长江中上游地区的大溪文化晚期（如距今5300年的湖北荆门龙王山），结合两侧三孔修复方式的分布特点，显示多孔连缀修复可能是长江中上游地区发展起来的修复特色。值得注意的是，两侧不对称钻孔的形成原因有多种，有的是因修复过程中断口一侧的某个钻孔破裂，玉工再加钻一孔使得两侧钻孔数不一致；但不少出土案例显示玉工有意采用此种方式对玉器进行连缀修复，目的或与增加修复的坚固性有关。

以上分析可见，长江流域使用的钻孔连缀修复的形式颇为丰富，尤其是长江中游的湖北荆门龙王山玉器（5300BP），其钻孔形式超过十种，其中M121：1、M10：25、M12：29和M42：137&138四件玉璜的修复中，常于垂直断面方向钻制未透的卯孔，这种形式目前未见于其他地区，可能是该区域的特色。此外，龙王山玉器的5件镯、5件璜和1件环[①]在修复过程中常采用沿断面和内径（侧）或外径（侧）方向的牛鼻孔，该方式目前还见于长江上游的重庆巫山大水田遗址（6000—5400BP），长江下游地区的江苏张家港东山村（M94：16、M95：41、M91：23、M91：34镯，5800—5500BP）、江苏丹徒磨盘墩（T2④：16玦，5500BP）、江苏昆

[①] 镯：M10：20、M10：52、M30：2、M194：1、M194：55，璜：M10：25、M12：29、M12：30、M30：1、M42：137&138，环：M131：10。

山赵陵山(T063③：15镯，5200—5000BP)、浙江海宁小兜里(M2：12镯，4800—4600BP)。值得注意的是，海岱地区的修复牛鼻孔为器面上的小隧孔，如山东广饶傅家(M481：5璧，5000—4600BP)，表明断面和内外径方向的牛鼻孔分布于长江流域的大溪文化、崧泽文化、屈家岭文化和良渚文化，长江中上游地区的出土数量多于长江下游地区，是否为长江中上游地区向东传播的结果，有待更多资料验证。

值得关注的是，两侧沟槽方式仅在长江流域和珠江流域使用过，可能最初来源于线切割锼切纹饰的制作技术，其后钻孔技术和片切割技术也应用于制作沟槽，只是数量较少。从出土实物的时间看，长江下游地区最早出现沟槽修复方式，如马家浜文化晚期的江苏金坛三星村M638：1块，其后广泛分布于江苏、浙江和上海的崧泽文化遗址，江苏北阴阳营文化遗址，安徽薛家岗文化遗址，长江中游地区的大溪文化晚期遗址(湖北荆门龙王山)，珠江流域的新石器时代末期遗址(香港龙鼓上滩、香港屯门涌浪)。沟槽修复方式在长江下游地区的良渚文化时期已很少见，表明玉工的修复选择发生了变化，或许与该种修复方式的痕迹过于明显有关，良渚玉工多用钻孔连缀的修复方式。

综上可见，目前的考古资料显示，长江下游地区的两侧单孔、两侧双孔和沟槽的修复方式出现于马家浜文化晚期，两侧单双孔出现于崧泽文化时期，它们均早于长江中上游地区，预示着长江流域的钻孔修复技术存在着由东向西的传播可能性。长江中上游地区的大溪文化在此基础上发展和形成了颇具特色的钻孔修复术，即利用小孔技术对断裂处钻制多孔，如三孔、四孔和五孔；常制作断面与器身之间的牛鼻孔；常垂直断面钻制未透卯孔。珠江流域的钻孔修复方式和沟槽修复方式与长江流域颇为相似，同样预示长江流域的钻孔修复技术存在着向南传播的可能性。黄河中游地区的晋南地区在新石器时代末期常用两侧单双孔方式修复璧或环，可能也是受到长江流域的影响，有待更多资料的佐证。

总的看来，钻孔和沟槽修复方式的修复痕迹过于明显，因此进入历史时期之后，这两种修复方式逐渐减少，玉工多采用改型修复、胶粘修复、金属镶(包)以及补配等修复方式，既能保证修复的坚固性和耐久性，还能弱化修复痕迹，提高美观性。

四、修复的美观性

进入文明时期之后，玉器具有超出一般装饰品的"礼"的属性，强调"首德次符"的观念，因此包括"符"——颜色在内的玉器外观特征无疑也是礼的重要组成部分。以现代修复的角度观察先秦玉器的修复工艺，很多修复过的玉器似乎体现了修复的随意性——(连缀)修复的痕迹太过明显。实际上，玉工在史前时期已经注意到修复的美观性，常规修整能够弱化甚至掩饰修复痕迹，改型修复可以使修复玉器呈现较完整的和新的外观特征。连缀修复虽然痕迹明显，但玉工也曾尝试弱化修复痕迹，如北方红山文化和南方马家浜文化、北阴阳营文化、崧泽文化、凌家滩文化、大溪文化等均使用浅沟槽弱化修复痕迹，一些玉器的钻孔直径约0.3 cm，沟槽宽度约0.1 cm，表明采用的线性材料直径可能小于0.1 cm，体现了古人很早注意到连缀修复后的美观性。此外，浅沟槽能将线性材料固定在光滑玉器表面上，使之绑缚更牢固，但此修复形式在新石器时代晚期并非大量使用，这不是因为浅槽具有工艺上的难度，而可能是因为玉器的"装饰"性和"礼"性决定了早期中国玉器的珍贵性，玉器的存在性在某种程度上比呈现的外观更重要。当然，早期玉器的修复方式是当时生产力水平的体现，与玉料的来源、地理文化的差异等关联，也跟先民们的审美方式相关，不能简单地用现代审美观念度量古人。

至商代晚期,铜丝作为连缀材料得到应用,如图 5‑3‑18 的河南安阳殷墟 83AS M662：2 有领环,并一直延续使用,如云南江川李家山 M22 战国墓出土的玉镯(图 5‑22‑2～3)。东周以后,金器工艺日益成熟,随着玉器的礼制内涵趋弱,世俗性审美情趣的追求成为艺术发展的主流,这种角色的变化导致金的装饰特点被玉器所吸收,或模仿金器的纹饰和造型,或与黄金相互搭配[①],如湖北随州曾侯乙墓复合玉珩(图 5‑34‑2)。玉工也将黄金应用到玉器的修复中,如西汉南越王墓出土的凤纹牌形佩直接使用了黄金镶包修复方式(图 5‑23),出土于黑龙江绥滨的唐代黄色叶蜡石质透雕飞天佩(图 5‑34‑1),原器已断裂,采用颜色相近的 0.8 毫米金丝穿过镂雕纹饰,然后拧紧完成连缀修复[②]。此外,唐代的渤海国还使用银质材料来修复玉器(图 5‑35)。金属修复材料本身具有装饰功能,因此逐渐成为断裂玉器连缀修复的重要方式。总的来说,玉器修复方式的转变可能与制玉工艺水平进步、玉料来源充足、先民的使用习惯等因素相关,铁器时代的玉器已难观察到古代的修复痕迹。当然,这与部分损坏玉器采用改制修复、金属镶(包)修复、补配修复和胶粘修复等相关。虽然本书未将胶粘修复单列,但针对断裂玉器的修复而言,胶粘和金属镶(包)均是超越钻孔连缀的修复方式,除了恢复器物原有的尺寸和功能,还能更有效地弱化修复痕迹。相对金属镶(包)来说,

1. 唐代黄色叶蜡石质透雕飞天　　　　2. 湖北随州曾侯乙墓出土玉珩

图 5‑34　使用金丝连接的玉器

图 5‑35　使用铜钉修复工艺的渤海国玉璧

---

① 黄翠梅、李建纬：《金玉同盟——东周金器和玉器之装饰风格与角色演变》,《中原文物》2007 年第 1 期。
② 黑龙江文物考古研究所、李陈奇、赵评春：《黑龙江古代玉器》,文物出版社 2008 年版,第 92 页。

胶粘修复的耗时短、操作简单,随着胶粘性能提升以及修复成本降低,胶粘连缀成为中国古代玉器的一种重要修复方式,一直延续至今。许多无钻孔的玉器在出土时已断,其原因系埋藏后所致,还是埋藏前已断,目前尚难判断,有待今后多关注断裂处的残留物提取和研究。

五、修复的坚固性

玉器损坏后的修复工作力求恢复其原有的功能,因此坚牢性和耐久性等稳定性质就成为修复者需要考虑的问题。上述四种修复类型中,连缀修复更多地涉及该问题,由于修复材料的变化,必然会引起修复方式的转变,从而达到修复的坚牢性和耐久性要求。虽然有机材料很难保存下来,但仍然可以推测柔性材料是连缀修复使用最早也是普遍的连接材料。为了达到修复的稳定性,宽体的断裂面两侧常钻两至三孔,甚至四至五孔,这既可避免单孔连缀修复的线性材料经长期摩擦断裂后可能对玉器造成的二次破坏,也可避免单孔破损后可能对玉器造成的二次破坏①,还可使器物在单孔破损后能继续使用,无需等候再次修复。两侧钻孔多沿正反面方向,但无论是对称穿孔还是不对称穿孔,均存在多种形式。尤其是长江中上游的大溪文化玉器,频繁使用钻孔技术在断口两侧钻多孔进行连缀修复,如两侧双孔、两侧三孔、两侧单双孔、两侧双三孔、两侧四五孔等,有的孔垂直于断面,使用类似"铆接"工艺加固连缀效果(如湖北荆州龙王山 M121:1、M10:25、M12:29 和 M42:137&138 璜),有的钻孔旁再添加线切割沟槽(如湖北荆州龙王山 M22:1)。这表明古代先民已注意到修复的坚牢性和耐久性,并采用多种方式达此目的。

进入历史时期,金属材质产生并用作连接材料,金丝、银丝和铜丝常应用于玉器的连接,如图 5-3-18 河南商代凸弦环已使用铜丝连缀,图 5-22-2~3 云南战国时期已用铜丝连缀断裂的突沿玉镯和弦纹玉镯,湖北随州曾侯乙墓出土玉珩的穿孔处使用金丝穿孔缠绕连接(图 5-34-2,系复合玉珩②),这种金属丝线至汉代被广泛应用于玉衣的缝制,并用以区别等级。金属丝线是耐腐蚀易保存的,其中黄金的性能最优越,仅当异常精美或贵重的玉器破损时,才使用金丝绑缚断裂的黄色玉器(如图 5-34-1 飞天佩)。图 5-23 中凤纹牌形佩的断裂处两侧没有钻孔而直接使用金桥套接,表明金属材质作为连接材料既可以弱化修复痕迹、美化装饰效果,又可以增加修复的坚牢性和耐久性。

当器身较宽时,玉工会将钻孔和金属工艺结合使用以增加坚固性和耐久性(图 5-35)。两件渤海时期的玉璧均出土于吉林永吉杨屯遗址,均断裂为两块,玉工采用断裂处两侧锔小孔,然后用银条和铆钉进行连缀修复③。如果玉工采用钻单孔和线性材料进行连缀修复,将无法保证修复的坚牢性,因此金属材料的出现提高了修复的稳定性。值得关注的是,"锔子"是指用铜或铁甚至金银等金属打制而成的整体扁平、两端翘起约 90 度的钉(形如订书钉)④。一般来说,金银常用来锔补贵重器物,铜铁常用来锔补日常器物。谢明良研究员认为伊朗在公元前 6 世纪已将锔补术应用于使堆积石材连接得更稳固,东北亚朝鲜半岛百济地区在 3 世纪后半期已使用锔钉接合木棺,中国在东晋时期已使用锔钉修补铜砚滴,至晚在唐

---

① 一些玉器修复钻孔旁常有破损钻孔,这可能是修复过程中形成的,也可能是使用过程中破损的,见附表的湖北荆门龙王山 M131:10 环、M194:1 镯、山西芮城清凉寺 M4:4 环、M48:1 环、M276:1 环。
② 古方:《中国出土玉器全集》(湖北、湖南卷),文物出版社 2005 年版,第 80 页。
③ 古方:《中国出土玉器全集》(内蒙古、辽宁、吉林、黑龙江卷),文物出版社 2005 年版,第 187—188 页。
④ 高飞:《浅谈古陶瓷锔补工艺》,《紫禁城》2008 年第 3 期。

代已使用铜钉修补瓷器,至辽代已使用银片锔补玻璃裂纹①。渤海国玉璧上采用的铜钉工艺表明该技术至晚在唐代已应用于玉器修复。修复美观性部分曾讨论过胶粘方式,轻巧的玉器采用胶粘方式能够保证一定的坚牢性,但是较大、较重的玉器仅采用胶粘方式是不易保持坚牢性和耐久性的,因此古代中国曾采用钻孔和胶粘的组合方式来克服胶粘的弱点。如云南江川李家山出土的玉镯(图5-22-2~3),采用了金属镶(包)和胶粘组合的方式克服单独胶粘修复的弱点,这种修复方式一直延续至今。

第四节 小 结

玉器是最能代表中国传统文化的物质载体,其承载了相当多的历史信息,需要不断地发掘提取。玉器在加工和使用过程中均会发生破损现象,由于玉料的珍贵性、稀少性,已经损坏的玉器可以通过修复来恢复一定的功能,达到再利用的目的。本书从出土玉器材料梳理出中国古代玉器的修复方式主要有四种:常规修整、连缀修复、补配修复以及改制修复,它们均出现很早且一直延续至今,其中连缀修复的形式最为多样。改制修复分为改形修复和改型修复,前者与常规修整相对应,后者虽然与修复的定义有偏差,但是考虑到其目的仍是实现玉器的再利用,因而本书也将改型修复归入古代的一种修复方式。

总的说来,破损常采用常规修整和改形修复,残缺可采用补配修复,断裂可采用连缀修复和改制修复。玉器的修复基本伴随着玉器的产生而形成,随着制玉工艺的不断进步和玉料来源的不断丰富,加工阶段损坏的玉器数量有所减少,使用阶段损坏的玉器也可废弃,因而需要修复的玉器数量减少。在保证坚固性、耐久性和美观性的前提下,改制修复得到大量应用,而对于不适宜使用改制修复的玉器,玉工则继续使用连缀修复方式。随着连缀修复材料从有机质线性材料、胶粘材料扩展到金属连接材料,玉器的连缀修复方式也相应发生变化,如钻孔修复方式有所减少,金属镶包和胶粘修复方式的应用有所增加,它们与钻孔方式结合时,可以在减少钻孔数量的同时保证修复的坚固性和耐久性,进而提高修复效率、弱化修复痕迹、增强美化装饰功能。由此可见,进入历史时期,钻孔连缀修复的应用有所减少,改制、胶粘、金属镶包的应用增多,逐渐成为中国古代玉器再利用的主要方式。

值得注意的是,目前的考古证据显示,两侧双孔、两侧单双孔、两侧沟槽的连缀修复方式最早产生于史前长江下游地区,其后存在着向西至长江中上游地区、向南至珠江流域、向北至黄河下游地区进而向黄河中上游地区传播的可能性,目前尚未显示两侧沟槽方式向北传播的迹象;长江中上游地区在此基础上发展出三孔、四孔、五孔的多孔连缀以及牛鼻孔修复方式,并创制了垂直断面的卯孔修复形式。此外,玉工从钻孔连缀的修复实践中产生了复合式玉器的制作,最早产生于距今6000—5300年的长江下游地区的北阴阳营文化和凌家滩文化,以璜为主,兼有少量镯环。至距今4000年前后的新石器时代末期,复合技术广泛应用于晋南、晋陕高原和甘青宁齐家文化区域,以多璜联璧(环)为主,形成这一时期黄河中上游地区的典型用玉特色。笔者将本章内容汇总,如图5-36所示。

综上所述,玉器的再利用技术并不是自生的,而是直接来源于石器的再利用实践,几百

---

① 谢明良:《陶瓷修补术的文化史》,上海书画出版社2019年版,第57—59页。

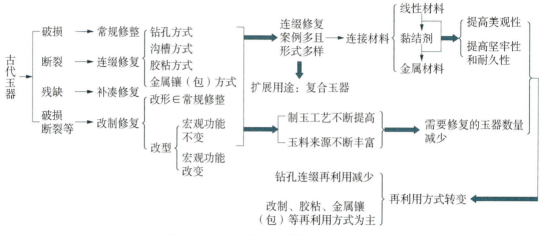

图 5-36　中国古代玉器的再利用脉络图

万年的石器时代形成和发展的再利用技术,如旧石器时代的修锐技术和新石器时代的磨抛、钻孔等改制技术,均对玉器的再利用产生了直接影响。随着时代的发展,有机线性工具、胶粘剂、金属工具的发现、发明和利用也影响着玉器的再利用方式,并一直连续至今,如加工过程中损坏的玉料和半成品常使用改制技术进行再利用,一般玉器常使用强力粘胶进行粘合再利用,贵重玉器使用金属镶包的再利用方式。由此可见,建立在修复基础上的古代玉器的再利用研究不仅具有一定的学术意义,而且具有一定的现实意义。首先,玉器的古代再利用技术是文物再利用史的重要组成部分,承载了一定的历史、文化、艺术和科技等信息,需要适当地保存。其次,玉器的古代再利用技术是玉器史的一个组成部分,有助于复原古代玉器的工艺流程,有利于丰富对古代玉器使用功能的认识,有益于探讨不同地域之间的交流。最后,玉器的古代再利用技术有助于丰富中国古代科技史的内涵,对其他材质文物如瓷器的再利用史研究亦有帮助。

第五章 中国早期玉器再利用研究

附表

使用连缀修复的古代玉器列举表（红色箭头标示断裂处，材质信息经过了科学分析）

出土省份	出土地点	编号	时期	器形	材质	尺寸	图片	修复方式
黑龙江	饶河小南山遗址	等待发掘报告的正式编号	小南山文化（7200—6600BC）	环	透闪石（自测）	外径：4.6 cm 内径：2.6 cm 厚：0.49—0.56 cm	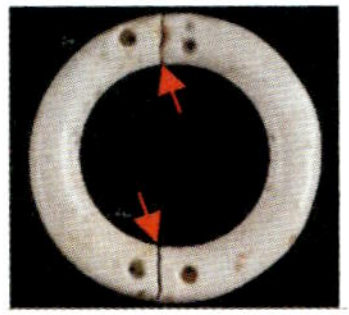	两侧单孔连缀修复
	鸡西刀背山墓地①		新开流文化（4000—3000BC）	齿纹璧	原文标注"岫岩玉"，疑为蛇纹石	长：6.15 cm 厚：0.4 cm	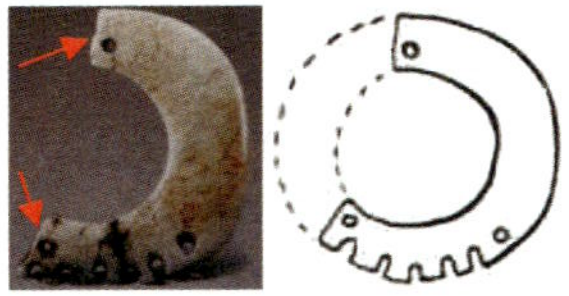	两侧单孔连缀修复
	绥滨中兴金代墓葬②	M4	唐代	飞天佩	叶蜡石	高：6.73 cm 宽：8.23 cm 厚：1.13 cm		金丝连缀修复
吉林省	永吉杨屯遗址③		唐代 渤海时期（698—926AD）	璧		直径：11.7 cm 孔径：5 cm 厚：0.3 cm	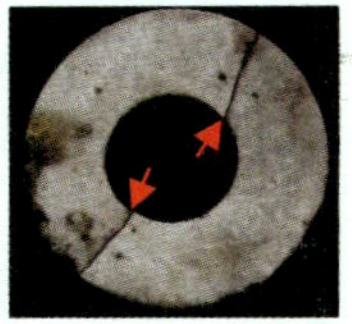	两侧单孔连缀修复

① 刘国祥:《黑龙江史前玉器研究》,《中国历史博物馆馆刊》2000年第1期;黑龙江文物考古研究所、李陈奇、赵评春:《黑龙江古代玉器》,文物出版社2008年版,第62页。表格"编号"图片"空白处表示信息缺失;"材质"空白处表示器物尚未经科学检测。
② 古方:《中国出土玉器全集》(内蒙古、辽宁、吉林、黑龙江卷),文物出版社2005年版,第232页;黑龙江省文物考古工作队:《黑龙江畔绥滨中兴古城和金代墓群》,《文物》1977年第4期。
③ 古方:《中国出土玉器全集》(内蒙古、辽宁、吉林、黑龙江卷),文物出版社2005年版,第186—188页;李殿福:《从考古学上看唐代渤海文化》,《学习与探索》1981年第4期。文中指出杨屯渤海墓出土了四块玉璧。

续表

出土省份	出土地点	编号	时期	器形	材质	尺寸	图片	修复方式
辽宁	建平牛河梁遗址	N2Z1M14:1	红山文化晚期（3500—3000BC）	勾云形器[1]		直径：7.1 cm 孔径：3 cm 厚：0.4 cm		两侧单孔＋银片连缀修复（长条银片和铆钉）
		N2Z1M24:3	红山文化晚期（3500—3000BC）	勾云形器[2]		直径：9.3 cm 孔径：3.7 cm 厚：0.4 cm		两侧单孔＋银片连缀修复（长条六边形银片和铆钉）
						通长：15.8 cm 宽：6.9 cm 厚：0.6 cm		两侧单孔连缀修复
						通长：17.9 cm 宽：10.8 cm 厚：0.8 cm		两侧单孔＋浅槽连缀修复

① 辽宁省文物考古研究所：《牛河梁——红山文化遗址发掘报告（1983—2003年度）》，文物出版社2012年版，第90—92页，图版七九。
② 同上书，第110—111页，图版一〇一。

第五章　中国早期玉器再利用研究

续表

出土省份	出土地点	编号	时期	器形	材质	尺寸	图片	修复方式
		N16M15:3	红山文化晚期（3500—3000BC）	勾云形器①		通长:16.4 cm 宽:5.65 cm 厚:0.55 cm		正面:两侧单孔连缀修复 背面:两侧单孔＋浅槽连缀修复
		N16M13:1-1	红山文化晚期（3500—3000BC）	勾角②		高:4 cm 残长:3.7 cm 厚:0.55 cm	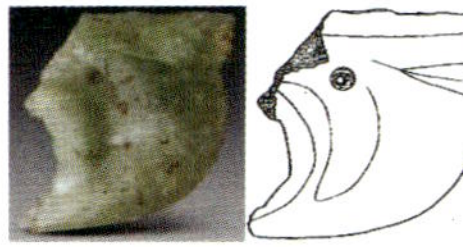	两侧单孔连缀修复
		N16M13:1-2	红山文化晚期（3500—3000BC）	勾角③		高:3.95 cm 残长:3.4 cm 厚:0.5 cm	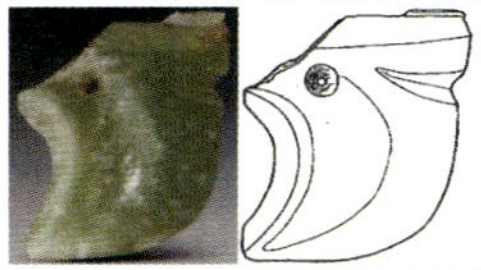	两侧单孔连缀修复
		N16ZI①:55	红山文化晚期（3500—3000BC）	勾角④		高:2.25 cm 残长:2.35 cm 厚:0.35 cm	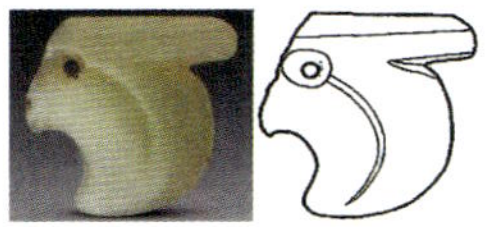	两侧单孔连缀修复

① 辽宁省文物考古研究所：《牛河梁——红山文化遗址发掘报告（1983—2003年度）》，文物出版社2012年版，图版三〇〇。
② 同上书，第421、423页，图版二九一3。
③ 同上书，第421、423页，图版二九一4。
④ 同上书，第429—430页，图版三〇二3。

365

续表

出土省份	出土地点	编号	时期	器形	材质	尺寸	图片	修复方式
	大连四平山遗址①	N3M3：3	红山文化晚期（3500—3000BC）	镯②		外径：6.2 cm 内径：5.3 cm 厚：0.45 cm		两侧单孔连缀修复
		N3M3：4	红山文化晚期（3500—3000BC）	镯③		外径：5.6—6.0 cm 内径：4.6—5.1 cm 厚：0.4 cm		一断裂处：两侧单孔连缀修复；另一断裂处：一侧有两个小孔，另一侧不详
		M35B（第2阶段3阶层），编号402	小珠山上层文化早期（2500—2300BC）	牙璧		最大径：7.9 cm 孔径：2.8 cm 厚：0.4 cm		一断裂处：两侧单孔连缀修复；另一断裂处：两侧双孔连缀修复
内蒙古	巴林右旗查干诺尔苏木	巴林右旗博物馆编号00965CO100	红山文化晚期（3500—3000BC）	勾云形器	透闪石	长：12.2 cm 宽：4 cm 厚：0.4 cm		两侧单孔连缀修复
	翁牛特旗大南沟遗址④	M29：2	小河沿文化（3000—2500BC）	环⑤	大理岩	直径：7.8 cm 肉宽：1.7 cm 厚：0.35 cm		两侧单孔连缀修复

① 安志敏：《牙璧试析》，载于邓聪主编：《东亚玉器》（上），香港中文大学中国考古艺术研究中心1998年版，第43页；杨伯达：《巫玉之光续集》（上），紫禁城出版社2011年版，第118页。
② 辽宁省文物考古研究所：《牛河梁——红山文化遗址发掘报告（1983—2003年度）》，文物出版社2012年版，第243页，图版一八五-3。
③ 同上，图版一八五-4。
④ 辽宁省文物考古研究所，赤峰市博物馆：《大南沟——后红山文化墓地发掘报告》，科学出版社1998年，第41—42、88、92—93、107、112—113页。另有45页M55：2和M59：6似环断裂后改制成璜。
⑤ 于建设：《红山玉器》，远方出版社2004年版，第64页。

续表

出土省份	出土地点	编号	时期	器形	材质	尺寸	图片	修复方式
		M33∶1	小河沿文化（3000—2500BC）	臂环①	大理岩	直径：1 cm 肉宽：2.3 cm 厚：0.4 cm	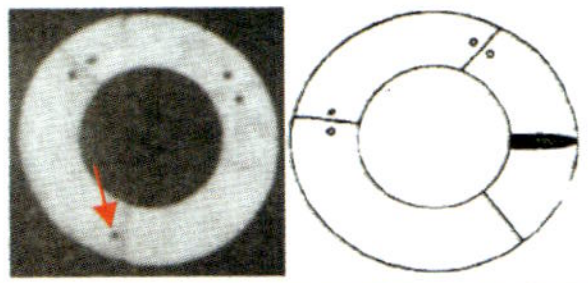	两侧单孔连缀修复 注：左图来自《文物》，右图来自《大南沟》，右图缺少左图红色箭头标示的钻孔
		M51∶5	小河沿文化（3000—2500BC）	项环	大理岩	直径：7.1 cm 肉宽：1.85 cm 厚：0.4 cm	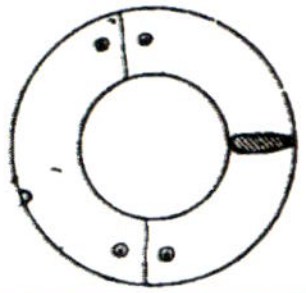	两侧单孔连缀修复
		M56∶4	小河沿文化（3000—2500BC）	环	大理岩	直径：9.6 cm 肉宽：2.35 cm 厚：0.4 cm		两侧单孔连缀修复
	扎鲁特旗南宝力皋吐遗址②	AM199∶6、7	南宝力皋吐类型（3000—2500BC）	环		外径：10.2 cm 内径：6.1 cm 厚：0.8 cm 镐孔径：0.1—0.4 cm		两侧单孔连缀修复
		BM120∶9、10	南宝力皋吐类型（3000—2500BC）	玉璜，杨晶认为是玉环③		外径：3.1 cm 内径：2.1 cm 厚：0.3 cm	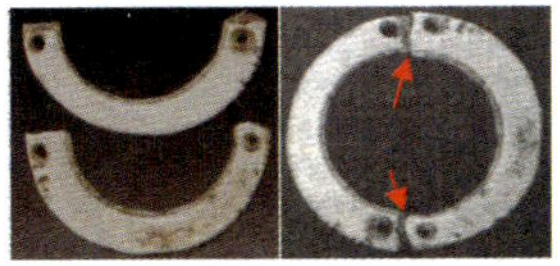	两侧单孔连缀修复

① 项春松：《内蒙古赤峰大南沟新石器时代墓地的发掘》，《文物》1999年第4期。原器有五个钻孔，三处断口，推测有两种可能：一、采用两侧单孔连缀修复，但一处断口仅钻一孔，属于修复未完工玉器，无法正常使用；二、应断为两节，采用两侧单孔连缀修复。红色箭头标示断裂处的断裂纹。玉工采用两侧单孔加固修复，虽加固未完工，但不影响正常使用。本书认为后种可能性更大。
② 内蒙古自治区文物考古研究所、扎鲁特旗人民政府：《科尔沁沁文明——南宝力皋吐墓地》，文物出版社2009年版，第152、159页。
③ 杨晶：《中国史前玉器的考古学探索》，社会科学文献出版社2011年版，第168页。

续表

出土省份	出土地点	编号	时期	器形	材质	尺寸	图片	修复方式
山东	潍坊前埠下①	H259:6	后李文化晚期(5700—5300BC)	环	滑石	外径：5.5 cm 内径：3.5 cm		原文描述"四个修补穿孔"，可能为两侧单孔连缀修复
	广饶傅家遗址②		大汶口文化晚期(3000—2600BC)	镯③		两端径：7.8 cm 中间束腰直径：7.4 cm 高：3.7 cm 厚：0.9 cm		两侧双孔连缀修复（内外径方向）
			大汶口文化晚期(3000—2600BC)	环④		直径：7.1 cm 厚：1.2 cm		两侧单孔连缀修复
		M481:5	大汶口文化晚期(3000—2600BC)	璧⑤		外径：13.2 cm 内径：6.0 cm 厚：0.7 cm		一断裂处：两侧单孔连缀修复 另一断裂处：一侧单孔、一侧牛鼻孔连缀修复

① 山东省文物考古研究所、寒亭区文物管理所：《山东潍坊前埠下遗址发掘报告》载于山东省文物考古研究所：《山东高速公路考古报告集（1997年）》，科学出版社2000年版，第11—12页。
② 山东省文物考古研究所、东营市博物馆：《山东广饶县傅家遗址的发掘》，《考古》2002年第9期。出土2件环，1件镯和5件耳坠。根据尺寸与其后出版图录公布的傅家玉器吻合，故一并列出。
③ 古方：《中国出土玉器全集》（山东卷），文物出版社2005年版，第4页；山东博物馆：《山东馆藏文物精品大系·玉器卷》，山东美术出版社2019年版，第46页。
④ 山东省博物馆、良渚博物院：《玉润东方——大汶口·龙山·良渚玉器文化》，文物出版社2004年版，第198页。
⑤ 山东博物馆：《山东馆藏文物精品大系·玉器卷·新石器卷》，山东美术出版社2019年版，第47页。尺寸标为：直径13.4，厚0.9 cm。

续表

出土省份	出土地点	编号	时期	器形	材质	尺寸	图片	修复方式
	泰安大汶口②	M481:6	大汶口文化晚期（3000—2600BC）	镯		外径:7.3 cm 内径:5.8 cm 宽:3.1 cm 厚:0.8 cm		原文标为"断为四段，两面钻孔修复"，无法判断是否均为双孔连缀修复。钻孔沿内外径方向
		M491:4	大汶口文化晚期（3000—2600BC）	环		外径:7.3 cm 内径:5.8 cm		两侧单孔连缀修复
			大汶口文化晚期（3000—2600BC）	环①		外径:11 cm 内径:5.8 cm 厚:0.9 cm		两侧单孔连缀修复
		M73:4	大汶口文化中期（3500—3000BC）	臂环	大理岩	直径:12.8 cm		两侧双孔连缀修复
	邹县野店③	M36:1	大汶口文化中期（3400—3200BC）	镯				两侧单孔连缀修复

① 山东博物馆：《山东馆藏文物精品大系·玉器卷》《新石器卷》，山东美术出版社 2019 年版，第 45 页。
② 山东省文物管理处、济南市博物馆：《大汶口——新石器时代墓葬发掘报告》，文物出版社 1974 年版，第 98 页，图版八三-1。
③ 山东省博物馆、山东省文物考古研究所：《邹县野店》，文物出版社 1985 年版，第 92 页。

续表

出土省份	出土地点	编号	时期	器形	材质	尺寸	图片	修复方式
	章丘焦家遗址①	ZJ：53	大汶口文化晚期（3000—2600BC）	钏		外径：7.1 cm 内径：2.4 cm 厚：0.7 cm		断为三节，钻有七孔。两处断裂为两侧单孔连缀修复，一处断裂为一侧单孔，一侧双孔连缀修复。均沿内外径方向钻孔
		ZJ：65	大汶口文化晚期（3000—2600BC）	镯		外径：10.8 cm 内径：6.6 cm 厚：1.4 cm		两侧单孔连缀修复
		ZJ：67	大汶口文化晚期（3000—2600BC）	镯		外径：8 cm 内径：6 cm 厚：0.8 cm		两侧单孔连缀修复
		ZJ：301	大汶口文化晚期（3000—2600BC）	环		外径：10.4 cm 内径：5.8 cm		两侧单孔连缀修复
		ZJ：303	大汶口文化晚期（3000—2600BC）	环		外径：9.4 cm 内径：5.6 cm		两侧单孔连缀修复

① 章丘市博物馆：《山东章丘市焦家遗址调查》，《考古》1998 年第 6 期。

续表

出土省份	出土地点	编号	时期	器形	材质	尺寸	图片	修复方式
山西	襄汾陶寺遗址①	M2011:5	陶寺文化（2300—1900BC）	璧（环）	透闪石	外径：9.8—10.3 cm 内径：5.8—5.9 cm 厚：0.3—0.4 cm		由2节璜复合而成，但一节璜体断裂，采用两侧单孔连缀修复
		M1453:2	陶寺文化（2300—1900BC）	璧	方解石＋透闪石	外径：15 cm 好径：6.6 cm 厚：1.7—3.0 cm		应断为4节，出土时仅存3段，连缀修复
	临汾下靳墓地②	M40:2	陶寺文化早期（2300—2100BC）	连环		直径：12.2 cm 孔径：5.4 cm 内宽：3.1—3.5 cm		两侧单孔连缀修复
		M47:7	陶寺文化早期（2300—2100BC）	环③		直径：12 cm 孔径：7 cm 厚：0.4 cm		一侧单孔，一侧双孔连缀修复

① 中国社会科学院考古研究所，山西省临汾市文物局：《襄汾陶寺——1978—1985年考古发掘报告》，文物出版社2015年版，第704—706页，彩版四六一~4、彩版四七一1。
② 山西省临汾行署文化局，中国社会科学院考古研究所山西队，临汾市文化局陶寺考古队：《山西临汾下靳村陶寺文化墓地发掘报告》，《考古学报》1999年第4期。M483:1和M8:4被认为是复合式的多璜联璧；朱建忠：《山西临汾下靳墓地玉石器分析》，载于北京大学中国考古学研究中心、北京大学震旦古代文明研究中心：《古代文明》（第2卷），文物出版社2003年版，第121—137页。
③ 古方：《中国出土玉器全集》（山西卷），文物出版社2005年版，第17页。

续表

出土省份	出土地点	编号	时期	器形	材质	尺寸	图片	修复方式
		M136	陶寺文化早期 (2300—2100BC)	环[1]		直径：4.5 cm 孔径：2.1 cm 厚：0.3 cm		两侧单孔连缀修复
		M145：1	陶寺文化早期 (2300—2100BC)	环		外径：15.3 cm 好径：6.3 cm 肉宽：4.5 cm 内缘厚：0.7 cm		两侧双孔连缀修复
		M145：2	陶寺文化早期 (2300—2100BC)	环		直径：15.4 cm 好径：6.1 cm 厚：0.2—0.6 cm		两侧双孔连缀修复
		M229：1	陶寺文化早期 (2300—2100BC)	连环		外径：11.2 cm 好径：6.8 cm 肉宽：2.2 cm 内缘厚：0.6 cm		一侧单孔，一侧双孔连缀修复
		M406：1	陶寺文化早期 (2300—2100BC)	连环		外径：16.2 cm 好径：7 cm 肉宽：4.6 cm 内缘厚：0.5 cm		两侧单孔连缀修复

[1] 古方：《中国出土玉器全集》(山西卷)，文物出版社 2005 年版，第 22 页。

续表

出土省份	出土地点	编号	时期	器形	材质	尺寸	图片	修复方式
	芮城清凉寺遗址①	M2:1	清凉寺文化二期（2300—2100BC）	环	大理岩	外径：2.1 cm 内径：7.8 cm 最厚处：0.4 cm 缀孔径：0.3 cm		一侧单孔，一侧双孔连缀修复
		M4:1	清凉寺文化二期（2300—2100BC）	环	蛇纹石	外径：15.5—15.6 cm 内径：7 cm 最厚处：0.5 cm		断为三段，均为两侧双孔连缀修复
		M4:2	清凉寺文化二期（2300—2100BC）	环	大理岩	外径：12.3—12.5 cm 内径：6.5 cm 最厚处：0.4 cm		断为多段，仅一处断裂两侧各有一孔，推测是两侧单孔加固修复
		M4:4	清凉寺文化二期（2300—2100BC）	环	大理岩	外径：13.6 cm 内径：6.8 cm 最厚处：0.7 cm		原文标为"断为两段，孔已经破损，曾多次钻孔连缀"。根据器物图推测一断口为两侧单孔连缀修复，另一断口为一侧双孔，一侧单孔连缀修复

① 山西省考古研究所，山西运城市文物局，芮城县文物局，《山西芮城清凉寺史前墓地》，《考古学报》2011年第4期；山西省考古研究所，运城市文物工作站，芮城县旅游文物局：《清凉寺史前墓地》，文物出版社2016年版，第84、87—89、100、102—103、105—109、115—116、121—122、136—138、142—143、155—160、162、169—170、172—174、177—179、196—197、199、211、249—250、331、358页。尚存M95：2蛇纹石化大理岩，M111：2大理岩，M218：1大理岩等四件残件（清凉寺二期），M54：1蛇纹石，M61：2大理岩，M120：1蛇纹石化大理岩，M159：1大理岩等5件多璜联璧（清凉寺二期），M56：01大理岩，M167：01透闪岩，M140：01蛇纹石，M132：02伊利石等4件残件（清凉寺三期），M100：6透闪石，M148：3透闪石，M150：2大理岩，M155：1透闪石质，M162：1透闪石质，M155：2透闪石质等5件多璜联璧（清凉寺三期）。本书选取68.28.的误差置信度，即年代范围2300—1900BC。若选取95.4%的误差置信度，则年代范围可以放宽到2500—1700BC。

续表

出土省份	出土地点	编号	时期	器形	材质	尺寸	图片	修复方式
		M4:11	清凉寺文化二期（2300—2100BC）	联璜环	蛇纹石化大理岩	外径：10.3 cm 内径：6.7 cm 最厚处：0.3 cm 缀补小孔径：0.2 cm		两侧双孔连缀修复，也可能为联璜复合成环
		M27:3	清凉寺文化二期（2300—2100BC）	环	大理岩	外径：10.4 cm 内径：6.5 cm 最厚处：0.5 cm		两侧单孔连缀修复
		M39:1	清凉寺文化二期（2300—2100BC）	环	大理岩	外径：13.5 cm 内径：6.3 cm 最厚处：0.5 cm 小孔直径约：0.2—0.8 cm		断为三段，二处断口为两侧单孔连缀修复，一处断口为一侧单孔，一侧双孔连缀修复
		M46:4	清凉寺文化二期（2300—2100BC）	环	蛇纹石化大理岩	外径：14.6 cm 中孔径：6.9 cm 最厚：0.6 cm		断为三节，其中两个断裂处，两侧双孔连缀修复；一个断裂处：一侧单孔，一侧双孔磨损（红色箭头处），故原仍为两侧双孔连缀修复
		M48:1	清凉寺文化二期（2300—2100BC）	联璜环	蛇纹石	外径：11.7 cm 中孔径：6.8 cm 较长的一段最厚处：0.5 cm 较短的一段最厚处：0.2 cm		两侧双孔连缀修复，因短段的厚度比长段薄，故也可能为联璜复合成环

续表

出土省份	出土地点	编号	时期	器形	材质	尺寸	图片	修复方式
		M48:2	清凉寺文化二期（2300—2100BC）	联璜环	大理岩	外径：11.3—11.7 cm 中孔径：6.6 cm 最厚处：0.5 cm	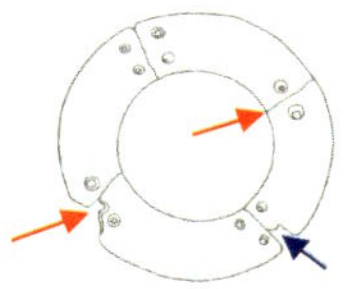	两璜采用两侧双孔方式（其中蓝色箭头复合成一环，但璜体发生断裂，故采用两侧单孔方式连缀修复，其中一孔断裂缺损，故在旁边再钻一孔
		M48:3	清凉寺文化二期（2300—2100BC）	环	蛇纹石化大理岩	外径：12.7 cm 中孔径：6.7 cm 最厚处：0.4 cm	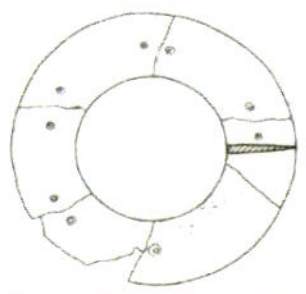	断为六段，均采用两侧单孔连缀修复
		M54:2	清凉寺文化二期（2300—2100BC）	连环	蛇纹石	外径：12.5—12.8 cm 中孔径：6.2 cm 最厚：0.6 cm	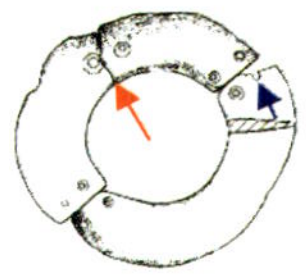	两璜采用两侧双孔方式（其中蓝色箭头复合成环，一孔磨损），但一璜体断裂（红色箭头处），故采用两侧单孔连缀修复
		M54:3	清凉寺文化二期（2300—2100BC）	连环	伊利石	外径：10—10.5 cm 中孔径：6.1—6.5 cm 最厚：0.3 cm	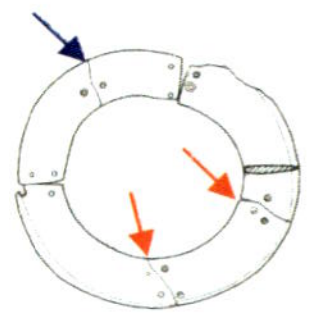	一短一长璜体通过双孔复合成环，但短璜体断为两段（蓝色箭头处），采用两侧单孔连缀修复；长璜体断为三段（红色箭头处），一断口采用一侧单孔，一侧双孔连缀修复，另一断口采用两侧双孔连缀修复

375

续表

出土省份	出土地点	编号	时期	器形	材质	尺寸	图片	修复方式
		M54:6	清凉寺文化二期(2300—2100BC)	环	蛇纹石	外径:10.2—10.5 cm 中孔径:6.2—6.3 cm 最厚:0.6 cm		两侧单孔连缀修复
		M67:3	清凉寺文化二期(2300—2100BC)	璜	透闪石	外径:9.5 cm 内径:6.0 cm 最厚处:0.2—0.4 cm 小孔径:0.2—0.3 cm		两侧单孔连缀修复
		M79:4	清凉寺文化二期(2300—2100BC)	联璜环	蛇纹石化大理岩	外径:10.8 cm 孔径:6.5—6.8 cm 最厚处:0.5 cm		两侧单孔连缀修复
		M79:6	清凉寺文化二期(2300—2100BC)	环	蛇纹石化大理岩	外径:11.1 cm 孔径:6.5 cm 最厚处:0.5 cm		两侧双孔连缀修复,其中两孔断裂缺损(红色箭头处)
		M79:14	清凉寺文化二期(2300—2100BC)	环	蛇纹石化大理岩	外径:10.5 cm 孔径:6.2 cm 最厚处:0.5 cm		断为三段,均采用两侧双孔连缀修复,但两孔断裂缺损(红色箭头处)
		M82:2	清凉寺文化二期(2300—2100BC)	环	大理岩	外径:11.5 cm 中孔径:6.1 cm 最厚:0.6 cm		两侧单孔连缀修复

续表

出土省份	出土地点	编号	时期	器形	材质	尺寸	图片	修复方式
		M82:13	清凉寺文化二期(2300—2100BC)	联璜环	大理岩	外径：10.5 cm 中孔径：6.5 cm 最厚处：0.4 cm		五块璜形片通过两侧双孔方式复合成环。其中一璜形片断裂（红色箭头处），采用两侧单孔连缀修复
		M110:3	清凉寺文化二期(2300—2100BC)	环	大理岩	外径：13.4 cm 中孔径：7.2—7.5 cm 最厚处：0.5 cm 缀孔径：0.1—0.5 cm		一侧裂隙采用两侧双孔加固修复。留有一侧有三角形缺口的四个缀孔。注：发掘报告没有使用"断裂"一词，表明该器体未断
		M110:4	清凉寺文化二期(2300—2100BC)	环	大理岩	外径：9.3—9.8 cm 中孔径：6.0 cm 最厚处：0.4 cm 缀孔径：0.1—0.5 cm		至少断为三段，仅余两段，应为两侧单孔连缀修复
		M110:6	清凉寺文化二期(2300—2100BC)	环	大理岩	外径：9.8—11.5 cm 中孔径：6.5 cm 最厚处：0.6 cm 缀孔径：0.1—0.5 cm		至少断为三段，仅余两段，两侧单孔连缀修复
		M111:1	清凉寺文化二期(2300—2100BC)	联璜环	蛇纹石	外边长：13.2—13.8 cm 环体宽：3.2—3.6 cm 中部厚：0.2 cm 中孔径：6.8 cm 缀孔径：0.1—0.3 cm		较长一段断为两节，采用两侧双孔连缀修复

续表

出土省份	出土地点	编号	时期	器形	材质	尺寸	图片	修复方式
		M112:4	清凉寺文化二期 (2300—2100BC)	环	大理岩	外径:13.4 cm 中孔径:7.0 cm 最厚处:0.8 cm		两侧单孔连缀修复
		M119:1	清凉寺文化二期 (2300—2100BC)	联璜环	蛇纹石	外径:12.6—13.2 cm 中孔径:6.7—7.0 cm 最厚处:0.4 cm		三段弧形璜复合成环,其中一段中间断裂(红色箭头处),采用两侧双孔连缀修复
		M135:1	清凉寺文化二期 (2300—2100BC)	环	含有机质的蛇纹石化大理岩	外径:9.9—10.2 cm 内径:6.2—6.6 cm 最厚处约:0.7 cm		两侧单孔连缀修复
		M142:1	清凉寺文化二期 (2300—2100BC)	环	大理岩	外径:11.1—11.3 cm 中孔径:6.3 cm 最厚处:0.6 cm 缀孔径:0.2—0.6 cm		断为三节,均为两侧单孔连缀修复
		M142:2	清凉寺文化二期 (2300—2100BC)	环	蛇纹石化大理岩	外径:10.5—10.8 cm 中孔径:6.2 cm 最厚处:0.5 cm 缀孔径:0.2—0.6 cm		两侧单孔连缀修复
		M142:3	清凉寺文化二期 (2300—2100BC)	环	大理岩	外径:12.8 cm 中孔径:6.8 cm 最厚处:0.5 cm 缀孔径:0.2—0.5 cm		至少断为四节,仅存三节,多个钻孔断裂缺损,推测为两侧单孔连缀修复

续表

出土省份	出土地点	编号	时期	器形	材质	尺寸	图片	修复方式
		M142:4	清凉寺文化二期（2300—2100BC）	璧	蛇纹石	外径：16.2—16.5 cm 中孔径：6.9—7.0 cm 最厚处：0.5 cm 缀孔径：0.2—0.5 cm		断为四节，三处断口采用两侧双孔连缀修复，一处断口采用两侧单孔连缀修复。下方壁体出现裂纹（红色箭头处）采用两侧双孔加固修复
		M145:2	清凉寺文化二期（2300—2100BC）	环	蛇纹石	外径：13.2 cm 中孔径：7 cm 最厚处：0.7 cm 缀孔径：0.2—0.4 cm		两侧单孔连缀修复
		M200:1	清凉寺文化二期（2300—2100BC）	环	大理岩	外径：13.4 cm 内径：6.7 cm 最厚处：0.5 cm		两侧双孔连缀修复
		M217:1	清凉寺文化二期（2300—2100BC）	环	蛇纹石化大理岩	外径：11.5—11.7 cm 内径：6.4—6.5 cm 最厚处：0.5 cm		断为四节，三处断口采用两侧单孔连缀修复，一处断口（红色箭头处）仅一侧钻一孔，另一侧未钻孔①
		M316:1	清凉寺文化二期（2300—2100BC）	环	大理岩	外径：9.5—9.6 cm 内径：5.6—6.0 cm 厚：0.4—0.6 cm		两侧单孔连缀修复

① 从器物能使用的角度考察，若红色箭头处的断口是埋藏或出土过程中形成的，则左侧孔为加固修复用钻孔；若断口原为裂痕，则左侧孔为装饰用钻孔。若断口原为裂痕，则左侧孔为加固修复用钻孔，属于加固未完工。

续表

出土省份	出土地点	编号	时期	器形	材质	尺寸	图片	修复方式
陕西	南郑龙岗寺遗址①	M100:3	清凉寺文化三期(2100—1900BC)	异形联璜环	透闪石	宽:2.1~2.8 cm 中孔径:6.3~6.6 cm 厚:0.6 cm	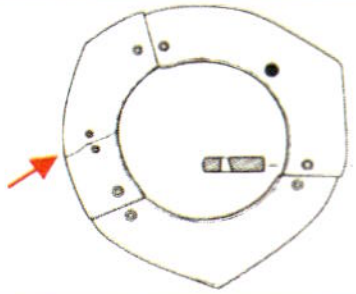	三弧形璜复合为环,一璜体断裂,采用两侧单孔连缀修复
		M100:4	清凉寺文化三期(2100—1900BC)	联璜璧	黏土岩	外径:12.5 cm 中孔径:6 cm 厚:0.4~0.6 cm	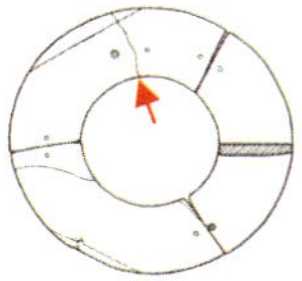	三块璜形片复合成环,其中一块断裂(红色箭头处),采用两侧单孔连缀修复
		M147:1	清凉寺文化三期(2100—1900BC)	环	白云岩	宽约:3~4 cm 最厚处:0.5 cm	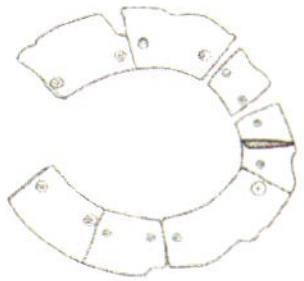	断为多段,采用单孔连缀修复
		M276:1	清凉寺文化四期(2100—1900BC)	环	大理岩	外径:12.1 cm 内径:6.2 cm 厚:0.4~0.6 cm		根据彩版7-2-3,页图7-2-9,371有误,应断为三节,均采用单孔连缀修复,其中一孔断裂缺损,在旁边再钻一孔
		M314:5	仰韶文化半坡类型晚期(4200—3900BC)	折角璜	绿松石	长:22 cm 宽:2.6 cm 厚:0.8 cm	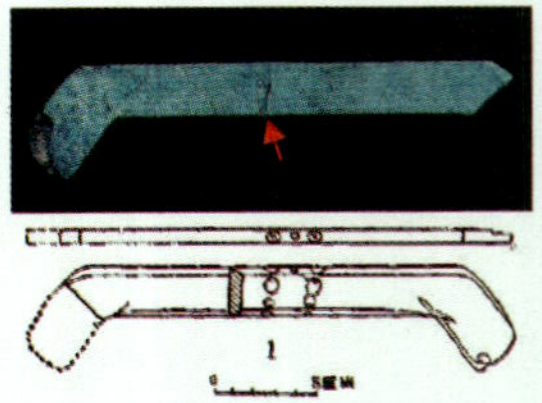	两侧双孔连缀(正面分别与内径和外径方向的两个牛鼻孔)方向认为是修复,但因钻孔处中间的裂痕未断,故可能属于加固未修复

① 陕西省考古研究所:《龙岗寺新石器时代遗址发掘报告》,文物出版社1990年版,第86、157—158页,图版一二四-1。

第五章　中国早期玉器再利用研究

续表

出土省份	出土地点	编号	时期	器形	材质	尺寸	图片	修复方式
	延安芦山峁遗址①		龙山文化晚期（2100—1900BC）	镯形琮		直径：7 cm 孔径：6 cm 高：4.4 cm	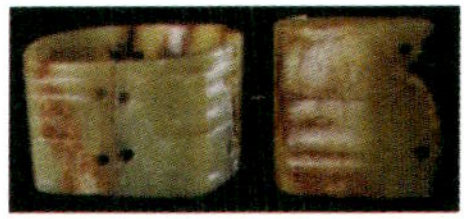	两侧双孔连缀修复（内外径方向）
	扶风黄堆老堡子44号墓②	95FHM44：1	西周	虎形玉佩		长：14 cm 高：1.2 cm 厚：0.3 cm	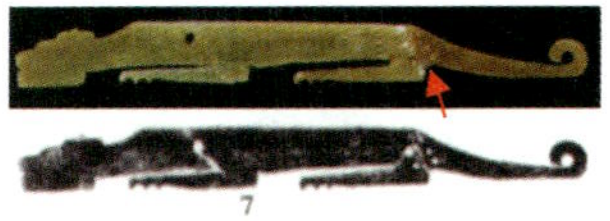	一侧双孔、一侧三孔连缀修复
	宝鸡渔国墓地③	BRM甲：62、63	西周	玦		外径：5.2 cm 内径：2.3 cm 厚：0.2 cm	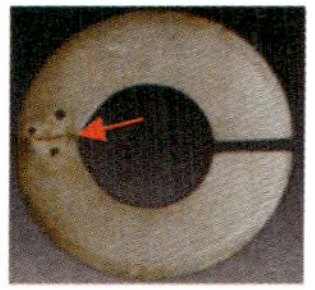	一侧单孔、一侧双孔连缀修复
	西安张家坡墓地④	M342：1：1	西周	玦	煤精	直径：5.1 cm 孔径：2.6 cm 厚：0.5 cm		两侧双孔连缀修复
青海	民和喇家遗址19号灰坑⑤	H19	齐家文化（2300—2000BC）	璧		直径：11.3 cm 孔上径：4.7 cm 孔下径：4.2 cm 厚：0.7 cm	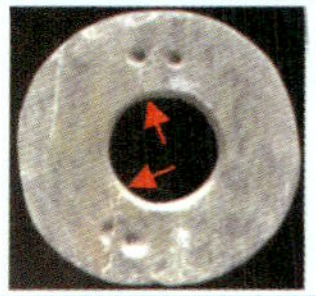	两侧单孔连缀修复

① 古方：《中国出土玉器全集》（陕西卷），文物出版社2005年版，第22页。
② 周原博物馆：《1995年扶风黄堆老堡子西周墓清理简报》，《文物》2005年第4期。
③ 北京大学震旦古文明研究中心、北京大学中国考古学研究中心、宝鸡青铜博物馆等：《强国玉器》，文物出版社2010年版，第68页。
④ 中国社会科学院考古研究所：《张家坡西周玉器》，文物出版社2007年版，第85页，彩版467。
⑤ 古方：《中国出土玉器全集》（甘肃、青海、宁夏、新疆卷），文物出版社2005年版，第133页。

续表

出土省份	出土地点	编号	时期	器形	材质	尺寸	图片	修复方式
河北	易县北福地遗址①	J:8	新石器时代中期（6000—5000BC）	玦	蛇纹石	外直径：3.1 cm 内直径：1.3 cm 厚：0.4 cm		两侧单孔连缀修复
河南	安阳殷墟西北岗2099号墓②	R001737	商代	头冠饰	透闪石	长：20.5 cm 宽：6.2 cm 厚：0.3 cm 领高：0.6 cm 重164.7 g		两侧单孔连缀修复
	安阳殷墟662号墓	M662:2	商代	有领环	透闪石			两侧单孔连缀修复（铜丝）
	三门峡虢国墓地③	M2001:656	西周	盘龙形佩	透闪石	高：3.7 cm 宽：3.8 cm 厚：0.32 cm		两侧三孔连缀修复
	桐柏月河墓地④	M1:42	春秋晚期	龙形玦	透闪石	直径：4.6—5.0 cm 宽：1.2—1.7 cm 厚：0.2 cm		两侧三孔连缀修复，纹饰面的钻孔间有浅槽

① 河北省文物研究所：《北福地——易水流域史前遗址》，文物出版社2007年版，第155—156、343页，彩版一二—2。
② 李永迪：《殷墟出土器物选粹》，"中研院"历史语言研究所2009年版，第207页。
③ 虢国博物馆：《殷墟出土玉王器》《虢国墓地出土玉王器》（壹），科学出版社2013年版，第67页。
④ 南阳市文物考古研究所：《南阳古玉撷英》，文物出版社2005年版，第200、203、264、265页。

续表

出土省份	出土地点	编号	时期	器形	材质	尺寸	图片	修复方式
上海	松江广富林	M1:99	春秋晚期	环	透闪石	外径：7.4 cm 内径：5.5 cm 厚：0.5 cm		两侧单孔连缀修复
		M1:258	春秋晚期	玦	透闪石	直径：6.9 cm 孔径：3.4 cm 厚：0.15 cm		两侧三孔连缀修复
		M1:341	春秋晚期	环	透闪石	外径：8 cm 内径：6 cm 厚：0.5 cm		两侧单孔连缀修复
		T27⑦:4	崧泽文化 （4000—3300BC）	镯	透闪石			两侧沟槽连缀修复（自摄于上海博物馆）
			崧泽文化中晚期	璜	透闪石	残长：9.7 cm		两侧四孔连缀修复（疑似）
	青浦福泉山①	M145:3	良渚文化 早期偏晚 （3000—2900BC）	镯②	透闪石	直径：9.3 cm 孔径：6 cm		两侧单孔连缀修复

① 上海市文物管理委员会：《福泉山——新石器时代遗址发掘报告》，文物出版社 2000 年版，第 28—29、87、90 页。
② 上海市文物管理委员会：《上海考古精粹》，上海人民美术出版社 2006 年版，第 134 页。

续表

出土省份	出土地点	编号	时期	器形	材质	尺寸	图片	修复方式
江苏	高邮龙虬庄遗址①	M9:20	良渚文化末期（2300—2200BC）	镯	透闪石	半径：8.5 cm		两侧单孔连缀修复或复合式，笔者倾向于前者
	溧阳神墩②	M399:6、7	龙虬庄文化二期后段（4000—3500BC）	玦		直径：2.6 cm、2.7 cm 厚：0.6 cm		两侧沟槽连缀修复
	江阴祁头山遗址③④	M20:1	马家浜文化晚期早段（4400BC）	璜	迪开石	长：15.1 cm 宽：3.6 cm 厚：0.8 cm		两侧单孔连缀修复（内外径方向）
		T1425H1:1	马家浜文化晚期至崧泽文化过渡阶段（约4300BC）	璜		长：12 cm 中宽：2 cm		两侧单孔连缀修复（内外径方向），发掘报告认为该件玉器断裂后修复
	金坛三星村⑤⑥	M485A:1	马家浜文化晚期至崧泽文化早期（4500—3500BC）	璜	大理岩	外径：11.7 cm 内径：9.6 cm 高：2.2 cm 宽：1.6 cm 厚：1.1 cm		两侧单孔连缀修复（黄体内外径方向钻孔）

① 龙虬庄遗址考古队：《龙虬庄——江淮东部新石器时代遗址发掘报告》，科学出版社1999年版，第307—308页，图版七四。
② 南京博物院、常州博物馆、溧阳市文化广电体育局：《溧阳神墩》，文物出版社2016年版，第210、492页，彩版五—1。
③ 祁头山联合考古队：《江苏江阴祁头山遗址2000年度发掘简报》，《文物》2006年第12期。
④ 南京博物院、无锡市博物馆、江阴市博物馆：《祁头山》，文物出版社2007年版，第32页，彩版七-2。
⑤ 江苏省三星村联合考古队：《江苏金坛三星村新石器时代遗址》，《文物》2004年第2期。
⑥ 南京师范大学、金坛市博物馆：《金坛三星村出土文物精华》，南京出版社2004年版，第45、47、65、68—69、160、163页。

续表

出土省份	出土地点	编号	时期	器形	材质	尺寸	图片	修复方式
		M591:2	马家浜文化晚期至崧泽文化早期（4500—3500BC）	璜	大理岩	外径:18.9 cm 内径:16.4 cm 高:3.5 cm 宽:1.2 cm 厚:0.8 cm		两侧单孔连缀修复
		M638:1	马家浜文化晚期至崧泽文化早期（4500—3500BC）	玦	玉髓	外径:6.6 cm 内径:4.2 cm 上缺口:0.2 cm 下缺口:0.2 cm 厚:0.6 cm		两侧沟槽连缀修复
		M778:2	马家浜文化晚期至崧泽文化早期（4500—3500BC）	玦	玉髓	直径:5 cm 内径:2.6 cm 上缺口:0.4 cm 下缺口:0.4 cm 厚:0.6 cm		两侧单孔连缀修复
		M889:1	马家浜文化晚期至崧泽文化早期（4500—3500BC）	玦	玉髓	外径:7 cm 内径:3.8 cm 上缺口:0.3 cm 下缺口:0.2 cm 厚:0.6 cm		两侧单孔连缀修复（内外径方向）
		M920:9	马家浜文化晚期至崧泽文化早期（4500—3500BC）	璜	大理岩	宽:1.2 cm 厚:0.6 cm		两侧单孔连缀修复（璜体内外径方向钻孔）
		T1019②:1	马家浜文化晚期至崧泽文化早期（4500—3500BC）	璜	蛇纹石	残长7.2 cm 高3.4 cm 厚0.4 cm		两侧单孔连缀修复

续表

出土省份	出土地点	编号	时期	器形	材质	尺寸	图片	修复方式
	南京北阴阳营遗址[①]	M46:4	北阴阳营文化早期（4000—3700BC）	玦	原文标注为萤玉，没有检测数据，可能为石英	外径：6.7 cm 内径：3.3 cm	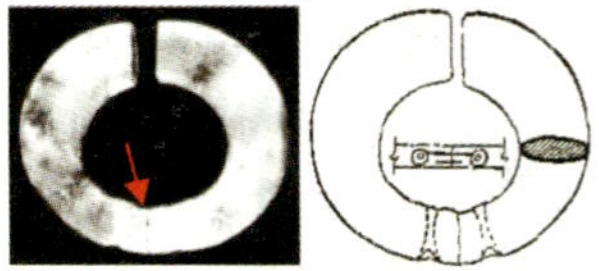	两侧单孔＋浅槽连缀修复（内外径方向）
		M59:3	北阴阳营文化早期（4000—3700BC）	璜	原文标注灰白色玉，没有检测数据	长：14 cm 宽：0.9 cm	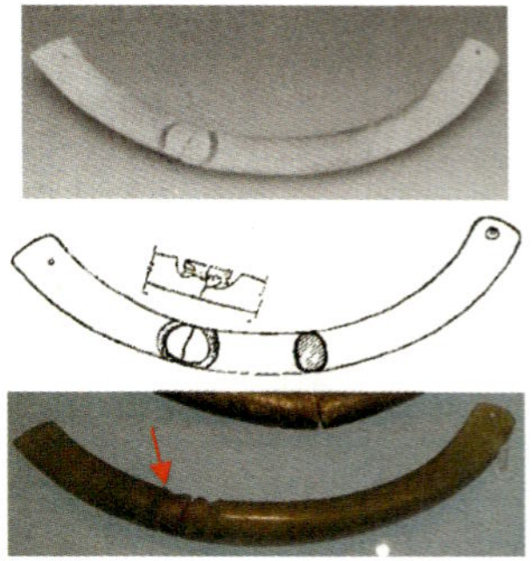	两侧沟槽连缀修复
	张家港东山村遗址M101[②③]	M101:11	马家浜文化晚期晚段（4000BC）	璜	透闪石-阳起石	外径：15.5 cm 内径：13 cm 中间厚：0.5 cm 边缘厚：0.22 cm 孔径：0.3—0.4 cm		两侧单孔连缀修复（内外径方向）

---

① 南京博物院：《北阴阳营——新石器时代及商周时期遗址发掘报告》，文物出版社 1993 年版，第 74—75 页，图版四一 4，图版四二 2。
② 南京博物院 张家港博物馆：《江苏张家港东山村遗址 M101 发掘报告》，《东南文化》2013 年第 3 期。
③ 南京博物院 张家港市文管办 张家港博物馆：《东山村——新石器时代遗址发掘报告》，文物出版社 2016 年版，第 75—77 页，图版 4-3-38～40。

续表

出土省份	出土地点	编号	时期	器形	材质	尺寸	图片	修复方式
		M101:12	马家浜文化晚期晚段（4000BC）	璜	玉髓	外径：13.3 cm 内径：10.8 cm 厚：0.7 cm 边缘厚：0.35 cm 孔径：0.1~0.3 cm		两侧单孔＋浅槽连缀修复（内外径方向）
		M101:14	马家浜文化晚期晚段（4000BC）	玦	滑石含量较高的透闪石	外径：4.5 cm 内径：2.4 cm 狭口宽：0.6~0.7 cm 厚：0.33~0.50 cm		两侧双孔＋浅槽连缀修复（内外径方向）可以称为沟槽
	张家港东山村遗址 M90①②	M90:42	崧泽文化早期偏早阶段（4000—3800BC）	璜	含叶蜡石、蛇纹石的透闪石—阳起石	外径：10.1 cm 内径：7.3 cm 厚：0.3~0.6 cm 孔径：0.2~0.6 cm		两侧单孔＋浅槽连缀修复（内外径方向）
		M90:55	崧泽文化早期偏早阶段（4000—3800BC）	镯	蛇纹石	外径：7.3 cm 内径：5.6 cm 厚：0.3~0.6 cm		两侧单孔连缀修复

① 南京博物院、张家港市文管办、张家港市博物馆：《江苏张家港市东山村遗址崧泽文化墓葬 M90 发掘简报》，《考古》2015 年第 3 期。
② 南京博物院、张家港市文管办、张家港市博物馆：《东山村——新石器时代遗址发掘报告》，文物出版社 2016 年版，第 216 页，图版 5-3-113～114。

续表

出土省份	出土地点	编号	时期	器形	材质	尺寸	图片	修复方式
	张家港东山村遗址M94①	M94：16	崧泽文化中期（3700—3500BC）	镯	铝含量（疑为铁绿泥石②）较高的透闪石	外径：7.8 cm 内径：5.3 cm 最厚：0.6 cm		两侧单孔（牛鼻孔）连缀修复（一断裂处为断面与正面的穿孔，另一断裂处为断面与反面的穿孔）
		M95：38	崧泽文化早期偏晚阶段（3800—3700BC）	璜	透闪石-阳起石	外径：14.5 cm 内径：12.5 cm 厚：0.45 cm		两侧单孔＋浅槽连缀修复（内外径方向）
	张家港东山村遗址M95③	M95：41	崧泽文化早期偏晚阶段（3800—3700BC）	镯	透闪石-阳起石	外径：7.4 cm 内径：5.6 cm 孔径：0.1—0.7 cm 最厚：1.1 cm		断为三节，均为两侧单孔连缀修复（内径和断面方向的牛鼻孔）

① 南京博物院、张家港市文管办、张家港博物馆：《东山村——新石器时代遗址发掘报告》，文物出版社2016年版，第261页，图版5-3-199。
② 同上书，第652页。
③ 同上书，第274—276页，图版5-3-221～222。

第五章　中国早期玉器再利用研究

续表

出土省份	出土地点	编号	时期	器形	材质	尺寸	图片	修复方式
	张家港东山村遗址 M98①	M98:29	崧泽文化早期偏晚阶段（3800—3700BC）	镯	透闪石—阳起石	外径：7.3 cm 内径：5.5 cm 厚：0.55 cm	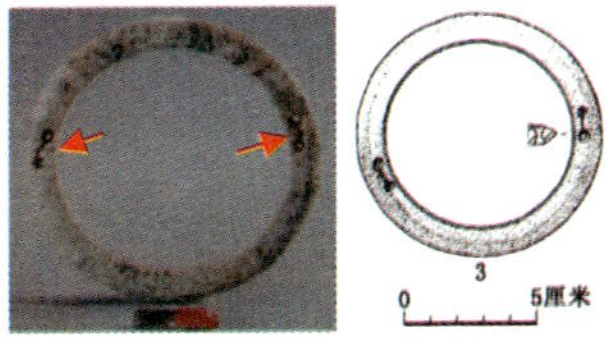	两侧单孔+浅槽连缀修复
	张家港东山村遗址 M91②③	M91:23	崧泽文化中期（3700—3500BC）	镯	透闪石—阳起石	外径：7.6 cm 内径：5.8 cm 厚：0.6 cm	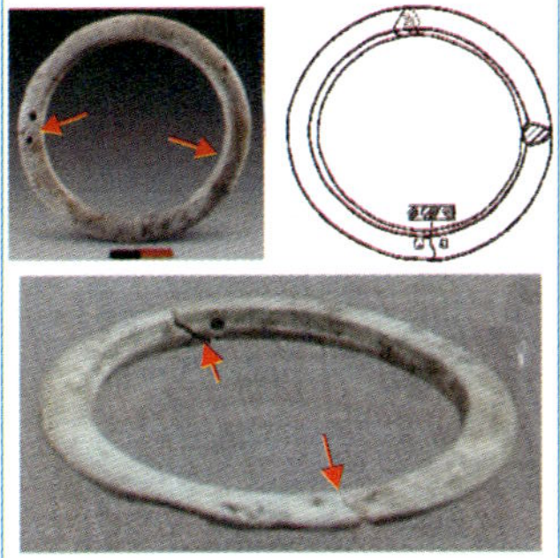	两侧单孔连缀修复（一断裂处为正反面方向钻孔。另一断裂处为断面+内径方向及断面+反面方向的牛鼻孔）
		M91:34	崧泽文化中期（3700—3500BC）	镯	透闪石—阳起石	外径：6.9 cm 内径：5.3 cm 厚：0.8 cm	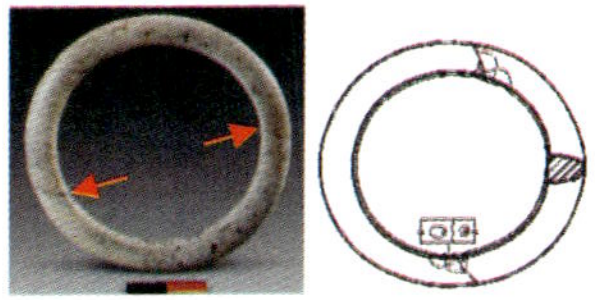	两侧单孔连缀修复（断面和内径方向的牛鼻孔）

① 南京博物院、张家港市文管办、张家港博物馆：《东山村——新石器时代遗址发掘报告》，文物出版社 2016 年版，第 295—296 页，图版 5-3-262。
② 南京博物院、张家港博物馆：《江苏张家港市东山村遗址 M91 发掘简报》《东南文化》2010 年第 6 期。
③ 南京博物院、张家港市文管办、张家港博物馆：《东山村——新石器时代遗址发掘报告》，文物出版社 2016 年版，第 216、219 页，图版 5-3-137～138。

续表

出土省份	出土地点	编号	时期	器形	材质	尺寸	图片	修复方式
	常州新岗[①]	M21:5	崧泽文化早期偏晚阶段（3800—3700BC）	璜		长：11 cm 宽：2.5—4.0 cm 厚：0.3 cm	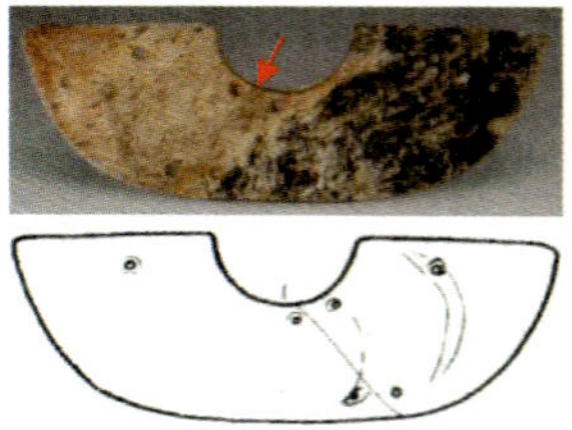	两侧双孔连缀修复
		M47:17	崧泽文化中期（3700—3500BC）	镯		外径：9.0 cm 内径：5.6 cm 厚约：0.6 cm	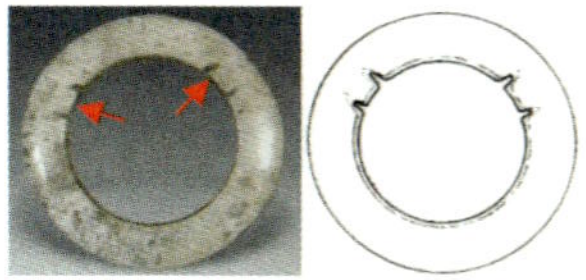	两侧沟槽连缀修复
		M49:1	崧泽文化早期偏晚阶段（3800—3700BC）	璜		长：10.9 cm 宽：2.9—3.2 cm 厚：0.2 cm	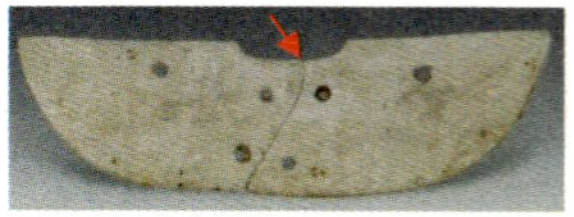	两侧双孔连缀修复
		M88:6	崧泽文化中期（3700—3500BC）	璜		长：9.2 cm 宽：2.2—2.9 cm 厚：0.3 cm		两侧双孔连缀修复

[①] 常州博物馆：《常州新岗——新石器时代文化遗址发掘报告》，文物出版社2012年版，第123、155—156、158、206、224页，彩版三二-1，彩版四四-2，彩版四七-2，彩版六五-4，彩版七四-2。

续表

出土省份	出土地点	编号	时期	器形	材质	尺寸	图片	修复方式
	江阴南楼[①]	M112：4、5	崧泽文化早期偏晚阶段（3800—3700BC）	璜		长：9.2 cm 宽：2.2 cm 厚：0.2 cm		两侧双孔连缀修复
		M9：1	崧泽文化晚期（3500—3300BC）	镯		直径：8.2 cm 体宽：1.2 cm 厚约：0.65 cm 最大孔径：0.5 cm		一侧单孔，一侧双孔连缀修复
		M18：1	崧泽文化晚期（3500—3300BC）	镯		外径：6.55 cm 最大内径：4.6 cm 体厚：0.65 cm		可能为加固修复
		M21：1	崧泽文化晚期（3500—3300BC）	璜		长：10.3 cm 宽：3.5 cm 两端孔径：0.4 cm 中厚：0.3 cm		两侧双孔连缀修复（至少经过两次修复）

① 南京博物院、上海大学文物与考古研究中心：《南楼——2006年度发掘报告》，中国社会科学出版社2018年版，第118、145、156页，彩版九、彩版一三〇、彩版一三、彩版一五一。

续表

出土省份	出土地点	编号	时期	器形	材质	尺寸	图片	修复方式
	新沂花厅遗址①	M1:7	大汶口文化中晚期(3400—2800BC)	镯		直径：6.9—7.1 cm 高：2.8 cm		两侧双孔连缀修复（内外径方向）
		M1:8	大汶口文化中晚期(3400—2800BC)	镯		直径：7.5 cm 孔径：5.9 cm 高：2.05 cm		两侧单孔连缀修复（内外径方向）
		M20:27	大汶口文化中晚期(3400—2800BC)	环	透闪石	直径：9.75 cm 孔径：6.2 cm		两侧单孔连缀修复
		M32:20	大汶口文化中晚期(3400—2800BC)	璧，原被命名为环		直径：3 cm 孔径：0.9 cm		两侧单孔连缀修复
		M39:2	大汶口文化中晚期(3400—2800BC)	镯		直径：6.7 cm 孔径：5.5 cm 高：3 cm		两侧双孔连缀修复（内外径方向）

① 南京博物院：《花厅——新石器时代墓地发掘报告》，文物出版社2003年版，第157—163页，彩版十三-1，图版一八-6，图版一八-5。

续表

出土省份	出土地点	编号	时期	器形	材质	尺寸	图片	修复方式
		M42:6	大汶口文化中晚期（3400—2800BC）	镯		直径：8.2 cm 孔径：6 cm 高：0.8 cm		两侧单孔连缀修复
		M56:2	大汶口文化中晚期（3400—2800BC）	镯		直径：7 cm 孔径：6 cm 高：1.6 cm		两侧单孔连缀修复（内外径方向）
		M61:21	大汶口文化中晚期（3400—2800BC）	镯		直径：9 cm 孔径：6.8 cm 高：2.5 cm		两侧单孔连缀修复（内外径方向）
	丹徒磨盘墩遗址	T2④:16	北阴阳营文化晚期（3300BC）	玦①		外径：3.3 cm		两侧单孔连缀修复（断面和外径方向的牛鼻孔），玦口处各有一钻孔（断面和内径方向的牛鼻孔）

① 张祖方、周晓陆、严飞：《江苏丹徒磨盘墩遗址发掘报告》，《史前研究》1985年第2期。

续表

出土省份	出土地点	编号	时期	器形	材质	尺寸	图片	修复方式
	昆山赵陵山遗址	M84:1	良渚文化早期(3200—3000BC)	兽形片状玉饰①	透闪石	残长：6.91 cm 最宽处：3.3 cm 最厚处：0.44 cm 眼部钻孔孔径：0.02 cm 肩部穿孔：0.45 cm 尾端两穿孔为0.26、0.25 cm		两侧穿孔连缀修复，因一孔未穿透，所以有两种可能：两侧单孔连缀修复或者一侧单孔、一侧双孔连缀修复
		M37:1	良渚文化早期(3200—3000BC)	镯环②	阳起石	外径：9.3—9.6 cm 内径：5.35—5.66 cm 肉宽：1.86—2.2 cm 厚：0.46—0.56 cm		两侧沟槽连缀修复
		T063③:15	良渚文化早期(3200—3000BC)	镯环③	透闪石	外径：6.04—6.92 cm 内径：4.43—5.00 cm 肉宽：0.76—1.72 cm 厚：0.80—1.45 cm 修复孔径：0.2—0.5 cm		两侧单孔连缀修复（断面和内径方向的牛鼻孔）

---

① 南京博物院：《赵陵山——1990—1995 年度发掘报告》，文物出版社 2005 年版，第 104—106 页，彩版七〇、七一。
② 同上书，第 75—77 页，彩版三五。该遗址的绝对年代：3200—2400BC。
③ 同上书，第 226—227 页，彩版二〇八 1～3。

第五章 中国早期玉器再利用研究

续表

出土省份	出土地点	编号	时期	器形	材质	尺寸	图片	修复方式
		M79:3	良渚文化早期中后段至良渚文化中期早段（3000—2700BC）	镯环①	透闪石	外径：8.11—8.94 cm 内径：5.10—5.28 cm 肉宽：1.3—1.5 cm 厚：0.60—1.05 cm 修补孔径：0.30—0.36 cm		两侧单孔连缀修复
		M89:11	良渚文化早期中后段至良渚文化中期早段（3000—2700BC）	镯环②	透闪石	最大外径：7.6 cm 内径：5.5 cm 高：1.70—2.15 cm 体最宽处约：1.24 cm		两侧穿孔连缀修复，文中未描述孔的数量及方向
	无锡邱承墩遗址	M4:7	良渚文化中期偏晚阶段或晚期偏早阶段（2400BC）	镯③		外径：8.7 cm 内径：5.7 cm 厚：0.4—0.7 cm		两侧单孔连缀修复
		CJ:11	良渚文化中期偏晚阶段或晚期偏早阶段（2400BC）	镯④⑤		外径：7.6—7.8 cm 内径：5.3—5.8 cm 高：1.4—2.9 cm 厚：0.5—1.4 cm		两侧单孔连缀修复（内外径方向）

① 南京博物院：《赵陵山——1990—1995年度发掘报告》，文物出版社2005年版，第164—165页，彩版一六六。
② 同上书，第168—169页，彩版一七二，5～6。
③ 南京博物院、江苏省考古研究所、无锡市锡山区文物管理委员会：《邱承墩——太湖西北部新石器时代遗址发掘报告》，科学出版社2010年版，第129—130页，图版一九—3。
④ 广东省博物馆：《贞石之语——先秦玉器精品展图集》，岭南美术出版社2006年版，第41页。
⑤ 南京博物院、江苏省考古研究所、无锡市锡山区文物管理委员会：《邱承墩——太湖西北部新石器时代遗址发掘报告》，科学出版社2010年版，第222—223页。

续表

出土省份	出土地点	编号	时期	器形	材质	尺寸	图片	修复方式
浙江	湖州邱城遗址①②	M1:21③	马家浜文化早期（4800—4600BC）	玦	石英	直径：5 cm 孔径：2.3 cm 宽：1.1—1.6 cm 厚：0.7 cm 缺口宽：0.3 cm		两侧双孔连缀修复
	象山塔山遗址④⑤	M2G:4 位于墓主人头骨位置	河姆渡文化三期（4000—3600BC）	玦		外径：6 cm 内径：3.7 cm		两侧双孔连缀修复（正反面方向＋内外径方向）
	长兴江家山遗址⑥⑦		马家浜文化晚期（4400—4000BC）	环				两侧单孔连缀修复
			马家浜文化晚期（4400—4000BC）	璜				两侧双孔连缀修复

① 浙江省博物馆：《浙江省博物馆典藏大系——史前双璧》，浙江古籍出版社 2009 年版，第 77 页。
② 浙江省文物管理委员会：《浙江省吴兴县邱城遗址 1957 年发掘报告初稿》，载于浙江省文物考古研究所：《浙江省文物考古研究所学刊》（第七辑），杭州出版社 2005 年版，第 1—65 页。第 5 页简略描述此件器物。
③ 牟永抗：《牟永抗考古学文集》，科学出版社 2009 年版，第 475—476 页。
④ 浙江省文物考古研究所、象山县文物管理委员会：《象山塔山——新石器至唐末遗址发掘报告》，文物出版社 2014 年版，第 87—88 页，彩版十九-4。
⑤ 浙江省文物考古研究所、象山县文物管理委员会：《象山塔山遗址第一、二期发掘》，载于浙江省文物考古研究所：《浙江省文物考古研究所学刊》（第一辑），长征出版社 1997 年版，第 38 页，图版十一-1。
⑥ 浙江省文物考古研究所：《浙江考古新纪元》，科学出版社 2009 年版，第 64—67 页。
⑦ 楼航、梁奕建：《长兴江家山遗址发掘的主要收获》，载于浙江省文物考古研究所学刊：《浙江江家山遗址发现七十周年学术研讨会文集——纪念良渚遗址发现七十周年学术研讨会文集》（第八辑），科学出版社 2006 年版，第 596—597 页。

续表

出土省份	出土地点	编号	时期	器形	材质	尺寸	图片	修复方式
		M226:2	崧泽文化时期（4000—3300BC）	镯	透闪石		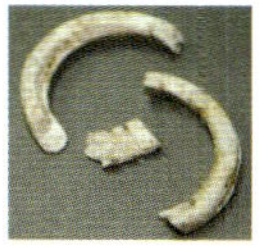	两侧沟槽连缀修复。图由上海光学精密机械研究所董俊卿提供
		M239:2	崧泽文化时期（4000—3300BC）	玦①	透闪石	横长：4.2 cm 纵高：4.1 cm 孔径：1.7 cm 厚：0.5 cm②	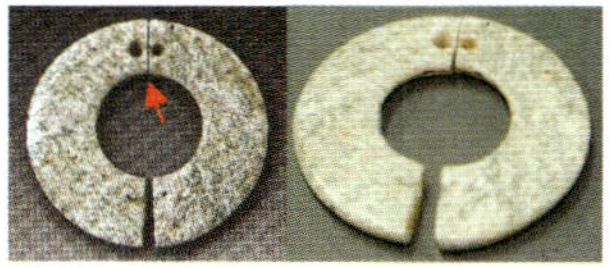	两侧双孔连缀（一孔正反面方向，一孔内外径方向）有浅槽，楼航等认为是钻孔修复。虽然断口齐平，但玦口两侧也有钻孔，故该件玉器应属于修复玉器
		M249:3	崧泽文化时期（4000—3300BC）	玦③	玉髓		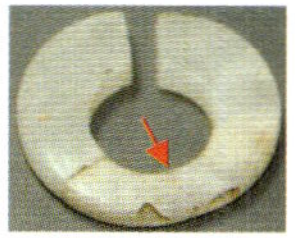	两侧单孔连缀修复（内外径方向）
海盐仙坛庙遗址④⑤⑥		M83:9	崧泽文化早期（4000—3700BC）	璜	玉髓？	长：8.8—10.5 cm 宽：2.5—5.5 cm 厚：0.4 cm	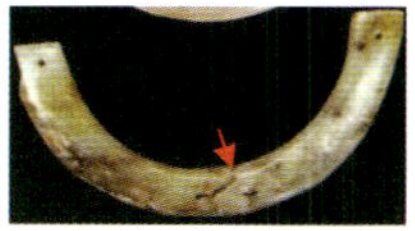	两侧单孔＋浅槽连缀修复

① 楼航、梁奕建：《长兴江家山遗址发掘的主要收获》，载于浙江省文物考古研究所：《浙江省文物考古研究所学刊——纪念良渚遗址发现七十周年学术研讨会文集》（第八辑），科学出版社2006年版，彩版三七。右图为上海光学精密机械研究所董俊卿提供。
② 董俊卿、孙国平、王宁远等：《浙江三个新石器时代遗址出土玉玦科技分析》，《光谱学与光谱分析》2017年第9期。
③ 古方：《中国出土玉器全集》（浙江卷），文物出版社2005年版，第21页。
④ 浙江省文物考古研究所、海盐县博物馆：《海盐仙坛庙遗址的早中期遗存》，载于浙江省文物考古研究所：《浙北崧泽文化考古报告集（1996—2014）》，文物出版社2014年版，第160—186页。164页标记为黄绿色玉髓，高1.4，宽0.9 cm，与表中列举有偏差。
⑤ 王宁远、顾晓璞：《崧泽早期玉器的几个特点——从仙坛庙出土玉器谈起》，载于浙江省文物考古研究所：《浙江省文物考古研究所学刊——第二届中国古代玉器与传统文化学术讨论会专辑》（第六辑），杭州出版社2004年版，第105—111页。王宁远认为是硬度较低的玉材。

续表

出土省份	出土地点	编号	时期	器形	材质	尺寸	图片	修复方式
	安吉安乐遗址①②	96M22:4	崧泽文化中晚期（3500—3300BC）	璜	透闪石-阳起石	残长:11.8 cm 宽:4 cm 厚:0.4 cm		两侧双孔连缀修复
	安吉芝里遗址③	M63:2	崧泽文化（4000—3300BC）	璜	透闪石-阳起石	长:11.8 cm 宽:4.3 cm		两侧双孔连缀修复
	嘉兴南河浜遗址④⑤	M96:5	南河浜晚期一段（3500—3300BC）	镯⑥	透闪石	直径:8.7 cm 孔径:6.3 cm		两侧沟槽连缀修复
		M16:6	南河浜晚期二段偏早（3300—3200BC）	镯	透闪石	直径:7.4 cm 宽:0.8 cm 孔径:0.3 cm		两侧单孔连缀修复（存疑）。《南河浜》190页认为"有意切割成两半"，从图片上看两断裂处不平直，似乎是自然断裂所致。

① 浙江省文物考古研究所、安吉县博物馆：《安吉安乐遗址第一次发掘简报》，载于浙江省文物考古研究所：《浙北崧泽文化考古报告集（1996—2014）》，文物出版社2014年版，第22页。
② 浙江省文物考古研究所、良渚博物院：《崧泽之美——浙江崧泽文化考古特展》，浙江美术出版社2014年版，第146页。尺寸标记为长10.8、宽6、厚2 cm，与发掘简报不同。
③ 浙江省文物考古研究所：《崧泽考古新纪元——崧泽文化发掘报告》，科学出版社2009年版，第63页。
④ 浙江省文物考古研究所：《南河浜——崧泽文化遗址发掘报告》，文物出版社2005年版，第190、310页，图版一八九-1，图版五五-1。
⑤ 浙江省文物考古研究所、良渚博物院：《崧泽之美——浙江崧泽文化考古特展》，浙江美术出版社2014年版，第179页。
⑥ 古方：《中国出土玉器全集》（浙江卷），文物出版社2005年版，第11页。

续表

出土省份	出土地点	编号	时期	器形	材质	尺寸	图片	修复方式
	余杭石马兜遗址[3][4]	M78:7	南河浜晚期二段偏早（3300—3200BC）	镯[1][2]	透闪石	外径：9.0 cm 内径：5.2 cm		两侧单孔连缀修复——《南河浜》310页表述为"一边为自然断面，不甚齐整；另一边为人为切割分解。断面平整，可能为后期磨整断面所致，因此该件玉镯非复合式，而是修复的"
	余杭石马兜遗址[3][4]	M60:1	崧泽文化（4000—3300BC）	璜	透闪石-阳起石	长：13.5 cm 内径：2.5 cm 宽：5.6 cm 厚：0.2 cm 钻孔径：0.2、0.3 cm		两侧双孔连缀修复
	嘉兴马厩遗址[5]		良渚文化	镯		孔径 6.5 cm		两侧单孔连缀修复

① 古方：《中国出土玉器全集》（浙江卷），文物出版社 2005 年版，第 12 页。
② 浙江省文物考古研究所、良渚博物院：《崧泽之美——浙江崧泽文化考古特展》，浙江美术出版社 2014 年版，第 178 页。
③ 古方：《中国出土玉器全集》（浙江卷），文物出版社 2005 年版，第 17 页。
④ 浙江省文物考古研究所、良渚博物院：《崧泽之美——浙江崧泽文化考古特展》，浙江美术出版社 2014 年版，第 139 页。
⑤ 嘉兴市文化局：《崧泽·良渚文化在嘉兴》，浙江摄影出版社 2005 年版，第 56 页。

续表

出土省份	出土地点	编号	时期	器形	材质	尺寸	图片	修复方式
	桐乡新地里遗址①	M108:15	良渚文化中期（2800—2600BC）	镯	透闪石	外径：11 cm 内径：6.2 cm 厚：0.5—0.9 cm		两侧单孔连缀修复
	海宁小兜里②	M2:12	良渚文化中期（2800—2600BC）	镯环	透闪石	直径：6.12—6.22 cm 孔内径：5.25—5.30 cm 镯高：1.67—1.76 cm		断为三节，分别采用两侧单孔（内外径方向）；两侧双孔（一孔沿内外径方向，一孔沿内外径之间的牛鼻孔）；两侧单孔（沿内外径同方向与长斜面断口方向，复合后为一个贯穿镯体的钻孔）连缀修复
安徽	含山凌家滩	87M2:11	凌家滩文化（3600—3300BC）	玦③	石英	宽：0.8—1.0 cm 厚：0.6—0.8 cm		两侧单孔+浅槽连缀修复（内外径方向）
		87T0909③:8	凌家滩文化（3600—3300BC）	玦④	石英	外径：7.3 cm 内径：5.3 cm 厚：0.5 cm 缺口：0.3—0.4 cm		两侧单孔+浅槽连缀修复（内外径方向）

① 浙江省文物考古研究所，桐乡市文物管理委员会：《新地里》，文物出版社2006年版，第239页，彩版二三四-4。
② 浙江省文物考古研究所，海宁市博物馆：《小兜里》，文物出版社2015年版，第42—43页，彩版3-36。
③ 安徽省文物考古研究所：《凌家滩——田野考古发掘报告之一》，文物出版社2006年版，第42—43页。
④ 古方：《中国出土玉器全集》《安徽卷》，文物出版社2005年版，第34页。

续表

出土省份	出土地点	编号	时期	器形	材质	尺寸	图片	修复方式
		87M8：18	凌家滩文化（3600—3300BC）	环①		外径：7.2 cm 内径：5.6 cm 厚：0.6 cm		两侧单孔＋浅槽连缀修复
		87M15：48	凌家滩文化（3600—3300BC）	璜②	透闪石	外径：12.7 cm 内径：6.6 cm 厚：0.3 cm		两侧单孔＋浅槽连缀修复
		98M17：1	凌家滩文化（3600—3300BC）	璜③	透闪石	外径：11 cm 内径：8.6 cm 厚：0.4 cm 孔径：0.3 cm		两侧单孔连缀修复
	潜山薛家岗遗址④	T17④：63－1	薛家岗文化中期（3300—2800BC）	饰		长：6.2 cm 高：2.5 cm 厚：0.05—0.33 cm 孔径：0.3 cm		两侧单孔连缀修复
		M59：1	薛家岗文化中期晚段（3000—2800BC）	环	透闪石	最大直径：11.2 cm		两侧单孔连缀修复

① 安徽省文物考古研究所：《凌家滩玉器》，文物出版社 2000 年版，第 83、130 页。该编号在 2006 年《凌家滩》中发生变动，但新编号不详，本书暂用原编号。
② 安徽省文物考古研究所：《凌家滩——田野考古发掘报告之一》，文物出版社 2006 年版，第 140—141、283、287 页，彩版一一三-1。
③ 同上书，第 202 页，彩版一六〇-2。
④ 安徽省文物考古研究所：《潜山薛家岗》，文物出版社 2004 年版，第 167、337—338 页。

续表

出土省份	出土地点	编号	时期	器形	材质	尺寸	图片	修复方式
	亳州傅庄遗址①	T6②:23	薛家岗文化中期晚段 (3000—2800BC)	环	透闪石	最大直径:7.5 cm 最厚:0.7 cm		两侧沟槽连缀修复(线图未描述断裂处,笔者推断非发掘出土时断裂的)
			大汶口文化晚期偏早(约3000BC)	镯		直径:6.9 cm 厚:0.5 cm 宽:2.4 cm		两侧双孔连缀修复(内外径方向)
江西	新干大洋洲墓葬②③	XDM:662	商代后期早段或殷墟二、三期 (1250—1090BC)	玦	透闪石	直径:6.3 cm 孔径:3.2 cm 厚:0.2 cm		两侧单孔+胶粘连缀修复
		XDM:688	商代后期早段或殷墟二、三期 (1250—1090BC)	玦	透闪石	直径:6.3 cm 孔径:3.2 cm 厚:0.2 cm	与662是一对	两侧单孔+胶粘连缀修复
		XDM:690	商代后期早段或殷墟二、三期 (1250—1090BC)	玦	透闪石	直径:4.4 cm 孔径:2.6 cm 厚:0.2 cm		断为四节,三处钻孔,推测三处断口分别使用了两侧单孔连缀修复和胶粘连缀修复

① 古方:《中国出土玉器全集》(安徽卷),文物出版社2005年版,第59页。
② 彭适凡:《新干古玉》,(台北)典藏艺术家庭股份有限公司2003年版,第50—51页。
③ 江西省文物考古研究所,江西省博物馆,新干县博物馆:《新干商代大墓》,文物出版社1997年版,第145页。

第五章 中国早期玉器再利用研究

续表

出土省份	出土地点	编号	时期	器形	材质	尺寸	图片	修复方式
湖北	宜昌白狮湾墓葬[①]	XDM:691	商代后期早段或殷墟二、三期（1250—1090BC）	玦	透闪石	直径：4.5 cm 孔径：1.7 cm 厚：0.2 cm	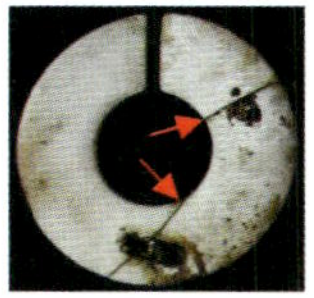	两侧单孔+胶粘连缀修复
		XDM:692	商代后期早段或殷墟二、三期（1250—1090BC）	玦	透闪石	直径：4.5 cm 孔径：1.7 cm 厚：0.2 cm	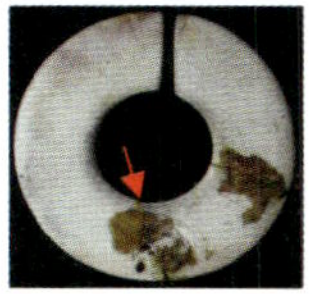	两侧单孔+胶粘连缀修复
		XDM:698	商代后期早段或殷墟二、三期（1250—1090BC）	玦	透闪石	直径：2.8 cm 孔径：0.9 cm 厚：0.15 cm	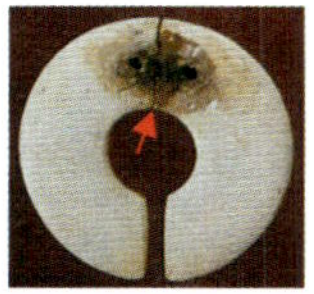	两侧单孔+胶粘连缀修复
		M3:3	大溪文化晚期（3600—3400BC）	璜		长径：11 cm 内径：5.7 cm 宽：2.5 cm 厚：0.4 cm	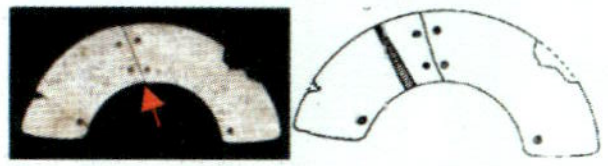	两侧双孔连缀修复
	荆门龙王山墓地	M10:20	大溪文化晚期至屈家岭文化时期	镯	透闪石	外径：7.7—8.5 cm 内径：4.9—5.4 cm 厚：1.0—1.6 cm	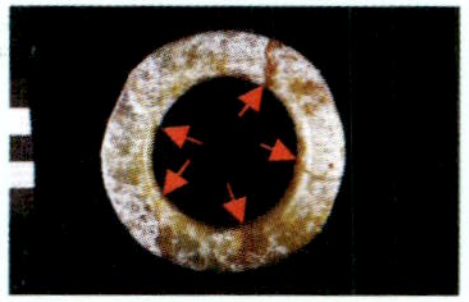	四个断口采用两侧单孔方式连缀修复（断面和内径方向的一个牛鼻孔）；一个断口采用两侧双孔连缀修复（断面和内外径方向的两个牛鼻孔）

[①] 湖北省文物考古研究所：《长江三峡工程坝区白狮湾遗址发掘简报》，《江汉考古》1999年第1期。

续表

出土省份	出土地点	编号	时期	器形	材质	尺寸	图片	修复方式
	荆门龙王山墓地	M10:25	大溪文化晚期至屈家岭文化时期	璜	透闪石	长：25.4 cm 宽：1.8—2.2 cm 厚：0.75		两侧三孔连缀修复①
	荆门龙王山墓地	M10:52	大溪文化晚期至屈家岭文化时期	镯	透闪石			分别采用两侧单孔（左下方红色箭头）、一侧单孔，一侧双孔（左侧红色箭头）、一侧单孔（右侧红色箭头）连缀修复②
	荆门龙王山墓地	M12:27	大溪文化晚期至屈家岭文化时期	环	透闪石	外径：8.5—8.6 cm 内径：7.0—7.3 cm 厚：0.3—0.7 cm		复合式玉器——两侧双孔连缀（正反面方向一孔，接合面和内径方向一孔），接合面为三角形
	荆门龙王山墓地	M12:29	大溪文化晚期至屈家岭文化时期	璜	透闪石	长：11.6 cm 宽：1.7—1.9 cm 厚：0.10—0.55 cm		一侧三孔，一侧四孔连缀修复③

① 断为两段，断面为三角形，内侧宽、外侧薄。图右边的长段沿断面和内侧方向钻一牛鼻孔，外侧正反面方向钻一孔，垂直外侧断面钻一卯孔。图左边的短段沿断面和内侧方向钻一牛鼻孔，沿外侧正反面方向钻一孔，与正反面钻孔相通。

② 断为三段。图左下方的短段和图右下方的中段均沿断面和内径方向钻一牛鼻孔。图上方的长段在一端断面和外径方向各钻一牛鼻孔。但破裂，逐在内外径方向钻孔；另一端则沿断面和内径方向各钻一牛鼻孔（即断面一孔，内径二孔）。以红色箭头所示为例，左下方红色箭头处断口采用两侧单孔（均为断面和外径方向的牛鼻孔）；左侧红色箭头处断口采用一侧单孔（断口上方沿断面和内径方向的一个钻孔），并有一个破裂的沿断面外径方向的牛鼻孔；右侧红色箭头处断口采用一侧单孔（断面和内径方向的牛鼻孔）、一侧双孔（断面和内径方向的二牛鼻相通孔）。

③ 断为两段，断面未打磨。断口右侧沿断面和内外径方向钻一个牛鼻孔，并非垂直断面钻两卯孔；断口左侧沿断面和内外径方向各钻一个牛鼻孔，并垂直断面钻一卯孔。

续表

出土省份	出土地点	编号	时期	器形	材质	尺寸	图片	修复方式
	荆门龙王山墓地	M12:30	大溪文化晚期至屈家岭文化时期	璜	透闪石	长：15.7 cm 宽：1.4—1.5 cm 厚：0.6—0.7 cm		复合式玉器或两侧双孔连缀修复（接合面与内外径方向各钻一牛鼻孔），接合面磨抛，笔者倾向于前者
	荆门龙王山墓地	M22:1	大溪文化晚期至屈家岭文化时期	璜	透闪石	长：22.5 cm 宽：1.4—1.9 cm 厚：0.40—0.75 cm		两侧单孔（内外径方向）+浅槽连缀修复，另外左侧残休沿内外径方向有两个连线切割沟槽，断面磨抛
	荆门龙王山墓地	M30:1	大溪文化晚期至屈家岭文化时期	璜	透闪石	长：15.3 cm 宽：1.8—2.6 cm 厚：0.30—0.65 cm		两侧三孔连缀修复①
	荆门龙王山墓地	M30:1	大溪文化晚期至屈家岭文化时期	镯	透闪石	外径：7.7—8.0 cm 内径：5.6—5.8 cm 宽：2.5—3.1 cm		分别采用两侧双孔（上方红色箭头）、两侧单孔（下方红色箭头）+中间红色箭头）连缀修复②
	荆门龙王山墓地	M42:137&138	大溪文化晚期至屈家岭文化时期	璜	透闪石	长：11.3 cm 宽：1.15—1.40 cm 厚：0.5 cm		一侧双孔一侧三孔连缀修复或复合式玉器，笔者倾向于前者③

① 断为两段，断面磨抛。原采用两侧双孔（沿断面和内外侧方向各钻两个牛鼻孔），因两侧各有一孔破裂，故采用两侧沿正反面方向各钻双孔的方式进行连缀修复。
② 先断为几节，沿断面和内径方向各钻两个牛鼻孔进行第一次连缀修复；后较短的一段玉环断裂为2节，沿断面和内径方向各钻一个牛鼻孔进行第二次连缀修复。
③ 断为两段，断面打磨。断口左侧为三维方向的通孔（正反面方向钻一孔，内外侧方向钻一孔，垂直断面钻一卵孔），断口右侧内外侧双孔（断面和内外侧方向钻一牛鼻孔）。

续表

出土省份	出土地点	编号	时期	器形	材质	尺寸	图片	修复方式
	荆门龙王山墓地	M42：183	大溪文化晚期至屈家岭文化时期	璜	透闪石	长：15.98 cm 宽：1.9~2.3 cm 厚：0.2~0.5 cm		一侧三孔，一侧四孔连缀修复①
	荆门龙王山墓地	M121：1	大溪文化晚期至屈家岭文化时期	璜	透闪石	长：11.4 cm 宽：1.3~1.5 cm 厚：0.3~0.6 cm		一侧四孔（其中一孔与垂直方向两孔+一侧四卵孔+垂直断面方向两孔（沿内外径方向卵孔）、一侧四孔+垂直璜身内径一孔）+两侧沟槽连缀修复②
	荆门龙王山墓地	M131：10	大溪文化晚期至屈家岭文化时期	环	透闪石	长：11.4 cm 宽：1.3~1.5 cm 厚：0.3~0.6 cm		两侧各单孔+浅槽连缀修复③
	荆门龙王山墓地	M131：41	大溪文化晚期至屈家岭文化时期	璜	透闪石	长：15.5 cm 宽：1.4~2.3 cm 厚：0.3~0.4 cm		复合式玉器或两侧单孔+浅槽修复，笔者倾向于前者

① 断为三段，断面打磨。其中黄色箭头所示的小段为后期断裂。红色箭头所示的断口一侧三孔（正反面方向），一侧四孔（三孔正反面方向，一孔为断口与璜体内壁方向，与璜体内侧的正反面方向钻孔形成三通孔）连缀修复。

② 断为两段，断面磨蚀。断口左侧垂直断面方向钻两卵孔，与内外径钻孔形成二维方向的通孔，与内外径断面的内外径钻孔形成通孔（其中一孔与证断面的内垂直璜身钻一孔，另一孔与两个内外径方向钻孔形成通孔）；断口右侧垂直断面方向钻两卵孔，与证断面的内外径钻孔形成二维方向的内外径通孔。同时垂证断口一侧的内外径钻孔相通。

③ 原应断为两段，图上方断口采用两侧单孔（沿正反面方向）+浅槽连缀修复，图下方断口采用两侧单孔连缀修复（沿内径和断面方向的修复钻孔断裂（可能发生在使用过程中，故在新断口右侧沿正反面方向再钻一孔进行连缀修复，但该孔旁无浅槽。

续表

出土省份	出土地点	编号	时期	器形	材质	尺寸	图片	修复方式
	荆门龙王山墓地	M153：1	大溪文化晚期至屈家岭文化时期	璜	透闪石	长：10.3 cm 宽：0.7—1.7 cm 厚：0.20—0.75 cm		复合式玉器——接合处一侧单孔（内外径方向），一侧双孔（一孔沿内外径方向、卯孔垂直璜身，但未穿透另一侧）连缀
	荆门龙王山墓地	M182：18.3	大溪文化晚期至屈家岭文化时期	璜	透闪石	长：16.05 cm 宽：1.8—2.1 cm 厚：0.15—0.55 cm		复合式玉器或两侧双孔+沟槽连缀修复①，笔者倾向于前者
	荆门龙王山墓地	M194：1	大溪文化晚期至屈家岭文化时期	镯	透闪石	外径：7.3—7.5 cm 内径：5.1—5.4 cm 厚：1.3—1.9 cm		分别采用两侧单孔（上方红色箭头）；两侧三孔（左侧红色箭头）、一侧双孔（右侧红色箭头）+浅槽连缀修复②
	荆门龙王山墓地	M194：55	大溪文化晚期至屈家岭文化时期	镯	透闪石	外径：7.3—7.5 cm 内径：4.8—5.1 cm 厚：1.6—2.1 cm		分别采用两侧单孔（上方红色箭头处；两侧单孔（左右红色箭头处）；两侧三孔（右下红儿前头+浅槽连缀修复。图左上方中段的两断头和三孔的断面为长斜面③

① 两侧均为断面与内外径方向的钻孔，但两侧各有一孔破裂，故垂直破裂孔处的璜身部位再钻一孔。与破裂孔相通。
② 断为三段。断面均打磨。三段具体钻孔形式为：图下方长段的两断口均沿内外径方向钻两断口二牛鼻孔。沿断口和外径方向钻二牛鼻孔（其中一孔破裂）；图左上中段的一断口沿内外径方向钻一孔。另一断口沿断口和外径方向钻一孔。沿断口沿内外径方向钻一孔—断口右上短段的一断口沿内外径方向钻一孔（因定位错误，故外径方向钻一孔未穿孔。上方红色箭头处所示为例。以红色箭头为例，上方红色箭头处采用两侧单孔（内外径方向），左侧红色箭头采用两侧三孔（内外径方向）、一侧三孔（沿内外径方向）、其中下侧的一孔破裂），右侧红色箭头—孔，沿断面和外径方向钻一孔（但一孔破裂）。内外径方向穿孔采用—侧双孔（沿外径方向有浅槽），方便连缀。
③ 断为三段。断面均打磨。三段具体钻孔形式为：图下方短段的一断口沿内外径方向钻一牛鼻孔。另一断口沿断口和外径方向钻三牛鼻孔。图左方中段的两断口和沿内径方向均沿断面。

续表

出土省份	出土地点	编号	时期	器形	材质	尺寸	图片	修复方式
	荆州熊家冢墓地①	M2:14	战国早期后段	龙形佩	透闪石	长:10.3 cm 宽:4.2 cm 厚:0.5 cm		两侧单孔连缀修复
湖南	洪江高庙上层②	M26:3	大溪文化中期（3800BC）	璜	玛瑙	外径:22.5 cm		可能是两侧单孔连缀修复（内外径方向）
	衡阳杏花村铜岗内③④	M5:1489	商代	玦		外径:10 cm 内径:6 cm 厚:0.2 cm	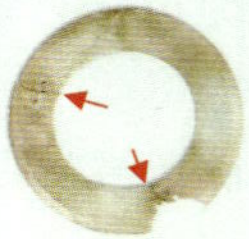	断为两节，一处断口两侧断裂缺损，推测均采用两侧单孔连缀修复
	双峰金田乡月龙村⑤		商代	玦		直径:7.3 cm 边宽:1.95 cm 厚:0.18	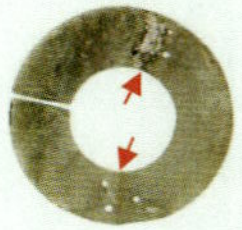	一断裂处：一侧单孔，一侧双孔连缀修复；另一断裂处：两侧双孔连缀修复
重庆	巫山大水田遗址⑥	M77:1	大溪文化中晚期（4000—3400BC）	璜		长径:12.6 cm 肉宽:2.7 cm 厚:0.1—0.2 cm	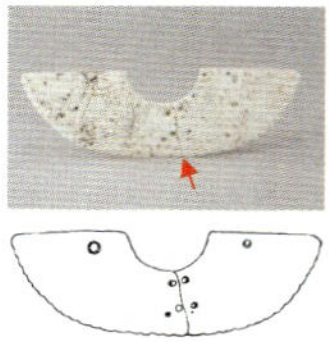	一侧双孔，一侧三孔连缀修复

① 荆州博物馆：《荆州楚王——湖北荆州出土战国时期楚国王器》，文物出版社2012年版，第113页。
② 湖南省文物考古研究所：《湖南洪江市高庙新石器时代遗址》，《考古》2006年第7期。由于缺乏图和文字说明，笔者推测为内外径方向的单孔连缀修复。
③ 郑均生、唐先华：《湖南衡阳发现商代铜卣》，《文物》2000年第10期。
④ 喻燕姣：《湖南出土珠饰研究》，湖南人民出版社2018年版，第44页。
⑤ 同上书，第48页。
⑥ 重庆市文化遗产研究院、巫山县文物管理所：《重庆市巫山县大水田遗址大溪文化遗存发掘简报》，《考古》2017年第1期。

408

续表

出土省份	出土地点	编号	时期	器形	材质	尺寸	图片	修复方式
		M67：1	大溪文化中晚期（4000—3400BC）	玦		直径：5 cm 宽：1.2 cm 厚：0.5 cm	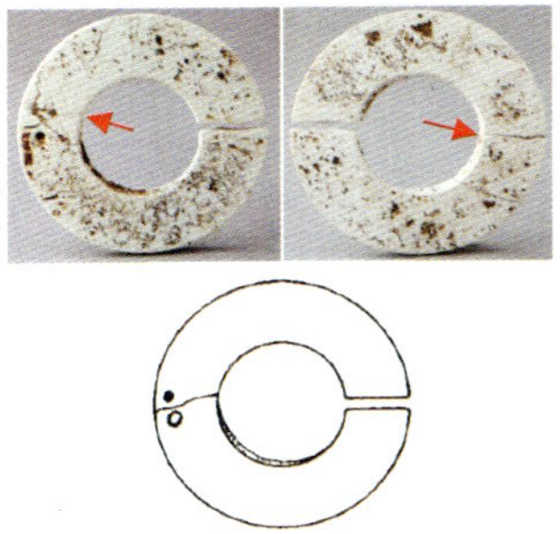	裂痕未断开，两侧单孔加固修复，但孔均未穿透，属于加固未完工玉器。图由代玉彪提供
		M94：2	大溪文化中晚期（4000—3400BC）	环		直径：8.9 cm 宽：1.4—1.8 cm 厚：0.3—0.9 cm	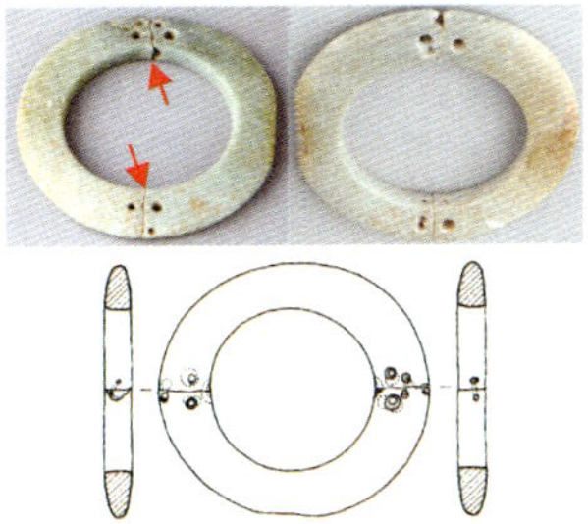	以左上图为例：上方断口为左侧三孔、右侧四孔连缀修复；下方断口为两侧三孔连缀修复①
	巫山人民医院遗址	M5	大溪文化晚期（3600—3400BC）	璜②			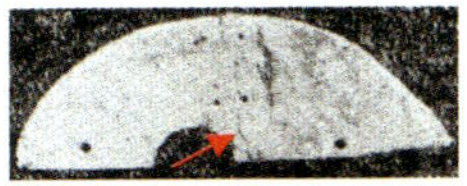	两侧双孔连缀修复

① 以左上图为例：上方断口为左侧三孔、右侧四孔连缀修复，左侧三孔分别为：一孔沿正面和断面的牛鼻孔、一孔沿正反面方向、一孔沿内径和断面方向；右侧两孔完整（一孔沿正面和断面方向、一孔沿正反面向），两孔破裂（一孔沿内径和断面方向、一孔沿外缘和断面方面）。下方断口为两侧三孔连缀修复，其中两孔形式相同（分别为沿内径和断面方向、沿正反面方向），一孔形式略有差异（左侧为沿外缘反面和断面方向、右侧为沿外缘正面和断面方向）。

② 四川长江流域文物保护委员会文物考古队：《四川巫山大溪新石器时代遗址发掘记略》，《文物》1961 年第 11 期。

续表

出土省份	出土地点	编号	时期	器形	材质	尺寸	图片	修复方式
	巫山大溪遗址	M53	大溪文化晚期（3600—3400BC）	璜		残长：6.7 cm 宽：4.4 cm 厚：0.4 cm		两侧双孔连缀修复
		M37:1	大溪文化晚期（3600—3400BC）	环①		直径：9 cm		断为三节，均为两侧单孔连缀修复
		M42:13	大溪文化晚期（3600—3400BC）	玦②	方解石	直径：6.4 cm		两侧单孔连缀修复
		M73	大溪文化晚期（3600—3400BC）	璜③		长：8.4 cm 厚：0.6 cm		两侧单孔连缀修复
			大溪文化晚期（3600—3400BC）	玦④		直径：7 cm 厚：0.5 cm		一断裂处：两侧单孔连缀修复；另一断裂处：两侧双孔连缀修复

① 易军：《巫山博物馆——巫山出土文物》，西南交通大学出版社2012年版，第130页。
② 梁冠男，向纳：《重庆中国三峡博物馆藏巫山地区大溪文化玉石器的分析研究》，《文物天地》2018年第12期。
③ 古方：《中国出土玉器全集》（四川、重庆卷），文物出版社2005年版，第214页。
④ 同上书，第218页。

续表

出土省份	出土地点	编号	时期	器形	材质	尺寸	图片	修复方式
		M105:123	大溪文化晚期（3600—3400BC）	玦	方解石	直径：4.5 cm		两处断裂，均为两侧单孔连缀修复
		M123:11	大溪文化晚期（3600—3400BC）	璜①				两侧双孔连缀修复
		M159:7	大溪文化晚期（3600—3400BC）	璜②				两侧单孔连缀修复
			大溪文化晚期（3600—3400BC）	璜②				两侧单孔连缀修复
			大溪文化晚期（3600—3400BC）	璜③		直径：13.5 cm 宽：5.2 cm 高：0.1 cm		两侧三孔连缀修复

① 邓聪：《东亚玉器》（下），香港中文大学中国考古艺术研究中心1998年版，彩版85。
② 范桂杰、胡昌钰：《巫山大溪遗址第三次发掘》，《考古学报》1981年第4期。
③ 易军：《巫山博物馆——巫山出土文物》，西南交通大学出版社2012年版，第129页。

续表

出土省份	出土地点	编号	时期	器形	材质	尺寸	图片	修复方式
福建	漳州虎林山遗址①②	M19②:20	商代晚期 (3200—3000BP)	玦	硅质岩	外径：7.1 cm 内径：4.75 cm 厚：0.3 cm		两侧单孔连缀修复
		T8②:2B	石峡文化第3期 (相当于夏商时期)	T字形环		直径：8.4 cm 孔径：4.2 cm 内径高：1.2 cm		不详
广东	韶关曲江马坝石峡遗址	T34③:11	石峡文化第2期 (2800—2300BC)	(镯形)环③	透闪石	直径：7 cm 内径：6.2 cm 肉厚：0.4 cm 高：3.6 cm		两侧单孔连缀修复(内外径方向)
		T73③:11	石峡文化第2期 (2800—2300BC)	镯	似高岭石	外径：6.9 cm 内径：6.3 cm 高：0.5 cm		不详
		M6:1	石峡文化第2期 (2800—2300BC)	(镯形)环④		直径：7.4 cm 内径：6 cm 肉宽：0.6 cm 高：2.8 cm		两侧单孔连缀修复(内外径方向)

---

① 福建博物院，漳州市文管办，漳州市博物馆：《福建漳州市虎林山商代遗址发掘简报》，《考古》2003第12期。
② 福建博物院，漳州市文管办，漳州市博物馆：《虎林山遗址——福建漳州商代遗址发掘报告之一》，海潮摄影艺术出版社2003年版，第84、123页，图版三一 1。
③ 广东省文物考古研究所，广东省博物馆，广东省韶关市曲江区博物馆：《石峡遗址——1973—1978年考古发掘报告》，文物出版社2014年版，第74页。
④ 同上书，第282页，图版八五 3。

续表

出土省份	出土地点	编号	时期	器形	材质	尺寸	图片	修复方式
		M31:1	石峡文化第3期（3000—2000BC）	玦①②	似透闪石	直径：9.1 cm 孔径：5.8 cm（考古发掘报告为5.4 cm） 肉厚：0.3 cm	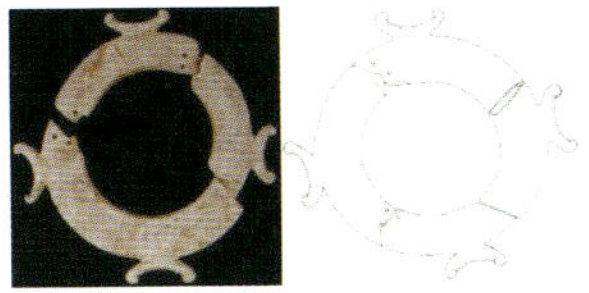	一侧单孔、一侧双孔连缀修复
		M45:16	石峡文化第2期（2800—2300BC）	璜③		高：0.6 cm 宽：7.9 cm 厚：1.7 cm	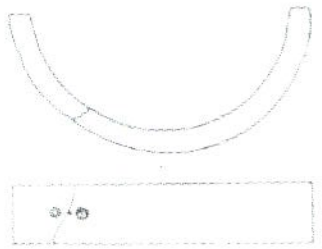	两侧单孔连缀修复（内外径方向）
		M45:37	石峡文化第2期（2800—2300BC）	璜④		高：0.5 cm 宽：7.5 cm 厚：1.5 cm	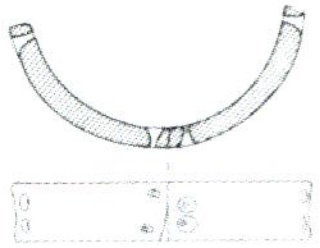	两侧双孔连缀修复（内外径方向）
		M47:49	石峡文化第2期（2800—2300BC）	璜⑤		高：1 cm 宽：7.5 cm 厚：0.5 cm		两侧单孔连缀修复

① 邓聪：《东亚玉器》(下)，香港中文大学中国考古艺术研究中心1998年版，彩版138—140。
② 广东省文物考古研究所、广东省博物馆、广东省韶关市曲江区博物馆：《石峡遗址——1973—1978年考古发掘报告》，文物出版社2014年版，第550—551页。
③ 同上书，第287—288页。图版八七-4，上图应为M45:37，下图应为M45:16。
④ 同上。
⑤ 同上书，第287—288页。

续表

出土省份	出土地点	编号	时期	器形	材质	尺寸	图片	修复方式
		M54:1	石峡文化第2期(2800—2300BC)	琮①		高：2.2 cm 射径：6.6 cm 孔径：5.9 cm		两侧单孔连缀修复
		M59:70	石峡文化第2期(2800—2300BC)	玦②③	似高岭岩	直径：4.2 cm(考古发掘报告为4.3 cm) 孔径：1.5 cm(考古发掘报告为1.8 cm) 厚：0.6 cm		两侧单孔连缀修复
		M98:1	石峡文化第2期(2800—2300BC)	璜④⑤	似高岭石	宽：6.8 cm 高：0.8 cm 厚：0.6 cm		两侧单孔连缀修复
	佛山三水银州⑥	M74	新石器时代末期(2000BC)	环形玦		外径：6 cm 内径：4.2 cm 高：0.5 cm		两侧单孔+浅槽连缀修复

① 广东省文物考古研究所，广东省博物馆，广东省韶关市曲江区博物馆：《石峡遗址——1973—1978年考古发掘报告》，文物出版社2014年版，第275—276页。
② 古方：《中国出土玉器全集》(广东、广西、福建、海南、香港、澳门、台湾卷)，文物出版社2005年版，第15页。
③ 广东省文物考古研究所，广东省博物馆，广东省韶关市曲江区博物馆：《石峡遗址——1973—1978年考古发掘报告》，文物出版社2014年版，第289页。
④ 古方：《中国出土玉器全集》(广东、广西、福建、海南、香港、澳门、台湾卷)，文物出版社2005年版，第14页。
⑤ 广东省文物考古研究所，广东省博物馆，广东省韶关市曲江区博物馆：《石峡遗址——1973—1978年考古发掘报告》，文物出版社2014年版，第287—288页。
⑥ 来自《三水新闻》：http://www.xinss.com/forum.php?mod=viewthread&tid=1370182，最后浏览时间：2018年6月14日。

第五章 中国早期玉器再利用研究

续表

出土省份	出土地点	编号	时期	器形	材质	尺寸	图片	修复方式
	广州增城墨依山①	M66:2	商代晚期	有领环	透闪石	通高:0.5 cm 孔径:7.1 cm 直径:9.5 cm 厚:0.1—0.3 cm	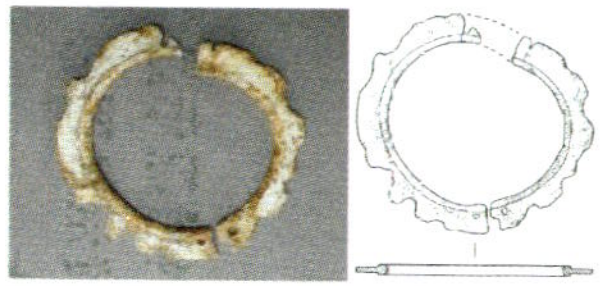	两侧单孔连缀修复
		M66:4	商代晚期	璋	透闪石	通长:20.5 cm 刃残宽:2.4 cm 厚:0.3 cm	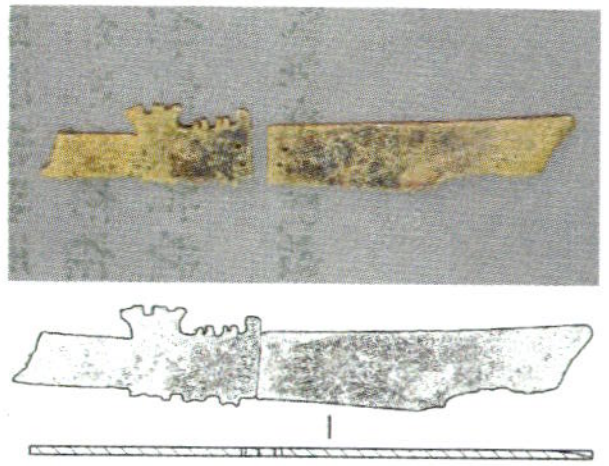	两侧双孔连缀修复
		M70:4	商代晚期	有领环	透闪石	通高:1.8 cm 孔径:7 cm 直径:11.1 cm 厚:0.10—0.25 cm	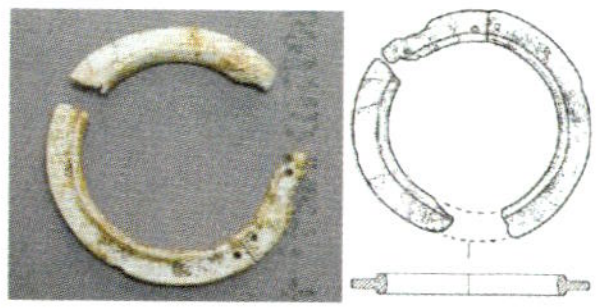	两侧单孔连缀修复
	深圳大梅沙②		春秋晚期或战国早期	玦		直径:7.2 cm 孔径:4 cm 厚:0.1 cm	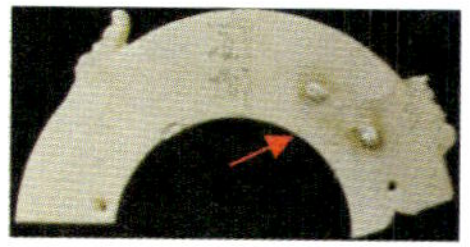	两侧单孔连缀修复

① 广州市文物考古研究院:《广州增城墨依山遗址两座出土玉牙璋的商代墓葬》,《东南文化》2018年第3期。
② 古方:《中国出土玉器全集》(广东、广西、福建、海南、香港、澳门、台湾卷),文物出版社2005年版,第26页。

415

续表

出土省份	出土地点	编号	时期	器形	材质	尺寸	图片	修复方式
	广州象岗南越王墓①	D16	西汉早期	盒盖②		盖高：3.55 cm 直径：9.8 cm		两侧单孔＋浅槽连缀修复
		D158	西汉早期	凤纹牌形佩③		长：14 cm 宽：7.4 cm 厚：0.4—0.5 cm 金箔扣重：16.5克		黄金镶（包）连缀修复
云南	曲靖八塔台④	M265:29	春秋时期	有领璧		直径：9.1 cm 孔径：5.7 cm		两侧单孔连缀修复
	江川李家山⑥	M22	战国时期	弦纹手镯⑤		外直径：7.1 cm 内直径：5.7 cm 宽、厚：0.4 cm		两侧单孔（牛鼻孔）＋铜丝＋胶粘连缀修复

① 广州市文物管理委员会、中国社会科学院考古研究所、广东省博物馆：《西汉南越王墓》，文物出版社1991年版，第205页。
② 广州南越王墓博物馆、香港中文大学文物馆：《南越王墓玉器》，两木出版社1991年版，彩版106—109。
③ 同上书，第35—26页。
④ 古方：《中国出土玉器全集》《云南 贵州 西藏卷》，文物出版社2005年版，第3页。
⑤ 赵美、张杨、王丽明：《滇国玉器》，文物出版社2003年版，第120—121页，图版26—28。
⑥ 古方：《中国出土玉器全集》《云南 贵州 西藏卷》，文物出版社2005年版，第44页。

续表

出土省份	出土地点	编号	时期	器形	材质	尺寸	图片	修复方式
		M22	战国时期	突沿手镯		外直径：19.7 cm 内直径：5.4 cm 唇厚：1.9 cm 肉厚：0.10—0.23 cm		两侧单孔＋铜丝＋胶粘连缀修复
		M22	战国时期	突沿手镯		外直径：8.5 cm 内直径：5.4 cm 唇厚：0.4 cm 肉厚：0.15—0.20 cm		胶粘连缀修复
		M51:105	西汉时期	镯①		外径：12.3 cm 内径：6.3 cm 唇高：0.6 cm		两侧单孔连缀修复
		M51:231—2	西汉时期	镯②		外径：7.2 cm 内径：6.2 cm 环高：1 cm		两侧双孔连缀修复（内外径方向）
		M68:107—1	西汉时期	玦③		外径：12 cm 内径：8 cm		两侧单孔连缀修复

① 云南省文物考古研究所、玉溪市文物管理所、江川县文化局：《江川李家山——第二次发掘报告》,文物出版社2007年版,第206—207页。
② 同上。
③ 同上书,第208页。

续表

出土省份	出土地点	编号	时期	器形	材质	尺寸	图片	修复方式
	昆明市东郊白沙河木牢工地②	M69:129—1	西汉时期	玦①		外径:7.8 cm 内径:5.5 cm		两侧单孔连缀修复
			东汉时期	玦	玛瑙	直径:3.5—3.6 cm 厚:0.1—0.2 cm		两侧单孔连缀修复
台湾	台东卑南遗址③		卑南文化 距今 3500—2500 延续至少一千年	玦形耳饰		长:9.58 cm 宽:2.07 cm 厚:0.5 cm 重:18.2 克		两侧单孔连缀修复
		馆藏 048④	卑南文化 距今 3500—2500 延续至少一千年	玦形耳饰		长:6.64 cm 宽:5.31 cm 厚:0.46 cm 重:31.8 克		两侧单孔连缀修复

① 云南省文物考古研究所,玉溪市文物管理所,江川县文化局:《江川李家山——第二次发掘报告》,文物出版社 2007 年版,第 208 页。
② 古方:《中国出土玉器全集》云南、贵州、西藏卷),文物出版社 2005 年版,第 112 页。
③ 臧振华,叶美珍:《台湾史前文化博物馆馆藏卑南遗址玉器图录》,《台湾》史前文化博物馆 2005 年版,第 101、105—106 页。出土总数约在五六千件。
④ 方向明:《中国玉器通史》新石器时代南方卷),海天出版社 2014 年版,第 309 页。

续表

出土省份	出土地点	编号	时期	器形	材质	尺寸	图片	修复方式
		PN: A①	卑南文化 距今3500—2500 延续至少一千年	人兽形饰		高: 6.7 cm 宽: 4 cm		两侧单孔连缀修复
			卑南文化 距今3500—2500 延续至少一千年	玦形耳饰②		长: 5.8 cm 宽: 3.1 cm		两侧双孔连缀修复
			卑南文化 距今3500—2500 延续至少一千年	玦形耳饰				一侧单孔，一侧双孔连缀修复
		69—223—25 Ⅱ A式	卑南文化 距今3500—2500 延续至少一千年	耳饰玦		孔径: 3.27 cm 器厚: 6.5 cm 重量: 19 g		两侧单孔连缀修复

① 方向明:《中国玉器通史》《新石器时代南方卷》，海天出版社2014年版，第313页。
② 古方:《中国出土玉器全集》（广东、广西、福建、海南、香港、澳门、台湾卷），文物出版社2005年版，第238页。

续表

出土省份	出土地点	编号	时期	器形	材质	尺寸	图片	修复方式
		PN83-179	卑南文化 距今3500—2500 延续至少一千年	耳饰玦①	透闪石-阳起石	外径：4.76 cm 内径：3.21 cm 厚：0.56 cm 重量：13.7 g		长斜面断口两侧单孔连缀修复（特殊）
		PN83-187	卑南文化 距今3500—2500 延续至少一千年	耳饰玦②	透闪石-阳起石	外径：5.38 cm 内径：3.58 cm 厚：0.51 cm 重量：14.7 g		长斜面断口两侧双孔连缀修复（特殊）
		PN20756，出土于B2428棺内	卑南文化 距今3500—2500 延续至少一千年	耳饰玦③	透闪石-阳起石	外径：3.5 cm 孔径：2.3 cm 体宽：0.65 cm 体厚：0.54 cm 缺口长：0.66 cm 缺口宽：0.15 cm 质量：5.8 g		长斜面断口两侧双孔连缀修复（特殊）
		PN1104，出土于B109墓葬	卑南文化 距今3500—2500 延续至少一千年	耳饰玦④		外径：6.25 cm 内径：4.5 cm 肉宽：0.50—0.85 cm 重：18 g		两侧单孔连缀修复

---

① 叶美珍：《卑南遗址石板棺研究——以1993—1994年发掘资料为例》，台湾史前文化博物馆2005年版，第132、174页。
② 同上。
③ 连照美：《台湾新石器时代卑南墓葬层位之分析研究》，台湾大学出版中心2008年版，第129页。
④ 连照美：《台湾新石器时代卑南研究论文集》，台湾历史博物馆2003年版，第77、93页。

续表

出土省份	出土地点	编号	时期	器形	材质	尺寸	图片	修复方式
香港	新界屯门龙鼓上滩遗址①		新石器时代末期	玦	石英	直径：6.3 cm		两侧沟槽连缀修复
	新界屯门涌浪遗址②③		2200—1800BC	玦	石英			两侧单孔连缀修复
			2200—1800BC	玦	石英			两侧沟槽连缀修复
			2200—1800BC	玦	石英			两侧沟槽连缀修复
			2200—1800BC	玦	石英			两侧沟槽连缀修复

① 邓聪：《东亚玉器》，香港中文大学中国考古艺术研究中心1998年版（上）第88页，（下）彩版190。
② 香港古物古迹办事处：《香港涌浪新石器时代遗址发掘简报》，《考古》1997年第6期。
③ 邓聪：《东亚玉器》（下），香港中文大学中国考古艺术研究中心1998年版，彩版188。

续表

出土省份	出土地点	编号	时期	器形	材质	尺寸	图片	修复方式
		92:505	2200—1800BC	玦	石英	直径:4.2 cm 孔径:1.9 cm 厚:0.7—0.8 cm		两侧沟槽连缀修复
		92:1228	2200—1800BC	玦	石英	直径:5.9 cm 孔径:3 cm 厚:1 cm		可能是两侧沟槽连缀修复
	马湾岛东湾仔北遗址①		2200—1800BC	玦	石英			可能是两侧沟槽连缀修复
		SF110	2200—1500BC	玦		直径:5 cm 孔径:2.3 cm 厚:0.8 cm (原为0.08 cm,似误)		两侧双孔连缀修复
		SF130	2200—1500BC	玦		直径:13 cm 孔径:6.8 cm 肉厚:0.25 cm		两侧单孔连缀修复

① 香港古迹古物办事处、中国社会科学院考古研究所：《香港马湾岛东湾仔北史前遗址发掘简报》,《考古》1999第6期。

第五章　中国早期玉器再利用研究

续表

出土省份	出土地点	编号	时期	器形	材质	尺寸	图片	修复方式
	南丫岛大湾遗址①	DW-M6-10	商周时期	玉璋②	肉眼：高岭岩	长：21.8 cm 刃宽：4.6 cm 体宽：3.0 cm 厚：0.7 cm 穿孔径：0.3 cm		两侧双孔连缀修复
		TG15-M10-Ⅳ011	商周时期	有领环③	高岭岩	好径：6.2 cm 高：10.7 cm 肉径：8.6 cm 高：1.2 cm		两侧单孔连缀修复
		TF14-M3-Ⅳ003	商周时期	筒形环	高岭岩	器径：5.2 cm 高：2.4 cm 厚：0.3 cm		两侧单孔连缀修复（内外径方向）
		编号为Ⅲ区C10.L2,应与TG15-M10-Ⅳ011同出	商周时期	有领环	高岭岩			两侧单孔连缀修复
		M10	商周时期	有领环	高岭岩			两侧单孔或双孔连缀修复？

① 区家发、冯永驱、李果等：《香港南丫岛大湾遗址发掘简报》，载于香港中文大学中国考古艺术研究中心：《南中国及邻近地区古文化研究——庆祝郑德坤先生从事学术活动六十周年论文集》，香港中文大学出版社1994年版，第195—209页。图26—8：9和图26—8：10在正文中没有报道。
② 古方：《中国出土玉器全集》（广东、广西、福建、海南、香港、澳门、台湾卷），文物出版社2005年版，第229页。
③ 邓聪：《东亚玉器》（下），香港中文大学中国考古艺术研究中心1998年版，彩版299。

第六章

中国早期玉器埋藏研究

——风化机制篇

出土玉器呈现的可能并非原初面貌，会发生次生变化，原因既有第四章所述的入土埋藏前的人为成因，也有入土埋藏后的自然成因，如风化作用（也俗称为受沁作用）。风化作用会对玉器本体产生一些肉眼不可见的变化，如显微组织和结构的变化，需要借助高倍光学显微镜和电子显微镜方能观察到；风化作用严重者会产生一些肉眼可见的变化，造成玉器颜色、透明度、光泽度等宏观特征发生改变。在这些宏观特征中，颜色作为最显著的标志，其具体的色变特征常被用来形容玉器的具体风化形式，如变白（白化）、变黑（黑化）、变红（红化）、变褐（褐化）、变黄（黄化）、变绿（绿化）、变蓝（蓝化）等。不同颜色变化机制既有共同点，也有不同点，本章将通过各种颜色的变化机制来探讨出土玉器的风化（受沁）机制，期望有助于对玉器材质的原初状态进行准确判断，有利于对玉器本体信息进行有效提取，有益于获得更丰富可靠的基础内容，从而为玉器的文物考古和科学保护研究提供良好的支撑。

第一节 相关概念

一、沁和受沁

沁，原指地名和河流，后有"渗入、浸润"等义。受沁，顾名思义，即受到渗入或浸润。由于受沁作用发生在地表（低温、低压、富含氧气、水和二氧化碳，且生物活动强烈），因此可用地质外生作用中的风化作用进行描述。受沁或受沁作用专指玉器在地下埋藏过程中受到的风化作用，其根本原因在于玉器入土之后需要调整自身状态以适应新环境，与周边环境建立新平衡体系。

地质学中的风化作用是指出露于地表或近地表的矿物和岩石在太阳能、大气、水和生物等因素影响下所发生的化学分解和机械粉碎作用的总称，是一种原地破坏作用，造成岩石矿物的结构、构造，甚至矿物化学成分可能发生显著变化，但其产物不发生显著位移。风化作用包括物理风化、化学风化和生物风化。故受沁作用可分为三类。受沁作用的物理风化主要包括因温度变化造成器物反复胀缩、环境干湿交替造成器物的胀缩、内含水和冰的相互转化以及盐类的反复结晶与潮解等，在玉器表面及内部产生应力，形成裂缝、破碎、剥落等病害特征，造成玉器形态的变化，但化学成分或矿物成分基本不变。受沁作用的化学风化主要是玉器与地下埋藏的各种物质发生溶解、水解、水化、氧化和阳离子交换等化学反应，使得玉器结构和成分发生变化。受沁作用的生物风化是地下埋藏环境中生物的生命活动对玉器造成破坏的作用,可分为物理生物风化和化学生物风化①。由上可见,风化作用或受沁作用实际包括两种形式:物理风化和化学风化。物理风化程度与玉料结晶程度、晶体结构的牢固度、晶粒大小和形状、晶粒之间的结合状态、硬度、解理和颜色等物理性质相关;化学风化程度与玉料化学组成和晶体结构的稳定性相关。化学风化的实质是矿物中元素的活化,即转变为水溶性离子,然后发生以物质的转化和迁移为形式的各种反应。

一般而言,孤立地看,物理风化通过机械作用促使岩石分解,而化学风化通过化学作用使岩石矿物硬度和密度减小,也促使岩石分解;物理风化不仅作用于器物表面,还能同时影响器物内部;而化学风化主要作用于器物表面,按由表及里的方式深入进行。整体地看,物理风化是化学风化的前奏,增加了岩石矿物的孔隙度,从而增加了外界物质与岩石矿物的接触面积,使得化学风化得以深入进行。也就是说,在物理风化的帮助下,化学风化既可以作用于器物表面,又可以影响器物内部。同样,化学风化会使岩石矿物变得疏松,又为物理风化提供了有利条件,减轻了物理风化的阻力,从而加速了物理风化的进程。因此,物理风化和化学风化是共存的、相互促进的,一切风化均是物理风化和化学风化的综合作用。不过,在高寒和干燥地区物理风化占主体,而在潮湿炎热地区化学风化占主体。

受沁程度取决于玉器本体以及周边埋藏环境的性质和作用程度等内外因素。从玉器本体来说,目前至少近33种矿物材料在中国古代世界被用于制作玉器,包括硅酸盐、氧化物、碳酸盐、硫酸盐、磷酸盐、氟化物等几大类,其抗风化能力按氧化物、硅酸盐、磷酸盐、碳酸盐、硫酸盐至氟化物的顺序依次减弱。周边埋藏环境的性质与陪葬品、墓葬环境以及土壤环境等相关。

一般来说,玉器受沁后会发生颜色改变现象,形成各种次生颜色——沁色。沁色是玉器受沁变化过程中肉眼可见的最明显特征,因此常直接用某种沁色的形成表示某种具体的风化过程,目前,根据出土玉器呈现的沁色现象,可将其受沁过程区分为白化、黑化、红化、褐化、黄化、绿化和蓝化等形式。

二、颜色相关概念

(一) 物体色和固有色

一般来说,色彩现象可分为光源色、固有色和环境色三个概念②。固有色是物体在正常光照条件下(一般是自然光)呈现的颜色。光源色是发光体所发出的光线颜色,如早晨的阳光偏玫瑰红,中午的阳光偏白色,而黄昏的阳光偏橘红或橘黄色。环境色是一个物体的周围物体所反射的光色。物体固有色与光源色和环境色均有密切关系。需要注意的是,有的学者将物体色和固有色加以区分,强调物体色是物体在不同光源下呈现的颜色,而固有色的光源条件是指自然光③。有的学者简化处理,将物体色等同于固有色④。通过以上分析可知,固有色的概念适合表征文物的颜色,因此文物颜色取决于自然光和文物本体的性质。

---

① 宋春青、邱维理、张振春:《地质学基础》,高等教育出版社2012年版,第102—107页。
② 何振浩:《色彩》,上海人民美术出版社2008年版,第4—6页。
③ 黄群:《色彩设计基础与应用》,清华大学出版社2012年版,第10—11页。
④ 罗谷风:《结晶学导论》,地质出版社1985年版,第195页。

(二) 自然光组成

自然光是由七色光组成的,有两种表示法:红橙黄绿青蓝紫,红橙黄绿蓝靛紫,其区别是介于绿和蓝之间的"青"和介于蓝和紫之间的"靛"。因为"青"和"靛"都是真实存在的,本书暂且不讨论哪种表示法更合理,而将这八种颜色与波长的对应关系列入表 6-1。其中红、绿和蓝混合可以获得绝大多数的各种色光,因此红、绿、蓝被称为三原色。各种颜色的光学混合符合两大定律:一是相对的原色光和补色光混合得到白光;二是补色光可由相邻两种原色光相加而成,原色光也可由相邻两种补色光相加而成。

表 6-1 自然光的各单色和波长的对应关系[①]

色相	波长 λ(nm)	代表波长	补色
红(Red)	770—630	700	蓝—绿色
橙(Orange)	630—600	620	绿—蓝色
黄(Yellow)	600—570	580	蓝色
绿(Green)	570—500	550	红—紫色
青(Cyan)	500—470	500	橙色
蓝(Blue)	470—440	470	黄色
靛(Indigo)	440—420	436	绿—黄色
紫(Violet)	420—390	420	黄—绿色

表 6-1 的划分是一种大致的范围,因为单色光的颜色是连续渐变的,不存在严格的界限。此外,颜色与波长的上述对应关系并不是完全固定的,光谱中除了三个点(572 nm—黄、503 nm—绿和 478 nm—蓝)的颜色不受光强度影响外,其余颜色在光强度增加时,都略向红色或蓝色偏移,这一现象称为贝楚德-朴尔克效应[②]。

(三) 彩色和非彩色

物体的固有色是物体对自然光的吸收、反射、折射、散射、透射等综合作用的结果,分为非彩色和彩色两个系列。非彩色系列包括黑色、灰色和白色(无色)三种,当物体均匀地全部吸收自然白光,呈现黑色(明度小于 2.5 的中性色[③]);当物体基本不吸收自然白光,呈现白色或无色(明度大于 8.5 的中性色);当物体均匀地部分吸收各种色光,呈现灰色(明度在 2.5 和 8.5 之间的中性色),包括暗灰、灰和亮灰。值得注意的是,各种波长的可见光几乎都能从物体中透射,则该物体是透明的,呈现一种特有的无色视觉感,因此无色是透明物质的一个特殊现象,即无色一定是透明的,但透明物体不一定是无色的。

彩色系列如表 6-1 所示,按照透明程度可分为表面色和体色,不透明物体吸收非常强,吸收的入射光中有部分经辐射反射回人眼,所呈现的反射色即为表面色。这种表面色实际

---

① 李鹏程、王炜:《色彩构成》,上海人民美术出版社 2015 年版,第 17 页。
② 何国兴:《颜色科学》,东华大学出版社 2004 年版,第 24 页。
③ 国家标准 GB/T 3977—2001《颜色术语》。

是被吸收色光的再辐射,且被吸收较多的色光再辐射时的强度亦较大。若不透明物体均匀地吸收并再辐射的话,则按照反射率的大小不同分别表现为银白、锡白、钢灰、铅灰、铁黑等不同的表面色。此外,不透明物体在很薄的情况下,经过透射光照射呈现的颜色恰好是表面色的补色,如金箔在反射光下呈金黄色,在透射光下则呈蓝绿色[①]。半透明物体和透明物体吸收的部分入射光经辐射后透射至人眼,同时未被吸收的部分入射光也呈现至人眼,两类透射光共同作用形成体色。半透明物体和透明物体的透射光和反射光的颜色是一样的。由上分析,体色和表面色均可视为被吸收色光的补色。

(四) 呈色机理

一般来说,多数无机质文物是由矿物构成的,此时引起文物产生颜色的原因分为两种:电子跃迁呈色和物理光学呈色。物理光学呈色相对较简单,是由于矿物对光线的色散、散射、干涉、衍射等物理原因所引起的颜色,包括了矿物的全部假色。电子跃迁呈色颇为复杂,包括四类:(1)矿物中过渡金属离子d轨道之间d-d电子跃迁,以及镧系元素离子f轨道之间f-f电子跃迁,对可见光进行选择性吸收而呈色,适用晶体场理论解释;(2)矿物中相邻离子之间的电荷转移引起的电子跃迁,包括非金属—金属电荷转移、金属—金属电荷转移和金属—非金属电荷转移三种,如 $O^{2-}-Fe^{3+}$,$Fe^{2+}-Fe^{3+}/Fe^{3+}-Fe^{2+}$,$Mn^{2+}-Mn^{4+}/Mn^{3+}-Mn^{2+}$,适用分子轨道理论解释,作用对象主要为含变价元素矿物;(3)矿物晶体结构中的缺陷和色心(即呈色中心)引起的电子跃迁,包括阴离子空位(F心或电子色心,如萤石、磷灰石、长石等)和阳离子空位(V心或空穴中心,如磷灰石、水晶等),适用结构呈色理论解释,作用对象主要为碱金属和碱土金属化合物矿物;(4)金属、半金属、半导体和绝缘体晶体中从价带到导带的电子跃迁[②],适用能带理论解释,作用对象主要为自然金属元素、部分金属硫化物和氧化物、某些非金属单质(如金刚石)。如图6-1,金属矿物的价带未被电子填满,电子可以在电场中吸收能量,跃迁到该价带中较高的空能级上,从而形成电流,能够导电,所以金属价带又是导带;半金属矿物的价带未填满就开始填入更高能级的导带,造成价带和导带都是部分填充的;半导体和绝缘体的价带都是满带,因此价带电子不能在本能带中跃迁,所以不能形成电流。当加热或光照时,价带中的电子能够跃迁到更高的空带(导带)中,此时可以参与导电。图6-1还显示金属、半金属、半导体至绝缘体的带隙(禁带)宽带依次增加,从而对可见光产生不同的吸收方式。

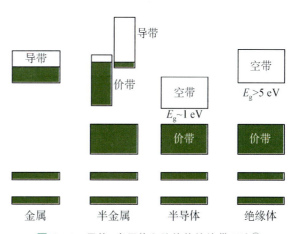

图6-1 导体、半导体和绝缘体的能带理论[③]

---

① 罗谷风:《结晶学导论》,地质出版社1985年版,第196—197页。
② 卢保奇:《四川石棉软玉猫眼和蛇纹石猫眼的宝石矿物学及其谱学研究》,上海大学出版社2009年版,第85页。
③ 朱林繁、彭新华:《原子物理学》,中国科学技术大学出版社2017年版,第316页。

晶体场理论和分子轨道理论中的电子是属于个别原子和分子的，能带理论中的电子不再受到束缚而在整个固体中运动且每个电子的运动是相互独立的。能带理论是相当于基态的"价带"和相当于激发态的"导带"之间的电子跃迁产生的颜色，价带和导带之间的带隙宽度决定着被吸收的可见光范围。一般来说，表 6-1 的可见光能量范围为 1.61—3.18 eV，随着带隙宽度的增加，矿物的颜色变化规律为：黑色（＜0.4 eV）—灰色或白色（0.4—1.61 ev）—红色-橙色-黄色（1.61—3.18 eV）—无色（＞3.18 eV），透明度的变化规律：不透明（＜1.61 eV）—半透明（1.61—3.18 eV）—透明（＞3.18 eV），光泽度的变化规律是：金属光泽（＜1.61 eV）—金刚到半金属光泽（1.61—3.18 eV）—金刚光泽（＞3.18 eV）。由上可见，无论何种理论模式，电子跃迁吸收的能量在可见光范围内才能产生颜色，呈现被吸收频率可见光的补色。

三、颜色定量表征

以往对文物颜色的表征常使用目测法，借鉴地质学术语的定性描述，采用单色法（程度词＋标准色）、二名法（次色＋主色）以及类比法（常见物质颜色相比拟）等三种方法。这种表征法固然有直观的优点，但无法准确描述相近颜色的细微差别，也无法显示颜色变化的程度，因此有必要引入颜色定量表征方式。根据色彩的色相（Hue）、彩度（Saturation）和明度（Value）三要素，已使用的定量表示方法有很多种，如 HSI、HSV、RGB、CMY、CMYK、HSL、HSB、Ycc、XYZ、Lab、YUV 等诸多色彩模型或色彩空间等，Lab 色彩空间是目前最受青睐的测色系统。

需要注意的是，Lab 色彩空间有两个：Hunter Lab 和 CIE $L^*a^*b^*$，前者是三维矩形空间（Lab 是缩写形式），后者三维直角坐标空间（Lab 常为非正式缩写），同一颜色在这两个颜色空间中的数值是不同的。现阶段推荐 CIE $L^*a^*b^*$ 色彩空间，是依据国际照明委员会（CIE）1976 年创建的而一种色彩模式，为区别于 Hunter Lab，可缩写为 $L^*a^*b^*$。$L^*a^*b^*$ 有三个色彩通道，L（Luminosity）通道表示明度，即色彩的明暗、深浅程度，取值范围为 0—100，数值越大，颜色的明度值越大；a 通道表示从深绿（低亮度值）到灰（中亮度值）到亮粉红色（高亮度值），b 通道表示从天蓝色（低亮度值）到灰色到深黄色（高亮度值），取值范围均为-120—120。$L^*a^*b^*$ 色彩空间如图 6-2 所示。

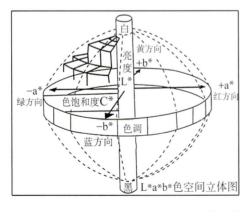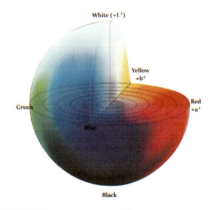

图 6-2　CIE $L^*a^*b^*$ 色彩空间（资料来源：Konica minolta）

四、玉料次生色和玉料沁色

如前所述,颜色作为物质最醒目的光学性质,常用来表征玉料或玉器发生改变的状况。玉料次生色是指玉料成矿之后、成器之前发生风化作用形成的颜色。

以新疆和阗透闪石-阳起石$[Ca_2(Mg,Fe)_5[Si_4O_{11}]_2(OH)_2]$玉料为例,可分为"山料""山流水"和"子料"。"山料"是指产于山上的原生矿,是玉料的原生态,其外层受太阳辐射并与空气、大气水和生物等物质接触,会发生风化作用而形成新的颜色。"山流水"系"山料"经风化剥离后,在适当地方堆积或沉积的玉料,一般距原生矿较近,若被搬运至较远的戈壁滩上,也被称为"戈壁料"。"子料"是"山料"经风化剥蚀、冲刷后,由流水搬运至河流中的玉料,分布在河床及两侧阶地中。"山流水"和"子料"均属于次生矿,在搬运过程中受太阳辐射并与地表水、空气和生物等物质接触,发生风化作用形成新的颜色[①]。

玉料次生色常分布在玉料的外层,多为褐红、褐黄、灰褐、黑色等深色调,形态多种多样,常呈云朵状、脉状、散点状,主要是处于地表氧化条件下玉料中的二价铁氧化为三价铁所致,或是周遭接触环境中的三价铁沿着玉料的微裂隙或颗粒间隙渗透扩散所致。此外,玉料次生色也可呈白色、灰白、浅绿等浅色调,主要是深色区域的铁元素被溶解导致颜色变浅,或者玉料经历溶解和水解等作用导致结构疏松形成白色。

值得注意的是,玉料次生色除了与自然风化作用相关外,还可能与"火烧法"的人类开采和分割过程相关。当玉料次生色为自然形成时,可称为玉料沁色。此外,一些遗址出土玉料的次生色还包括入土埋藏前风化或人类行为形成的颜色以及入土埋藏后风化形成的颜色,可称为出土玉料次生色。同样地,当出土玉料次生色为自然形成时,可称为出土玉料沁色。出土玉料次生色的辨别比较困难,当玉料为山料时,有时可根据次生色仅分布在表面或由表及里分布的特征,将其判定为出土玉料次生色。若该次生色为自然形成时,可称为出土玉料沁色。

五、玉器次生色和玉器沁色

玉器次生色指玉料成器之后因自然或人为因素发生改变所形成的颜色。

玉器次生色分为两类:传世玉器次生色和出土玉器次生色。传世玉器次生色的形成除了与盘摸、处理等人类行为相关,还与地上环境(如温湿度、光照、空气、生物等)的自然行为有关。出土玉器次生色包括玉器入土埋藏之前形成的颜色、玉器入土埋藏之后形成的颜色两种情况。玉器入土埋藏之前形成的颜色与传世玉器次生色的形成机制相似,玉器入土埋藏之后则主要受到地下环境的风化作用,也称受沁,包括物理风化、化学风化以及生物风化等形式。

玉器次生色主要包括白色、黑色、红色、褐色、黄色、绿色、蓝色等。次生色的形成过程常用具体颜色的变化进行表征,如白化、黑化、红化、褐化、黄化、绿化和蓝化等。目前的研究揭示:白化主要与结构疏松变白、白色钙盐沉积渗透的自然变化过程以及火烧变色的人类行为相关,黑化主要与有机碳、铁、锰和汞等物质致色的自然变化过程以及火烧变色的人类行为相关,红化主要与过渡金属铁元素致色相关,黄化和褐化主要与铁、纺织品等物质致色的

[①] 参见唐延龄、陈葆章、蒋壬华:《中国和阗玉》,新疆人民出版社1994年版。

自然变化过程以及火烧变色的人类行为相关,绿化和蓝化主要与过渡金属铜元素致色相关。

一般情况下,玉器沁色是玉器次生色的自然成因,包括黑白系列、红黄系列和绿蓝系列等。

六、玉料沁色和玉器沁色的辨别

出土玉器上的沁色存在两种可能——玉料沁色和玉器沁色,可根据出土位置、接触物质以及次生色分布特征进行综合判别。

(一) 纹饰处有沁色

当玉器纹饰处有沁色时,玉料沁色和玉器沁色均可通过与玉器纹饰的先后关系进行判定,即玉料沁色可被后期纹饰破坏,玉器沁色可破坏前期纹饰。

由图6-3可见,87M7:5玉觿绝大部分发生了白化现象,细致观察可见白化破坏了弦纹(红色箭头所示),显示白化发生在玉料成器之后,同时结合物相结构分析排除白化的人为火烧成因,故该白色应为玉器沁色。

 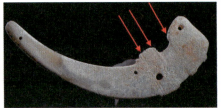

图6-3 河南安阳殷墟蔬菜门市部87M7:5玉觿正反面及纹饰处

(二) 纹饰处无沁色

若玉器纹饰处无沁色时,既可借助玉器的出土位置及埋藏环境等信息加以综合判断(图6-4),又可根据玉器沁色的分布信息加以判断(图6-5和图6-6)。

 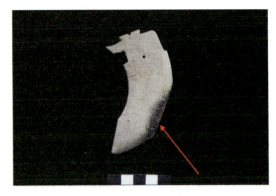

图6-4 山东沂水纪王崮春秋墓M1:54玉戈的出土现场(山东文物考古院郝导华领队提供)

图6-5 河南安阳殷墟后冈71AH M11:1 透闪石戈

图6-4显示M1:54周边环境为青铜器(已移走)和土壤,故在玉器表面存在大量褐色

沁和绿色沁,应为玉器沁色,而非玉料沁色。

图6-6 河南安阳殷墟花园庄东地2001HD M54:421 透闪石管

图6-5显示黑色沁仅分布在片状玉戈的刃缘。图6-6左图显示黄褐色沁分布在圆形玉管的不同区域。图6-6右图显示借助手电筒的反射光和透射光可以判断黄褐色沁仅分布在玉管表面。若黄褐色沁为玉料沁色,当玉料被加工成各种造型的器物后,沁色应是无序分布的,而不是有序分布在玉器表面,因此这种仅分布在玉器表面的沁色,应为玉器入土埋藏后形成的沁色,即玉器沁色。值得关注的是,巧雕玉是玉工将玉料沁色融入创作主题中的特殊种类,沁色常被设

图6-7 山东滕州前掌大出土商代晚期 M120:43 虎(若是巧雕玉,极可能是豹)[①]

计为器物表层外衣,更加突出玉器的造型美,因此该玉料沁色也是有序分布在玉器表面。如图6-7的淡黄色玉器表面布满浅黑色斑点,发掘报告认为是虎造型[②],也有学者认为是猪[③],若古玉利用斑点作巧雕玉,极可能是豹造型。总的来说,巧雕玉易于判断,其他种类玉料沁色和玉器沁色可根据沁色是否仅分布在器物表面加以综合判断。

第二节 变白(白化)

各种颜色变化现象中,白化最受瞩目,原因之一在于其比例最高,而且经常发生在中国古代玉器最重要的两个种类——透闪石-阳起石玉和蛇纹石玉中。其时间涵盖史前至近代,地理分布跨越中国全境——从北方的黑龙江流域到南方的珠江流域、从东部沿海至西部高原均有出土。以透闪石为例,如图6-8所示,白化现象已成为贯穿中国历史时空的出土玉器的普遍现象,白化可以分为两种:部分白化和全器白化。部分白化可以呈点状、片状和面分布;全器白化可以分为表面全器白化和通体全器白化。可根据白化的分布特征将白化程度分为六级:未受沁、微受沁(点分布)、轻度受沁(线分布)、中度受沁(区域分布,包括脉状

[①] 古方:《中国出土玉器全集》(山东卷),科学出版社2005年版,第98页。
[②] 中国社会科学院考古研究所:《滕州前掌大墓地》(上册),文物出版社2005年版,第401页。
[③] 朱乃诚:《夏商时期玉虎的渊源与流变》,《中原文物》2019年第2期。

和片状)、重度受沁(表面全器分布)、烈度受沁(通体分布),若受沁由表及里渗透,则受沁等级相应增加。

一、研究现状分析

根据透闪石-阳起石玉和蛇纹石玉从开采至埋藏的过程,其自然白化机理可分为玉料成器前的风化成因和玉器入土后的受沁成因两类。

(一) 玉料成器之前的自然(风化)白化

1. 透闪石

原生透闪石玉矿也会因风化作用形成白化区域,如 Wilkins(2003)等[①]描述了新西兰透闪石料遭受长期风化后的颜色、组成、可能的重结晶等复杂性,其中酸性、水中氧原子和地形是重要变量。低酸性、氧充足的环境非常有利于褐色羟基化 Fe_2O_3 的积累;强酸性将促使铁溶解,形成一个白色风化区域。风化玉料材质没有发生改变,水含量也没有增加,但 Fe^{3+}/Fe^{2+} 比例增加了。透闪石被损坏的晶体不仅导致物理性质易受改变,而且易受劣化,这一现

山东滕州大韩墓地出土玉柄形饰 M50:87,春秋晚期晚段,部分白化,微受沁(点分布)

陕西凤翔血池遗址出土玉珩 T67165K2:8,战国晚期至西汉早期,部分白化,轻度受沁(点和线分布)

上海佘山林场出土青玉凤戏牡丹纹嵌饰,明代,部分白化,中度受沁(区域分布),摄于松江博物馆

山东沂水纪王崮出土透闪石质玉玦 M1:494-595,春秋时期,部分白化,中度受沁(区域分布)

[①] Wilkins, C. J., Tennant, W. C., Williamson, B. S., et al., "Spectroscopic and Related Evidence on the Coloring and Constitution of New Zealand Jade", *American Mineralogist*, 2004, 88(8-9), pp. 1336-1344.

西藏昌都卡诺遗址出土玉斧,卡诺文化(3300—2300BC)①,部分白化,中度受沁(区域分布)

四川广汉三星堆遗址出土透闪石质玉璋 K1:230,商代,部分白化,重度受沁(表面全器分布)

内蒙古巴林右旗查干诺尔遗址出土勾云形器 00965C010,红山文化,全器白化,烈度受沁(通体分布)

黑龙江饶河小南山遗址出土玉斧 T545 480 M3:3(7200—6600BC),全器白化,烈度受沁(通体分布)

广东增城墨依山遗址出土透闪石质玉环 M70:4,商代,全器白化,烈度受沁(通体分布)

图 6-8 贯穿整个玉器发展史、覆盖中国全境的出土透闪石质玉器白化现象

象不利于致密结构(该结构具有最大晶格能)内二次结合力的形成。地表条件下相对于完全结晶的透闪石或阳起石来说,软玉是处于亚稳态的,这可以解释埋藏玉器靠近潮湿环境的一边会出现大透闪石晶体的生长。此外,透闪石晶体六角密堆积结构的部分缺失会给渗透水留下扩散通道,这也导致透闪石外层的明显风化。一定压力下不规则定向裂缝在软玉生成及随后的过程中会进一步发展,从而可能被白色透闪石或褐色羟基化 Fe_2O_3 等风化物质所填充。

---

① 古方:《中国出土玉器全集》(云南、贵州、西藏卷),科学出版社 2005 年版,第 232 页。

2. 阳起石

Grapes(2010)等[①]研究了新西兰阳起石山料的风化壳,结果显示:风化区域(由内而外依次为白化层和氧化层)密度下降了,SiO_2、MgO、CaO、FeO、Na_2O 和 K_2O 等下降了。Al_2O_3、Fe_2O_3、Cr、Zn、H_2O^+ 和 H_2O^-(吸附水,系由微孔隙增加导致)增加了,TiO_2 和 MnO 几乎没变化,其中除了 Fe_2O_3 和 H_2O 增加幅度达 $1.4\ wt\%$,其他氧化物相对于未风化区域的增加幅度小于 $0.5\ wt\%$。一般来说,在地表所处的 pH=5—8 和氧化条件下,高离子电位的碱金属和碱土金属(如 Na、K、Ca、Mg)非常容易从岩石的硅酸盐或碳酸盐矿物中被淋滤出;相反,Fe、Al、Ti 和 Cr 等具有典型的不可移动性(不溶解),因此它们易在风化岩石中富集。上述趋势反映阳起石溶解是优先沿着颗粒边界、解理面和其他错位进行的,这导致可移动离子(Ca、Mg 和 Si)流失而形成微孔隙,以及不可移动元素(Fe^{3+}、Al 和 Cr)的相对增加,常以铁的氢氧化物薄膜形式沉淀到阳起石的部分淋滤区域(这也阻止了水分扩散)。值得关注的是:相对于 Al_2O_3 来说,除了 Fe_2O_3 和 H_2O^-,所有氧化物都流失了,只是后形成的氧化区域比白化区域流失更多。白化区域(浅绿色和白色)显示高溶解性碱土金属、二氧化硅和晶粒间盐岩的溶解程度,它们会借助水渗透进卵石的一定深度,从而造成孔隙水碱度增加,然后淋滤元素可借助孔隙水的向外扩散如干燥过程中水分蒸发而向外运动。变白区域的颜色精密尺度因此可以反映长期反复干湿的效果、水渗透的不同深度以及由于水平对流和扩散导致可变元素向外迁移的距离。值得重视的是,风化程度(风化层厚度)和风化速率与原始岩石的孔隙度相关(呈指数关系),而不是与矿物溶解增加的空隙相关。同一条件下,干环境下的风化程度比湿环境下低很多。

由上可见,Wilkins 认为强酸性促使铁溶解形成了白色风化区域,而 Grapes 认为白化区域的铁含量并没有减少,而是密度下降了。Grapes 更指出了风化程度不仅与玉料本体的孔隙度相关,还与周边环境的干湿度相关。一般来说,玉料主要分为山料(原生矿)和水料(次生矿),山料的周边环境为空气、大气水和生物等,水料的周边环境为地表水、空气和生物等;当玉料成器入土埋藏后,其周边环境将演变为土壤、地下水和生物等。因此,不同环境的风化过程都离不开水的作用,大气水、地表水、土壤水和地下水是循环的,且不同水之间存在相互转化的关系。此外,土壤、地表水、地下水中均含有氧气、氮气和二氧化碳等气体,由此可见,玉料成器之前的周遭环境和成器入土之后的埋藏环境存在一定的相似性,故白化区域的特征和形成机制均具有一定的相近性。

考虑到古人采集玉料制作成器物主要是利用和展现其材质美,实现装饰、礼仪和丧葬等功能,因而先民针对白化玉料的使用是慎重的,一般会选择避开白化区域。不过,早期社会由于透闪石-阳起石玉料的珍贵性,不排除一些白化呈点状或片状的小面积分布的玉料被先民选择制作成器物。因此考古发掘出土的部分白化玉器不能排除入土之前即已白化的可能性,如何进行分辨已在前节作了必要的辨析,如根据白化是否仅分布在表面或由表及里逐步深入的特征帮助我们分辨出自然白化的大致形成时间,即玉料本身(玉料成器之前)的自然白化或玉器(玉料成器之后)入土埋藏的受沁白化。此外,个别学者也关注此问题,如

[①] Grapes, R. H., Yun, S. T., "Geochemistry of a New Zealand Nephrite Weathering Rind", *New Zealand Journal of Geology and Geophysics*, 2010, 53(4), pp. 413-426.

Cook(2013)[①]观察到 4 件博物馆藏透闪石古玉器(1 件藏于北京故宫博物院,3 件藏于加拿大安大略博物馆)和 2 件来源于市场透闪石玉器的表面都有突起的(白色或其他颜色)次生晶体,其中一些纹饰雕刻线穿过该类晶体,表明该玉器在加工之前即形成了此突起次生晶体。复旦大学玉器组通过对大量出土玉器的实地调查研究,发现不少白化区域的纹饰变得模糊,表明白化是在玉料加工成器之后形成的。若排除人工变白的可能性,这类玉器的白化是在入土埋藏之后形成的。

(二) 玉料成器之后的自然(受沁)成因

1. 清晚期至民国的认识

早期古玉收藏者常用成因来描述不同颜色的沁色,如清·徐寿基的《玉谱类编》(1889年)[②]认为玉在土中与物相附久即沁,入其黄者系黄土沁、松香沁,青者为青土沁、铜青沁,绿者为铜绿沁,白者为石灰沁等。他们认为玉器入土埋藏后器表或孔隙中会附着一些白色粉末,或者器表形成一层白色包浆,这些白色物质是石灰所致,故名"石灰沁",也因化学成分上属于钙质,故后又称为"钙化"。该白化成因说由来已久且流传甚广,但一些人士很早提出了不同观点,如清代陈性《玉纪》(1839 年)[③]即载"有受石灰沁者,其色红(色如碧桃),名曰孩儿面(其复原时,酷似碧霞玺宝石)",清末民初唐荣祚在《玉说》(1890 年)[④]也持相同观点。刘大同在《古玉辨》(1940 年)[⑤]中对此进行了区分,即"盖以石灰沁,玉变红色,与受地火之玉,色皆变白者不同,故不能袭谬沿讹,通名之曰石灰沁也"。不过,蔡可权在《辨玉小识》(1918 年)[⑥]中认为"石灰沁。玉初出土时,玉色似石灰而微黄或微黑",并认为盘摸变红色是因为"沁入石灰时,杂有朱砂等质"。凡此种种,莫衷一是,但上述这些早期文献显示了白化受沁成因的两种常见观点:石灰说和地热说。值得一提的是,李凤公撰《玉纪正误》(1925 年)[⑦]首次利用现代矿物学知识对受沁成因进行了探讨,指出受沁是地中热力蒸发造成玉的硅酸盐结构溶解,使得外物可以自然侵入。不同的金属元素(金、银、铜、铁、锡、锌、钴、锰)侵入后会形成不同颜色(红、蓝、黄、绿、赤、黑、紫)。从今天的观点看,不乏真知灼见,如过渡金属元素导致沁色。

2. 透闪石-阳起石玉的受沁机制研究

(1) 出土实物研究

20 世纪中后期,一些地质学者介入白化玉器研究,认为白化现象缘自古玉埋藏后的受沁过程。1974 年,美国宾夕法尼亚大学地质系 Gaines 和 Handy[⑧]采用 XRD 和 SEM 对法布罗科学博物馆藏的部分白化软玉进行了观察分析,XRD 结果显示软玉受沁变白后物相组成

[①] Cook, F. A., "Raised Relief on Nephrite Jade Artifacts: Observations, Explanations and Implications", *Journal of Archaeological Science*, 2013, 40(2), pp. 943 – 954.
[②] 宋惕冰、李娜华:《古玉鉴定指南》,北京燕山出版社 2009 年版,第 148 页。
[③] 同上书,第 172 页。
[④] 同上书,第 163—164 页。
[⑤] 同上书,第 323 页。
[⑥] 同上书,第 305 页。
[⑦] 桑行之:《说玉》,上海科学教育出版社 1993 年版,第 83—84 页。
[⑧] Gaines, A. M., Handy, J. L., "Alteration of Chinese Tomb Jades: A Mineralogical Study", U. S. A. Geological Society, Miami Meeting, 1974; Gaines, A. M., Handy, J. L., "Alteration of Chinese Tomb Jades: A Mineralogical Study", *Nature*, 1975, 253, pp. 433 – 434.

未变,SEM观察显示未受沁的软玉表面是致密和平滑的,而受沁的软玉表面可见较疏松的、毛毡状排列的针形透闪石晶体。同时,他们将抛光软玉试样在室温下的氢氧化铵碱溶液里浸泡数周,结果显示软玉很容易变成不透明的灰白色,与白化古玉的受沁特征相似。Gaines和Handy据此认为白化现象缘自碱性环境下沿颗粒边缘的全等溶解(Congruent dissolution),墓葬的碱性环境系尸体腐烂造成的;受沁容易发生在自由取向的透闪石晶体、裂隙以及未抛光表面等微结构处,且反应速率较快;受沁程度与埋藏时间无关,受沁速率既与软玉的微观结构有关,又与软玉和周边物质的接触程度和持续时间相关;受沁会引起颜色、透明度、硬度和反射率等发生变化,但并非变质,故"钙化"和"火烧"都是错误的。1978年之后,中国地质学者开始介入出土玉器的科学研究,如郑建、闻广等,他们关于受沁古玉性状特征的基本观点与Gaines和Handy的工作相似,但在细节方面有深入探讨,如受沁后,铁和镁的占位比率稍有降低或基本未变;受沁古玉的纤维粗细无明显变化,但结构有松弛趋势,古玉由半透明变为不透明以至退色变白,可能与此相关,其原理类似于冰与雪的差异,即冰与雪都是固态的水,冰因致密而透明,一旦含有杂质便易呈一定色调,而雪因疏松而不透明,即便含有少量杂质却仍能呈现白色[1];受沁古玉的比重和硬度将显著降低,因此通常用于确定古玉材质的比重法和硬度法,并不适用于受沁古玉(有关比重法的观点值得商榷)[2]。20世纪90年代中后期,一些台湾地质学者[3]也介入白化玉器的研究,对白化玉器的性状进行了细致描述,如台湾卑南玉器的白化是极小裂痕所致,与丰田透闪石-阳起石玉料外层璞的白色成因相似,即是组成矿物晶体组织的纤维密度改变所造成。谭立平认为土壤中存在的碳酸气以及尸体腐烂产生的亚摩尼亚(氨气)均可能造成透闪石-阳起石玉的白化现象。

2000年之后,中国科学技术大学玉器组王昌燧教授、冯敏老师、王荣和高飞[4]开始研究出土玉器,最初采用静水密度法对69件安徽史前薛家岗古玉进行了材质鉴定(58件透闪石-阳起石、3件蛇纹石、6件绢云母和2件玛瑙),发现除绢云母器和玛瑙器外(孔隙度均为0%,表明这两种材质抗风化能力强),绝大多数透闪石-阳起石和蛇纹石质古玉样品一入水中,便立即冒出大量气泡,表明看似保存状态完好的古玉内部孔隙度较大,已非常疏松。将古玉样品静置在水中直至没有气泡产生,此时电子天平的测量数值达到稳定,表明玉器内部孔隙中的空气全部排出。记下电子天平最终的稳定数据,计算所得的测试古玉比重值均落在相应玉种的比重理论值范围之内,这说明只要彻底排除玉器内部所含空气影响,完全可采用比重法测试严重风化玉器的比重,并准确鉴定其物相或玉种。但此法无疑会对受沁古玉造成不可逆的进一步破坏,因此迅即被摒弃使用。不过该法可以用来计算孔隙度(见公式1),定量判断受沁程度,或可使用在残破件上。

公式1—— 孔隙度 $= \dfrac{V_{饱水} - V_{干水}}{V_{饱水}} \times 100\%$,换算成质量,孔隙度 $= \dfrac{M_{干水} - M_{饱水}}{M - M_{干水}} \times 100\%$,M是样品实际质量,$M_{干水}$是样品刚放入水中的质量,$M_{饱水}$是指空气全部排出之后的样品质量。

---

[1] 闻广:《古玉丛谈(六)——古玉的受沁》,《故宫文物月刊》1994年第3期。
[2] 闻广:《中国古玉的研究》,载于《科技考古论丛》编辑组:《科技考古论丛——全国第二届科技考古学术讨论会论文集》,中国科学技术大学出版社1991年版,第43页。
[3] 钱宪和、谭立平:《中国古玉鉴——制作方法及矿物鉴定》,地球出版社1998年版。
[4] 高飞:《薛家岗出土玉器的材质特征研究》,中国科学技术大学硕士学位论文,2006年。

58 件薛家岗文化透闪石-阳起石玉器经过孔隙度测试,结果为 1%—27%,其中 5 件孔隙度小于等于 5%,5 件孔隙度在 5%—10%范围,37 件孔隙度在 10%—20%范围,11 件孔隙度大于 20%,表明透闪石-阳起石玉器经过长期地下埋藏后,结构易变得疏松,孔隙度相应增大。此后,冯敏和王荣(2007)[①]发现白化玉器普遍存在着外层(薄至几微米,有的厚达数毫米)的透明度、硬度和致密度均大于内层的"外紧内松"现象,推测该类玉器经过了风化淋滤和渗透胶结的受沁过程。Cook(2013)[②]采用岩相观察和电子显微探针对 2 件玉器(非博物馆藏品)进行了分析研究,结果显示突起物主要是透辉石、透辉石风化成的透闪石以及透辉石或透闪石风化成的粘土矿物或云母。粗粒透闪石的氧化亚铁含量比基体细粒透闪石高,因此由透辉石风化或生长形成的透闪石会伴随着铁含量的稍微增加。透闪石-阳起石玉是易于水合的,当水进入玉器,可因次生生长在透辉石或透闪石周围形成水合物相(粘土矿物和云母),这种转变会导致体积增加,从而推动透辉石或透闪石晶体突出表面,即化学风化和机械抬升的联合作用造成了次生晶体的突起。中国地质大学朱勤文教授(2015)[③]对沁色对玉器质地的影响进行了总结,表明:一是受沁程度不同影响玉器表观颜色的程度不同,受沁程度越严重,对表观颜色的改变越大;二是受沁程度越深则玉器的光泽和透明度越差,光泽的变化一般呈现玻璃光泽—亚玻璃光泽—油脂光泽—蜡状光泽—土状光泽的变化,透明度的变化一般呈现透明—亚透明—半透明—不透明的变化;三是受沁程度越深孔隙度增大,相应地密度和硬度降低,如严重受沁的透闪石质玉器,其摩氏硬度一般小于 5.5,最低可到 4;四是受沁不影响出土玉器的主要矿物组成,玉石种类也不变化,只是有的玉器局部可产生化学元素种类和含量的变化。

(2) 模拟实验研究

上述研究中出土白化玉器的表面性状和显微结构的观察和分析是基本一致的,显示出土白化玉器的受沁成因具有一定类似性。即玉器入土后与周边埋藏环境的尸体、有机质以及土壤等接触时将处于非热力学平衡状态,因此会发生一系列的化学反应,其中碱性说和酸性说成为两种主要观点。Gaines 和 Handy(1974)最早肯定碱性说、否定酸性说,其依据在于早期(1940 年和 1967 年)的模拟实验显示透闪石在 pH=3—8 溶液中的溶解度是最低的,且在酸性水溶液中是缓慢的不全等溶解,最终会残留固态的二氧化硅;而透闪石在碱性溶液中是快速的全等溶解。值得关注的是,后期许多透闪石的模拟实验显示出不同结果,表明透闪石的溶解行为是复杂的。透闪石的模拟溶解实验主要着眼于三个方面。

① 透闪石的溶解速率研究

Scott(1981)[④]将不含铁的透闪石置于 pH=1 和 6、20℃和 60℃的水溶液中 2—40 天,结果显示,透闪石矿物的最外层表面优先溶解 Ca,其次是 Mg 和 Si,它们最初是快速地以不均匀速率进行不全等溶解,然后才以一定速率进行全等溶解;pH=6 时阳离子流失很少,H^+ 取代 Ca^{2+} 和 Mg^{2+} 形成的表面淋滤层仅几个原子厚度(5—15 埃)。透闪石溶解速率与 pH

[①] 王荣:《古玉器受沁机理初探》,中国科学技术大学博士学位论文,2007 年。
[②] Cook, F. A., "Raised Relief on Nephrite Jade Artifacts: Observations, Explanations and Implications", *Journal of Archaeological Science*, 2013, 40(2), pp. 943-954.
[③] 朱勤文、蔡青、曹妙聪等:《浅析出土软玉质玉器的沁对玉质鉴定的影响》,《宝石和宝石学杂志》2015 年第 6 期。
[④] Schott, J., Berner R. A., Sjoberg, E. L., "Mechanism of Pyroxene and Amphibole Weathering—I. Experimental Studies of Iron-free Minerals", *Geochimica et Cosmochimica Acta*, 1981, 45(11), pp. 2123-2135.

值的依赖指数接近 0($n=0.11$)。Mast(1987)等[1]也认为透闪石溶解速率在 pH=2—5 时与 pH 值无关($n=0$),在 pH=7—9 时溶解速率降低。Ca 和 Mg 最初都是大量溶解,之后则是长期的全等溶解。自然状态下有机酸对透闪石的溶解不会产生影响。Bhattacherjee(1992)等[2]将透闪石粉末样品置于酸和碱溶液中。酸性溶液中,在淋滤 7 小时后,Ca 和 Mg 从样品表面析出,留下了富硅氧(Silica)的表面层,Ca^{2+} 水合能大于 Mg^{2+} 使得 Ca 比 Mg 易于溶解;碱性溶液中,硅氧(Silica)被优先析出,其速率高于 CaO 和 MgO,导致更多硅酸盐表面的溶解。Scott(1981)和 Mast(1987)的溶解速率具有相似性,但 Rozalen(2014)[3]的溶解实验显示不同结果,Rozalen 将透闪石粉末样品浸泡在 pH=1—13.5 的缓冲溶液中 30—35 天,结果显示:pH=1—6 时,透闪石溶液速率随着 pH 增加而减小;pH=6—8 时,溶解速率达到最小[此点与 Scott(1981)和 Mast(1987)相同];pH>8 时,溶解速率随着 pH 增加而增大。Ca、Mg 和 Si 在不同 pH 下的溶解行为是不同的,13≥pH≥1 时的 Ca、10>pH≥3 时的 Mg 和 pH≥6 时的 Si 均先快速溶解,然后趋于稳定。pH≥8 时 Si 优先于 Ca 和 Mg 溶解,pH<8 时则反之。此观点与 Bhattacherjee(1992)相同。Diedrich(2014)[4]认为透闪石的溶解速率较镁橄榄石(岛状硅酸盐)和顽火辉石(单链状硅酸盐)低几个数量级,滑石(层状硅酸盐)的溶解速率介于顽火辉石和透闪石之间;透闪石中的 Ca 是优先溶解的且持续很长时间(见注释),促使透闪石断裂成小的针形颗粒(富 Mg-Si 的纤维),经过一段时间的溶解后 Mg/Si 恒定;透闪石在平衡前的溶解速率正比于硅氧四面体的破坏速率。

② 透闪石形态和溶解行为的关系研究

Bhattacherjee(1992)等[5]在透闪石的粉末化过程中发现 XRD 明显发生了变化,表明研磨过程中透闪石不仅经历了形态方面的变化,还经历一些可能影响化学风化反应速率的转变。SEM 分析显示纤维状的透闪石样品在研磨过程中,长纤维破碎成小片状晶体。经过 24 小时研磨,透闪石平均纤维长度减少为大约 2—5 μm。王荣(2007)[6]的模拟实验显示透闪石块状玉料在酸性环境下的 Si 流失量小于碱性环境,但是粉末玉料酸性环境的 Si 流失量却大于碱性环境;透闪石块状玉器在酸碱环境下的流失量为 Si>Ca>Mg,而粉末态透闪石在酸碱环境下的流失量是 Ca>Mg>Si,显示透闪石的形态与溶解行为是相关且复杂的,① 部分

---

[1] Alisa M. M., Drever, J. I., "The Effect of Oxalate on the Dissolution Rates of Oligoclase and Tremolite", *Geochimica et Cosmochimica Acta*, 1987, 51(9), pp. 2559-2568.

[2] Bhattacherjee, S., Paul, A., "Correlation Between Chemical Corrosion and Structural Variations in Fibrous Tremolite", *Journal of Materials Science*, 1992, 27(3), pp. 704-710.

[3] Rozalen, M., Ramos., M. E., Gervilla, F., et al., "Dissolution Study of Tremolite and Anthophyllite: pH Effect on the Reaction Kinetics", *Applied Geochemistry*, 2014, pp. 46-56.

[4] Diedrich, T., Schott, J., Oelkers, E. H., "An Experimental Study of Tremolite Dissolution Rates as a Function of pH and Temperature: Implications for Tremolite Toxicity and Its Use in Carbon Storage", *Mineralogical Magazine*, 2014, 78(6), pp. 1449-1464. 在 pH=4.3、37℃和50℃的条件下,溶解最初期,Ca 和 Mg 的溶解速率约比 Si 快一个数量级,然后 Mg 减速至 Mg/Si 恒定(需 25 天),此时 Ca 的溶解速率始终比 Mg 和 Si 快 0.6 个数量级;在 pH=6.9、37℃的条件下,最初 Mg/Si 恒定,Ca 的溶解速率比 Mg 和 Si 快一个数量级,当 Si 达到恒定时,Mg 的溶解速率上升,大约比 Si 快 0.3 个数量级。

[5] Bhattacherjee, S., Paul, A., "Correlation between Chemical Corrosion and Structural Variations in Fibrous Tremolite", *Journal of Materials Science*, 1992, 27(3), pp. 704-710.

[6] 王荣、冯敏、王昌燧:《古玉器化学风化机理初探之一——粉末态模拟实验》,《岩石矿物学杂志》2007 年第 2 期;王荣、冯敏、金普军等:《古玉器化学风化机理初探之二——块状模拟实验》,《岩石矿物学杂志》2007 年第 3 期。

讨论的Ca、Mg和Si等离子的溶解速率和流失量不成正比关系。

③ 透闪石酸碱溶解的白化效果比较研究

刘金龙(2006)[①]、王荣(2007)和张亚楠(2011)[②]的模拟实验均显示透闪石泡酸比泡碱的白化效果明显很多，虽然酸会对透闪石产生脱水作用，但仍为透闪石物相。同时，针对南方地区的白化玉器比北方地区普遍且严重的考古出土现象，根据中国"南酸北碱"的地域特征，王荣(2007)通过酸碱浸泡模拟实验表明酸性环境下透闪石玉和蛇纹石玉的主量元素流失量均大于碱性环境，质地相对疏松的透闪石玉和蛇纹石玉在酸性与碱性环境中的主量元素流失量均大于结构致密的透闪石玉和蛇纹石玉，显示玉器受沁程度与埋藏环境（外因）和玉料自身结构（内因）密切相关。

3. 蛇纹石玉的受沁机制研究

(1) 出土实物研究

与透闪石玉呈现的白化特征类似，出土的蛇纹石玉器也常呈现白化现象。闻广先生(1993)[③]最早注意到该现象，认为系受沁成因，且同一遗址中蛇纹石玉的受沁程度较透闪石玉严重，这一认识在其后的许多遗址中得到证实，如河南平顶山应国墓地[④]、河南安阳殷墟遗址[⑤]、湖北随州叶家山西周墓地[⑥]等。林泗滨(1996)等[⑦]认为蛇纹石古玉的白化机理主要有蛇纹石的溶解与移位再结晶（粉化作用）、蛇纹石的原位再结晶作用和蛇纹石被取代转化成其他更稳定矿物（取代转化作用）三类。绿色调古玉在地下埋藏过程中随着风化程度增加，将依次变为青灰、绿灰或紫褐、绿褐、黄绿灰、绿白、黄白，最后呈灰白色。古玉风化后的矿物组成变化甚微（可能会形成微量的褐铁矿、石英、绿泥石等次生矿物），但组织结构大部分细粒化，即原生的蛇纹石单晶会分解成众多的次生蛇纹石细晶粒，因而产生大量的粒间空隙，使光线全反射而呈白色。其间，较多的铁质会形成次生褐铁矿，使古玉局部呈现青绿褐至黄褐灰色。此外，化学组成与矿物组成、组织结构的变化相对应，即钙、硅、镁流失，铁、铝成分增加。上述研究显示蛇纹石玉和闪石玉的白化机理相似，均系结构疏松导致光学呈色的变化。2000年之后，冯敏和王荣等发现蛇纹石古玉也存在"外紧内松"的结构分层现象，2003年对安徽潜山薛家岗文化遗址出土的完整玉器进行了孔隙度测试，结果显示3件蛇纹石玉的孔隙度分别为2.9%、21.3%和23.9%[⑧]，表明蛇纹石玉经过长期的地下埋藏后，尽管外表呈现的保存状态良好，但内部结构已变得疏松，故孔隙度相应增大。也进一步说明"外紧内松"现象存在于众多出土蛇纹石玉器中，应关注其形成机理和科学保护。其后，冯敏(2005)[⑨]对凌家滩蛇纹石古玉的分层结构现象进行了细致剖析，发现蛇纹石古玉的外层厚度

[①] 刘金龙：《闪玉仿古实验之白化生成机制探讨》，台北科技大学硕士学位论文，2006年。
[②] 张亚楠：《古玉白沁作伪方法研究》，中国地质大学（北京）硕士学位论文，2011年。
[③] 闻广、荆志淳：《福泉山与崧泽玉器地质考古学研究——中国古玉地质考古学研究之二》，《考古》1993年第7期。
[④] 王荣、冯敏、陈启贤等：《河南平顶山应国玉器的分析测试研究》，《中原文物》2008年第6期。
[⑤] 王荣、唐际根、何毓灵等：《殷墟透闪石和蛇纹石玉器自然白化现象研究——兼谈重识"钙化"现象》，《南方文物》2018年第3期。
[⑥] 闵梦羽、黄凤春、罗泽敏等：《湖北随州叶家山西周曾国墓地出土玉器的玉质研究》，《宝石和宝石学杂志》2017年第1期。
[⑦] Lin, S. B., Tsein, H. H., Tan, L. P., "Mineralogical Properties and Secondary Alterations of Serpentine Archaic Jades", *Acta Geologica Taiwanica*, 1996, 32, pp. 149-168.
[⑧] 高飞：《薛家岗出土玉器的材质特征研究》，中国科学技术大学硕士学位论文，2006年。
[⑨] 王荣：《古玉器受沁机理初探》，中国科学技术大学博士学位论文，2007年。

可达 1—2 mm,推测蛇纹石玉在入土埋藏后经历了风化淋滤阶段和渗透胶结阶段,从而形成了内外显著分层的"外紧内松"现象。同时,由于埋藏环境 Fe 和 Al 物质的渗透胶结导致蛇纹石外层的 Fe 和 Al 成分含量增加。

(2) 模拟实验研究

① 蛇纹石的溶解过程研究

除了从出土玉器本体上对白化蛇纹石古玉的物化性质和显微结构等进行观察分析,并在此基础上探讨可能的白化机制,蛇纹石的溶解模拟实验也对白化机制探讨有所裨益。Dessert(2003)[①]认为镁铁矿物在自然风化和溶解过程中均需要消耗大量的 CO_2,故镁铁硅酸盐常用来应对温室效应,通过固碳以及矿物的碳酸化作用来减少大气中的 CO_2。因此,蛇纹石的溶解实验常在含 CO_2 的酸性环境下进行,可供酸性埋藏环境下蛇纹石古玉的白化机制研究参考。首先,从蛇纹石离子的溶解速率来看,Luce(1972)[②]揭示蛇纹石最初溶解时表面的 Mg^{2+} 和 H^+ 的交换是很快的,之后是内层 Mg^{2+}、Si^{4+} 与 H^+ 的长期交换和析出过程。Mg^{2+} 的扩散系数大于 Si^{4+} 的扩散系数,导致最初的非全等溶解,经过一定时间达到按照 Mg 和 Si 的化学计量进行的全等溶解。酸性环境会导致溶解速率加快,且达到全等溶解的过程缩短。类似的模拟实验开展很多,其实验对象针对不同的蛇纹石亚类,但研究结果都是相似的,如 Tartaj(2000)[③]的模拟实验也显示由于 Mg^{2+} 的溶解速率大于 Si^{4+},利蛇纹石最初溶解时并不是按照化学计量进行全等溶解的,导致蛇纹石表面 Si 的富集,同时带来表面电荷的增加。上述模拟实验表明蛇纹石遵循硅酸盐矿物溶解的一般特点,即溶解之初表面阳离子和氢离子进行快速交换,之后则是一个较慢的硅酸结构破坏过程。不过,Feng(2013)[④]指出蛇纹石的羟基比 Mg^{2+} 更容易溶出,因此蛇纹石矿物离子的溶出速率应为:$OH^- > Mg^{2+} > Si^{4+}$,其溶解过程如方程式所示[⑤]:

$$Mg_3Si_2O_5(OH)_4 + 6H^+ \rightleftharpoons 3Mg^{2+} + 2H_4SiO_4 + H_2O$$

这个反应分为两步:第一步,氢氧化镁层的快速淋滤;第二步,硅氧层的相对慢速溶解,最后形成可溶性的 Mg^{2+} 和无定形氧化硅(Silica)[⑥]。值得关注的是,Fe 常类质同象取代八面体结构中的 Mg 和四面体结构中的 Si,Al 常取代四面体结构中的 Si。对于层状硅酸盐而言,四面体中离子的浸出难度一般是大于八面体中的离子,故从离子溶解的难易程度看,由易至难依次为 $Mg^{2+} < Fe^{2+} < Al^{3+}$。综合可见,蛇纹石离子的溶出速率为:$OH^- > Mg^{2+} > Fe^{2+} > Al^{3+} > Si^{4+}$。

---

① Dessert, C., Dupré, B., Gaillardet, J., et al., "Basalt Weathering Laws and the Impact of Basalt Weathering on the Global Carbon Cycle", *Chemical Geology*, 2003, 202(3-4), pp. 257-273.

② Luce, R. W., Bartlett, R. W., Parks, G. A., "Dissolution Kinetics of Magnesium Silicates", *Geochimica et Cosmochimica Acta*, 1972, 36(1), pp. 35-50.

③ Tartaj, P., Cerpa, A., García-González, M. T., et al., "Surface Instability of Serpentine in Aqueous Suspensions", *Journal of Colloid and Interface Science*, 2000, 231(1), pp. 176-181.

④ Feng, B., Lu, Y. P., Feng, Q. M., et al., "Mechanisms of Surface Charge Development of Serpentine Mineral", *Transactions of Nonferrous Metals Society of China*, 2013, 23(4), pp. 1123-1128.

⑤ Stumm, W., *Chemistry of the Solid-Water Interface*, New York: Wiley-Interscience Publication, 1992, pp. 523-598.

⑥ Hume, L. A., *The Discussion Rate of Chrysotile*, the Thesis of Master Degree, Virginia Polytechnic Institute & State University, 1991.

② 蛇纹石的溶解速率及控制因素研究

Baumeister(2015)[1]认为硅酸盐矿物的风化难易程度,由易至难依次为富 Fe 透辉石、叶蛇纹石、富镁利蛇纹石、富铝利蛇纹石等,可见某些无羟基矿物比含羟基矿物易风化,叶蛇纹石比利蛇纹石易于风化。Daval(2013)[2]进一步指出利蛇纹石的溶解速率比无水碱性硅酸盐(如橄榄石、辉石等)低几个数量级。至于蛇纹石溶解速率的控制因素,观点较多,如 Lin(1981)[3]和 Diedrich(2014)[4]认为蛇纹石溶解速率的控制因素取决于硅四面体的破坏速度;Schulze(2004)[5]认为溶解速率受含镁无定形富硅层(厚度 40—100 nm)中的 Mg 扩散控制;Carey(2003)[6]认为纯水和简单盐溶液中,利蛇纹石溶解是很少的,速率取决于溶解速率和沉淀速率的共同作用;Teir(2007a)[7]认为先取决于化学反应速率,然后是反应层扩散速率;Wang(2011)[8]认为系化学反应速率(即溶解速率)和反应层扩散速率共同控制;Daval(2013)[9]认为 pH=3.2—6.2 的酸性环境下,利蛇纹石的溶解速率首先取决于表面 H^+ 浓度;Park(2003)[10]、Teir(2007a、2007b)[11]和 Wang(2011)[12]认为蛇纹石表面形成的无定形氧化硅(Silica)以及铁的氢氧化物层将阻止蛇纹石进一步反应。此外,Alexander(2007)[13]认为蛇纹石矿物的颗粒尺寸能提高溶解速率,如小于 163 μm 的粉末能显著提高溶解速率。

总的来说,蛇纹石的溶解速率与 pH 值、颗粒尺寸、比表面积、温度等因素相关,其中酸

---

[1] Baumeister, J. L., Hausrath, E. M., Olsen, A. A., et al., "Biogeochemical Weathering of Serpentinites: An Examination of Incipient Dissolution Affecting Serpentine Soil Formation", *Applied Geochemistry*, 2015, 54, pp. 74–84.

[2] Daval, D., Hellmann, R., Martinez, I., et al., "Lizardite Serpentine Dissolution Kinetics as a Function of pH and Temperature, Including Effects of Elevated pCO_2", *Chemical Geology*, 2013, 351, pp. 245–256.

[3] Lin, F. C., Clemency, C. V., "The Dissolution Kinetics of Brucite, Antigorite, Talc, and Phlogopite at Room Temperature", *American Mineralogist*, 1981, 66(7–8), pp. 801–806.

[4] Diedrich, T., Schott, J., Oelkers, E. H., "An Experimental Study of Tremolite Dissolution Rates as a Function of pH and Temperature: Implications for Tremolite Toxicity and Its Use in Carbon Storage", *Mineralogical Magazine*, 2014, 78(6), pp. 1449–1464.

[5] Schulze, R. K., Hill, M. A., Field, R. D., et al., "Characterization of Carbonated Serpentine Using XPS and TEM", *Energy Conversion and Management*, 2004, 45(20), pp. 3169–3179.

[6] Carey, J. W., Lichtner, P. C., Rosen, E. P., et al., "Geochemical Mechanisms of Serpentine and Olivine Carbonation", In 2nd Annual Conference on Carbon Sequestration, 2003.

[7] Teir, S., Kuusik, R., Fogelhohn, C. J., et al., "Production of Magnesium Carbonates from Serpentinite for Long-term Storage of CO_2", *International Journal of Mineral Processing*, 2007, 85(1–3), pp. 1–15.

[8] Wang, X. L., Maroto-Valer, M. M., "Dissolution of Serpentine Using Recyclable Ammonium Salts for CO_2 Mineral Carbonation", *Fuel*, 2011, 90(3), pp. 1229–1237.

[9] Daval, D., Hellmann, R., Martinez, I., et al., "Lizardite Serpentine Dissolution Kinetics as a Function of pH and Temperature, Including Effects of Elevated pCO_2", *Chemical Geology*, 2013, 351, pp. 245–256.

[10] Park, A. H. A., Jadhav, R., Fan, L., "CO_2 Mineral Sequestration: Chemically Enhanced Aqueous Carbonation of Serpentine", *Canadian Journal of Chemical Engineering*, 2003, 81(3–4), pp. 885–890.

[11] Teir, S., Revitzer, H., Eloneva, S., et al., "Dissolution of Natural Serpentinite in Mineral and Organic Acids", *International Journal of Mineral Processing*, 2007, 83(1–2), pp. 36–46.

[12] Wang, X. L., Maroto-Valer, M. M., "Dissolution of Serpentine Using Recyclable Ammonium Salts for CO_2 Mineral Carbonation", *Fuel*, 2011, 90(3), pp. 1229–1237.

[13] Alexander, G., Maroto-Valer, M. M., Gafarova-Aksoy, P., "Evaluation of Reaction Variables in the Dissolution of Serpentine for Mineral Carbonation", *Fuel*, 2007, 86(1–2), pp. 273–281.

碱性因素颇为重要，Teir(2007b)更指出碱性环境不能溶解可观测的 Mg 和 Fe；王荣(2007)[①]的模拟实验显示蛇纹石泡酸(pH=5.4 缓冲溶液)比泡碱(pH=8.6 缓冲溶液)的白化效果明显很多，蛇纹石粉末玉料和块状玉料在酸性环境下的 Mg 和 Si 流失量大于碱性环境。粉末态玉料的 Mg 流失量大于 Si，块状态玉料的 Mg 流失量在酸碱环境下都是小于 Si 的。Krevor(2011)[②]认为中性酸盐均可以促进蛇纹石溶解，如乙二胺四醋酸盐、柠檬酸盐、草酸盐的增强能力均高于醋酸盐，而无机盐的增强效果一般。此外，柠檬酸盐和草酸盐的有机阴离子对蛇纹石的溶解作用是酸性环境下 H^+ 增强能力的 3 个数量级。Yao(2013)[③]认为微生物分解的有机酸和配合基均能促进蛇纹石的溶解，但 Mg/Si 的比率在有机和无机环境中是相同的。蛇纹石的非全等溶解造成了非晶态物质的形成。

二、白化机制研究

(一) 研究方法简介

本节及本章的研究方法包括玉器表观性质(颜色、光泽度)、物相结构(拉曼光谱、XRD)、化学成分(XRF、PIXE)、微观形貌(SEM)、价态分析(XPS)和酸碱度分析。

1. 便携式积分球形分光测色计

使用美国柯尼卡美能达公司生产的 CM-2300d 型测色计，测试出土玉器颜色的 L*a*b* 值以及相对光泽度值。L*a*b* 色彩模型是由照度(L*)和有关色彩的 a*、b* 三个要素组成。L* 表示明度(Luminosity)，即颜色的亮度，值域由 0 到 100；a* 表示从红色至绿色的范围，b* 表示从黄色至蓝色的范围，值域都是由+120 至-120。其中+120 a 是红色，逐渐过渡到-120 a 变为绿色。同理，+120 b 是黄色，-120 b 是蓝色。该项颜色数值是对肉眼观察颜色特征的定量表征。该设备同时能获得测色区域的相对光泽度(单位 Gs)。

2. 便携式拉曼光谱仪(Raman)

图 6-9 黑龙江饶河县博物馆对小南山出土玉器进行拉曼光谱分析(自左至右依次为主机、显微系统、数据采集)

便携式拉曼光谱仪系美国必达泰克公司(BWTEK)生产的 I-Raman，激光波长为 785 nm，分辨率为 4 cm^{-1}，光谱范围为 65—3 200 cm^{-1}。本次拉曼测试的物镜倍数为 20×，积分时间设置为 10 s。该仪器既可以使用光纤探头将激光直接辐照在玉器表面，从而不受样品形状和大小的限制；也可以将光纤与显微镜连接进行玉器的微区域分析(如图 6-9)。显微拉曼采样系统标配 20× 物镜，笔者增配了 40× 和 60× 物镜，用于对

---

① 王荣、冯敏、王昌燧:《古玉器化学风化机理初探之一——粉末态模拟实验》,《岩石矿物学杂志》2007 年第 2 期；王荣、冯敏、金普军等:《古玉器化学风化机理初探之二——块状模拟实验》,《岩石矿物学杂志》2007 年第 3 期。
② Krevor, S. C. M., Lackner, K. S., "Enhancing Serpentine Dissolution Kinetics for Mineral Carbon Dioxide Sequestration", *International Journal of Greenhouse Gas Control*, 2011,5(4), pp. 1073-1080.
③ Yao, M. J., Lian, B., Teng, H. H., et al., "Serpentine Dissolution in the Presence of Bacteria Bacillus Mucilaginosus", *Geomicrobiology Journal*, 2013,30(1), pp. 72-80.

更微小物质(如包裹体、沁色等)进行定点分析。此外,拉曼测试时使用深红色盖头将显微镜和玉器完全遮盖,避免可见光对于拉曼信号的影响,从而不用每次测试时关闭房间光源,显著提高了分析效率,同时避免了妨碍同一空间其他研究人员的工作。

3. X射线衍射光谱仪(XRD)

复旦大学先进材料实验室Bruker公司D8 Advance型X射线衍射仪。工作电压和电流分别为40 kV和40 mA,激发源为铜靶(图6-10)。

图6-10 复旦大学先进材料实验室利用XRD分析出土玉器

一般来说,XRD分析需要取样研磨成很细的粉末,然后将粉末制成一个平整平面的试片。但文物是不可再生资源,属珍贵文化遗产,原则上要求只能采用无损性方法进行研究,故常将样品直接置于样品台上,使样品的受分析面尽可能平整。相对于粉末衍射来说,块状衍射强度会显著降低,信噪比也会显著降低;某些不规则形状的样品,由于受分析面不平整,还会引起峰位的漂移。这些都会使分析结果的检索变得异常困难。

玉器课题组借用薄膜物理中常用的Göbel Mirror(X射线平行光反射镜),可以将发散的X光束会聚成平行的光束,作为入射或衍射光束,可有效去除K_β及白光,从而得到K_α的强平行光束,使得衍射峰强度显著提高,信噪比也有明显提高。图6-11显示使用Göbel Mirror获得的透闪石主要峰位十分明显,峰位也没有出现漂移现象,与PDF:44-1402的tremolite十分吻合;而未加Göbel Mirror的衍射图谱出现了显著的峰位漂移且峰强很弱,非常不利于物相检索。以上分析表明,配备Göbel Mirror的XRD技术完全可以对包括古玉器在内的文物样品进行无损分析。

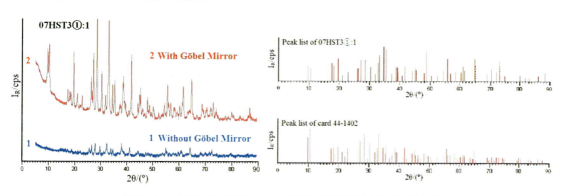

图6-11 使用Göbel Mirror分析安徽孙家城透闪石玉器的效果

4. 红外光谱分析(FTIR)

红外光谱又称分子振动、转动光谱，是一种分子吸收光谱。红外光谱不仅能进行定性和定量分析，而且根据分子的特征吸收峰还可以鉴定化合物的分子结构。红外吸收光谱分析具有快速、高灵敏度、检测用量少、不破坏试样、能分析各种状态的试样等特点，它已成为现代结构化学、分析化学最常用和不可缺少的工具。对于固体样品，常采用 KBr 压片法，样品量只需 1—2 mg，特别适合残破文物的物相分析。本次实验使用美国尼高力仪器公司生产的 MAGNA - IR 750 型傅里叶变换红外光谱仪。

图 6-12　河南安阳殷墟博物苑分析馆藏殷墟玉器

5. 便携式 X 射线荧光光谱仪(ED - XRF)

便携式 X 射线荧光光谱仪系德国布鲁克公司(Bruker)生产的 Tracer Ⅲ - SD 型仪器，该仪器使用 Peltier 恒温制冷硅漂移 SDD(Silicon Draft Detector)探测器，其分辨率可达 145—148 eV(以 Mn 的 $K\alpha$ 峰为基准)，最高计数率为 250 000/秒，探测器窗口使用 Be 膜。X 光管采用 Rh(铑)为靶材，最高激发电压可达 45 kV，并可连接便携式真空装置，以保证 Mg、Al 等 X 光发射能量较弱的元素信号不被空气吸收。本次研究中，主量元素测试电压为 15 kV、电流为 42 μA，微量元素测试电压为 40 kV、电流为 30 μA。

6. 外束质子激发 X 射线荧光分析(PIXE)[①]

质子激发 X 射线荧光分析(Proton Induced X-Ray Emission，简称 PIXE)是一种成分分析方法。它是一种高灵敏度、非破坏性、多元素同时定量分析的核技术。由于束斑面积小，可以方便、快速、无损地分析样品特别是珍贵文物样品的元素种类与含量。

本实验采用复旦大学现代物理研究所的外束 PIXE 技术(又称质子 X 射线荧光非真空分析，Nom-Vacuum PIXE)。质子束是由 NEC 9SDH - 2 串列加速器提供的，加速器的端电压为 0.3—3.0 MeV，并有两个离子源：α - tros(可得到 $^4He^+$)和溅射源，可产生元素周期表上从氢到金大部分元素的离子束(除惰性气体和不能形成负离子的元素外)。加速器管道尽头使用厚度 7.5 μm 的 Kpton 膜隔离真空和大气，加速器提供 3.0 MeV 的准直质子束，通过 Kapton 膜和空气后，达到样品表面的实际能量为 2.8 MeV，束斑直径 1 mm，束流 0.1 nA。X 射线用 Si(Li)探测器测量。系统对 Mn 的 $K\alpha$(5.9 keV)的能量分辨率(full width half maximum，FWHM)为 165 eV。根据测得的能谱，采用 GUPIX - 96 程序进行解谱分析，测得样品中原子序数大于 11($Z \geqslant 11$)的各元素的组成(图 6-13)。

为了避免样品发射的 X 射线在向 Si(Li)探测器行进的过程中被空气吸收，造成轻元素探测的不灵敏，采用流动的 He 气将样品待测区域和探测器之间的空气去除，使之处于惰性气体环境中，从而可以有效提高测量过程的灵敏度，使得测试过程能够在非真空环境中进行，样品的大小和形状从而不受限制；同时样品无需进行前处理，使得文物可以在无损的前提下进行测试分析。实验采用标准样品作为参考。外束 PIXE 对 K 和 Ca 的分析灵敏度达

[①] 张斌：《PIXE 在古陶瓷、古玻璃产地中的应用研究》，复旦大学博士学位论文，2004 年。

图 6-13　复旦大学现代物理研究所利用 PIXE 分析出土玉器化学组成

2 μg/g,对高 Z 元素的分析灵敏度约 20 μg/g。

7. SEM 分析

经过埋藏的古玉外部虽已经发生了肉眼可见的变化,但仍需在更高的放大倍数下观察清晰的矿物形态、结构和其他相关特征。

笔者在复旦大学化学系使用荷兰 Phenom 公司生产的 Phenom Prox 型扫描电子显微镜(SEM)对古玉残片进行形貌观察和能谱分析,放大倍率为 50—110 000×,点分辨率为 17 nm,工作电压为 4.8—15 kV,探测器为背散射探测器,元素分析配备的是 Phenom 的 EDX 分析系统。

8. X 射线光电子能谱分析(XPS)

X 射线光电子能谱(XPS)是以 X 射线为激发光源的光电子能谱。其原理是当使用 X 射线辐射样品时,被照射的分子或原子的价电子及内层电子会被激发出来,这些被 X 射线激发出的电子称为光电子。不同的原子的内层电子的束缚能并不相同,而同一原子的内层电子在不同的化学环境下的束缚能也会有差异,因此,束缚能可以作为不同元素或同一元素不同价态的特征量。被激发出来的光电子由于束缚能的不同而具有不同的能量,通过对于不同能量光电子的统计观测,可以获得被测样品的构成元素及价态信息。实验中使用了 X 射线光电子能谱分析仪,测试在上海交通大学分析测试中心进行,设备为日本岛津 Kratos 公司生产的 AXIS Ultra^{DLD}。

9. 透射电镜分析(TEM)

透射电子显微镜(Transmission Electron Microscope,简写为 TEM),简称为透射电镜,它以波长极短的电子束作为照明源,利用透过样品的电子,经电磁透镜聚焦进行成像和衍射的电子光学仪器,具有放大倍数高、分辨能力强的优点。目前高性能的透射电镜放大倍数可达 100 万倍,分辨本领已达到原子尺度水平(约 0.1 nm),比光学显微镜提高近 2 000 倍。由于受电子束穿透能力的限制,供 TEM 观察的样品要求具有很薄的厚度,对于加速电压为 50—200 kV 的透射电镜,试样厚度以 100 nm 左右为宜,如果要获得高分辨电子像,试样的厚度还必须薄到 10 nm 以下。要制备这样薄的试样,对岩矿样品来说是很困难的,所以相对来说,透射电镜的试样制备比 X 射线衍射和扫描电镜等分析仪器的样品制备要麻烦得多。对于块状的岩矿试样及非金属的陶瓷试样来说,多采用超薄切片的制备方法。待分析的透闪石古玉样品风化严重,结构十分松散,为使切片能耐受电子轰击,需先用树脂将样品包埋、固化,再用金刚石刀具对其切割,制成超薄片,直接置于日本电子株式会社生产的 JEOL-2010 型高分辨透射电镜下观察分析。

10. 土壤酸碱度分析

使用防水型笔式 pH 计和 pH 试纸对制备的土壤水溶液的酸碱度进行测试。测试用防水型笔式 pH 计的测量范围为 0—14pH，分辨率为 0.01pH，精度为 ±0.05pH。

测试时，先用分析天平称取土样 20 g，放置于 100 ml 烧杯中，加入 50 ml 去二氧化碳蒸馏水，在磁力搅拌器上搅动 1 分钟，或者人工搅拌 20 分钟，使土壤充分散开，放置半小时使土壤溶液达到平衡，然后将 pH 电极插到上部清液中，即可进行 pH 测定，数分钟内读取稳读数，记录三处不同位置的读数。同时取上层清液滴在 pH 试纸上，待试纸变色后与比色卡进行比对，记录数值。

按照上述方法每测定一个样品，都要将 pH 电极冲洗干净，并用滤纸轻轻将电极上的水吸干，再进行下个样品的测定，测定时应注意，要使溶液浸到略高于电极浸没线的位置。

(二) 疏松成因研究

1. 黄河流域案例（河南安阳殷墟晚商玉器）

(1) 透闪石玉白化 [Tremolite, $Ca_2(Mg, Fe^{2+})_5 Si_8 O_{22}(OH)_2$]

如图 6-14，该件玉器整体呈现白色、不透明。断面的中间区域呈深绿色且透明度较高，深绿色周边呈浅绿色且透明度降低，表明该件玉器的原色是深绿色，其他颜色为次生色。

图 6-14　河南安阳殷墟 93 新安庄 M322:11 正反面图(上)和侧面图(下)

① 物相分析

图 6-15 的拉曼光谱分析可见，122、179、226、342、393、674、932、1 029、1 058 cm^{-1} 峰位是透闪石-阳起石矿物的特征峰，表明深绿色区域的材质是透闪石-阳起石。白色区域因荧光背景高，仅能见 674 cm^{-1} 最强峰位，其余峰位被掩盖，表明白色区域的材质仍然是透闪石-阳起石。

图 6-15 的 XRD 分析可见，深绿色区域和白色区域的 XRD 图谱一致，仅峰强存在差异，再次表明白色区域的结构虽因风化作用发生变化，但材质未变。两个区域 XRD 图谱与 PDF 数据库卡片 44-1402 的透闪石矿物标准图谱一致，显示该件玉器的材质是透闪石。

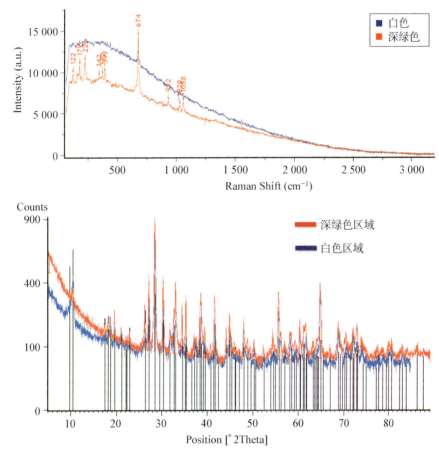

图 6-15　殷墟 93 新安庄 M322：11 白色和深绿色区域的拉曼图谱（上）和 XRD 图谱（下）

② 成分分析

如表 6-2 的 PIXE 成分数据所示，深绿色和白色区域的主量元素为 Si、Mg 和 Ca，与物相分析得出的透闪石矿物的成分数据相符。此外，深绿色区域的 $FeO\&Fe_2O_3$ 总含量是 1.64%，验证了 XRD 的分析结果，即该玉器的材质是透闪石。深绿色和较低的 Fe 含量也显示玉器颜色和 Fe 含量之间没有绝对的正比关系。

表 6-2　殷墟 93 新安庄 M322：11 白色和深绿色区域的 PIXE 成分分析

	Na_2O	MgO	Al_2O_3	SiO_2	P_2O_5	Cl	K_2O	CaO	TiO_2	Cr_2O_3	MnO	$FeO\&Fe_2O_3$	CuO	ZnO	SUM
M322：11 深绿色	0.94	21.25	0.88	60.68	0.67	0.03	0.00	13.57	0.00	0.00	0.11	1.64	0.19	0.04	100.00
M322：11 白色	0.86	21.64	0.82	61.01	0.65	0.19	0.00	13.07	0.02	0.00	0.09	1.49	0.12	0.05	100.01

③ SEM 分析

图 6-16 左上图是显微镜下观察到的玉器侧面图像,可见由内而外颜色分别为深绿色、(黄)褐色以及白色。图 6-16 右上图和下排图是三种颜色区域的电子显微图像,放大倍数均为 5 000 倍,深绿色区域几乎看不到透闪石的纤维状晶体,也不见空隙;浅绿色区域可见纤维状的透闪石晶体,晶体间的空隙小而少;白色区域的透闪石晶体之间存在多且大的空隙,由此可见该件玉器风化过程中颜色的变化次序为深绿色—浅绿色—白色。

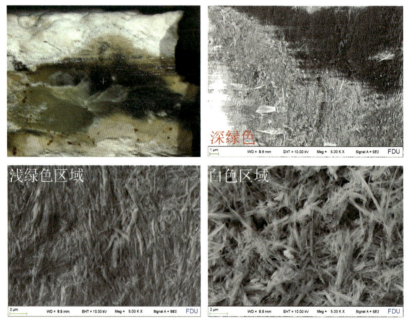

图 6-16 殷墟 93 新安庄 M322:11 的放大图(上左)及深绿色、浅绿色和白色 SEM 分析

(2) 蛇纹石玉白化[Serpentine,$Mg_6[Si_4O_{10}](OH)_8$]

由图 6-17 可见,该件玉器呈蚕造型,分为四节。通体全器白化,用手轻摸即有粉末脱落,白化破坏了减地纹饰,故为玉器沁色。

图 6-17 殷墟安阳钢铁厂 70 AGX M119:6 两面图

① 物相分析

图 6-18 的拉曼图谱中,样品因全器风化导致拉曼光谱的荧光背景增高,故特征峰位的强度显著减弱。蓝色谱线中,683 cm^{-1} 附近的峰位反映 Si—O—Si 的对称伸缩振动,

373 cm^{-1} 附近的峰位反映 SiO$_4$ 四面体的弯曲振动，232 cm^{-1} 附近的峰位反映 O—H—O 的振动[1]，表明该件玉器的组成矿物是叶蛇纹石。此外，红色谱线中还测到一些物质，如朱砂（HgS，253 cm^{-1} 是最强特征峰），（羟）磷灰石[Ca$_{10}$(PO$_4$)$_6$(OH)$_2$ 或 Ca$_5$(PO$_4$)$_3$(F,Cl,OH)，430 cm^{-1} 和 963 cm^{-1} 均是特征峰位[2]]。

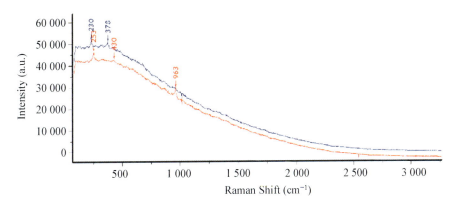

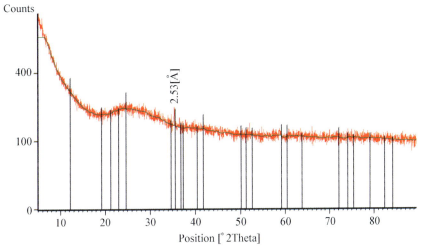

图 6-18　殷墟安阳钢铁厂 70 AGX M119：6 的拉曼图谱（上）和 XRD 图谱（下）

图 6-18 的 XRD 图谱中，样品风化严重导致 XRD 的有效峰位大量减少，仅 D=2.53 强峰明显，与 XRD 数据库中编号 02-0100 的相符度高，显示该件样品的材质接近叶蛇纹石。结合拉曼分析结果，可确认该件玉蚕的材质是叶蛇纹石。

② 成分分析

蛇纹石矿物扣除 H$_2$O 的含量后，其 MgO 和 SiO$_2$ 的百分含量均接近 50%。表 6-3 显示，图 6-17 玉蚕右端第一节的和右端第二节的成分含量差异较大，主要是由 MgO 含量所致，第

---

[1] Rinaudo, C., Gastaldi, D., Belluso, E., "Characterization of Chrysotile, Antigorite and Lizardite by FT-Raman Spectroscopy", *The Canadian Mineralogist*, 2003, 41(4), pp. 883-890.

[2] Mitchell, P. C. H., Parker, S. F., Simkiss, K., et al., "Hydrated Sites in Biogenic Amorphous Calcium Phosphates: An Infrared, Raman, and Inelastic Neutron Scattering Study", *Journal of Inorganic Biochemistry*, 1996, 62(3), pp. 183-197.

一节 MgO 含量远低于其理论值，第二节 MgO 含量流失更加严重，导致 SiO_2 和 $FeO\&Fe_2O_3$ 等百分含量相应增加。Ca 和 P 元素与（羟）磷灰石相关，这与图 6-18 的分析结果是一致的。

表 6-3 殷墟安阳钢铁厂 70 AGX M119:6 的 PIXE 成分分析

	Na_2O	MgO	Al_2O_3	SiO_2	P_2O_5	SO_3	Cl	K_2O	CaO	TiO_2	Cr_2O_3	MnO	$FeO\&Fe_2O_3$	CuO	SUM
M119:6 第一节	0.90	28.59	1.84	59.66	4.80	0.32	0.04	0.04	2.38	0.05	0.00	0.03	1.35	0.00	100.00
M119:6 第二节	0.57	8.50	2.58	70.10	9.26	0.43	0.01	0.12	5.59	0.12	0.00	0.00	2.71	0.00	99.99

③ SEM 分析

图 6-19 左图显示该件玉器的组成矿物——叶蛇纹石是由纤维状晶体构成的，选择部分区域进行面扫描分析，放大如图 6-19 右图所示，纤维状晶体的主要成分为 Si 和 O，Mg 含量非常少。另有 Ca、P、Fe、Al 和 K 等元素，尤其是 Ca 和 P 元素交织在一起，呈短纤维状晶体与蛇纹石晶体附着在一起，结合物相和 PIXE 成分分析，显示含 Ca 和 P 的磷灰石可能是外来沉积物质。

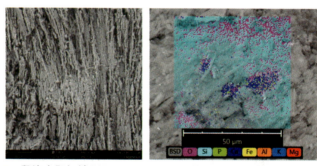

图 6-19 殷墟安阳钢铁厂 70 AGX M119:6 的 SEM 观察（左）及面扫描图（右）

（3）遗址土壤信息

土壤是无机和有机胶质混合颗粒的集合体，是气、液、固三相物质构成的复杂系统。土壤颗粒间形成大量毛细管微孔或孔隙，孔隙中充满空气和水，常形成胶体体系，若土壤水溶解盐类和其他物质则形成电解质溶液。中国土壤种类有 40 余种，不同土壤的含盐量、吸水性、微生物活动情况等理化性质差别很大。对于地下文物而言，土壤是非常复杂的腐蚀介质，与一般腐蚀介质相比，具有多相性、不流动性、不均匀性、时间季节性或地域性等诸多特点，并且由于土壤中微生物和有机质等的存在并参与反应，更加剧了土壤腐蚀研究的复杂性[①]。土壤的理化性质包括含水量、含盐量、电阻率、pH 值、总酸度等，这些因素或单独起作用，或几种因素结合起来共同影响玉石材料的受沁风化行为，其中 pH 值是最重要的影响因素。

为了了解河南安阳殷墟地区的土壤信息，唐际根先生等曾在殷墟以西 10 公里的姬家屯

---

① Romanoff, M., *Underground Corrosion*, National Bureau of Standards Circular, 1957, p.579.

遗址采集了一块全新世古土壤样品进行微结构分析,发现属于淋溶褐土向普通棕壤的一种过渡类型①。虽然该类土壤可以呈微酸性至酸性反应,但是发育碳酸盐岩风化物或在黄土性物质上可呈中性至碱性反应②。本次研究的样品出土于京广线以西的殷墟遗址,该区域的土壤属于黄土顶部发育形成的红褐色古土壤③,刘煜④曾对殷墟的黑河路和刘家庄遗址进行了土壤pH值检测,结果分别为7.9和8.3,表明殷墟地区土壤确呈碱性。从河南殷墟透闪石玉器和蛇纹石玉器的白化程度看,两类玉器已经严重全器风化,用手轻摸即有粉末脱落,与南方酸性环境出土玉器的白化程度颇为接近,表明北方碱性环境也可以导致透闪石和蛇纹石玉器的严重疏松白化。

2. 长江流域案例(长江北岸的安徽黄家堰史前玉器、安徽凌家滩史前玉器,长江以南的浙江余杭良渚史前玉器)

(1) 透闪石玉白化[Tremolite, $Ca_2(Mg, Fe^{2+})_5Si_8O_{22}(OH)_2$]——黄家堰玉器

黄家堰遗址,位于今安徽省安庆市望江县长岭镇新桥乡黄家堰行政村,1997年10—12月,安徽省文物考古研究所对该遗址进行了勘探和抢救性发掘,出土文物有400多件⑤。其中,有少数玉器,包括璜、玦、环、管等装饰品,年代相当于薛家岗文化(5500—4800BP)。本案例以一件断裂玉环的一段作为研究对象,如图6-20所示。玉环断面显示具有明显的分

测试前,表面呈白色

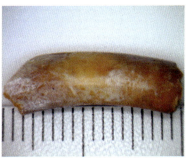

用橡皮泥粘附测试后,表面呈黄褐色

---

① 唐际根、周昆叔:《姬家屯遗址西周文化层下伏生土与商代安阳地区的气候变化》,《殷都学刊》2005年第3期。
② 郑度、杨勤业、吴绍洪:《中国自然地理总论》,科学出版社2015年版,第239页。
③ Stolman, J.、荆志淳、唐际根、Rapp, R. G.:《商代陶器生产——殷墟、洹北商城出土陶器的岩相学分析》,载于唐际根:《多维视域:商王朝与中国早期文明研究》,科学出版社2009年版,第198—199页。
④ 刘煜:《殷墟青铜器有害锈的防治》,载于刘庆柱:《考古学集刊——纪念殷墟发掘七十周年论文专集》(15),文物出版社2004年版,第282页。
⑤ 安徽省文物考古研究所:《望江县黄家堰新石器时代遗址》,载于中国考古学会:《中国考古学年鉴1998》,文物出版社2000年版,第232—233页。

红色箭头所示的样品为玉环的残段,与其他部分的颜色已经不同

图 6-20　97WHT2503③：2 玉环残件

层现象。样品测试之前表面是白色的,但用橡皮泥固定测试后表面变成黄褐色,显示表面层被橡皮泥粘附掉,然后呈现其下的颜色,这一现象非常值得关注。

① 玉器分析

A. 拉曼光谱分析

图 6-21 显示该件玉环残件是由透闪石-阳起石矿物构成的,由于风化导致内外层的荧光背景颇高,相对致密的外层信号强于相对疏松的内层。

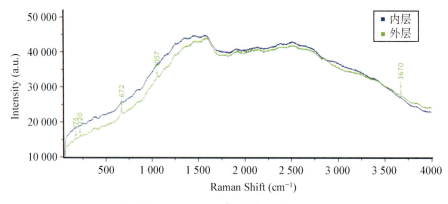

图 6-21　97WHT2503③：2 内外层的拉曼图谱

B. 成分分析

表 6-4 显示,样品内外层无明显的成分差异,Fe 含量在 1.52%—1.65%,显示玉环是由透闪石矿物构成的。

表 6-4　97WHT2503③：2 化学成分的 PIXE 分析(wt%)

	Na_2O	MgO	Al_2O_3	SiO_2	P_2O_5	K_2O	CaO	TiO_2	MnO	Fe_2O_3	CoO	ZnO	SUM
外层	2.79	24.05	2.36	57.25	0.28	0.10	11.40	0.00	0.07	1.52	0.03	0.03	99.88
内层	1.42	23.77	2.50	59.37	0.12	0.13	10.82	0.05	0.02	1.65	0.04	0.04	99.93

C. SEM 分析

由外至内对此件玉器进行细致观察和成分的面扫描分析。由于样品异常珍贵,未进行喷金,故在观察时电子集聚使得图像的某些区域呈现亮白色,干扰了对玉器的观察,但并不妨碍元素成分及分布分析。

图 6-22 为古玉外层的元素分布图,Ca、Mg 和 Si 作为玉器的主要成分,分布具有一定的相似性,而 Al、Fe、K、Na 等元素作为外来成分,分布也具有一定的相似性。本体成分和外来成分相互交织分布,但在本体成分较少的左边区域,外来成分较多,表明 Ca、Mg 和 Si 等玉器成分的流失,为 Al、Fe、K 和 Na 等外来元素提供了渗透和沉积的空间。

图 6-23 至图 6-25 分别是外层-1、外层-2、中层和内层的元素面扫描分析,结果显示古玉由外至内,Al、Fe、K 等外来元素的含量减少,与图 6-22 相似,即在玉器流失严重的区域,Al、Fe 和 K 的含量较高。值得注意的是,从外层、中层至内层,C 含量依次为 8.69%、4.73%、0,显示 C 与 Al、Fe、K 等元素的分布是一致的。

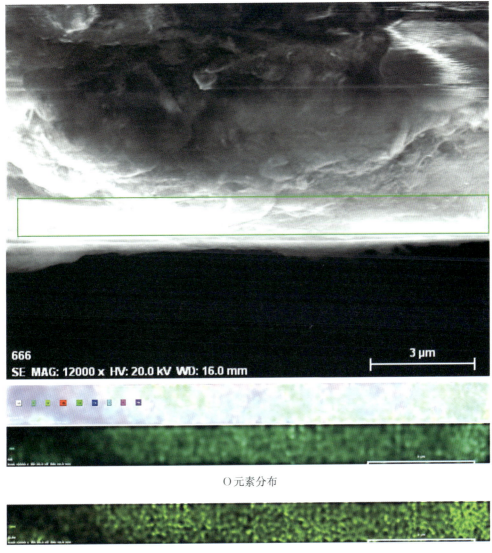

O 元素分布

Si 元素分布

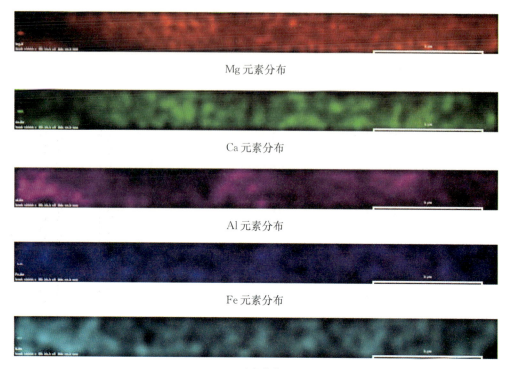

Mg 元素分布

Ca 元素分布

Al 元素分布

Fe 元素分布

K 元素分布

图 6-22　97WHT2503③：2 外层-1 的面扫描分析

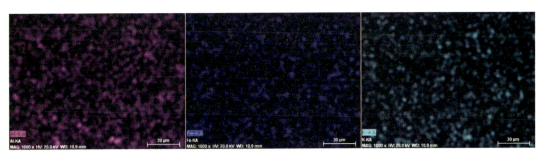

图 6-23　97WHT2503③:2 外层-2 的面扫描分析

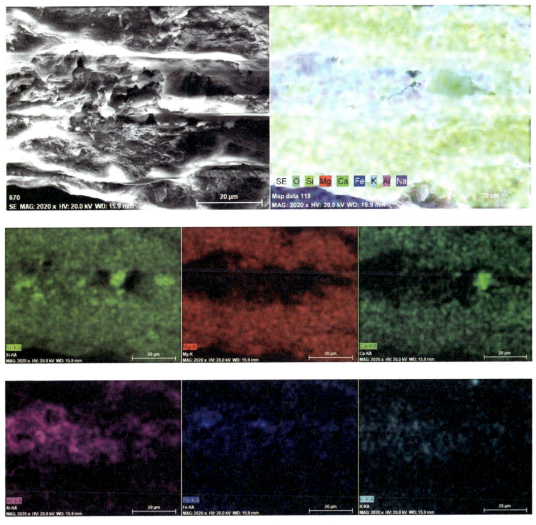

图 6-24　97WHT2503③:2 中层的面扫描分析

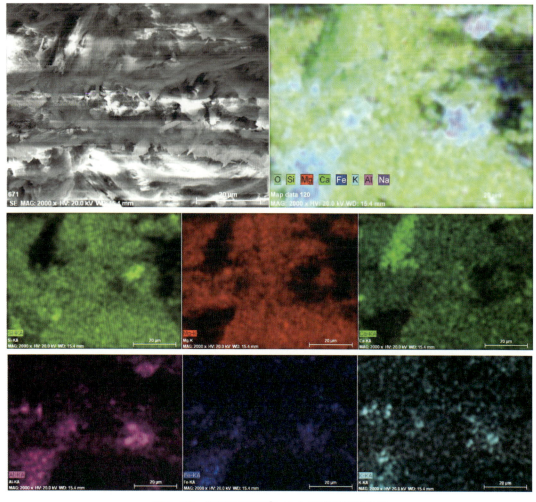

图 6-25　97WHT2503③:2 内层的面扫描分析

D. X 射线光电子能谱(XPS)分析
a. Si 分析

图 6-26 左图为黄家堰透闪石古玉内层与外层的 XPS 能谱全谱。古玉样品内外层全谱的峰位相同,均含有 Ca、Mg、Si、O、Fe、C、In 等元素。这些元素中,In 元素是由于制样时将样品局部的微量粉末镶嵌在铟底座上而引入的,C 元素来自样品埋藏时沾染的土壤中有机质,其他元素均为透闪石的主要构成元素。

图 6-26 右图为黄家堰透闪石古玉内层与外层硅元素 2p 电子的 XPS 能谱。外层硅元素的峰值与内部硅元素的峰值并不一样,外层硅元素的束缚能峰值出现在 103.31 eV,而内层硅元素的峰值出现在 101.20 eV。根据 Wagner 的研究[①],当硅元素 2p 电子的结合能在 103—104 eV 时,最可能的硅存在状态是二氧化硅;在 101—102 eV 内的峰值则可能表示硅的氮化物或者某些硅酸盐的存在。基于黄家堰古玉的其他测试,可以排除硅的氮化物的存

---

① Wagner,C.D.,*Handbook of X-ray Photoelectron Spectroscopy*,Perkin-Elmer,1979.

在,所以101—102 eV内的峰值显示内层硅的主要存在方式为硅酸盐,即透闪石的硅酸盐态。图6-26右图还显示外层的硅含量小于内层的硅含量。

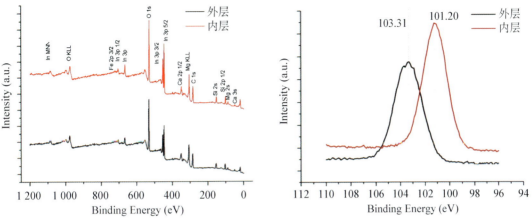

图6-26　黄家堰透闪石古玉的XPS能谱全谱(左)和1 Si 2p的XPS能谱(右)

b. Al和Fe分析

图6-27左图为黄家堰透闪石古玉内层与外层铁元素$2p_{3/2}$电子的XPS能谱。外层铁元素的峰形较明显,内层铁元素的峰位信噪比相对较低,显示外层的铁含量高于内层的铁含量。由于外层铁元素的谱峰并非由单一峰构成,因此对该峰值进行软件拟合,如红线和蓝线所示,可以分为两个峰,分别在709.11 eV和713.26 eV。根据Wagner的研究,铁元素$2p_{3/2}$电子的峰值在709 eV左右时,可能的铁元素状态是FeO;在713 eV附近时,可能表示铁元素是以Fe_2O_3的形式存在的。黄家堰古玉样品的外层铁元素主要以这两种方式存在,其中二价铁的含量为73.3%,三价铁含量为26.7%;对于内层的铁元素$2p_{3/2}$图谱来说,较低的含量使得图谱信号较差,在可辨范围内仅可认为存在二价铁,而观察不到三价铁的存在。

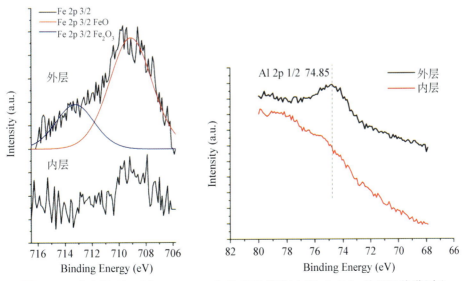

图6-27　黄家堰透闪石古玉1 Fe 2p3/2的XPS能谱(左)和1 Al 2p的XPS能谱(右)

图 6-27 右图为黄家堰透闪石古玉内层与外层铝元素 $2p_{1/2}$ 电子的 XPS 能谱。外层的铝元素峰值出现在 74.85 eV,而内部并未发现铝元素的峰值。根据 Wagner 的研究,铝元素的存在状态为 Al_2O_3。结合**图 6-20**,Fe^{3+} 和 Al 的存在是外层呈现黄褐色的原因。

② 外覆土壤分析

A. 土壤成分分析

对玉器的外覆土壤进行取样,按照与器物接触的程度,分别编为与直接接触的土壤-3,与土壤-3 接触的土壤-2,与土壤-2 接触的土壤-1,成分数据如**表 6-5**所示。与玉器接触的土壤-3 的 Al、Fe 均有不同程度的减少,导致 Si 含量的相对增加,表明土壤与玉器发生了相互作用。

表 6-5 外覆土壤化学成分的 PIXE 分析

	Na_2O	MgO	Al_2O_3	SiO_2	P_2O_5	K_2O	CaO	TiO_2	Cr_2O_3	MnO	Fe_2O_3	CoO	NiO	CuO	ZnO	SUM
土-1	0.80	2.03	20.53	66.10	0.90	2.40	1.44	0.66	0.04	0.07	4.56	0.06	0.02	0.02	0.00	99.63
土-2	1.97	2.07	15.00	73.85	0.60	2.05	0.45	1.06	0.03	0.10	2.28	0.00	0.02	0.00	0.03	99.51
土-3	0.95	1.07	14.25	75.79	0.85	2.16	0.30	0.98	0.00	0.02	3.62	0.00	0.00	0.00	0.00	99.99

B. 土壤 XRD 分析

图 6-28 的 XRD 图谱显示,除去玉器本体的透闪石矿物峰位(灰色线条标示)外,土壤的主体矿物是石英(蓝色线条标示)和高岭石(红色线条标示),这与**表 6-5** 土壤成分以 Si 和 Al 为主体的特征是一致的。

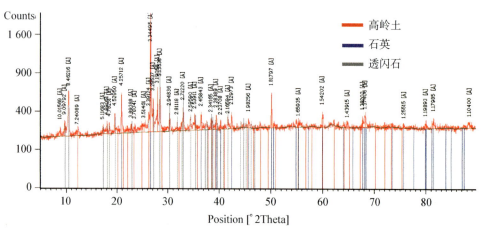

图 6-28 黄家堰透闪石古玉粘覆土壤的 XRD 分析

C. 土壤酸碱信息

综上结合安徽安庆地区土壤分布情况①,望江地区主要以水稻土(pH5—7)、潮土

---

① 安庆市地方志编纂委员会:《安庆地区志》,黄山书社 1995 年版,第 143—146 页;望江县地方志编纂委员会:《望江县志》,黄山书社 1995 年版,第 65—69 页。

(pH7.4—8.2)和黄红壤(pH4.5—6.5),黄家堰遗址所在的长岭镇属于水稻土,pH 约为酸性至中性[①]。

(2) 透闪石玉白化(Tremolite,$Ca_2(Mg,Fe^{2+})_5Si_8O_{22}(OH)_2$)

① 良渚瑶山玉器

M2 管状残片,内部呈白色不透明状,表面呈象牙白色,并保留有较好的光泽(图 6-29 左图);靠近表面处有一透明度略高的薄层(图 6-29 中图),厚约 0.3 毫米,相对内层来说结构较致密;断面显示,由表面往内透明度降低而颜色越来越淡,至其内核,则颜色雪白,但结构疏松,孔隙增多(图 6-29 右图),用手轻摸即有粉末脱落。XRD、拉曼光谱和成分分析显示该件器物的材质是透闪石。

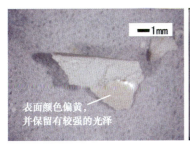  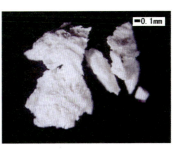

图 6-29 良渚瑶山古玉 M2 管残片的形貌

A. SEM 分析

利用 SEM 对样品剖面作高倍率的放大观察。图 6-30 为放大 5 000 倍时样品剖面的显微照片,不难发现,由外至内,透闪石古玉有三层明显的显微结构:最外层厚 2—5 μm,较致密,基本未见透闪石特有的纤柱状交织结构;次外层厚 5—20 μm,能够看见一定比例的透闪石纤柱状结构,晶粒尺寸较小,晶体之间的空隙增大;内层几乎都由纤柱状透闪石组成,晶粒尺寸粗大,明显大于次外层,且晶体之间的空隙也明显大于次外层。

为了解古玉表层与内层在化学成分上的差异,利用配备的能谱仪对古玉剖面的不同部位进行面扫描化学成分分析,具体测试部位如图 6-31 所示,测试结果如表 6-6 所示。

图 6-30 扫描电镜下 M2 剖面显示的结构分层现象

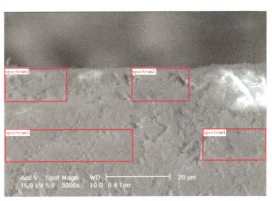

图 6-31 透闪石古玉 M2 的能谱分析区域

---

① 王文婧、戴万宏:《安徽主要土壤酸碱性及其酸缓冲性能研究》,《中国农学通报》2012 年第 15 期。

表 6-6　图 6-31 不同区域的各元素重量百分含量及比值

	C	Mg	Si	Ca	Σ	Ca/Si	Ca/Mg	Mg/Si
Spectrum1	17	25	44	14	100	0.32	0.56	0.57
Spectrum2	21	23	42	14	100	0.33	0.61	0.55
Spectrum3	14	26	45	15	100	0.33	0.58	0.58
Spectrum4	16	24	44	16	100	0.36	0.67	0.55
平均值						0.34	0.60	0.56
透闪石理论值						0.36	0.66	0.54

图 6-31 显示,测试的四个区域均位于距表面 30 μm 以内的古玉剖面上,结合表 6-6 的成分分析数据,Spectrum1 和 Spectrum2 区域的碳含量均略高于 Spectrum3 和 Spectrum4,而前两个区域的 Mg、Si、Ca 含量都略低于后两个区域的相应元素含量,这一结果表明,C 的含量与 Mg、Si、Ca 含量成互为消长的关系。由图 6-31 可知,Spectrum1 和 Spectrum2 的区域靠近古玉的外层,其显微结构相对于 Spectrum3 和 Spectrum4 区域较致密,这似乎预示,C 的含量与致密程度呈对应关系。为此,进一步在距表面 2 μm(图 6-32 左图)与约 30 μm(图 6-32 右图)深度的古玉剖面上进行面扫描分析,表 6-7 为其成分分析结果。

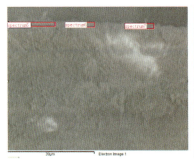 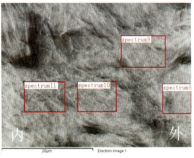

图 6-32　距表面 2 μm(左)和 30 μm(右)的能谱分析区域

表 6-7　图 6-32 不同区域的各元素重量百分含量及比值

	C	Mg	Si	Ca	Σ	Ca/Si	Ca/Mg	Mg/Si
Spectrum5	25	22	40	13	100	0.33	0.59	0.55
Spectrum6	31	21	36	13	101	0.36	0.62	0.58
Spectrum7	25	23	41	11	100	0.27	0.48	0.56
Spectrum8	5	28	50	16	100	0.31	0.57	0.56
Spectrum9	6	27	51	17	101	0.32	0.63	0.53
Spectrum10		29	54	18	101	0.33	0.62	0.54

续表

	C	Mg	Si	Ca	Σ	Ca/Si	Ca/Mg	Mg/Si
Spectrum11		30	54	17	101	0.31	0.57	0.55
平均值						0.32	0.58	0.55
透闪石理论值						0.36	0.66	0.54

表6-7显示，更靠近古玉外层的Spectrum5、Spectrum6和Spectrum7区域，其C含量皆高于Spectrum1和Spectrum2区域的C含量；Spectrum8和Spectrum9区域相对于Spectrum3和Spectrum4区域更靠近古玉的内层，其C含量相对较低；再往内Spectrum10和Spectrum11区域就不含碳元素了。这表明，含碳物质的渗透深度约30—40 μm，且渗透量由古玉外层至内层呈现递减趋势，和古玉结构的致密程度呈对应关系。需要说明的是，由于古玉属于不导电样品，因此，在对未经喷镀导电膜的古玉样品进行EDX测试时，需选择低电压和低真空度的工作条件。

B. TEM分析

图6-33左图所显示的区域对应于图6-31的最外层，该区域存在两种形态的颗粒，一种是典型的透闪石纤柱状晶体，另一种为不规则状，粒度极为细小，但数量较多，呈集合体状分布于透闪石的纤柱状晶体之间，也就是说，最外层中，有相当多的非透闪石颗粒存在。图6-33右图对应于图6-31的次外层，基本上由单纯的柱状透闪石晶体组成，但晶粒尺寸较小。由于古玉内部的透闪石晶体较为粗大，结构更为松散，切割时很容易发生碎裂，未能选择出适宜的观察区域，不过，图6-33左图右侧的细长晶体基本上可代表内部的粗大晶体。

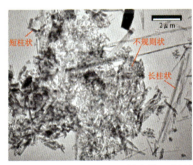 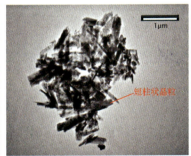

图6-33 透射电镜下最外层（左）和次外层（右）的细节

分别对上述不同形态的颗粒拍摄电子衍射照片，细长和短小的柱状颗粒均显示单晶类型的衍射图（图6-34左图），而不规则形态的小颗粒集合体则显示多晶类型的衍射图（图6-34右图），但结晶程度似乎低于柱状颗粒。

利用透射电镜配置的能谱仪分别对不规则状颗粒集合体、细长的纤柱状晶体和短小的柱状晶体进行了化学成分测试，结果列于表6-8。内层的细长纤柱状晶体和外层的短小柱状晶体，化学成分非常相似，所含元素的种类较少，仅限于透闪石分子$Ca_2Mg_5[Si_4O_{11}]_2$(OH)$_2$中的钙、镁、硅，未发现其他种类的元素。而外层的不规则微粒集合体，化学成分较为复杂，最显著的特点是含有相当数量的氧化铝（15%左右），同时还有少量铁的氧化物（2%

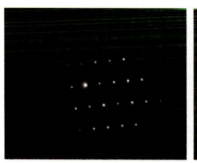

图 6-34　柱状颗粒(左)和不规则状颗粒(右)的电子衍射图

左右)。值得注意的是,这些含铝、铁的不规则微粒集合体仅仅出现于古玉的最外层,它们的存在是导致古玉内、外层在显微结构、化学成分以及外观上存在差异的根本原因。

表 6-8　不同晶粒氧化物重量百分含量(wt%)

	外层				内层		透闪石理论值
	不规则微粒集合体	短小柱状晶粒			细长柱状晶粒		
	a	a	a	b	a	b	
SiO_2	59.5	61.6	64.5	62.7	62.0	63.4	60.5
MgO	14.8	14.0	23.8	25.4	24.6	26.1	25.4
CaO	6.9	7.1	11.7	11.9	13.3	10.6	14.1
Al_2O_3	14.1	16.0					
Fe_2O_3	1.8	2.4					
K_2O	0.7						
Na_2O	1.0						
TiO_2	1.1						
总计	99.9	100.1	100	100	99.9	100.1	100

② 良渚反山玉器

图 6-35 良渚反山古玉形貌为乳白色块状固体,外表面相对致密有光泽,呈浅黄色;内部疏松无光泽,呈白色,整体形貌与图 6-29 相似。XRD、拉曼光谱和成分分析显示该件器物的材质是透闪石。

图 6-35　良渚反山古玉形貌

A. SEM 观察

图 6-36 显示反山古玉表层晶体非常细小,而外层和内层的晶体相对粗大,这是该件玉器"外紧内松"的原因。

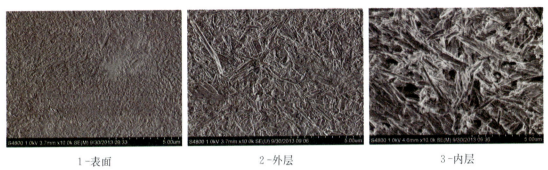

1-表面　　　　　　　　　2-外层　　　　　　　　　3-内层

图 6-36　良渚反山古玉的 SEM 观察

B. XPS 分析

a. Si 分析

图 6-37 左图为良渚透闪石古玉内层与外层的 XPS 能谱全谱。内外层全谱均含有 Ca、Mg、Si、O、Fe、C 等元素。C 元素来自样品埋藏时沾染的土壤中有机质,其他元素均为透闪石的主要构成元素。外层含有 In 元素的一系列峰值,内层并不含有 In 元素的任何峰值。这是由于外层测试时使用了 In 元素制样,即将样品外部的微量粉末镶嵌在铟底座上而引入了 In 元素;内层的图谱是直接测得,并未采用铟元素制样。

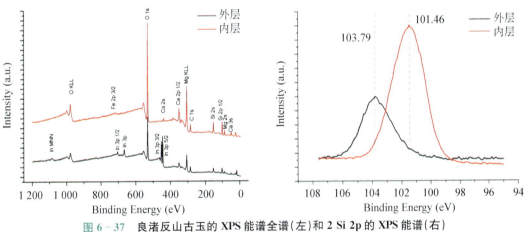

图 6-37　良渚反山古玉的 XPS 能谱全谱(左)和 2 Si 2p 的 XPS 能谱(右)

图 6-37 右图为良渚透闪石古玉内层与外层硅元素 2p 电子的 XPS 能谱。外部的硅元素的峰值与内部硅元素的峰值并不一样,外层硅元素的束缚能峰值出现在 103.79 eV,而内层硅元素的峰值出现在 101.46 eV。根据 Wagner 的研究[①],硅元素的 2p 电子结合能在 103—104 eV 之间时,最可能的硅存在状态是二氧化硅,因此 103.79 eV 的峰值显示外层硅的主要存在方式是二氧化硅;而在 101—102 eV 内的峰值则可能表示硅的氮化物或者某些

---

① Wagner, C. D., *Handbook of X-ray Photoelectron Spectroscopy*, Perkin-Elmer, 1979.

硅酸盐的存在。基于反山古玉样品的其他测试，可以排除硅的氮化物的存在，因此 101.46 eV 的峰值显示内层硅的主要存在方式为硅酸盐，即透闪石的硅酸盐形式。图 6-37 右图还显示外层的硅含量小于内层的硅含量。

b. Al 和 Fe 分析

图 6-38 左图为良渚透闪石古玉内层与外层铁元素 $2p_{3/2}$ 电子的 XPS 能谱。如图所示，样品内部与外部的峰值均出现在 709—710 eV 之间，峰形类似。根据 Wagner 的研究，铁元素 $2p_{3/2}$ 电子的峰值在 709 eV 左右时，可能的铁元素的存在状态是 FeO，表明该样品内外层的铁元素存在形式均为二价铁，三价铁并不能被观察到。图 6-38 左图还显示内层的 Fe 元素高于外层，结合均为二价铁，表明此次分析的外层无外来 Fe 物质。

图 6-38 右图为良渚透闪石古玉内层与外层铝元素 2p 电子的 XPS 能谱。外层与内层的铝元素峰值均出现在 74.85 eV，根据 Wagner 的研究，铝元素的存在状态为 Al_2O_3。图 6-38 右图还显示外层的 Al 含量高于内层。

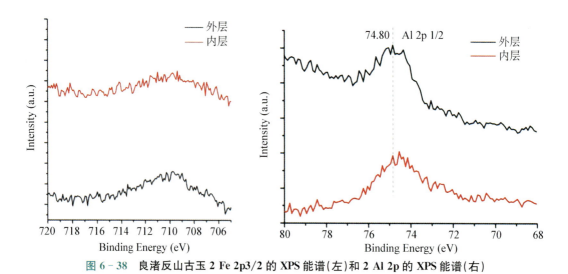

图 6-38　良渚反山古玉 2 Fe 2p3/2 的 XPS 能谱(左)和 2 Al 2p 的 XPS 能谱(右)

C. 与黄家堰古玉比较

反山古玉和黄家堰古玉均出现了外部致密有光泽、内部疏松无光泽的性状，XPS 分析显示其共同点为：两件样品的 Si 元素和 Al 元素分布特征一致，具体说来，外层致密部分的 Si 元素与内层疏松部分的 Si 元素的存在方式有所不同，致密部分的 Si 元素多以二氧化硅的形式存在，而疏松部分的 Si 元素多以硅酸盐形式存在。外层致密部分的 Al 元素均高于内层疏松部分。这些均是可能导致"外紧内松"现象的原因之一。其不同点为：两件样品的 Fe 元素分布情况不相同，具体说来，黄家堰古玉外部铁元素较多，且部分为三价铁，部分为二价铁，内部铁元素较少，不能检测出三价铁。良渚反山古玉的内外层 Fe 元素均为二价铁，且内层的 Fe 含量高于外层的 Fe 含量。

由上可见，两件古玉均呈"外实内松"现象，但外部致密层的厚度不同，这与 Fe、Al 和 Si 等元素的富集程度密切相关。两件古玉的外层颜色也不相同，黄家堰古玉外层的黄褐色程度明显高于反山古玉，这与 Fe^{3+} 元素含量密切相关。

③ 遗址土壤信息

余杭区土壤大多数呈弱酸性和酸性。土壤酸碱度分布具明显的地域性，西部低山丘陵区土壤呈酸性，pH 值平均为 5.49；河谷平原区呈弱酸性，pH 值平均为 5.73；中东部水网平原区呈弱酸性，pH 值平均为 6.16；东南部滨海平原区土壤呈碱性，pH 值平均为 7.82①。良渚遗址地处浙西山地丘陵与杭嘉湖平原接触地带，大致以东苕溪为界，西部为山地丘陵区，东部为冲积平原区，两者在苕溪渐变过渡为河谷平原区②。瑶山和反山遗址位于东苕溪的北岸和南岸，土壤 pH 为 5.5—6.5，属于弱酸性土壤。

（3）蛇纹石玉白化〔Serpentine, $Mg_6[Si_4O_{10}](OH)_8$〕——凌家滩古玉

本节以安徽含山凌家滩遗址文化出土蛇纹石古玉为例。凌家滩遗址位于安徽省境内长江北岸、巢湖以东的巢湖市含山县铜闸镇西南约 10 公里的凌家滩自然村，坐落在一南北走向的丘陵岗地上，南临裕溪河中段北岸。根据 ^{14}C 测年并经树轮校正，该遗址的年代为距今约 5600—5300 年③。凌家滩遗址的总面积约 160 万平方米，是新石器时代晚期大型聚落遗址。自 1985 年发现至今已进行了 6 次考古发掘，发掘面积约 3 280 平方米，发现了墓葬、祭坛、祭祀坑、积石圈、红烧土房基、史前水井、壕沟等遗迹，出土陶器、石器、玉器等珍贵文物 2 000 多件④。1998 年，凌家滩遗址考古发掘被评为"全国十大考古新发现"。

安徽省文物考古研究所张敬国提供了 4 件凌家滩玉器，编号分别为 LJT‑001、LJT‑002、LJT‑003 和 LJT‑004（图 6‑39）。冯敏老师曾对 4 件残件进行了材质分析，结果显示，LJT‑001 和 LJT‑004 均为蛇纹石玉，LJT‑002 为透闪石玉，而 LJT‑003 则为滑石矿物⑤。肉眼和体视显微镜观察发现，LJT‑002 透闪石玉和 LJT‑003 滑石玉的质地较均匀，而 LJT‑001 和 LJT‑004 蛇纹石玉的质地不均匀，肉眼即可从其断面观察到明显的分层现象，也易观察到外层的致密度和透明度均高于内层。为了分析透闪石玉和蛇纹石玉"外实内松"现象的差异，冯敏老师和笔者对 LJT‑001 蛇纹石玉进行了初步研究。LJT‑001 为一玉环的残段，长约 1.6 厘米，整体颜色发白。外表呈鸡骨白色，局部区域分布着黄色物质，内部呈纯白色，从断面处可见内部与外壳的结构存在着明显差异。

---

① 季淑枫、章林英、马伟洪：《杭州市余杭区农地土壤肥力质量调查》，《中国园艺文摘》2015 年第 6 期。
② 蒋卫东等：《文明的实证——良渚文化概述》，西泠印社出版社 2010 年版，第 175—177 年。
③ 安徽省文物考古研究所：《凌家滩——田野考古发掘报告之一》，文物出版社 2006 年版，第 278 页。
④ 安徽省文物局：《安徽省全国重点文物保护单位纵览》，安徽美术出版社 2015 年版，第 30—33 页。
⑤ 冯敏、张敬国：《凌家滩遗址出土部分古玉的材质分析》，载于张敬国：《凌家滩文化研究》，文物出版社 2006 年版，第 252—255 页。

图 6-39　凌家滩古玉样品的形貌

① 玉器分析

A. 体视显微镜观察

a. 内层

古玉样品的内层如同松散堆积的雪花一般十分疏松,遇水即刻分散。古玉内层除了存在大量的晶间间隙外,尚含有一些直径达到 0.2 mm 的球形孔隙(图 6-40),矿物晶粒与孔隙或间隙的折射率不同,当入射光线照射在这类界面上时,将产生不同程度的反射和漫反射作用,阻止了入射光线向内部的渗透,从而使内层的透明度降低。同时,内层的疏松结构均匀地反射了入射光线里的所有颜色,使得内层呈现白色。

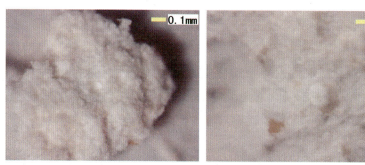

图 6-40　凌家滩蛇纹石古玉的内核

b. 外层

相对来说,外层较为致密,呈壳状,厚度达 1—2 mm。基底显白色,体视显微镜下可见黄色物质均匀地分布在白色基底中,所以,整个外层(壳)的颜色为白中泛黄(图 6-41-a)。在壳-核之间的孔隙处、裂隙面(图 6-41-b)以及样品表面(图 6-41-c)均分布有一定量的黄色物质,某些黄色物质还具有一定的半透明度(图 6-41-d)。

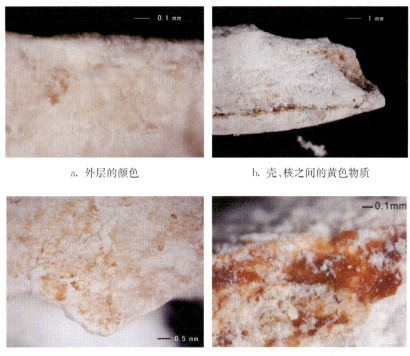

a. 外层的颜色　　　　　　　b. 壳、核之间的黄色物质

c. 表面的黄色物质　　　　　d. 半透明的黄色物质

图 6-41　凌家滩古玉的外层信息

B. 红外光谱测试

在体视显微镜下依次挑选出极少量的白色内核、黄白色外壳及表面黄色物质，经 KBr 压片法制成薄片后，置于美国尼高力仪器公司生产的 MAGNA-IR 750 型傅里叶变换红外光谱仪上分析，所测结果见图 6-42。

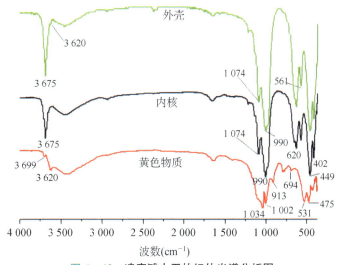

图 6-42　凌家滩古玉的红外光谱分析图

将各图谱中吸收峰的位置、数量及相对吸收强度与矿物标准图谱①作对比,结果显示:黄色物质主要以高岭石为主;白色内核由蛇纹石组成;黄白色外壳的图谱基本上与内核一致,即也是由蛇纹石组成,只是在 3 620 cm^{-1} 处有一微弱吸收峰,暗示可能有微量的高岭石。

C. SEM 分析

为了更清楚地了解蛇纹石古玉内外层结构的差异,在扫描电镜下对样品的不同部位进行了更为细致的观察和研究。

a. 外壳

首先对外壳的表面进行了观察,可以发现表面有许多白色部位,它们对应于肉眼观察的黄色物质分布区域,如图 6-43 左图。利用扫描电镜所配的能谱仪对一块白色区域(图 6-43 左图上的红色方框区域)进行面扫描分析,成分分析结果见图 6-43 右图。该表显示,Al_2O_3 的含量为 11.7%,这与红外光谱的分析结果相一致,即黄色物质富含高岭石[其分子式为 $Al_4[Si_4O_{10}](OH)_8$];MgO 的含量为 19.8%,这一结果,主要缘自下面基质中蛇纹石的影响[分子式为 $Mg_6[Si_4O_{10}](OH)_8$];TFe_2O_3 的含量为 5.8%,K_2O 的含量为 1.5%,显然它们均为外来吸附物质。

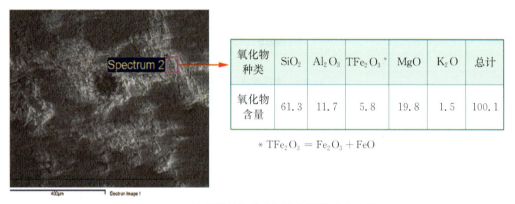

图 6-43 Al 元素的面分布图及红框的成分含量

为探明 TFe_2O_3 和 K_2O 随高岭石的分布,我们进一步放大观察上述区域,结果发现高岭石的结晶较差,成片状分布。选取一片状颗粒定点(图 6-44 左图上十字所示的点)测定其化学组成,成分分析结果见图 6-44 右图。其中,MgO 和 SiO_2 的含量均有所降低,这表明测试过程中基质蛇纹石晶体的干扰减小了;而 Al_2O_3 的含量增加至 20.1%,同时,TFe_2O_3 的含量也随之增至 9.9%,K_2O 的含量增加至 2.5%,这说明 Fe、K 元素与高岭石相关。不难理解,粘土矿物一般都带有净负电荷②。高岭石的结构单元层由一硅氧四面体层和一铝氧八面体层组成,属于 1∶1 型的层状粘土矿物,其表面带有净负电荷,容易吸附阳离子以保持电中性。蛇纹石样品表面的高岭石吸附了 Fe、K 等阳离子,而吸附的 TFe_2O_3 量相对较多,这应是富含高岭石的区域呈现黄色外观的内在原因。

---

① 彭文世、刘高魁:《矿物红外光谱图集》,科学出版社 1982 年版,第 408 页。
② 何宏平:《粘土矿物与金属离子作用研究》,石油工业出版社 2001 年版,第 3 页。

氧化物种类	SiO_2	Al_2O_3	TFe_2O_3*	MgO	K_2O	TiO_2	总计
氧化物重量	57.1	20.1	9.9	9.4	2.5	1.0	100

* $TFe_2O_3 = Fe_2O_3 + FeO$

图 6-44 高岭石形貌及点分析

从图 6-44 的结构中还可看出，在样品表面片状高岭石所占比例较大。高岭石在干燥时具吸水性，潮湿后具可塑性。古玉出土时，整体较为潮湿，其表层的高岭石应具有可塑性，当手触摸富含高岭石的古玉表面时，不仅会有粘手的感觉，而且会在古玉上留下难以消除的指纹印迹，这一现象不仅在凌家滩古玉发掘中存在，在良渚文化遗址发掘中也普遍存在。

对外壳剖面的观察还发现，外壳显示出明显的多层性（图 6-45 左图），其层面大致平行于样品表面。选取平行层面的方向（图 6-45 右图）作进一步观察，可以看到，在各种取向的蛇纹石晶体之间分布有大小不一的片状颗粒，显然，这些片状颗粒对松散的蛇纹石晶体起到了一定的胶结作用，导致其致密度明显高于内核，但由于尚存在一些未被胶结的晶间孔隙，且片状高岭石的强度有限，因此，整个外壳的硬度虽高于内核，但仍然偏低。

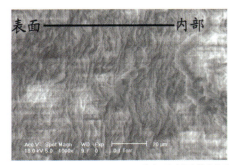

图 6-45 垂直于表面的剖面（左）和平行于表面的层面（右）

b. 内核

2 000× 放大观察时，可以清楚地看到叶片状蛇纹石晶体呈现杂乱、松散的堆积（图 6-46 左图），晶体之间存在较多的孔隙，即蛇纹石晶体之间几乎没有其他胶结物质存在。此外，内核中存在着许多直径变化于 60—250 μm 之间的球形孔隙（图 6-46 右图），这是造成内核遇水即散的内在原因，因此该古玉具有较强的吸水性就不难理解了。

② 遗址土壤信息

凌家滩土壤元素组成以 SiO_2、Al_2O_3、Fe_2O_3 为主，合计为 87.45%，表明凌家滩遗址地层经历了较强的风化淋溶过程和较显著的脱硅富铝化作用，不过 Si、Al 和 Fe 在地层的不同位置富集程度不同，Fe、Al 氧化物沿地层剖面向下呈相对富集态势，而 SiO_2 则呈亏损态

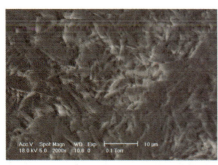 

图 6-46　松散、杂乱分布的蛇纹石晶体(左)内核中的球形空隙(右)

势①。总的来看,凌家滩遗址土壤的主体矿物为高岭石②,由于其位于丘陵岗地之上,故其土壤的黄棕壤(pH5—6)和水稻土(中性偏微酸性)均占一定的比重③。

3. 珠江流域案例(广东增城墨依山玉器)

2016 年 7 月至 2017 年 1 月,广东省广州市增城区墨依山遗址的两座墓葬(M66 和 M70)出土了 9 件(套)商代晚期玉器,器型包括牙璋(2 件)、玉环形饰(2 件)、有领环(3 件)、玉管(1 套 18 件)和耳珰(1 件),其中出土牙璋显示了中原商王朝和该地区的文化交流④(表 6-9)。由于该墓葬位于岭南地区,其土壤环境与长江流域、黄河流域以及辽河流域的土壤环境差别较大,属于强酸性环境,因此古玉在经历长期地下埋藏过程后风化受沁已非常严重,其外观特征已经无法使用矿物学方法进行肉眼的准确判断,需要借助现代分析技术进行材质鉴别。鉴于此,广州市文物考古研究院和复旦大学文物与博物馆学系合作利用激光拉曼光谱仪、X-荧光光谱仪、pH 测试仪等便携设备以及扫描电镜、质子激发 X 射线荧光分析、X 衍射光谱仪等大型仪器对墨依山遗址出土的 8 件玉器残片和墓葬土壤进行了科技分析和研究。材质、成分和微观形貌等三方面对墨依山玉器进行综合性研究,同时结合土壤的物相、成分和酸碱性分析,初步探讨古玉受沁与外围土壤之间的相互关系。

表 6-9　8 件玉器信息表

序号	编号	器型	图片	描述
1	M66:2	有领玉环		通高 0.5、孔径 7.1、直径 9.5、厚 0.1—0.3 cm

---

① 吴立、王心源、莫多闻等:《巢湖东部含山凌家滩遗址地层元素地球化学特征研究》,《地层学杂志》2015 年第 4 期。
② 徐靖、袁传勋、张敬国:《凌家滩玉器成分分析及相关性研究》,载于安徽省文物考古研究所:《凌家滩——田野考古发掘报告之一》,文物出版社 2006 年版,第 332—336 页。
③ 含山县地方志编纂委员会:《含山县志》,黄山书社 1995 年版,第 70—80 页。
④ 朱海仁、张希、朱家振等:《广州增城墨依山遗址两座出土玉牙璋的商代墓葬》,《东南文化》2018 年第 3 期。

续表

序号	编号	器型	图片	描述
2	M66:3	玉管		长 0.5—1.0、通常 1.7 cm
3	M66:5	耳珰		双面对钻孔，窄面直径 1.7、孔径 0.5、通长 1.7 cm
4	M66:4	牙璋		通常 20.5、刃残宽 2.4、厚 0.3 cm
5	M70:3	有领玉环		通高 1.7、孔径 7、直径 11.1、厚 0.10—0.25 cm
6	M70:4	有领玉环		通高 0.7、孔径 5.28、直径 7.2、厚 0.1—0.3 cm
7	M70:5	牙璋		通长 15.9、刃残宽 4、厚 0.5 cm
8	M70:7	玉环形饰		3 件一组，均为残断。出土时由窄而宽依次环列，宽分别为 0.5、0.6、0.7 cm，厚 0.05 cm

注：本次研究分析的样品共 8 件，不含 M66:7 环形饰。

(1) 玉器分析

① 材质分析

拉曼光谱、X 射线荧光光谱和 X 射线衍射分析的结果显示,墨依山出土 8 件玉器均属于透闪石-阳起石(闪石玉)[$Ca_2(Mg,Fe^{2+})_5Si_8O_{22}(OH)_2$]。该类样品的拉曼检测结果如图 6-47 所示。

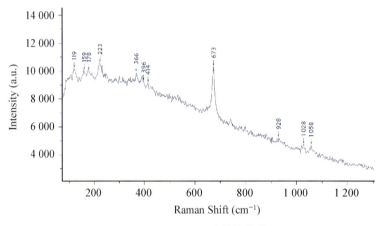

图 6-47　M66:5 耳珰的拉曼谱图

所有玉器的 XRD 图谱如图 6-48 所示,与数据库 PDF:44-1402 一致,验证了拉曼光谱的分析结果,即这些玉器的材质是闪石玉。

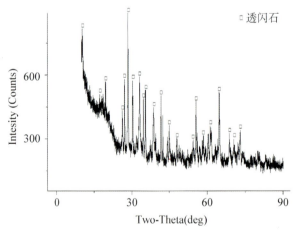

图 6-48　M66:2 玉环形饰的 XRD 图谱

透闪石-阳起石玉[$Ca_2(Mg,Fe^{2+})_5Si_8O_{22}(OH)_2$]随着 Fe 替代 Mg 的比例不同构成一个连续类质同象系列。一般而言,按照单位分子中镁和铁的占位比率不同进行划为,即当 Mg/(Mg+Fe)≥0.90 时为透闪石,当 0.90>Mg/(Mg+Fe)≥0.50 时为阳起石,当 0.50>Mg/(Mg+Fe)时为铁阳起石(在自然界少见)。笔者已在 Tracer Ⅲ X 射线荧光光谱仪上建立了透闪石-阳起石玉的定量曲线,发现可以根据 Fe 和 Ca 元素强度值的相对大小进行快速判别,即当 Fe 元素强度小于 Ca 元素强度时,计算出来的 Mg/(Mg+Fe)≥0.90,可据此判别为透闪石。8 件玉器的 XRF 图谱如图 6-49 所示,其 Fe 元素强度均远小于 Ca 元素强度,因此增城墨依山玉器是由透闪石矿物组成的,验证了 XRD 的分析结果。

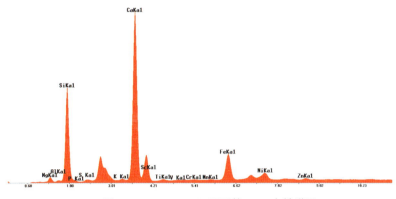

图 6-49　M70:7 玉环形饰 XRF 定性谱图

② SEM 分析

图 6-50 反映古玉由内层至表层的组织特征,具体说来,M66:2 玉环内层的透闪石晶体以长短不一、大小不等的针状和放射状形态存在,晶体平均长度 4.91 μm、平均宽度 0.43 μm,矿物延伸方向杂乱无章、相互交织,但可见较大的晶间空隙。M66:3 玉管和 M66:5 耳珰的较外层能够看到一定比例的透闪石纤维结构,晶粒尺寸相对内层减少,平均长度分别为 2.01 和 2.57 μm,平均宽度分别为 0.17 和 0.23 μm,晶间夹有许多片状或块状物质。M66:4 牙璋表面仅见少量针状透闪石晶体,其晶体长度平均为 1.86 μm、平均长度 0.18 μm。牙璋表面主要以片状或块状物质为主,可能是玉器在长期埋藏过程中表面被土壤物质腐蚀的结果。

为了验证上述推论,进一步利用 SEM 配置的能谱仪(EDX)分析图 6-50 组织形貌中片状或块状物质与纤维针状晶体物质在化学成分上的差异,具体测试部位如图 6-51 所示,测试结果如表 6-10 所示。

M66:2 玉环(内层)

M66:3 玉管(外层)

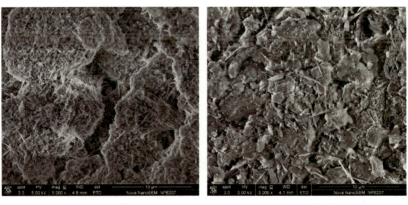

M66：5 耳珰（外层）　　　　　M66：4 牙璋（表面）

图 6-50　墨依山玉器由内层至表面的 SEM 分析

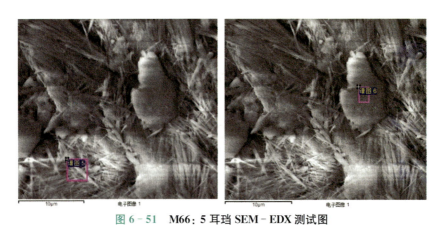

图 6-51　M66：5 耳珰 SEM-EDX 测试图

（左框内为针状结构测试区域，右框内为片状结构测试区域）

表 6-10　M66：5 耳珰的针状晶体与片状物能谱分析结果（wt%）

	C	O	Na	Mg	Al	Si	K	Ca	Mn	Fe	SUM
针状晶体	0.00	45.33	0.00	10.57	0.32	24.01	0.29	12.85	0.53	6.10	100.00
片状物	24.77	54.92	0.13	2.71	5.57	9.74	0.05	1.22	0.07	0.83	100.01

图 6-51 显示，测试区域针状晶体与片状物质相互交织。表 6-10 显示，针状晶体不含 C 元素且 Al 元素含量极少，而片状物质的 C 和 Al 元素含量较高；针状晶体的 Mg、Si、Ca 元素均高于片状物质，表明针状晶体是阳起石矿物，而片状物质应为土壤中的物质。高含量的 C 元素表明土壤有机物的渗透沉积，高含量的 Al 与土壤中大量高岭土[$Al_4(OH)_8Si_4O_{10}$]的渗透沉积有关（结合图 6-52）。

（2）土壤分析与讨论

① 土壤酸碱性分析

通过 pH 试纸和防水型笔式 pH 计测定了 11 处土壤样品的酸碱度，每份样品用 pH 计测定三次,取平均值,详细结果如表 6-11 所示。

表 6-11　土壤样品 pH 值测定结果

序号	样品编号	pH 试纸	pH 计 1	pH 计 2	pH 计 3	平均值
1	M66:2 玉器包裹土	5—6	5.24	5.18	5.18	5.20
2	M66:2 填土附近	5—6	5.11	5.12	5.11	5.11
3	M70:3 玉器包裹土	5—6	5.47	5.43	5.40	5.43
4	M70:3 填土附近	5—6	5.74	5.50	5.37	5.53
5	M70:4 生土	5—6	5.33	5.23	5.21	5.26
6	M70:4 玉器包裹土	5—6	5.57	5.47	5.55	5.53
7	M70:4 填土附近	5—6	5.06	5.04	5.04	5.05
8	M70:5 玉器包裹土	5—6	5.83	5.91	5.83	5.86
9	M70:5 填土附近	5—6	5.55	5.43	5.44	5.47
10	M70:7 玉器包裹土	5—6	5.11	5.08	5.02	5.07
11	M70:7 填土附近	5—6	5.85	5.79	5.69	5.78
	总平均值	5—6	5.44	5.38	5.35	5.39

通过表 6-11 和表 6-12,增城墨依山遗址土壤的 pH 平均值为 5.39,属于强酸性土壤,其腐蚀性也高。中国的土壤具有"南酸北碱"的分布特点,不同材质玉料在酸性环境下的流失量大于碱性环境,使得中国南方地区出土古玉的风化现象较北方地区出土古玉普遍且严重。南方地区的越靠南区域,由于酸性的增加,出土玉器的受沁程度会更加强烈,导致墨依山玉器疏松白化异常严重。

表 6-12　土壤 pH 值的分级[①]

土壤 pH 值	<4.5	4.5—5.5	5.5—6.5	6.5—7.5	7.5—8.5	8.5—9.5	>9.5
土壤酸碱度	极强酸性	强酸性	酸性	中性	碱性	强碱性	极强碱性
土壤 pH 值	<4.5	4.5—5.5	5.5—7.0		7.0—8.5		>8.5
腐蚀性	极高	高	中等		低		极低

② 土壤物相分析

为了研究土壤的物相组成,在复旦大学先进材料实验室进行了 X 射线衍射分析(XRD)。先将土壤颗粒研磨至细粉末(300 目),再放入固定样品台进行扫描分析。实验

[①] 王荣:《古玉器受沁机理初探》,中国科学技术大学博士学位论文,2007 年;宋光铃、曹楚南、林海潮等:《土壤腐蚀性评价方法综述》,《腐蚀科学与防护技术》1993 年第 4 期。

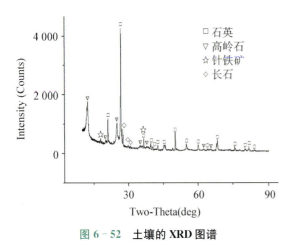

图 6-52 土壤的 XRD 图谱

数据用 JADE 软件分析物相，Origin 作图，结果均如图 6-52 所示。土壤中的主要矿物组成为石英（SiO_2）、高岭石[$Al_4(OH)_8Si_4O_{10}$]、钾长石（$KAlSi_3O_8$）和针铁矿（$\alpha-FeO(OH)$）。针铁矿常作为土壤中铁风化作用的最终产物[1]，表明增城墨依山地区的土壤经过了颇为彻底的风化淋滤过程。

③ 土壤成分分析

在了解土壤主要矿物组成的基础上，需要进一步了解土壤化学组成，笔者使用复旦大学现代物理研究所的质子激发 X 射线荧光分析（PIXE）对 11 块压片后的土壤样品进行了化学组成（表 6-13）分析。不同位置土壤的主量元素均为 Si、Al、Fe 和 K 等，结合 XRD 的分析结果，这些元素主要构成石英、高岭石、钾长石以及针铁矿等矿物。由于锐钛矿（TiO_2）的最强峰与钾长石重合，少量 Ti 元素也预示着锐钛矿的存在。

表 6-13 土壤的化学组成 PIXE 分析结果

	Na_2O	MgO	Al_2O_3	SiO_2	P_2O_5	SO_3	Cl	K_2O	CaO	TiO_2	Cr_2O_3	MnO	Fe_2O_3	SUM
M66:2 玉器包裹土	0.32	1.68	31.78	52.30	1.20	0.22	0.00	2.77	0.00	1.10	0.00	0.08	8.54	100.00
M66:2 填土	0.43	0.94	25.29	62.87	0.37	0.00	0.00	2.22	0.00	0.80	0.00	0.10	6.99	100.00
M70:3 玉器包裹土	0.62	2.66	25.68	55.96	1.43	0.16	0.00	3.25	0.06	1.18	0.03	0.05	8.93	100.00
M70:3 填土	0.11	2.14	28.35	54.90	0.47	0.00	0.00	3.40	0.06	1.17	0.00	0.11	9.18	100.00
M70:4 生土	0.09	1.82	24.13	60.18	1.36	0.29	0.05	2.69	0.00	1.03	0.03	0.09	8.25	100.00
M70:4 玉器包裹土	0.67	2.91	23.26	58.30	0.38	0.00	0.00	4.01	0.12	0.97	0.00	0.11	9.27	100.00
M70:4 填土	0.40	1.69	25.86	58.29	0.55	0.15	0.00	3.24	0.00	1.20	0.00	0.00	8.54	100.00
M70:5 玉器包裹土	0.08	2.18	28.72	53.01	0.57	0.16	0.00	3.83	0.09	1.14	0.00	0.16	10.06	100.00
M70:5 填土	0.50	2.47	29.17	51.66	0.51	0.19	0.00	3.79	0.00	1.36	0.05	0.10	10.21	100.00
M70:7 玉器包裹土	0.44	2.04	28.58	54.69	0.37	0.20	0.00	3.25	0.00	0.95	0.00	0.11	9.35	100.00
M70:7 填土	0.42	2.87	28.62	48.92	0.36	0.13	0.00	4.72	0.00	1.65	0.08	0.13	12.09	100.00

④ 土壤 SEM 分析

图 6-53 左图显示，土壤的微观形貌呈块状不规则形，与玉器外层 SEM 观察中的块状

---

[1] [美]Lindsay, W. L.：《土壤中营养及污染元素的化学平衡》，陆集卿等译，福建科学技术出版社 1986 年版，第 136 页。

图 6-53　M66：5 包裹土的 SEM 观察（左）和 EDX 能谱分析点（右，"+"所示）

物形态非常相似。对土壤块状物质进行能谱选点分析（图 6-53 右图），其结果如表 6-14 所示，对比表 6-10 的分析结果可知：土壤、玉器表面及外层块状物质的 C、Al、Si 和 Fe 等元素含量相近，其中 C 和 Al 的含量均明显高于玉器针状晶体的 C、Al 含量。土壤 Al 含量比块状物高，而土壤 Si 含量比块状物低，预示着玉器块状物中也含有 Si 物质，即块状物质是有机质、高岭石及石英的混合态。

表 6-14　M66：5 包裹土的能谱分析结果（wt%）

	C	O	Na	Mg	Al	Si	K	Ca	Mn	Fe
M66：5 包裹土	22.03	50.76	—	—	7.22	7.42	—	—	—	1.67

4. 疏松白化机理研究

（1）影响因素探讨

本节从玉质本体、埋藏环境以及工艺三个方面进行必要探讨。

① 材质的影响

玉质本体包括玉材的矿物成分和结构构造。一般而言，矿物所处的外界环境与其形成时外界环境的差异愈大，矿物的稳定性愈小，即愈易风化。换言之，离地表距离越深的高温、高压环境下结晶形成的岩石或矿物易风化，这一认识适用于沉积岩、岩浆岩和变质岩，也适用于矿物。中国玉器多由矿物组成，且多属于单矿物，因此其抗风化能力（尤其是抗物理风化能力）强；而复矿物或多矿物玉石的抗物理风化能力弱。对于单矿物玉材而言，其抗风化能力的一般顺序是氧化物、氢氧化物＞黏土＞石英＞架状硅酸盐＞层状硅酸盐＞双链状硅酸盐＞单链状硅酸盐＞岛状硅酸盐＞碳酸盐＞硫酸盐＞硫化物＞卤化物，其中硅酸盐的抗风化能力顺序遵从岩浆岩的鲍文反应（小结部分对此点进行了再议）。

以产生白化现象最为普遍的单矿物玉器——透闪石-阳起石玉器和蛇纹石玉器为例，本节略分析材质对于风化程度的影响。

图 6-54 显示的两件玉器于 1992 年出土于河南安阳殷墟王裕口遗址中（坐标：西二台内）。在已分析的 M24：12、M24：15、M24：16 和 M24：18 等 4 件透闪石质玉器中，仅图示

M24：15半月形玉器的白化程度最深。不过 M24：13 蛇纹石玉器已经全器白化，用手轻摸即有粉末脱落，表明同一埋藏环境中透闪石的抗风化能力强于蛇纹石。图 6-55 也是如此，河南安阳殷墟武官村出土的透闪石饰保存较好，但同出的蛇纹石柄形器已严重白化且裂开。

图 6-54　河南安阳殷墟王裕口 92M24：15 透闪石质半月形玉器和 92M24：13 蛇纹石质片状玉器

图 6-55　94 河南安阳殷墟武官村 M100：8 透闪石饰和 M100：3 蛇纹石柄形器

图 6-56 中三件玉器均于 1992 年出土于河南安阳殷墟新安庄遗址 65 号墓，左边两件的材质为透闪石，右边一件的材质为蛇纹石。三件玉器均全器白化，不过蛇纹石的风化异常严重，类似图 6-17 的 70 AGX M119：6 玉蚕，如图 6-19 右图所示，Mg 元素几乎流失殆尽。

图 6-56　92 河南安阳殷墟新安庄 M65：4 透闪石玉饰、M65：12 透闪石玉管、M65：2 蛇纹石玉环残片

上述出土实例显示：同一埋藏环境中蛇纹石比透闪石易于风化。中国透闪石和蛇纹石多接触交代形成的，它们的成因相近，因而抗风化能力与晶体结构关系密切。蛇纹石呈层状结构，硬度小，硅氧四面体和镁氧三八面体按 1：1 构成结构单元层，硅氧四面体内部连结为共价键，镁氧八面体内部连结为较弱的离子键（Mg 与羟基以及硅氧四面体中

活性氧相连),单元层之间以更弱的氢键或范德华力相连;透闪石呈双链状结构,硬度大,硅氧四面体内部为极性共价键,硅氧四面体通过 Si—O 共价键连结成双链,双链与双链之间借助阳离子连结起来。以上分析表明:晶体结构特点使得蛇纹石比透闪石更易于风化。

图 6-19 显示蛇纹石玉器风化得比较彻底,虽然仍保持蛇纹石矿物的纤维状晶体形态,但它们的 Mg 元素流失很多或者流失殆尽,使得 SiO_2 百分含量超过了 85%。因此在鉴别古玉器矿物种类上,单纯靠化学成分分析方法(X 射线荧光光谱、带能谱的扫描电镜等)进行判定是有局限性的,必须结合物相分析方法进行综合判定。

② 抛光的影响

残玉戚的一面抛光,如图 6-57 上排显示,其白化呈点状和线状分布。残玉戚的另一面未抛光,如图 6-57 下排显示,其白化呈面状分布,白化程度远高于抛光面,反映在表 6-15 的色度和光泽度值上,即 L^* 值增大,a^* 和 b^* 值以及光泽度均减小。上述分析表明打磨抛光形成的光泽层可以起到抗风化的作用。

表 6-15　河南安阳殷墟铁三路 2006 ATS T6 M89:8 两面的 $L^*a^*b^*$ 和光泽度值

器形	测试面	L^*	a^*	b^*	G
残玉戚	光滑面	46.48	1.51	14.75	15
	毛糙面	55.15	0.51	6.92	4

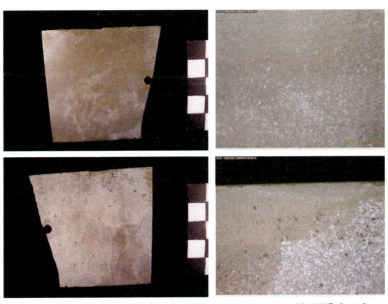

图 6-57　河南安阳殷墟铁三路 2006 ATS T6 M89:8 透闪石质残玉戚

除了硅酸盐材质玉器,其他材质玉器也存在此种现象。图 6-58 柄形器的材质分析如图 6-59 所示,含有方解石和白云石两种矿物,因此柄形器的材质是大理岩。图 6-58 左上的柄形器正面未经过打磨抛光工序,图 6-58 左下的柄形器反面经过了打磨抛光工序。图 6-58 右上的未经过打磨抛光正面的白化程度明显比图 6-58 右下的经过打磨抛光反面严

图 6-58　河南安阳殷墟铁三路 2006ATS T6 M89：32 大理石质柄形器

重些,反映在**表 6-16** 的色度和光泽度值上,即 L^*、a^* 和 b^* 值均增大,而光泽度减小,a^* 和 b^* 值增大表明颜色偏红黄,可能与土壤的粘附相关。该实例再次表明:打磨抛光形成的光泽层在一定程度上阻碍玉器发生风化作用。

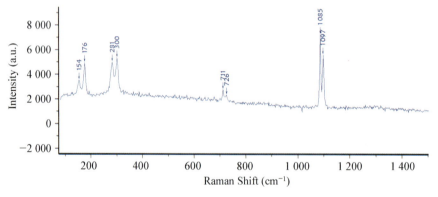

图 6-59　2006ATS T6 M89：32 柄形器的拉曼图谱

表 6-16　河南安阳殷墟铁三路 2006ATS T6 M89：32 大理石质柄形器两面的 $L^*a^*b^*$ 和光泽度值

器形	测试面	L^*	a^*	b^*	G
柄形器	光滑面	68.32	2.3	13.68	5
	毛糙面	71.08	4.13	16.01	3

从机制上讲,光泽度与物体表面的平整度密切相关,平整度高,则镜面反射比例高,反之则漫反射比例高。提高光泽度包括两种方式:研磨法和涂层法。古代世界对于不同种类文

物采用的方式是不同的,如对于玉石器而言,常用机械研磨法;对于陶瓷器、玻璃器而言,常用涂层法(包括低温陶衣、高温釉等);对于漆器而言,两种方法兼有,生漆作为一种天然涂层可以产生高光泽度,古人利用机械研磨再提高光泽度,如宋代的推广漆。通过研磨使得玉材表面切削的切末越细,表面就被磨得越平整。当研磨切削的深度小于一定值时玉器表面就会出现镜面光泽,如图 6-36-1 所示,玉器表面光泽层的晶体颗粒尺寸变得细小,同时致密度也增加,这一内在结构特点使得玉器磨抛层具有一定的抗风化能力。

③ 酸碱度的影响

自然界的土壤多种多样,均是由矿物质、有机质、水分、气体和生物等基本物质所构成。土壤是由固、液、气三相物质组成的多相分散的复杂体系。固相物质主要是矿物质、有机质(70%—80%为腐殖质)和土壤生物;液相物质主要指土壤水,它不是纯水,是溶有多种物质成分的稀薄溶液;气相物质包括由大气层进入的空气(氧气、氮气)和土壤内部产生的气体(二氧化碳、水气等)。与地壳元素的含量相比,土壤 O 和 Si 的含量增加,N 含量增加了 10 倍,C 含量增加了近 100 倍,其余元素含量均有不同程度的减小。

不同气候和地形的土壤是有差异的,如干旱地区土壤的黏土矿物以蒙脱石及部分水云母为主,呈碱性或中性反应,Cl 和 S 已全部淋失,但 Ca、Mg、Na、K 等仍大部分保留,且有 Ca 游离出来,以 $CaCO_3$ 形态沉淀积累在碎屑的孔隙中;湿润温带地区土壤的黏土矿物以高岭石及埃洛石为主,呈酸性反应,颜色以棕或红棕为主,Ca、Mg、Na、K 都遭淋失,部分硅酸盐的 SiO_2 也淋失;湿润热带地区土壤的黏土矿物遭到破坏,盐基和释放的 SiO_2 均全部遭受淋失,仅 Fe、Al 的氧化物和含水氧化物残留,呈鲜明的红色。

土壤酸碱性是土壤的一个重要特性。它与微生物活动、有机质分解、土壤营养元素的释放有关,一般来说,植被可使土壤形成酸性环境。中国土壤的酸碱性反应大多数在 pH = 4.5—8.5 之间,在地理分布上有"东南酸西北碱"的规律性,大致可以长江为界(北纬 33°),长江以南的土壤为弱酸性或酸性,长江以北的土壤多为中性或碱性①。中国土壤的酸碱性南北差异很大,如吉林、内蒙古、华北的碱土 pH 值有的高达 10.5,而台湾新八仙山、广东丁湖山、海南五指山的黄壤,pH 值有的低至 3.6—3.8。

笔者一项模拟实验揭示透闪石玉料和蛇纹石玉料在酸性环境的溶解度高于碱性环境②。上节分析显示,黄河流域河南安阳殷墟土壤环境的 pH 值为 7.9—8.3;长江流域安徽安庆望江黄家堰土壤环境的 pH 值为 5—7,长江流域安徽巢湖含山凌家滩土壤环境的 pH 值为 5—6.5,长江流域浙江余杭良渚土壤环境的 pH 值为 5.5—6.5;珠江流域广州增城墨依山土壤环境的 pH 为 5.39。出土玉器的受沁程度分析显示,长江流域和珠江流域酸性埋藏环境下透闪石和蛇纹石玉器的白化现象比黄河流域碱性埋藏环境普遍,且白化程度严重玉器的数量也远高于北方碱性埋藏环境。

值得关注的是,珠江流域出土玉器的风化程度又高于长江流域的出土玉器,但 pH 值的差异并非很大,这主要是受珠江流域气候的影响所致,如增城地区的年平均温度为 21.8℃③,高于偏北地区的温度,且全年气温起伏很小。同时,该地区多雨造成湿度增大。气

---

① 龚子同、黄荣金、张甘霖:《中国土壤地理》,科学出版社 2016 年版,第 185 页。
② 王荣:《古玉器受沁机理初探》,中国科学技术大学博士学位论文,2007 年。
③ 陆杰英、蔡蕊、赵旸旸:《增城市近 50 年来气温变化特征》,《广东气象》2011 年第 6 期。

候的温湿度均直接影响不同深度墓葬或遗址的埋藏环境,一般来说,温度的日变幅在深度 0.4—1 m 时幅度减小直至消失,温度的年变幅在深度 5—20 m 时减弱直至消失。温度升高在物理层面则易形成压力差,促使各类物质的移动,如水分的移动、各类物质的聚集等;温度升高在化学层面则提高了化学反应的速度,如根据范霍夫定律,温度每升高 10℃,反应速率近似增加 2—4 倍。湿度的增大使得化学风化更易进行,因此上述因素均导致广州增城墨依山玉器的风化速率加快,受沁程度变得更加严重。

(2) 白化机理探讨

风化作用就是矿物为了适应地表条件而向热力学较稳定的状态缓慢转变的过程。表生环境的特点如表 6-17 所示,而文物在地上和地下保藏环境的主要差别在于气体、水和生物的种类不同,如表 6-18 所示,文物在地上环境条件为空气、大气水(雨水、冷凝水等)和生物等,而文物在地下环境条件为土壤空气、土壤水(含地下水)和生物等。

表 6-17 表生环境特点①

表生条件	主要特点
温度	低而速变(-75—85℃,有昼夜变化及季节变化)
压力	低压(常压)
气体	游离氧及二氧化碳
水	丰富的水,且 pH 值不同
生物	生物和有机质参加作用
能量来源	太阳辐射能

表 6-18 文物在地上和地下保藏环境中的主要差异

保藏条件	气体	水	生物
地上	空气	大气水(主要盐类成分为 HCO_3^-,CO_3^{2-},SO_4^{2-},Cl^-,Ca^{2+},Mg^{2+},Na^+,K^+,含盐量一般为 20—50 mg/L;SiO_2 含量很小,一般不超过 0.5 mg/L)	生物
地下	土壤气体	土壤水(吸着水、薄膜水、毛管水、重力水)、地下水(主要盐类成分为 Ca^{2+},Mg^{2+},Na^+,K^+,HCO_3^-,CO_3^{2-},SO_4^{2-}(酸性条件下出现 HSO_4^-,还原环境出现 H_2S,还原的碱性环境出现 HS^-),Cl^-,含盐量一般小于 1 g/L;Fe^{3+},Fe^{2+},Al^{3+});SiO_2 的含量一般在 10—30 mg/L 之间,一般不超过 100 mg/L)	生物

表 6-18 中的大气降水落于地表之后,一部分形成地表水,汇入江河湖泊;一部分渗入土层中被土壤吸收形成土壤水;另一部分渗入土层中但未被土壤吸收,进入地下形成地下水。可见地下埋藏环境的土壤水和地下水与地上环境的大气降水有一定的关系。

① 风化淋滤阶段

透闪石-阳起石玉和蛇纹石玉入土埋藏后,接触环境的土壤、地下水等物质会直接或借

---

① 张虎才:《元素表生地球化学特征及理论基础》,兰州大学出版社 1997 年版,第 243 页。

由毛细管作用由外至内渗入玉器内部,这一过程会伴随一系列的化学反应。一般说来,两类玉石首先经历溶解、水解、络合和铁氧化的风化淋滤阶段。

A. 溶解

溶解主要导致矿物与溶剂(水)之间相结合,一方面促使矿物中的部分易溶离子溶解流失,难溶离子则残留原地;另一方面促使易溶解的矿物(非硅酸盐矿物)流失,难溶解的矿物(硅酸盐矿物)残留原地,这一过程会产生裂隙和孔隙,进而导致更多矿物与外界物质接触,从而产生循环往复的溶解过程。透闪石-阳起石玉和蛇纹石玉中可能含有一些少量易溶矿物,如碳酸盐等,常被溶解带走形成一些空洞,使得更多矿物与水接触。同时,透闪石-阳起石和蛇纹石等难溶性硅酸盐矿物尽管在常温常压下的溶解率是相当低的,但经过长期接触仍会被溶解掉一些,从而产生更多的裂隙和孔隙,导致溶解过程的持续进行。一般认为,溶解过程可能发生化学反应,但多发生物理反应,同时溶解在化学风化中常占主导作用,因此玉石的矿物组成没有改变。值得注意的是,地下埋藏环境的天然水并非纯水,常含有 CO_2 形成弱酸,从而增加了矿物的溶解度。由此可见,溶解过程的确是一种最有意义的风化作用,是岩石矿物发生水解作用的前提步骤[①]。一些组分的溶解度与 pH 之间的关系参见图 6-60,表明 pH 对组分的溶解度有较大的影响,进而影响到组分迁移度。此外,同一成分的结晶形式不同,其溶解度也不同,如 pH<9 时,非晶质 SiO_2 的溶解度比石英大约 20 倍,pH>9 时两者的溶解度相近。

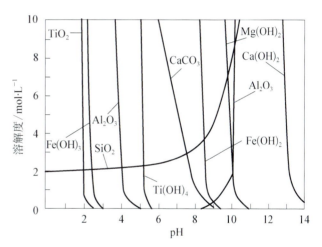

图 6-60 化学风化过程中一些组分的溶解度与 pH 之间的关系

B. 水解

水解是矿物与水发生反应而分解的作用,也是硅酸盐类矿物最重要的一种化学风化作用。水不仅是溶解的反应剂的携带者,同时也是一种反应剂,通过离解出的 H^+ 和 OH^- 与矿物进行反应,除了生成含水硅酸盐外,还生成氢氧化物、硅酸(溶解在水中的 SiO_2),以透闪石-阳起石矿物为例,水解反应式为:

$$Ca_2(Mg,Fe)_5Si_8O_{22}(OH)_2 + 22H_2O \Longrightarrow 2Ca(OH)_2 + aMg(OH)_2 + bFe(OH)_2 + 8H_4SiO_4, (a+b=5)$$

对于硅酸盐矿物而言,其被水解的难易程度主要取决于 Si—O—Si、Si—O—Al、Si—O—M 三类键的破裂。阳离子的电负性(不同元素的原子对键合电子吸引力的大小)愈大,则其与氧的差别愈小,键能就越大,即阳离子电负性与氧电负性(3.5)之差的绝对值小于 1.7 时,形成的化学键为共价键;阳离子与氧电负性之差的绝对值大于 1.7 时,形成的化学键为

[①] 杨金汉:《工程地质学》(上册),(香港)新兴图书公司 1979 年版,第 153—154 页。

离子键,因此阳离子与氧形成的键能大体上有下列次序:Si(1.74)>Fe(1.64)>Al(1.47)>Mg(1.23)>Ca(1.04)>Na(1.01)>K(0.91)[1](以阿莱-罗周标度为参考)。硅氧键的键能可以由周围成分的改变而减弱,即通过阳离子和氧的连接,增加硅氧键的离子键特性,从而使 Si—O 键的稳定性降低愈多。例如金属阳离子的电负性比硅低,可增加 Si—O 键的离子键特性。酸性环境会促进水解的进行,其反应式为:

$$Ca_2(Mg,Fe)_5Si_8O_{22}(OH)_2 + 14H^+ + 8H_2O \rightleftharpoons 2Ca^{2+} + aMg^{2+} + bFe^{2+} + 8H_4SiO_4,(a+b=5)$$

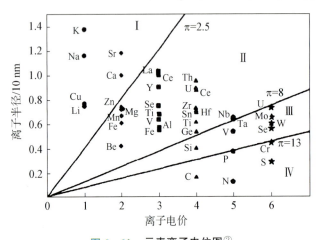

图 6-61 元素离子电位图[2]
(Ⅰ——形成自由离子;Ⅱ——形成复杂络离子;Ⅲ——形成多元酸阴离子;Ⅳ——形成 CO_4^{2-}、SO_4^{2-} 型阴离子)

水解和溶解具有一定的相似性,如均优先发生在高表面能区域,如亚晶界、位错、扭曲、颗粒边界、解理面等,最终形成更多的裂隙和孔隙,导致循环往复的水解过程;均难以按照阳离子和阴离子的等当量同步溶解(按照化学计算量的全等溶解——谐溶),而属于不按化学计算量的非全等溶解——非谐溶;CO_2 形成的碳酸增加了溶解和水解的程度。一般而言,如图 6-61 所示,离子电位 π 值为离子电价和离子半径(单位为 10 nm)之比,反映离子吸引价电子的能力,$\pi<2.5$ 的碱性阳离子易形成真溶液;$\pi=2.5—8.0$,在强酸性条件下呈简单离子,易形成真溶液,当 pH 增加则生成氢氧化物沉淀,如果体系中出现高浓度的具高电负性的配合剂,如 F^-、Cl^- 和有机离子等,则易形成复杂络合离子,可以溶解迁移;$\pi>8$,则形成酸阴离子,可溶解迁移;$\pi=8—13$,则形成欧元酸复杂配离子。

C. 络合

实践证明,硅酸盐矿物晶格中的硅氧键和 M—O 键除了通过水解(包括酸解或碱解)作用的方式发生破裂,还可以通过络合剂的作用而破裂。土壤中的有机质能与多价的金属离子形成络合物(没有环状结构,结构稳定性比较差)或螯合物(具有环状结构,结构比较稳定)。这类有机质常称为络合剂或螯合剂,它们对铁、铝等金属氧化物的溶解或水解能力比硅酸盐矿物的溶解能力强得多。值得注意的是,有机络合剂不仅溶解固相的金属粒子,而且可以占据金属离子的配位位置,从而阻止溶液中 Fe、Al 氧化物的沉淀和结晶。

当络合剂与 Si 附近的金属离子 M 形成络合物时,就会削弱硅氧键的双键性,或者当络合剂直接与 Si 形成络合物时,也可使 Si—O 键破裂(不过释放出的 Si 较少),形成的络合物或螯合物溶解度较大,存在于土壤溶液中,可以随水流动进行淋溶,从而使许多难溶解的矿

---

[1] 铁步荣、杨怀霞:《无机化学》,中国中医药出版社 2016 年版,第 43 页。
[2] 韩吟文、马振东、张宏飞等:《地球化学》,地质出版社 2003 年版,第 89 页。

物解体,并使金属离子存在于溶液中,增加了金属粒子的移动性。

D. 氧化还原

一般认为,O 是氧化还原反应的重要因素,来源于大气中的游离氧以及溶于水的空气氧决定了环境的 Eh 值(氧化还原电位)。参与氧化还原反应的元素主要有 H、N、Fe、Mn、S 和 Ti 等,这些元素都趋向于以氧化态形式存在。前述的溶解和沉淀、络合以及水解(酸碱)均属于非氧化还原反应。无论酸性条件还是碱性条件,在还原条件下,一些金属粒子如 Fe 和 Mn 以二价形式存在,溶解度明显增加。具体说来,Fe^{2+} 常以游离态、交换态和络合态的可溶性形式存在,非 $Fe(OH)_2$ 和 FeS 形式(易形成沉淀)。Mn^{2+} 常以络合态的可溶性形式存在,也非 $Mn(OH)_2$、$MnCO_3$ 和 MnS 形式(均易形成沉淀);在氧化条件下,Fe^{2+} 和 Mn^{2+} 易被氧化为 Fe^{3+}(形成难溶性的氧化铁或氢氧化铁)和 Mn^{3+}、Mn^{4+}(Mn_2O_3 或 MnO_2)。

综上可见,矿物发生溶解、水解、络合、还原等反应释放出的化学组分,在水溶液中的溶解度和迁移能力与介质条件有关,如酸性环境下 Ca、S、P、Mn^{2+}、Cu、Zn、Cr^{3+} 等具有较强的迁移能力,碱性环境下 Si^{4+}、Al^{3+} 迁移能力加强,许多元素如 Na、K、Br、Cl、F 等既在酸性溶液中迁移,也能在碱性溶液中迁移。因此,对透闪石-阳起石矿物而言,风化淋滤阶段生成的 Ca^{2+}、Mg^{2+} 的氢氧化物易溶于水形成真溶液。Fe^{2+} 的氢氧化物溶于水,可形成真溶液,Fe^{3+} 的氢氧化物难溶于水,可呈胶体溶液。Si 的氧化物或硅酸可形成悬浮物,也可形成真溶液和胶体溶液;对于蛇纹石矿物而言,除了 Ca^{2+} 的氢氧化物极少,其余特征与透闪石-阳起石矿物相似。由于渗透溶液会因环境的干湿变化借由毛细管作用向外渗出,加之土壤以负电荷为主,可通过静电作用吸附阳离子,此时可溶性(易被迁移)离子(Ca^{2+}、Mg^{2+} 等)将被迁出玉器表面(溶解迁移和络合迁移),而难溶性(可迁移和略可迁移)离子——(硅酸中的)Si、Fe 以及可能替代 Si 的 Al 等均可能会在外表面沉淀,这一过程可能伴随着 Fe^{2+} 氧化为 Fe^{3+},导致更多的 Fe 沉淀下来。由此可见,溶解、水解、络合以及氧化还原反应的风化淋滤阶段使得透闪石-阳起石玉器和蛇纹石玉器由外而内形成裂隙或孔隙,导致更多矿物与外界物质接触的几率增大,同时,玉器埋藏年代久远,风化淋滤阶段会十分彻底,最终古玉内部的晶体之间将失去粘结力,导致玉质疏松、硬度和透明度下降、颜色发白。值得注意的是,矿物晶体的尺寸在风化淋滤阶段会发生变化,一般而言晶体长度会减小,但当风化淋滤过程十分彻底时,晶体宽度也会减小,如图 6-50 所示的广州增城墨依山玉器,其内层的晶体尺寸与未风化前状态接近,往外至较外层和表层,晶体长度和宽度随着风化淋滤的深入均相应减小,如长度从 4.91 μm 减小至 1.86 μm,宽度从 0.43 μm 减小至 0.18 μm。

② 渗透胶结阶段

A. 酸性环境

以浙江余杭良渚遗址区域、安徽含山凌家滩遗址区域以及广东增城墨依山区域为例。从表 6-8 可以发现,与透闪石化学成分的理论值相比,古玉器透闪石柱状晶粒的 SiO_2 含量增高,MgO 含量稍有减少,CaO 含量减少,与扫描电镜能谱仪的测试结果(表 6-6、表 6-7 和表 6-10)类似,表明出土古玉的 CaO 的流失比例最高。王荣(2007)[①]的模拟实验显示:Ca 的相对溶解能力最强,Mg 次之,Si 最弱,Ca 远高于 Mg 和 Si。这种相对溶解能力的差

[①] 王荣、冯敏、王昌燧:《古玉器化学风化机理初探之一——粉末态模拟实验》,《岩石矿物学杂志》2007 年第 2 期;王荣、冯敏、金普军等:《古玉器化学风化机理初探之二——块状模拟实验》,《岩石矿物学杂志》2007 年第 3 期。

异,势必造成古玉在埋藏过程中 Ca 的优先流失,而相对惰性的 Si 则较多地保留于古玉中。同时,**表 6-8** 透射电镜的结构观察和化学分析结果显示,Al、Si、Fe 以多晶的形式主要富集在透闪石古玉的最外层,而几乎未及内层,表明古玉器周围的土壤溶液将渗入玉器中的裂隙或孔隙,循环的酸性溶液可带走 Ca、Mg、K、Na 等移动性碱类离子,而留下 Si、Al 以及部分 Fe 等难移动性离子。土壤中的 Si 的流失比 Al 快,Si 主要以 H_4SiO_4 形式存在,只有在 pH=8.5 以上时,离子态 Si 才在溶液的总硅量中占有比较显著的比例;Al 在氧化环境和还原环境中主要形成氧化物和氢氧化物;Fe 的氧化物和氢氧化物种类颇为丰富,溶解度次序为:$Fe(OH)_3$(无定形)$>Fe(OH)_3$(土壤)$>\gamma-Fe_2O_3$(磁赤铁矿)$>\gamma-FeOOH$(纤铁矿)$>\alpha-Fe_2O_3$(赤铁矿)$>\alpha-FeOOH$(针铁矿),$Fe(OH)_3$ 溶解度是针铁矿的 3 600 多倍。在通气不良土壤中(即还原环境)中,Fe 元素以简单铁离子 Fe^{2+} 及其水合离子 $Fe(OH)^+$ 形式迁移,且迁移能力很强;在氧化环境中,Fe 元素以 Fe^{3+} 形式存在,其离子形式只能于酸性环境中,而在弱酸性和弱碱性环境中将以 $Fe(OH)_3$ 形式沉淀。当土壤溶液存在有机酸或硅酸时,Fe 可以 $Fe(OH)_3$ 胶体形式迁移,不过这种胶体在酸性溶液中是稳定的,随 pH 的增加,$Fe(OH)_3$ 胶体将沉淀[①]。

表 6-6、表 6-7 和表 6-10 的扫描电镜能谱结果还显示,透闪石古玉外层富集了较多的碳,表明土壤有机物也参与了渗透胶结过程(蛇纹石古玉也应如此)。渗透的碳元素或物质,因离子半径较小(如**表 6-19** 所示),故可以呈高次配位存在于硅氧骨干之外,发挥如 Fe、Mg 等一般阳离子的作用;也可以存在于透闪石颗粒间,发挥填充胶结作用,稳定硅酸盐双链架构。一般认为,低 pH 和还原环境会促进络合作用,具体说来,酸性土壤以 Al 和 Fe 的络合物为主,中弱碱性土壤以 Ca 的络合物为主,碱性土壤以 Mg 的络合物为主;还原环境下有机质的分解不能彻底进行,易于产生具有络合作用的有机酸,从而促进络合作用;而氧化条件下有机酸易于分解,会使络合物解体。实践证明:溶解在土壤溶液中的金属有机络合物主要是由简单的有机酸形成的。这些简单的有机酸可以与过渡金属子形成稳定的络合物,但很少与 Si 形成络合物,即释放出的 Si 较少。一价、二价和三价阳离子对分散了的胶体的絮凝能力的比值约为 1∶100∶1 000,所以 Al 离子和 Fe 离子具有极强的絮凝土壤胶体的能力。

表 6-19　元素的基本性质

	C	Fe	Mg	Si	Ca
价态	+4	+3、+2	+2	+4	+2
离子半径(Å)	0.15	0.64、0.74	0.72	0.4	0.99

不考虑表面光泽层,透射电镜和扫描电镜分析均显示了出土玉器由内向外,透闪石晶体由细长变为短小,其数量也相应增多。应该说,内层透闪石晶体遭受的破坏程度小于外层,因而晶体形态更接近其最初的形态。由于风化作用,细长的透闪石晶体将分裂为许多短小的透闪石晶体,因而越靠近外层,透闪石晶体尺寸变小,数量增多,孔隙也相应增多,只是外

[①] 魏菊英:《地球化学》,科学出版社 1986 年版,第 162—163 页。

来物质的胶结,填充了这些孔隙。

综上可见,土壤中外来的富含 Al、Si、Fe 等无机胶体和有机碳向内渗透时,可以将古玉器风化淋滤阶段形成的外层孔隙填满,从而堵塞了渗透通道,因此仅玉器的外层区域发生胶结,致使硬度和透明度略有增大,从而形成了"外实内松"的独特风化现象,Fe 元素的存在导致了古玉表层的颜色略显黄色,与内部的纯白色构成了色感上的差异。不过,若古玉器的风化淋滤阶段进行得彻底,如安徽含山凌家滩蛇纹石玉器和广州增城墨依山玉器,产生的孔隙就会较多且大,因此外界物质的渗入深度较大,经过胶结作用形成的相对致密外层颇厚(可达 1—2 mm),如图 6-39、图 6-45 和图 6-46 凌家滩蛇纹石玉器所示;但若胶结作用不显著,则无明显的"外实内松"现象,如表 6-9 广州增城墨依山玉器所示,该地区的酸性相对于长江流域稍高,温湿度均较高,因此风化速度增加,导致玉器内外层形成的空隙较大且多。渗入的土壤片状或块状物质增多(以有机质、石英、高岭石、针铁矿、锐钛矿、钾长石等次生黏土矿物和次生氧化物为主),但胶结作用较弱,因此出土玉器仍然呈现颇为脆弱的面貌。从这个层面看,胶结作用有利于玉器外层结构的加固,客观上阻碍了玉器的进一步溶解流失,对于玉器保护起了一定作用。

B. 中性、碱性环境

一般来说,矿物的抗风化能力取决于矿物的稳定性(自身化学组成和晶体结构的稳定性),还要考虑矿物颗粒的结合状态。此外,矿物的风化程度还与周遭土壤环境密切相关,不同 pH 环境下土壤中的矿物种类是不同的,大致来说,升高 pH 值,土壤以 Ca、Mg、K、Na 的硅酸盐矿物为主;降低 pH 值,土壤以 Fe、Si、Al 的矿物为主,即 Ca、Mg、K、Na 将被淋滤掉,矿物也将由硅酸盐转变为氧化物或氢氧化物。因此,不同酸碱环境下土壤溶液所含的物质是有差异的,移动性也发生较大变化。如图 6-60 所示,中性、碱性环境下 Si 和 Al 的迁移能力加强,Ca 和 Mg 仍以真溶液形式迁移,Fe 的含量减少,故而在此类环境下的渗透胶结作用较弱,形成的玉器外层致密层很薄。尽管如此,土壤溶液中的二价和三价金属离子主要是以络合物的形态存在,尤其是络合作用可使许多难溶解的矿物解体,并且使金属离子存在于溶液中,同时增加了金属离子的移动性,如 Fe、Al、Cu、Mn、Zn 等。

③ 小结

综上可见,经过地下千年的埋藏过程,酸性环境和碱性环境均可以使古玉器产生白化现象,因而在中国的南北方均可见大量白化玉器出土,但材质物相没有发生变化,即仍为透闪石-阳起石玉和蛇纹石。玉器入土之后的白化机制系地下埋藏环境的液态物质,如地下水、酸、碱等会因毛细管作用而由外至内渗入玉器内部与玉质发生一系列的化学反应所致。一般说来,透闪石首先经历溶解、水解、络合和氧化还原(取决于氧化还原电位 Eh 值)的风化淋滤阶段,该阶段是造成玉器结构疏松呈现白化特征的重要成因,由于渗透溶液也会因环境的干湿变化借助毛细管作用向外渗出,加之土壤以负电荷为主,可通过静电作用吸附阳离子,此时可溶性(易被迁移)离子(Ca^{2+}、Mg^{2+} 等)将被迁出玉器表面,而难溶性(可迁移和略可迁移)离子[(硅酸中的)Si、Fe 和可能替代 Si 的 Al 等]可能会迁移出玉器表面,也可能部分在外表面沉淀。与此同时,环境土壤中的难移动离子(Fe、Al 和 Si 等)和有机碳物质也一直由外而内进行渗透,且因这些粒子属于胶体物质,故可能会发生胶结作用导致外部渗透层的形成,其厚度既与胶体粒子的渗透胶结能力相关,也与玉质自身结构相关,从而影响渗透层的致密度和硬度,在某些白化玉器形成"外紧内松"的特殊风化现象。上述三个阶段并非先后进行,而是同时进行的,每个阶段的作用程度会有差异,造成不同玉器白化特征的差异性,因此针对不同玉器的白化现象,需要具体案例具体分析。

比较透闪石-阳起石古玉和蛇纹石古玉的"外实内松"白化现象,容易发现蛇纹石古玉外层的厚度较大,其结构分层现象,肉眼即可看见;透闪石古玉的外层厚度远小于蛇纹石,其结构分层,有时需借助显微镜才能清晰观察到。透闪石-阳起石比蛇纹石的抗风化能力强,在酸性环境下,蛇纹石矿物比透闪石-阳起石矿物的流失量要大,导致风化后所产生的孔隙数量远大于透闪石玉,土壤中的 Al、Si、Fe 等胶体渗透胶结的厚度也相应远大于透闪石玉。

透闪石古玉和蛇纹石古玉的白化过程显示,古玉的风化过程不仅是一个"失"的过程,同时也是一个"得"的过程。出土古玉的整体状况是在长期的地下埋藏过程中,"失"和"得"两个过程相互作用下形成的。相对来说,透闪石和蛇纹石玉料的"失"的过程是相似的,并且由于埋藏环境的相似性,"得"的过程也是相似的,因此两类古玉均呈现了"外实内松"现象。对于其他材质古玉的风化过程研究,同样需要从"得"和"失"两方面入手。"失"的方面可以通过模拟实验的方法进行研究,"得"的方面可以通过显微结构、化学成分的方法进行分析,结合两方面的分析,可以对出土古玉呈现出来的性质状况进行合理解释。

通过以上对出土古玉的剖析,可以清楚地看到,风化后的古玉有着十分独特的结构与颜色分层现象。正确认识这些现象不仅在理论上具有重要意义,而且在现实层面也起着不可或缺的作用。其一,文物保护必须首先正确判断出土文物的物理化学性状,然后再有针对性地选择适宜的保护条件。古玉埋藏过程中所经历的"得"与"失"两个环节都十分重要,应该特别注意"得"过程中所叠加的外来物质,由于这些物质都存在于古玉表层,对它们的深入研究,对保护古玉的外观起着至关重要的作用。其二,古玉埋藏条件因地而异,不同地区土壤中所含的微量元素也会有差异,这些差异有可能在古玉表面的胶体渗入层中得到体现,通过分析古玉表层的化学成分,可以反推古玉的埋藏环境,在一定程度上也能帮助判断古玉的真伪。

(三) 钙化成因研究

1. 透闪石钙化

图 6-62 所示的柄形器 1994 年出土于河南安阳殷墟刘家庄遗址,对褐色富集区域进行放大观察可见,褐色物质脱落处均呈白色。

图 6-62　殷墟刘家庄 94 ALN M873:32 柄形器及白色区域放大图

(1) 物相分析

由图 6-63 可见,红色图谱的 121、178、223、369、394、673、930、1 028、1 059 cm^{-1} 等峰位均是透闪石的特征峰位,表明该件柄形饰的材质是透闪石。蓝色图谱的 154、281、1 085 cm^{-1} 等峰位是方解石的特征峰位,显示白色区域的材质是方解石。

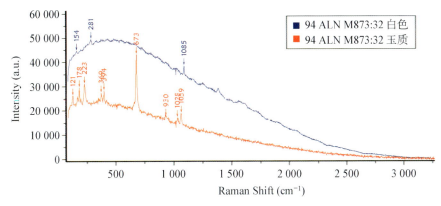

图 6-63　殷墟刘家庄 94 ALN M873:32 玉质和白色区域的拉曼图谱

(2) 扫描电镜分析

图 6-64 右边的能谱图显示:阳离子中 Ca 元素含量最高,其次是 C、Si 和 Mg。图 6-64 左边的面扫描图显示:纤维状晶体和粒状晶体交织在一起,纤维状晶体的成分以 Si、Mg 和 Ca 元素为主,表明该晶体是透闪石;粒状晶体以 Ca 和 C 元素为主,表明该晶体是方解石。SEM 分析结合图 6-61 和图 6-62 分析可知,方解石沉积在透闪石玉器表面后发生了渗透作用,与透闪石晶体交织在一起形成了白化区域。

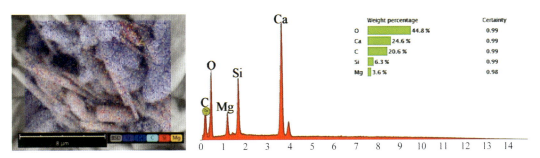

图 6-64　殷墟刘家庄 94 ALN M873:32 白色区域的面扫描图和能谱图

2. 蛇纹石钙化

此次分析的蛇纹石玉器 20 件,绝大多数发生了白化现象,其中的 6 件如图 6-17、图 6-54、图 6-55 和图 6-56 所示,其成因之一是疏松所致。不过,从图 6-17 的 70 AGX M119:6 玉蚕分析可见,蛇纹石纤维状晶体附近存在着磷酸钙的沉积。图 6-65 右图的扫描电镜分析显示 92 新安庄 M65:2 玉环残片也存在着磷酸钙的沉积。图 6-66 鱼形刻刀的白色部分均检测出 429 cm^{-1} 和 959 cm^{-1} 的磷酸钙特征峰位。上述分析表明磷酸钙物质(磷灰石)的沉积渗透可以导致白化。

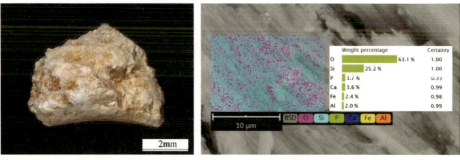

图 6-65 92 新安庄 M65：2 玉环残片和扫描电镜 Mapping 图

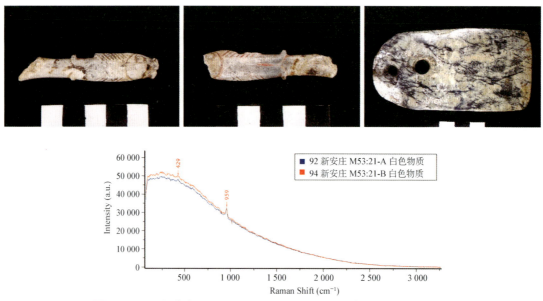

图 6-66 92 新安庄 M53：21-A 和 M53：21-B 玉鱼形刻刀、93 新安庄 M272：4 玉斧(上排)及鱼形刻刀白色物质的拉曼图谱(下排)

3. 钙化现象研究

(1) 清晚期至民国文献中的白化现象

自然风化在玉器界也俗称"沁"或"受沁",清代晚期至民国的文献中已多见关于各种沁性状及成因的描述,列举如下:

> 所谓沁者,凡玉入土年久,则地中水银沁入玉里,相邻之松香、石灰以及各物有色者,皆随之浸淫于中。……有受石灰沁者,其色红(色如碧桃),名曰孩儿面(复原时酷似碧霞玺宝石)。——清·陈性《玉纪》(1839年)[1]

> 玉在土中与物相附久即沁。入其黄者为黄土沁、松香沁;白者为石灰沁;青者为青土沁、铜青沁;绿者为铜绿沁;黑者为水银沁。——清·徐寿基《玉谱类编》(1889年)[2]

---

[1] 桑行之:《说玉》,上海科技教育出版社1994年版,第73页。
[2] 同上书,第456—457页。

玉在土中年久，本质松朽，他物浸染，是名曰沁。……有石灰沁者，其色红，盘出后，色似碧桃花，名曰孩儿面。——清·唐荣祚《玉说》(1890年)①

石灰沁。初出土时，玉色似石灰而微黄或微黑，虽未经摩挲，亦必内含精采。间有朱砂斑，隐于其内。非迎不谛视，未易骤视，一经摩挲，其最初进步即渐现极淡红色，久之，几若玫瑰紫。是殆沁入石灰时，杂有朱砂等质，乃获如此。苟无他质而纯沁石灰，则摩挲日久必成通俗所谓象牙黄，若色再加深，即俗所谓鸡油黄。……余窃以为，鸡骨白极不易观。盖古玉在土，受石灰沁，时历千年，形如朽骨，然后乃成所谓鸡骨白。——民国初年·蔡可权《辨玉小识》(1918年)②

以上文献明确指出了沁的定义，并指出石灰与玉附久会形成白色沁，也能形成红色沁。不过蔡可权认为出土的石灰沁玉器经盘摸后呈现的红或紫色调与杂入的朱砂物质相关。

至于白色沁的成因，除了清人"石灰沁说"外，民国时期学人又提出了两种观点：一为"玉质本体说"，如刘子芬在《古玉考》(1925年)③中认为：玉有软硬二种，皆含有石灰与水银。……又新出土之古玉器，其表面常现白色，如沾粘石灰，然经人盘弄后，体内复生白点，如含渣滓然，亦即其本体中所化分之石灰"，即刘子芬认为此钙化是玉器本体含有石灰所致。另一种是根据火烧可以使玉变白进而提出的"地火说"，如刘大同在《古玉辨》(1940年)④中指出："以地中无天然之石灰，而有自然之地火。凡玉经火，其色即变为白，形同石灰，犹之石见火，黑色赤者亦变为白，而白者乃更白，故俗名之曰石灰沁也。"

三种观点的分歧主要在于石灰的来源，"玉质本体说"认为石灰是玉质的组成部分，这在当时的中国已是错误认识，如章鸿钊1921年在《石雅》⑤中已指出透闪石-阳起石质玉属角闪石类、翡翠属于辉石类，并不含有石灰和水银。"石灰沁说"认为石灰来源于土壤环境，而"地热说"认为地下无石灰，地热可以产生人工火烧使玉变白的效果，不过刘心浩1925年在《玉纪补》⑥已指出火烧白和自然白的区别，即"伪石灰古。以玉件用火烧之，则其色灰如鸡骨。然以伪石灰古，其玉上必有火劫纹；真者无之"。

以上分析可见，清后期至民国的出土玉器白化成因有两种主要观点："石灰沁说"和"地热说"。实际上，这一时期的陈性、唐荣祚、蔡可权等均已经注意到玉在土中日久会烂如（烂似、形同、色似）石灰，其机理如李乃宣在《玉说》(1931)⑦中指出："玉在土中，地热上蒸，经数百年酝酿土气剥蚀，玉质日松，而他气乘之矣！"而李凤公首次从科学知识角度给予了一定的解释，如《玉纪正误》(1925)⑧中指出："盖入土年久地中热力蒸发玉面之硅酸溶解，玉之硬度赖硅酸保护，今失却保护能力，则外物自然侵入。……玉之沁色为酸化金属液浸入而成，种种之色素视含金属之类别即呈颜色之异同，其所谓。"由此可见，一些学人已经认识到地下埋藏环境导致了玉器的疏松，不过并没有与白化相关联，而是将疏松白化与火烧

---

① 宋惕冰、李娜华标点：《古玉鉴定指南》，北京燕山出版社1998年版，第163—164页。
② 同上书，第305页。
③ 桑行之：《说玉》，上海科技教育出版社1994年版，第575页。
④ 同上书，第267—268页。
⑤ 同上书，第197—198、201页。
⑥ 同上书，第81页。
⑦ 同上书，第29页。
⑧ 同上书，第83—84页。

变白关联。

(2)"钙化—Calcification"的由来

上节的分析中,刘大同认为白化玉器是自然的"地热"形成的,因形似石灰,故也通称为"石灰沁",这对白化玉器成因的认识造成了一定的混乱,如这一时期西方学界用"钙化——Calcification 或 Calcified"描述这类白化玉器,更使得不少学者错误地认为是玉质变成了钙盐(如碳酸钙)导致白化。这一认识直到 20 世纪 60 年代以后才被纠正,如 1963 年,Elizabeth West Fitzhugh[①]通过 X 射线衍射分析对玉器粉状表面进行物相分析,发现材质没有发生变化,仅是结构疏松所致,因此认为钙化是不正确的。1975 年,Gaines 和 Handy 在《Nature》[②]上发文指出风化玉器的矿物组成没有发生变化,因此进一步否定钙化(Calcification)。闻广先生指出受沁古玉的材质没有发生变化,但从宏观上观察,透明度降低、颜色发白、比重下降、硬度下降;扫描电镜的显微观察指出,受沁古玉的纤维粗细无明显变化,但结构有松弛趋势,因而由半透明变为不透明,以至褪色变白。闻广先生也认为钙化之说并无科学依据[③]。谭立平也建议摒弃"钙化"一词[④]。2000 年之后,林泗滨[⑤]、冯敏[⑥]、王荣[⑦]、吴沫[⑧]、曹妙聪[⑨]、顾冬红[⑩]、干福熹[⑪]等对江苏江阴高城墩遗址、浙江余杭良渚遗址、安徽含山凌家滩遗址、安徽怀宁孙家城遗址、安徽望江黄家堰遗址、江西靖安东周墓葬、广东博罗横岭山商周墓地等出土玉器的受沁情况进行了研究,发现很多玉器白化区域中 Ca 元素含量减少了,从化学成分角度进一步否定了钙化。

(3)重识"钙化"现象

第(2)小节的分析中,钙化可以从两个方面进行理解,一是化学成分上的钙含量增加,二是材质上转变为钙质(碳酸钙)。20 世纪 60 年代后古玉器的科学分析显示白化区域并没有钙质生成,钙含量也没有增加,因而钙化被否定了。然而从 2000 年之后的研究工作看,研究对象均来自酸性区域的长江流域和珠江流域,因此土壤环境中很难有钙盐的存在。

中国境内土壤条件多样,大体规律为"东南酸西北碱",即 pH 值有由南向北和由东向西增加的趋势,大致可以长江为界(33—35N),长江以北的土壤多为中性或碱性,长江以南的

---

① Robert, L. F., "Jade and Science", In Robert H. D., and Robert L. F., eds., *The Bulletin of the Friends of Jade*, 1992,(7), pp. 56 – 69.
② Gaines, A. M., Handy, J. L., "Alteration of Chinese Tomb Jades: A Mineralogical Study", *Nature*, 1975, 253, pp. 433 – 434.
③ 闻广:《中国古玉的研究》,载于《科技考古论丛》编辑组:《科技考古论丛——全国第二届科技考古学术讨论会论文集》,中国科学技术大学出版社 1991 年版,第 43 页。
④ 谭立平、钱宪和、林泗滨等:《古玉的沁色》,载于钱宪和:《中国古玉鉴——制作方法及矿物鉴定》,地球出版社 1998 年版,第 150—151 页。
⑤ 林泗滨、陈正宏:《凌家滩古玉和良渚风格古玉之矿物学研究》,载于钱宪和:《海峡两岸古玉学会议论文集》,台湾大学理学院地质研究所 2001 年版,第 511—524 页。
⑥ 冯敏、王昌燧、王荣:《凌家滩古玉受沁过程分析》,《文物保护与考古科学》2005 年第 1 期。
⑦ 王荣:《古玉器受沁机理初探》,中国科学技术大学博士学位论文,2007 年;王荣、朔知、承焕生:《安徽史前孙家城和黄家堰等遗址出土玉器的无损科技研究》,《复旦学报(自然科学版)》2011 年第 2 期。
⑧ 吴沫、丘志力、吴海贵:《横岭山商周时期玉器的质地、白化现象和玉料产地研究》,《文物保护与考古科学》2008 年第 3 期。
⑨ 曹妙聪、朱勤文:《靖安古玉器的环境扫描电子显微镜表征》,《宝石和宝石学杂志》2009 年第 1 期。
⑩ 顾冬红、干福熹、承焕生等:《江阴高城墩遗址出土良渚文化玉器的无损分析研究》,《文物保护与考古科学》2010 年第 4 期。
⑪ 干福熹、曹锦炎、承焕生等:《浙江余杭良渚遗址群出土玉器的无损分析研究》,《中国科学:技术科学》2011 年第 1 期。

土壤为酸性或强酸性[①]，如广东横岭山商周墓地中墓室填土的pH值为4.37[②]，呈强酸性。在碱性土壤中，土壤pH值与钙盐（碳酸钙或碳酸氢钙等）密切相关，因此若钙盐在玉器沉积渗透后会形成白化区域，2.2的分析显示白化区域为碳酸钙等钙盐和透闪石、蛇纹石的交织物相。虽然此钙盐并非透闪石或蛇纹石转变而来，但白化区域的材质已存在钙质，化学成分上钙含量也显著增加了，因此这种白化现象可以称为"钙化"。河南安阳地区土壤属于褐土，其pH呈碱性显示碳酸钙的存在，磷会与钙结合而被固定，因此会形成磷酸盐——磷灰石等，它和碳酸盐沉积渗透到玉质中均会形成白化区域。

以上分析显示，白化的"钙化"成因在碱性环境中是真实存在的，不过沉积过程相对容易，而渗透过程相对困难，使得此种白化现象不多见，且白化多呈点状分布，如图6-62所示。实际上，栾秉璈先生早在2008年已经指出："旧有'水沁'一说，即出土玉器表面出现一层似霜似雾的白色或灰白色，也叫'生坑'。这很有可能是含碳酸钙的地下水所致，是碳酸钙沉积在玉器的表面，尚未渗入玉器的内部，过去有人称为'钙化'，不过这种现象并不多见，更多的是矿物成分不变的白化（旧有'鸡骨白''象牙白''糙米白''豆腐白'等名称）。"[③]可见栾先生认为钙化现象少见，并没有加以否定。虽然目前古玉研究氛围很好，但是多学科手段对玉器本体进行细致分析的工作实际上还是不多的，这可能也是造成钙化成因白化玉器很少被揭示的原因。

细观一些北方玉器的研究工作，不少结果已经显示钙化现象的存在，如甘肃崇信于家湾周墓出土透闪石玉器（GCYJ-1）的白化区域钙含量比未白化区域高10%左右，而Si和Mg百分含量均相应减少[④]，结合该地区土壤呈碱性，这很可能是钙盐沉积的结果。河南洛阳地区出土玉饰（HNLY-27）清洗后正面的S和Ca含量均比未清洗的反面低，这表明S和Ca非玉质自身含有，而是外来因素形成的。结合该地区土壤呈碱性，也很可能是钙盐沉积的结果。此外，一般认为土壤中的硫主要来源于黄铁矿和石膏[⑤]，该件玉饰的Fe含量很少（0.46%—0.61%），而钙含量较高，表明S和Ca可能以石膏形式存在。河南淅川下王岗出土的龙山文化白色蛇纹石玉璧上检测到硬石膏矿物[⑥]，推测石膏矿物沉积渗透是造成该件玉器白化的原因之一。

4. 小结

殷墟透闪石玉器和蛇纹石玉器呈现的白化现象主要有两种成因，一种是结构疏松所致，另一种是钙化所致。结构疏松成因可以导致两类玉器呈现点状和片状分布的白化现象，也可以呈现全器分布的白化现象，而钙化成因仅使两类玉器呈现点状分布的白化现象。

清晚期至民国的一些学人已经认识到石灰与玉器附久形成的白化现象，即"钙化"。不过西方玉器研究者自20世纪60年代以来采用X射线衍射和红外光谱等手段未在玉器上检测到碳酸钙物质，中国学者自20世纪80年代以来发现中国南方（长江流域及其以南地区）

[①] 龚子同、黄荣金、张甘霖：《中国土壤地理》，科学出版社2016年版，第185页。
[②] 中国科学院广州地球化学研究所：《横岭山先秦墓地土样化学分析报告》，载于广东省文物考古研究所：《博罗横岭山：商周时期墓地2000年发掘报告》，科学出版社2005年版，第514页。
[③] 栾秉璈：《古玉鉴别》（下），文物出版社2008年版，第786页。
[④] 张治国、马清林：《甘肃崇信于家湾周墓出土玉器研究》，《考古与文物》2009年第2期。
[⑤] 孙向阳：《土壤学》，中国林业出版社2005年版，第263页。
[⑥] 董俊卿、干福熹、承焕生等：《河南境内出土早期玉器初步研究》，《华夏考古》2011年第3期。

出土的不少白化玉器钙含量是减少的,他们从物相和化学成分两个角度相继否定了钙化现象。复旦大学玉器组在对北方地区包括河南安阳殷墟在内的多个遗址出土玉器进行细致研究的基础上,发现了多种钙盐(包括方解石、磷灰石、石膏等)沉积渗透在玉器上形成的白化现象,结合北方地区碱性土壤可以富集钙盐这一特征,表明钙化现象是真实存在的。造成以往钙化现象没有被揭示的原因可能有二:一是出土玉器的细致性交叉研究工作仍处于起步阶段,大量出土玉器深藏博物馆和考古所等保藏单位,有待开展多学科方法的实物研究;二是钙盐沉积在玉器表面容易,但渗透进玉质较难,故而形成的白化现象并不多见且呈点状分布,可能不容易观察到。

(四) 白化研究重要性

首先,自然白化现象是玉器在入土埋藏后形成的,可以改变玉器原有的一些物理性质,如颜色、透明度、硬度等;钙化现象的发现表明白化现象也能改变玉器原有的某些化学性质,如钙盐成分的沉积渗透。因此,在进行玉器的文物考古研究时,应尤其注意对玉器材质的原初面貌的有效识别和信息提取,避开风化区域。全器白化玉器的原初面貌可借助透射光进行判断,严重全器白化玉器的原初面貌需借助同出的其他玉器进行辅助判断。

其次,以往的研究已经证实疏松成因的不少白化玉器已属于脆弱性文物,因此需要抢救性加固修复以及预防性的适宜环境。此次发现的钙化现象,碳酸钙进入了玉质,与透闪石或蛇纹石晶体交织在一起。但碳酸盐的稳定性是不如硅酸盐的,碳酸盐在玉器表面存在的特征使得其易与外界环境发生互动。如酸性环境中,碳酸盐会优先流失而形成很多空洞,造成更多硅酸盐与外界物质直接接触并发生风化作用,从而加速了此类玉器在非适宜保存条件下的劣化,如图 7-11-6 所示。

最后,疏松和钙化均会造成玉器的白化,但玉器的白化并不都是自然成因。目前的研究已经揭示,人类火烧玉器的行为方式也会造成玉器的白化。火烧后的玉器在入土埋藏后更易受到风化作用而发生疏松及钙化,因此白化现象会更加明显。今后在实际工作中,既要注意区分白化现象的自然成因,更要注意是否存在人为成因,进而探寻其背后所反映的古代社会、历史和文化等重要信息。

第三节 变黑(黑化)

一、有机质

图 6-67 左图的璧形坠出土于湖北荆门龙王山墓地(大溪文化晚期至屈家岭文化时期),本色为绿色,部分区域存在黄褐色和黑色沁,如图 6-67 右图所示。

图 6-68 拉曼图谱显示,M42:2 璧形饰的黑色区域存在 1 300—1 600 cm^{-1} 的拉曼峰位,表明黑色可能是由无定型碳物质导致的。图 6-69 的 XRF 对比图显示,M42:2 璧形饰的黄褐色沁和黑色沁的化学成分相近,排除了过渡金属元素致色的可能。综上可见,黑色是土壤中无定型碳物质(如土壤有机质)沁入导致的。

有机质成因的黑色沁也发现在长江上游地区的金沙玉器上,研究者在黑色沁区域发现了 Cl 元素,并认为该元素与有机物相关。杨永富等将黑色沁样品在酒精灯上灼

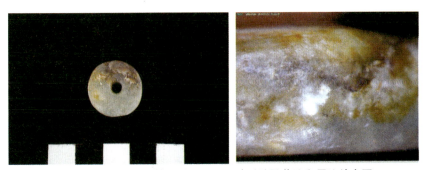

图 6-67　湖北荆门龙王山 M42：2 璧形坠及黄沁和黑沁放大图

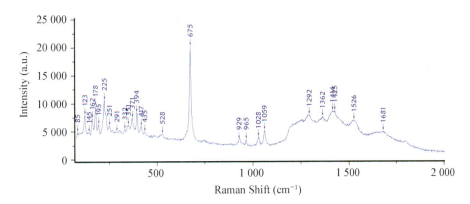

图 6-68　M42：2 璧形坠黑色区域的拉曼图谱

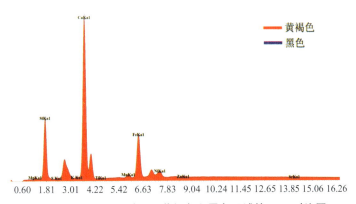

图 6-69　M42：2 璧形坠黄褐色和黑色区域的 XRF 对比图

烧,通过黑色变成了白色证实黑色与有机质相关,应为埋藏环境中腐殖质类的有机碳引起的[1]。由此可见,今后在研究有机质黑色沁样品时,可首先利用拉曼光谱对碳物质的灵敏性,判断黑色沁与无定形碳物质之间的关系。

---

[1] 杨永富、李奎、常嗣和:《金沙村遗址玉、石器材料鉴定及初步研究》,载于成都市文物考古研究所、北京大学考古文博学院:《金沙淘珍——成都市金沙村遗址出土文物》,文物出版社 2002 年版,第 198—199 页。

二、Fe质

图 6-70 上方的 99 APN M256：1 透闪石质环出土于河南安阳殷墟，时代为商代晚期。玉环表面分布着大量黑色区域，拉曼光谱没有检测出碳物质信号，图 6-70 下方的 XRF 对比图显示黑色区域的 Fe 含量较高，其余元素含量相近，表明黑色沁与 Fe 元素相关。

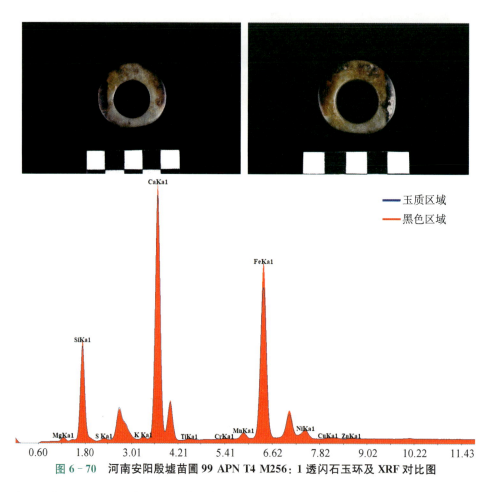

图 6-70　河南安阳殷墟苗圃 99 APN T4 M256：1 透闪石玉环及 XRF 对比图

对于具有 d 电子的过渡金属元素呈色（表 6-20），适用晶体场理论，可用光学吸收光谱的方法加以研究，一般认为具有如下特点：第一，具有自旋平行的单电子的离子，处于相对地不稳定的状态，因而本身具有的基态能量较高，与激发态之间的能量差较小，从而易于受到可见光的激发而产生跃迁致色，如具有 d^1 至 d^9 结构的离子。第二，不具有自旋平行的单电

表 6-20　第四周期过渡元素离子的颜色（纯离子考虑，非实际矿物晶格中的颜色）[1]

d 电子数	0	1	2	3	4	5	6	7	8	9	10
单电子数	0	1	2	3	4	5	4	3	2	1	0

---

[1] 王曙：《不透明矿物晶体光学》（第二版），地质出版社 1987 年版，第 193 页。

续表

d电子数		0	1	2	3	4	5	6	7	8	9	10
离子价态及颜色	1											Cu无
	2			Ti黑	V蓝紫	Cr蓝	Mn红	Fe绿	Co桃红	Ni绿	Cu蓝	Zn无
	3		Ti紫	V绿	Cr蓝紫	Mn蓝紫	Fe黄	Co蓝				
	4	Ti无	V蓝		Mn黑							
	5	V褐、红										
	6	Cr橙、黄	Mn紫									

注: d^0 的 Ti^{4+}、V^{5+}、Cr^{6+} 分别描述为 Ti(褐、红)、V(褐、红)、Cr(橙、黄)，这是因为离子极化产生颜色，但从纯离子的理论考虑，均无单电子，故应为无色，此处据此加以修改。

子的离子，处于稳定状态，因而本身具有的基态能量较低，与激发态之间的能量差较高，从而不易受到可见光的激发而产生跃迁致色，如具有 d^0 结构的 Ti^{4+} 和 d^{10} 结构的 Cu^+ 和 Zn^{2+}，它们的单电子数都为 0，故均呈无色，这表明并非所有过渡金属元素都能引起呈色。第三，金属离子的价态、配位数、键长、配位多面体的对称特征、离子之间的相互作用以及外部因素温度、压力等因素均决定着色素离子的呈色。第四，颜色的深浅与发生电子跃迁的几率有关，即跃迁几率高，呈色深，反之则浅。第五，当晶格不同，晶体场变化较大时，同一种色素离子在不同晶体中也可以引起不同的颜色。

玉器在受沁过程中 Fe 致色不仅与 d 轨道之间的 d—d 电子跃迁相关，还与电荷转移引起的电子跃迁相关。对于 d—d 电子跃迁而言，Fe^{3+} 的分裂能为 167.5 kJ/mol，吸收带在紫外区，呈黄、红色；Fe^{2+} 的分裂能为 12.6 kJ/mol，吸收带在近红外区，呈青绿色。但当 Fe 物质包含 Fe^{2+} 和 Fe^{3+}，将产生 Fe 离子之间（Fe^{2+}—Fe^{3+}）的电荷转移，导致深蓝至黑色的颜色变化。具体说来，当电荷转移的能量范围接近红外和红黄区域，则呈现深蓝色，其机理类似蓝色的董青石；当电荷转移的能量范围横跨整个可见光谱区，即对可见光完全不透明，此时呈黑色，其机理类似黑色磁铁矿（Fe_3O_4）。

电荷转移的光谱特征比 d—d 电子跃迁产生的光谱特征强百倍或上千倍[①]。因此可决定最终呈色，当这类 Fe^{2+} 和 Fe^{3+} 物质沁入玉器后，因电荷转移能量超过整个可见光谱区而呈现黑色。

三、Mn 质

图 6-71 左上的透闪石质半剖玉璧现藏于江苏常州博物馆（编号 260），1978 年 4 月 10 日出土于常州武进郑陆寺墩遗址，时代为良渚文化晚期。玉璧的一面覆盖有黑色物质，其下覆盖区域已变成了黑色；图 6-71 右上图显示了大量黑色沁区域，表明玉璧的黑色沁与黑色物质密切相关。图 6-71 下方的 XRF 对比图显示，黑色区域 Mn 含量异常高，显示黑色沁与 Mn 物质的沉积渗入相关。

锰具有非常宽的变价状态，可从 -3 到 +7，然而在自然界常见 Mn^{2+} 和 Mn^{4+}，偶尔可见 Mn^{3+}。Mn^{2+} 离子不符合自旋多重性选律，因而电子跃迁被禁戒，但因存在其他耦合作用，

---

① 王永江、王润生、姜晓玮:《西天山吐拉苏盆地与火山岩有关的金矿遥感找矿研究》，地质出版社 2004 年版，第 46 页。

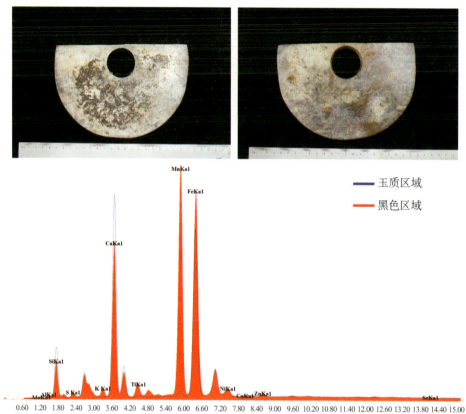

图 6-71 江苏武进寺墩半剖透闪石玉器和 XRF 对比图谱

可以产生自旋禁戒跃迁，出现强度较小的吸收带，其吸收波数（18 600、22 500、24 500、27 600 cm^{-1}）均位于绿光、紫光和近紫外等范围内，使物质染成各种色调的红、紫、橙等颜色。Mn^{3+} 离子符合自旋多重性选律，但会发生畸变，造成八面体局部对称性降低，导致能级的进一步分裂，引起对 19 100—22 700 cm^{-1} 间的蓝绿光的吸收，从而使物质显示玫瑰色至深红色。与 Mn^{2+} 不同的是，这种畸变效应会增加 Mn^{3+} 与配位体之间的距离，从而增大了吸收带的强度，使得微量 Mn^{3+} 仍能呈色[1]。Mn^{4+} 离子常以八面体配位形式存在，能引起自旋电子的迁移，使得高价锰矿物的颜色变深。

土壤溶液中的 Mn 属于中等活泼元素，可以形成氧化物或氢氧化物、硅酸盐或其他矿物的组成部分、黏土和腐殖酸盐的吸附成分或胶状有机络合物。酸性土壤中的有效锰较高，可溶性腐殖酸类物质和其他有机螯合剂能够通过配位反应和还原溶解作用与锰形成较稳定的物质（锰氧化物是比铁氧化物强得多的氧化剂），从而有效地活化锰[2]。Mn^{3+} 热力学不稳定，在土壤溶液中发生歧化转变为 Mn^{2+} 和 Mn^{4+}，而 Mn^{2+} 和 Mn^{4+} 之间易发生电荷转移，产生电子跃迁形成黑色锰质，如 $Mn^{2+}＋Mn^{4+}＝Mn^{3+}＋Mn^{3+}$。

综上可见，Mn^{4+} 的自旋电子迁移和 Mn^{2+} 和 Mn^{4+} 之间的电荷转移均可以呈黑色调。

---

[1] 长春地质学院矿物教研室：《结晶学及矿物学教学参考文集》，地质出版社 1983 年版，第 48—49、51—53 页。
[2] 王敬国：《生物地球化学——物质循环与土壤过程》，中国农业大学出版社 2017 年版，第 369 页。

四、Cu 质

图 6-72 的 76AGG M613：21 透闪石质坠饰出土于河南安阳殷墟，时代为商代晚期。玉坠表面分布有白色、黑色和褐色，通过透光照可知白色区域的透明度最高，应为原色区域，而黑色和褐色区域的透明度低，应是沁色区域。对白色和黑色区域进行拉曼光谱和 XRF 分析，如图 6-73 所示。白色和黑色区域的差别仅在于后者的拉曼强度低于前者，而 XRF 图谱可见黑色区域的 Cu 和 S 含量均高于白色区域，这表明：黑色沁可能与 Cu 的硫化物质相关。

Cu 在各种土壤溶液中均存在，常以有机络合物和无机络合物的形式存在，其种类和数量受土壤溶液 pH 值影响。当 pH≤7 时，$CuOH^+$ 和 $Cu_2(OH)_2^{2+}$ 水解产物最多，提高 SO_4^{2-} 活度，$CuSO_4$ 比例显著增加；当 pH≥8 时，以阴离子态羟基络合物较重要[①]；当 pH=

图 6-72　河南安阳殷墟安阳钢铁厂 76AGG M613：21 透闪石质坠饰正反面（左）和透光图（右）

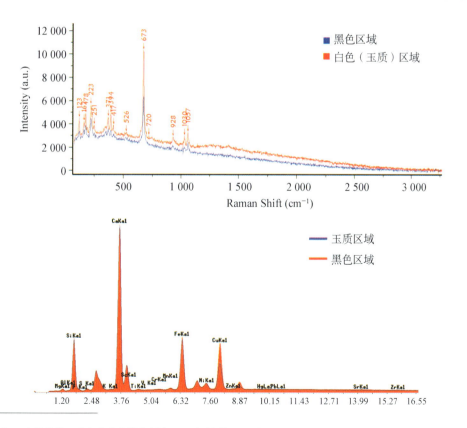

---

① 赵玉萍：《土壤化学》，北京农业大学出版社 1991 年版，第 358 页。

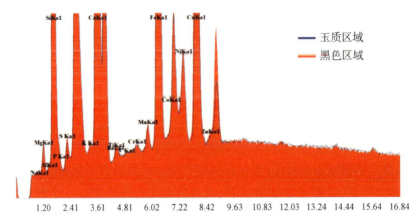

图6-73　76AGG M613:21 透闪石坠饰的玉质和黑色区域的拉曼图谱(上)、XRF 图谱(中)及 S 元素区域放大图(下)

7—8 时,其阴、阳离子态的溶解态均下降;在中性和碱性土壤的溶液中,$CuCO_3$ 为主要的无机可溶态,$Cu(OH)_2$ 也是主要组分之一。土壤溶液中铜的无机离子溶度很低,但可溶性有机分子与 Cu 发生了配位反应,促进了 Cu 的溶解,这类可溶性有机络合 Cu 可达土壤溶液中 Cu 含量的 80%。

土壤 Cu 离子被紧紧地控制在无机和有机组成的代换位置上,以 Fe、Mn 氧化物上吸附最多,还有无定形 Fe、Al 氢氧化物、黏土矿物等。此外,土壤中有机质的厌氧分解与硫酸盐的还原反应会生成 S^{2-}[①]。一价和二价铜的硫化物是黑色或接近黑色的,前面分析可知 Cu^+ 为 d^0 结构,无单独的电子,因而呈无色。但 Cu^+ 与 S^{2+} 联结时会发生极化作用,从而产生电子跃迁,其能量可以覆盖整个可见光谱区,使得硫化亚铜呈现黑色。二价铜的颜色为绿色、蓝绿至蓝色,其与 S^{2+} 联结时也会发生极化作用,使得硫化铜呈现黑色。

综上可见:Cu^+ 和 Cu^{2+} 与 S 发生联系时易呈现黑色调。

五、Hg 质

图 6-74 左上的 M5:1325 透闪石质钺出土于河南安阳殷墟妇好墓,时代为商代晚期(1250—1200BC)。该件玉钺的结构致密,隐晶质,本色需放大观察,表面存在许多细小裂纹,通体分布黄褐色沁,深褐色沁呈斑点状分布,放大观察似粘附在黄褐色沁上,白色沁呈网脉状分布。此外,黑色沁呈片状或面状分布,常与朱砂矿物交织在一起,如图 6-74 右上图所示。

图 6-74 下方的 XRF 图谱显示,黄色区域的 Fe、Mn 元素高,而黑色区域的 Hg 含量高。结合黑色区域常与朱砂交织在一起,表明 Hg 可能来源于朱砂。殷墟多处墓葬发现的汞成因黑色沁将俗称的"水银沁"上溯到商代晚期,由于妇好墓玉器无法取样分析,也无法获取合适的残件样品,因此无法探明妇好墓玉器上黑色沁的来源。河南南阳桐柏月河春秋墓出土了大量具有黑色沁的玉器,其成因特征与妇好墓玉器颇为相似,同时该墓出土了一些小残片,因此非常适合开展此类"汞"质黑色沁的成因研究。

2018 年 10 月笔者课题组携带便携式仪器至河南南阳市文物考古研究所进行了为期三

---

① 范富、苏明:《土壤与肥料》,内蒙古科学技术出版社 2007 年版,第 296 页。

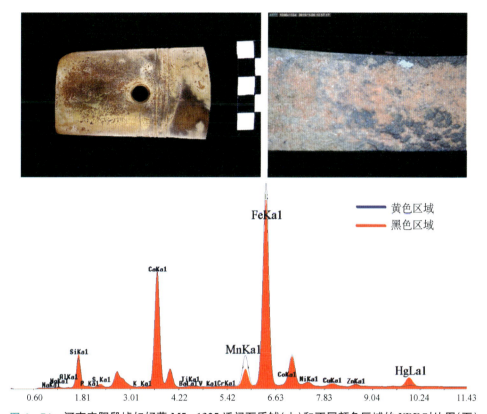

图 6-74 河南安阳殷墟妇好墓 M5：1325 透闪石质钺（上）和不同颜色区域的 XRF 对比图（下）

日的现场研究，在整体把握桐柏月河春秋玉器的基础上，笔者挑选了一些具有典型黑色沁特征的小残片至复旦大学，选择合适的大型仪器进行研究。课题组选择一块样品（图 6-75-1），敲击右下角的红色方框处，获得了一块有新鲜断面的小样品，其剖面见图 6-75-2，肉眼可见黑色沁由表面向内层依次减少；图 6-75-3 的背散射电子扫描电镜观察也显示亮色物质（即黑色沁）在表层①区域分布最多，往内至②区域则显著减少，再往内至③区域几乎消失；选择①区域进行面扫描分析，如图 6-75-4～6 所示，Hg 和 S 的分布区域是一致的，与亮色区域相对应，表明亮色区域是由 Hg 和 S 组成的；成分分析显示相对原子含量 Hg：S＝1：1，即构成方式应为 HgS，微区 XRD 分析显示该亮色区域是黑辰砂（HgS），由朱砂转变而来，并非来自单质汞（水银），具体论证过程参看笔者课题组的论文[①]。

六、组合形式

上述五种成因既可单独形成出土玉器的黑色沁，也可组合形成黑色沁。原则上各种组合形式均可以形成黑色沁，但限于篇幅，本书仅列举两种考古实例。

（一）Fe＋Mn 质

图 6-76 的 M130：3 和 M130：4 透闪石质镯出土于湖北荆门龙王山墓地，时代为大溪

[①] 麦蕴宜：《中国早期玉器"汞质"黑色沁的发现与研究——以桐柏月河春秋墓出土玉器为例》，复旦大学硕士学位论文，2020 年。

1. 正面图　　2. 剖面图　　3. 背散射电子扫描电镜图

4. 面扫描区域　　5. Hg 元素分布图　　6. S 元素分布图

图 6-75　河南南阳桐柏月河春秋墓出土 Hg 质黑色沁玉器（笔者课题组完成于 2019 年）

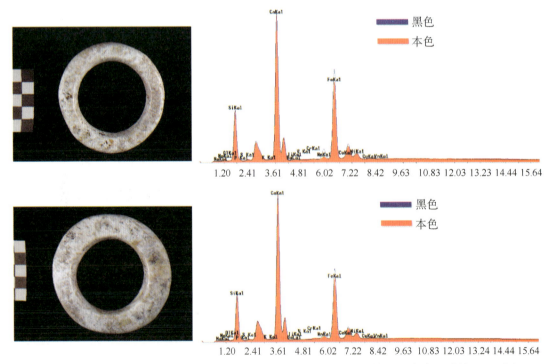

图 6-76　湖北荆州龙王山墓地 M130：3（上）和 M130：4（下）透闪石质镯不同颜色区域的 XRF 对比图

文化晚期至屈家岭文化时期。XRF 图谱显示两件玉镯的黑色区域不含 K 和 Al，排除土壤污染物的可能，同时黑色区域的 Fe 和 Mn 含量均高于本色区域，表明黑色沁可能是由 Fe 和 Mn 共同作用所致。

(二) 有机质＋Fe＋Cu 质

图 6-77 的 99ALN M937：9 透闪石质蛙形饰出土于河南安阳殷墟，时代为商代晚期。该件玉蛙形饰是用镯形器改制而成的，可穿戴在手臂上，其边缘和侧面存在黑色区域。对黑色区域进行拉曼光谱和 XRF 分析，结果如图 6-78 所示。拉曼图谱中的 1 320 cm^{-1} 和 1 578 cm^{-1} 是无定形碳的峰位，表明黑色区域与有机碳物质相关；XRF 图谱显示黑色区域的 Fe 和 Cu 均较高，显示黑色区域是有机质、Fe 质和 Cu 质共同作用的结果。

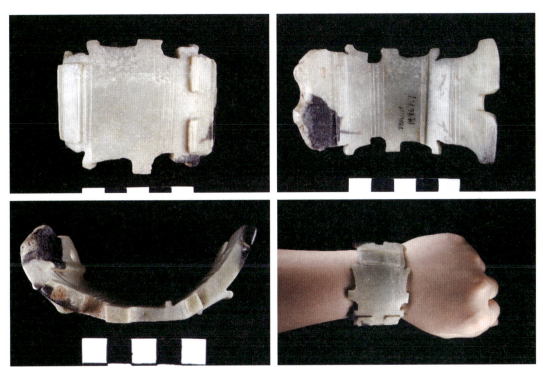

图 6-77　河南安阳殷墟刘家庄 99ALN M937：9 透闪石质蛙形臂饰

第四节　变红(褐)[红(褐)化]

红(褐)化成因以往揭示得极少，笔者根据目前的资料认为红(褐)化主要是由 Fe 质引起的，可能存在 N 质成因，有待更多考古资料佐证。

一、Fe 质

图 6-79 左上的阳起石玉璧在 1977 年 11 月 7 日出土于江苏武进寺墩遗址，时代属于良渚文化晚期，现藏于常州博物馆，编号为 248。图 6-79 右上图显示玉璧表面分布着大量

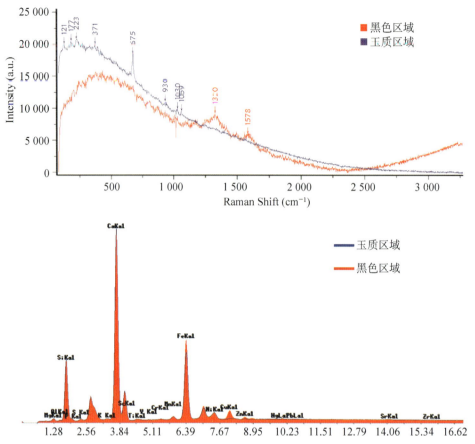

图 6-78　99ALN M937：9 透闪石质蛙形臂饰不同颜色区域的拉曼图谱（上）和 XRF 图谱（下）

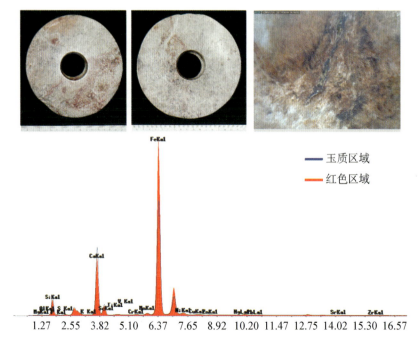

图 6-79　江苏武进寺墩阳起石玉璧（248）的正反面和红色沁放大图（上排）以及玉质和红色区域的 XRF 对比图（下排）

深红色物质,图 6-79 下方的 XRF 图谱显示红色区域的 Fe 含量高于原色区域,表明红色沁与 Fe 元素沁入相关。

玉器受沁过程中的 Fe 致色主要与 d 轨道之间的 d—d 电子跃迁以及电荷转移引起的电子跃迁相关。一般认为:(1)Fe^{3+} 的分裂能为 167.5 kJ/mol,吸收带在紫外区;Fe^{2+} 的分裂能为 12.6 kJ/mol,吸收带在近红外区,因此 Fe^{3+} 呈黄、红色,而 Fe^{2+} 呈青绿色。(2)磁铁矿包含 Fe^{2+} 和 Fe^{3+},故入射光全部吸收而呈黑色。(3)除了 d—d 电子跃迁外,Fe^{2+} 有 Fe^{2+}—Fe^{3+} 电荷转移跃迁,因常位于黄色区域,可使矿物呈现蓝色;Fe^{3+} 有 O^{2-}—Fe^{3+} 电荷转移跃迁,因常位于近紫外区域,可使矿物呈现红—棕色、褐色和黄褐色。(4)电荷转移跃迁常可产生强吸收带,从而决定矿物颜色,此时 d 电子跃迁只能影响矿物的色调①。

寺墩玉器上红褐色区域的 Fe 含量普遍较多,这与土壤中 Fe^{3+} 渗入相关,此点可以参考图 6-84 红褐色区域 Fe 元素价态的 XAFS 分析。一般而言,土壤溶液中 Fe 的主要物相是 Fe^{3+} 的水解产物,包括 $Fe(OH)^{2+}$、$Fe(OH)_2^+$、$Fe(OH)_3$、$Fe(OH)_4^-$ 等,此外,也有可溶性无机离子对,包括 $FeHPO_4^+$、$FeH_2PO_4^{2+}$、$FeSO_4^+$、$FeCl^{2+}$ 等。当 pH≥4.5 时,以 $Fe(OH)^{2+}$ 和 $Fe(OH)_3$ 为主,属于一种无定形物质②,此时既可能是 Fe^{3+} 离子内部的电子跃迁,也可能为 O^{2-}—Fe^{3+} 离子之间的电子跃迁导致被吸收的可见光频率为 20 000—21 000 cm^{-1},从而呈现红褐色的沁色。

这类 Fe^{3+} 成因的红褐色沁常见于良渚文化透闪石-阳起石玉器中,如江苏昆山赵陵山玉器(见第五章附录 M89:11 透闪石镯环)、上海青浦福泉山玉器(如 M204:19 琮、M204:23 钺、M204:26 钺、M204:27 璧、M204:28 钺,如图 6-80 所示);也见于其他材质玉器中,如上海松江广富林遗址出土的云母类玉琮,如图 6-81 所示。此外,红褐色沁还见于历史时期玉器中,如黄河流域河南安阳殷墟出土透闪石质玉器,如图 6-82 所示。

图 6-82 的 99ALN M988:62 透闪石质柄形器出土于河南安阳殷墟,时代为商代晚期。红褐色区域存在于玉柄形器的柄部和端部,其 Fe 含量高于玉质区域,而其他过渡金属元素的含量均相近,表明红褐色沁的形成与 Fe 物质相关。

M204:19琮

M204:23钺

M204:26钺

M204:27璧

M204:28钺

图 6-80　上海青浦福泉山遗址出土红(褐)色沁玉器

---

① 长春地质学院矿物教研室:《结晶学及矿物学教学参考文集》,地质出版社 1983 年版,第 55 页。
② 王敬国:《生物地球化学——物质循环与土壤过程》,中国农业大学出版社 2017 年版,第 350 页。

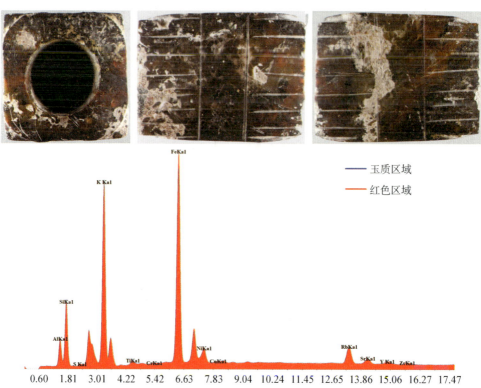

图 6-81 上海青浦福泉山遗址和松江广富林遗址出土红(褐)色沁玉器(上)和 H1569：1 云母质琮不同颜色区域的 XRF 对比图(下)

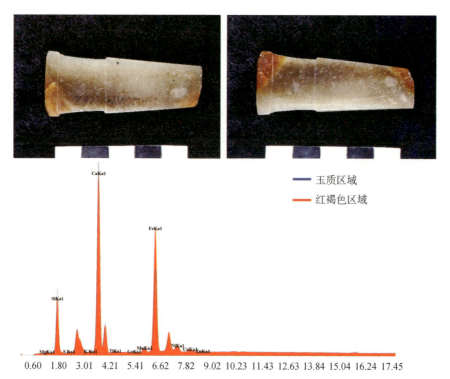

图 6-82 河南安阳殷墟 99ALN M988：62 透闪石质柄形器(上)和不同颜色区域的 XRF 图谱(下)

二、N 质

闻广先生在 1994 年对图 6-83 两件良渚玉器的不同颜色区域进行了 X 射线光电子能谱(XPS)分析,发现红色区域的 N_{1s} 原子浓度普遍高于其他颜色区域,闻广先生推测红色是墓主人尸血渗沁所致。不过,闻广先生认为这一认识还有待进一步证实。结合考古出土资料,YYM10:63-3 管是 69 件玉管串饰的一件,应为墓主人的胸饰[1],与墓主人是接触性随葬的。但 YFM23:167 残璧作为该墓出土的 54 件玉璧,并非垫在人身下或铺盖在人身上,而是成堆堆放在墓坑的后部[2],因此该件玉璧与墓主人并非接触性埋藏,尸血渗沁的可能性很小,学界也普遍质疑该观点。

图 6-83　浙江余杭瑶山 YYM10:63-3 管(左)和余杭反山 YFM23:167 残璧(右)[3]

笔者认为 N 的来源主要与土壤有机质相关。有机化合物的呈色机理与无机物颇为相似,均由外层电子跃迁呈现出被吸收可见光的补色。一般来说,饱和有机物分子的 σ 电子结合得较牢固,外层电子被激发所需的能量较高,可见光能量无法满足要求,因而饱和有机物多是无色的。不饱和有机物的 π 电子连结得不牢固,外层电子被激发所需的能量较低,可见光可以被吸收后呈现出补色[4]。以上分析可见,带有 π 电子的基团是有色有机物结构不可缺少的部分,这类基团常被称为生色团,常见的有:—NO_2、—NO、—N=N—,因此与 N 相关的有机物较容易产生颜色。与过渡金属元素相似的是,含有生色团的有机物不一定有颜色。值得注意的是,当含 N 化合物的共轭体系越长、含有助色团、离子化时,分子激发能降低,使含 N 化合物的吸收向长波方向移动,导致有机物颜色变化[5],如呈现黄色、红色等,因此笔者认为图 6-83 良渚玉器红色沁若无 Fe 含量的异常,则极可能与土壤含 N 物质沁入有关。

第五节　变黄(黄化)或变褐(褐化)

黄(褐)化成因颇为丰富,包括 Fe 质、Cu 质、朱砂、有机质等四种基本形式,也存在以上几种成因的组合形式。

---

[1] 浙江省文物考古研究所:《良渚遗址群考古报告之一——瑶山》,文物出版社 2003 年版,第 130 页。
[2] 浙江省文物考古研究所:《良渚遗址群考古报告之二——反山》(上),文物出版社 2005 年版,第 300 页;黄宣佩:《黄宣佩考古学文集》,上海古籍出版社 2014 年版,第 290 页。
[3] 闻广:《古玉丛谈(7)——古玉的血沁》,《故宫文物月刊》1994 年第 1 期。
[4] 邓锡谷、陈道香:《医用有机化学》,中山医学院化学教研室 1983 年版,第 300 页。
[5] 林瑞余、苏金为:《有机化学》,中国农业大学出版社 2007 年版,第 291—293 页。

一、Fe 质

(一) 土壤来源

图 6-84 左上的阳起石玉璧于 1977 年在江苏武进郑陆寺墩遗址征集,现藏常州博物馆。该玉璧的孔壁边缘有黄褐色沁(图 6-84 右上图),对其进行 XRF 分析(图 6-84 下图),结果显示,黄褐色区域的 Fe 含量高于玉质区域,表明黄褐色沁与 Fe 物质相关。

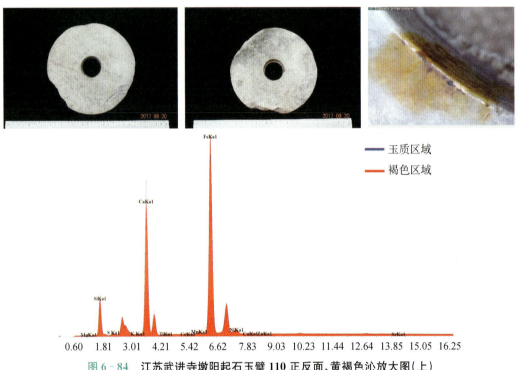

图 6-84　江苏武进寺墩阳起石玉璧 110 正反面、黄褐色沁放大图(上)以及玉质和黄褐色区域的 XRF 对比图谱(下)

图 6-85 上图是山东滕州大韩墓地出土的两件玉器残片——M199:92 环残件和 M200:138 珩参件,均为透闪石材质,时代为战国晚期。M199:92 环残件分布着浅黄色和黄色两种沁色,M200:138 珩残件分布着红褐色、黄色、白色等多种沁色。使用 X 射线吸收精细结构(XAFS)方法对黄色沁和红褐色沁进行 Fe 元素的价态分析,实验是在上海光源 BL14W XAFS 光束线站进行的,结果如图 6-85 下图所示。两件样品的四个区域均以三价铁为主,两件样品黄色区域的三价铁在纵坐标上存在着显著差异,这可能与不同样品中 Fe 的配位形式不同有关。

M199:92 环残件的黄色区域和浅黄色区域的 Fe 元素纵坐标相近,但前者的三价铁比例高于后者,这可能是导致该样品黄色存在深浅差异的原因。M200:138 珩残件的黄色区域的三价铁比例小于红褐色区域,且黄色区域三价铁的纵坐标高于红褐色区域,显示 Fe 的

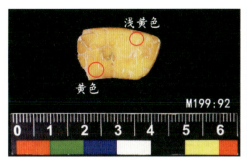
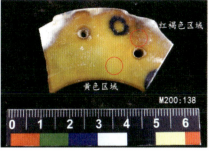
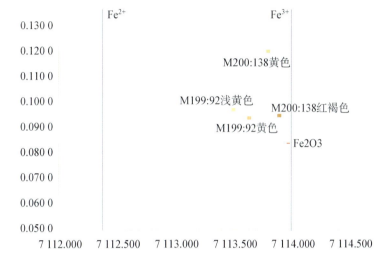

图 6-85　山东滕州大韩墓地出土两件透闪石玉器(上)及不同颜色区域 Fe 价态的 XAFS 分析(下)(笔者课题组完成于 2019 年[①])

配位形式不同是造成该样品呈现红褐色和黄色的主要原因。

(二) 铁器来源

玉器和铁器接触时很容易形成黄褐色的铁沁,如图 6-86 所示。

二、Cu 质

图 6-87 上方的 1976AXT M5：464 透闪石质鹰出土于河南安阳殷墟妇好墓,时代为商代晚期(1250—1200BC)。该件玉鹰的本色为浅绿色,多处分布着黄褐色沁。图 6-87 下方

---

① 才璐:《透闪石-阳起石玉中铁元素呈色机制及应用研究》,复旦大学硕士学位论文,2020 年。

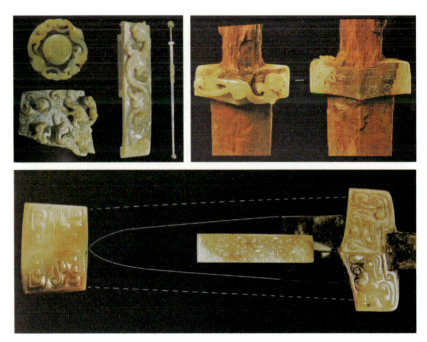

图 6-86　玉具铁剑(上①、中左②、中右③、下④)

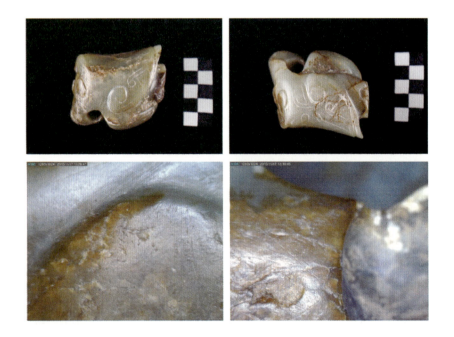

---

① 湖南长沙出土战国玉格铁剑,2019 年 5 月 24 日由笔者摄于湖南省博物馆。
② 古方:《中国出土玉器全集》(北京、天津、河北卷),科学出版社 2005 年版,第 189 页。
③ 古方:《中国出土玉器全集》(陕西卷),科学出版社 2005 年版,第 150 页。
④ 古方:《中国出土玉器全集》(江苏、上海卷),科学出版社 2005 年版,第 86 页。

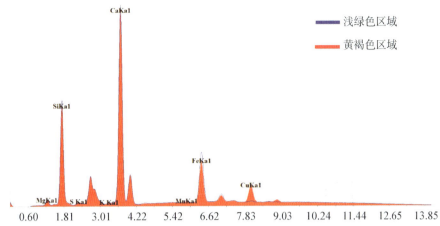

图 6-87 河南安阳殷墟妇好墓 1976AXT M5：464 透闪石质鹰(上)、黄褐色沁(中)和不同颜色区域的对比图(下)

的 XRF 对比图显示黄褐色区域的 Cu 含量高于玉质区域，而 Fe 含量略有减少，表明褐色沁与 Cu 质的渗透相关。

图 6-88 上方的 1976AXT M5：364 透闪石质羊头也出土于河南安阳殷墟妇好墓，时代为商代晚期(1250—1200BC)。图 6-88 中间的多图显示玉羊头的本色为白色，不少部位分布着大量褐色和深褐色交织区域。图 6-88 下方的 XRF 对比图显示，褐色和深褐色区域的 Cu 含量高于白色玉质区域，Fe 含量也略高于白色区域，推测 Cu 和 Fe 均参与了黑色沁的形成。

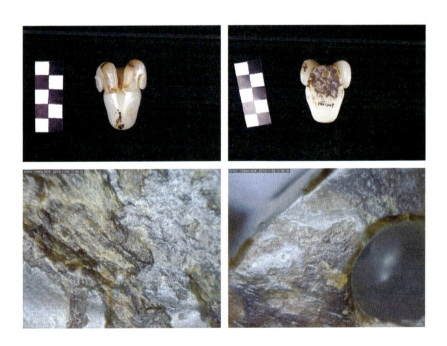

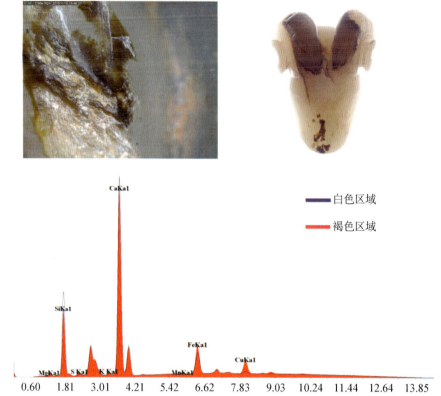

图6-88 河南安阳殷墟妇好墓1976AXT M5:364 透闪石质羊头(上)、褐色沁、透光照(中)和不同颜色区域的XRF对比图(下)

目前Cu成因的黄褐色沁或褐色沁案例主要见于河南安阳殷墟,其呈色机理可能与Fe元素相似,Cu元素来源于土壤,抑或来源于青铜器,这些问题均有待进一步研究。

三、朱砂沁

图6-89左上的99APN M210:5透闪石质锥形器出土于河南安阳殷墟,时代为商代晚期。玉锥形器表面存在大量黄褐色沁(非粘附),孔洞处能观察到玉器清洗后仍残留的黄褐色颗粒状物质(图6-89右上图),显示黄褐色沁是该类颗粒物质沉积渗透所致。对黄褐色颗粒和受沁区域进行拉曼光谱分析(图6-89下图),可见孔壁的黄褐色颗粒物是由朱砂矿物构成的,黄褐色沁区域既有透闪石的$673\ cm^{-1}$最强峰位,又有$253\ cm^{-1}$和$344\ cm^{-1}$的朱砂峰位,表明黄褐色区域是朱砂矿物沉积渗透所致,导致拉曼分析中同时检测出透闪石和朱砂两种物相。

值得注意的是,朱砂矿物多呈鲜红、紫红、黑红色等,但此件玉器上的朱砂沁显示偏黄褐色。图6-90显示黄褐色区域除了Hg(一组蓝色垂直线所示)和S元素外,K、Al和Ca含量均高于玉质区域,表明土壤物质可能对朱砂的颜色造成一定影响。

综上并结合图6-74和图6-75黑辰砂沁的确认,笔者认为朱砂沁也是存在的。

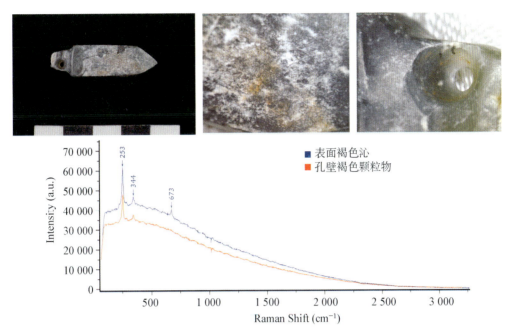

图 6-89　河南安阳殷墟苗圃 99APN M210：5 透闪石锥形器（上左）、锥形器表面的褐色沁（上中）、锥形器孔壁中的黄褐色颗粒物质（上右）及拉曼图谱（下）

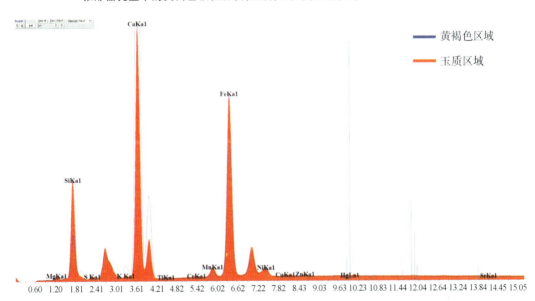

图 6-90　河南安阳殷墟苗圃 99APN M210：5 透闪石质锥形器不同颜色区域的 XRF 对比图

四、纺织品

图 6-91 左上图显示 M5：482 透闪石质戈的面貌，图 6-91 右上图显示纺织品在玉戈表面沉积渗透形成的经纬交织的黄褐色痕迹。采用拉曼光谱对这些痕迹进行分析（图 6-91 下图），结果显示除透闪石峰位之外，另有 1 310、1 382 和 1 598 cm^{-1} 等三个无定形碳的特征峰，表明黄褐色沁痕是纺织品的绑缚痕迹。

广州西汉南越王墓出土的多件玉器上残留丝带痕迹,如图 6-92 左图玉璧使用丝织品进行"十"字形捆缚,图 6-92 中图玉璧表面粘附棺板漆皮、丝带痕和大幅织物痕迹,图 6-92 右图玉璧表面留有玉衣片痕和玉片粘贴的丝带痕。这些纺织品痕迹均呈黄色或黄褐色。

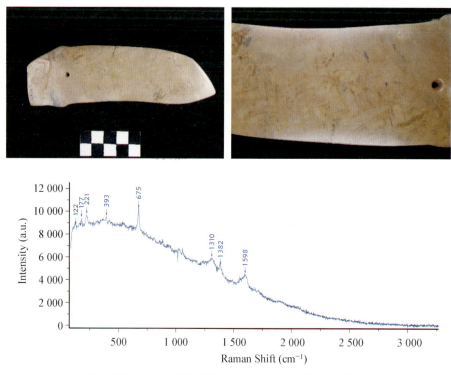

图 6-91 殷墟妇好墓 M5:482 玉戈(上)及拉曼图谱(下)

图 6-92 广州南越王墓玉璧的黄色丝织品沁[①]

丝织品的老化,主要包括物理老化、化学老化以及生物老化。相对而言,物理老化导致丝纤维发硬、发脆,可以通过使纤维的温度高于玻璃化转变温度而去除此类风化,因此是可逆的;化学老化和生物老化同属于丝纤维的变质,因此是不可逆的。化学老化主要是丝纤维的降解引起聚合物链的断裂和交联,发生的化学反应有两种:水解和氧化,其中氧化反应可

---

① 古方:《中国出土玉器全集》(广东、广西、福建、海南、香港、澳门、台湾卷),科学出版社 2005 年版,第 42、47、62 页。

以使得丝纤维泛黄,即发生"黄变"①当粘接或捆缚丝织品玉器在长期的地下埋藏中发生风化作用时,丝织品与土壤优先接触发生老化反应,然后与接触的玉器表面发生渗透沉积作用形成丝织品沁。

第六节 变(蓝)绿[(蓝)绿化]

出土玉器呈现的绿化现象可以分为蓝绿化和绿化等两种基本形式。

一、蓝(绿)化

当玉器和青铜器接触时(图6-4),青铜器的 Cu 离子会渗入玉器而在玉器表面形成蓝(绿)色的风化区域,如图6-93所示。

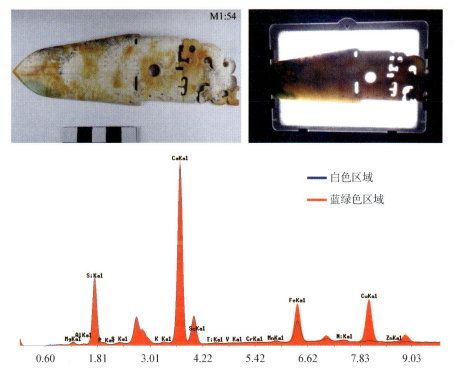

图6-93 山东沂水纪王崮 M1:54 透闪石质戈和透光照(上)和不同颜色区域的 XRF 对比图(下)

图6-93左上的 M1:54 透闪石质戈出土于山东沂水纪王崮春秋墓,图6-93右上的透光照显示白色区域的透明度较高,表明玉戈的本色是白色,黄色和蓝绿色均为沁色。对蓝绿色和白色区域进行 XRF 分析,其结果如图6-93下图所示,白色区域 Cu 含量很低,而蓝绿色区域的 Cu 含量较高,显示蓝绿色与 Cu 离子相关。需要说明的是,白色区域的测试未完全避开黄色区域,导致 Fe 含量增加。

一般常能在与青铜器接触的玉器表面发现粘附的铜锈,常规清洗及其他物理方法很难

---

① 奚三彩、赵丰:《古代丝织品的病害及其防治研究》,河海大学出版社2008年版,第92—94页。

去除,表明铜锈与玉器本体结合得非常紧密,如图 6-94 所示。这种结合紧密的铜锈渗入玉器表面会形成蓝绿色沁。此外,土壤和铜锈交织在一起,使得分析区域的 Fe 含量也较高。Fe 和 Cu 原子的半径均为 0.117 nm,Fe^{2+} 和 Fe^{3+} 的离子半径分别为 0.076 nm 和 0.063 nm,而 Cu^+ 和 Cu^{2+} 的离子半径分别为 0.096 nm 和 0.072 nm,因此两个元素或离子的性质相似,均可以沉积并渗透玉器表面。Fe 元素易形成黑沁、红(褐)色沁、黄(褐)色沁,Cu 元素易形成蓝(绿)色沁。

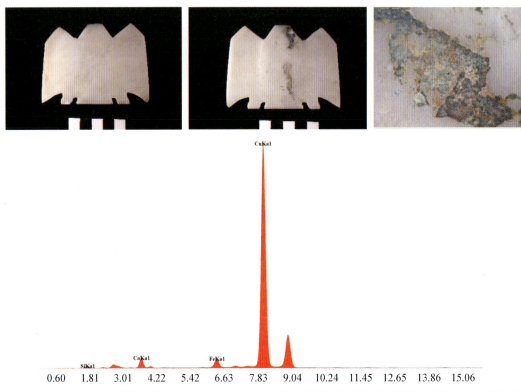

图 6-94　河南安阳殷墟铁三路 2006 ATS T6 M89:16 透闪石质鸟表面的粘附铜锈(上)及 XRF 图谱(下)

二、绿化

图 6-95 左上的 M5:977 透闪石质戈出土于河南安阳殷墟妇好墓,时代为商代晚期(1250—1200BC)。玉戈表面存在白色区域、蓝绿色区域(红色箭头所示)以及绿色区域,图 6-95 右上的透光图可见白化区域不透明,蓝绿化和绿化的透明度较高。图 6-95 下图对白化、蓝绿化和绿化区域进行了 XRF 分析,结果显示:三个区域的差别均在于 Cu,白化区域不含 Cu,而蓝绿化区域和绿化区域均含 Cu,且后者的 Cu 含量约高于前者,因此蓝绿化和绿化的成因相似,均由 Cu 质引起。

图 6-96 左上的商代透闪石质有领环出土于三星堆遗址,现保藏于四川广汉三星堆博物馆,编号 000127。玉戈通体呈浅绿色,图 6-96 右上的 XRF 图谱显示含有较高的 Cu 元素,同时图 6-96 下方的放大图显示含有 Pb 元素(蓝线标示),表明通体绿色沁系玉器接触含 Pb 青铜器所致。

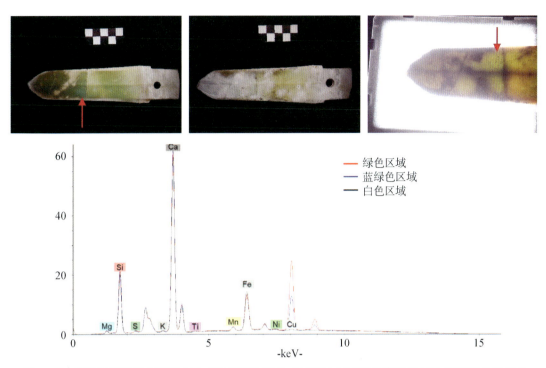

图 6-95　河南安阳殷墟妇好墓 M5∶977 透闪石质戈、透光图（上）和不同颜色区域的 XRF 对比图（下）

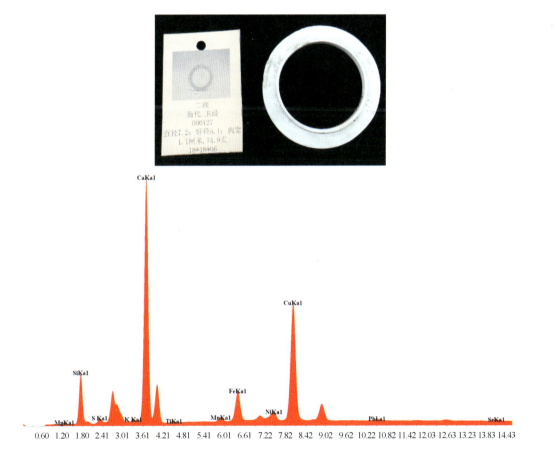

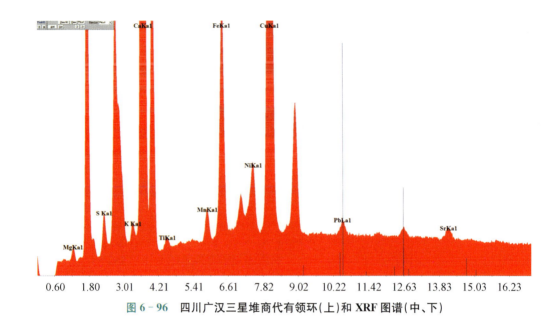

图 6-96　四川广汉三星堆商代有领环(上)和 XRF 图谱(中、下)

三、Cu 呈色机制

过渡金属元素的氧化物和水合物常带有颜色,常被称为致色元素,其致色机制一般被认为是过渡金属离子内部电子发生 d—d 跃迁,吸收了可见光中的某些波长的色光,而呈现补色。Cu 即此类元素,一价 Cu 可以产生红色,二价 Cu 可以产生绿色、蓝色或蓝绿色等。

同一价态的 Cu^{2+} 离子产生多种颜色,有多种原因。(1)Cu^{2+} 化合物有五种配位多面体:四面体、平面正方形、四方单锥、三方双锥和八面体,其中八面体和平面正方形出现最多。不同的配位体产生的颜色会有差异。(2)Cu^{2+} 的配位多面体的连接方式,从以角顶联结到以棱相联结,导致吸收带向短波范围移动约 3 000—4 000 cm^{-1}。(3)Cu^{2+} 离子的配位多面体以棱或面相互联结时,由于阴离子和阳离子的距离拉近,可产生配位阴离子向铜离子的电荷转移跃迁,其吸收带位于 30 000 cm^{-1} 以上,即在紫外区域,故对矿物的研究没有贡献。(4)铜离子的配位体一般有四种,即 O^{2-}、$(OH)^-$、Cl^- 和 H_2O,不同配位体产生的晶体场稳定能也不相同,其增加的顺序为氧化物和硅酸盐中的 $O^{2-} > Cl^- > (OH)^- > O$,这使得吸收带向短波范围移动,因而可使矿物由平淡的浅蓝色变为鲜明的绿色。(5)Cu^{2+} 具有姜-泰勒效应(Jahn-Teller effect),使得各种配位多面体剧烈畸变,从而增加了部分附加的晶体场稳定能,使得跃迁能相应增加,导致吸收带向短波方向移动,故最终矿物颜色也相应地从浅蓝色变成蓝色[①]。

简言之,Cu^{2+} 的配位方式造成了颜色的差异,如孔雀石、蓝铜矿及绿松石均含 Cu^{2+},但配位方式不同导致分别呈现绿色、蓝色和绿色-蓝绿色。孔雀石和蓝铜矿均是青铜锈的主要组成,与土壤接触后,蓝铜矿比孔雀石易溶解,也即越易迁移。

---

① 长春地质学院矿物教研室:《结晶学及矿物学教学参考文集》,地质出版社 1983 年版,第 56—69 页。

四、Cu 来源

玉器绿化区域 Cu 除了来源于共存的青铜器外,是否可能来源于周围的土壤?据报道,世界土壤中铜的含量范围为 2—250 ppm(mg/kg),平均值范围为 15—40 ppm(mg/kg),均值 30 ppm(mg/kg)。尽管世界土壤铜的含量变化幅度很大,但是各国土壤铜含量的平均值差异较小[1]。中国土壤铜含量的范围为 3—300 ppm(mg/kg),平均为 22 ppm(mg/kg),中国表层土壤中 Cu 的分布范围在 1.2—62.1 ppm(mg/kg)之间。国外学者根据气候带的划分,温带和寒温带地区的土壤铜含量最低,干旱和半干旱地区土壤中铜的含量中等到偏高,热带湿润地区土壤铜含量波动较大,从痕量到 200—250 ppm(mg/kg)。中国学者认为华北平原、长江中下游地区和西北干旱区是铜的高背景区,而中国南部的热带和亚热带地区是铜的低背景区[2]。

土壤中的 Cu 来源于含铜矿物的风化,常分为水溶态铜、交换态铜、酸溶态铜及难溶态铜。土壤有效态铜包括水溶态铜和交换态铜,但前者含量甚微,后者是土壤胶体所吸附的铜离子和含铜配合离子,不易被其他离子重新交换出来,所以必须用强酸或螯合剂提取才能释放出来[3]。土壤 Cu 物质的种类和数量受土壤溶液 pH 影响,当 pH≤7 时,$CuOH^+$ 和 $Cu_2(OH)_2^{2+}$ 水解产物最多,提高 SO_4^{2-} 活度,$CuSO_4$ 比例显著增加;当 pH≥8 时,以阴离子态羟基络合物较重要[4];当 pH=7—8 时,其阴、阳离子态的溶解态均下降;在中性和碱性土壤的溶液中,$CuCO_3$ 为主要的无机可溶态,$Cu(OH)_2$ 也是主要组分之一。土壤溶液中铜的无机离子溶度很低,但可溶性有机分子与 Cu 发生了配位反应,促进了 Cu 的溶解,这类可溶性有机络合 Cu 可达土壤溶液中 Cu 含量的 80%。

综上可见,土壤中 Cu 是微量元素,但在各种土壤溶液中均存在,常以有机络合物和无机络合物的形式存在,是所有金属微量元素中最难移动的元素,因此玉器的绿化和蓝绿化与土壤 Cu 是否有直接关系,尚需考古实证。

第七节 小 结

一、古玉受沁机理

玉器组成矿物的研究包含六个要素:物相、成分、组织、结构、颜色及其它物理性质。物相主要是指玉器的矿物组成;成分主要是指玉器的化学组成;组织包括组成矿物的晶体、晶粒或颗粒的尺寸形状和结晶程度,晶界或界面、孔隙与微裂纹的大小、形状及分布等;结构表示颗粒集合体之间的排列或组合方式,如交织、成层等;颜色是岩石矿物的重要性质,常用于岩石矿物的分类;其它物理性质包括光泽度、透明度、硬度、密度、脆性、条痕、发光性等。

玉器的受沁除了与自身结构相关,还与周边环境有关。周边环境既包括随葬物质、土壤种类和含量、酸碱度等,也包括空间的温度和湿度,此外还包括时间因素。总的看来,玉器和

---

[1] 王云:《土壤环境元素化学》,中国环境科学出版社 1995 年版,第 107—108 页。
[2] 王景华:《我国土壤中铜、锌、镍的背景含量和趋势分布》,《地理科学》1987 年第 1 期。
[3] 鲁如坤:《土壤农业化学分析方法》,中国农业科技出版社 2000 年版,第 211 页。
[4] 赵玉萍:《土壤化学》,北京农业大学出版社 1991 年版,第 358 页。

周边环境发生了物理和化学风化。物理风化使岩石或矿物具有保持水分的能力,并有了较大的表面积和众多的晶格的边和角,从而为化学风化提供了条件。化学风化主要为化学分解作用,也可以说是一种腐蚀,不仅改变矿物形状,而且改变了矿物本质成分。需要注意的是,同一块玉料的不同区域的致密程度是不同的,因而受沁程度是不同的,如图6-97的对开成型或成型对开玉龙佩,受沁部分几乎相同,均为结构相对薄弱区域。此外,同一块玉料在同一墓葬中可能会因为微环境不同造成受沁现象存在差异,如湖北荆州枣林岗墓地出土的JZWM2:1玉钺碎片有23块,沁蚀程度不一而致器表呈杂色①。

图6-97　山西侯马西高祭祀遗址出土龙形玉佩
(2019年1月摄于开封博物馆的"玉礼中国——京豫陕晋冀玉器精品展")

玉材与周边环境发生风化作用形成了多样的受沁现象,其差别主要在于形态和颜色。形态包括部分风化和全器风化两种,部分风化常呈点、线和面分布,全器风化常呈通体分布。笔者根据受沁的点状、线状、脉状、片状、面状和体状分布特征将玉器的受沁程度分为六级:未受沁、微受沁(点分布)、轻度受沁(线分布)、中度受沁(区域分布,包含脉状和片状)、重度受沁(表面全器分布)、烈度受沁(通体分布),若受沁由表及里渗透,则受沁等级相应增加。受沁颜色包括黑白系列、红黄系列、绿蓝系列。除了疏松白化外,其余色变现象均与物质的渗入相关,这些物质包括含过渡金属离子的物质(Fe、Cu、Mn等)、硫化物(HgS)、有机质(无定形碳、纺织品)、钙盐(碳酸钙、磷酸钙和硫酸钙等)。

一般来说,根据已有地质学和矿物学的认知,各类矿物的抗风化能力顺序是氧化物、氢氧化物>黏土>石英>架状硅酸盐>层状硅酸盐>双链状硅酸盐>单链状硅酸盐>岛状硅酸盐>碳酸盐>硫酸盐>硫化物>卤化物,其中硅酸盐的抗风化能力顺序遵从岩浆岩的鲍文反应系列,因此,也有认为层状硅酸盐>架状硅酸盐②,更有从岩浆岩、沉积岩和变质岩的角度认为石英质、架状硅酸盐、链状硅酸盐、碳酸盐、燧石、硅质胶结物、钙质胶结物、铁质胶结物>层状硅酸盐、黏土、硫酸盐(含胶结物)③。以上分析可见,目前对一些矿物的抗风化能力存在认知上的差异。在实际工作中,以疏松白化为例,我们发现透闪石(双链状硅酸盐)的抗风化能力强于蛇纹石(层状硅酸盐),也发现绢云母、绿泥石(层状硅酸盐)的抗风化能力强于透闪石(双链状硅酸盐)。因此,在研究古代玉器的受沁性状及机制时,需要具体问题具体分析,可从矿物抗风化能力大小的决定因素——矿物中最弱的键强度入手。因Si—O和

---

① 湖北省荆州博物馆:《枣林岗与堆金台——荆江大堤荆州马山段考古发掘报告》,科学出版社1999年版,第18页。
② 廖永岩:《地球科学原理》,海洋出版社2007年版,第76—77页。
③ 李家珏:《新鲜岩石抗风化能力分级若干意见》,《铁道标准设计》1993年第5期。

Al—O 键结合得比较牢固,地表的化学作用很难破坏它们,因而其他阳离子—O 键则是易于突破的薄弱环节。此外,矿物中含有变价元素也是一个不稳定因素,一旦氧化成高价则会造成整个晶体结构的瓦解。

本章研究揭示:古代玉器的白化与两种成因相关:疏松成因和钙化成因。两者成因的形态存在差异,具体说来,结构疏松成因可以导致玉器呈现点状和片状分布的白化现象,也可以呈现全器分布的白化现象,而钙化成因仅使玉器呈现点状分布的白化现象。本章研究还揭示:古代玉器的黑化与有机质、Fe 质、Mn 质、Cu 质和 Hg 质的沁入有关,有时与几种物质的共同作用相关。古代玉器的红(褐)化与 Fe 质相关,可能与土壤的 N 质相关。古代玉器的黄化或褐化与 Fe 质、Mn 质、Cu 质、朱砂质和有机质(纺织品等)的沁入有关,有时也与几种物质的共同作用相关。古代玉器的绿化或蓝(绿)化与 Cu 质相关,目前案例均与随葬铜器的接触有关,是否来源于土壤环境有待考古实证。需要注意的是,某些未达到平衡状态的古玉器,其受沁性状不明显,物相和显微结构分析也显示矿物似乎没有发生改变,这实际上是因为常温下化学活性低、转化速度太慢而未有明显变化的缘故。此外,研究玉器的受沁机理,需要将玉器和土壤整体打包运回实验室,然后进行器物提取,最后结合玉器本体和接触土壤进行各种受沁特征的机理研究(可参考下一章图 7-1 所示)。

二、白化呈色再认知

与肉眼观察密切相关的矿物物理性质有三项:颜色、光泽度和透明度。

颜色取决于构造、化学成分以及成因,包括光量和光色两部分。光量即指白、灰和黑,实际是程度不同的消光现象。光色即彩色系列。一般意义上的颜色是指矿物块状体的颜色,另有一种矿物粉末的颜色,即是条痕色,相当于把矿物集合体的原有组织解散了,把反射面的面积减小,但反射面的方向成无定向了,因而造成(漫)反射面的数量和总面积增加了。当矿物粉末越细,其比表面积越大,故漫反射的总面积会变大,进而会扩显矿物吸收率的作用[①]以及某些色素离子对于某种色波的吸收率。由此可见,块体颜色和条痕色之间存在差异,与反射率、折射率、吸收率、色素离子的比例等因素相关。

光泽度是反射率的表现,与入射光量、反射光量和反射有效面积三种因素相关,既取决于矿物组成、化学成分、结构、构造、组织等,也取决于矿物表面的抛光程度,后者与人类行为密切相关。反射率 $R=[(N-1)^2+N^2K^2]/[(N+1)^2+N^2K^2]$[②],N 为折射率,K 为吸收率。由此可见,反射率 R 与吸收率 K 成正比;当 N>1,反射率 R 与折射率 N 成正比;当 N<1,反射率 R 与折射率 N 成反比。

透明度 A 与折射到或直射到矿物里的光波能量的原量、矿物的吸收率和光线在矿物里的路程三个因素相关,其中矿物的吸收率 K 不是人工所能变更的,因此,透明度 A 与吸收率 K 成反比关系。

由此可见,上述各量之间存在一定关系,总结如表 6-21 所示。

[①] 即越是吸收率小的、光泽等级高的矿物,它的条痕色就越显得较浅淡于它的块体颜色;越是吸收率大的、光泽等级高的矿物,它的条痕色就越显得较深暗于它的块体颜色。
[②] 王炳章:《矿物的光泽、颜色、条痕和透明度》,地质出版社 1957 年版,第 9 页。

表 6-21　矿物颜色、条痕色、透明度和光泽度的关系（此处作必要增改）[①]

折射率 N	反射率 R	吸收率 K	反射率 R 的表现	吸收率 K 的表现			
			光泽等级	透明度 A	色消等级	（块体）颜色	条痕色/粉末色
N>3 和 N<1（如金、银、铜等）	大	大	金属光泽	不透明	黑、灰	浓重（反射色）	较深暗于（块体）颜色（反射色）
2.6<N≤3			半金属光泽	半透明	灰、白	（反射色）	（透射色）
1.9<N≤2.6	小	小	金刚光泽	透明	白、无色	轻淡（透射色）	较浅淡于至同于（块体）颜色	（透射色）
1.3<N≤1.9			玻璃光泽				白色

注：(1)条痕色/粉末色均用反射或透射色加以标记。值得注意的是，粉末透射色和薄片透射色是有区别的，如薄片透射色重复性差，粉末透射色重复性好、稳定；粉末透射色没有薄片透射色纯，颜色饱和度较小（较浅淡），色调常向短波方向偏移。(2)当日光照度强时，人眼对七色光的敏感度是：紫＜青＜蓝＜绿＜黄＞橙＞红；当日光照度弱时，人眼对七色光的敏感度是：紫＜青＜蓝＞绿＞黄＞橙＞红，因此吸收率大，具金属光泽的矿物的条痕色多混有蓝色。(3)透明度受光源强弱、矿物厚度、打击或揭剥、风化程度、矿物形态（集合体）等因素的影响较大。

一般将玉器疏松白化机理类比于白化前的冰与白化后的雪。不过，这一说明仍有不合适之处，如块状玉体并不似无色透明的冰，而是呈白、青、绿、黄、黑等多种颜色。实际上，玉料多为半透明至微透明的集合体矿物，其块状玉体应呈反射色。当 Fe 含量极少时，自然光将全部被反射而呈现白色，当 Fe 含量增加时，自然光将部分反射而呈现相应的颜色。古代玉器的白化区域常呈粉末状，因此呈色将发生变化，从块状体颜色转变为粉末色。此时，粉末的透明度比块状体提升很多，因而吸收率相应减小，造成一定表面面积上的反射光量也小。折射到矿物粉末的光量会因吸收率小而剩余很多，进而透射至下一个粉末，依此反复，自然白光将穿过更多粉末后最终以近似白色呈现至人眼。以上分析说明：(1)玉料的块状色和粉末色是有差异的，前者为反射色，后者为透射色。对于常发生白化现象的透闪石-阳起石以及蛇纹石而言，其块状固体的颜色多样，但粉末色均为白色。(2)用手轻摸出土严重白化玉器会有粉末脱落，且这类玉器的白度相对于没有粉末脱落的白化玉器为高，表明矿物颗粒越细，吸收率更小，故白度越高。

[①] 王炳章：《矿物的光泽、颜色、条痕和透明度》，地质出版社 1957 年版，第 30 页；王曙：《不透明矿物晶体光学》（第二版），地质出版社 1987 年版，第 196 页。

第七章

中国早期玉器重生研究

——科学保护篇

在结合埋藏环境对玉器本体的性质状况和机理进行研究后，我们将开展具体的科学保护工作，包括器物本体的修复和保存环境的预防性保护等两方面工作。

第一节 玉器修复

对于可移动文物而言，中国的修复理念是"恢复原状、修旧如旧"，西方的修复理念是"最小干预性、可辨识性、可逆性和安全性"，中西方修复理念在长期的修复实践和交流中不断融合，目前均使用考古修复、展览修复、艺术修复三种形式进行具体的修复工作，前两种形式与出土文物密切相关，其中考古修复强调最小干预性，展览修复强调恢复原貌。

具体到不同材质的可移动文物，修复理念仍是存在差异的。例如，书画类等脆弱性文物以展览修复为主，因此强调恢复原貌；而玉器类"相对"稳定性文物以考古修复和展览修复为主，针对不同情况采用的方式有所差异。

一、有外覆物的出土玉器

出土玉器的外覆物多为土壤物质，需要清理以展现玉器的更多信息，可以根据出土玉器的保存状态选择相应的清理方法。

第一，当玉器的保存状况较好、玉质本体坚韧时，可用清水润湿，待外覆物质软化后，使用大小形状合适的软毛刷清理。若使用效果不佳，可逐步更换硬度稍大的刷子。对于钻孔、镂空以及纹饰处的外覆物，无法使用毛刷进行有效清理，可用竹签、针等尖锐工具剔除，必要时可以佩戴头戴式放大镜或在显微镜下进行细致处理。

第二，当玉器的保存状况不好、玉质本体疏松时，因清水很容易渗入玉体，会给玉器带来二次伤害，此时推荐使用99.9%分析纯酒精润湿，待外覆物质软化后，使用大小形状合适的软毛刷清理。若使用效果不佳，可逐步更换硬度稍大的刷子。对于钻孔、镂空以及纹饰处的外覆物，无法使用毛刷进行有效清理，此时可用竹签、针等尖锐工具剔除，建议佩戴头戴式放大镜或在显微镜下进行细致处理，以免伤害玉器本体。

第三，当外覆物质呈现结核状，不建议使用超声波清洗机以及稀释酸或弱酸溶解等清洗方式，以免给文物本体造成不可预料的损伤，此时建议延长润湿时间直至外覆物质软化。值得注意的是，有些白化玉器已经很疏松，因此处理外覆物质时要格外小心，防止剔除过程中连带玉器表面一起脱落。若一些外覆物质已与玉器表层紧密结合,但不会影响玉器的研究和展览工作,也不会对玉器本体产生破坏作用,可以不用去除。

总的看来,当外覆物影响出土玉器材质、颜色、透明度、纹饰等本体信息的观察和分析时,需要去除;当外覆物影响出土玉器的保护时,需要去除,当外覆物影响出土玉器的展览时,需要去除。去除方式建议采用分析纯酒精(无水酒精),配合毛刷的"软性"机械去除方式,避免使用超声波清洗的"硬性"机械去除方式,慎重使用丙酮材料,避免使用弱酸、稀释酸的化学去除方式。一些"疑难"区域可以使用竹签等尖锐工具剔除,并可借助放大设备进行辅助清理。

二、断裂的出土玉器

针对断裂的玉器,考古修复可以不作任何处理,仅在保藏锦盒里挖出玉器的外形,然后将断裂玉器嵌入。

陈列修复包括两种处理方法。

一是使用稳定且可逆的黏接剂将断口重新黏合。一般采用 B-72,即 Paraloid B-72,它是丙烯酸树脂的一种,研发时间久,20 世纪 80 年代起逐渐在西方和东方文物保护领域广泛使用,效果令人满意。它的优点是无色透明,渗透性好,能够保持可逆性,固化后可以用溶剂溶解除去;可以长期保持原有色泽,耐紫外线照射,不易变黄。B-72 的缺点是其玻璃化温度为 40℃,不适宜在天气炎热的地区使用。尽管 B-72 在耐候性上仍存在不足之处,但其满足可逆性原则,因此在新材料应用之前,B-72 仍是对断裂玉器进行连缀修复的主要粘结剂。对于一些重要断裂玉器,可以采用整体打包的方式,运回实验室进行提取,此法既有利于复原,也有利于从玉器本体和接触土壤两个层面研究玉器的受沁机理,如图 7-1。

图 7-1 断裂玉器被整体打包回实验室进行提取、粘接的全过程(图片由南方科技大学唐际根教授提供)

二是使用有机玻璃材料(如亚克力)制作出玉器的形状,将断裂玉器嵌入,使用鱼线固定(图 7-2),既可用于展示,也可用于保护。

图 7-2 亚克力材料固定的断裂玉器
(湖北荆门龙王山大溪墓地出土,2016 年摄于荆州博物馆)

总的来说,在埋藏阶段断裂的玉器可以使用两种方法进行修复;在生产或使用阶段断裂的玉器建议使用第二种方法进行修复,目的是能够对断裂处形貌进行观察和分析。

三、残损的出土玉器

针对残损的玉器,无论是考古修复还是陈列修复,一般情况建议遵循最小干预性,不建议"补配",即恢复原貌,如图 7-3 所示。

图 7-3 进行补配的崧泽文化玉器
(浙江安吉芝里遗址出土,2017 年摄于安吉县博物馆)

若出土玉器异常重要需要展示时,有两种方式,一种是使用有机玻璃材料(如亚克力)制作出玉器的形状,将残损玉器嵌入,既可用于展示,也可用于保护。另一种可直接展示(图 7-4),配以文字和图片的说明。

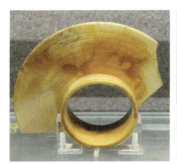 

图 7-4 直接展示的残损玉器(2011 年摄于四川成都金沙遗址博物馆)

四、异常疏松的出土玉器

针对白化异常严重的玉器,无论是考古修复还是陈列修复,均需要保护玉器的基本外形。此时更强调恢复原貌,可以采取两种对策:一种是将玉器周边土壤切割,然后整体提取,如图 7-5 所示;另一种则是先采用合适加固剂对异常疏松玉器进行渗透加固,然后晾干封护,最后再进行提取。

图 7-5 整体提取的九连墩透闪石玉璧
(图片由中国科技大学冯敏老师提供)

后一种方法报道较少,主要由南京博物院的研究人员和笔者完成的。例如,1988 年秋枫将江苏新沂花厅遗址出土的一对玉镯整体提取到实验室后,首先使用牛角小刀将玉片上的泥土等外覆物剔去,然后用"502"快速胶粘接成完整器型,最后用三甲树脂稀释渗透加固[①]。该次修复包括补配、上色等步骤,遵循"修旧如旧"的原则,使用的"502"快速胶符合当时的修复理念,但该材料缺乏可逆性和安全稳定性,因此在后来的修复实践中逐渐被摒弃。2003 年万俐对良渚文化江苏武进寺墩遗址 5 号墓出土的三件风化蛇纹石玉残件(94WS M5:26 琮形管、94WS M5:56 锥形器、94WS M5:41 珠)进行了修复保护研究,使用 8%—12%的丙烯酸有机硅树脂、采用涂刷法对疏松古玉器进行了加固处理,然后使用 5%聚氟树脂涂刷封护[②]。该次修复同样包括补配、上色等步骤,遵循"修旧如旧"的原则。2011 年笔者曾尝试利用 3%的 B-72 加固剂对战国风化异常严重的玉器进行加固[③]。2015 年范陶峰对江苏新沂花厅遗址出土的蛇纹石串珠(由 107 颗珠子组成)进行了修复保护研究,采用浓度为 14%的正硅酸乙酯溶液进行浸泡加固(浸泡时间小于 2 小时,固化时间 28 天),然后使用浓度为 3%的氟橡胶封护剂进行浸泡式表面封护(时间为串珠完全浸在溶液内即可)。正硅酸乙酯的加固保护机理为:正硅酸酯处理玉石时生成的硅氧烷聚合体能够产生增强、加固效果,通过烷氧基的水解,相邻颗粒间以硅氧烷链联结在一起使软弱、松散的玉石表面得以加固和增强[④]。

五、位置偏移的玉器组合

当多件玉器组合成的具有特定功能的器物,如二里头绿松石龙形器、盘龙城"金眼兽"、玉棺、玉衣等大型器物入土埋藏后,会因穿系、胶结材料与支撑材料等有机材料腐朽,棺椁或墓葬发生坍塌挤压,地下水位上升等众多原因,造成器物的原始位置发生变化。这类器物因具有非常重要的学术价值,故需要保护和展示传播,此时首先通过整体提取方式将出土器物移至室内实验室,进行实验室的"微观发掘"工作,待器物清理出来后,可以有三种处理方式。

第一种是出土玉器仍置于整体提取的土壤中,综合利用考古历史学知识以及现代科技

[①] 秋枫:《一件疏松玉器出土后之现场修复》,《东南文化》1988 年第 2 期。
[②] 万俐:《良渚风化玉器的化学保护》,《东南文化》2003 年第 5 期。
[③] 王荣、胡盈:《风化古玉器的加固保护技术初探》,载于杨晶、蒋卫东:《玉魂国魄——中国古代玉器与传统文化学术讨论会文集》(五),浙江古籍出版社 2012 年版,第 404—412 页。
[④] 范陶峰:《新沂花厅遗址出土古玉串珠的保护探究》,《文物保护与考古科学》2015 年第 3 期。

手段,识别出每个玉片的原始位置,进而复原出器物的原始形貌,然后进行原貌复制。需要展览时将器物的出土面貌、复制品以及复原过程的文图说明一并展示,如图7-6盘龙城商代"金眼兽"所示,唐际根先生称为"重建性修复",也可称为"复制修复"。如承托物的材质和形状暂时无法定性和复原,可在土中进行复制,如图7-7河南偃师二里头绿松石龙形器所示。

图7-6 使用第一种修复方式的出土玉器盘龙城商代"金眼兽"(图片由南方科技大学唐际根教授提供)

图7-7 使用第一种修复方式的出土玉器二里头绿松石龙形器(上两图为出土时形貌,下图为复制修复形貌,由二里头夏都遗址博物馆赵晓军提供)

第二种是利用残件复原,最大限度地利用出土文物,即将出土器物的各个组成部分从出土的空间位置复原至入土埋藏的原初位置,残缺部分利用材质相同、色泽相近、形状相同的现代玉片进行补配,进而复原出器物的原初面貌,如图7-8所示,徐州博物馆赵晓伟称为"复原修复"。一般而言,采用第一种处理方式的多为平面型器物,遵循的是"最小化干预"的原则。展陈条件好的场所,可以将器物的出土面貌和原初面貌一并展示,展陈条件差的场所或器物本体状态太差,可以展示复制品,如二里头遗址博物馆仅展示了绿松石龙形器的复制件。采用"复原修复"方式的多为立体型玉器,如玉衣和玉棺等,遵循的是"修旧如旧"的原则,其目的和优势正如赵晓伟所说:"不仅可以满足展览需要——让玉器或残存的碎片立体化地呈现出来,更好地展示文物的价值;还是一种保存和保护的方式——若不作还原,若干年过去,很可能丢失其原始信息。"需要注意的是,原生材料、修复材料以及补配材料均需要做好详细的标记和记录工作。

江苏盱眙大元山江都王王后墓玉棺　　江苏徐州拉犁山汉墓鎏金铜缕玉衣

图7-8 使用第二种修复方式的出土玉器(图片由徐州博物馆赵晓伟提供)

第三种是"复制修复"和"复原修复"的结合方式,既可适合立体型玉器,也可适合平面型玉器,如组玉佩的修复,可以将构成单位(璜、珩、管、珠、佩等)从土壤中清理出来,然后根据原始位置串联成组佩。若组玉佩在地下埋藏过程中风化严重，不仅需要做加固封护处理，且因原有色泽发生变化，还需做复原处理，此时既可以用现代材料复制展示，也可以用计算机复制、图片进行展示。前者成本较高，故原器物能够展示时，可以附上复原图片一并展示，如图 7-9 所示咸阳唐代组玉佩①。

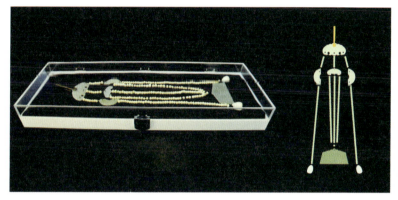

图 7-9　使用第三种修复方式的出土玉器（左为组玉佩复原后装入有机玻璃盒中展示，右为计算机复原的组玉佩原初面貌）②

第二节　玉器预防性保护③

一、玉器保存条件

一般而言，玉器本质上属于石质文物，质地坚硬，不易受到外界环境，如温湿度、光照变化的影响。因此，人们通常对古籍、书画、纺织品等有机类文物的保存环境比较重视，将玉器视为稳定性文物而没有给予充分的重视，如现有的关于保存环境的论文和著作中，未将玉器这一重要文物种类单独列出而规范其保存环境的温湿度条件。表 7-1 是 2001 年列出的不同质地文物保存的温湿度条件，仅将玉器归类到石器，与金属器和陶瓷器的保存条件相似，即玉器保存的相对湿度条件范围是：0%—45%；表 7-2 是 2005 年国家文物局公布的《博物馆藏品保存环境试行规范》，将包含玉器在内的岩石、陶瓷器以及部分金属器的相对湿度条件调整为 40%—50%。不过，文博学界对于上述玉器保存的合适温度、湿度以及光照等条件的来源均未见研究报道，尚缺乏科学依据。此外，考古所和博物馆对于玉器的保存环境并非完全按照"试行规范"要求设置，一些博物馆和考古所的玉器保存条件尤其是湿度条件相差悬殊（表 7-3）。一些博物馆注意到玉器对于湿度是有要求的，但囿于条件的限制，它们在玉器保藏的小环境中放入一杯清水，希冀能保持湿度，如图 7-10 中仅在玉器展示柜中放置清水。

---

① 张勇剑、梁嘉放、赵西晨等：《咸阳国际机场出土唐代组玉佩室内清理、分析和复原》，《文物保护与考古科学》2018 年第 4 期。
② 同上。
③ 本项研究是由笔者和复旦大学研究生巩梦婷（现工作于四川博物院）共同完成，并共同发表研究论文"Preliminary Study on the Impact of Relative Humidity on the Conservation of Jades"，*Studies in Conservation*，2013，58(2)，pp. 88-94。第二轮验证实验是由笔者和复旦大学研究生李一凡共同完成。

表 7-1　文物保存的温湿度要求（2001 年）[①]

文物种类	温湿度要求
无机质文物（金属、陶瓷、石器）	温度：T＜25℃　RH：0%—45%
古代玻璃器	温度：T＜25℃　RH：40%—45%
无机物化石	温度：T＜25℃　RH：45%—55%
有机质文物（木材、纸张）	温度：T：16—17℃　RH：50%—65%
皮革	温度：T：16—25℃　RH：55%—65%
地下发掘品	RH：100%

表 7-2　博物馆藏品保存环境温度、相对湿度标准（2005 年）[②]

材质	藏品类性	温度(℃)	相对湿度(%)
金属	青铜器、铁器、金银器、金属币	20	0—40
	锡器、铅器	25	0—40
	珐琅器、搪瓷器	20	40—50
硅酸盐	陶器、陶俑、唐三彩、紫砂器、砖瓦	20	40—50
	瓷器	20	40—50
	玻璃器	20	0—40
岩石	石器、碑刻、石雕、石砚、画像石、岩画、玉器、宝石	20	40—50
	古生物化石、岩矿标本	20	40—50
	彩绘泥塑、壁画	20	40—50
动植物材料	纸张、文献、经卷、书法、国画、书籍、拓片、邮票	20	50—60
	丝毛棉麻纺织品、织绣、服装、帛书、唐卡、油画	20	50—60
	漆器、木器、木雕、竹器、藤器、家具、版画	20	50—60
	象牙制品、甲骨制品、角制器、贝壳制品	20	50—60
	皮革、皮毛	5	50—60
	动物标本、植物标本	20	50—60
其他	黑白照片及胶片	15	40—50
	彩色照片及胶片	0	40—50

表 7-3　博物馆玉器保藏条件举例

博物馆	温度(℃)	相对湿度(%)
河姆渡遗址博物馆（2017 年 1 月 13 日）	13.5	62

[①] 郭宏：《文物保存环境概论》，科学出版社 2001 年版，第 54—55 页。
[②] 国家文物局：《博物馆藏品保存环境试行规范》，2005 年施行。

续表

博物馆	温度(℃)	相对湿度(%)
西汉南越王博物馆(2014年11月26日)	23	56
苏州博物馆(玉敛葬饰件展柜)(2017年7月4日)	24	58
苏州博物馆(玉带和衣物共用展柜)(2017年7月4日)	22.8	63—64.6
无锡鸿山遗址博物馆(2017年7月6日)	24.6—26.7	59—72
常熟博物馆(2017年8月3日)(历代瓷器精品展)	34.3	47
含山博物馆(2020年1月19日)	9—12	49—55

国外博物馆也不例外,如英国[①],石制品保存和展示时的温湿度条件分别为 18—20℃和 30%—40%RH;在加拿大[②],文物的保存环境被分为 5 类,第 1 类"Tolerate variable conditions"则包含"unpolychromed stone and marble",其温湿度条件为 21.1—24.4℃和 25%—50%RH(冬天最小、夏天最大,每天波动为±10%RH)。从上述案例可以看出,国际上对于玉石器保存条件的设置也是粗略的、不统一的且缺乏科学依据的。

图 7-10　太仓博物馆玉器展示柜

二、脆弱性文物

本书第一章至第三章已经指出,古代玉的概念与现今矿物学上的定义是有差异的,现代矿物学上的玉仅指和田玉和翡翠,而古代玉器的概念则是文化学或社会学意义上的,其材质种类多样,包括透闪石-阳起石玉、蛇纹石玉、方解石、玉髓(玛瑙)、绿松石、独山玉等 30 多种(表 1-4)。这些石材制作成的器物一般被认为属于稳定性文物,然而本书第六章指出,出土玉器在长期的地下埋藏过程中,其颜色、硬度、透明度的宏观特征以及显微织构的微观特征可能会发生变化,这就是风化现象,也俗称为"受沁现象"。一般说来,风化或受沁的程度与外界埋藏环境(外因)和玉料自身结构(内因)密切相关。风化的各种特征中,颜色变化最为显著,常用来表示各种风化现象,如变白(白化)、变黑(黑化)、变红(红化)、变褐(褐化)、变黄(黄化)、变绿(绿化)、变蓝(蓝化)等,涵盖黑白色系和彩色色系。

各种风化现象中,绝大多数与金属元素或化合物致色相关,而白化现象非常特殊,它与结构疏松和钙化现象相关。尤其是结构疏松导致的白化现象,地域覆盖中国南北,时代跨越古今,其呈色机理类似于疏松的雪或刨冰呈白色,而致密的冰却呈无色。相对而言,中国南方偏酸性的埋藏条件更易形成这类白化现象,使得南方地区出土玉器的风化现象较北方地区出土玉器显得普遍且程度较深。尤其是本体结构疏松的玉器,其晶体较粗大、晶间孔隙较

---

① Bradley, S., "Preventive Conservation Research and Practice at the British Museum", *Journal of the American Institute for Conservation*, 2005, 44(3), pp. 159-173.

② Kerschner, R. L., "A Practical Approach to Environment Requirements for Collections in Historic Buildings", *Journal of the American Institute for Conservation*, 1992, 31(1), pp. 65-76.

多,因而在经受长期的地下埋藏后,普遍发生颜色变白、硬度下降、透明度下降、结构分层及疏松的白化现象。如图7-11-1~3的玉器剖面清晰所示,白化严重者已全器粉化,轻微的外力作用都可能损毁整个玉器。此外,一些看似完整的出土白化玉器,由于"外紧内松"的反常风化现象导致其内部已经非常疏松(图7-11-4),因此,上述受沁严重的白化古玉器实际上属于脆弱性文物,针对这类受沁古玉器在制定展陈设施或库房保存时,更应注重对其保存环境的规范。

1. 安徽含山凌家滩遗址出土蛇纹石质玉器

2. 安徽潜山薛家岗遗址出土透闪石质玉管

3. 浙江良渚瑶山遗址出土透闪石玉器

4. 江苏江阴高城墩遗址出土透闪石质玉琮

5. 河南偃师商城出土蛇纹石化方解石质和叶蛇纹石质璧

6. 河南安阳殷墟出土含方解石的透闪石质柄形器

图7-11 中国不同遗址出土的严重白化玉器

三、相对湿度模拟实验

(一) 实验设计

1. 样品的选择

古代玉器的最主要种类是透闪石质、蛇纹石质、大理石类、石英类、绿松石质等,鉴于此,本实验拟选取纯净的新疆透闪石和纯净的辽宁蛇纹石模拟古代结构致密的和田玉和岫岩玉;以中国为例,除新疆、辽宁等有限的几个省份出产的透闪石和蛇纹石质地优良外,大多数省份出产的透闪石和蛇纹石玉料晶体较粗大,结构相对疏松且或多或少含有方解石,这是因为,中国矿区的透闪石和蛇纹石矿物大多是由含 Si 热液交代白云质大理岩而成,其反应式如下[①]:

$$6CaMg(CO_3)_2(白云石) + 4SiO_2 + 4H_2O \longrightarrow$$
$$Mg_6[Si_4O_{10}](OH)_8(蛇纹石) + 6CaCO_3(方解石) + 6CO_2$$

$$5CaMg(CO_3)_2(白云石) + 8SiO_2 + H_2O \longrightarrow$$
$$Ca_2Mg_5[Si_8O_{22}](OH)_2(透闪石) + 3CaCO_3(方解石) + 7CO_2$$

可见,蚀变产物除透闪石和蛇纹石外,还含有方解石。本部分拟选择含方解石的透闪石和含方解石的蛇纹石模拟古代质地较差的闪石玉和蛇纹石玉(图 7-11-6)。此外,第三章的表 3-3 指出方解石质玉器在中国的应用颇多,一些遗址出土的玉器以方解石矿物为主,中国龙山文化山西襄汾陶寺类型[②]和内蒙古敖汉旗大甸子遗址[③],一些遗址的出土玉器中常含有蛇纹石化大理岩矿物,如图 7-11-5 所示。因此,这里拟选择蛇纹石化的方解石模拟该类玉器。实验样品的信息见表 7-4。

表 7-4 实验样品信息

材质	产地
结构致密、纯净的透闪石	新疆
结构相对疏松、含方解石的透闪石	安徽
结构致密、纯净的纯蛇纹石	辽宁
结构相对疏松、含方解石的蛇纹石	安徽
蛇纹石化方解石	安徽

---

① Tsien, H. H., Fang, J. N., "Mineralogy and Alteration of Chinese Archaic Jade Artifacts", *Western Pacific Earth Sciences*, 2002, 2(3), pp. 239-250.
② 高炜:《陶寺文化玉器及相关问题》,载于邓聪:《东亚玉器》(上),香港中文大学中国考古艺术研究中心 1998 年版,第 192—200 页。
③ 中国社会科学院考古研究所:《大甸子——夏家店下层文化遗址与墓地发掘报告》,科学出版社 1998 年版,第 162—166、168、172—173 页。该遗址使用的绿松石器数量超过 1 841 件、方解石/白云石器数量达到 1 385 件、石英器数量达到 215 件。

2. 样品的制备

除结构致密的蛇纹石样品加工成 4 块直径约 1 cm、厚约 0.4 cm 的圆形体外，其余四种材质的玉器原料均分别加工成 4 块表面积约 $2\times1\ cm^2$、厚约 0.4 cm 的长方体样品，如图 7-12 所示。将每块样品的一面机械抛光，以备准确测量样品的元素含量和表面光泽度。待样品加工完成后，用蒸馏水清洗各表面，并对其进行编号，以免实验过程中出现混乱。

结构致密、纯净的透闪石

结构相对疏松、含方解石的透闪石

结构致密、纯净的蛇纹石

结构相对疏松、含方解石的蛇纹石

蛇纹石化方解石

图 7-12　实验样品的形貌图

3. 湿度控制

本实验采用干燥器中放置饱和盐溶液来控制体系湿度，所选取的盐溶液及其所调节相对湿度理论值见表 7-5①。用 LHS-100CL 型恒温箱（温度波动用±0.1℃）控制体系温度为 40℃；用 ZDR-20 型自动温湿度记录仪记录体系中温湿度波动情况。记录结果表明温湿度波动极小：温度波动±0.1℃，相对湿度波动±0.5％。从表 7-5 可见，所选取的湿度体系包括干燥环境（即 RH＝33％）、中湿环境（RH＝49％、61.5％）及高湿环境（RH＝81.7％），为模拟实验常用的湿度范围。

表 7-5　几种饱和盐水溶液的相对湿度（40℃）

盐种类	相对湿度	溶解度（g）
$MgCl_2$	32％	57.5

---

① ［美］Dean，J. A.：《兰氏化学手册》，魏俊发等译，科学出版社 2003 年版。

续表

盐种类	相对湿度	溶解度(g)
Mg(NO$_3$)$_2$	49%	78.9
NaNO$_3$	61.5%	94.9
KCl	81.7%	40.1

(二) 实验方法

待湿度体系平衡后，将五种不同材质的编号样品依次放入不同的湿度坏环境中进行人工加速老化。静置前分别测试每块样品抛光面中心位置的元素含量和光泽度，每静置1个月左右，测试相同位置的光泽度，静置160天后，再测试相同位置的元素含量。本实验主要采用元素含量和光泽度的变化程度来研究保存环境相对湿度对玉器的影响，所采用的分析方法简述如下：

1. 质子激发 X 射线荧光分析(PIXE)

PIXE 测量在复旦大学现代物理研究所的加速器实验室进行，由 NECS 9SDH-2 串列加速器提供质子束。实验采用外束技术：用厚为 7.5 μm 的 Kapton 膜（聚亚胺薄膜）将真空和大气隔离，准直的能量为 3.0 MeV 的质子束穿透该薄膜并继续穿越大气 3 mm 而到达样品，到达样品表面的实际能量为 2.8 MeV，束斑直径约为 1 mm。样品在入射质子束轰击下发射的 X 射线用 Si(Li)探测器测量，从测得的 PIXE 能谱上各峰值的位置可获知样品的元素组成，然后采用 PIXE 厚靶程序 GUPIX 对谱线能量进行计算可得到样品中各元素的含量。该种方法的最大优势是可以实现大气环境中的无损分析，从而使样品的大小和形状不受影响，也不需要特别的样品前处理过程[①]。

本实验中，PIXE 分别在老化前及 160 天老化后对每一样品的同一位置进行无损测试。

2. 光泽度(GM)

岩石表面经过抛光处理后会具有一定的光泽度，它是岩石表面反光能力的体现，指其抛光面对入射光与镜面反射能力的相对大小。岩石的组成成分、所含矿物的种类以及晶系的多少、表面平整度、自然的蚀变风化等都会影响石材表面的光泽度。那么，在矿物种类一定的情况下，影响光泽度的主要因素便是样品表面平整度。

本实验采用 JFL-B60 型光泽度仪定期对处于不同老化阶段的样品进行光泽度测定，记录样品在老化过程中光泽度的变化情况。该光泽度仪入射光的入射角为 60°，测定用的标准板是折射率为 1.567 的黑玻璃，它在 60°斜照光的镜面反射率 R=5.97，以 R=5.97 的黑玻璃作标准，将其光泽度定为 100，而将折射率为 1.540 的黑玻璃指定为 94 光泽单位。其他矿物的相对光泽度则以相对黑玻璃的镜面反射能力大小来表示，即矿物的相对光泽度，简称光泽度。目前，规定折射率为 1.567 的黑色玻璃的光泽度为 100 时，其他矿物的相对光泽度

---

① Cheng, H. S., Zhang, Z. Q., Yang, F. J., "Non-destructive Analysis and Identification of Jade by PIXE", *Nuclear Instruments and Methods in Physics Research Section B*, 2004, (219-220), pp. 30-34.

为：$G = R_{样品}/R_{黑玻璃} \times 100\%$（$G$——矿物的光泽度；$R_{样品}$——被测样品表面反射光强；$R_{黑玻璃}$——标准黑玻璃面反射光强）[①]。

3. 扫描电子显微镜（SEM）

采用 XL30-ESEM 型扫描电镜（荷兰 Philips 公司）观察样品的表面微观形貌。

（三）实验结果

1. PIXE 结果与分析

PIXE 的系统误差在 1％—3％，表 7-6 系老化前后每个样品光泽面上同一位置的主量元素 Ca、Mg、Si 的 PIXE 含量值。

（1）结构致密、纯净的透闪石和蛇纹石

考虑到 PIXE 的实验误差在 1％—3％，故从表 7-6 数据可以看出，无论是在哪种湿度条件下，纯净的新疆透闪石和纯净的辽宁蛇纹石在老化前后的主量元素含量均未发生变化。这说明结构致密的纯净透闪石或蛇纹石性质比较稳定，不易受外界湿度条件的影响。

（2）结构相对疏松、含方解石的透闪石和蛇纹石样品

表 7-6 显示结构相对疏松、含方解石的透闪石和蛇纹石经 160 天的老化过程，部分样品的主量元素含量发生了变化。在 61.5％和 81.7％的湿度环境中，结构相对疏松、含方解石的透闪石和蛇纹石样品经 160 天老化后，Ca、Mg 和 Si 的含量基本没有发生变化，均在误差范围之内。对于结构相对疏松、含方解石的透闪石而言，49％湿度环境中的样品，Ca 元素流失量近 5％，从而使 Mg 和 Si 元素的百分含量相应增加；32％湿度环境中的样品，Si 元素流失量近 5％，从而使 Ca 元素的百分含量相应增加。对于相对结构疏松、含方解石的蛇纹石样品而言，在 49％和 32％湿度环境中，Mg 和 Si 含量均有不同程度的流失，导致 Ca 的百分含量相应增加。以上分析显示，结构相对疏松、含有方解石的透闪石和蛇纹石可能适合在 61.5％和 81.7％的湿度环境中保存。

（3）蛇纹石化方解石

蛇纹石化方解石中方解石含量较多，经 160 天老化后，81.7％、49％和 32％湿度环境中的样品，Ca 流失量分别为 12.3％、15.74％和 5.86％，从而使 Mg 和 Si 的百分含量均有相应增加；而 61.5％湿度环境中的样品，主量元素含量的变化幅度较小且在误差范围之内。这说明，61.5％的湿度环境可能适合蛇纹石化方解石的保存（表 7-6）。

表 7-6 老化前后样品主量元素的 PIXE 分析数据

样品	RH 值	老化前			老化 160 天		
		MgO	SiO$_2$	CaO	MgO	SiO$_2$	CaO
结构致密、纯净的透闪石	81.7％	25.02	59.32	12.71	25.37	58.49	12.56
	61.5％	25.34	58.44	12.44	25.80	58.38	12.16
	49％	25.86	58.88	12.79	25.61	59.31	12.67
	32％	25.15	58.28	13.04	25.70	59.50	12.55

[①] 覃闯泉：《石材表面微观不平整度对其光泽度影响的实验研究》，华侨大学硕士学位论文，2004 年。

续表

样品	RH值	老化前			老化160天		
		MgO	SiO₂	CaO	MgO	SiO₂	CaO
结构相对疏松、含方解石的透闪石	81.7%	20.12	53.44	23.89	20.62	53.41	23.86
	61.5%	19.87	54.84	24.10	20.43	54.02	22.87
	49%	18.84	50.09	30.31	19.61	53.73	25.52
	32%	21.93	49.00	25.69	20.98	44.30	31.94
结构致密、纯净的蛇纹石	81.7%	45.93	50.12	0.41	47.20	50.38	0.00
	61.5%	46.32	50.85	0.12	47.14	50.15	0.01
	49%	47.00	51.81	0.22	47.48	50.06	0.57
	32%	45.99	51.11	0.72	46.96	50.21	0.01
结构相对疏松、含方解石的蛇纹石	81.7%	43.67	42.20	10.03	44.32	42.96	9.62
	61.5%	43.51	43.02	11.86	43.16	42.46	12.29
	49%	45.97	46.10	5.97	43.15	43.75	10.40
	32%	46.12	47.47	3.47	43.29	42.22	11.85
蛇纹石化方解石	81.7%	23.96	16.50	57.91	29.27	22.56	45.61
	61.5%	27.05	19.69	52.79	27.43	20.44	49.02
	49%	24.43	16.66	56.92	33.05	24.24	41.18
	32%	23.38	14.61	59.79	26.66	18.83	53.93

2. 光泽度结果与分析

通过对样品同一位置的反复测量发现,光泽度仪的测量误差小于 1.2。表 7-7 列出了老化过程的不同阶段每个样品同一位置的光泽度数值。

表 7-7 老化前后样品的光泽度数据

样品	RH值	未老化	老化30天	老化60天	老化105天	老化160天
结构致密、纯净的透闪石	81.7%	93.47	93.79	93.69	93.16	93.51
	61.5%	98.46	98.44	98.02	98.45	98.45
	49%	100.85	100.15	100.25	100.22	100.26
	32%	101.31	101.15	101.06	101.12	100.93
结构相对疏松、含方解石的透闪石	81.7%	95.30	97.67	97.45	97.64	96.47
	61.5%	96.05	98.59	97.50	98.40	97.46
	49%	82.56	90.37	89.47	89.72	89.97
	32%	84.59	69.23	68.37	66.85	65.99

续表

样品	RH值	未老化	老化30天	老化60天	老化105天	老化160天
结构致密、纯净的蛇纹石	81.7%	94.91	95.33	95.42	95.77	95.46
	61.5%	93.01	90.54	90.27	90.68	91.65
	49%	86.83	85.23	84.88	85.32	85.59
	32%	91.22	92.06	92.50	92.99	91.61
结构相对疏松、含方解石的蛇纹石	81.7%	56.17	56.65	56.63	56.15	55.15
	61.5%	62.89	57.57	57.69	55.95	55.62
	49%	68.02	59.01	59.18	56.03	58.21
	32%	54.23	58.55	58.77	58.11	57.57
蛇纹石化方解石	81.7%	92.84	95.58	95.50	95.00	94.74
	61.5%	77.82	84.62	84.46	83.98	84.45
	49%	84.44	88.73	87.65	87.93	88.60
	32%	91.96	84.79	85.31	85.73	84.99

(1) 结构致密、纯净的新疆透闪石玉料

在四种湿度环境中的光泽度基本无变化,均在误差范围之内,一直比较稳定。结构相对疏松、含少量方解石的透闪石玉料在49%和32%的湿度环境下,光泽度分别先增加和先减少,然后再趋于稳定;而在81.7%和61.5%的湿度环境下则一直比较稳定。

(2) 结构致密、纯净的辽宁蛇纹石玉料

在四种湿度环境中的光泽度基本无变化,均在误差范围之内,一直比较稳定。结构相对疏松、含少量方解石的蛇纹石玉料在81.7%的湿度环境下,光泽度一直比较稳定;在61.5%和49%的湿度环境下,光泽度先减少,再趋于稳定;在32%的相对湿度环境下,光泽度先增加,再趋于稳定。

(3) 蛇纹石化方解石

在32%的湿度环境下光泽度先减少,再趋于稳定。在81.7%、61.5%和49%的湿度环境下光泽度均先增加,再趋于稳定(表7-7)。

综合PIXE和光泽度的分析结果,结构致密、纯净的透闪石和蛇纹石在32%、49%、61.5%和81.7%的湿度环境下均比较稳定;结构相对疏松、含方解石的透闪石在81.7%和61.5%的湿度环境下比较稳定,结构相对疏松、含方解石的蛇纹石在81.7%的湿度环境下比较稳定;蛇纹石化方解石的规律尚不明显,PIXE数据显示可能适合在61.5%的湿度环境下保存,具体有待进一步的研究。

3. SEM分析

鉴于玉器样品的光泽度和元素含量在人工老化过程中发生了变化,本部分从玉料自身结构角度入手,采用扫描电镜观察了样品非抛光面的显微结构,如图7-13所示,放大倍数均为1000×。可以看出,结构致密、纯净的透闪石玉料基本观察不到纤维状的透闪石晶体,也不见明显的孔隙;结构致密、纯净的蛇纹石也基本观察不到纤维状或片状蛇纹石晶体,但能观察到某些孔隙,显示其结构稳定性弱于透闪石。结构相对疏松、含方解石的透闪石和蛇纹石玉料均能观察到较粗大的透闪石和蛇纹石晶体以及晶体之间较多的孔隙,显示这两种玉料的结构致密度较差,因而抗风化能力弱于纯净致密的蛇纹石以及透闪石。蛇纹石化方解石结构的孔隙也较多,因而其结构稳定性较弱,抗风化的能力相应较弱。

结构致密、纯净的透闪石

结构致密、纯净的蛇纹石

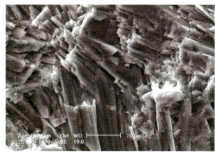
结构相对疏松、含方解石的透闪石

结构相对疏松、含方解石的蛇纹石

蛇纹石化方解石

图 7-13　样品的 SEM 形貌图

(四) 讨论

本实验所选样品的矿物组成可分为三类,即透闪石、蛇纹石和方解石,分子式分别为 $Ca_2Mg_5[Si_8O_{22}](OH)_2$、$Mg_6[Si_4O_{10}](OH)_8$ 和 $CaCO_3$。透闪石和蛇纹石属于硅氧四面体作为基本结构单元的硅酸盐矿物。由图 7-14 所示[①],透闪石属双链状结构,每条链均是硅

---

① 徐拔和:《土壤化学选论》,科学出版社 1986 年版,第 160 页。

氧四面体通过公共桥氧在一维方向链接成的无穷长链，Ca^{2+}和Mg^{2+}填充于双链与双链之间的空隙中。每一个Mg^{2+}连接着六个氧离子，其中一个是位于硅氧四面体组成的六面环中心的OH^{-}。而Ca^{2+}半径较大，填充链带两侧较大的空隙，每一个Ca^{2+}连接着八个氧离子；蛇纹石属层状结构，由硅氧四面体和镁氧八面体（三八面体）构成1∶1型单位晶层，层与层之间通过氢键相连，镁离子充填全部的八面体空隙，即连接着四个OH^{-}和两个O^{2-}构成八面体片，也呈六次配位，但因未得到硅氧四面体的很好掩护，故蛇纹石较透闪石结构的稳定性稍差；方解石属于碳酸盐矿物，按照自然界中矿物的抗风化能力，硅酸盐矿物优于碳酸盐矿物，因它在此三种矿物中结构最不稳定，最易受到外界环境的影响。这可以从表7-6得到佐证，即若环境引起主量元素含量发生变化，则方解石的变化幅度最大，蛇纹石次之，最后是透闪石。

一般说来，透闪石会含有吸附水①，吸附水是因为表面能吸附存在于矿物表面或缝隙中的普通水。蛇纹石不仅含有吸附水，还含有位于1∶1单位晶层之间的层间水，它与吸附水类似，都是以中性水分子H_2O形式存在，它们的含量随外界温度、湿度的变化而变化，即随温度与湿度的变化，水可以被吸入或排出。玉器的宏观特征如透明度和温润度与晶体之间的致密度有关，孔隙度越小，质地越细腻，因而透明度和温润度均较高，如图7-12新疆透闪石和辽宁蛇纹石玉料所示；若孔隙度较大，透明度则较差，如图7-12安徽的透闪石和蛇纹石玉料所示。孔隙的存在也为吸附水或层间水提供了空间，使得玉料中吸附水或层间水的含量随着环境湿度的变化而变化，当环境湿度较小时，吸附水或层间水会流失，从而造成宏观方面的光泽度和微观方面的元素含量相应发生变化，这也验证了吸附水或层间水的存在对矿物的风化起着重要的作用②。

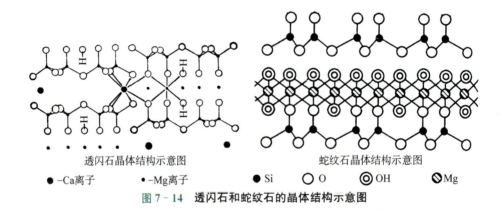

透闪石晶体结构示意图　　　蛇纹石晶体结构示意图

● -Ca离子　　● -Mg离子　　● Si　　○ O　　◎ OH　　◨ Mg

图7-14　透闪石和蛇纹石的晶体结构示意图

四、紫外光照模拟实验

蛇纹石质玉曾被X射线辐照，其颜色从黄色变成了棕黄色，表明电磁波会对玉器保存产生影响③，因此在湿度条件研究的同时，笔者选择了三块玉料进行了360天的紫外辐照实验（UVA），结果如表7-8所示，可以发现结构相对疏松的透闪石样品在紫外线辐照后也发生

---

① Deer, W. A., Howie, R. A., Zussman, J., *Rock-forming Minerals* (*Vol. 2B*), London：The Geological Society Publishing House, 1997.
② 陈平：《结晶矿物学》，化学工业出版社2006年版，第81页。
③ 薛蕾、王以群、范建良：《黄色蛇纹石玉的谱学特征研究》，《激光与红外》2009年第3期。

了含量的变化，表明紫外线对质地疏松玉器是有影响的，因此在玉器展陈时应避免紫外线。

表 7-8　玉料在紫外线辐照前后主量元素 PIXE 数据(wt%)

样品	辐照前			辐照 360 天后		
	MgO	SiO$_2$	CaO	MgO	SiO$_2$	CaO
结构相对疏松透闪石	16.67	46.71	33.84	18.6	54.56	23.86
结构致密透闪石	24.1	57.67	14.95	24.06	58.30	13.11
结构致密蛇纹石	45.8	51.64	0.08	43.4	52.03	0.24

五、结语

本节通过人工加速老化模拟实验，测量固定点的光泽度和化学成分的变化规律来研究玉器的最佳保存湿度及变化发生机理，结果表明：结构致密的纯透闪石和纯蛇纹石能适应多种湿度条件；结构相对疏松、含少量方解石的透闪石适宜在中高湿条件下保存，相对湿度约为 61.5%—81.7%；结构相对疏松、含少量方解石的蛇纹石适宜在高湿条件下保存，相对湿度在 81.7% 左右；而蛇纹石化的方解石可能适宜湿度是 61.5% 左右。该项研究尚处于起步阶段，其中湿度对于玉料的影响机制，目前仅作了初步讨论，更深入的探讨有待于进一步研究。尽管如此，实验结果却非常值得关注，改变了以往的观点和认识，即保存环境的湿度条件对玉器的保存确实是有影响的，而非传统认识的玉器均系稳定性文物。

很多遗址或墓葬出土的古玉器，其玉料多系就近取材。以中国为例，虽然透闪石-阳起石玉一直占主流地位，但新疆和田玉料大量东进和使用是在汉代张骞通西域之后，在此之前的出土透闪石-阳起石玉多数都来源于周边地区，其质地参差不齐。同时，蛇纹石以及方解石等非透闪石-阳起石玉料在先秦时期也有不少使用。当这些材质制成的玉器被埋藏入土后，长期的地下埋藏环境尤其是南方偏酸性的埋藏环境，使得它们不易达到平衡状态，因而均会受到程度不同的风化作用。当这些风化玉器被发掘出土后，如果保存条件不合适，古玉器将继续处于非平衡状态，它们的保存状态将越来越差，最后极可能整体结构"坍塌"，玉器这一珍贵文物将最终"消亡"，如同那些出土时已经严重受沁呈粉状的玉器(图 7-15)。

图 7-15　安徽含山凌家滩透闪石玉环(左)和湖北枣阳九连墩透闪石玉璧(右，图片由魏国峰提供)

尤其注意的是，一些玉器即使在长期地下埋藏过程中未发生显著的风化现象，但出土后会在不适宜的保存条件下发生显著变化，图 7-16 显示安徽含山凌家滩史前蛇纹石玉钺在出土之后的四年时间内发生了肉眼可见的退色变化现象,表明其微观层次的变化已经非常巨大。结合博物馆的相对湿度条件设置在40%,说明不适宜的湿度条件是造成该件玉钺发生劣化的重要原因。大量出土玉器在保藏过程中虽然宏观上未发生可见的变化,但微观层面的变化是存在的,且随时间推移,这种微观变化会积聚导致宏观层次的不可修补的变化。

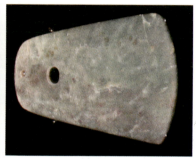

图 7-16　凌家滩 07M23: 50 蛇纹石质玉钺(左为 2007 年出土后形貌,右为 2011 年形貌)

综上所述,玉器的材质并非都是结构致密的,加之玉器会在长期地下埋藏过程中受到风化作用,导致结构的进一步疏松,因此这些玉器并非以往认为的稳定性文物,有的已经属于脆弱性文物,甚至濒危文物,因此需要重视玉器保藏中相对湿度条件的设置,注意避免紫外线的辐照。相对而言,现今展陈中已经能避免紫外线,但是适宜相对湿度条件的设置尚未引起文博学界的足够重视。

第三节　小　结

玉器是异常珍贵的文物,是有中国特色的文物种类,因本体结构致密程度和外界埋藏环境的影响,在入土埋藏过程中会遇到各种病害及异常状况,如包裹物、断裂、残损、异常疏松、位置错乱等,此时需要采取针对性的修复措施。具体说来,需要根据包裹物的性质、玉器本体保存状况,选择合适的清理方法,注意将与考古和保护相关的信息留存;对于断裂玉器可以采用可逆性胶粘的修复方式,也可以采用保存原状的方式,具体依据玉器的断裂是在哪个阶段形成的,如埋藏阶段可以使用两种方式,生产阶段和使用阶段可以使用保存原状的方式;残损玉器不建议补配;异常疏松玉器建议加固封护,优先保护玉器的基本形貌;位置错乱的组合玉器可以采用"复制修复"和"复原修复"等方式。一般而言,平面型玉器常采用"复制修复",立体型玉器常采用"复原修复",有时将"复制修复"和"复原修复"两种结合起来针对平面型和立体型玉器进行修复。

当玉器进行加固修复后,需要对保存环境条件进行设置。结构疏松及风化严重玉器不属于传统认知的稳定性文物,而属于脆弱性文物,因此需要对温度、湿度和光照条件进行设置。具体说来,温度可以参照国家文物局 2005 年公布的《博物馆藏品保存环境试行规范》,设置为 20℃;湿度需根据玉器的材质进行相应设置,如结构相对疏松的透闪石适宜在中高湿条件下保存(相对湿度约为 61.5%—81.7%),结构相对疏松的蛇纹石适宜在高湿条件下保存(相对湿度在 81.7%左右),蛇纹石化方解石的可能适宜湿度是 61.5%左右。

此外,玉器展陈环境中的光照应尽可能过滤紫外线,非展陈玉器文物应尽可能保藏在囊匣里。文物包装已被认为是文物预防性保护的关键要素之一,传统囊匣保存的玉器也可滋生霉菌,如图7-17所示。今后可以使用无酸棉软纸对玉器文物进行包裹,采用无酸纸质囊匣对玉器文物进行包装保藏;若玉器保存状况很差,可以内置调湿板进行相对湿度控制。无酸纸材料的技术要求可参考《馆藏文物包装材料——无酸纸质材料》文物保护行业标准——WW/T0077—2017。

图7-17 囊匣保存的玉器以及滋生的霉菌

以上总结表明,预防性保护是延长文物寿命的有效方式,因此需要重视对玉器这一珍贵文化遗产的保护。如无法在大空间设置适宜条件,应尽可能创造小环境,优先保护那些属于脆弱性文物的玉器,将其置于一个能尽快达到平衡状态的保存条件下。

后记

随着书稿完成,胸中舒展,提笔后记,回首往事,思绪万千。时光回溯到 17 年前的 2002 年 9 月,我进入中国科学技术大学科技史与科技考古系攻读研究生,师从著名科技考古学家王昌燧教授。按照惯例,学生入门之后需要确定研究方向,一般由王老师和团队的一位年轻老师共同指导。考虑到我的学科背景,王老师给我安排了古代玉器研究方向,第二导师是地质学背景出身的冯敏老师。也许是先天对玉器有莫名的好感,我毫不犹豫地确定了该研究方向,由此开启了我的学术生涯。在两位恩师的共同指导下,我一方面系统学习理论知识,包括田野考古、科技考古、科学技术史以及地质等学科;另一方面广泛接触出土实物,陆续接触了安徽含山凌家滩玉器、安徽潜山薛家岗玉器、浙江余杭良渚玉器以及河南平顶山应国玉器,对古代玉器的认识逐渐深入,由抽象转入具象,并确定了以玉器在埋藏阶段中的受沁机制为博士论文选题。2007 年 6 月我顺利通过博士论文答辩,获得了中国科学技术大学优秀博士学位论文。五年的硕博生涯不仅奠定了我的学术基础,而且学习了很多为人处世之道,尤其是王昌燧老师"做学问,首先要学会做人"的教诲成为一直伴随我的座右铭,冯敏老师"虚怀若谷、与人为善、与世无争"的生活态度成为我追求的目标。

2007 年 7 月我入职复旦大学文物与博物馆学系文物保护教研室,从事硅酸盐文物科技考古与保护的教学与研究工作,先后开设了"科技考古导论""文物与科技"和"中国科技史概论"等本科生课程,同时继续从事玉器研究,并扩展到陶器、漆器、玻璃文物的研究。不过,在研究方面却遇到了前所未有的困境。本人研究生期间的经费、材料以及设备等方面均能得到导师很好的支持,而这些均是文博系所缺乏的。7000 元科研启动基金在我参加两次学术会议后所剩无几,因此我一直思索破题之道,首先从经费入手,积极申请各类纵向课题。不过意料不到的挫折不断,如 2008 年申请国家自然科学基金时,由于文科院系教师很少申报此类项目,以致我的申请书缺少学校公章而在初轮形式审查中被淘汰,这令我一度沮丧彷徨。幸运的是,2009 年再次申请时成功获得立项资助,解决了经费短缺的困境,可以利用复旦大学及相关科研院所的仪器资源对古玉样品进行研究。2011 年我顺利评上副高职称,并在 2012 年 8 月—2013 年 8 月和 2014 年 1—3 月,分别获得国家留学基金委和复旦大学的资助,以访问学者身份至英国剑桥大学考古系和美国史密森博物学院进修,既学习了西方考古学理论与实践,又对中国流散至美国的部分玉器文物进行了研究,同时在研究理念层面也作了进一步的思考,并逐步付诸实践。

(1) 研究方式转变。以往玉器样品均来源于文博单位的出土器物,只能挑选其中的部分玉器运送至复旦大学，利用大型仪器设备进行分析研究，整个过程颇费周章，获得的研究认识不可避免地带有局限性。鉴于此，我需要研究方式的转变——由"请进复旦"转变为"走出复旦"，实际上这个思路由来已久，大概在2004—2005年，日本早稻田大学的Uda教授自行搭建了一台X射线衍射和X射线荧光光谱的联用仪器，既可以进行文物的材质分析，又可以进行化学成分分析。我曾与导师王昌燧教授商量，是否可以借这台仪器至出土玉器的保藏地进行现场分析与综合研究，王老师笑着摇了摇头。我理解这是条件不允许所致，但这个想法一直萦绕着我，至进入文博系工作几年之后，彼时仪器技术快速发展，许多设备开始小型化并投入商用，我所在的复旦大学文物保护本科教学实验室终于在2012年和2014年获得了复旦大学教务处的经费支持，先后购置了便携式拉曼光谱仪和能量色散X射线荧光光谱仪。具备基础仪器设备等"硬件"条件后，恰逢我从国外访学归来，遂很快与中国社会科学院考古研究所叶晓红老师组成团队，至诸多遗址进行了出土玉器的分析和研究，积累了颇多第一手资料。尤为重要的是，可以对一个遗址出土玉器进行全面的信息解析，并在整体上加以把握。这种研究方式的转变既很好地解决以往面临的研究材料匮乏难题，又避免了以往研究的片面性。

(2) 研究思路构建。2013年9月以后，我先后开设"硅酸盐文物材料学基础"和"硅酸盐文物科技研究"两门研究生课，希望通过对玉器、瓷器和玻璃的材料本体进行充分认知，然后再开展针对性的研究工作。材料本体的认知常给我不同的思路，如中国隋唐时期白瓷釉由钙釉转变为钙碱釉甚至碱钙釉，其原因可能与长石的添加相关，一方面固然是因为长石的分布颇广，另一方面则是基于长石矿物所含金属阳离子颇为稳定，可形成稳定的钾长石。再如人工高温制品仿玉的技术原理是分相和析晶，这一原理首先被战国时期玻璃器仿玉所采用，至唐宋时期被瓷器仿玉继续沿用，所不同的仅是原料差异、析出晶体不同而已。凡此种种，不胜枚举，基于这一思想，我希望现阶段首先能发挥科技手段的优越性，弥补传统考古方法的不足，对玉器本体材料进行尽可能全面的认知。应该说，2002—2012年我的关注点多集中于玉材的自然变化过程，希望能探明玉材的本体信息，为解决玉器产地、利用等考古学问题提供支撑，希望能探明玉器的次生变化信息，为抢救性修复和预防性保护等文物保护问题提供科学依据。2012年之后我侧重于关注玉材的人为变化过程，既可以为玉器生产和使用等重要考古学问题提供新思路，也可以为玉器保护的机理研究提供新视角。回首观之，这种转变的契机既在于已积累足够的基础将玉器的自然变化和人工变化进行准确区分，也在于合适出土玉器样品的发现和研究。

(3) 研究体系建立。2015年我有幸参与恩师王昌燧教授领衔的国家自然科学基金重点项目，与中国科学院大学、中国社会科学院考古研究所的同仁们一起对安阳殷墟出土玉器进行矿料来源、制作工艺和受沁机制的研究。在长达4年的研究过程中，在完成所负责的子课题之余，我还努力构建心中的中国古代玉器的研究观：除了前述研究方式和研究思路的转变外，研究视野也需扩展到玉器的整个生命史，即"生—死—重生"，包括玉料采办阶段、玉器生产阶段、玉器使用和再利用阶段、玉器入土埋藏阶段以及玉器出土重生阶段。其目的在于将现有不同学科的研究统一到文化遗产保护的终极目标中，包括从玉器上提取的各种无形知识体系（如考古学、艺术史、历史学、文物学等）的构建和传播，以及针对玉器这一有形物质实体的保护和传承。本书正是基于这样的研究理念，首先将多学科手段应用于玉器的不同阶段，获得一些有益认识和新观点，扩展玉器研究的深度和广度，然后通过不断积累，将各个阶段的研究认识汇集成链,从而更好地认识古代玉器的生命全过程。

正如德国物理学家普朗克在1933年演讲时指出:"科学是内在的整体。它被分解为单独的部分不是取决于事物的本质,而是取决于人类认识能力的局限性。实际上存在着由物理化学,通过生物学和人类学到社会科学的连续的链条。"中国先贤也曾言认识世界需要"格物"才能"致知"。细分知识才能更好地认识本原,然当今时代,学科细分化的弊病日显,一些疑难杂症需要多学科的协作才有可能破解,因此交叉学科、综合学科不断涌现,其目的无非是将目前打断的各个"链条断口"找到并连接上,其实质是恢复科学的本原。文博学科的发展也是如此,它既属于人文社会学科,也属于自然科学,采用多学科进行研究,其实质也是更接近科学的本质——"可以重复检验"。因此,需要学者们各尽所能,从不同领域进行中国古代玉器的各项研究,丰富和完善中国玉文化的内涵和体系。

值此小书出版之际,感谢的人实在太多,仅列举一二。感谢我的家人,日渐增加的华发和皱纹记录了父母和妻子的长期付出,让我后方无忧,前方安心奋斗。感谢两位恩师,王昌燧教授和冯敏老师开启了我的学术之路,导师的谆谆教诲深刻我心。感谢中国科学技术大学的培养,"勤奋学习、红专并进、理实交融"的优良校风常伴我身。

感谢复旦大学文物与博物馆学系的栽培,让我在偏文科环境下更好地实现文理兼容,体验了由"一无所有"到"小有收获"的坚持历程,这将是我一生的财富。正如金一南所言,"做难事必有所得"。感谢蔡达峰教授的鼓励,清晰记得蔡老师赴京任职之前和叶根发老师、管国忠老师以及我在五角场共进午餐,餐后蔡老师依旧步行乘地铁回家,使我深刻体会到人的修为和品德是密切相关的。感谢前任系主任杨志刚教授和副系主任陈刚教授能够让我在复旦的平台上工作学习,十余年的相处让我耳濡目染"儒雅学者"的风范。感谢现任系主任陆建松教授的长期鞭策,文博系的壮大激励我不断前行。感谢科技考古研究院院长袁靖教授,共同讲授"科技考古导论"的经历提升了我对科技考古理论和实践的深入认识和整体把握。感谢文博系杨植震、陈淳、沃兴华、陈宏京、刘朝晖、朱顺龙、吕静、杜晓帆、高蒙河、赵琳、姚一青、俞蕙、刘守柔、潘碧华、麻赛萍、徐玉珍、张政伟、杜朝霞、潘艳、郑奕、周婧景、孔达、赵晓梅、石鼎、祁姿妤和董惟妙等同事的帮助,感谢文博系王金华、沈岳明、王辉、秦小丽、郑建明、魏骏和胡耀武等新同事的支持。

感谢文博界的各位先生和同仁,李伯谦、杜金鹏、唐际根、荆志淳、邓淑苹、黄翠梅、田亚岐、丘志力、林留根、聂菲、金英熙、熊樱菲、刘延常、吴卫红、方向明、杨晶、徐琳、喻燕姣、龙永芳、赵瑞庭、何毓灵、李青会、崔华、李有骞、常怀颖、叶晓红、陈国梁、陈国科、郝导华、周伟、仲召兵、左骏、石荣传、吴沫、谷娴子、杨岐黄、代玉彪、杨弢、吕良波、张希等,与大家的合作或交流让我受益匪浅。

感谢我的同门师兄弟、师姐妹们多年以来的无私帮助和支持。感谢复旦大学文物保护方向的研究生群体,感谢玉器组的研究生——巩梦婷、李一凡、潘坤容、包天添、江姝、马鸣远、张蓊、麦蕴宜、才璐、吴文彤、王桢楠、周旭波等,一起工作的时光总是令人回味,愿"人品"和"学品"同样优秀的你们在各自岗位上前程似景、一帆风顺。

感谢我的球友们,一起打球拼搏、谈笑风生的时光,让我们平凡的人生多了许多快乐,让我们被重压的身体还能如年轻时那般敏捷。此外,本书的完成还要感谢复旦大学出版社宋启立老师的辛勤编辑工作,感谢研究生麦蕴宜、张蓊、王桢楠、周旭波的细致校对工作。

正如王昌燧先生2013年应邀来复旦大学作讲演时,引用王国维的治学三境界——"昨夜西风凋碧树,独上高楼,望尽天涯路";"衣带渐宽终不悔,为伊消得人憔悴";"众里寻她千百度,蓦然回首,那人却在,灯火阑珊处",鼓励我们尽所能成大事业、做大学问。先生之铿锵言语至今仍萦绕我耳边,如今虽为师多年,回首往昔,自觉始终恪守先生教诲。本书只是一个阶段性认识的梳理和总结,不足之处甚多,吾将不断求索,遵守师道,坚守学道,努力实现教师的两大使命——一是学问上不断精进;二是学生培养上既要"桃李满天下",更要"青出于蓝而胜于蓝",为古代玉器的科技考古和保护事业贡献一份力量。

王　荣

2019 年 12 月 6 日于国定路寓所

图书在版编目(CIP)数据

中国早期玉器科技考古与保护研究/王荣著. —上海：复旦大学出版社,2020.8
(复旦科技考古文库)
ISBN 978-7-309-15171-8

Ⅰ.①中… Ⅱ.①王… Ⅲ.①古玉器-考古-研究-中国 Ⅳ.①K876.84

中国版本图书馆CIP数据核字(2020)第122994号

中国早期玉器科技考古与保护研究
王 荣 著
责任编辑/宋启立

复旦大学出版社有限公司出版发行
上海市国权路579号 邮编：200433
网址：fupnet@fudanpress.com http://www.fudanpress.com
门市零售：86-21-65102580 团体订购：86-21-65104505
外埠邮购：86-21-65642846 出版部电话：86-21-65642845
上海盛通时代印刷有限公司

开本 787×1092 1/16 印张 34.75 字数 839 千
2020年8月第1版第1次印刷

ISBN 978-7-309-15171-8/K·730
定价：328.00元

如有印装质量问题,请向复旦大学出版社有限公司出版部调换。
版权所有 侵权必究